新视点 知识产权

SCOPE OF PATENT CLAIMS

(2nd Edition)

专利权的保护范围

（第二版）

闫文军 | 著

法律出版社
LAW PRESS · CHINA

闫文军 现任中国科学院大学教授、博士生导师，知识产权学院副院长，中国知识产权法学研究会常务理事，中国知识产权研究会常务理事，北京市信睿律师事务所律师。1990、1996年毕业于北京大学，分别获得历史学学士学位和法学硕士学位。1994年取得中华人民共和国律师资格。1996年至2006年，任山东省高级人民法院法官，从事民商事和知识产权审判工作。2003年至2006年，在中国社会科学院研究生院攻读博士学位，师从李明德教授学习知识产权法。2004年8月至2005年2月，在日本知识产权研究所做招聘研究员。2006年7月，获得法学博士学位，同时到中国科学院大学（当时名为中国科学院研究生院，2012年改为现名）任教至今，历任讲师、副教授、教授。2016年2月至2017年2月，曾在美国华盛顿大学做访问学者。曾出版《专利权的保护范围——权利要求解释和等同原则适用》《专利法学说与案例研究（一）》《欧盟知识产权法》（合著）、《知识产权教程》（共同主编）等著作，曾在《知识产权》《法学》《电子知识产权》《专利法研究》、日本《知财管理》等中外期刊发表论文五十余篇。

序　　言

曾经听说过这样一个虚构的故事:有一位专利权人拿了自己生产的产品,同时也拿了被告生产的产品,到法院起诉被告侵犯自己的专利权。而法官在仔细比较了原告的产品和被告的产品以后,认定二者完全一样。于是大笔一挥,做出了被告侵犯原告专利权的判决。

听完这个故事以后,对那些不太了解专利制度的人来说,恐怕难以判断原告的做法是否恰当,法官的判决是否准确。而对了解专利制度的人来说,这个故事则近乎于一个笑话。因为,专利侵权的判定,不是以原告的产品与被告的产品作比较,而是以权利要求书中所记载的技术特征,与被控侵权的产品或方法作比较。如果权利要求书中所记载的技术特征,以字面的(同样的)或者等同的方式,完全体现在了被控侵权的产品或方法之中,就会有侵权的发生。如果不是,则没有侵权的发生。

这样,由这个虚构的故事,也就引出了专利制度中的权利要求的话题。众所周知,专利法是技术发明保护法。然而,专利法对技术发明的保护,又有其独特的地方。这是因为,专利法所保护的技术发明,是发明人就产品或者方法所提出的技术方案,或者说是一种技术创意。这种技术创意虽然应当体现在一定的产品之上,但它本身是一种技术信息。与此相应,发明人在提出专利申请的时候,也不是拿着某一具体的产品去申请,而是在“说明书”中清晰地描述自己的技术方案,在“权利要求书”中准确地划定要求保护的范围。这种权利要求范围的划定,通常是以罗列技术特征的方式来确定的。与此相应,不仅发明人提出的技术方案是信息,“权利要求书”中所记载的技术特征也是信息。

在专利法领域中,专利技术(或者专利权所覆盖的技术)通常被比喻为一块私有土地。而权利要求书的作用,则是划定这块私有土地的界限。例如,通过记载必要的技术特征,为这块私有土地打上界桩。不过,这块“私有土地”的界限,可不像有形土地的界限那样清楚。这是因为,权利要求的范围,或者说发明的技术特征,是以人类的语言文字来界定的。毋庸置疑,一旦使用了人类的语言文字去打“界桩”,权利要求的范围就会模糊起来。更何况,面对日新月异的技术发明,面对新兴技术领域的发明,人类的语言甚至显得贫乏无力,难以对有关的技术发明进行充分的描述。除了人类语言的原因之外,发明人、专利申请人,包括专利代理人,是否准确理解了申请案中的发明,是否有足够的能力将其记载在权利要求书中,都是值得怀疑的。

这样,在专利侵权的诉讼中,就出现了解释权利要求的必要性。这种解释,就是以权利要求书中的技术特征,与被控侵权的产品或方法进行比对,确定专利权保护的范围。或者说,将不甚清楚的专利技术的界限,或者“私有土地”的界限,通过权利要求的解释明确起来。然后在此基础上,做出被控侵权的产品或者方法是否侵权的结论。这就是我们前面所说的,专利侵权的认定,是以权利要求书中所记载的技术特征,与被控侵权的产品或方法进行比对。而法官在进行这种比对的时候,又会在自觉或者不自觉中,对权利要求的范围作出自己的解释。

专利权利要求的解释,主要有字面解释和等同解释。字面解释相对比较容易,只要权利要求书所记载的所有技术特征,几乎原封不动地体现在了被控侵权的产品或者方法之中,就可以判定侵权的存在。而等同解释则要难得多。这是因为,在实际的商业生活中,试图未经许可而使用他人专利技术的人总是狡猾的,他可能对相关的技术做出一些改变,从而逃避侵权的指控。令人烦恼的是,如果这种改变不大,就属于以等同的技术特征窃取他人的专利技术,可以判定为侵权。但如果被告作出的改变比较大,超出了一定的临界点,则不但不属于侵权,还有可能是做出了一项新的发明。而所谓的等同解释,或者对于等同理论的适用,则是由法官运用一系列法律技术,判定被告是否以等同的技术特征取代了权利要求书中的某一个或者某几个技术特征,以及被告是否构成了依据等同理论的侵权。

毫无疑问,在专利法对技术发明的保护中,权利要求书和对权利要求范围的解释,始终处于核心地位。而在权利要求的解释方面,等同解释又是最为困难的一环。适用等同理论解释权利要求的范围,进而做出是否侵犯权利的判定,也由此而成了专利法体系中的一颗明珠。在等同理论提出以后的二百多年中,很多人都在试图摘取专利法体系中的这颗明珠。这就是通过具体的司法实践和理论探索,提炼出一些操作性较强的,为专利学术界和实务界所公认的,并且能够由此而得出令人信服结论的要素。就美、日、欧等国家和地区的司法实践和理论探索来说,对这类操作性要素的提炼,似乎已经到了一个关键性的阶段。

曾经有一位硕士研究生,在听说等同理论是专利制度中的一颗明珠之后,就想写一篇学位论文,提出自己的见解。这似乎有些鲁莽。因为,对于等同理论的探索，更多地是一个司法实践的而非单纯理论的问题。推进等同理论的发展，大体需要三方面的条件。一是要有典型的专利纠纷案件；二是要有优秀的律师，可以提出准确的法律问题；三是要有独具慧眼的法官，可以就双方争执的法律问题作出富有建设性的判决。显然，这与陈景润在书斋里验证出哥德巴赫猜想截然不同。

当然，这并非否定理论探索的重要性。事实上，在提炼适用等同理论的各种要素的过程中，理论上的探索和总结具有同等的重要性。至少，总结各种各样的判决思路，提出研究性的看法，可以让律师和法官在司法实践中加以参考。当然，这种理论性的探索或者总结，必须基于司法实践，或者来源于司法实践，而非书斋里的冥思苦想。

闫文军博士曾经是一名优秀的法官。他在山东省高级人民法院担任法官的时候，曾经审理过一些专利纠纷案件，不仅实际解释过权利要求的范围，而且具体适用过等同理论。他又是一名优秀的学者。早在担任法官的时候，他就阅读国内外的相关文献，撰写过有关专利权利要求解释的文章。而在准备本书的过程中，他又前往日本做了为期 5 个月的深入研究，不仅搜集了大量的美、日、欧各国和地区有关权利要求解释的判例和文章，而且与日本法官具体探讨了权利要求解释和等同理论适用中的一系列问题。

更为难能可贵的是，他将自己在司法实践中的经验和感受，与国外的判例和学术结合起来，提出了一些有关权利要求解释和等同理论适用的建议。当然，这些建议是否可行，还有待于司法实践的检验。但是至少，通过他的著作，我们可以系统地了解美、日、欧各国和地区有关权利要求解释的概况，以及等同理论在国际上的发展概况。显然，这对中国的专利学术界是一个福音。

正如本书作者所说，中国的专利司法界现在还不太重视解权利要求的解释，也不甚了解等同理论在国外的发展。在这种背景之下，本书的出版显然有助于我们的律师和法官少走弯路，在了解国际上有关权利要求解释和等同理论适用的基础上，进行我们自己的探索。随着中国科学技术水平的不断提高，随着中国专利司法实践的不断发展，必然会出现一些典型的，可供我们探索权利要求解释和等同理论适用的典型案件。届时，我们的优秀律师和独具慧眼的法官将会大有用武之地。

我们期待着权利要求解释理论和其中的等同理论在中国的不断成长。

李明德

2006 年 11 月 10 日

目　　录

前言:这是一场名为权利要求的游戏

美国法官 Rich 在讲到专利法时,称现代专利法是“名为权利要求的游戏(the name of the game is claim)”。[1] 这一用语说明了权利要求在专利法中的重要性。不同国家专利制度的历史和发展过程虽然不同,但最后都采用了通过权利要求界定专利保护范围的做法。[2] 权利要求是专利的核心。从专利申请、专利审查到专利保护,都是围绕专利权利要求而进行的。

在专利申请过程中,专利申请人将其发明的具体技术方案转化为文字,并使用权利要求对其要求保护的技术进行界定。在专利审查过程中,专利局审查专利权利要求界定的技术方案是否符合专利的授权要件。在专利侵权诉讼过程中,法院需要根据权利要求的记载确定专利的保护范围。

由于权利要求用文字的形式记载技术方案,在专利审查和侵权判断过程中,对权利要求书中的文字进行“解释”是必不可少的。专利的保护范围是由专利权利要求来界定的,法院在确定专利保护范围的过程中始终离不开权利要求。因此,人们习惯上将确定专利保护范围的过程称为“权利要求解释”。[3]

不管对专利权人还是对被控侵权人和社会公众来说,专利权利要求解释都具有重要的意义。对专利权人来说,权利要求的解释直接决定着专利保护范围的大小,以及专利权人所获得利益的数额。对被控侵权人来说,专利权利要求解释直接影响着被控侵权人是否构成侵权的认定,有时这对被控侵权人产生生死攸关的影响。对社会公众来说,专利权利要求解释可以帮助社会公众理解专利权利要求的内容,认清专利的保护范围,从而避免侵犯专利权。

---

〔1〕 Giles S. Rich, Extent of the Protection and Interpretation of Claims—American Perspectives, 21 *Int'l Rev. Indus. Prop. & Copyright L.* 497, 499 (1990).

〔2〕 我国专利法中的专利包括发明、实用新型和外观设计,而只有发明和实用新型专利有权利要求。本书中所称的专利保护范围,只针对发明和实用新型专利。因此,本书只探讨与发明和实用新型专利的有关问题。为了用语的简炼,如无特别指明,本书中所说的专利指发明和实用新型专利。

〔3〕 关于权利要求解释的含义,本书将在第一章中进行详细探讨。

在专利保护范围大小的问题上,专利权人和社会公众的利益是冲突的。专利权人总是尽量使专利的保护范围最大化,而社会公众总是希望专利保护范围最小化。专利保护范围最大化有利于对专利权人的保护,有利于鼓励发明创造,但可能会妨碍技术的传播和应用;专利保护范围最小化有利于技术的传播和应用,但有可能使发明创造得不到有效的保护,从而挫伤发明人从事发明创造和申请专利的积极性。在确定专利保护范围时,必须平衡专利权人和社会公众的利益。也只有平衡专利权人和社会公众的利益,才能实现专利法保护发明创造专利权、鼓励发明创造、推广应用发明创造、促进科技进步的目的。[1] 在专利授权后,专利保护范围的确定主要是通过权利要求解释来完成的。因此,专利权利要求解释是专利制度中的关键问题。专利权利要求解释不只是涉及具体案件中当事人权利的保护和利益平衡问题。解释专利权利要求的规则一旦确立,就会影响到专利制度的运行,影响到专利法目的的实现。

由于专利权利要求和专利权利要求解释的重要性,专利权利要求解释一直是专利理论和实务界关注的重要问题。法院处理专利侵权纠纷的过程中,确定专利保护范围时不断进行权利要求解释,不断对权利要求解释的规则进行总结、适用和创新,逐渐形成了比较系统的权利要求解释规则和方法。在经过解释后发现被控侵权物仍在权利要求的含义之外时,有时仍需要对专利权人给予保护,仍产生了适用等同原则认定侵权的做法。等同原则与权利要求解释密切相关,是确定专利保护范围时的一项重要规则。在适用等同原则后,被控侵权物仍可能缺少权利要求中的一个或几个技术特征,从而不属于权利要求字面的范围,也不属于等同的范围。这时,一般情况下就不能认定侵权,但在个别情况下,仍可以适用间接侵权的规则认定构成侵权。因此,权利要求的字面解释、等同原则、间接侵权的规则,都影响着专利的保护范围。

我国专利制度是在借鉴其他国家经验的基础上建立的。我国专利制度的历史比很多国家要短得多。我们在确定专利保护范围方面的经验也少于这些国家。因此,了解其他国家在确定专利保护范围方面的理论和做法,对于制订我国确定专利保护范围的规则、完善我国专利制度具有重要意义。另外,在“法律全球化”的今天,世界专利制度出现了走向协调化的趋势。很多国家都在参考其他国家的的法

---

〔1〕 我国《专利法》第1条规定:“为了保护专利权人的合法权益,鼓励发明创造,推动发明创造的应用,提高创新能力,促进科学技术进步和经济社会发展,制定本法。

对本国的专利法进行修改,以缩小本国专利法与其他国家专利法的差距。[1] 在发达国家和世界知识产权组织的推动下,国际专利制度建立的进程也取得了重大进展。[2] 随着各国专利制度的趋同化和国际专利制度的建立,专利权利要求解释等确定专利保护范围的规则也应当越来越接近。

如果说法律全球化还需要通过立法来实现,经济全球化和技术全球化则在跨国公司等大企业的带动下形成了一种不可阻挡的历史潮流。技术全球化带来的后果是专利申请的全球化。跨国公司等大企业往往将其发明创造在世界主要国家申请专利。这样,同一个技术在不同的国家分别获得专利权,而在不同国家的专利中,其专利权利要求的差别非常小,有的甚至完全相同。在这种情况下,如果各国确定的专利保护范围大小悬殊不一,就会影响同一技术在全球范围内的许可和实施,这是专利权人和社会公众都不愿意看到的。技术全球化要求专利权利要求的解释规则尽可能减少差异,这样可以使同一技术在不同国家享受的保护基本相当。

可见,立足于我国专利制度明显晚于其他国家的事实,面对法律全球化和技术全球化的趋势,我们有必要了解和掌握其他国家在解释权利要求以及确定专利保护范围方面的理论和做法,并在研究其他国家理论和实践的基础上,考虑到我国专利制度和经济技术发展的状况,总结出既与其他国家的做法和国际发展趋势接轨又符合我国实际的权利要求解释规则。这就是本书的出发点和目的。

本书主要分为四个主要部分。第一部分是第一章,在这一章主要探讨与权利要求解释以及专利保护范围有关的理论问题。第二部分是第二至第六章,分别对美国、英国、德国、日本确定专利保护范围的理论和实践进行总结,主要着眼于三个方面:权利要求解释、等同原则和间接侵权制度。完善我国确定专利保护范围的规则需要借鉴其他国家的做法。本书选择了美国、英国、德国和日本作为研究和分析的对象。美国法院在司法实践中总结了比较完善的规则。并且由于美国在经济和技术方面在国际上处于领先地位,美国的专利制度对其他国家具有重要影响。研究专利保护范围的问题,必须要了解美国的做法。英国和德国是欧洲两个重要的国家,也是在专利制度方面有自己特色的国家。在专利权利要求解释方面,英国和德国都有自己特有的理论和做法。欧洲专利公约试图统一欧洲在权利要求解释方面的做法,主要是就英国和德国的做法进行协调。分析英国和德国在专利权利要

---

〔1〕 例如,美国多年来一直坚持先发明制,但随着越来越多的国家采用先申请制,美国 2011 年通过的《美国发明法案》改先发明制为先申请制,使美国的做法接近于其他国家。

〔2〕 参见魏玮:《国际专利制度应对方略》,载《中国知识产权报》2001 年 11 月 1 日,第 3 版。2005 年 4 月,《专利法条约》正式生效,它是各国专制制度的协调化方面的重大进展。

求解释方法的理论和实践,有助于对专利权利要求解释的深入进行。日本在确定专利保护范围方面主要借鉴了德国和美国的做法,由于我国和日本在专利制度方面具有很多相似的方面,[1]并且我国也处在学习和借鉴其他国家的做法的时期,日本的做法可以为我们总结权利要求解释的规则提供有益的启示。第三部分是第七章,即对权利要求解释规则的比较和分析,在前面介绍美国、英国、德国、日本和我国做法的基础上,这一节将分专题对各国的做法进行比较,并分析我国应当适用的规则。第四部分是第八章,主要探讨专利侵权诉讼中权利要求解释的程序性问题。最后,在对全书进行总结的基础上,笔者将我国确定专利保护范围的规则进行了概括,作为本书的结束语。

---

〔1〕 我国的实用新型制度直接借鉴了日本的实用新案制度。另外,日本的法院在专利侵权诉讼中不能作出宣布专利无效的判决,宣告专利无效必须向日本特许厅申请。这与我国的做法也非常相似。

第一章 专利权利要求解释的基本理论问题

专利权利要求解释的问题，实质是界定专利保护范围的问题。研究这个问题离不开知识产权和专利法的基本理论。本章首先从知识产权合理性理论和专利法理论入手探讨专利保护范围的有关理论问题，其次分别就专利权利要求和专利权利要求解释中的基本问题进行分析，最后就专利权利要求与法律解释、合同解释进行比较。

第一节 知识产权合理性理论与专利权的保护范围

自从有人类社会以来，有形财产可以归私人所有一直是根深蒂固的观念。不同的法律体系不约而同地选择了内容相似的保护有形财产所有权的制度。知识产权的出现远远晚于有形财产权，并且在知识产权制度的出现过程中，人们曾经对于授予智力成果以垄断权这样的制度是否合理存在争议。为了证明知识产权制度的合理性，学者提出了很多为知识产权制度辩护的理由，并形成了知识产权制度合理性的理论。本书首先从知识产权制度合理性理论开始研究，并不是着眼于知识产权制度是否合理的问题，也不是试图发展或创新这些理论，而是从这些理论出发考虑知识产权特别是专利权的保护范围问题。

一、知识产权合理性理论的产生

作为知识产权客体的“智力成果”，具有无形性和可复制性的特点。这种智力成果的创造者很难通过自己的力量保持对智力成果的专有权，而知识产权制度通过法定的程序使创造者在一定的时间和地域范围内对其智力成果享有独占权，他人即使占有该智力成果甚至独立创造出相同的智力成果，也不享有使用权。这种将智力成果私有化的知识产权制度的合理性是什么，或者其正当理由是什么，是知识产权法的基本理论问题。

知识产权合理性的问题,是因为知识财产与有形财产的不同而产生的。有形财产是在特定的时间只能占据一个空间的物体,它意味着对一个物体的占有具有必然的排他性。但是,无形财产不具有排他性的特点。无形财产的占有和使用不具有排他性这一事实,对知识产权理论至关重要,因为它意味着有形财产权的传统经济学理论不适用于知识产权。就自然状态而言,不存在对一种构思的过度使用或过度散布,不存在争夺使用的危险。人人都能使用这个构思,并不会使它贬值。[1] 因此,理论家们求助于其他理论以证明知识产权的合理性。知识产权合理性的理论,对于我们认识知识产权的本质、合理界定知识产权的保护范围具有重要的意义。

二、知识产权合理性理论

(一)洛克的财产权劳动理论

1. 洛克财产权劳动理论的主要内容

约翰·洛克(John Locke)是古典自然法学派的代表人物之一。其理论特点在于,把自然状态、自然法同资产阶级的理想和利益联系起来并予以论述,发扬了人的"自然权利"的理论。[2] 洛克的理论是就个人财产权利,而不是针对知识产权而提出来的。洛克认为,人一出生即享有天赋权利,因而可以享用自然供应的土地和地上的一切。人类的劳动使这些处于共有状态的一切拨归了私用,从而产生了私人所有权。

> 尽管人类共同拥有地球及一切低级动物,但是每个人都拥有其"个人"财产,除他本人之外,任何他人都不能对其个人财产主张权利。我们可以说,由于他人身体和双手的"劳动"归属他个人,因此,无论什么物品,只要他改变了它的自然形态,他就混合进了某种属于他的东西,从而使该物品成为他的个人财产。由于该物品的自然形态已经被改变,劳动使该物品本身附着上了某种排除他人共有权的东西。因为该"劳动"无疑是"劳动者"的财产,只有劳动者本人有权享有该曾被加入的东西,至少在有足够的物品和有足够数量可以供他人共有的情形下。[3]

---

〔1〕 参见[美]罗伯特·P. 墨杰斯、彼特·S. 迈乃尔等:《新技术时代的知识产权法》,齐筠等译,中国政法大学出版社2003年版,第1~2页。

〔2〕 参见张宏生、谷春德主编:《西方法律思想史》,北京大学出版社1990年版,第120~121页。

〔3〕 John Locke, *Two Treaties of Government*, Lordon 3rd ed., 1698.

以这种自然权利理论为前提，通过自然权利到身体所有权的转变，洛克进一步论证了劳动使人们获得私有财产的合理性。

一个人耕种、种植、改良、浇灌尽量多的土地，并尽量利用该土地上的收获，那么这些土地是他的私有财产。他通过自己的劳动确实把它圈起来，与共有土地区别，如过去发生的那样。通过改良而占有这些土地不是对任何他人的歧视，因为仍剩有足够的优良的土地，并且多于那些未获得土地的人能使用的。因此，实际上，他为自己圈下的土地并不会减少他人可以使用的土地。因为他用剩下的土地足够他人利用，效果与他没有占用任何土地一样。[1]

洛克财产权劳动理论的全部内涵为：上帝将天堂留给了自己，而将地上的一切赐给了全人类所共有。每一个人对他自己的人身拥有所有权，每一个人的劳动只属于他自己。当人们将他的劳动与处于共有状态的某个东西混合在一起的时候，他就取得了该东西的所有权；但人们在取得财产权时必须留有足够多的同样的好东西给他人共有，同时以不造成浪费为限。[2]

2. 洛克财产权劳动理论对知识产权的适用

洛克的财产权劳动理论虽没有提及知识产权，但该理论很自然地被运用到知识产权上，成为知识产权的一个重要理论依据。"洛克认为对土地和原材料的工作构成'劳动'，从而使其对产品的所有权合法化的话，那么我们没有理由认为创造新思想的劳动就不是'劳动'。"[3]知识产品同样也是人们体力劳动和脑力劳动的产物。这种劳动创造的物虽然是无形的，但它与劳动前的公有物（处于公有领域的知识）相比，内容上已经有了变化。这种变化是因为添加了劳动者的劳动而形成的，因此，劳动者也应对该无形的知识产品享有所有权。因此，从财产权劳动理论，我们可以顺理成章地推出各国知识产权制度以保护相关的知识产品创造者权利为己任的正当性。[4]

将洛克的财产权劳动理论适用于知识产权，也受到一些学者的批评。例如，美国学者 Edwin C. Hettinger 指出，假如劳动果实是有价值的，并且这种劳动赋予该劳动者对该价值的财产权，那么它就只能赋予该劳动者对于他增加的那部分的财产

---

〔1〕 John Locke, *Two Treaties of Government*, Lordon 3rd ed. , 1698.

〔2〕 Peter Drahos: *A Philosophy of Intellectual Property*, England, Dartmouth Publishing Company Ltd. , 1996, p. 43.

〔3〕 易继明：《评财产权劳动学说》，载《法学研究》2000 年第 6 期。

〔4〕 参见冯晓青：《知识产权法哲学》，中国人民公安大学出版社 2003 年版，第 43 页。

权,而不是对该生成品的全部价值。如果生成品的财产权的价值与劳动者付出的努力不成比例,那么这些权利就不是合适的报酬。[1] 我国也有学者对洛克理论适用于知识产权提出质疑,[2]但也有学者认为,洛克的理论用于解释知识产权的正当性是有力的。[3]

3. 洛克的财产权劳动理论与专利保护范围的界定

洛克的财产权劳动理论为知识产权制度提供了一种重要的理论基础,是知识产权制度的基石。洛克的理论深深地影响到了知识产权领域,以至于在当代学者和实务界人士仍乐意运用该理论透视知识产权问题。

洛克的财产权劳动理论主要是针对财产权的取得而言的,但该理论也影响着对知识产权保护范围的界定。按照洛克的理论,因为劳动者通过劳动创造了无形的智力成果,他就应当对该智力成果享有权利。从这里容易得出一个结论,智力成果越重要,说明其付出的劳动越多,其应当享有的权利也就越大。也就是说,对知识产权提供的保护,根据其重要性程度来确定。这种理论影响了专利保护范围,产生了以下三种做法:第一种,是根据发明客体的不同将发明创造分为发明和实用新型。我国专利法将发明创造分为发明、实用新型和外观设计。其中发明和实用新型的主题都是技术方案,两者在保护客体上有一定的差别,而其重要的差别在于两者的创造性不同。发明专利同申请日以前已有的技术相比,应具有突出的实质性特点和显著的进步;实用新型专利同申请日以前已有的技术相比,应具有实质性特点和进步。[4] 发明专利的保护期为20年,而实用新型专利的保护期为10年。将发明创造按其进步性的不同分为发明和实用新型,并给予不同的保护期限,是很多国家的现行做法,只不过有的国家称实用新型为实用新案或小发明。[5] 第二种,是

〔1〕 Edwin C. Hettinger, "Justifying Intellectual Property", 18 *Phil. & Pub. Aff.* 31, 1989.

〔2〕 参见李扬等:《知识产权基础理论和前沿问题》,法律出版社2004年版,第24~48页。该书作者认为运用洛克的理论解释知识产权制度存在以下问题:第一,在无形的知识产品世界里,从来就不存在也不可能存在自然共有状态;第二,洛克的理论很难解释知识产权主体与客体无限分离的现象;第三,洛克的理论无法解释许多知识产权的原始取得必须经过申请、审查、登记和公告等程序的现象;第四,洛克理论的核心,即只要劳动与处于某个共有状态的东西混合在一起,劳动者就自然取得了该东西的所有权,也无法适用于知识产权合法性的解释;第五,洛克财产权学说中的两个条件无法说明知识产权法律制度中的许多特殊现象;第六,洛克的财产权劳动理论也很难解释知识产权中的许多特殊制度现象。

〔3〕 参见冯晓青,前引书,第128~137页。该书作者对注〔2〕中所说的质疑进行了解释,认为这些疑虑或是因为对洛克劳动理论的误解,或是因为在将劳动理论适用到知识产权问题时发生了偏差而出现的。

〔4〕《专利法》第22条第3款规定:"创造性,是指与现有技术相比,该发明具有突出的实质性特点和显著的进步,该实用新型具有实质性特点和进步。"

〔5〕 例如,日本将发明分为特许和实用新案。

将同属于发明或实用新型的发明创造分为开拓性发明和改进性发明。即使同属于发明或实用新型的发明创造，其创造性也存在很大的差异，人们往往将发明创造再分为开拓性发明创造和改进性发明创造，前者指发明点高、进步性大的发明创造，后者指发明点低、创造性小的发明创造。开拓性发明受到较强的保护，而改进性发明得到较弱的保护，俗称为“大发明大保护、小发明小保护”。第三种，是根据发明的实质内容确定专利的保护范围。在确定专利的保护范围时，有一种观点是根据发明的实质内容，甚至考虑到发明的难度、发明人付出的努力等因素，确定专利的保护范围。按这种观点，对于发明度较高、发明人付出的努力较大的发明创造，即使专利申请文件存在缺陷，也应当想办法给予保护。

洛克的财产权劳动理论对于界定专利的保护范围具有指导意义。像前面提到的第一种和第二种做法，都已经被多数人接受。但是，劳动理论不是确定专利保护范围的主要理论依据。虽然专利权人因付出了劳动，应当对其发明创造享有权利，但权利的内容及其保护范围并不是主要根据其付出的劳动决定的。对同一发明创造，发明人可以选择申请专利来保护，也可以选择作为技术秘密来保护，不同的选择使其享有的权利的内容和期限迥然不同。就选择申请专利而言，申请人在起草专利申请文件时，应当自行确定其申请保护的范围，并对其发明创造进行说明和公开。申请文件内容的不同，直接决定了发明人所得到的权利的不同。可以看出，虽然发明人的劳动影响其得到的权利的内容，但这不是决定其权利范围的主要依据。上述第三种做法具有一定的合理性，但必须结合专利申请文件进行，不能忽略专利申请文件，单纯根据发明的实质内容确定专利的保护范围。

（二）黑格尔的财产权人格理论

1. 黑格尔的财产权人格理论的主要内容

财产权人格理论的前提是，要获得适当的个人发展就需要有对外部环境中的某些资源的控制权。这种控制权的必要保证形式就是财产权。[1] 财产权人格理论以黑格尔的学说最为著名。黑格尔认为，只有通过与外界某种事物发生的财产关系才能成为真正的自我。因此，财产是自由的第一体现，本身也是一个实质性目标。当在一个有意志自治的背景下讨论财产时，财产就是个人的私有财产。黑格尔曾将人格理论运用到知识产权领域。他认为，知识产权的全部目的在于为他人所承认，成为他人学习的基础。当我们的思想或精神产品向外披露后，它们可以为别人所复制，但这是件好事，因为当别人在接触到这种思想后，可以完成更多的作

〔1〕 Margaret Jane Radin, “Property and Personhood”, 34 *Stan. L. Rev.* 957, 1982.

品或创造。[1] 知识产权的人格理论强调智力产品是智力创造者的人格的体现,知识产权中财产权的赋予有人格背景的因素在起作用。

2. 财产权人格理论与专利保护范围的界定

财产权人格理论是阐述知识产权正当性的一种十分重要的理论。在财产方面,人格理论强调了人格的发展需要一个最低限度的财产的范围。人格理论运用到知识产权领域时具有特殊的魅力。因为智力产品,哪怕是技术的产品,一般地说是来自于脑力劳动的过程,而脑力劳动和个人的人格性是紧密联系的。另外,使用财产权以确保个人的认知对知识产权也似乎更合适。同时,财产权人格理论在知识产权的适用上也存在一定的局限性,对那些作为财产的更复杂的一方面,该理论没有说明受外部限制太多的人格表达的正当性。[2]

虽然财产权人格理论对于解释知识产权的正当性具有重要意义,但其对于确定知识产权的权利范围意义甚微。财产权人格理论主要解释的是发明人和创造者对于其智力成果享有的权利是否应当得到承认的问题,并且其关注点是知识产权中的人格权,对其中的财产权利没有深入的分析。专利权的保护范围涉及的主要是权利人的财产权利,财产权人格理论没有解释专利权中的财产权利的合理状态。因此,学者在研究专利权保护范围问题时几乎没有关注财产权人格理论。

(三)卢梭、康德的财产权社会契约理论

1. 卢梭财产权社会契约理论的主要内容

与洛克的劳动产生财产权的观点相反,卢梭认为劳动只能产生占有权,是一种占有的事实状态,而且这种事实状态往往建立在暴力的基础上,因此还不能称为是法律上的稳定的财产所有权。卢梭认为,由于在自然状态下存在"不利于人类生存的种种障碍,在阻力上已经超过每个人在那种状态下为了自存所能运用的力量。于是,那种原始状态便不能继续维持,并且人类如果不改变其生存方式就会消灭。"[3] 这种情况下,需要许多人集合起来形成一种力量的总和,以克服这种阻力。这种由许多人的汇合产生的形式,"能以全部共同的力量来维护和保障每个结合者的人身和财产,并且由于这一结合而使每一个与全体相结合的个人又只不过是在服从自己本人,并且仍然像以往一样地自由。"[4] 这就是社会契约。社会契约一旦

---

〔1〕 Peter. Drahos,前引书,第82页;张广良:《知识产权侵权民事救济》,法律出版社2003年版,第17页。

〔2〕 冯晓青,前引书,第179页。

〔3〕 卢梭:《社会契约论》,何兆武译,红旗出版社1997年版,第32页。

〔4〕 同上。

形成,就产生了一个道德的集体共同体,以代替每个订约者个人。这个共同体的实质就是公意。公意决定了社会状态下主权者、国家、法律以及一切权利的合法性。人类通过社会契约从自然状态进入社会状态后,个人将一切都奉献给了国家,国家因此成为一切财富的合法的主人。但是,这不意味着个人失去了在自然状态下已经获得的一切。因此,根据卢梭的财产权社会契约理论,所有权并不是来源于某个私人的行为,而是来源于社会公众对我们作为所有者身份的认可,公众认可的基础是主权者的认可,是社会契约的认可。所有权只有通过社会契约才能产生。

2. 康德财产权社会契约理论的主要内容

与卢梭一样,康德也将事实占有与所有权进行了区分。另外,康德认为,为了取得财产权,不但应当在客观上有力量控制某个外在物,而且在主观上应当有将该外在物作为一个对象占有的意志。私人财产权只有当人类进入了社会和文明状态,并且通过共同意志建立了国家、制定了法律之后才能真正产生。康德否定了洛克的财产权是一种建立在私人劳动基础之上的自然权利观点。所有权的本质是通过人对物的关系反映出来的人与人之间的社会关系,其真正奥秘在于所有权人随意支配标的物时不受他人非法干涉。这种不受他人干涉的性质既不是来源于个人的需要或者主观的自由意志,也不是来源于所有权人的主观感觉,而是来源于社会所有成员对这种不可干涉性的共同认识,来源于这种共同认识基础上所建立的国家的强制力。[1]

3. 财产权社会契约理论与知识产权

财产权社会契约理论对知识产权的合理性提供了一种解释。知识产品的本质特征是其非物质性,非物质性决定了知识产品一旦脱离了生产者的保密控制范围,任何人都可能通过学习而占有它。这对于知识产品的创造人而言是危险的。如果没有一种机制保护知识产品生产者能够控制其知识产品的复制和传播,知识产品生产者的劳动将化为乌有。这种机制就是建立在社会公认基础之上的国家及其法律。国家和法律通过确认知识产品生产者的劳动,赋予其一定时期内对于知识产品的独占权。[2]

财产权社会契约理论虽然可以用于解释知识产权的产生和权利来源,但其对于知识产权保护范围的界定并没有提供教导。财产权社会契约理论虽然证明了国家和法律确定知识产权的正当性,但没有说明授予知识产权的依据。就专利而言,

---

〔1〕 参见李扬等:《知识产权基础理论和前沿问题》,法律出版社 2004 年版,第 77 ~82 页。

〔2〕 同上书,第 83 页。

财产权社会契约理论可以说明国家法律可能授予发明创造人以独占权,但权利的范围如何确定并不能从该理论中得到启发。

(四)实用主义和经济激励理论

1. 实用主义和经济激励理论的观点

除了上述哲学理论外,根基于19世纪的实证主义法律理论也对知识产权作为财产提供了理论依据。实用主义对知识产权的合理性论述主要基于以下几个原则:第一,根据熊彼特的理论,任何投资都需要结构保护,以防止形势变化以及新产品和技术的冲击。如果没有专利和版权保护,企业界将通过限制性做法以保护投资。如果知识产权所提供的保护太受制于反垄断法,也可能会减少投资的数量。[1]第二,实用主义理论通过静止和动态效率解释了独占权与反垄断。反垄断理论传统上关注的是静态情形,如专利权人是否可以要求超竞争价格,是否可以减少产出。而实用主义认为动态效率可以提供社会效益,以此说明知识产权的合理性。通过授予一定期间的独占权,发明者和创造者受到激励。也就是说,如果被授予财产权利,他们会有更多的发明。[2] 第三,财产权可以使发明者和作者更有效地利用其发明和作品。因为财产权被认为是一种有效地激励发明和创造的方式,它还使发明和作品进行了公开和存档,财产权是激励这样做的适当方式。如果没有财产权,资源将会被用于其他活动,而不是用于发明和创造行为。[3]

2. 实用主义和经济激励理论与知识产权

在论证知识产权的正当性上,建立在激励基础上的讨论被认为是最有力的和最广泛适用的理论。[4] 在美国,鼓励机制说是占主导地位的知识产权获得学说。[5] 激励论的思想在有关法律和司法实践中也得到了确认。例如,美国宪法中的"版权与专利权条款"就是这一理论的最直接体现。按照规定,美国国会保障作者和发明者在有限的期间内就他们各自的作品和发明享有专有权利,其目的是"促进科学和实用技术的发展"。我国《专利法》第1条鼓励发明创造,推动发明创造的应用,促进科学技术进步和经济社会发展作为我国专利法的立法目的。美国最高

---

〔1〕 J. A. Schumpter, *Capitalism, Socialism and Democracy*, 3rd ed., New York, Harper & Row Pub., 1950. Ilkka Rahnasto, *Intellectual Property Right, External Effects and Anti-trust law*, Oxford, Oxford University Press, 2003, p. 52.

〔2〕 Ilkka Rahnasto, *Intellectual Property Right, External Effects and Anti-trust law*, Oxford, Oxford University Press, 2003, p. 53.

〔3〕 Ibid.

〔4〕 冯晓青,前引书,第184页。

〔5〕 参见李明德:《美国知识产权法》,法律出版社2003年版,第8页。

法院 1966 年的 Graham v. John Deere Co. 案[1]也说明了激励理论对美国司法的影响。在该案中,杰弗逊法官指出,作为一种有限的排他性权利,知识产权绝对不是一种天生的上帝赋予的权利;知识产权仅仅是一种人为的社会性设计,其目的是诱导人们生产更多的新发明和新知识。从这个角度来说,知识产权是一种由国家和法律依据一定的目的而授予的权利。按照杰弗逊的观点,就某一智力创造成果来说,是否赋予创造者一定的权利,完全由国家或社会依据一定的社会目的来设定,作为创造者的个人无权就此做出决定。[2]

3. 实用主义和经济激励理论与专利保护范围

实用主义和经济激励理论不但可以用于解释专利制度存在的合理性,还可以用于解释专利保护范围的适当性。实用主义和经济激励理论关注的是财产权对于投资和创造的刺激作用,因此,不但要看设立某一制度本身是否可以起到对投资和创造的刺激作用,还要看这一制度如何设计才能最好地起到刺激作用。具体到专利制度而言,实用主义和经济激励理论不只是说明专利制度对于投资和创造具有刺激作用,而且该理论还可以用于分析对于专利权人提供何种程度的保护可以具有最好的刺激作用。因此,实用主义和经济激励理论对于界定专利保护范围具有重要意义。学者将实用主义和经济激励理论适用到专利法中,创立了专利法经济学理论,下文中将对此进行详细分析。

三、知识产权合理性理论对专利保护范围的影响

对于知识产权合理性的理论有哪些,并不存在统一的认识,上面介绍的只是学者认为比较典型的四种理论。从上面的分析可以看出,知识产权合理性的理论,并不都对于界定专利保护范围具有指导意义。我们认为,具有指导意义的主要有两种,即财产权劳动理论和实用主义及经济激励理论。财产权劳动理论从对发明人的报偿的角度指导我们确定专利权的保护范围,实用主义及经济激励理论从对投资和创造刺激的角度指导我们确定专利的保护范围。这两种理论各有其合理性,也有其片面性。在界定专利保护范围时,我们应当认识到各种理论的片面性一面。另外,这两种理论只是为我们界定专利保护范围的出发点,并不为界定专利保护范围提供具体的方法。

---

[1] Graham v. John Deere Co. ,148 USPQ 459 (1966).

[2] 参见李明德,前引书,第 9 页。

第二节　专利法理论与专利保护范围

专利法的理论与专利法的起源具有密切的联系,分析专利法的起源可以更好地理解专利法理论。专利法理论有多种,但影响较大的有两种,即专利法合同理论和专利法经济分析理论。这两种理论对于界定专利的保护范围都有重要的理论意义。下面将首先分析专利法的起源,其次分别分析专利法合同理论和专利法经济分析理论。

一、专利法的起源与专利的保护

(一)专利法的起源

在中世纪欧洲,很早就存在由君主赐给工商业者在某些商品上垄断经营的特权。但这不同于今天的专利。1331 年,英王爱德华三世曾授予佛兰德的工艺师约翰·卡姆比在缝纫与染织技术方面"独专其利",该早期"专利"的授予目的,在于避免外国的制造作坊将在英国使用着的先进技术吸引走。这已经接近于近现代的专利了。1474 年,威尼斯颁布了世界上第一部最接近现代专利制度的法律。它要求受保护技术在威尼斯实施并传授给当地相同领域的工艺师,但工艺师对外承担保密义务。因此,它与现代的专利制度也不相同,只是"准技术秘密法"。[1]

1602 年英国法制史上著名的"垄断案"由英国王座法庭审理。该案涉及一位名为达西的人所取得的在英国供应扑克牌的专营权。当达西起诉他人侵犯自己的专利权时,被控侵权人的律师阿伦提出了达西的垄断权并非是好事的辩论意见。他指出,只有一种垄断专利形式不损害臣民的利益,那就是当一个人将有用的职业或者发明介绍给全体臣民时,国王可以考虑到其发明确实给全体臣民带来的好处,授予此人在适当的时期内以垄断权,直到全体臣民都了解该项发明为止,否则不得授予。这就明确地表明了当时人们对英国专利制度的认识。专利制度就是鼓励人们将有价值的技术引入英国。如果国王是在适当地行使其特权授予的话,他就应当将垄断权只授予那些有所发明或者将国外的发明和技能介绍到英国的人。[2] 这种

---

〔1〕 参见郑成思:《知识产权论》(第 3 版),法律出版社 2003 年版,第 7 页。

〔2〕 参见[澳]彼得·德霍斯:《知识产权的合理性:一切从头说起》,载唐广良主编:《知识产权研究》(第 9 卷),中国方正出版社 2000 年版,第 19 ~ 20 页。

特权的授予并不是国王可以随意授予的，它必须与《大宪章》和普通法授予臣民的自由权利不相冲突，如果相关知识在社会上传播开来，国王就不应续授该项专利，因为这将有损该行业的发展。可见，当时在英国等地虽然没有成文的专利法，专利只是一种君授特权，但授予专利权的原则已与现代专利法的思想基本一致。

由于已经有了现代专利法的思想，世界上第一部现代意义上的专利法首先出现在英国也就不足为奇了。1624 年英国颁布实施了《垄断法案》。《垄断法案》规定了发明专利权的主体、客体、可以取得专利的发明主题、取得专利的条件、专利的有效期以及在什么情况下专利将被判为无效等。18 世纪初，英国在工业革命的推动下，继续完善其专利制度，专利法中开始要求发明人必须充分地陈述其发明内容并予以公布，以此作为取得专利的对价。专利法中要求必须有专利说明书。它的出现，标志着现代特点的专利制度最终形成。继英国之后，美国于 1790 年、法国于 1791 年、荷兰于 1877 年、日本于 1885 年都先后颁布了自己的专利法。

（二）从专利法的起源看专利权的保护

每个国家所建立起来的专利制度，并不是一成不变的。它们必须随着科学技术的发展所提出的新问题的变化而变化；它们必须与国际、国内市场的变化相适应，与本国的经济发展水平相适应；它们还必须与本国所参加的有关国际公约或者地区性条约不相冲突。尽管如此，自从现代意义上的专利制度建立以来，专利制度的本质并没有变，那就是发明人将其发明向社会公开，代表国家或国际组织的专利局授予其在一定期限内的独占权。英文中“patent”一词本身也说明了专利制度的固有含义。[1]

从专利制度的起源可以看出，专利权是一种垄断权，但它与最初由国王根据经济需要和自己喜好而授予的垄断权已有了本质的不同。现代专利制度只将专利权授予做出“新”的发明创造并将该发明创造公之于众的发明人，而专利权人得到的独占权范围也与社会从其将新发明公开中得到的好处相当。由于将新发明公开就可以得到独占权，这也刺激了发明创造的欲望，“给天才之火浇上了利益之油”。[2]在上述制度框架上，专利制度被世界上绝大多数国家采用。

专利制度经历了从君主授权到法定专有权的过程。在君主授权的时期，专利的范围完全依靠君主意志。但现代专利制度建立后，专利的范围就要与专利权人将发明向社会公开的程度相联系，与专利法鼓励发明创造的目的相联系。因此，在

---

〔1〕 英文中 patent 具有公开和独占的意思。

〔2〕 这是前美国总统林肯对专利制度所做的著名评论。

现代专利制度下,专利的保护范围已经不再由国家通过授权的形式确定,而是根据发明创造本身以及专利权人的请求来确定的。

二、专利法合同理论

(一)专利法合同理论的主要观点

专利法合同理论可以简要概括为专利是发明人与社会之间的合同。这种理论流行于19世纪,至今仍是对专利制度进行法律阐释的主要理论。1844年的法国专利法就对这种观点进行了明确的阐述:"用Kant的话讲,每一个有用的发现,都是'向社会提供的服务',因此,向社会提供了服务的人,社会应该给予补偿。这是一个公平的结果,是一个发现者与社会之间的真正合同或交易,前者将宝贵的智力产品提供出来,社会给予其在有限时间内独占使用该发现的权利。"[1]专利法合同理论将专利权的授予看做是发明人与社会(由国家专利局作为代表)之间的合同。发明人将其发明向社会公开,社会给予其在一定期限内的独占权。

(二)专利法合同理论的来源

专利法合同理论是在洛克财产权劳动理论和卢梭等的财产权社会契约理论相结合的基础上产生的。财产权劳动理论和社会契约论是用于解释知识产权合理性的两种理论。将两种理论相结合,就会产生专利法合同理论的基本内容。财产权劳动理论主张劳动者就自己的劳动取得所有权;而社会契约论主张主权者代表社会公众的认可产生了所有权。就专利发明而言,发明人因自己的劳动做出了发明创造,国家认可了该发明创造并授予一定期限的专用权。于是,专利就产生了。

(三)专利法合同理论中的对价关系

合同关系是一种交换关系,绝大部分的合同都是建立在对价(consideration)的基础上的。对价是"某人允诺是为了换取另外一个人对允诺的承诺"。"对价"即为"代价",是双方利益的互换。[2] 也就是双方当事人交换的内容。在专利制度中,合同理论认为双方的对价是"发明公开"和"专利权"。就发明人而言,发明人付出的对价是将发明公开,得到的是专利权。

1. 发明人的对价——披露发明创造

根据专利法合理性理论,发明人将其发明向社会公开并进行详细披露是其获

---

〔1〕 转引自 Ilkka Tuomi, Knowledge sharing and the idea of public domain, http://www.meaningprocessing.com/personalpages/tuomi/articles/knowledge sharing and the Idea of public domain.pdf。

〔2〕 参见傅鼎生:《义务的对价:双务合同之本质》,载《法学》2003年第12期。

得专利权的前提。各国专利法都规定了发明人披露其发明的义务。例如,我国《专利法》第 26 条第 3、4 款规定:“说明书应当对发明或者实用新型作出清楚、完整的说明,以所属技术领域的技术人员能够实现为准;必要的时候,应当有附图。摘要应当简要说明发明或者实用新型的技术要点。权利要求书应当以说明书为依据,清楚、简要地限定要求专利保护的范围。”其他国家的专利法也都有类似的规定。

发明人充分披露其发明,具有以下功能:第一,发明人对其发明的披露,增加了社会的知识总量,可以激发在该领域的更多发明创造;第二,当多人进行同一项技术的研制时,因为专利只授予一人,发明人将其专利充分披露后,就可以避免其他人进行重复的开发研究,节约了社会资源;第三,对发明的披露可以使公众明确专利的范围,避免侵权的发生。如果发明人未对其发明进行充分披露,公众不知道有关技术已经被授予专利,或者不能清楚专利的范围在哪里,公众侵权的可能性就会增加。[1] 因此,无论是在专利审查中,还是在专利侵权诉讼中,专利局和法院都很重视发明人对其发明的披露。美国最高法院在 Bonito Boats, Inc. v. Thunder Craft Boats, Inc. 案[2]中指出:“专利制度的最终目标是通过披露使新设计和新技术进入公共领域。”

2. 国家的对价——授予专利专有权

作为对发明人披露其发明创造的回报,国家将专利权授予发明人。专利权就是国家给予发明人的利益。专利权的利益可以用以下公式来表示:

专利权的利益 = 专利权的范围 × 专利权的期限

专利权的期限是法定的,同一类型的专利的期限相同。这样专利权的利益就主要通过专利权的范围来体现。因此,国家授予的专利权大小,主要就体现在专利的范围上。

(四)专利法合同理论与专利的保护范围

专利法合同理论强调发明人的披露义务,将它作为发明人取得专利权的对价。而专利权是国家付给发明人的对价。这样,发明人披露发明与专利保护范围之间就是一种交换关系。在确定专利保护范围时,必须考虑发明人对其发明的披露。发明人对其发明的披露主要体现在专利说明书中。专利权人所要求保护的范围,必须得到说明书的支持,也就是专利保护的范围与专利权人披露的内容相当。权利要求书中每一项权利要求所要求保护的技术方案应当是所属技术领域的技术人

[1] John M. Olin, “The Disclosure Function of the Patent System”, 118 *Harv. L. Rev.*, 2007(2005).

[2] 489 U. S. 141.

员能够从说明书中公开的内容直接得到或者概括得出的技术方案,并且权利要求的范围不得超出说明书记载的内容。在专利审查和无效复审程序中,发明人未按法律规定履行披露义务,是其专利得不到授权或被宣告无效的理由之一。在确定专利保护范围时,虽然说明书不是确定专利保护范围的依据,但因为说明书体现了对发明的披露,专利保护范围的确定离不开说明书。

三、专利法经济理论

(一)专利法经济理论

因为与经济发展具有密切的关系,专利法吸引了大量经济学家进行专利法经济理论研究。专利法经济理论具有的特点就是运用经济学的工具分析专利法中的问题,但因为分析工具和分析方法的不同,产生了不同的专利经济理论。就像有的美国学者所指出的,“给专利寻找一个统一的经济理论就像给宇宙寻找一个统一的科学理论一样”。[1] 该学者将专利法经济理论分为古典理论和后古典理论,前者包括报偿理论(Reward Theory)和专利引诱理论(Patent-Induced Theory),后者包括展望理论(Prospect Theory)、创新竞赛理论(Race-to-Invent Theory)和租金浪费理论(Rent Dissipation Theory)。下面分别对这五种理论进行简要介绍和分析。

1. 报偿理论

报偿理论的逻辑是,发明人将发明提供给社会以后,就有获得报偿的自然权利,报偿的形式就是获得垄断权,并且在价值上与发明对于社会的效益相当。报偿理论的理由在于,根据自然法的原理社会有道义上的义务给予发明人报偿,并且合理的垄断作为报偿与社会得到的利益是相当的。[2]

2. 专利引诱理论

专利引诱理论认为,如果专利只授予受到专利制度引诱而做出的发明,这将产生社会净效益。根据这一理论,专利垄断报偿只应给予真正受到专利制度引诱而做出发明的人。与报偿理论不同的是,报偿理论认为,对所有的发明人都给予报偿,而专利引诱理论认为只对因受专利制度引诱而做出发明的人给予报偿,而对于因市场驱动、科学好奇或偶然因素而做出的发明创造,不能授予专利权,因为这将

---

〔1〕 A. Samuel Oddi,“Un-unified Economic Theories of Patents-The Not-quite-Holy Grail”,71 *Notre Dame L. Rev.* 267,1996.

〔2〕 Ibid.

增加社会成本。[1]

3. 展望理论

展望理论是由美国法学家 Edmund W. Kitch 在 1974 年提出的。"展望"指的是"开发一个已知技术可能性的特定机会"。申请专利就像是获得在某个区域进行排他性开发的许可证。该理论主张对于实质性新颖的技术信息,在早期发展阶段就授予专利权,并且专利权应当像其他财产权一样。这样,专利权人可以控制该技术的发展,节省交易费用和保密费用,并可以防止他人重复开发。[2]

4. 创新竞赛理论

1990 年,美国经济学家 Merges 和 Nelson 创新了描述专利法的"创新竞赛"理论。这一理论的前提是"越快就越好",这一前提的依据是研发费用越多就会产生越多的创新,创新多生产能力就提高,生产能力提高社会财富就增加。Merges 和 Nelson 认为,对技术的宽保护阻止了对该技术改进的竞争,因此,应当限制专利的保护范围,使重大改进者在与基本技术创新者的谈判中处于更有利的位置。限制专利的保护范围后,在该技术领域会有更多的改进。

5. 租金浪费理论

1992 年 Mark F. Grady 和 Jay I. Alexander 在《弗吉尼亚法律评论》上发表了《专利法与租金浪费》的文章,提出了租金浪费理论。这一理论认为,社会得到收益超过了开发成本的发明,发明人应当得到社会愿意付出的回报与开发成本之间的差价。这一差价就是租金(以授予专利垄断权的形式支付),可以防止他人"搭便车"。现在专利制度的缺陷是专利制度的激励通过多余投资形成租金浪费。在开发阶段,多个竞争者投资开发一个基本发明,但最后只有一人获得专利;在改进阶段,基本发明可能带来改进的信号,导致改进上的过度竞争。另外,选择作为商业秘密而不是申请专利,也导致了过度的投资。租金浪费理论提出让租金浪费最小化以实现社会收益最优。具体而言,该理论认为,当专利租金的规模与该发明所招致的浪费相当时,法院才应当执行专利。因此,专利的保护范围应当与其提供的改进信号相当。该理论提出的一个"坏专利"的例子是,一个"有价值"的专利相当完善,不可能再改善,法院执行该专利会导致明显的租金浪费。而可以得到专利保护的是那些虽然相对价值不高,但带来大量潜在改进信号的创造。[3]

---

〔1〕 A. Samuel Oddi, "Un-unified Economic Theories of Patents-The Not-quite-Holy Grail", 71 *Notre Dame L. Rev.* 267, 1996.

〔2〕 Ibid.

〔3〕 Mark F. Grady and Jay I. Alexander, "Patent Law and Rent Dissipation", 78 *Va. L. Rev.* 305, 1992.

(二)专利法经济理论与专利保护范围

上述专利法经济理论都直接或间接地涉及专利保护范围的问题,但其结论并不相同,有的还正好相反。对于革命性的创新而言,报偿理论、专利引诱理论和展望理论都认为应当给予一个较宽的保护范围。报偿理论和专利引诱理论主张给予较宽保护的理由在于,革命性创新是较重要的智力成果,应当将较宽的专利保护作为报偿或引诱。展望理论主张给予较宽保护的理由在于,给予较宽的保护使专利权人可以对后续改进发挥较大的协调作用。与上述理论相反,创新竞赛理论和租金浪费理论以不同的理由主张应当给予较窄的保护。创新竞赛理论主张给予较窄保护的理由在于,给予较窄保护可以促进创新竞争,加快技术商业化的步伐。租金浪费理论主张给予较窄保护的理由在于,这些发明尤其是完美的发明,往往是不可改进的,只能得到与其带来的改进信号相适应的保护。

根据报偿理论报偿与贡献相当的逻辑,对于收益成本比较高的创造,应当给予中等范围保护,而对于收益成本低的创造,应当给予窄范围的保护。但是,根据专利引诱理论,无论是收益成本比高的创造还是收益成本比低的创造,都应当给予窄范围的保护,以使保护这种创造的成本最小化。根据展望理论,所有发明都应当得到宽范围的保护,以使专利权人可以发挥协调作用。根据创造竞赛理论,所有发明都应当得到窄范围的保护,以使竞争者可以对技术进行改进。而根据租金浪费理论,收益成本比低的发明应当得到窄范围的保护,因为绝大部分改进是根据已经得到的信号做出的;而收益成本比高的发明,如果它提供了进一步改进的信号,可以得到宽范围的保护。[1]

(三)专利法经济理论对界定专利保护范围的意义

专利法经济理论因假设的条件和使用的分析工具不同,对专利制度提出了各自的观点,对专利保护范围的界定提出了不同的主张。专利法经济理论的共同点是以经济利益为最终目标研究专利制度,这一点也是专利法经济理论的共同缺陷。专利法作为一项法律制度,除了需要实现经济利益这一目标之外,还需要符合法的一般价值目标如公平和秩序等。忽视法律的其他价值目标单纯强调经济利益,难免会出现专利法经济理论在理论上自圆其说但很难用于实践的情况。有的美国学者对专利法经济理论评论道:“专利法经济学分析是一切经济学思想中最没有生命力的问题之一,因为这种发明的理论模式缺乏足够的经验基础,因此律师和政策制

〔1〕 A. Samuel Oddi, ibid., p. 267.

定者从经济学分析中获得的信息就非常有限。”[1]

虽然专利法经济理论涉及专利保护范围的问题,但实践中法院几乎没有将这些理论作为确定专利保护范围的依据或指南。但是,并不是说这些理论对于我们研究专利保护范围问题没有任何指导意义。这些理论有时对专利法某些方面的问题进行了有价值的分析:例如,报偿理论分析了专利法对于发明人的回报,专利引诱理论分析了专利法对于发明创造的激励,创造竞赛理论分析了专利保护对于技术改进的影响等。这些分析对于我们认识专利保护范围所涉及的问题,以及确定专利保护范围可能产生的影响,都具有启发意义。因此,虽然专利法经济理论不能直接用于专利保护范围的界定,但对于专利保护范围确定问题的研究具有参考价值。

第三节　专利权利要求的基本问题

一、专利权利要求的含义

专利权利要求在英语中称为“claim”,日语中称为“特許請求の範囲”。[2] 从上述用语可以看出,专利权利要求的基本含义是专利权人自己主张的其发明所应当包括的范围。形象一点地说,就是专利权人划定了一个圈,宣称这个圈是他的权利范围,他人不得随意进入。划定这个圈所使用的语言就是专利权利要求。

使用权利要求界定专利发明,已经成为现代专利法的一个特点,也是现在各国专利法通行的做法。但是,从历史的角度看,最初的专利制度并没有专利权利要求。使用权利要求界定专利的范围是经过不断的探索后而采用的。在欧洲对专利保护的过程中,曾经采用了多种不同的办法来界定发明和确定专利权人排他权的范围。例如,通过禁止模仿发明人的装置对发明提供保护,或者用功能性用语描述发明,禁止他人从事具有相同功能或后果的行为等。[3] 从后面的介绍可以看出,英国、德国、美国和日本分别是从 1883 年、1891 年、1836 年和 1959 年开始强制性要求每一项专利申请都必须至少包含一项权利要求,用来确定希望获得的专利的保护范围。

[1] George Priest, “What Economists Can Tell Lawyers About Intellectual Property”, 8 *Res. Law & Econ.* 19, 1986.

[2] 在日本学者的论述中,也有的使用 claim 的音译“クリーム”来指称专利权利要求。

[3] See Robert C. Kahrl, *Patent Claim Construction*, New York: Aspen Publishers, 2003, pp. 2 – 3.

二、专利权利要求的内容

我国《专利法》第26条第4款规定:“权利要求书应当以说明书为依据,清楚、简要地限定要求专利保护的范围。”我国《专利法实施细则》第19条第1款规定:“权利要求书应当记载发明或者实用新型的技术特征。”

《日本专利法》第36条第(6)项规定:“本条第(2)项中所说的专利权利要求的记载,应当符合以下条件:一、对要求得到专利保护并且在专利说明书中有详细记载的发明进行界定;二、明确记载要求得到专利保护的发明;三、权利要求项的记载应当简洁;四、记载经济产业省要求记载的事项。”

《美国专利法》第112条第2款规定:“专利说明书以权利要求作为结语。权利要求可以是一项或多项。权利要求应当特别指明和清楚地界定申请人认为是其发明的标的。”

上述法律关于专利权利要求的规定具有相似之处,即专利申请人使用权利要求对其发明进行界定,并且权利要求应当明确、清楚。

我国专利法和学界一般将权利要求的内容称为“技术特征”,美国一般称为“element”,日本一般称为“构成要素”,英国称为“technical feature”。我国的“技术特征”是译自英国的用法。为了不引起理解上的差异,本书将“element”和“构成要素”等也都译为“技术特征”。

技术特征的基本含义是发明的限定条件(limitation)。技术特征可以是构成发明或者实用新型技术方案的组成要素,也可以是要素之间的相互关系。[1] 在发明人的心中,发明本来是一种技术构思,是具体化的技术思想。发明人必须通过权利要求中的一个个技术特征将发明进行限定。技术特征一般通过发明的构成部件或步骤,以及该发明与已知技术的差别的形式表现出来。权利要求中的技术特征越多,对发明的限定越多,专利的保护范围就越小。

在专利侵权对比中,往往将权利要求划分为技术特征与被控侵权产品或方法(以下统称为被控侵权物)中的相应技术特征进行对比。在进行等同判断时,往往需要认定被控侵权物中的相应技术特征是不是专利权利要求中某个技术特征的等同特征。因此,技术特征是经常使用到的概念。对于技术特征的含义,笔者赞同北京高院在《专利侵权判定指南2017》中的界定:“技术特征是指在权利要求所限定的技术方案中,能够相对独立地执行一定的技术功能,并能产生相对独立的技术效

---

〔1〕 参见国家知识产权局《专利审查指南》第二部分第二章。

果的最小技术单元。在产品技术方案中,该技术单元一般是产品的部件和/或部件之间的连接关系。在方法技术方案中,该技术单元一般是方法步骤或者步骤之间的关系。"[1]

三、专利权利要求的意义

专利权利要求具有以下几个方面的意义:

1. 界定发明

从前面介绍的中国、美国和日本关于专利权利要求的规定可以看出,专利权人通过权利要求将发明与其他物区别开来。权利要求为专利权人独占权的范围划定了边界。

2. 向社会公示专利权利的范围

由于专利权人通过权利要求界定其发明,对于第三人来说,权利要求就具有公示专利权利范围的作用。社会公众通过专利说明书了解发明,通过专利权利要求认识专利的权利范围,从而避免侵权。

3. 判定是否侵权的主要依据

现代专利法将专利权利要求作为确定专利保护范围的主要依据。在侵权诉讼中,法院将被控侵权产品或方法(本书以下统称为被控侵权物)与权利要求进行对比。法院在侵权判断过程中,首先要通过解释权利要求确定专利的保护范围,其次才判定被控侵权物是否落入了专利的保护范围。

四、专利权利要求在专利文件中的地位

(一)专利文件中的内容

专利文件指的是授权并公开的专利的文本。授权专利的文本是专利申请人起草并提交到专利局的。经过专利局审查做出授权决定后,专利申请人的申请文件就成为专利授权文本。因此,专利文件与专利申请人提交的申请有密切的关系。从专利法对于专利申请文件的要求就可以看出专利授权文件的内容。各国专利文件的内容是基本相似的,但又有不同之处。专利权利要求解释涉及专利文件中除专利权利要求以外的其他材料,这里首先对专利文件中的内容进行分析。

我国《专利法》第 26 条第 1 款规定:"申请发明或者实用新型专利的,应当提交

[1] Http://bjgy.chinacourt.org/article/detail/2017/04/id/2820737.shtml.

请求书、说明书及其摘要和权利要求书等文件。”在授权的专利文本中,主要包括以下几项内容:摘要、权利要求书和说明书。

《美国专利法》第111条第(a)(2)项规定:“专利申请书应当包括以下内容:第112条规定的说明书(specification);第113条规定的附图;第115条规定的宣誓书。”第112条第1款和第2款规定:“说明书应当包括对发明以及制造或使用发明的方法或步骤的书面描述(description)。书面描述应当使用完整、清楚、简洁、准确的语言,达到使该发明所属领域或者最相近领域的技术人员可以制造或使用同一发明,并且还要指出发明人在从事发明时所预想到的最佳实施例。说明书的最后是权利要求。权利要求可以是一项或多项。权利要求应当特别指明和清楚地界定申请人认为是其发明的标的。”在美国的授权专利文本中,主要包括以下几项内容:摘要、附图和说明书。其中说明书一般包括以下内容:发明的背景、对发明的披露、对附图的简要描述、最佳实施例、权利要求。

《日本专利法》第36条第1、2、3项规定:“专利申请人应当向特许厅长官提出记载有下列内容的申请书:专利申请人的姓名或者名称、住所或者居所;发明人的姓名、住所或者居所。申请书中应当附有说明书[1]、权利要求书、必要的附图以及摘要。说明书应当记载以下事项:发明的名称;对附图的简要说明;对发明的详细说明。”[2]上述规定是经过2002年《日本专利法》修改的内容。在2002年前的《日本专利法》第36条第2、3项的规定是:“申请书中应当附有说明书、必要的附图以及摘要。说明书应当记载以下事项:发明的名称;对附图的简要说明;对发明的详细说明;权利要求书。”按照2002年前的专利法授权的专利文本中,包括以下内容:说明书(包括发明的名称、权利要求书、对发明的详细说明和对附图的简要说明)以及附图。按照2002年后的专利法授权的专利文本中,包括以下内容:权利要求书、说明书(包括发明的名称、对发明的详细说明和对附图的简要说明)、附图。可见,2002年前后的不同在于,2002年前的专利法中,权利要求书是说明书内容的一部分;而2002年后的专利法中,权利要求书从说明书中独立出来,成为单独的一部分。

《德国专利法》第36条第(3)项规定:“专利申请应当包括以下内容:申请人的姓名;授予专利的请求(其中应当清楚、简洁地指明发明);界定要求保护的标的的权利要求;对发明的描述;涉及权利要求和描述的附图。”可见,德国的专利文本中主要包括权利要求书、说明书和附图。

---

〔1〕 这里的说明书,日文为“明細書”(明细书),官方英译本中为“specification”。

〔2〕 这里的“对发明的详细说明”,日文为“発明の詳細な説明”(发明的详细的说明)。

《英国专利法》第 14 条第(2)项规定:"专利申请应当包括以下内容:授予专利的请求;包括对发明的描述、权利要求书和涉及权利要求及描述的附图的说明书;摘要。"

可以看出,以上几个国家专利文本中的材料是基本相同的,但名称有差异。中国和日本的专利文本中将专利权利要求从说明书中独立出来,而美国、德国和英国的专利文本中权利要求书包括在说明书中。中国和英国的专利文本中,附图是包括在说明书中的,而美国、日本和德国的专利文本中说明书和附图是独立的。因此,虽然有时使用的是一个词,但其所指称的对象是有区别的。这是我们研究和了解权利要求解释问题所应当注意的。

另外,我们一般将 specification 译为说明书,但同时也将 description 译为说明书。[1] 但 specification 的含义比 description 广。Specification 可以包括权利要求书、附图和 description。而 description 从严格意义上来说,只是对发明的描述。由于没有更合适的词,笔者多数情况下仍然将这两个词都译为"说明书"。一般情况下,说明书指的是对发明的描述,也就是 description。当"说明书"指的是包括权利要求书在内的 specification 时,笔者会特别指出来。在国外的判决和论文中,有时会出现如何对"说明书"进行解释的论述,这里的说明书指的是包括专利权利要求在内的 specification,所谓的解释"说明书",其实是解释说明书中的权利要求,而不是对发明描述的解释。

(二)权利要求书与专利文件中其他材料之间的关系

1. 不同权利要求之间的关系

我国《专利法实施细则》第 19 条第 2 款规定:"权利要求书有几项权利要求的,应当用阿拉伯数字顺序编号。"第 20 条规定:"权利要求书应当有独立权利要求,也可以有从属权利要求。独立权利要求应当从整体上反映发明或者实用新型的技术方案,记载解决技术问题的必要技术特征。从属权利要求应当用附加的技术特征,对引用的权利要求作进一步限定。"实践中,有经验的专利申请文件撰写者一般不会只撰写一个权利要求,而是尽可能多地撰写权利要求。这样,授权后的专利会有多个权利要求。有的专利有一个独立权利要求,若干个从属权利要求;有的专利有两个以上的独立权利要求,同时,独立权利项下又有从属权利要求。

专利申请人撰写多个权利要求的目的,在于在满足专利授权条件的同时使专

---

[1] 例如,《欧洲专利公约》第 69 条规定:"The description and drawings shall be used to interpreted the claims."我们一般将之译为"说明书和附图可以用于解释权利要求"。

利保护范围最大化。从专利申请人的角度来说,专利申请人撰写每个权利要求都希望其有不同于其他权利要求的保护范围。实质上,每个权利要求就是一个发明创造。当然,这些权利要求之间需要符合单一性的要求。虽然如此,权利要求之间并不是独立的,而是存在有机的联系。独立权利要求与从属权利要求的关系不必多说,从属权利要求是在独立权利要求的基础上范围更小的发明创造。即使没有从属关系的两个权利要求,其间也存在联系。申请人在撰写权利要求时,有其证言上的连贯性。例如,相同的术语在不同的权利要求中往往含义是相同的;如果申请人使用了不同的术语,往往申请人认为其含义是不同的。

由于权利要求之间的上述关系,当需要对某一权利要求进行解释时,其他权利要求可以作为解释的工具。

2. 权利要求书与摘要的关系

摘要是对专利申请的全部公开内容的概述,是说明书、权利要求书和附图的概要。我国专利法没有明确规定摘要的法律作用,但人们一般认为,摘要是用于传播技术信息的,它不具有法律效力。[1] 有的国家的专利法中对摘要的法律作用做了规定。例如,《英国专利法》第 14 条规定,摘要的作用是提供技术信息,在出版物上它与技术状态无关,审查员可以自行修改摘要。《日本专利法》第 70 条规定,摘要不能用于解释权利要求。《德国专利法》第 36 条第(2)项规定,摘要只用作技术信息的目的。

可见,摘要包括对权利要求书和说明书的概括,但摘要并不是对专利的技术内容具有约束力的文件。在提交专利申请时,摘要应符合有关要求。但在专利授权后在确定专利保护范围时,摘要基本上不起作用。

3. 权利要求书与说明书的关系

我国专利说明书的内容主要包括技术领域、背景技术、发明内容、附图说明、具体实施方式等。其他国家的专利说明书的内容大同小异。技术领域(或者发明的主题)、背景技术、发明的内容等是各国专利说明书中的必备内容。

专利法对专利说明书的基本要求是:说明书应该达到所属技术领域的技术人员能够实施发明的程度。权利要求书与说明书的关系,一般称为“权利要求应当得到说明书的支持”。其含义是,“权利要求书不仅应当在表述形式上得到说明书的支持,而且应当在实质上得到说明书的支持。也就是说,权利要求书中的每一项权利要求所要求保护的技术方案应当是所属技术领域的技术人员能够从说明书中公

---

〔1〕 参见汤宗舜:《专利法教程》(第 3 版),法律出版社 2003 年版,第 114 页。

开的内容直接得到或者概括得出的技术方案,并且权利要求的范围不得超出说明书记载的内容”。[1]

权利要求书和说明书的关系对于解释权利要求具有重要意义。说明书的作用是让本领域技术人员能够理解和实施发明,而权利要求书的作用是界定专利保护的范围。专利的保护范围只能界定在本领域技术人员对发明理解的范围之内。这样,在解释权利要求时,就离不开说明书。说明书对于权利要求的解释起着至关重要的作用。

4. 权利要求书与附图的关系

除了没有必要使用附图进行说明的发明(如方法发明)外,绝大部分发明都必须有附图。附图的作用在于用图形补充说明书文字部分的描述,使人能够直观地、形象地理解专利发明的每个技术特征和整体技术方案。因此,附图是专利文件中的重要内容。按我国专利法的规定,附图是说明书的一部分。但在美国、德国、日本等国的专利法中,附图是独立于说明书的。并且在美国的授权专利文本中,附图位于专利文本之首。我国《专利法实施细则》第 19 条第 4 款规定:“权利要求中的技术特征可以引用说明书附图中相应的标记,该标记应当放在相应的技术特征后并置于括号内,便于理解权利要求。附图标记不得解释为对权利要求的限制。”《美国专利法》第 113 条对附图作了如下规定:“申请人应当提交理解要求授予专利的标的物所必须的附图。当标的物的性质允许通过附图进行说明,而专利申请人没有提交附图时,审查员可以要求申请人在接到通知后两个月时间内提交附图。”可见,不管附图位于专利文本的什么位置,其主要作用是形象地对发明的标的物进行说明,便于人们对发明的理解和实施。由于权利要求书直接引用附图的标记,权利要求中的用语与附图具有一定的对应关系。因此,附图对于理解权利要求具有重要的意义。

5. 权利要求书和实施例的关系

我国《专利法实施细则》第 17 条规定的说明书的一项内容是“具体实施方式”。说明书中的一发明或者实用新型的具体实施方式部分是说明书的重要组成部分,它对于充分公开、理解和实现发明或实用新型以及支持和理解权利要求来说是十分重要的。实施例是对发明或者实用新型的优选的具体实施方式的举例说明。这一部分应当详细写明申请人认为实现发明或者实用新型的优选的具体实施方式,必要时举例说明,说明书有附图的应当对照附图作出说明。对于产品的发明或者

[1] 国家知识产权局:《专利审查指南 2010》第二部分第二章 3.2.1 的规定。

实用新型,实施方式或者实施例应当描述产品的机械构成、电路构成或者化学成分,说明组成产品的各部分之间的相互关系。对于可动作的产品,只描述其构成不能使所属技术领域的技术人员理解和实现发明或者实用新型时,还应当说明其动作过程或者操作步骤。对于方法的发明,应当写明其步骤,包括可以用不同的参数或者参数范围表示的工艺条件。[1]

其他国家的专利说明书中也都有对实施例的要求。其中美国对于实施例的要求最为严格。原《美国专利法》第112条要求披露最佳实施例。如果发明人未披露最佳实施例,那么即使已经获得授权的专利也可能会根据美国专利法第282条被宣告为无效。《美国发明法案》推翻了专利因未披露最佳实施例而被宣告无效。尽管根据《美国专利法》第112条的要求,发明人仍然必须披露发明的最佳实施例,但是专利不能仅仅由于没有披露最佳实施例而被宣告无效。

实施例对于理解和实施发明具有重要的作用。在确定专利保护范围时,实施例成为解释权利要求的一项重要参考。

五、权利要求的种类

根据不同的分类标准,专利权利要求可以分为不同的种类。

(一)产品权利要求和方法权利要求

根据我国《专利法》第2条的规定,我国发明专利的保护对象为产品和方法,实用新型专利的保护对象是产品。《美国专利法》第101条规定了四类专利保护客体,即方法、机器、产品和物质合成。这四类保护客体,又可以分为两类:一类是方法,即如何去制造或使用某物;另一类是机器、产品和物质合成,即它们是某物。[2]尽管各国专利法的规定不完全一致,但专利保护的客体最终可以归为两类:产品(物)和方法。产品具有一定的物质属性,而方法与某种活动有关。

专利权利要求是针对专利的保护客体而提出的。因此,专利权利要求也可以分为两种基本类型:一种是产品权利要求,包括物品、设备、机器,以及物质和组合物等;另一种是方法权利要求,包括制造方法、通讯方法以及将产品用于特定用途的方法等。[3]

产品权利要求和方法权利要求的不同之处在于:产品权利要求通过产品的物

---

〔1〕 国家知识产权局:《专利审查指南2010》第二部分第二章2.2.6的规定。

〔2〕 李明德:《美国知识产权法》,法律出版社2003年版,第32页。

〔3〕 参见汤宗舜,前引书,第113页。

理或化学性质来界定产品,而方法权利要求通过一系列的步骤或行为来界定方法。因此,产品权利要求的技术特征常常表现为一定的组成成分或部件,以及上述组成成分或部件之间的结构关系。而方法权利要求的技术特征常常表现为行为或动作,以及上述行为或动作之间的顺序关系。

(二)独立权利要求和从属权利要求

将专利权利要求分为独立权利要求和从属权利要求,这是各国专利制度的通行做法。例如,我国《专利法实施细则》第20条规定:“权利要求书应当有独立权利要求,也可以有从属权利要求。独立权利要求应当从整体上反映发明或者实用新型的技术方案,记载解决技术问题的必要技术特征。从属权利要求应当用附加的技术特征,对引用的权利要求作进一步限定。”《美国专利法》第112条第3~5款规定:“专利权利要求可以用独立权利要求的形式书写。或者在发明的性质容许时,采用从属权利要求或者多重从属权利要求的形式书写。从属权利要求应当引用在先的权利要求,并对要求保护的发明标的物进行进一步的限定。从属权利要求应当被解释为包含所引用权利要求的所有限定。多重从属权利要求应当引用一个以上的在先权利要求,并对发明的标的物进行进一步限定。多重从属权利要求不得作为其他权利要求的基础。多重从属权利要求应当解释为包含所引用的所有权利要求的所有限定。”

就专利的保护范围而言,根据独立权利要求确定的专利保护范围最大。而从属权利要求因为对独立权利要求进行了进一步限定,其保护范围要小于独立权利要求。因此,在一般情况下,不必对所有的权利要求进行解释,只对独立权利要求进行解释就可以确定专利的保护范围。但在个别情况下,专利权人会认为被告侵犯了其从属权利要求,这时也要对从属权利要求进行解释。

独立权利要求和从属权利要求具有关联性和差异性。关联性指的是从属权利要求引用独立权利要求。差异性是指,不同的权利要求对发明的限定程度是不同的。由于独立权利要求和从属权利要求的上述关联性和差异性,在解释某一权利要求时,其他权利要求也具有参考价值。

(三)用特殊方式撰写的权利要求

如前所述,产品权利要求一般是通过物质属性或结构特征来界定的,而方法专利一般是通过行为来界定的。但在个别情况下,专利权利要求并不是按照上述一般的规则撰写的,这就出现了用特殊方式撰写的权利要求。本书主要就以下两种用特殊方式撰写的权利要求进行探讨:功能限定权利要求(又称功能性权利要求)和以方法界定产品的权利要求。

功能限定权利要求又称为“方式+功能权利要求”(means plus function claim),指的是专利权利要求中的一个或多个技术特征不是特质属性、结构特征或行为,而是实现某种功能的手段。功能性权利要求,从严格意义上来说是“包含功能性技术特征的权利要求”。也就是说,只是其中的技术特征是功能性的。功能性权利要求从字面上看,其包括的范围大于使用具体物质属性或结构特征的技术特征的权利要求。这就带来了如何解释功能性权利要求从而合理确定其保护范围的问题。

以方法界定产品的权利要求(product by process claim),指的是作为产品的发明标的物或者其部分技术特征,不是通过物质属性或结构特征来界定的,而是通过一定的行为或步骤来界定的。以方法界定产品的权利要求有两种情况:一种情况是作为发明标的物的产品是通过方法界定的,例如,“一种特殊口味的蛋糕,其特点在于它是通过以下方法制作的……”另一种情况是作为发明标的物的产品不是完全通过方法界定的,其中一部分技术特征是通过传统的方法界定的,但一个或几个技术特征是通过方法界定的。

以方法界定产品的权利要求所要求保护的是产品,但产品的全部或者部分是通过方法界定的。这就带来了如何通过解释权利要求确定保护范围的问题,也就是权利要求中的方法是否对于作为发明标的的产品起到限制作用的问题。具体来说就是,如果被控侵权物与权利要求中的产品完全相同,但被控侵权物不是通过权利要求中的方法生产的,被控侵权物是否落入专利的保护范围。

第四节 专利权利要求解释的基本问题

一、专利权利要求解释的含义

“解释”在《现代汉语词典》中的含义是“分析阐明”和“说明含义”。[1] 英语有“interpret”(interpretation)或“construe”(construction)两个词。这两个词在英语中本来有一定的区别,interpretation 是由法院对当事人赋予合同语言的含义进行确定的过程,即所谓的意图解释;construction 指按法律规定的含义解释文件,即所谓的书面的法律上的解释。前者旨在依当事人的意图解释合同,而后者则是由法官赋予合同的语言一定的含义。但是,现在绝大部分作者都不再将这两个词进行区分。因

〔1〕 参见《现代汉语词典》,商务印书馆1984年版,第581页。

为两者的区分是没有必要的,也是麻烦的。[1] 在论及权利要求解释时,西方学者有的称为"claim interpretation",有的称为"claim construction",两者含义并无差别。

简言之,专利权利要求解释就是确定专利权利要求的真实含义的过程。[2] 由于权利要求的作用在于界定要求保护的发明的范围,因此,权利要求解释的过程也是确定专利保护范围的过程。使用权利要求界定专利发明,已经成为现代各国专利制度中的通行做法。专利权利要求解释的问题也就成为专利法中的一个重要问题。现在各国专利法中都要求用简洁、明确的一句话作为权利要求来界定发明。这一句话所界定的发明的范围是什么,必须通过解释的方式才能明确。美国联邦巡回上诉法院曾经对专利权利要求解释做过如下概括:"专利权利要求解释只是一种对简洁的权利要求语言进行详细描述的方式,目的是理解和解释权利要求的范围,而不是改变权利要求的范围。"[3]

二、专利权利要求解释的意义

专利权就是授予专利权人的独占权。独占权的范围是专利权人以及与专利权人有关的竞争者或被控侵权人都特别关心的问题。独占权范围的大小直接关系到专利权人利益的多少,以及被控侵权人是否构成侵权。而独占权的范围在诉讼过程中是通过专利权利要求解释来确定的。因此,权利要求解释是专利法中的关键问题之一,也是当事人在诉讼中最关心的问题之一。美国律师协会曾经对专利权利要求解释的重要性做过这样的论述:"在专利法中没有比权利要求解释更重要的了。它其实是在每一个专利侵权案件中都会出现的问题。专利权利要求的解释决定企业的兴衰。专利权利要求的范围是推动实用技术进步的发动机。"[4]

三、专利权利要求解释的目的

专利权人将其发明的构成通过专利权利要求用语言的形式表述出来。在使用语言描述技术方案时,因为语言的多义性和不确定性,难免会出现词不达意的现

---

〔1〕 Charles L. Knapp and Nathan M. Crystal, *Problems in Contract Law*, New York, Little Brown and Company, 1987, p. 331.

〔2〕 Robert C. Dahrl, See Robert C. Kahrl, *Patent Claim Construction*, New York, Aspen Publishers, 2003, pp. 1 – 3.

〔3〕 Scipps Clinic and Research Foundation v. Genentech, Inc., 927 F. 2d 1565, 18 USPQ2d 1001 (Fed. Cir. 1991).

〔4〕 Http://www. faegre. com/custom/downform2. asp? doc_num = 15&pid = 2185.

象,或者出现一词多义的现象。由于专利发明的标的是新的前所未有的东西,就更增加了语言描述的难度。由于专利权利要求中存在模糊和有歧义的语言,就需要通过权利要求解释来消除歧义。因此,专利权利要求解释的首要目的是解决权利要求中的含糊不清之处,确定权利要求中用语的真实含义。

但是,专利权利要求解释的目的不止于此。就专利制度所给予专利权人的权利而言,一方面,专利法应给予发明人以全面的保护;而另一方面,专利应当向公众告知发明人权利的界限。调和这种冲突的目标,是权利要求解释的本质。[1] 因此,专利权利要求解释的目的在于澄清权利要求中的含糊不清之处,并且调和专利法冲突的目标,合理确定专利的保护范围。

四、专利权利要求解释的主体

从本质上讲,权利要求解释的主体是没有任何资格限制的,任何人都有权对权利要求进行解释。例如,在专利申请过程中,专利申请人在答复审查意见中可以对权利要求用语的含义进行解释;在专利侵权纠纷过程中,当事人及其诉讼代理人对专利权利要求争议的过程,就是对专利权利要求进行解释的过程。但是,专利申请人以及当事人等对专利权利要求的解释,只是作为专利局和法院解释专利要求的参考,没有最终的决定意义。并且,当事人解释权利要求的方法和原则,并不能为他人理解权利要求提供指导。

真正对权利要求作出有决定意义解释的主体,主要是专利局和法院。[2] 其中专利局在专利审查过程中对权利要求进行解释,在解释的基础上确定是否符合专利授权的条件。例如,权利要求书是否清楚,是否能得到说明书的支持,是否具备三性等。专利局对权利要求所做的解释,我们称为专利授权中的权利要求解释。

法院对权利要求的解释,主要确定被控侵权物是否落入专利的保护范围。法院对权利要求的解释,我们称为专利保护中的权利要求解释。法院确立的权利要求解释的方法和原则,可以用于指导专利申请人起草专利权利要求,并可以用于指导社会公众对权利要求的理解。从这个意义上说,针对法院作为权利要求解释的

---

〔1〕 See Robert C. Dahrl, See Robert C. Kahrl, *Patent Claim Construction*, New York, Aspen Publishers, 2003, pp. 1 - 8.

〔2〕 其他处理专利纠纷的机构(如仲裁机构、专利行政管理部门)也会对权利要求进行解释,但由于其解释权利要求的性质和方法等与法院并无差别,本书不对这些主体所进行的权利要求解释进行具体探讨,而主要就法院的权利要求解释进行分析。关于法院的分析,其结论也适用于处理专利纠纷的机构。

主体，研究权利要求的解释最有意义。本书中所称的权利要求解释，除有特殊说明，指的就是专利保护中的权利要求解释，解释的主体是法院。在个别情况下，为了对比，也会涉及专利授权中的权利要求解释。

五、专利权利要求解释的内容

如前所述，专利权利要求解释的目的是澄清权利要求中的有争议之处或含混不清之处，并合理确定专利的保护范围。澄清权利要求中的有争议之处或含混不清之处，一般认为是对权利要求用语字面含义的阐释，或者说是字面解释。但是，为了合理保护专利权人的利益，很多国家采纳了将专利的保护范围扩大到权利要求字面含义之外的原则，这就是所谓的等同原则。按照等同原则确定专利保护范围，到底是属于专利权利要求解释的内容，还是侵权判定的内容，理论和实务界还有不同的认识。有的学者认为适用等同原则属于侵权判定，而不属于权利要求解释，也有的学者和实务界人士认为，按照等同原则确定专利保护范围的过程也属于专利权利要求解释的内容，即认为这种解释属于与字面解释并列的“等同解释”。笔者认为，从理论上说，专利权利要求解释可以包括字面解释和等同解释。按照等同原则确定专利保护范围的过程也是权利要求解释的内容。因为，等同原则也是围绕专利权利要求进行的，并且按照等同原则确定专利保护范围与按照字面含义确定专利保护范围在目的、方法、所依据的资料等方面都是相似的。但另一方面，字面解释基本是围绕权利要求书本身进行的，而适用等同原则时往往是在将权利要求中的技术特征与被控侵权物中的相应技术特征进行对比。虽然适用等同原则时涉及对权利要求内容的解释，例如，确定权利要求中技术特征的手段、功能、效果时往往要对权利要求进行解释。但适用等同原则时还要对被控侵权物的相应特征进行界定和对比。因此，等同原则的适用又超出了权利要求解释的范畴。本书中使用权利要求解释一语时，有时包括适用等同原则时的解释，但大多数情况下仅指对权利要求的字面解释。

第五节　专利权利要求解释与法律解释、合同解释

专利权利要求解释与法律解释、合同解释都涉及“解释”的问题。但解释的对象不同，性质和方法也有差异。法学界对于法律解释和合同解释有较深入的研究。下面将专利权利要求解释与法律解释和合同解释进行对比。

一、法律解释

(一)法律解释的含义

法律解释是指对特定法律规定的意义的说明。从广义上讲,法律解释包括对宪法、法律和法规的解释;从狭义上讲,宪法解释不同于法律解释,后者仅指法律或者兼指法律、法规的解释。[1] 关于法律解释的主体,从一定的意义上来讲,每一个阅读法律规定的人都是法律解释的主体,但是法学中所讲的法律解释是专指特定的人或组织对法律的解释。因此,一般所称的法律解释仅指法定解释。也就是指根据法律规定或根据历史传统,特定的国家机关、官员或其他人有权对法律做出具有法律约束力的解释。[2]

(二)法律解释的起因

法律解释是因为以下原因而产生的:法律规范是抽象的、概括的规定,是对一般人或事,而不是对具体的、特定的人或事来规定的。法律不可能也不应对一切社会现象都做出规定。由于人们认识水平的差异,对同一法律规定会有不同的理解。法律条文不可能都规定得完美无缺,法律应规定而未规定,规定模糊不清、不精确、相互矛盾等都是可能的。社会生活是不断发展的,法律要适应客观发展的需要,但又不能朝令夕改,而必须保护法律的相对稳定性。[3]

(三)法律解释的意义

对于法律解释的意义,有的学者进行了精确的概括:"法律解释使抽象的、僵化的、保守的、不周延的法律具体化、灵活化、适时化,从而规范着复杂多变的、活生生的案件事实,实现着法律所追求的价值与效用,引导着法律的进步和社会发展。"[4] 可见,法律解释的意义主要在于将抽象的、含混不清的规范具体化、清晰化,并且将原来有漏洞的法律规定进行补充,从而达到既保护法律的稳定性又能使法律适应已发展了的社会情况的目的。

(四)法律解释的方法

对于法律解释的方法,学者有不同的主张。例如,有的学者认为,法律解释的方法包括狭义的法律解释、价值补充、漏洞补充。其中,狭义的法律解释又分为文

---

〔1〕 沈宗灵:《论法律解释》,载《中国法学》1993 年第 5 期。

〔2〕 同上。

〔3〕 同上。

〔4〕 高淑贞:《关于法律解释的几点思考》,载张文显主编:《法学理论前沿论坛》(第 2 卷),科学出版社 2003 年版,第 146 页。

义解释、论理解释、社会学解释。而论理解释则具体包括:体系解释、法意解释、比较解释、目的解释、合宪解释。[1] 有的学者认为法律解释的方法包括文字解释和论理解释。而论理解释包括扩张解释、缩小解释、反对解释、当然解释、类推解释、准用与适用、法律欠缺的补救等。[2] 而普通法系中的法官在判词中讨论法律解释问题时,常常交替地应用三种方法:文理解释、"黄金规则"、论理解释。[3] 上述法律解释的方法,可以概括为三类:第一类是文字解释,也就是对法律规范字面含义的解释;第二类为论理解释,也就是根据法律规范的前后文、立法目的、立法过程等进行的解释;第三类是根据法律的一般原则所做的漏洞补充和利益衡量解释。

(五)法律解释方法的运用

任何法律条文之解释,均必须从文义解释入手。如果采用文义解释的方法只得出一个结论,就不用其他方法再进行解释。如果采用文义解释方法得出的不是唯一的结论,再进行论理解释。在进行论理解释时,应先运用体系解释和法意解释方法,然后再进行目的解释、合宪解释。如果采用论理解释的方法仍不能确定解释的结论,可进一步做比较法解释或社会学解释。经解释存在相互抵触的解释结论,且各种解释结果均言之成理,持之有据时,则应进行利益衡量或价值判断,从中选出具有社会妥当性的解释结果,作为解释结论。[4] 可见,虽然法律解释的方法有很多种,并且学者之间对于解释方法的种类没有统一的意见,但在适用解释方法时有一个大致的规律,那就是先文义解释,再论理解释,最后到一般原则的解释。

二、合同解释

(一)合同解释的含义

合同解释是指阐明合同条款的含义,从而确定当事人在合同中的权利、义务的活动。[5] 有人提出了合同解释的广义和狭义之分。狭义上的解释专指阐明解释(或确定解释、意义发现之解释),意为文义暧昧之阐明,此为本来意义上的合同解

---

〔1〕 参见杨仁寿:《法学方法论》,中国政法大学出版社 1999 年版,第 227 页。

〔2〕 参见史尚宽:《民法总论》,中国政法大学出版社 2000 年版,第 49~52 页。

〔3〕 陈弘毅:《当代西方法律解释学初探》,载梁治平主编:《法律解释问题》,法律出版社 1998 年版,第 5 页。

〔4〕 梁慧星:《民法解释学》,中国政法大学出版社 2000 年版,第 241 页。

〔5〕 张家勇:《论合同的解释及漏洞补充》,载《西南民族学院学报》(哲社版)1997 年第 5 期。

释。广义解释还包括补充解释和修正解释。[1] 但一般人们所说的合同解释只指狭义的解释。

(二)合同解释的起因

合同解释是因当事人对合同内容的争议而进行的,而当事人对合同内容的争议是因合同用语的不明确而产生的。出现合同用语不明确的原因是多方面的,如语言文字的多义性、当事人表达能力的差异、当事人受领能力的差异、缔约环境的差异等。

(三)合同解释的目的和意义

合同解释的目的在于使合同条文的意义特定化,使当事人的权利义务明确化,以达到排解纷争,消弭冲突,使合同得以顺利履行,实现当事人期望达到的目的。对于法院来说,合同解释的意义在于准确查清案情,正确适用法律。合同的解释有助于某些不明确的合同内容得到合理确定,以符合法律对合同内容的典型要求。合同解释有助于不统一的或相矛盾的合同内容得以统一。通过合同的解释,使当事人的权利义务得以明确和具体,在此基础上做出当事人是否违约的判断,进而适用有关法律,最后做出判决。

(四)合同解释的理论

大陆法系的理论认为,对合同的解释,就是对当事人意思表示的解释。而意思表示解释被分为意思主义和表示主义。意思主义理论强调法律行为的实质在于行为人的内心意思,法律行为本身不过是实现行为人意思自治的手段。而表示主义理论认为法律行为的本质不是行为人的内在意思,而是行为人的表示意思,法律行为是一种表示的意志,而不是一种内部保留的意思所形成的。现在大陆法系各国一般都采折中主义的立场。而英美法系的合同解释方法与大陆法系有明显的差异。大约1875年以前,英国和美国法院在合同的解释问题上采取的都是主观解释原则。依照主观解释原则,如果合同双方赋予合同用语的含义、对合同语言的理解大不相同,那么他们之间便没有达成合同。后来,英国和美国等都转向客观主义的解释方法。合同必须按照其本身条款和用语进行解释。20世纪末,英国又出现了目的解释学说。目的解释论认为在解释合同时应着重考虑双方交易的目的,对合同用语应按理性的商人解释它们的方式进行解释,做出有利于商业意义的解释。[2]

---

〔1〕 徐涤宇:《论合同的解释》,载梁慧星主编:《民商法论丛》(第8卷),法律出版社1999年版,第706页。

〔2〕 提出上述目的解释论的案件如 Deutsche Genossenschafts band v. Burnhope[1995],1WLR 1580,1589. Lord Napier and Ettrick v. R F Kershaw Ltd.[1999],1WLR 756 763。

(五)合同解释的方法

我国《合同法》第125条规定了以下合同解释的方法:"当事人对合同条款的理解有争议的,应当按照合同所使用的词句、合同的有关条款、合同的目的、交易习惯以及诚实信用原则,确定该条款的真实意思。合同文本采用两种以上文字订立并约定具有同等效力的,对各文本使用的词句推定具有相同含义。各文本使用的词句不一致的,应当根据合同的目的予以解释。"可见,我国合同法规定了以上五种解释的方法:文义解释(对合同所使用的文字语句的含义进行解释)、整体解释(对合同各个条款作相互解释)、目的解释(在合同所使用的文字或某个条款可能作两种解释时采取最适用于合同目的的解释)、习惯解释(参照当事人的习惯解释)、诚信解释(解释合同应遵循诚实信用的原则)。

(六)合同解释方法的适用

我国《合同法》第125条规定的合同解释方法虽有排列上的先后顺序,但并没有明确对这些方法如何适用。有人认为,按合同法规定的解释规则,"首先应从文义解释入手,若文义解释仅出现一种结果,即不再用其他解释原则。若出现两种以上的结果,应适用其他原则。其次运用体系解释原则及交易惯例原则进行解释,并参酌诚实信用原则,得出解释结果。最后如果有两种以上解释结果的,应运用符合合同目的的原则进行取舍"。[1] 有学者认为:"在当事人就合同条款含义发生争议时,首先应当按照文义解释的方法,对该条款的准确含义进行解释。如果该条款涉及合同的其他条款或规定,则应当适用整体解释的方法。如果依合同本身的文字材料不能进行解释时,则应当采用目的的、习惯的及诚信原则等方法进行解释。如果文义解释等与目的解释的结果不一致,应根据合同的目的进行解释。"[2]也有的学者认为:"并非位阶在后的解释方法必然优于位阶在前的解释方法,而是在位阶在前的解释方法不能适用或其适用无法得出确切的结论时,才适用位阶在后的解释方法;各种解释方法冲突时的选择,不在于哪种方法的价值更大,也不取决于外在的价值观或其他因素的左右,而应当受到合同解释的原则的拘束。所谓顺位,不是一个价值选择的顺序,而应当依据合同解释基准,遵循从书面文本依据向客观行为转移、从探求当事人主观真意向外在公平标准调和的转换,这与合同解释理论从意思主义发展到表示主义直至现代的折中主义的轨迹基本吻合,也是从形式理性标准向实质理性标准的转换。当然,在解决具体合同条款争议的情况下,并非每

[1] 最高人民法院经济审判庭编著:《合同法释解与适用》,新华出版社1999年版,第526页。

[2] 王利明:《合同法研究》(第1卷),中国人民大学出版社2002年版,第446页。

种解释方法都能适用,而且由于前几种解释方法的无力,法官可能直接适用位阶在后的某种方法,但在疑难案件中,法官对于如何选择适用合同解释方法大致会经历上述顺位的思考过程。”[1]

可见,合同解释方法的适用,原则上有一定的顺序。但是各种解释方法既不是孤立的,也不是排斥的。各种解释方法在适用中有互相验证的关系。

三、专利权利要求解释与法律解释、合同解释的关系

(一)法律解释和合同解释的差异

虽然法律解释和合同解释都是对文本的解释,但其性质上存在差异。我国有学者认为,合同解释与法律解释的区别有以下几点:第一,解释的对象不同。法律解释的对象是具有普遍法律效力的法律,而合同解释的对象是一种事实。第二,解释的手段不同。法律解释可以作扩大解释,而合同解释不能作扩大解释。第三,解释的目的不同。法律解释的目的是解决法律适用问题,合同解释的目的是澄清事实。第四,解释本身的效力不同。法律解释具有相对普遍性,而合同解释仅适用于个案。第五,关系人地位不同。合同解释中法官更多地站在受领人的角度并结合当时的具体场景进行解释,在法律解释时法官所受到限制远远超出合同解释。[2]

美国法院认为,法律的解释不需要借助于外部证据,不需要陪审团参与;而合同的解释需要借助外部证据,需要陪审团参与。当事人对法律的内容产生争议时,法院完全可以通过自己掌握的证据,甚至法律文本本身对法律做出解释。而当事人对合同的内容产生争议时,当事人需要向法院提供有关的证据,合同内容的确定不只是依据合同本身的语言,还依据其他外部证据以及订约时的环境。

(二)专利权利要求解释与法律解释、合同解释

1995 年,美国联邦巡回上诉法院在审理 Markman v. Westview Instruments, Inc. 案[3]时,对于专利权利要求是类似于法律解释还是类似于合同解释,联邦巡回上诉法院的法官产生了分歧意见。多数派拒绝了反对者提出的权利要求解释类似于合同解释的观点。其理由是,合同不能约束社会公众,而专利权使社会公众在专利期限内不得实施该专利。因此,在解释合同时,当事人的主观意图是考虑的因素,而专利权利要求应不借助于发明人的主观意图进行客观地解释。合同很少由独立

---

[1] 张艳:《论合同解释方法的运用》,载《法律适用》2013 年第 11 期。

[2] 参见李永军、易军:《合同法》,中国法制出版社 2009 年版,第 419 页。

[3] 52 F. 3d 967 (Fed. Cir. 1995).

的法律专家进行客观清楚的评价，而专利申请由专利审查员审查，以保证“本领域普通技术人员”可以了解描述的发明及其边界。多数人的意见是：

与解释权利要求更相近的是法规解释。法规解释是严格由法院掌握的法律问题。对所有人只有一种正确的法规解释。法规是所有人都认识到并受之约束的书面文件。像专利一样，法规是对社会公众具有强制执行力的，不像合同双方所签订的私人协议那样。法院根据法院的用语，依据传统的法规解释手段（包括一些著名的解释准则）进行解释（注释略）。法院也可能发现需要参考立法过程，立法过程本身是公共记录，就像说明书和专利审查档案是公共记录一样。当法院在解释法规时借助公共记录确定国会的意图时，在立法过程中任何人的主观意图都是不重要的。因此，国会议员或者起草法规的工作人员并不需要在涉及法规解释时出庭作证。同样，专利权人赋予专利用语的主观含义同样是不重要的。因此，法院在专利侵权案件中发现权利要求用语的含义时应当借助于公共记录。当然，法规与专利之间存在区别。但因为两者都是可以对没有参与立法或专利授权的第三人赋予义务的书面文件，就像本案一样，我们认为，在确认了确定宪法赋予的权利是否被侵犯，法规解释的方式将权利要求解释的权利完全交给法官，是比合同解释的方式更准确的方式。

通过该案的判决，美国联邦巡回上诉法院确立了专利权利要求解释属于法律问题，类似于法律解释，应当由法院确定而不是陪审团裁决的原则。但是，这一结论一直还受到质疑。[1]

美国学者认为，将权利要求解释类比于合同解释，并非完美无缺。但将权利要求解释的问题类比于成熟的法规解释方法，是一种有建设性的方法。通过适用已经确立的解释规则，使专利权的保护范围保持一致性，是该案将权利要求解释完全交给法官的一个明显的目的。[2]

美国之所以会产生专利权利要求解释是类似于法律解释还是类似于合同解释

---

〔1〕　在2005年美国联邦巡回上诉法院就Phillips v. AWH Corp.（Fed. Cir. 2005）（en banc）案进行满席审理并作出判决时，仍有两位法官不同意专利权利要求解释属于法律问题，坚持认为权利要求解释是没有事实因素的法律问题的观点，是无益的、荒谬的。他们认为权利要求解释是，也应当是，根据上下文进行的：权利要求应当从一个本领域普通技术人员的角度，并考虑到发明时技术状况进行解释。这些是权利要求解释的关键问题，是事实性的。

〔2〕　Robert C. Kahrl, See Robert C. Kahrl, *Patent Claim Construction*, New York, Aspen Publishers, 2003, pp. 5 – 11.

的争议,主要是因为在专利权利要求解释的过程中是否由陪审团来裁决,以及二审法院是否可以重新解释而引起的。美国法院最后确立了专利权利要求解释类似于法律解释的原则,但这一原则还受到人们的质疑。笔者认为,在不存在陪审制的国家,法律解释与合同解释并不存在原则的差异。法律解释与合同解释的差异主要体现在:法律是约束社会公众的,在解释法律时应考虑法律对社会公众的影响;合同是约束双方当事人的,在解释合同时应考虑缔约过程和合同当事人的情况。从这个意义上说,专利权利要求更类似于法律,因为专利可以约束社会公众。但从另一方面说,专利又是专利权人与代表社会公众的国家专利局之间订立的合同,在解释专利时也应当考虑专利审批的过程和专利权人的意思。因此,笔者认为,专利权利要求界于法律与合同之间,解释专利权利要求类似于解释法律,但与解释合同也有相似之处。在解释权利要求时,应当认识到专利权利要求解释与法律解释、合同解释的相同和差异,并据此借鉴法律解释和合同解释中的一些解释方法。

(三)专利权利要求解释与法律解释和合同解释的比较

专利权利要求解释与法律解释、合同解释都属于对文本解释的范畴。因此,三者之间具有某些相似的方面。但同时,因为法律、合同和专利权利要求的目的和作用有明确的区别,三者又有明显的差别。

专利权利要求解释与法律解释、合同解释的相似之处表现在:三者解释的对象都是通过语言文字形式形成的文本。三者的目的都是澄清文本的含义。而三者解释的起因都是因为语言文字本身具有多义性和不确定性。在解释的过程中都需要一定的解释方法作为指导。这些解释方法,在某些方面也具有相似的地方。例如,在确定文本中文字的字面含义、文字在上下文中的含义,参考其他资料确定文字的含义,根据法律思想或原则确定文字的含义等方面,三种解释有相似的解释方法。

但是,权利要求解释与法律解释、合同解释的差别也是明显的。这种差别是由于专利权利要求与法律、合同的性质不同而引起的。法律是具有约束力的行为规范,它的目的在于引导人们的行为,并为解决有关纠纷提供规则。因此,在解释法律时要考虑立法的目的和法律制定的实际情况。这样,论理解释在法律解释中起着关键的作用。同时,由于法律是解决纠纷的规则,但是立法又比社会现实具有滞后性,需要通过法律解释的方式使法律规范涵盖社会生活的各个方面,这样就产生了扩张解释和根据法的一般原则的解释。但是,对于不同性质的法律适用的法律解释方法也是不同的。前面讲的基本是民事法律的解释方法,而刑事法律的解释方法与此又有明确的差异。刑事法律的目的在于通过惩罚犯罪引导人们的行为。

刑事法律规范的范围应当明确和固定,对于刑事法律的解释就不能进行像对民事法律那样的扩张解释和根据一般原则的解释。可见,由于法律的普遍性、约束性和不同法律之间的差异性,产生了种类繁杂的法律解释方法。在进行法律解释时,并不是适用所有的法律解释方法,不同的解释方法是针对不同的法律、根据不同的实际情况而适用的。

合同是平等主体的两方或两方以上的当事人之间设立、变更、终止民事权利义务关系的协议。合同的内容是由各方当事人协商一致而确立的。合同订立是通过一方提出的要约被另一方或其他各方承诺而完成的。合同当事人的目的具有一致性(各方都希望合同有效成立),又具有相对性(往往表现为一方的权利是另一方的义务)。因此,在合同解释的过程中,首先就产生是按照当事人的内心意思还是合同条款的外在意思进行解释的问题,也就是主观解释和客观解释的问题。为了平衡各方当事人的利益,多数国家采取了将主观解释与客观解释折中的做法。由于合同条款上下文的关联性,就产生了整体解释;由于合同当事人目的的一致性,就产生了目的解释;由于合同当事人往往遵循同样的商业惯例,就产生了习惯解释;由于诚实信用原则是民法的基本原则,就产生了诚信解释。可见,合同解释的理论和方法也都是根据合同的性质而产生的。

专利权利要求是专利申请人起草的、经过专利审批机关批准的确定专利权人独占范围的文件。专利权利要求并不是孤立的,它与专利说明书和附图有着非常密切的联系。在专利审查过程中,专利申请人可能会应审批机关的要求对专利权利要求进行说明或修改。专利权利要求一经公布,本领域的技术人员就按照权利要求书理解专利权人的独占范围,并在上述理解的基础上进行生产经营和技术创新活动。从法律性质上看,专利权利要求与合同具有明显的不同。合同只对当事人有约束力,并且一般情况下合同的解释只影响合同当事人。而专利权利要求是向社会公开的,对专利权利要求的解释影响专利权人和不特定的社会公众。因此,在合同解释时,当事人的目的是重要的考虑因素。但在权利要求解释时,专利申请人起草权利要求的目的则很少给予考虑,而主要的考虑因素是本领域普通技术人员对于权利要求的理解。

专利权利要求与法律的区别也是很明显的。专利权利要求是作为民事权利主体一方的专利权人拟定的,其目的只是确定专利权人的独占范围,而不是像法律那样是由国家权力机关制定的、具有行为指导意义的、具有普遍约束力的规范。法律解释的关注点是法律的实施,合同解释的关注点是权利义务的明确,而专利权利要求解释的关注点是专利保护范围的界定。

可见,专利权利要求解释与法律解释、合同解释有相同之处,但又不同于法律解释和合同解释。解释专利权利要求时可以借鉴法律解释和合同解释的一些方法,但又不能照搬法律解释和合同解释的方法。

第二章　美　　国

第一节　美国有关法律规定

一、美国专利法及专利法中的权利要求

美国第一部专利法是1790年制定的。在1790年的专利法中，并没有关于专利权利要求的规定。该法只是要求专利申请人提交的说明书达到"将发明或发现与已知或使用过的东西区别开来"的程度。该法下并没有保存的专利案件的记录，无法得知专利保护范围的宽或严。

1790年专利法很快被1793年专利法取代。1793年专利法与1790年专利法的最大区别是，将专利审查制度修改为登记制度。1790年的专利法创建了审查制的专利制度，但当时的美国政府无法承担该制度运行的费用，因此不得已改为登记制。1793年专利法仍然没有关于专利权利要求的规定。该法继续强调将发明与在先技术相区别，并特别强调了机器发明与在先技术的区别。该法要求机器发明的专利申请人"解释发明的原理，并且解释他预想的适用该原理和与其他发明相区别的特征的几个实施例(mode)"。

采用登记制导致无效专利泛滥。1836年的专利法又恢复了审查制度，并且第一次提到了专利权利要求。该法第6条规定："在涉及机器发明的情况下，(申请人)应当充分解释其原理，并且解释他预想的适用该原理和与其他发明相区别的特征的几个实施例。并且应当特别界定并指出他请求为自己发明或发现的部件、改进或组合。"最初，美国的法官并不认为上述规定是一个严格的要件，只是认为它是对说明书的更详细的要求。[1] 只是后来，美国法院逐渐接受使用权利要求是强制性的，到19世纪70年代完全接受这一要件。从19世纪70年代中期开始，起草专

---

〔1〕 Robert C. Kahrl, *Patent Claim Construction*, New York, Aspen Publishers, 2003, pp. 2 – 37.

利文件的标准开始出现,法院对待权利要求书和说明书更严格,并开始通过权利要求书来确定专利的保护范围。但是,总的来说,在专利权利要求方面,1836 年的专利法并不是对以前专利制度的根本变更。[1] 1836 年专利法实施后,专利授权数量下降,但专利权人对于授权专利的保护更有信心。[2]

1870 年的专利法对专利权利要求的规定作了稍微的变更,该法第 22 条规定:"在涉及机器发明的情况下,(申请人)应当解释其原理,并解释他预想到的适用该原理将发明与其他发明区别开来的最佳实施例。申请人还应当特别指明并清楚地对他请求为发明或发现的部件、改进或组合提出权利要求。"上述规定,明确地要求专利申请人应当提出"权利要求"。上述规定被原封不动地规定在了 1874 年的专利法中。在实践中,法院仍进一步重视权利要求的作用。1920 年第二巡回上诉法院在 Fulton Co. v. Powers Regulator Co. 案中论述了权利要求的重要性:"严格说来,说侵犯专利是错误的,应当说是侵犯权利要求。权利要求是对发明的界定,是诉因。一个人可以在说明书和附图中提出很多观念和概念,但只有权利要求用来衡量专利发明和被控侵权物。专利权人可以描述某种东西但不写在权利要求中,也可以在权利要求中写入未描述的东西。但授予的权利应解释为只及于既有描述又写在权利要求中的东西,不管权利要求中使用的用语的含义有多宽。"[3] 此案以后,专利权利要求成为确定专利保护范围的"试金石"。

1952 年的专利法第 112 条第 2 款做出了如下规定:"专利说明书以权利要求作为结语。权利要求可以是一项或多项。权利要求应当特别指明和清楚地界定申请人认为是其发明的标的。"这也就是现行美国专利法的规定。从上述规定看,权利要求只是说明书的结语,暗示着权利要求是对说明书的概括。但是实际上,有时权利要求只包括说明书所披露的发明的一部分,而有时权利要求所包括的具体实施形态与说明书披露的实施形态有明显差异。[4]

二、专利权利要求在美国专利法中重要性的提高

从上述美国专利法关于专利权利要求的规定的变迁中可以看出,专利权利要求在美国专利法中的地位越来越重要,以至于到现在成为专利法文件中的最重要

---

[1] Robert C. Kahrl, *Patent Claim Construction*, New York, Aspen Publishers, 2003, pp. 2 – 37.

[2] See Robinson, Treatise on the Law of Patents 81 (1890).

[3] 263 F. 578 (2d Cir. 1920).

[4] Robert C. Kahrl, *Patent Claim Construction*, New York, Aspen Publishers, 2003, pp. 2 – 34.

内容。美国专利法最初并没有对权利要求作出规定，而是专利从业者自愿地使用权利要求来界定其发明。后来，法院将权利要求作为专利的一个要件，最后专利法才将权利要求规定为一个法定要件。而这时，使用专利权利要求已经成为专利权人的习惯做法。[1] 专利权利要求在美国专利法中的地位越来越重要，并不是专利法修改带来的变化，而是在实践中专利权利要求越来越重要，专利法修改时将已经通行的做法通过立法的形式成文化。[2]

之所以会出现专利从业者和法官推动权利要求在专利法中作用提高的现象，是因为专利法需要向社会公众公示专利的范围。专利权人向公众说明其发明的范围可以告知他人以避免侵权，而公众了解了专利的保护范围可以判断自己的行为是否构成侵权，并且可以进行避专利设计。而专利权利要求是界定发明的范围、将发明与在先技术相区别的最有效手段。

三、专利权利要求内容的变化

在美国的专利制度中，曾经有两种专利权利要求理论。一种是中心权利要求（central claiming）理论；另一种是周边权利要求（peripheral claiming）理论。根据中心权利要求理论，专利申请人对发明的核心提出权利要求。权利要求往往描述发明原理的最佳实施方式，或者只描述发明的关键构成要件。而根据周边权利要求理论，专利权人描述根据发明的所有情形或者发明物的所有变换。[3]

从美国专利制度产生到19世纪70年代，实行的是中心权利要求。在这一阶段，专利权人只对其发明的创新性部分和实施方式提出权利要求，法院据此进行宽泛的解释以确定专利保护范围，使专利权人得到较充分的保护。但是，法院将狭窄的权利要求扩大保护到多大的范围，不同的法院和不同的案件都各不相同。但实务界希望在专利侵权案件中对于其专利的保护范围有更大的确定性和稳定性，避免类似专利在保护范围上的冲突，专利权人开始使用更确定的方式界定其发明。

19世纪70年代末，专利实务界人士开始改变了权利要求书的撰写方式。从只是说明其发明的中心原则或只描述一种实施方式而依靠法院自由解释其保护范

---

〔1〕 Robert C. Kahrl, *Patent Claim Construction*, New York, Aspen Publishers, 2003, pp. 2 – 35.

〔2〕 Ibid., pp. 2 – 37.

〔3〕 Ibid., pp. 2 – 42.

围,改变为明确地列举体现其发明的等同物的范围。例如,专利权人不只是说明其化学方法的条件,而是列出其化学方法可以实现的所有条件;不再只是描述专利权人实施发明的设备,而是列出所有可能实施的设备。对于说明书中的具体方式,专利权人列出在侵权物中的各种变形。这种撰写权利要求的方式明确界定了权利要求的边界,不在列举范围内的则不会侵犯专利权。周边权利要求很快被广泛采用,并一直适用到今天。法院将权利要求称为发明的“边界”(metes and bounds)。现在的专利权利要求解释就是针对周边权利要求而进行的。

第二节　权利要求解释的一般规则

一、专利权利要求解释与专利侵权认定

制止专利侵权行为是专利权人行使其专利权的重要内容,也是法院对专利权保护的重要环节。在美国的司法实践中,人们总是说某一“产品或方法”而不是某人的行为侵犯了他人的专利权。“说某一‘产品或方法’侵犯了他人的专利权,实际上是说该产品或方法‘侵犯’了专利权所覆盖的产品或方法。而专利权所覆盖的产品或方法,也是由权利要求所界定的。所以,侵犯专利权,就产品或方法的角度来说,是被控侵权产品或方法落入了权利要求的范围之内。这样,就侵权与否的判定来说,实际上是发现被控侵权的产品或方法与专利权利要求之间的相同或不同,是以被控侵权的产品或方法与权利要求相比较。”[1]因此,判断专利侵权的重要一步是将被控侵权产品或方法与权利要求进行比较。在进行比较时,首先要确定专利权利要求的内容,确定专利权利要求内容的过程,就是专利权利要求解释。

美国将专利侵权分为直接侵权和间接侵权,直接侵权又分为字面侵权和等同侵权。[2] 而字面侵权与字面解释、等同侵权与等同解释是相对应的概念。如果对专利权利要求进行字面解释后,被控侵权产品或方法就落入专利权利要求的范围,这时认定的侵权就是字面侵权。如果按照等同原则对专利权利要求进行等同解释后,认为被控侵权产品或方法落入专利权利要求的范围,这时认定的侵权就是等同

〔1〕 李明德:《美国知识产权法》,法律出版社2003年版,第58页。

〔2〕 同上书,第60~67页。

侵权。

虽然从广义上来说权利要求解释包括字面解释和等同解释。但“字面解释”这一术语在美国并没有得到广泛的使用，人们习惯上使用“权利要求解释”指称字面解释。本章中以下所称的权利要求解释，基本上指的是字面解释。

美国法院认为，权利要求解释独立于侵权认定，“字面侵权认定需要两个不同的步骤。首先，作为法律问题，法院对权利要求进行解释以确定其含义和范围，在第二步中，事实问题审查者(trier of fact)认定经过上述解释的权利要求覆盖被控侵权产品”。[1] 从上述表述看，侵权认定中，先进行权利要求解释，在进行权利要求解释时不必考虑被控侵权物的情况。在进行了权利要求解释后，再就被控侵权物是否落入专利权利要求的范围进行判断。但有的学者认为，这并不是实际的权利要求解释方法。因为不管是当事人还是法院，都是在将权利要求的用语与被控侵权物进行对比后才意识到权利要求解释的问题。权利要求可能涉及20个解释的问题，但可能只有一个与被控侵权物是否侵权有关。[2] 联邦巡回上诉法院认为，在不考虑被控侵权产品的情况下解释权利要求可能是不精确的。法院指出：“审查权利要求解释只是在做出侵权诉讼判决所必须的情况下进行。因此，在考虑侵权背景的情况下审查权利要求解释问题，界定权利要求中术语含义的法律意义，总是在特定的被控侵权产品或方法的背景下进行的。尽管一审法院当然不应该把解释权利要求的目的定在被控侵权产品或方法是否在权利要求的范围之内，从而对最终侵权分析进行预判，但了解被控侵权产品或方法对于作为侵权分析的第一步的权利要求解释，提供了有用的背景。”[3] 在该案中，法院认为，如果没有侵权的背景，无法解释权利要求中“硬性”(rigid)的含义。在EMD Millipore Corp. v. AllPure Technologies, Inc. 案[4] 中，涉及容器的密封装置，权利要求有如下内容：“至少一个可移动的、可更换的转移件，其用于转移一介质进出容器，所述转移件，包括一保持器，一用于密封所述孔的密封件……”地区法院解释其中的“可移动的、可更换的转移件”为“一个转移件，可从装置中移除并被另一个可移动可更换的转移件更换。”而被控侵权物中的转移件在卸下时需要拆散。在考虑到被

---

〔1〕 Southwall Technologies, Inc. , v. Cardinal IG Co. 54 F. 3d 1570 1574, 34 USPQ2d 1673, 1676 (Fed. Cir. 1995).

〔2〕 Robert C. Kahrl, *Patent Claim Construction*, New York, Aspen Publishers, 2003, pp. 4 – 5.

〔3〕 Wilson Sporting Goods Co. v. Hillerich & Bradsby Co. , 442 F. 3d 1322, 1326 – 27, 78USPQ2d 1382, 1386 (Fed. Cir. 2006).

〔4〕 1768 F. 3d 1196, 1201 – 02, 112 USPQ2d 1412, 1416 (Fed. Cir. 2014).

控侵权物后,法院认为,对权利要求中的"可移动的、可更换的转移件"需要进一步解释,其含义并不包括拆散后卸下。因为拆散会导致转移件失去密封性成为废品。

因此,专利侵权认定与专利权利要求解释的关系是:专利权利要求解释是认定专利侵权的第一个步骤。专利权利要求解释从理论上来说不涉及被控侵权物,但在实际解释过程中不可能不考虑被控侵权物的情况。权利要求解释和侵权判定的界限不总是很清晰的。在很多案件中,首先看被控侵权物的情况,再决定权利要求解释的问题,不仅是恰当的,而且是必需的。[1]

二、Vitronics 案确立的解释权利要求的资料

解释权利要求首先在确定用于解释权利要求的资料。美国联邦巡回上诉法院1996 年在 Vitronics Corp. v. Conceptronic, Inc.[2]案(以下简称 Vitronics 案)中对于解释权利要求的资料进行了完整论述。

(一)简要案情

Vitronics 和 Conceptronic 都生产用于生产印刷电路板的烤箱。烤箱被用于焊接电气装置(如电阻器、电容器和集成电路)的电路板。几家公司研制了焊接设备板的方法,Vitronics 研制了其中一种并申请了专利。该专利涉及用于表面安装器件焊接在印刷电路板上的方法,其中电路板是由一输送机带动通过一个多区烤箱。在此过程中,将焊膏放置在电路板和要焊接的设备(具有附连接器)焊接的位置。然后电路板放置在基本上通过一个烤箱运行并穿过几个不同的加热区的传送带。在最后的和最热区域,焊膏熔化,形成器件和电路板之间的连接。电路板保持在最后一个加热区只有很短的持续时间,从而使焊料达到高到足以引起的焊料熔化并回流的温度下,同时保持设备本身下方的焊料回流温度。由于该温度差,焊料向上流动的设备的连接器得以形成一个牢固的连接。

专利权利要求中有如下的内容:通过第三区和在紧邻的至少一种非聚焦的红外面板发射的第三发射面移动所述板,所述第三发射面温度高于所述第二面板的温度,所述第三发射面加热所述板和所述焊料,达到焊料回流温度并保持足够长的时间以使所述焊料回流和焊接到所述电路板的设备,同时维持所述焊料回流温度

〔1〕 Robert C. Kahrl, *Patent Claim Construction*, New York, Aspen Publishers, 2003, pp. 4 – 6.

〔2〕 90F. 3d 1576, 1582, 39 USPQ 2d 1573, 1576 177(Fed. Cir. 1996).

低于设备的温度。

对于被控侵权产品是否达到权利要求中“焊料回流温度”,双方产生争议。Vitronics要求对该用语进行解释,但一审法院直到举证结束才对权利要求进行解释。一审法院使用了说明书和专家证言等资料,认定“焊料回流温度”为183℃。Vitronics对该权利要求解释向联邦巡回上诉法院上诉。

(二)联邦巡回上诉法院的判决

联邦巡回上诉法院在判决中重点分析了用于解释权利要求的资料。判决指出:[1]

字面侵权分析涉及两个步骤:正确解释有关的权利要求和确定被控侵权产品或方法是否落入专利的保护范围。第一步权利要求解释是法律问题,我们进行重新审查。

在对权利要求进行解释时,法院可以使用多种资料,用于指导对权利要求做出正确解释。这些资料包括内部证据(如专利说明书和审查档案)和外部证据(如专家证词)。

一个公认的原则是,在解释权利要求时,法院首先看内部证据。本案中,包括权利要求书、说明书、专利审查档案等。这样的内部证据是确定有争议的权利要求语言的法律含义的最主要资料。

第一,我们来看权利要求本身,权利要求通过断言和非断言的方式,界定专利发明的范围。尽管在权利要求中的用语,一般给出其普通和通常的含义,专利权人可以选择作为词典编纂者,使权利要求的用语不使用其普通含义,只要其对该用语的特别界定明确记载在说明书或审查档案中。

第二,必须始终通过审查说明书来确定本发明人是否以与普通含义不一致的方式使用术语。当说明书对权利要求中的术语进行了明示或暗示的界定时,说明书就是权利要求书的词典。就像我们经常重复的:“权利要求书应结合说明书进行阅读,权利要求书是说明书的一部分。”说明书包含对本发明的详细说明,必须清楚、完整足以使本领域普通技术人员能够制造和使用该发明。因此,说明书与权利要求解释密切相关。通常,它是决定性的,是确定一个有争议的术语的含义的唯一最好指导。

第三,法院还可以考虑专利审查档案,如果专利审查档案已经作为证据提交。

[1] 删节了引用其他判决的有关内容。

专利审查档案包含了在专利商标局审查过程中的完整记录,包括专利申请人对专利保护范围的明确意见。因此,在专利商标局的档案对于确定权利要求术语的含义具有重要意义。在专利审查档案中,可能还包括针对引用的现有技术的审查意见。

第四,在大多数情况下,只分析内部证据就可以解决争议的权利要求术语的模糊之处,在这种情况下,再依赖外部证据就是不合适的。权利要求、说明书和审查档案是专利权利要求的公共记录,是公众可以依赖的记录。换句话说,竞争者可以审查公共记录,适用权利要求解释的规则,确定专利权利要求的保护范围,并据此进行避专利设计。如果允许在审判中引入外部证据(如专家证言)来修正或改变公共记录,将使这种权利毫无意义。无论试图改变专利权利要求范围的人是专利权人还是被控侵权人,都同样适用。

另外,法院可以自主决定是否采纳和依赖一方当事人提供的现有技术的证据,不管现有技术是否记载在说明书和审查档案中。现有技术往往可以帮助说明本领域技术人员是如何使用权利要求中有争议的术语的。使用现有技术有可能必须依赖专家证言,并有可能节省庭审时间。与专家证言相比,现有技术资料更能说明所有本领域技术人员通常如何理解该有争议的术语。专家证言往往只是说明一个特定的专家如何理解有争议的术语,但是,再次说明,当通过仔细阅读公共记录就可以理解有争议的术语时,依赖这些外部证据是不必要的。这些证据,也不能用于改变权利要求术语在说明书或审查档案中界定的意义,即使采用暗示的方式界定的也是如此。

本案中,有争议的用语"焊料回流温度"的含义,通过阅读权利要求书本身和说明书就可以清楚地得知。"高峰回流温度"和"液相线温度"在说明书中已经进行了明显的区分。"液相线温度"是大约190℃,而"高峰回流温度"是210℃ ~218℃。另外,在说明书的实施例中,焊料加热到210℃,但设备保持在大约195℃。因此,为了与说明书和实施例一致,权利要求1中的"焊料回流温度"指的是"高峰回流温度"而不是"液相线温度"。如果将"焊料回流温度"解释为"液相线温度",说明书中的一个实施例将不在权利要求的范围之内。使用外部证据的解释方法是极少见的,只有在有充分说明力的证据支持的情况下才可能是正确的。但本案中并没有这种证据支持做出这种解释。通过阅读说明书,就可以清楚地解释权利要求中"焊料回流温度"的含义是指"高峰回流温度",而不是"液相线温度",一审法院的分析就应到此为止了。只有在分析了所有内部证据后,权利要求仍还存在模糊不清之处时,一审法院才可以借助外部证据,例如专家证言,来解释权利要求。另外,即使在解释权利要求前已经听取了专家证言等所有证据,如果这些证据与说明书不一致,也不能使用。本案中,一审法院的法官不但考虑了说明书,还考虑了 Vitronics 的前雇员等书写的外部证据。但是,当专利文件本身的内容是清楚的时,这些外部证据不应该使用。

最后,法院判决撤销一审判决,发回重审。

(三)解释权利要求的资料及顺序

在 Vitronics 案中,联邦巡回上诉法院明确了解释权利要求的资料及使用的顺序。解释权利要求的资料分为内部证据和外部证据。内部证据包括权利要求书、说明书和审查档案。外部证据包括专家证言和其他现有技术等资料。在解释权利要求时,优先使用内部证据。只有在使用了内部证据仍不能解决权利要求的模糊不清之处时,才能使用外部证据。

三、Phillips 案确立的美国专利权利要求解释的一般规则

2005 年 7 月 12 日,美国联邦巡回上诉法院就 Phillips v. AWH Corp. 案[1]作出了判决。该案对美国专利权利要求解释的方法进行了总结。我们首先从本案认识美国专利权利要求解释的一般规则。

(一)简要案情

Edward H. Phillips 发明了一种钢壳模板,焊接在一起可以成为监狱的监舍,因为它具有承载力强、抗冲击、防火、隔音等特点。Phillips 就此获得了美国专利。该专利共有 26 个权利要求,其中权利要求 1 的内容为(详见图 FIG. 1 -7):

一种建筑模板,组装起来可以形成隔音、防火、抗冲击的用以保护资料和人身安全的屏障或房屋,包括以下组成部分:大体平行六面体形状的外壳,该外壳带有两个光滑的钢制面板,当多个模板组装在一起时钢制面板形成内外墙;用隔音、隔热材料将两个面板的钢面隔开的密封装置;由从钢壳墙向内伸展的钢制折流板(baffles)组成的、放置在壳体内用于增加承载力的其他手段(means)。

Phillips 与 AWH 公司、Hopeman 兄弟公司和 Lofton 公司(以下将这三个公司简称 AWH 公司)签订了协议,由 AWH 公司开发和销售这种产品。协

---

[1] 415 F. 3d 1303(Fed. Cir. 2005)(en banc).

议于 1990 年结束后，Phillips 发现 AWH 公司还在使用其商业秘密和专利技术。1997 年，Phillips 向科罗拉多地区法院起诉 AWH 公司专利和商业秘密侵权。

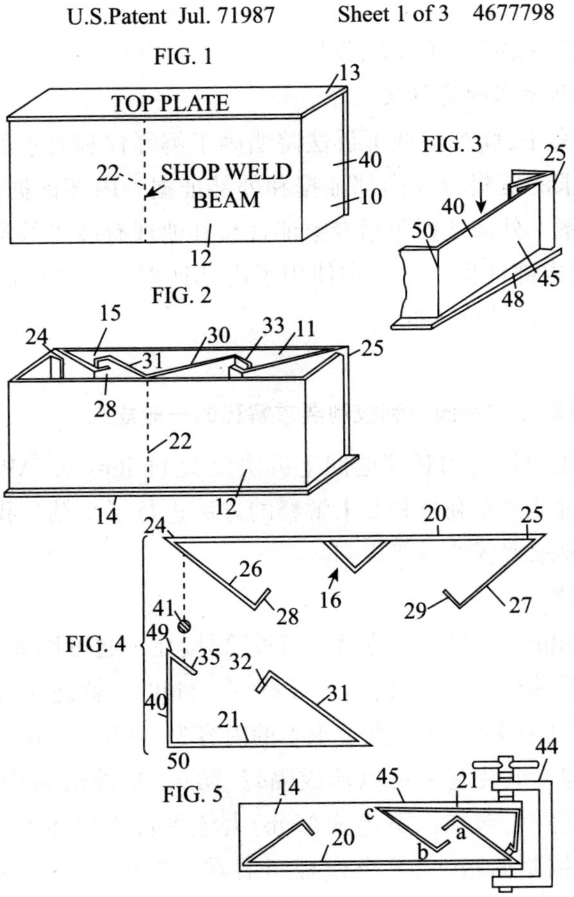

FIG.6

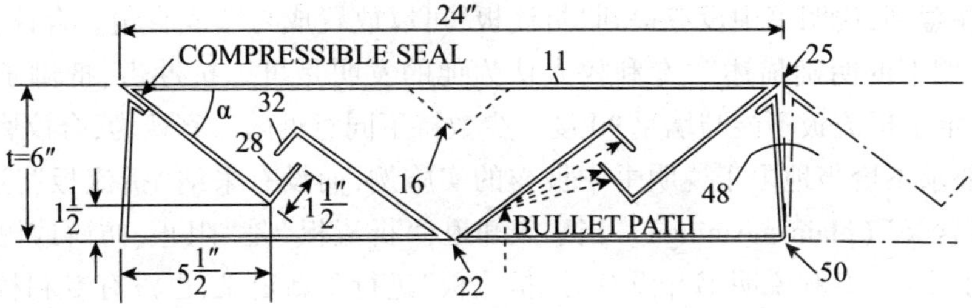

FIG.7

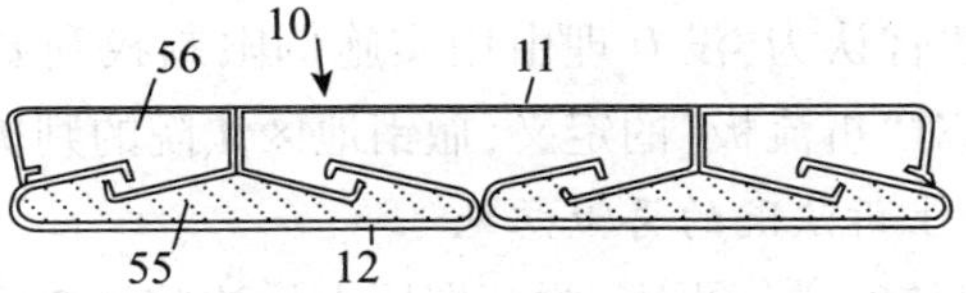

（二）原一二审的结果

科罗拉多地区法院驳回了 Phillips 关于商业秘密的诉讼请求。对于专利侵权的诉讼请求，法院着重对权利要求 1 进行了解释。对于“由从钢壳墙向内伸展的钢制折流板组成的、放置在壳体内用于增加承载力的其他手段”，地区法院认为，这属于专利法第 112 条第 6 款所说的“实现某一特定功能的手段”，“应当解释为覆盖了说明书中记载的相应结构、材料或者行为以及其等同物”。[1] 法院认为，从说明书看，说明书的文字和附图都说明折流板与墙面的角度都不是 90 度，这样才可以产生中间连锁。因此，地区法院认为，折流板必须从墙面呈钝角或锐角伸展开来，并且必须成为内墙连锁屏障的一部分。按这种解释方法，AWH 不构成侵权。地区法院作出了不侵权的简易判决。

Phillips 提出上诉，联邦巡回上诉法院于 2004 年 4 月作出了判决，按合议庭多数人意见维持了一审的判决。[2] 合议庭认为，因为专利权利要求中对具体结构进行了充分描述，因此不适用“手段 + 功能”的规定。但是，合议庭认为，专利权人用限制的方式使用了“折流板”一词。根据专利的书面描述，“折流板”不包括与墙面呈 90 度的状况。合议庭注意到，说明书中几次提到“折流板”使子弹改变方向，并

---

〔1〕《美国专利法》第 112 条第 6 款是关于“手段 + 功能”权利要求的规定，“对于针对组合的权利要求来说，其特征可以采用‘用于实现某种特定功能的机构或者步骤’的方式来撰写，而不必写出实现其功能的具体结构、材料或者行为。采用这种方式撰写的权利要求应当被解释为覆盖了说明书中记载的相应结构、材料或者行为以及其等同物”。

〔2〕 Phillips v. AWH Corp.，363 F. 3d 1207（Fed. Cir. 2004）.

且指出“放置成这样的角度可以使本来穿透外部钢板的子弹改变方向”。另外,合议庭还注意到,说明书中没有提到“折流板”可以放置成与墙成直角。合议庭认为,根据“说明书的明确描述”,专利权人认为他的发明是可以抗冲击、抵御子弹的模板,这决定了折流板不能与墙呈90度。少数持不同意见的法官认为,合议庭的意见将权利要求不恰当地限于说明书中披露的实施例,而没有采纳“折流板”这一术语的“平常含义”(plain meaning)。当事人知道,“折流板”是“阻止、妨碍或测量物质流动的手段”。专利说明书并没有对“折流板”进行重新定义,也没有专利权人弃权声明称其含义不是普通含义的全部内容。抗冲击只是发明的几个目的之一。因此,持不同意见的法官认为,没有理由用实施例限制权利要求书语言的明白含义,法院应当采用字典对“折流板”的定义,撤销地区法院的判决。

(三)联邦巡回上诉法院的再审意见

Phillips要求对该案进行再审,联邦巡回上诉法院于2004年7月决定撤销2004年4月的判决,以满席审理(en banc)方式对该案进行再审。[1]

联邦巡回上诉法院的再审决定书指出,该院以满席审理的方式对该案进行再审,试图解决在2004年4月判决中提出的专利权利要求解释问题。再审决定书提出了以下7个问题,要求当事人及律师协会、工商业协会、政府机构以及有关的个人或团体提交咨询意见。这7个问题是:

(1)为了更符合专利权利要求书的公开告知功能(public notice function),在解释权利要求书中的术语时,主要应参照专业字典和通用字典以及类似资料,还是主要应参照专利权人在专利说明书中对该术语的使用方式?如果两种资料都参照,应按什么顺序?

(2)如果字典应当作为解释专利权利要求的主要资料,是不是只有当专利权人是自己的字典编纂者(lexicographer)时,或者专利说明书清楚地反映出对专利保护范围进行了舍弃时,说明书才用于限制权利要求书中文字(按照字典的定义)所确定的全部保护范围?如果是这样,当说明书中出现什么样的文字时才可以说是符合这种情况?通用字典与专业字典应如何适用?如果同一术语在字典中有多种定义时,如何决定其通常含义(ordinary meaning)?如果字典中对于某一术语提供有

[1] 满席审理(en banc)指的是法院全体法官出庭就某一案件进行审理,有人称这种方式为大法庭审理,或全院联席审理。这种审理方式一般用于有较大影响的案件或法院试图将审判结果确立为判例的案件。满庭审理方式确立的判例,比其他判例具有更大的约束力。联邦巡回上诉法院共有12名法官,该院的满席审理,就是指全体12名法官出庭进行审理。对于本案而言,该院决定满席审理显然是想通过该案解决专利权利要求解释中的一些争议,并将本案作为有影响力的判例。

多种可以适用的定义时,是否应当借助说明书以决定适用哪一个定义?

(3)如果专利说明书应当作为解释权利要求的主要资料,字典应当被如何使用?如果说明书只披露了一个实施例,而没有关于专利范围的指示性描述,是不是专利要求书中文字的通常含义的范围限于说明书中披露的发明?

(4)如果不将被撤销的判决中合议庭多数法官的意见与少数法官的意见中的权利要求方式视为相互抵触的方式,这两种方式是否应当视为相互补充的方法?这样对专利权利保护的范围就有双重限制,专利权人为使权利要求达到其意图保护的范围,是不是必须使权利要求符合这两种限制性方法?

(5)仅仅为了避免专利根据《专利法》第102条、第103条及第112条的规定被认定无效,而对专利权利要求进行限缩性解释,这种情况是否存在?如果存在,在什么条件下适用?

(6)在确定专利权利要求中有争议的术语的含义时,专利审查过程以及本领域普通技术人员的专家证言应当起什么作用?

(7)为了符合最高法院案例Markman v. Westview Instruments, Inc., 517 U. S. 370 (1996)以及本院满席审理案例Cybor Corp. v. FAS Technologies, Inc., 138 F. 3d 1448 (Fed. Cir. 1998)的判决,本院是否应当尊重地方法院关于权利要求解释的决定?如果是这样,在哪些方面?在什么情况下?到什么程度?

上述7个问题,涵盖了专利权利要求解释的主要方面。根据美国联邦巡回上诉法院再审决定的要求,有关单位和个人向该院提交了30多份针对上述问题的意见。提交意见者包括:美国专利与商标局、美国司法部、美国联邦贸易委员会等政府机构;美国律师协会、美国专利事务所协会及一些州的律师协会、专利事务所协会等律师组织;美国专利法学会、一些州的专利法学会以及威斯康星校友研究会等学术组织;美国企业顾问协会、生物技术工业组织以及英特尔、IBM等大企业;还有消费者联盟等相关组织,以及大学教授等学者。从这里也可以看出,该案受到美国各界的广泛关注,人们都期望该案进一步明确权利要求解释的方法,特别是"律师界陷入狂热的期待之中"。[1]

(四)联邦巡回上诉法院的再审判决

2005年7月12日,美国联邦巡回上诉法院作出了再审判决。Bryson法官执笔起草了判决意见,Michel、Dyk(原审中持少数意见的法官)、Prost、Linn、Clevenger、Rader、Schall、Gajarsa表示赞同;Lourie(原审合议庭成员之一)同意判决的第一、二、

〔1〕 美国联邦巡回上诉法院法官Mayer在对本案起草的反对意见中的用语。

三、五、六部分;Newman(原审合议庭成员之一)同意判决的第一、二、三、五部分。

1. 判决的主文

判决共分六个部分,下面分别将这六个部分的内容进行介绍。

第一部分

在第一部分,美国联邦巡回上诉法院主要明确了权利要求1中关于"折流板"的描述并不是功能限定权利要求。判决指出:权利要求1中关于"折流板"的文字不属于专利法第112条第6款所说的"方法+功能"式的权利要求。从表面上看,"放置在壳体内用于增加承载力的其他手段"属于"方法+功能"式权利要求,但这里还具体描述了实现这一功能的"钢制折流板"结构。"方法+功能"式权利要求仅适用于只限制了功能但没有提供实现这一功能的结构的情况。本案权利要求书和说明书明白无误地说明"钢制折流板"是一具体可见的装置,并且是结构性的。因此,权利要求书中的"折流板"不适用专利法第112条第6款的规定,地区法院认为将该术语限于说明书中披露的相应结构及其等同物是错误的,原审合议庭的意见是正确的。

第二部分

第二部分是判决的重点,在该部分,联邦巡回上诉法院总结了权利要求解释的原则,并分析了解释权利要求时借助的资料。

法院判决指出:根据专利法的规定,权利要求书用来界定发明人认为其发明的标的是什么,而专利说明书用来描述发明。这就出现了这样的问题:在什么程度上我们应当依赖说明书确定权利要求保护的范围。对此,我们需要进行澄清。专利权利要求书界定专利权人的独占范围,这是专利法的基本原则。我们经常说,专利权利要求中的术语应"给予其普通和习惯的含义",并且,普通和习惯含义指的是本领域普通技术人员在发明作出时所理解的含义。本领域普通技术人员对权利要求中术语的含义的理解,为权利要求解释提供了一个客观基础。这一基础是基于以下被普遍认可的认识:发明人是本领域典型的技术人员,而专利文件是给本领域其他技术人员阅读的。本领域的普通技术人员在阅读专利权利要求书时,不是只阅读有争议的术语所在的权利要求,还阅读整个专利文件的上下文,包括专利说明书。

针对解释权利要求时借助的资料,法院判决指出:某些情况下,本领域普通技术人员所理解的权利要求书中文字的普通含义,对于外行的法官来说也是显而易见的,这时的权利要求解释只是适用被广泛理解和接受的含义就可以了。在上述情况下,通用字典可能是有用的。但是,在很多案件中,确定权利要求书的普通和习惯含义,需要审查在某一领域具有特定含义的术语。因为本领域普通技术人员所理解的术语的含义并不那么明显,并且有时专利权人用特殊的方式使用术语,这样法院必须借助于公众可用的资料,以确定本领域技术人员对所争议术语的含义是如何理解的。这些资料包括:权利要求书,说明书,专利审查档案,以及与科学原理、技术术语含义、现有技术状况有关的外部证据。

(1)权利要求书。与说明书和专利审查档案不同,权利要求书对于确定其中术语的含义可以提供实质性指导。首先,特定术语的上下文是非常有用的。举一个简单的例子,本案中的使用“钢制折流板”的文字,强烈暗示“折流板”本身并不指钢铁制品。其次,权利要求中的其他术语,不管是否有争议,都可以作为明确权利要求术语含义的有用资料。因为在专利中权利要求术语的使用具有一致性,权利要求中一个术语的含义通常可以说明其他权利要求中同一术语的含义。最后,权利要求中的不同之处通常也可以用来作为明确权利要求术语的有益指导。例如,如果从属权利要求中增加了一个特定限制,就可以推定在独立权利要求中不存在这一限制。

(2)说明书。权利要求书并不是孤立的,它是包括说明书在内的整个专利书面文件的一部分。权利要求书必须根据说明书进行阅读。说明书与权利要求书具有密切的关系,通常它是弄清争议术语含义的最佳指南。本院以及最高法院一贯重视说明书在解释权利要求时的重要作用。说明书在解释权利要求时的作用,在于它的法定地位。专利法要求说明书用“全面、清楚、简洁、准确的术语”描述要求保护的发明。因此,说明书必须反映权利要求的构成。与上述原则一致,我们有的判例承认专利权人可能在说明书中对某一术语给予特别的含义,在这种情况下,专利权人给予的含义优先。而在另外一些情况下,专利说明书披露了专利权人对权利要求书保护范围的有意舍弃或限制,这时专利权利要求的正确范围根据专利权人的意思进行确定。专利的授权程序也使说明书与权利要求书之间的关联性进一步增强。专利与商标局在确定专利申请的保护范围时,不只是看权利要求中的文字,还根据普通技术人员依据说明书对权利要求书所给出的最广义的合理解释。综上,法院在对权利要求进行解释时严重依赖说明书是完全正确的。

(3)专利审查档案。除了参照说明书外,我们还认为法院应当考虑专利审查档案。专利审查档案,作为“内部证据”的一种,完整记录了专利授权过程,包括了在专利审查过程中引述的所有在先技术。像说明书一样,专利审查材料是申请人为了说明和取得专利而提供的,它可以帮助法院了解专利局和专利权人是如何理解专利的。但是,因为专利审查档案反映了专利局与专利申请人交涉的过程,而不是最后的交涉结果,它不像说明书那样清楚,因此在解释权利要求中的作用不像说明书那样大。然而,专利审查档案通常可以说明专利申请人对权利要求中文字的理解,以及专利申请人在审查过程中是否对发明进行了限制,从中可以得知专利权利要求文字的含义。

(4)外部证据。虽然我们强调权利要求解释时内部证据的重要性,但我们还应依赖包括专家和发明人证言、字典和学术论文在内的外部证据。虽然外部证据对于理解相关技术是有用的,但它不如内部证据重要。在外部证据中,我们曾注意到字典和论文的重要性,并特别留意到技术字典可以使法院对相关技术有更好的理解,可以使法院了解本领域技术人员理解相关术语的方式。字典特别是技术字典,因为收集了在科学领域使用的术语的被接受的含义,成为帮助法院了解特定术语对于本领域技术人员所具有的含义的有效资料。因此,如果法院认为字典等对于理解权利要求中文字的含义是有帮助的,这些证据可以作为参考。

我们还认为专家证言可以作为外部证据。这是因为,专家证言可以说明发明的技术背景,解释发明的实施方式,以确保法院对于专利中技术问题的理解与本领域技术人员的理解是一致的,或者用以确定专利或在先技术中的某一术语在相关领域是具有特定含义的。但是,专家所出具的推论的、无证据支持的断言,对于法院确定权利要求书术语的含义不起作用。同样,如果专家证言与通过专利内部证据(权利要求书、说明书、专利审查档案等)得出的解释结论相冲突,专家证言也不能采用。

我们认为在解释权利要求时,外部证据的作用比专利文件和审查档案的作用小,其原因在于:第一,外部证据不是专利的一部分,不像说明书那样是在专利审查时产生的,并且是用以解释专利的范围的。第二,权利要求书应当按照一个假想的本领域技术人员的理解进行解释,而外部证据出版物可能不是本领域技术人员所写,或不是写给本领域技术人员看的,因此,可能不能反映专利所属领域技术人员的理解。第三,外部证据中的专家证言是在诉讼时为了诉讼的目的而提供的,因此可能会有内部证据中不存在的偏见。如果证据的出具人不是本领域的技术人员,或者专家证言没有经过交叉质询,偏见会更严重。第四,在诉讼中用于解释权利要求的外部证据可能会多得无数。在诉讼过程中,当事人都会选择对其有利的外部证据,使法院承担着繁重的鉴别有用外部证据的任务。第五,过分依赖外部证据有可能会改变已经向社会公开的权利要求书、说明书和专利审查档案中权利要求的含义,损害专利的公众告知功能。

总之,外部证据对于法院可能是有用的,但是除非根据内部证据进行考虑,外部证据不可能形成一个可以依赖的关于权利要求范围的解释。然而,因为外部证据可以帮助法院了解专利所属领域的有关知识,帮助法院确定本领域技术人员是如何理解权利要求的,法院运用合理判断承认和使用外部证据是允许的。在运用合理判断时,以及在审查专利要求解释的所有证据时,法院应当牢记各类证据的内在缺陷,并对是否和如何适用该证据进行相应的衡量。

第三部分

虽然上述原则被多次阐述,仍有法院判决采纳了不同的权利要求解释方法,使字典的解释具有更重要的意义,使说明书和专利审查档案不具有特别突出的作用。上述情形的最典型案例是 Texas Digital Systems, Inc. v. Telegenix, Inc., 308 F. 3d 1193(Fed. Cir. 2002)。该案中,法院指出,对于帮助法院确定权利要求术语的普通和习惯含义,字典、百科全书和论文是特别有用的资料。在确定权利要求文字的普通和习惯含义之前,把参照说明书和审查档案作为权利要求解释的第一步是不合适的。该案注意到了说明书在每个案件中都应是参考因素,但它提出的权利要求解释方法是,在根据字典、百科全书和论文等确定了权利要求书中术语的普通和习惯含义之后,再参考说明书。即使这样,借助说明书也只是看说明书是否排除了字典中的普通含义,看是否采纳字典中普通含义的推定被下列情形推翻:说明书中有明确的不同于字典含义的定义;专利权人通过说明书明确排除、限制或舍弃了权利要求范围内的内容。实际上,该案限制了说明书的作用,使说明书只起到检验字典含义的作用。这种方式,不合理地限制了说明书的作用。

使说明书只起到这样有限的作用,特别是要求说明书对权利要求的文字给出明示的定义,是与我们确立以下原则不相符的:说明书是确定有争议的术语含义的唯一最佳指导;当说明书明示或暗示地界定了权利要求中术语的含义时,说明书就是确定权利要求中术语含义的字典。

夸大字典的作用所带来的问题是,它关注权利要求术语的抽象含义,而不是它在专利上下文中的含义。权利要求书术语的含义,应当是本领域技术人员在阅读了全部专利文件后所给予的"普通含义"。过分依赖于与内部证据不相关的字典,会带来将本领域技术人员所理解的含义变成该术语的抽象含义的危险,这脱离了专利上下文。专利制度是建立在权利要求书只覆盖发明标的这一前提之上的。正如最高法院在 Merrill v. Yeomans 案中所指出的,"在我们看来,对于专利权人和社会公众而言,专利权人应当理解和正确描述他发明的是什么,他要求保护的是什么,没有比这更公平合理的了"。使用字典可能与上述指示冲突,除非专利申请人使用字典来描述发明。因为专利申请人描述和界定要求保护的发明的责任,与字典编辑者尽可能收集术语的所有可能定义的目标之间,可能存在不衔接的地方。

如果地区法院采纳了字典中的宽泛解释,又没有准确理解说明书中的暗示限制,就会自然导致过宽的权利要求解释。如果法院最初就重视专利权人在权利要求书、说明书和审查过程中对术语的使用,而不是字典中的宽泛解释,这种导致过宽权利要求的危险就会大大降低。

从性质上来说,字典对术语提供相当广泛的定义。特别是通用字典,总是尽力收集术语的所有用法,不管是常用的还是生僻的。通用字典所收集的术语的定义,不是在特定的技术领域,而是在许多不同的情境中。在这种情况下,字典中对于术语的多种定义难免会超出专利申请人所赋予的含义。因此,使用字典会将专利的保护范围扩大到应当给予的保护范围之外。

即使是专业字典或论文,在某些情况下也会有上述缺陷。不能保证论文中对术语的使用与专利权人的使用方式是一样的。实际上,论文与专利中使用方式的差异是常见的,因为专利权人是在描述一种新的东西。

我们承认,Texas Digital 等案件的目的,即防止将说明书中的限制读入权利要求中,是合理的。并且我们也承认,用说明书解释权利要求和将说明书中的限制读入权利要求,在实践中是很难区分的。但是,如果法院将注意力集中到本领域技术人员如何理解权利要求术语上,解释权利要求和将限制读入权利要求的区分则是相当明确的、可预见的。例如,尽管说明书会描述一些发明的实施例,我们经常警告不要将权利要求限于这些实施例。特别是我们明确否定了这样的观点:如果说明书只有一个实施例,专利权利要求应解释为限于这一实施例。这不仅是因为专利法第 112 条规定专利权利要求决定专利的保护范围,而且是因为一个本领域的技术人员很少会将专利权利要求书的定义限于说明书中的具体实施例。

为了避免将说明书中的限制读入权利要求,重要的是要牢记,说明书的目的是教导本领域的技术人员实施该专利和使其能够实施该专利,并提供最佳的实施方式。教导本领域技术人员实施专利的最好方式之一是提供一个实际使用专利的例子。多数情况下,通过阅读说明书的上下文,可以很清楚地看到,专利权人究竟只是提供了几个特定的例子,还是认为权利要求书与实施例是严格一致的。通常专利权人在权利要求书和说明书中使用术语的方式,使这种区分非常明显。

虽然还会有一些案件,难以认定本领域技术人员会认为实施例确立了权利要求的范围,还仅仅是一个具体实施的例子。但我们相信,根据专利的上下文解决这个问题,比将权利要求严格限定于说明书披露的实施例或将权利要求书与说明书割裂开来,更能准确地把握专利的保护范围。

进行权利要求解释并没有一个有魔力的公式,也没有分析适用各种资料的先后顺序。例如,法官在遇到权利要求时,可能不从说明书看专利权人是如何使用有关术语的,而是首先看字典中的含义。适用各种资料的先后顺序并不重要,重要的是法院赋予各种资料的重要性如何。

第四部分

第四部分是对本案的分析和判决意见。法院判决指出,本案权利要求1中的语言"由从钢壳墙向内伸展的钢制折流板组成的、放置在壳体内用于增加承载力的其他手段",对"折流板"提出了三个明确条件:首先,它是钢制的;其次,它是墙体承载手段的一部分;最后,它从墙向内伸展。当事人双方都承认"折流板"指的是测量、阻止、妨碍物质流动的物体。内部证据证实,本领域技术人员应当按通用含义理解专利中的"折流板"。

本专利中的其他权利要求界定了"折流板"所起的作用。例如,权利要求2中称"折流板与面板的放置呈一特定角度,使折流板可以使可能穿透钢板的子弹改变方向"。在权利要求2中作这样的限制,说明专利权人在使用"折流板"这一术语时并不包括这种限制。独立权利要求17进一步支持了这种主张。该权利要求中称折流板"向内突出呈一特定角度,可以使可能穿透外墙的子弹改变方向"。如果本领域的技术人员认为"折流板"本身就起这样的作用,这种限制就是不必要的。从属权利要求6对"折流板"进行了进一步限制,称"两个外面板的内折流板相互交叠,并在某一角度互锁,形成从一个模板到另一个模板间的变向面板(deflector panels)"。如果权利要求1中的"折流板"本身就是呈一特定角度放置的,或是互锁的,权利要求6就是多余的。

说明书进一步支持了上述结论。说明书中有几处提到放置折流板可以改变子弹的方向。说明书在提到现有技术时称,"廉价房屋没有可以应付强力冲击武器的有效方式"。这说明发明人预想到了折流板的这种功能,但是,这并不是说,为了符合专利权利要求中所说的折流板,在所有实施例中的内部支撑结构都必须具有改变子弹方向的功能。说明书必须使他人可以实施专利发明,关于折流板改变子弹方向的说明是为权利要求2、要求6、要求17和要求23服务的,这些权利要求中明确要求折流板具有改变子弹方向的功能。

说明书中还讨论了折流板的其他作用,例如结构支撑功能,附图4、附图6中的折流板只具有结构支撑功能。在附图7中,折流板起到内部屏障墙的作用。

说明书对权利要求书中引述的"折流板"设定了多重作用的事实,证实了不能要求权利要求中的"折流板"实现所有的功能,从而限制性地理解其含义。虽然使子弹改变方向是专利中折流板的技术效果之一,但是专利并没有要求所有内部延伸结构都具有这种功能。因此,我们的结论是,一个本领域普通技术人员,不会认为从墙面向内延伸的结构呈锐角或钝角是折流板,呈直角就不是折流板。

AWH 主张,对折流板应进行限制解释,否则专利就会无效。我们承认权利要求应按使专利有效的方式进行解释这一原则,[1]但我们并没有广泛适用这一原则,也没有批准使有效分析成为权利要求解释的经常内容这样一项制度。我们只是将这一原则适用于如下情形:在适用了所有可用的权利要求解释工具后,权利要求仍然是含混不清的。在本案中,权利要求并不是含混不清的,因此,不必考虑哪种解释方式使专利有效就可以作出解释。权利要求应按使专利有效的方式进行解释的原则在这里并不适用。

总之,我们不同意一审法院对权利要求的解释,判决撤销一审判决,将案件发回重审。

第五部分和第六部分

第五部分是关于对一审法院关于商业秘密判决的意见。在第六部分,联邦巡回上诉法院没有对权利要求解释是不是纯法律问题作出回答,而是简单地指出:

考虑到本案的实际情况,我们判决中不对再审决定中的第 7 个问题发表意见。Cybor 案的判决意见不受影响。[2]

2. 其他法官的不同意见

(1)Lourie 和 Newman 的意见。Lourie 执笔起草了部分反对部分同意的意见,Newman 表示赞同。两位法官表示同意关于权利要求解释的论述,但不同意撤销原审判决,并发回重审的决定。两位法官认为本院原合议庭的判决,就是依据本判决再次确认的原则,根据说明书对权利要求进行解释,并得出了不侵权的结论。原合议庭的不同意见认为权利要求解释时"字典优先",本院现在已经决定不采纳这一方法。本院认可了地区法院和原审合议庭的权利要求解释方法,又将案件发回重审,没有任何道理。

(2)Mayer 和 Newman 的意见。Mayer 执笔起草了反对意见,Newman 表示赞同。两位法官认为,坚持认为权利要求解释是法律问题、没有事实的因素的观点,是无益的、荒谬的。权利要求解释是,也应当是,根据上下文进行的:权利要求应当

---

〔1〕 Rhine v. Casio, Inc., 183 F. 3d 1342, 1345 (Fed. Cir. 1999).

〔2〕 Cybor Corp. v. FAS Technologies, Inc., 138 F. 3d 1448 (Fed. Cir. 1998) (en banc)案认为,权利要求解释问题是纯粹法律问题,二审法院应当根据上诉请求对包括基于事实问题作出的权利要求解释进行重新解释。

从一个本领域普通技术人员的角度,并考虑到发明时的技术状况进行解释。这些是权利要求解释的关键问题,是事实性的。

可见,虽然本案处理结果并不是全体法官一致通过的结论,仍有法官提出了不同的意见,但这些不同意见并不是针对权利要求解释资料的论述,只是针对本案的处理结果,以及权利要求解释是事实问题还是法律问题的争议。

(五)权利要求解释的一般规则

针对权利要求解释中如何使用词典的问题,联邦巡回上诉法院在 Philips 案中对权利要求解释的一般规则进行了阐述。关于解释权利要求的资料,Philips 案的意见与前述 Vitronics 案是一致的。Philips 案中对于各种资料的使用以及为什么内部证据更重要进行了说明。另外,Philips 案明确了没有分析适用各种资料的先后顺序。解释权利要求的资料的适用顺序并不重要,重要的是各种资料所起的作用。Philips 案进一步强调了说明书的作用,否定了特别重视词典作用的做法。

第三节 对权利要求本身进行解释

《美国专利法》第 112 条的规定就确立了权利要求的地位:"权利要求应当特别指明和清楚地界定申请人认为是其发明的标的。"美国法院也多次强调了权利要求的作用,例如,"专利权利要求界定专利权人享有独占权的发明",[1]我们从权利要求书用语本身界定专利发明的范围。[2] 因此,解释权利要求的首要资料是权利要求书本身,权利要求书对于确定其中术语的含义可以提供实质性指导。对于权利要求用语的解释,美国法院确立了一系列规则。

一、权利要求用语的"普通和习惯含义"

(一)基本规则

如果上下文、专利说明书和专利审查档案没有指明权利要求用语具有其他含义,则应当认为权利要求中的用语使用的是其"普通和习惯的含义"。如果从说明书和专利审查档案不能得出权利要求用语具有其他含义的决定性结论时,就按照"普通和习惯含义"进行解释。在两种情况下,说明书和审查档案可以使权利要求

---

〔1〕 Vitronics Corp. v. Conceptronic, Inc., 90 F. 3d 1582 (Fed. Cir. 1996).

〔2〕 Markman v. Westview Instruments, Inc., 90 F. 3d 980 (Fed. Cir. 1995).

中的用语偏离其普通含义:词典编纂(界定了用语的含义)和排除(排除了用语的普通含义)。[1] 因此,权利要求解释的首要准则是使用权利要求中用语的普通含义。

例如,在York Products,Inc. v. Central Tractor Farm & Family Center.案[2]中,就涉及一个术语的解释。专利发明的对象是小型卡车平板的保护性衬垫。权利要求中载明突出物"延伸到整个高度的绝大部分(substantial part)",对于其中的"substantial part",专利权人主张突出物只延伸到足以支持承载锁定栓就可以。法院认为,如果权利要求是这种意思,只要写明"达到足以固定装置的高度"就可以了。在没有明示地赋予权利要求中的用语以新的含义的意图时,权利要求的用语的含义是其普通含义。权利要求中的用语没有表明突出物具有承载锁定功能,因此,"substantial part"的含义就是其普通含义"绝大部分"。

如果权利要求用语的含义是清楚的,并且与说明书不矛盾,就不能使用说明书对权利要求作出其他解释。例如,在CardSoft v. Verifone,Inc.案[3]中,权利要求中使用了"虚拟机"的用语,"该虚拟机可以模拟具有不兼容的硬件和操作系统的不同计算机"。被控侵权人要求将虚拟机解释为虚拟机可以不依赖任何硬件和操作系统运行程序。一审法院拒绝了这种解释并做出了侵权认定。联邦巡回上诉法院撤销了一审判决。联邦巡回上诉法院认为,对本领域技术人员来说,虚拟机有公知的普通和习惯含义。在专利申请时,虚拟机的特点是可以不依赖特定的操作系统和硬件运行程序,虚拟机的含义是清楚的。被控侵权产品依赖处理器中的操作系统运行程序,因此不在权利要求的范围之内。

在另一个案件中,权利要求中有"圆柱形的"和"基本平行的"用语,法院认为不能使用精确的数学概念对其进行解释,因为说明书并没有启示说这些用语使用的是精确的数学概念而不是普通形状。[4]

(二)确定"普通和习惯含义"的方法

确定有争议的权利要求用语的含义,一种方式是先确定其"普通和习惯含义",然后看这一含义是否在说明书中被特别的含义所取代。只有发明人在说明书中有"明显意图"改变权利要求用语的普通和习惯含义时,才能认为其含义被改变。

---

[1] GE Lighting Solutions,LLC v. AgiLight,Inc.,750 F. 3d 1304,1309,110 USPQ 2d 1800,1802(Fed. Cir. 2014).

[2] 99 F. 3d 1568,40 USPQ2d 1619 (Fed. Cir. 1996).

[3] 769 F. 3d 1114,1118,112 USPQ2d 1628,1631 (Fed. Cir. 2014).

[4] Edwards Lifesciences AG v. CoreValve,Inc.,699 F. 3d 1305,1312 - 13,105USPQ2d 1039,1045(Fed. Cir. 2012).

例如,在 Ancora Technologies,Inc. v. Apple,Inc. 案[1]中,双方对权利要求中的“易失性存储器”和“非易失性存储器”的含义产生了争议。被控侵权人主张这些用语的含义不清楚。联邦巡回上诉法院认为,这些用语的含义对于读者来说非常清楚,不用去看说明书进行解释,而且说明书也没有给出不同的定义。说明书中的部分片段,如果构不成重新定义或排除,就不应改变清楚的普通含义,一个相关的读者也不会合理地认为已经改变了普通含义。

权利要求中的用语不能被解释为具有比普通含义更宽的意思,除非说明书清楚地界定了更宽的意思。在 Schoenhaus v. Genesco,Inc. 案[2]中,法院认为,权利要求中的“硬性的”描述的是鞋中的矫正器,而不包括半硬性材料制成的插入件。虽然说明书中提到了半硬性材料,但不足以对该术语作出更宽的定义。

确定普通含义的一种方式是从词典中查找。词典中可能列出多种含义,而争议的用语的上下文以及说明书可以为找到正确定义提供指导。而在有些案件中,不需要借助词典就可以确定其含义。如果词典或出版物中都找不到争议用语的含义,则根据说明书确定其含义。例如,在 Riverwood International Corp. v. R. A. Jones & Co. 案[3]中,权利要求中使用“flight bar”这个词,但该词在词典和论文中都找不到解释,而专利权人在说明书中也没有对其进行界定。法院根据说明书中的用法,借助于附图确定了其含义,同时又避免把具体细节(如要求 flight bar 为整体结构)解释在含义中。

如果权利要求中的用语在说明书中没有出现,但说明书中使用了一个类似的用语,描述的是与争议用语非常接近的概念,在没有证据表明说明书中的用语具有不同的含义时,法院可以认为这两个用语具有相同的意思。例如,在 Cordance Corp. v. Amazon. com,Inc. 案[4]中,权利要求中使用的是“反馈信息”的用语,而说明书中没有相应的词,但实施例中使用了“反馈数据”这个词。法院认为这两个词的含义相同。

在确定有争议的用语的含义时,该用语的上下文起着重要的作用。法院往往根据权利要求的上下文确定有争议的用语的含义。例如,在 Pause Technology ZZC v. TiVo,Inc. 案[5]中,专利涉及数字录像机,权利要求中有“循环存储缓冲区”,当

---

[1] 744 F. 3d 732,738,109 USPQ 2d 2135,2139 -40(Fed. Cir. 2014).

[2] 440F. 3d 1354,1358,78 USPQ2d 1252,1255 (Fed. Cir. 2006).

[3] 80324 F. 3d 1346,1357 -58,66 USPQ2d 1331,1339 -40 (Fed. Cir. 2003).

[4] 658F. 3d 1330,1340,100 USPQ2d 1230,239 (Fed. Cir. 2011).

[5] 419 F. 3d 1326,1328 -31 (Fed. Cir,2005).

事人对其含义产生争议。争议的内容是该缓冲区要求按严格时间顺序去除旧数据后重写新数据,还是即使数据留在原地址时也能在原逻辑地址上写入新的数据使缓冲区更新。权利要求中包括以下用语:"所述循环存储缓冲区包括……内存访问手段,用于……所述处理器在记录的最旧的输入信号上重新写入……"专利权人认为这里的"重新写入"针对的是内存访问手段,不能用于界定"循环存储缓冲区"。上诉法院驳回了这一主张,认为争议术语在权利要求中的整个上下文都应用于确定该用语的含义,争议的术语应界定为当缓冲区接收到新的信号时,最旧的信号被重写。

(三)确定"普通和习惯含义"的具体做法

美国法院在确定权利要求中用语的"普通和习惯含义"时,有以下具体的做法:

(1)权利要求中的用语具有很广泛的普通含义,比如说有几个含义,这时只要专利权人没有将其含义限制在某个特定的含义,权利要求的用语就包括所有普通含义。例如,在 Johnson Worldwide Associates, Inc. v. Zebco Corp.[1]案中,法院指出:"除非万不得已,法院必须推定权利要求中的用语具有其本身所具有的含义,也就是该用语的全部普通和习惯含义。"

(2)在可能的情况下,权利要求解释应使专利有效。但是"除非法院得出结论,在使用了所有的解释工具后权利要求仍然是不清楚的,才适用上述准则。"[2]"有效性解释只是最后一招,而不是最初的原则。"[3]因此,通常情况下,在解释权利要求时,是不考虑专利的有效性问题的。如果权利要求的用语有普通的、清楚的含义,且不与说明书中的任何内容特别冲突,即使导致专利发明不可实施,也要采用该普通含义。例如,在 Chef America, Inc. v. Lamb-Weston, Inc. 案[4]中,涉及加工片状面团的方法,其中一个步骤是"将上述有涂层的面团加热到 400℉～850℉并保持 10 秒到 5 分钟。"一审法院认为被控侵权方法没有将面团加热到 400℉,因此作出不侵权判决。上诉中,专利权人主张权利要求中的"to"应理解为"at",权利要求中的这句话的含义是"在 400℉～850℉的炉温下将将上述有涂层的面团加热大约 10 秒到 5 分钟"。专家证言也称本领域技术人员都知道,如果面团加热到这个温度就烧成了脆饼。因此,本领域技术人员应将这里的温度解释为炉温而不是面团的温度。联邦巡回上诉法院未支持上述主张。法院指出,即使解释的结果是专利发明不可实施,也应当按照普通含义解释权利要求的用语。撰写恰当的权利要求是

[1] 175 F. 3d 985, 989, 50 USPQ2d 1607 (Fed. Cir. 1999).

[2] Liebel – Flarsheim Co. v. Medrad, Inc., 358 F. 3d 898, 911, 69 USPQ (Fed. Cir. 2004).

[3] MBO Laboratories, Inc. v. Becton, Dickinson & Co., 474 F. 3d 1323 (Fed. Cir. 2007).

[4] 358 F. 3d 1371, 1372 (Fed. Cir. 2004).

专利权人的责任,而不是由法院去重写权利要求。

(3)专利权人撰写的不同的权利要求具有不同的保护范围。“当一些权利要求的范围大,而另一些权利要求的范围小时,不能为了避免无效或逃避侵权而将范围小的权利要求的限定条件读入到范围大的权利要求中。”[1]如果一个权利要求中有某个限定条件而另一权利要求中没有,则说明发明人没有用这一限定条件限制后一权利要求。[2] 在前面所说的 Phillips 诉 AWH 案中,法院就使用了这种解释方法,认为权利要求 2 对“折流板”进行了限定,说明权利要求 1 的“折流板”没有这种限定条件。

(4)如果专利权人在权利要求中描述了发明的结构,则其含义不受说明书中所描述的方法的功能或发明目的的限制。在 Schwing GmbH. v. Putzmeister Aktiengesellschaft 案中,一审法院在解释权利要求时通过说明书中所描述的功能进行了限定,联邦巡回上诉法院撤销了一审判决,理由是“当说明书使用了清楚的结构用语时,将它解释为符合功能要件通常是不合适的。”[3]但是,如果说明书和审查档案清楚地表明说明书中的方法对于发明是至关重要的,则允许用说明书中描述的方法限定权利要求中的结构。例如,在 ICU Medical, Inc. v. Alaris Medical Systems, Inc. 案中,专利要求一双向密封件,其包括一主体,该主体具有一空腔和在空腔中的一“尖峰”。说明书中的实施例表明尖峰刺穿密封件。一审法院将“尖峰”解释为“一细长形结构,其顶端为尖状的或稍圆,用于刺穿密封件。”二审法院同意了一审法院的解释,认为“在本案中,‘尖峰’这一术语没有表明突出的程度。因此,加入功能性证言‘刺穿密封件’是合适的,因为它界定了尖峰突出的程度。”[4]

(5)如果权利要求列举了不同的技术特征,则说明这些技术特征是专利发明的不同组成部分。在 Becton, Dickinson & Co. v. Tyco Healthcare Group, LP 案中,专利保护的是保护针组件。权利要求中的一个技术特征是沿针滑动的“保护器”,另一个技术特征是连接在保护器上的“铰接臂”,第三个技术特征是“连接所述铰接臂并沿针管驱动所述保护器的弹簧装置”。一审法院认为“弹簧装置”并不一定是独立于“铰接臂”的单独的结构。二审法院否定了这一解释,认为结构限定的权利要求中的每个单独的技术特征意味着其是一独立的结构。通过审查说明书,法院认为说明书没有推翻这种独立结构的意思。[5]

---

[1] Deere and Company v. International Harvester Co. 658 F. 2d 1137, 211 USPQ 11, 16 (7th Cir. 1981).

[2] Robert C. Kahrl, *Patent Claim Construction*, New York, Aspen Publishers, 2003, pp. 4 – 19.

[3] 305 F. 3d 1318 (Fed. Cir. 2002).

[4] 558 F. 3d 1368, 1375 (Fed. Cir. 2009).

[5] 616 F. 3d 1249 (Fed. Cir. 2010).

(6)涉及计算机的权利要求中,对于硬件以及硬件功能的描述,根据用语确定功能是否具有限定作用。在 Intel Corp. v. U. S. International Trade Commission 案中,权利要求中的一个技术特征是一个硬件,使用了"programmable to" 描述该硬件的功能。法院认为硬件本身不需要具有这一功能。[1] 但在 Nazomi Communications, Inc. v. Nokia Corp. 案中,权利要求中的中央处理器"capable of "某一功能。法院认为,中央处理器本身应具有这一功能,不包括增加软件后才能实现这一功能。[2]

二、从本领域技术人员的角度进行解释

《美国专利法》第 112 条规定了说明书应达到使"本领域技术人员"(person skilled in the art)能够实施发明的程度,因此,专利是写给本领域技术人员看的,在解释权利要求时应当按照本领域技术人员的理解进行解释。"对权利要求的解释应当从发明所属领域具有普通知识的技术人员的角度进行。本领域技术人员被认为是在理解专利文件中用语在该领域中的含义,并且明白在该领域中的特别含义和用法的情况下,阅读专利文件的。法院对于发明人用以描述其发明的用语(即发明人的词典)的理解和解释,必须按照本领域技术人员的理解和解释进行。"[3]

因为本领域技术人员在阅读专利权利要求书时,不是只阅读有争议的术语所在的权利要求,还阅读整个专利文件。因此,在从本领域技术人员的角度对权利要求用语进行解释时,要结合说明书和专利审查档案进行。"我们不能在真空的环境中探求专利权利要求的普通含义,而是必须从说明书和专利审查档案中去探求。"[4] 例如,在 O. I. Corp. v. Tekmar Co. 案中,专利涉及进行气相色谱分析时从样品中除去水蒸气的装置和方法。权利要求 17 中有如下内容:"将分析物通过通道加热到比室温高的第一温度的第一装置"。对于其中"通道"(passage)的含义,联邦巡回上诉法院解释为具有不规则壁的通道而不包括平滑壁的通道:"说明书中所预想的所有'通道'的结构,或者是非平滑的,或者是圆锥状的。另外,说明书将专利发明中的通道与现有技术中的通道对比时,明确提出现有技术中的通道的壁是平滑的。在专利审查档案中,OI 公司没有提出任何与之不同的内容。因此,我们

---

[1] 946 F. 2d 821, 832 (Fed. Cir. 1991).

[2] 739 F. 3d 1339, 1344 (Fed. Cir. 2014).

[3] Multiform Desiccants, Inc. v. Medzam Ltd. 133 F. 3d 1473, 1477, 45 USPQ2d 1429, 1432 (Fed. Cir. 1998).

[4] Medrad, Inc. v. MRI Devices Corp., 401 F. 3d 1313, 1319 (Fed. Cir. 2005).

认为,本领域普通技术人员在阅读权利要求书、说明书和专利审查档案时可以得出结论,权利要求 17 中的通道不包括壁平滑的、圆柱形的结构。"[1]

有时不同的领域,对于同一个用语有不同的理解。在确定本领域技术人员的理解时,有时必须确定争议术语所使用的相关的"领域"。例如,在 Eastman Kodak Co. v. The Goodyear Tire & Rubber Co. 案中,双方对权利要求中的"结晶温度"(crystallizing temperature)有不同的理解。联邦巡回上诉法院使用了内部证据和外部证据对此进行解释,发现在高分子学领域,它指的是开始结晶的温度;而在更专业的工业化学领域,它指的加热介质的温度。由于本专利属于工业化学领域,因此按工业化学领域普通技术人员的理解进行了解释。[2]

另外,作为对专利权利要求中用语的解释,本领域技术人员对权利要求的理解应以其在专利申请日的理解为准。"法院必须确定权利要求用语在专利申请人申请专利时的含义。"[3]因此,如果随着科技的发展,专利权利要求中的用语有了新的含义,法院也应当按照权利要求撰写时的含义进行解释。

三、专利权人作为自己的"词典编纂者"

只有当专利权人在说明书中没有对用语赋予不同含义时,权利要求中的用语才按照"普通和习惯含义"进行解释。因此,专利权人对权利要求中用语的定义,优于该用语的普通含义。

当某一用语没有特定的含义或普通含义时,专利权人应当准确界定其含义。这一般被称为"专利权人是自己的词典编纂者"。"发明多数情况下是以有形结构和系列图纸的形式存在的。事后为了满足专利法的要求要对它进行文字描述。这种转换方式可能会带来无法弥补的观念隔阂。发明是新的,经常会出现没有现成用语描述它的情况。字典也不会与发明同步更新。物不是因为词语而制造的,但是词语是因为物而产生的。为了克服这种语言滞后性,专利法允许发明人成为自己的词典编纂者。"[4]另外,专利权人还可以成为自己的"语法家"(grammarian)。[5] 这就是

---

〔1〕 115 F. 3d 1576,1583 (Fed. Cir. 1997).

〔2〕 114 F. 3d 1547 (Fed. Cir. 1997).

〔3〕 Schering Corp. v. Amgen, Inc. 222 F. 3d 1347,55 USPQ2d 1650,1654 (Fed. Cir. 2000). 在该案中,权利要求中的一个用语是"IFN-a 型多肽"。专利申请时该用语指的是"白细胞干扰素",但后来该用语还包括了在专利申请时一些未知的干扰素。法院认为,权利要求中的"IFN-a 型多肽"的含义是"白细胞干扰素"。

〔4〕 Autogiro Company of America v. United States,384 F. 2d 391,397,155 USPQ 697,702 (Ct Cl. 1967).

〔5〕 Chicago Steel Foundry Co. v. Burnside Steel Foundry Co. ,132 F. 2d 812 56 USPQ 283,286 (7th Cir. 1943).

说,专利权人不但可以使权利要求中的词语具有不同于其普通含义的含义,还可以使用权利要求中的语法具有不同于通常语法的含义。

专利权人作为自己词典编纂者的迹象之一是使用的用语在词典中没有定义。例如,在 Abbott Laboratories v. Novopharm, Ltd. 案[1]中的"co-micro-nization"。但是,仅仅某用语在词典中没有定义,并不能得出专利权人将说明书作为自己词典的结论。例如,在 Laryngeal Mask Co. v. Ambu A/S 案中,专利权利要求中将嵌合到患者喉部的医疗器械的一部分称为"backplate",而词典中的字义没有这种用法。被控侵权人称专利权人是自己词典的编纂者,其所称的 backplate 具有特殊的物理特性。联邦巡回上诉法院否定了这种主张。法院认为,专利权人在先的两项专利中也使用了该词,但没有被控侵权人所称的特殊的物理特性。因此,该词对于本领域技术人员有一个已接受的含义,而说明书并没有清楚表明专利权人具有赋予"backplate"这个词与本领域技术人员所理解的通常含义不同含义的意图。[2]

专利权人可以使权利要求中用语的含义比其在字典中的普通含义宽,[3]也可以使权利要求中用语的含义比其普通含义窄。[4] 在确定专利权利要求中用语的含义时,如果一方当事人主张该用语的含义不是其普通含义而是专利权人赋予的特别含义,法院必须到专利说明书中寻找专利权人赋予其特别含义的明确指示。一般情况下,法院要寻找专利权人赋予该用语新含义的明示意图。但是,有时法院认为,说明书也可能通过非明示的方式对权利要求中的用语进行重新定义。[5] 如果用语的普通含义在专利权利中是荒谬的或者没有意义的,则说明专利权人要赋予其特别含义。[6]

---

〔1〕 9323 F. 3d 1324 (Fed. Cir. 2003).

〔2〕 618 F. 3d 1367 (Fed. Cir. 2010).

〔3〕 例如,在 Jack Guttman, Inc. v. Kopykake Enterprises, Inc. ,302 F. 3d 1352,64 USPQ2d 1302(Fed. Cir. 2002)案中,权利要求中使用了"复印机"一词,但说明书的解释是,"复印机"包括连接扫描仪的喷墨打印机。

〔4〕 例如,在 Ekchian v. Home Depot, Inc. ,104 F. 3d 1303 USPQ2d 1367(Fed. Cir. 1997)案中,专利权利要求中使用了"类液体传导媒介"(conductive liquid-like medium)一词。法院认为,从专利说明书看,该用语指的是像电容器板那样具有足够传导性的类液体媒介。

〔5〕 Robert C. Kahrl, *Patent Claim Construction*, New York, Aspen Publishers, 2003, pp. 4 – 23.

〔6〕 例如,在 Jack Guttman, Inc. v. Kopykake Enterprises, Inc. ,302 F. 3d 1352,64 USPQ2d 1302(Fed. Cir. 2002)案中,权利要求中使用了"没有 tortuous bends"。被控侵权人主张该用语的含义是"直的"。法院认为,tortuous 的普通含义是"弯曲的",但如果是这种含义,这个词就成为多余的。最后,法院结合说明书和专利审查档案,认为"tortuous bends"的含义指的是"足以损害底层纸完整性的弯曲"。

在 Northern Telecom, Ltd. v. Samsung Electronics Co.[1]案中,联邦巡回上诉法院提出了证明专利权利要求中用语具有不同于普通含义的标准。案中专利权利要求中有一个词是"铝"。被告三星公司主张这里的"铝"指的是铝层,而不是合金中的纯铝。联邦巡回上诉法院指出:"为了推翻权利要求中的'铝'使用的是普通和平常含义的假设……三星公司必须证明:(1)专利权人在内部证据中为'铝'提供了其他含义;或者(2)'铝'的普通含义使权利要求变得不清楚。"最后,法院认为虽然专利权人在说明书中有的地方使用了"铝层",但并不是一直使用"铝层",因此,没有明确地指示说明专利权人赋予了"铝"以"铝层"的含义。本案中,法院提出了对专利权利要求中的用语进行限制性解释的两种情况:一是专利权重新定义时;二是普通含义会使权利要求变得不明确时。第二种情况的典型例子是 Renishaw PLC v. Marposs Societa per Azioni 案。[2] 该案中的发明是一种探测器。权利要求中称"when 感应头接触到物体",探测器就发出信号。对于其中"when"的含义,被告主张是"同时",而原告主张为其普通含义,包括"在某一时间或某一时间之后""如果……发生""在某一事件发生之后"等。法院认为,如果将"when"解释为"同时"或"以后的任何时间"都将使权利要求变得不清楚,达不到说明书所说的发明的效果。根据说明书的描述,权利要求中的那句话应当解释为"在感应头接触到物体的无法感知的时间内探测器发出信号,这种时间的间隔对于探测器的敏感性和精确度而言是无关紧要的"。

四、使用词典确定用语的普通含义

词典作为解释权利要求的外部证据,我们将在后面进行专门论述。在确定权利要求用语的普通含义时,法院往往借助词典。对于技术术语来说,借助词典确定术语的含义一直被认为是合适的。即使技术术语之外的普通用语,法院也可以自由地求助词典以便更好地理解其含义。其原因在于,词典中的含义被认为是代表了普通使用者所预期的含义。[3]

五、使用相关权利要求书解释其中争议的用语

法院在解释权利要求书时,一般推定专利权人使用的语言具有连贯性。根据

---

[1] 215 F. 3d 1281, 55 USPQ2d 1065 (Fed. Cir. 2000).

[2] 158 F. 3d 1243, 48 USPQ2d 1117 (Fed. Cir. 1998).

[3] Robert C. Kahrl, *Patent Claim Construction*, 2nd edition, New York, Wolters Kluwer, 2015, pp. 4 – 90.

这一推定,产生了如下的解释规则:专利文件中的同一用语具有相同的含义;互换的用语具有相同的含义;根据具体情况解释不同专利中使用的相同用语;权利要求中的每一个用语都有其意义而不是多余的。

(一)权利要求中使用的同一用语具有相同的含义

"在不同的权利要求中出现的同一用语应赋予相同的含义,除非说明书和审查档案清楚地表明该用语在不同权利要求中具有不同的含义。"[1] 在 Southwall Technologies, Inc. v. Cardinal IG Co.[2]案,法院适用这一解释规则认定不同权利要求中的同一用语具有相同的含义。案中专利权人主张权利要求中的"喷积绝缘体"(sputter-deposited dielectric)包括以前喷积后经过氧化转化的绝缘体层。在专利申请过程中,申请人曾针对另一项权利要求陈述意见,称其与在先技术的区别在于专利发明通过喷射直接形成绝缘层。专利权人称其上面的陈述是针对另一项权利要求提出的,不适用于案中所争议的权利要求。联邦巡回上诉法院指出:"'喷积绝缘体'不能在不同的权利要求中作出不同的解释,因为必须对权利要求的用语进行连贯性解释。解释有争议的权利要求用语不仅要参考说明书和专利审查历史,还要参考其他权利要求。在解释权利要求时我们必须参照使用同一用语的其他权利要求,这要求我们对所有权利要求进行连贯性解释。因此,在专利审查过程中对于权利要求中用语的陈述,如果没有明确的相反指示,对于所有权利要求中使用的该用语的解释都有意义。"根据上述理由,法院未采纳专利权人的解释主张。

权利要求中使用的同一用语具有相同含义的推定可以被推翻。在 Aventis Pharmaceuticals, Inc. v. Amino Chemicals, Ltd. 案中,法院则认定不同权利要求中的同一用语可以做出不同的解释。案中权利要求中"基本纯净"(substantially pure)既用于最终产品,又用于中间产品。地区法院认为,由于使用了相同的用语,最终产品和中间产品的纯度相同,都是98%。联邦巡回上诉法院推翻了这一认定。联邦巡回上诉法院认为,在描述中间产品时,使用的是"基本纯净位置异构物",说明中间产品的纯度比最终产品低,本领域技术人员不会认为中间产品和最终产品具有相同的纯度。

权利要求中使用的不同用语推定具有不同的含义。在 Augme Technologies, Inc. v. Yahoo! Inc. 案中,权利要求中记载"第一码模块嵌入(embedded)互联网网页,所述第一码模块发出第一命令恢复(retrieve)第二码模块"。专利权人主张第二

---

[1] Shoenhaus v. Genesco, Inc., 440 F. 3d 1354, 1357 (Fed. Cir. 2006).

[2] 54 F. 3d 1570, 34 USPQ2d 1673 (Fed. Cir. 1995).

码模块也可以是嵌入的。这一主张没有得到法院的支持。法院认为,按专利权人的解释,专利权利要求中的“嵌入”和“恢复”就没有区别了。说明书强调了“嵌入”的普通含义,将“嵌入”“链接”“恢复”做了区分,因此权利要求中不能认为“嵌入”和“恢复”具有相同的含义。[1]

如果某用语在有的权利要求中有修饰词,而在其他权利要求中没有修饰词,则该用语本身应解释为不具有带修饰词的含义,否则修饰词就是多余的。[2]

(二)互换的用语具有相同的含义

如果两个用语在专利权利要求书或审查历史中被互换性地使用,法院可能会认为这两个用语指的是同一个概念或体现了同一定义。法院有时会认为,如果两个用语互换性地使用,在解释权利要求时应当按范围窄的用语的含义确定这两个用语的含义。[3] 例如,在 Amhil Enterprises, Ltd. v. Wawa, Inc.[4]案中,在相同的权利要求中就互换性地使用了不同的用语。案中的专利发明是一次性水杯的塑料盖。权利要求 1 描述了塑料盖盖边的形状,其中提到盖边具有突出部,突出部具有“基本垂直的”(substantially vertical)面和边。后来该权利要求又提到突出部的“上述垂直的面”。被控侵权物的突出部的面有 10 度的倾斜。联邦巡回上诉法院认为,在专利权利要求中对于突出部的面使用了“基本垂直的”和“垂直的”两个用语,说明这两个用语是互换性地使用的。在专利审查过程中,专利申请人也将这两个用语互换性地使用。法院最后认为,专利权利要求发明的突出部的面应是“垂直的或者具有微小的偏差”,被控侵权物不属于专利权利要求的保护范围。可见,在本案中,法院将“基本垂直的”这一用语的含义,按照“垂直的”这一用语的含义进行了限制性解释。

互换的用语也可以按照较宽的含义进行解释。在 SEB S. A. v. Montgomery Ward & Co. 案中,发明涉及金属油层炸锅,具有不耐高温的低价裙边。权利要求中称,除了顶部的隔热安装环之外,裙边完全独立(completely free)于炸锅。而被控侵权产品通过螺丝将裙边固定在炸锅底部。法院发现,在说明书中“completely free”的互换用语是“practically free”。而说明书中关于“practically free”的描述是:在裙边与锅之间没有热电桥。因此,法院认为,completely free 的意思是没有热电桥。

---

[1] 755 F. 3d 1326, 1333 (Fed. Cir. 2014).

[2] Digital-Vending Services International, LLC v. University Phoenix, Inc., 672 F. 3d 1270 (Fed. Cir. 2012).

[3] Robert C. Kahrl, *Patent Claim Construction*, New York, Aspen Publishers, 2003, pp. 4 – 33.

[4] 81 F. 3d 1554, 38 USPQ2d 1471 (Fed. Cir. 1996).

由于被控侵权产品中的螺丝是隔热的,也属于没有热电桥的范围。[1]

(三)根据具体情况解释不同专利中的同一用语

如果专利权人就相似的技术申请了不同的专利,而在该不同的专利中使用了相同的用语,是否应当认为该相同的用语具有相同的含义,对此,美国法院并没有统一的规则。从有关判例的情况看,法院根据案件的具体情况确定不同专利中同一用语的含义。

在有的案件中,法院认为,不同专利中的相同用语具有相同的含义。例如,在Loctite Corp. v. Ultraseal, Ltd. 案中,涉及两个专利中的“厌氧”(anaerobic)的含义。联邦巡回上诉法院经过对两个专利的说明书和专利审查历史分析后认为,一个专利中对于“厌氧”的界定可以用于对另一个专利中这一用语的解释。[2] 在Gemalto S. A. v. HTC Corp. 案中,专利权人有三项专利,并针对同一专利申请要求优先权。三个专利的权利要求中都有“存储”的用语,法院认为该用语在三个专利中具有相同的含义。[3]

但在有的案件中,法院也会拒绝将一个专利中某一用语的含义用于不同专利中相同用语的解释。例如,在Middleton, Inc. v. Minnesota Mining and Manufacturing Co.[4]案中,权利要求中有一用语为“统一柔软胶片”(uniform flexible film)。一审法院认定,在分出涉案专利的另一专利的审查过程中,专利申请人曾主张“统一柔软胶片”的厚度是不变的,因此,在本案中“统一柔软胶片”的内容之一是厚度不变。联邦巡回上诉法院推翻了一审的认定,认为“统一”的普通含义中没有厚度不变的意思,并且在专利说明书中也没有专利权人赋予其其他含义的证据。从上述两个案件可以看出,如果专利权人在不同的专利中使用了相同的用语,从原则上来说,不能将该用语在一个专利中的含义强加给另一个专利中的相同用语。但是,在特殊情况下,在参考说明书和专利审查历史后,也可以认为两个用语具有相同的含义。

(四)权利要求中的每一个用语都有其意义而不是多余的

在解释权利要求时,应当推定专利权人选择的权利要求中的每一个用语都有其特别的作用,用以增加权利要求的意义。因此,解释权利要求时不能使某一个用

---

〔1〕 594 F. 3d 1360, 1369 (Fed. Cir. 2010).

〔2〕 781 F. 2d 861, 228 USPQ. 90 (Fed. Cir. 1985).

〔3〕 754 F. 3d 1364, 1371 (Fed. Cir. 2014).

〔4〕 311 F. 3d 1384, 65 USPQ2d 1138 (Fed. Cir. 2002).

语没有意义或对于专利权利要求的范围来说成为多余的。[1] 在 Harris Corp. v. IXYS Corp.[2]案中,法院就使用了这种解释方法。案中权利要求有一句话是"在任何操作条件下都不会产生阐流管反应"。被控侵权物在超过某一限定条件后会产生阐流管反应。法院认为,如果将被控侵权物认定为属于专利权利要求的范围,就会使权利要求中"在任何操作条件下"失去意义。因此,法院认定被控侵权物不属于专利权利要求的范围。在 Texas Instruments, Inc. v. United States International Trade Commission[3]案中,专利发明涉及使用模具将半导体零件进行塑料压缩包装的方法。权利要求中的一句话为"从平面的另一侧将液体绝缘材料注入模具的空隙"。而被控侵权物是从平面的同一侧将液体绝缘材料注入的。联邦巡回上诉法院没有采纳原告提出的被控侵权物落入专利权利要求的范围的主张,认为如果注入口不需要位于平面的另一侧,权利要求中的"从平面另一侧"就没有任何意义了。再如,在 Apple, Inc. v. Motorola, Inc. 案中,专利涉及在触摸屏上识别一定的结构并将每种结构连接特定运算的系统。权利要求中的描述是"一个程序例程,包括一个分析服务器用于探测数据结构并将运算与探测的结构相连接。"对于其中的"分析服务器",专利权人主张指接收和探测结构的程序例程。法院未采纳这种解释,主要理由是分析服务器有固定的含义,而专利权人的解释将使"分析服务器"成为多余的。[4]

权利要求中的每一个用语都有其意义可以被推翻。被推翻的一种情形是,专利申请人修改权利要求使用了说明书中未出现的用语,而法院没有理由将新词与权利要求中的词区分开来。在 Pickholtz v. Rainbow Technologies, Inc. 案中,说明书中使用了"计算机系统"一词,原来的权利要求书使用了"数据处理系统"一词,审查过程中专利权人将其修改为"计算机"。法院认为,没有迹象表明"计算机"和"计算机系统"指的是不同的东西,该用语应理解为有相同的含义。[5]

(五)按专利申请时的含义进行解释

在提交专利申请时,权利要求用语的含义就已经被固定。随着技术的发展,权利要求中的用语可能出现新的含义。在解释该权利要求时,应采用申请时的含义。例如,在 Schering Corporation and Biogen, Inc. v. Amgen, Inc. 案中,涉及对权利要

---

[1] Robert C. Kahrl, *Patent Claim Construction*, New York, Aspen Publishers, 2003, pp. 4 – 38.

[2] 114 F. 3d 1149, 43 USPQ. 1018 (Fed. Cir. 1997).

[3] 988 F. 2d 1165, 1171, 26 USPQ2d 1018, 1023 (Fed. Cir. 1993).

[4] 757 F. 3d 1286, 1297 (Fed. Cir. 2014).

[5] 284 F, 3d 1365 (Fed. Cir. 2002).

求中"IFN－a型多肽"的解释。在专利申请时,申请人使用的是"白细胞干扰素"。6个月后,一个科技委员会取消了"白细胞干扰素"这个词而是用"IFN－a型多肽"取代,因为前者包含了其他类型的干扰素。专利申请人据此修改了申请文件,将"白细胞干扰素"修改为"IFN－a型多肽"。但后来,"IFN－a型多肽"包含了在专利申请时未知的亚型干扰素。法院认为,权利要求中的"IFN－a型多肽"只包括专利申请时已知的并且发明人披露的白细胞干扰素。[1]

六、区别权利要求原则

区别权利要求是权利要求解释中的一个原则,根据这一原则,独立权利要求通常不应当解释为包含从属权利要求中明确提出的限制条件。[2] 这一原则源于前面所说的"解释权利要求不能使其他权利要求中的用语成为多余的"这样一个含义更宽的原理。在区别权利要求原则下,这一原理是以"不同的权利要求具有不同的保护范围"这一推定的形式出现的。美国联邦巡回上诉法院曾经指出,"有这样一个假设,当不同的权利要求使用了不同的语句时,其含义和范围是不同的。否则,就会使一个权利要求成为多余的。区别权利要求原则重申了不同权利要求之间的差异至关重要这样一个推定"。[3] 这种推定适用于同一专利中的不同权利要求之间的比较,也适用于专利权利要求与专利申请时曾提出但后来被修改或取消了的权利要求之间的比较。[4]

Karlin Technology, Inc. v. Surgical Dynamics, Inc.[5]案就是适用区别权利要求原则的一个案件。案中的发明是放在两个椎骨之间的柱形脊髓植入物。该柱形体的外部刻有线条,表面有孔,内部是空的。其权利要求1中有一句话是"表面有一系列线条"。权利要求9称"根据权利要求1中所述的植入物,所说的线条是中断的"。专利实施例中的线条也是不连续的。一审法院认为权利要求1中的线条是不连续的,而被控侵权物上的线条是连续的,因此作出了不侵权的简易判决。联邦巡回上诉法院推翻了一审的判决。其理由是,专利权人并没有对"一系列线条"赋予特别的含义,这一用语的含义应是其普通含义,包括连续的线条。因为根据区别权利要求原则,线条中断是对权利要求9的限制,说明权利要求1没有这种限制。

[1] F. 3d at 1353－54 (Fed. Cir. 2000).

[2] Robert C. Kahrl, *Patent Claim Construction*, New York, Aspen Publishers, 2003, pp. 4－40.

[3] Comark Communications Inc. v. Harris Corp. 156 F. 3d 1182, 48 USPQ2d 1001, 1005 (Fed. Cir. 1998).

[4] Robert C. Kahrl, *Patent Claim Construction*, New York, Aspen Publishers, 2003, pp. 4－40.

[5] 177 F. 3d 968, 50 USPQ2d 1465 (Fed. Cir. 1999).

在 VirnetX,Inc. v. Cisco Sys 案中,法院根据区别权利要求的原则,认定“域名”的含义就是一个 IP 地址的对应名称,而不包含按降序排列的 IP 地址,因为按降序排列是从属权利要求的内容。[1]

虽然存在“不同权利要求有不同保护范围”这样一个推定,但这只是一个可推翻的推定,而不是决定性的规则。[2] 这一推定并不是适用于所有的场合。专利权人有权用各种可能的方式描述自己的发明。这样,两个读起来不同的权利要求可能覆盖同一个标的物。因此,不能因为权利要求使用了不同的用语,或者用语的多少不同,就适用该原则。特别是当对两个独立权利要求进行比较时,更是如此。[3]

但是,专利法中还有一个原则,那就是权利要求应当得到说明书的支持。权利要求不能被解释为超过说明书支持的范围。这一要求不能因为适用区别权利要求原则而被突破。在很多情况下,专利权人在从属权利要求中对独立权利要求中描述的物加上了一个限定词,然后称独立权利要求不应受该限定词的限制。有时法院会发现从属权利要求中的限定词对于说明书的教导或专利发明的实用性至关重要,以至于认为因为权利要求不能超出说明书教导的范围,区别权利要求原则不能适用。[4] 也就是说,如果从说明书看某些限定条件是发明所必需的,即使专利权人没有将这些限定条件列在独立权利要求中,而是列在从属权利要求中,法院也可以不顾区别权利要求原则,解释为独立权利要求包括这些限定条件。例如,Tandon Corp. v. U. S. International Trade Commission[5]案就是这种情况。案中专利权人对电脑软驱进行了改进,改变了原来软件将感应器装在万向节头上的技术,不使用万向节头将感应器装在相对固定的位置。案中专利有三个独立权利要求:权利要求 1、5 和 12。其中只有权利要求 5 载明第一个感应器是“无万向节头的”,其余两个权利要求没有使用这一限定词。专利权人主张这一限定词不能读入权利要求 1 和 12。法院没有支持专利权人的主张,理由是区别权利要求原则不能用于将权利要求的范围解释得比包括在说明书中的范围宽。

对区别权利要求原则的另一个限制是,如果从说明书的教导看两个权利要求是完全一致的,不同权利要求具有不同含义的推定就可以被推翻。如果从属权利要求与独立权利要求的区别除了增加了有争议的用语外,还有其他的限制条件,

---

〔1〕 767 F. 3d 1308,1316 (Fed. Cir. 2014).

〔2〕 Bradford Co. v. ConTeyor North America, Inc. ,603 F. 3d 1262 (Fed. Cir. 2010).

〔3〕 Robert C. Kahrl, *Patent Claim Construction*, New York, Aspen Publishers, 2003, pp. 4 - 41.

〔4〕 Ibid. , pp. 4 - 42.

〔5〕 831 F. 2d 1017, 4 USPQ2d 1283 (Fed. Cir. 1987).

即使该用语读入独立权利要求,其他的限制条件也可以将从属权利要求与独立权利要求区分开来,则可以不适用这一推定。例如,在 World Class Technology Corp. v. Ormco Corp. 案中,当事人对于权利要求 1 中的"支撑面"(support surface)的含义产生了争议。地区法院将其解释为"至少部分支持并在打开位置和闭合位置之间运动期间引导所述可动构件[滑动]"。专利权人上诉称这一界定是权利要求 6 中的内容,不应当读入权利要求 1 中。联邦巡回上诉法院支持了地区法院的解释,认为权利要求 6 中还有一个技术特征"窗台",使权利要求 6 区别于权利要求 1。[1] 再如,在 Mantech Environmental Corp. v. Hudson Environmental Services, Inc.[2]案中,专利发明涉及处理污染的地下水的方法。权利要求 1 列出了四个步骤,从属权利要求 4 增加了步骤的细节。专利权人称权利要求 4 的四个步骤是按顺序进行的,根据区别权利要求的原则,权利要求 1 中的步骤不是按顺序进行的。法院未采纳专利权人的主张,理由是,权利要求 4 相对权利要求 1 而言增加了限制条件,即使认为权利要求 1 也必须遵循权利要求 4 中的顺序,权利要求 4 也不会成为多余的。

另外,专利权人有权使用尽可能多的方式界定其发明,在这种情况下,两个不同的权利要求可以包含同一标的物。仅仅由于两个权利要求所使用的用语不同,或者一个权利要求的用语比另一个权利要求更多,并不能导致适用区别权利要求原则。在针对两个独立权利要求进行对比时更是如此。[3] 美国法院曾经指出:"区别权利要求的概念说的是,不同的权利要求应当推定覆盖不同的发明。这是说应当避免将一个权利要求解释为与另一个权利要求相似。区别权利要求只是指南,不是僵化的规则。如果某一权利要求只有一种解释,必须要容忍其与其他权利要求的相似性。"[4]

区别权利要求原则的更宽一点的表述是"当一些权利要求大而另一些权利要求小时,小的权利要求中的限制不能读入到大的权利要求中以避免无效或侵权"。[5] 在 Toro Co. v. White Consolidated Industries, Inc. 案中,专利权人提出了区别权利要求原则,但没有被法院采纳,理由是区别权利要求原则"不能推翻说明书

---

[1] 769 F. 3d 1120, 1125 – 26, 1127 (Fed. Cir. 2014).

[2] 152 F. 3d 1368, 47 USPQ2d 1732 (Fed. Cir. 1998).

[3] 参见 Mycogen Plant Science, Inc. v. Monsanto Co., 243 F. 3d 1316 (Fed. Cir. 2001).

[4] Autogiro Co. v. United States, 384 F. 2d 404, 155 USPQ. 697 (Ct. Cl. 1967).

[5] D. M. I., Inc. v. Deere & Co., 755 F. 2d 1570 (Fed. Cir. 1985).

和审查档案中关于保护范围的明确表述。”[1]

可见，区别权利要求原则是建立在“不同权利要求具有不同的含义”这一推定基础上的权利要求解释规则。一般情况下，根据这一原则可以对权利要求中的用语作出恰当的解释。但是这一原则并不是绝对的，当适用这一原则会导致独立权利要求得不到说明书支持，或者从说明书的教导看两个权利要求完全一致时，法院也会不适用这一原则。在不适用这一原则时，法院一般是在仔细分析权利要求书、说明书以及专利审查历史后才作出决定的。

七、对权利要求主题名称解释[2]

(一)主题名称及其限定作用

主题名称不是权利要求书的正文，由此带来的问题是，主题名称是否对专利权利要求的保护范围起到限定作用。美国法院将主题名称进行了区分。如果主题名称增加了权利要求的含义，并且恰当地界定了发明，可以认为主题名称对专利的保护范围起到限定作用；如果主题名称只是阐明了专利的目的或者发明的意定用途，可以认定主题名称对专利的保护范围没有限定作用。[3] 美国关税和专利上诉法院在1951年的Kropa v. Robie案[4]阐述了上述方法。案中权利要求中的主题名称为“一种研磨用品”，专利权人称主题名称部分并不是对专利权利要求的限定。法院对此进行了分析：

在本院认为，主题名称部分对专利发明没有限制作用的37件案件中，权利要求描述的都是物品的结构，而主题名称后的部分都包括对物品结构的完整描述，而不需要依赖前面的介绍性语句以补充其完整性。或者权利要求描述的是一种产品，而主题名称只是引述了权利要求的其余部分界定的已知物品。在那些案件中，除

---

[1] 266 F. 3d 1367 (Fed. Cir. 2001).

[2] “preamble”直译为“序言部分”，也有的译为“前序部分”。但从其内容看，它与我国专利法中所说的前序部分是不同的。美国专利权利要求一般分为“preamble”部分和正文部分。“preamble”部分是权利要求中的第一句话，一般描述发明使用的背景，或者有时直接描述发明。“preamble”部分用“包括”“由……组成”等结束，说明以下的文字就是正文。[参见 Robert C. Kahrl, Patent Claim Construction, Aspen Publishers(2003), pp. 4 - 57。]而我国专利法中的前序部分是正文的一部分，要求“写明要求保护的发明或者实用新型技术方案的主题名称和发明或者实用新型主题与最接近的现有技术共有的必要技术特征”。因此，“preamble”部分与我国专利法中的主题名称相近。但在改进型权利要求中，“preamble”相当于我国专利权利要求中的主题名称和前序部分。本书将“preamble”译为“主题名称”。而在改进型权利要求的部分，则译为“前序部分”。

[3] Robert C. Kahrl, *Patent Claim Construction*, New York, Aspen Publishers, 2003, pp. 4 - 58.

[4] 187 F. 2d 150, 88 USPQ. 478 (CCPA 1951).

主题名称以外的权利要求书仍完整地界定了标的物,而主题名称只是说明了标的物的目的或意定用途。另一方面,主题名称明确或必须地具有限制作用,主题名称被认为是对于描述权利要求所界定的发明所必需的。在后一种情况中,主题名称被认为是给权利要求以生命、含义和效力所必需的。通常情况下,在这些案件中,主题名称中描述的物品中存在技术人员无法解决,或者没有想到、没有答案的问题。问题的性质描述了物品组成部分的特点,将权利要求与在先技术区别开来。

法院认为,专利申请特别描述了发明的目的在于创造一种研磨工具,并披露了必要的构成部件。因此,主题名称中的"研磨用品"界定了发明。

在 American Medical Systems, Inc. v. Biolitec, Inc. 案中,联邦巡回上诉法院对主题名称的限定作用进行了阐述。案中专利的主题名称为:"一种对组织的波选择性蒸发的方法,包括……"地区法院认为这一主题属于功能限定,对于专利保护的方法具有限定作用。其含义是"使用在组织中高度吸收的波长,同时被水或其他冲洗剂吸收到可忽略的程度"。联邦巡回上诉法院判决意见认为:[1]

> "一般来说,"我们已经说过,"主题名称并不限制权利要求。"尽管如此,主题名称可能被解释为有限制作用。"如果它陈述必要的结构或步骤,或者如果有必要通过主题名称给权利要求以生命,意义和效力。"主题名称不被认为是限制性的。如果权利要求描述了结构上完整的发明,使得删除主题名称中的用语也不会影响要求保护的发明的结构或步骤,或者主题名称相当容易被认为仅仅是对权利要求的限制的重复(并且也不是为了克服现有技术而增加的),我们并不认为它是一个单独的限制。我们已经指出 如果主题名称仅仅给出了完全阐述本发明的权利要求的主体中的描述性名称,则主题名称没有单独的限制效果。

最后,二审法院以多数法官的意见认定该专利中的主题名称只是描述性名称,其结构在权利要求的正文部分已有完整的描述。因此,该主题名称不具有限定作用。但是,Dyk 法官表了不同意见:[2]

---

〔1〕 No. 09 – 1323 (Fed. Cir. Sept. 13, 2010).

〔2〕 Ibid.

> 在我看来，一项承认所有主题名称都是限制性的规则会更有意义，更有利于有关各方的利益。毕竟，在权利要求起草过程中，允许申请人将不具约束力的内容写入权利要求中，几乎没有什么好处。在美国专利商标局为了获得授权，专利权人可能是一种立场，主张主题名称具有限定作用；而在侵权诉讼中可能是另一种立场，主张主题名称没有限定作用。公平原则就要求专利权人应明确界定所要求保护的范围。通过制定统一规则，规定所有的主题名称都具有限定作用，我们将确保专利权人有责任起草专利避免对权利要求范围的混淆……最高法院和本院满席审理的判决从未对主题名称的限定作用问题发表意见。我认为现在是要消除这个模糊和混乱规则的时候了。

但是，至今美国最高法院也未对此发表意见。联邦巡回上诉法院也未通过满席审理的方式作出相关判决。从上述案件中法院的意见看，原则上主题名称不具有限定作用。如果主题名称部分只是描述了一类物品或者制造方法，但没有将它与在先技术相区别，主题名称就对权利要求没有限定作用。如果主题名称中包括帮助将发明与现有技术区别开来的语言，主题名称对于描述发明就是必需的。[1]尽管有这样的原则，法院适用起来仍是困难的。其原因在于：第一，认定主题名称是否具有限定作用是由没有技术背景的地区法院的法官进行的；第二，联邦巡回法院将是否给权利要求以"生命、意义和效力"作为认定主题名称作用的标准，这对于主题名称作用的认定来说并不是清晰和实用的；第三，发明是由一系列的限定来界定的，说主题名称给权利要求以"生命、意义和效力"只是提出了问题，而没有给出答案。[2]

美国法院推定主题名称对于保护范围没有限定作用，有足够的证据推翻这一推定的除外。法院认定主题名称对于权利要求具有限定作用的案件可以分为以下两种情况：

第一种情况是不必与在先技术比较就作出认定的。在这些案件中，主题名称没有描述发明的用途和背景，而是使用了与正文密切相关的用语，从而对正文中的术语起到限定作用。例如，Bell Communications Research v. Vitalink Communications Corp.[3]案

---

〔1〕 Robert C. Kahrl, *Patent Claim Construction*, New York, Aspen Publishers, 2003, pp. 4 – 60.

〔2〕 Li-Hua Weng, "Preamble Interpretation: Clarifying the 'Give life, meaning and vitality' Language", *Journal of Science and Technology Law*, 11, 2005.

〔3〕 55 F. 3d 615 (Fed. Cir. 1995).

中,主题名称部分为“一种通过系统传送信息包的方法”,权利要求的正文中提到“所述信息包”。法院认为要理解“所述信息包”,必须要看主题名称部分。因此,主题名称对于权利要求具有限定作用。Pitney Bowes Inc. v. Hewlett-Packard Co.[1]案也是这种情况。案中权利要求的主题名称为“一种在感光器上产生由点组成的图形影像的方法”。权利要求的正文提到“由点组成的图形”。法院认为,主题名称中说明了“由点组成的图形”的意义在于在感应器上产生影像,因此,主题名称对于权利要求具有限定作用。另外,Electro Scientific Industries, Inc. v. Dynamic Details, Inc.[2]案也属于这种情况。

第二种情况是必须与在先技术对比后再作出认定的。例如,在 In re Covey[3]案中,权利要求的主题名称为“一种包裹有皱橡胶以防打滑的轮胎”。专利披露的公知技术中使用的都是碳化布和纤维包裹轮胎,以及用橡胶制作鞋跟。主题名称描述了本行业长期需要解决的问题,与在先技术相比具有创造性,因此对于权利要求具有限定作用。In re Echerd[4]案也属于这种情况。案中权利要求的主题名称为“一种抗火苗的、柔软的烟斗隔层材料”。在专利审查过程中,专利申请人强调了其发明的抗火苗和柔软特性。因此,法院认为,主题名称构成对权利要求的限定。

根据上述有关判决,有学者认为,美国法院在两种情形下认定主题名称具有限定作用:第一种情形是主题名称与权利要求正文中的用语具有非常密切的联系,以至于成为该用语的限定。典型的情形是主题名称对某一术语进行了描述,从而成为权利要求不可缺少的一部分。这种类型的主题名称对于权利要求的完整性具有影响,缺少了主题名称权利要求就不完整了。第二种情形是主题名称将发明与在先技术相区别。在这种情形中,只从权利要求的用语看不出主题名称的重要性。权利要求本身是完整的。主题名称只描述了发明使用的背景、用途和意定目的等。但主题名称将权利要求与在先技术区别开来,使其具有新颖性和非显而易见性,从而符合专利法规定的条件。[5] 除此之外,还有第三种情形,说明书认为某一概念对于专利发明非常重要,但这一概念只在发明主题中有体现,发明主题很可能被认为

[1] 182 F. 3d 1298, 51 USPQ2d 1161 (Fed. Cir. 1999).

[2] 307 F. 3d 1343, 64 USPQ2d 1781 (Fed. Cir. 2002).

[3] 63 F. 2d 982 (CCPA 1933).

[4] 471 F. 2d 632 (CCPA 1973).

[5] Li-Hua Weng, “Preamble Interpretation: Clarifying the ‘Give Life, Meaning and Vitality’ Language”, *Journal of Science and Technology Law*, 11, 2005.

具有限定作用。[1]

在上述三种情形中,第一种情形只从权利要求本身就可以看出主题名称的作用,因此相对容易区分。而第二种情形和第三种情形中法院需要通过分析权利要求书、说明书和专利审查档案等进行认定。如果主题名称在专利审查过程中经过修改,法院往往认为这是主题名称将发明与现有技术区别开来的证据。例如,在 Strattec Security Corp. v. General Automotive Specialty Co.[2]案中,主题名称为"只由四种成分组成的预装电子零件"。其中"只由四种成分组成的"是在专利审查过程中增加的。法院认为,这就是将发明与在先技术区别开来的限定条件。另外,专利申请人在专利审查过程中的意见陈述也往往成为法院认定主题名称将发明与现有技术区别开来的证据。例如,在 In re Cruciferous Sprout Litigation[3]案中,权利要求的主题名称为"一种制造富含 glucosinolate 的食品加工方法",在专利审查过程中,专利申请人称"虽然富含 glucosinolate 出现在主题名称部分,但专利法认为如果主题名称给予了权利要求以生命和含义就应当被重视"。

在 Aspex Eyewear,Inc. v. Marchon Eyewear,Inc. 案中,法院考虑几个方面的因素决定主题名称没有限定作用。案中的主题名称是"一种眼镜设备,包括……"在摘要中对眼镜设备的界定是"眼镜设备包括主镜框和副镜框用于支撑镜片"。一些权利要求中的技术特征只包括副镜框。因此,主题名称是否将专利保护范围限定为既包括主镜框又包括副镜框的眼镜,成为争议的一个问题。法院考虑了以下几个方面的因素,最后认定主题名称没有限定作用:第一,多数权利要求引述了主镜框和副镜框,一个权利要求只引述了副镜框,三个权利要求只引述了主镜框,因此权利要求主题名称并不是用来限定保护范围的;第二,权利要求的正文部分对于结构进行了完整的描述,不需要借助主题名称进行限定;第三,审查档案并没有提示主题名称对于专利授权是必需的。[4]

(二)使用环境的限定作用

如果主题名称提到了发明意定使用的场景,法院一般不认为是对权利要求的限定。例如,在 Catalina Marketing International,Inc. v. Coolsavings. com,Inc.[5]案中,权利要求的主题名称为"用于位于像消费商店之类的远程终端控制选择和分配

---

〔1〕 739 F. 3d 1367 (Fed. Cir. 2014).

〔2〕 126 F. 3d 1411 (Fed. Cir. 1997).

〔3〕 301 F. 3d 1343,64 USPQ2d 1202 (Fed. Cir. 2002).

〔4〕 4 672 F. 3d 1335,1347 (Fed. Cir. 2012).

〔5〕 289 F. 3d 801(Fed. Cir. 2002).

商品券的系统”。法院认为,主题名称中关于位置的用语是提示性的而不是列举性的,审查员不会根据这些用语区别现有技术,因此,主题名称对于权利要求没有限定作用。

但是,在一些案件中,法院认为,主题名称具有限定作用。例如,如果主题名称中的使用环境在审查过程中被引用,使专利发明区别于现有技术,则主题名称具有限定作用。[1] 有的案件中,法院从权利要求本身分析,认定主题名称具有限定作用。例如,在 Highmark, Inc. v. Allcare Health Management System, Inc. 案中,权利要求的主题名称为:“一种用于管理具有输入装置、支付方式和记忆储存的一体式保健照护管理系统的方法,包括……”正文部分是 7 个步骤。法院认为主题名称具有限定作用,因为 7 个步骤中的后三个步骤都提到主题名称,并使用了“所述系统”的用语。[2]

确定主题名称中的使用环境是否具有限定作用的线索是看如果没有主题名称权利要求中是否就缺少了对某一有用的活动的描述,这主要适用于方法专利。例如,联邦巡回上诉法院指出:“如果发明主题不仅引述了发明使用的场景,而且描述了发明的本质,如果缺少发明主题引述的步骤,发明就成为仅仅是学术探讨,则主题名称具有限定作用。”[3]

(三)改进型权利要求中前序部分的限定作用

改进型权利要求又被称为“Jepson 式权利要求”。[4] 这类权利要求的撰写要求是:“如果案件性质允许(比如在改进型发明的情况下),独立权利要求可以按下列顺序撰写:(1)主题名称部分对传统的或公知的要求保护的组合的所有构成要件或步骤进行概括性描述;(2)‘其改进包括’之类的用语;(3)申请人认为新的或改进部分的、构成要求保护的组合的构成要件、步骤和/或其关联性。”[5]

对于“Jepson 式权利要求”,一般认为前序部分是权利要求的一部分。如果认定侵权,被控侵权物必须再现前序部分的全部技术特征和改进部分的全部技术特征。[6] 在有些案件中,专利权人也曾主张“Jepson 式权利要求”前序部分的内容并不对专利发明具有限定作用。法院也会根据权利要求书、说明书和专利审查档案

---

[1] 例如,Laboratories, Inc. v. Laboratory Corp. of America Holdings 案,1370 F. 3d 1354 (Fed. Cir. 2004)。

[2] 687 F. 3d 1300 (Fed. Cir. 2012).

[3] Boehringer Ingelheim Vet-Medica, Inc. v. Schering-Plough Corp. ,320 F. 3d 1339 (Fed. Cir. 2003).

[4] 这类权利要求因 Jepson 案件而得名。Ex parte Jepson, 117 C. D. 62, 243 O. G. 525 (1917).

[5] 美国联邦规章汇编(Code of Federal Regulations)第 37 章,第 1.75 条(e)项。

[6] Robert C. Kahrl, *Patent Claim Construction*, New York, Aspen Publishers, 2003, pp. 4 – 75.

等认定前序部分是否对专利发明具有限定作用。但截至目前,在所有的案件中法院都认定"Jepson 式权利要求"前序部分的内容对专利发明具有限定作用。例如,在 Wells Mfg. Corp. v. Littlefuse, Inc.[1]案中,双方当事人就对被控侵权物缺少改进型权利要求前序部分的技术特征是否构成侵权产生了争议。案中专利要求保护的对象是"机动车辆",专利要求的前序部分列出了一系列构成要件,正文部分也列出了一系列构成要件。被控侵权物缺少前序部分的构成要件。一审法院根据在改进型权利要求中前序部分是专利发明的必要内容这一规则,认定被告不构成侵权。二审法院美国第七巡回上诉法院审查了专利说明书和审查档案,认为专利说明书中提到了被控侵权物缺少的部件,并且在专利审查过程中申请人也称该部件是发明的一部分,并且修改了权利要求增加了这一部件。法院认为,从权利要求书的形式、说明书和审查档案看,前序部分包含了发明所必需的部件,被告不构成侵权。再如,在 Applied Materials, Inc. v. Advanced Semiconductor Materials America, Inc.[2]案中,专利权利要求为"Jepson 式权利要求"。其中前序部分使用了"冷清洗"一词,而被控侵权的方法是在 850℃时清洗。专利权人主张"冷清洗"并不是专利发明的构成要件。联邦巡回上诉法院没有提及该权利要求为"Jepson 式权利要求"这一事实,而是分析了说明书,认为如果没有冷清洗这一步骤,专利发明将失去意义。因此,法院认定前序部分对专利发明具有限定作用。

在后来的 Kegel Co. v. AMF Bowling, Inc. 案中,联邦巡回上诉法院指出:"专利权人选择'Jepson 式权利要求'这一事实,说明具有使用前序部分作为界定其发明的部分结构特征的意图。"[3]可见,法院又回到了"Jepson 式权利要求"就意味着前序部分对专利发明具有限定作用的观点。

(四)过渡性词语和句子

在主题名称和正文之间,是过渡性词语或句子。过渡性语句将主题名称和正文连接起来,并且界定权利要求的法律范围。最常用的过渡性词语是"包括"(comprising),该用语说明是开放式的界定方式,发明的组成成分或步骤可以包括除了该用语后所列举的成分或步骤后的其他内容。而过渡性词语"由……组成"(consisting of)说明是封闭式的界定方式,发明不能包括下文明文列举的成分或步骤以外的其他内容。[4]

---

[1] 547 F. 2d 346, 192 USPQ 256 (7th Cir. 1976).

[2] 98 F. 3d 1563, 40 USPQ2d 1481 (Fed. Cir. 1996).

[3] 127 F. 3d 1420, 44 USPQ2d 1123 (Fed. Cir. 1997).

[4] Robert C. Kahrl, *Patent Claim Construction*, New York, Aspen Publishers, 2003, pp. 4 – 79.

除了上述用语外,专利申请人还可能使用"基本包括"(comprising of)和"基本由……组成"(consisting essentially of)对于这些用语的含义,美国法院进行了解释:"(1)'包括'和'基本包括'使权利要求成为开放式的,可以包括未列明的成分,即使这些成分是主要部分也不受影响;(2)'由……组成'使权利要求成为封闭式的,不能包括除通常产生的杂质以外的其他成分;(3)将'基本'与'由……组成'连用,使发明只包括那些对组合物的基本性质或新颖性不产生实质影响的成分。"[1]另外,"有"(having)也指示着权利要求书是开放式的,但"有"并不当然说明权利要求书是开放式的,法院还需要根据专利的内部证据来确定其恰当的含义。[2]

对于包含"基本包括"(comprising of)和"基本由……组成"(consisting essentially of)的权利要求,需要确定增加的成分是否对组合物的基本性质或新颖性产生实质影响。如果有实质性影响,则不在权利要求的范围之内;如果没有实质影响,则属于专利的保护范围。对于这一问题的判决,美国联邦巡回上诉法院曾在1998年的PPG Industries,Inc. v. Guardian Industries Corp.案中认为这是一个事实问题,应由陪审团决定。[3] 而在2001年的AFG Industries,Inc. v. Cardinal IG Co.案中则认为是权利要求解释问题而不是事实问题。[4]

如果在主题名称部分使用的是限制性的连接词(如"基本由……组成"),而在其中的一个技术特征中使用的是开放式的连接词(如"包括"),法院也认为主题名称部分的连接词对技术特征部分具有限定作用。例如,在General Electric Co. v. Hoechst Celanese Corp.[5]案中,主题名称部分使用的是"一种在70℉~90℉凝固的增强可塑合成物,基本由下列成分组成。"正文部分技术特征1为"一种稳定的、混合性树脂合成物,包括……"法院认为,技术特征1虽然使用的是"包括",但不允许合成物中有实质性地影响其性质的其他成分,因为主题名称部分的"由……组成"不只是限制技术特征的数量,而且也限制每个技术特征的内容。

与上述情况相类似的一种情况是,主题名称部分使用的是开放式的连接词,而在技术特征中使用的是限制性的连接词,这时,主题名称部分的连接词不会影响技术特征中的限制性连接词的限定作用。[6]

---

〔1〕 Ex parte Davis,80 USPQ2d 448,450 (Bd. Pat. App. & Int. 1948).

〔2〕 Robert C. Kahrl, *Patent Claim Construction*, New York, Aspen Publishers, 2003, pp. 4 – 82.

〔3〕 156 F. 3d 1351 (Fed. Cir. 1998).

〔4〕 9239 F. 3d 1239 (Fed. Cir. 2001).

〔5〕 698 F. Supp. 1181,12 USPQ2d 1517 (D. Del. 1988).

〔6〕 Robert C. Kahrl, *Patent Claim Construction*, New York, Aspen Publishers, 2003, pp. 4 – 83.

但是,即使使用的是"包括"等开放式的连接词,并不总是可以解释为可以包含未指明的内容,如果根据权利要求的语言必须做这样的解释。例如,在 Apple, Inc. v. Samsung Electronics Co. ,Ltd. 案中,专利涉及在网络中定位信息的装置,连接词使用了"comprising",但权利要求的正文中又使用了"each"一词。法院认为"comprising"应理解为封闭式的,否则"each"一词就失去了意义。[1] 同样,即使使用"由……组成"(consisting of)这样的用语,法院也不一定总是解释为封闭式的。例如,在 Norian Corp. v. Stryker Corp. 案中,法院认为其中的"consisting of"并不是封闭式的。[2]

八、专利权利要求中的不精确用语

虽然专利法要求权利要求书和说明书必须是精确的,但这并不要求权利要求书中的所有术语都是精确的。有时专利局允许使用不精确的术语,认为这不一定导致专利无效。虽然每个词都有一定的不精确性,但权利要求中的某些副词尤其会引起争议。在诉讼中这些词成为争议焦点时,法院要通过权利要求解释的方法确定这些词的范围。下列词是容易引起争议的不精确术语:

(1) approximately(大约、近似于)。在 Hilton Davis Chemical Co. v. Warner-Jenkinson Co.[3]案中,权利要求中就使用了"薄膜在大约为 200 ~ 400 的流体静压和 pH 值大约在 6. 0 ~ 9. 0。"联邦巡回上诉法院和美国最高法院都是按照等同原则对本案进行判决的,说明法院认为 pH 值为 5. 0 的被控侵权物并不在 6. 0 的"大约"范围内。另外,地区法院在发布的禁令中不允许被告使用 pH 值在 9. 01 以下的方法,说明法院认为 9. 0 的"大约"范围到 9. 01。

(2) about(大约)。"about"也往往使用在与数值有关的权利要求中。例如,在 Pall Corporation v. Micron Separations, Inc.[4]案中,权利要求中称"CH_2 与 NHCO 的比为大约 5 : 1 ~ 7 : 1"。被控侵权物为 4 : 1。法院在解释权利要求时指出,"必须从技术和格式的上下文对其范围进行解释。因此,我们考察'大约 5 : 1 ~ 7 : 1'在专利说明书、审查档案和其他权利要求中是怎么使用的。在确定数值的变换范围时,发明人的意图是一个相关的因素。这种用语含义的外部证据和本领域的用法在帮助确定数值的含义时是有帮助的"。发明人在说明书中称他曾试验过几种比例,

---

[1] 695 F. 3d 1370, 1379 (Fed. Cir. 2012).

[2] 363 F. 3d 1321 (Fed. Cir. 2004).

[3] 62 F. 3d 1512 (Fed. Cir. 1995) (en banc). 520 U. S. 17.

[4] 66 F. 3d 1211, 36 USPQ2d 1225 (Fed. Cir. 1995).

7:1 的湿度不够,得不到适宜的结果,因此,使用了"大约 7:1"。如果比例在 3:1 则是不可行的。在 3:1 ~5:1 则没有做实验。因此,权利要求中使用了"5:1"。根据上述证据,法院认为权利要求书中的"大约 5:1"不能扩大到包括 4:1。

在 Ortho – McNeil Pharmaceutical, Inc. v. Caraco Pharmaceutical Laboratories, Ltd. 案中,对于权利要求中的"大约 1:5",法院在使用了内部证据和外部证据后认定包括范围为"1:3.6 ~1:7.1"。[1]

在 Amgen, Inc. v. Chugai Pharmaceutical Co., Ltd. 案[2]中,联邦巡回上诉法院认为权利要求 4 中的"至少大约"(at least about)含义模糊不清,使该权利要求无效。但在 Hybritech, Inc. v. Abbott Laboratories 案中,法院并不认为,"至少大约"使权利要求无效。本案中权利要求中使用了"至少大约 10 ×8mol/L"。而被控侵权物的两个测量值分别为 4.8 ×10 ×7 和 7.5 ×10 ×7mol/L。一审法院认为被控侵权物在权利要求的范围之内,二审法院认为:一审法院认定的错误在于将专利权利要求中"10 ×8mol/L"的范围扩大到 2 ~3 倍,虽然权利要求中使用了"大约至少"的表述,其保护范围也不能扩大到将被控侵权物包括在内。

在 Cohesive Technologies, Inc. v. Waters Corp. 案中,权利要求中的刚性粒子色谱体"平均直径大于大约 30μm"。被控侵权产品中刚性粒子色谱体的直径,原告测得的值为 29.01μm,被告测得的值为 25.16μm。地区法院作出了不侵权的判决,认定权利要求中的"大于大约 30μm"已经特意排除了 29.01,如果想将 29.01 包括在内,专利权人本来可以将权利要求写为"大于大约 29μm"。联邦巡回上诉法院推翻了一审法院的认定。联邦巡回上诉法院首先指出"重要的是这一限制对于要求保护的发明的目的,而不是发明本身的目的。"地区法院的认定,使权利要求中的"大约"不起任何作用。专利权人在权利要求中增加"大约"一词,清楚地表明其意图是认为平均直径小于 30 的粒子也在大于大约 30 的范围。经过分析说明书,联邦巡回上诉法院认为"大于大约 30μm",应包括任何直径大于等于 25.434μm 的粒子。[3]

在 Reese v. Hurst[4]案中,权利要求中有"H_3PO_4 的重量占 40% ~100%"这样一句话。被控侵权物中 H_3PO_4 的重量占 39.2%。法院认为,考虑到权利要求中引述的广泛范围,与 40% 相差 0.8% 的被控侵权物很明显位于"大约 40%"的下限

---

〔1〕 3 476 F.3d 1321 (Fed. Cir. 2007).

〔2〕 927 F.2d 1200, 18 USPQ2d 1016 (Fed. Cir. 1991).

〔3〕 543 F.3d 1351 (Fed. Cir. 2008).

〔4〕 661 F.2d 1222, 211 USPQ 936 (CCPA 1981).

范围内。

如果权利要求中有些数值前使用了“大约”等修饰语，而有的数值前没有使用，则没有使用“大约”等进行修饰的数值应解释为严格限定为该数值。在 Takeda Pharmaceutical Co. ,Ltd. v. Zydus Pharmaceuticals USA,Inc. 案中，对于权利要求中“微粒平均直径为 400μm 或更少”的含义，一审法院认为该数值允许 10% 的边际误差。联邦巡回上诉法院推翻了一审法院的认定。联邦巡回上诉法院认为，在同一权利要求中，还有“大约 1 至大约 20 公斤”的表述，说明专利权人知道在需要时如何加入边际误差，而在争议的技术特征中没有使用这样的用语，说明该数值为严格限定。[1]

从美国法院的司法实践看，法院在确定权利要求中关于数值的“大约”范围时，主要从内部证据看被控侵权物与权利要求中的数值的差异所产生的影响。法院并不总是先确定权利要求中数值的范围，然后再考虑侵权的问题。因为权利要求中的数值范围是一个高度事实化的问题，需要与被控侵权物进行比较后确定。

(3)实质的(substantial)和实质地(substantially)。substantial 或 substantially 是权利要求中常用到的修饰词，指数值近似或程度相近。对于使用该词的权利要求，应通过解释确定可以允许的范围。在 Seattle Box Company, Inc. v. Industrial Crating & Packing, Inc. 案[2]中，权利要求中提到，砖的高度与一排导管的厚度实质相同(substantially equal to)或更高。被控侵权物中的砖比导管厚度短 1/16。在认定被控侵权物是否落入专利保护范围时，法院首先指出：“当权利要求中有一个修饰程度的词时，地区法院必须确认专利权利要求中是否有确定这种程度的方法。也就是说，一审法院必须查明本领域普通技术人员在根据说明书阅读权利要求书时，他是否可以理解对于权利要求范围的限制。”说明书中称使用砖的目的在于吸收上面的重量，保护侧面的导管。一审法院认为，被控侵权物中砖比导管稍微短，但根据等同原则认定侵权成立。联邦巡回上诉法院认为“实质相同”包括了砖比导管稍微短这种情况，因此，认定字面侵权成立。在一审开庭后，被告生产的产品中砖比导管短 1/4，一审法院仍然命令被告就这些产品进行损害赔偿。联邦巡回上诉法院撤销了对这一部分的认定，要求一审法院重新对此作出认定。后来，一审法院重新认定为砖比导管短 1/4 的这些产品没有落入专利的保护范围。在 LNP Engineering

[1] 743 F. 3d 1359,1364(Fed. Cir. 2014).

[2] 731 F. 2d 818,221 USPQ 568 (Fed. Cir. 1984).

Plastics, Inc. v. Miller Waste Mills, Inc. 案中,法院按照字典中的含义解释了"实质地"一词。案中权利要求中有一个用语为"实质地完全湿透"(substantially completely wetted)。法院认为,权利要求中"完全湿透"的含义是"全部浸泡在树脂中",而"实质地完全湿透"的含义是"大部分但不必是全部地浸泡在树脂中"。然后法院看专利的其他材料中有没有给该用语界定其他特别的含义,在经过对说明书和其他权利要求书审查后,法院认为,当事人没有对该用语界定其他特别含义,因此,应当按照其在字典中的含义进行解释。[1] substantial 或 substantially 不一定被解释为一定数值的范围。在 Medrad, Inc. v. MRI Devices Corp. 案中,专利权利要求涉及核磁共振成像技术,其中有一个用语是"实质上均匀的磁场"。对此,法院并没有通过数值限定解释其范围,而是把它解释为"磁场足够均匀达到可以得到有用图像的程度"。[2]

在 Verve, LLC v. Crane Cams, Inc. 案[3]中,权利要求中有一句话为"所说的管子有厚度实质不变的壁"。一审法院认为权利要求具有不确定性,因而认定专利无效。二审法院联邦巡回上诉法院指出:

如果发明的性质允许,在专利文件中使用"实质地"等词的目的,在于适应适合于专利发明的细微变化。这种用法可以满足专利法第 112 条规定的特别指明和清楚界定发明的要求,有时对于确保专利权人得到专利有关的利益是必需的……下述做法已经得到公认:当"实质地"一词合理地描述标的物,使发明所属领域技术人员可以理解发明的范围,并且该词还将发明标的与公知技术区别开来时,权利要求并不是不确定的。这时可以从外部证据中获得对专利范围的理解,而不必认定专利权利要求无效。

可见,根据联邦巡回上诉法院的上述意见,当权利要求中使用"实质地"等词时,关键是看本领域技术人员是否可以理解该术语的含义。如果本领域技术人员可以理解该术语的含义,即使权利要求书和说明书中没有该术语的确切含义,专利权利要求也不一定因不确定而无效,在确定权利要求中这种用语的含义时,必要时要结合外部证据进行确定。

(4)相对小的(relatively small)。在 Modine Manufacturing Co. v. U. S. International Trade Commission 案[4]中,权利要求中的一个用语是"相对小的直

〔1〕 275 F. 3d 1347, 61 USPQ2d 1193 (Fed. Cir. 2001).

〔2〕 401 F. 3d 1313 (Fed. Cir. 2005).

〔3〕 311 F. 3d 1116, 65 USPQ2d 1051 (Fed. Cir. 2002).

〔4〕 75 F. 3d 1545, 37 USPQ2d 1609 (Fed. Cir. 1996).

径”。该权利要求最初写的是“大约0.015~0.070英寸”，后来改为“大约0.015到0.040英寸”，最后修改为“相对小的直径”，但说明书中还提到直径可以到0.070英寸。美国联邦贸易委员会认为权利要求中“相对小的直径”的含义是不超过0.040英寸。美国联邦巡回上诉法院将案件发回重审。该法院同意专利权人不能依据“相对小的直径”重新取得在专利申请过程中已经放弃的0.070英寸。“相对小的”含义就认为是“大约0.015~0.040英寸”。该法院要求联邦贸易委员会重新考虑被控侵权物是否属于“大约0.015到0.040英寸”的范围。

（5）一个（a或an）。有时权利要求中会有不定冠词a或an，但其含义不一定指的是一个，可以意味着不止一个。美国联邦巡回上诉法院在KCJ Corporation v. Kinetic Concepts, Inc.案[1]中指出：

本院曾多次强调，不定冠词“a”或“an”在含有连接词“包括”的开放式权利要求中的含义是“一个或多个”……除非权利要求中构成要件的数量是特定的，只有在专利权人明确表示了具有限定冠词意图的极少数的情况下，冠词“a”才具有“一个”的意思……按照习惯的规则，权利要求中的限定词“a”，在没有其他相关用语的情况下，要求的数量为至少一个。

在该案中，权利要求中的一个用语是“有‘a’膨胀气室”。被控侵权物中有三个气室。对于权利要求是否要求只有一个气室，法院考虑了说明书和专利审查档案，认为没有证据说明这一术语不是按照普通规则使用的。因此，专利权利要求书并没有将气室限定为一个。

再如，在Silicon Graphics, Inc. v. ATI Technologies, Inc.案中，权利要求涉及用于创作动画电影的计算机图形系统，其中有对影像上的表现“元”（primitives）进行几何计算的处理器。权利要求中的一句话是“根据在浮点格式运行的（a）光栅处理方法对元进行光栅化处理。”一审法院将“（a）光栅处理方法”解释为在浮点格式运行的整个方法。被控侵权方法中有部分使用浮点格式，有部分使用固定点格式。一审法院作出不侵权的认定，联邦巡回上诉法院认为一审法院权利要求解释错误，撤销了一审判决。联邦巡回上诉法院认为，说明书中扫描转换、分配颜色、深度缓存、织构化、照明和图形保真总称为光栅化处理。因此，权利要求中的“光栅处理方法”指的是说明书中列举的其中一个步骤。权利要求中使用了不定冠词“a”，说明书中列举了各个步骤，清楚地说明权利要求中的“（a）光栅处理方法”指的是一个或

---

[1] 223 F. 3d 1351, 55 USPQ2d 1835 (Fed. Cir. 2000).

更多的光栅处理方法。[1]

在 SanDisk Corp. v. Kingston Technology Co. 案中,权利要求中的一句话是“在每个扇区的操作存储单元之内至少有‘a’用户数据部分和‘an’在上的部分”。地区法院将其解释为“一个用户数据部分和一个在上的部分”,联邦巡回上诉法院推翻了这一判决,认为没有内部证据足以推翻冠词 a 和 an 指“一个或更多”的推定。[2]

如果专利上下文说明“a”具有较窄的范围,它也可能只指“一个”。例如,在 North American Vaccine, Inc. v. American Cyanamid Co.[3]案中,权利要求中的一个用语是“在没有重要交联的情况下连接到‘a’终端部分”。法院认为,虽然“a”通常被解释为一个或更多,但因为权利要求中还有“在没有交联的情况下”的用语,并且说明书中也没有包括接连点在一个以上的例子。因此,权利要求中的“a”指的只是“一个”。再如,在 TiVo, Inc. v. Echostar Communications Corp. 案中,权利要求涉及将电视信号转到录像机的方法,其中的一句话是“其中所述输出部分与音像部分集合为‘a’ MPEG 流”。法院认为,权利要求的用语表明,这里的音像部分合并到一个流,并不是分别进入音频流和视频流。“当文本清楚地表明这种用语只限于其中一个时,a 和 an 指“一个或更多”的推定则不再适用。[4]

可见,通常情况下,虽然权利要求中使用了不定冠词 a 或 an,其含义也不一定限定为“一个”。只有在特殊情况下,a 或 an 才具有限定为一个的含义。

(6)或者(or)。在 Kustom Signals Inc. v. Applied Concepts, Inc.[5]案中,专利说明为速度捕捉雷达,它可以计算和提供在设备上具有最大信号的物体的速度,或者速度最快的物体的速度。被控侵权物总是同时计算速度最快的目标和最大的目标,可以分别显示二者的速度或者只显示信号最大的目标的速度。专利权人称其权利要求中的“或者”指的二者之一或二者全部。法院没有采纳这种主张,而是认为没有理由可以认为专利权人使用“或者”指的是全部。另外,在专利审查过程中专利权人将“数量和频率”改为“数量或频率”。因此,法院认为被控侵权物没有落入专利的保护范围。另外,在 Brown v. 3M[6]案中,联邦巡回上诉法院对于权利要求中的“或者”也作出了与上述案件基本相同的认定。可见,美国联邦巡回上诉

---

〔1〕 607 F. 3d 784 (Fed. Cir. 2010).

〔2〕 695 F. 3d 1348 (Fed. Cir. 2012).

〔3〕 7 F. 3d 1571, 1575 – 1577, 28 USPQ2d 1333 (Fed. Cir. 1993).

〔4〕 516 F. 3d 1290 (Fed. Cir. 2008).

〔5〕 264 F. 3d 1326, 60 USPQ2d 1135 (Fed. Cir. 2001).

〔6〕 265 F. 3d 1349, 60 USPQ2d 1375 (Fed. Cir. 2001).

法院的判决中都将“或者”理解为具有逻辑上的排他关系，指的是 A 或者 B，而不是 A 和 B。

(7)有效数量(effective amount)。有些权利要求中未列明具体的数量，而是使用“足够数量”(amount sufficient to)，或者在药品专利中使用“治疗有效量”(therapeutically effective amount)。对于这样的术语，在侵权诉讼中往往需要解释。在 Amgen Inc. v. Hoechst Marion Roussel, Inc. 案中，权利要求中就使用了“治疗有效量”的用语。对于该用语的含义，联邦巡回上诉法院根据说明书中的记载，将其解释为“其范围较宽，不限于治疗人类疾病的数量”。[1] 而在 Abbott Laboratories v. Baxter Pharmaceutical Products, Inc. 案中，法院只结合权利要求书就对其中“有效数量”(amount effective to)的含义作出认定，认为其含义是“质子酸抑制剂的数量为足以防止七氟醚被质子酸降解的量”。[2] 在 Alcon Research, Ltd. v. Apotex Inc. 案中，独立权利要求 1 使用了“治疗有效量”的用语，权利要求 2、3、4 是从属权利要求，分别限定了特定范围的数量。法院认为，权利要求 1 中的数量包括三项从属权利要求中的所有数量范围。[3]

(8)附近(near)。权利要求中的“接近”一词有可能使权利要求不清楚，但法院如果可以通过解释确定其含义，也可以认定权利要求是清楚的。在 Young v. Lumenis, Inc. 案中，专利涉及剪猫指甲的方法，“在爪冠的边缘附近在表皮中形成第一周的切割，从爪冠切断至少一些表皮。”地区法院认为权利要求不清楚从而无效。联邦巡回上诉法院推翻了一审判决。联邦巡回上诉法院认为，根据说明书的记载，权利要求中的附近指的是在爪冠上或接近爪冠，其含义是清楚的，专利有效。[4]

九、方法专利中的步骤顺序

在方法专利中，虽然步骤需要一个一个地列，但列举的顺序并不意味着专利的保护范围限于权利要求所列的步骤的顺序。但是，如果权利要求的语言从逻辑上或语法上看要求按照列举的顺序，或者说明书要求按照列举的顺序，则应认为，专利的保护范围限于按列举的步骤操作的方法。[5] 在 Mformation Technologies, Inc. v. Research in Motion Ltd. 案中，权利要求涉及在手机遗失时激活手机中安全软件

---

[1] 1457 F. 3d 1293, 1301 - 01 (Fed. Cir. 2006).

[2] 334 F. 3d 1274, 1277 - 78 (Fed. Cir. 2003).

[3] 7 687 F. 3d 1362, 1368 (Fed. Cir. 2012).

[4] 492 F. 3d 1326, 1345 - 47 (Fed. Cir. 2007).

[5] TALtech Ltd. v. Esquel Apparel, Inc., 279 Fed. Appx. 974, 978 (Fed. Cir. 2008).

的方法,其中权利要求中有如下内容:"通过建立无线设备与服务器的连接,将服务器邮箱中的命令传达给无线设备。"被控侵权方法在将服务器邮箱中的命令传达给无线设备之前,并没有建立无线设备与服务器的连接。专利权人认为,在将服务器邮箱中的命令传达给无线设备之前,建立无线设备与服务器的连接并不是必需的步骤。联邦巡回上诉法院认为,从权利要求的用语看,在将服务器邮箱中的命令传达给无线设备之前,建立无线设备与服务器的连接是必需的步骤。否则"建立"这一步骤就是多余的。[1] 在 Altiris, Inc. v. Symantec Corp. 案中,法院采用了两步测试方法来确定权利要求中的步骤顺序是否是重要的。专利权利要求中的一个步骤是"设定开机选项标志",前面一个步骤是"自动检测",后面一个步骤是"正常开机"。对于这些步骤是否限定为按照权利要求书的顺序,联邦巡回上诉法院指出:"首先,我们看权利要求书的语言,看从逻辑上和语法上是否必须按所写的顺序执行;其次,如果得到否定的结论,我们再看说明书,看说明书是否直接或暗示地要求这样狭义的解释。"[2]在本案中,权利要求书从逻辑上和语法上并没有要求"设定开机选项标志"在"自动检测"后,或在"正常开机"前。专家证言也说明,为了实现本发明的目的,不要求"设定开机选项标志"在"自动检测"后,或在"正常开机"前。因此,联邦巡回上诉法院认为,就这三个步骤来说,专利的保护范围并不限于权利要求书中的步骤顺序。[3]

在 Ring Plus, Inc. v. Cingular Wireless Corp. 案中,法院通过分析权利要求书认为其中的步骤顺序具有限定作用。案中权利要求涉及在打电话时通过发送信息取代电话铃声的方法。争议涉及以下三个步骤:"c)确定接收人是否占线;d)如果占线,则结束通话且不产生语音提示,如果不占线则进行语音提示;e)将记录的这些语音信息发送给打电话的人或接听电话的人,或双方。"专利权人主张,e 步骤可以在 d 步骤之前。联邦巡回上诉法院没有采纳这一主张。法院认为,如果电话铃声已经播放(步骤 c)之后再发送信息(步骤 e),将没有任何意义。同样,步骤 d 也必须在步骤 e 之前,因此专利的保护范围应限于权利要求书中的步骤顺序。[4]

---

[1] 764 F. 3d 1392, 1399 (Fed. Cir. 2014).

[2] 318 F. 3d 1363, 1369 - 70 (Fed. Cir. 2003).

[3] Ibid.

[4] 614 F. 3d 1354, 1364 (Fed. Cir. 2010).

第四节 解释权利要求的其他内部证据：说明书和审查档案

除了权利要求书本身之外，说明书、附图和专利审查档案是法院解释权利要求时首先使用的内部证据。

一、说明书

说明书包括专利的所有信息，例如，发明的主题、现有技术、附图、摘要、对发明所解决的问题的描述、对发明的描述及与实施例的关系、使用发明所取得的进步、权利要求书等。虽然专利是由权利要求来界定的，但在解释权利要求的过程中会考虑说明书的其他内容。即使权利要求本身的含义是清楚的，说明书也有可能表明发明人对于权利要求中的用语赋予了特别的含义。说明书对于确定权利要求中用语的含义以及帮助本领域技术人员理解权利要求书具有重要的意义。因此，说明书是解释专利权利要求的最重要资料。

（一）说明书用于解释权利要求

1. 说明书解释权利要求的原则

说明书的最重要作用是对发明进行详细说明，使本领域的技术人员可以实施发明。说明书对于发明的描述，以及说明书中的实施例如何用于对权利要求的解释，是权利要求解释中一个颇有争议的问题。对此，美国法院确立了一些解释的准则，但这些解释准则有时看起来是矛盾的。其中的一个准则是：“不能将书面描述中的限制读入到权利要求中去。”另一个准则是：“应当根据说明书来重新阅读权利要求书，可以根据说明书界定权利要求中的用语。”

“使用说明书来界定权利要求中用语的含义”和“不能将说明书中的限制读入到权利要求中”是两个看似矛盾的准则，但仍是两个有效的准则。问题的关键在于确定在什么情况下可以使用说明书来界定权利要求中用语的含义。从美国有关案例看，美国联邦巡回上诉法院在案件中提出了使用说明书来界定权利要求中用语含义的条件。但这些论述还没有形成具有指导意义的原则。在前面介绍的美国联邦巡回上诉法院关于权利要求解释 Phillips v. AWH Corp. 案中，美国联邦巡回上诉法院试图对这一问题提供一个确切的答案，并提出了“是不是只有当专利权人是自己的词典编纂者时，或者专利说明书清楚地反映出对专利保护范围进行了舍弃时，说明书才用于限制权利要求书中文字(按照字典的定义)所确定的全部保护范围?”但从该院的最后判决看,它并没有为这个问题提供一个具有实际指导意义的原则。在判决中,法院只是指出,“法院在对权利要求进行解释时严重依赖说明书作为明确权利要求含义的指南是完全正确的”。可见,联邦巡回上诉法院再次强调了说明书的作用。其言下之意是,法院在解释权利要求时,不能只是在个别情况下根据说明书界定权利要求的含义,而是在任何时候都根据说明书阅读权利要求书,将权利要求书与说明书结合起来确定权利要求的含义。美国联邦巡回上诉法院一直在努力调和这两个看起来矛盾的准则,实现能通过阅读说明书理解权利要求,又不把说明书中的限制读入到权利要求中去。

2. 权利要求书与说明书的一致性

权利要求与说明书的一致性要求权利要求中的用语与说明书中的同一用语应具有相同的含义。当说明书为权利要求中的用语确立一个特别的含义时,上述规则具有重要的意义。正如前面所介绍的,专利权人可以成为自己的词典编纂者。专利权人如果在说明书中对某些用语赋予了特别的含义,就可以依据说明书中的定义对权利要求中的用语作出解释。

如果权利要求书中的用语在说明书中用在不止一种情形中,而且权利要求书没有明确限定,则应认为该用语在权利要求书中也包括所有情形。例如,在 Cordis Corp. v. Medtronic A VE, Inc. 案中,对于权利要求中的“插槽”(slot)的含义,被控侵权人认为其含义是仅指两端封闭的结构,联邦巡回上诉法院没有采纳这一主张,主要理由是在说明书中既有一端开口的半插槽,也有两端封闭的全插槽。[1]

3. 根据说明书确定权利要求用语的含义

解释权利要求的一个准则是根据说明书来阅读权利要求书。即使权利要求中有争议的用语使用的是其普通含义,法院也要在阅读说明书之后才得出这一结论。说明书提供了理解权利要求用语含义的四种方式:第一,说明书可以支持权利要求用语的普通含义;第二,说明书可以显示权利要求用语的特别含义;第三,说明书可以显示应采用几个可能的含义中的哪一个;第四,说明书可以澄清权利要求用语的含混不清之处。[2]

(1)说明书显示特别含义

专利权人是自己的词典编纂者,可以在说明书中清楚地表明权利要求用语的

---

〔1〕 511 F. 3d 1157, 1174 (Fed. Cir. 2008).

〔2〕 Robert C. Kahrl, *Patent Claim Construction*, 2nd ed., New York, Wolters Kluwer, 2015, pp. 5-9.

含义与普通含义不同。这种情况下,权利要求用语的含义应解释为说明书中界定的含义而不是普通含义。

有时说明书中对某用语的含义进行了特别的界定。例如,在 Abraxis Bioscience,Inc. v. Mayne Pharma (USA),Inc. 案中,对于权利要求中的"edetate",说明书中的描述是"edetate 指的是 EDTA 及其变换物","本发明中特定变换物包括 trisodium edetate, tetrasodium edetate 和 disodium calcium edetate",这三种都是 EDTA 盐。因此,法院认为 edetate 指 EDTA 及 EDTA 盐。[1] 而在很多情况下,说明书并没有对权利要求书中的用语进行明确的界定。例如,在 Phonometrics,Inc. v. Northern Telecom,Inc. 案中,权利要求中使用了"电话费用记录手段"(call cost register means)这一用语。在专利披露的实施例中,有一个使通话人在通话过程中从屏幕上看到其累计通话费用的装置。被控侵权物没有这种在通话过程中显示累计通话费用的装置。专利权人称其权利要求并没有限定"在通话过程中"显示通话费用。法院认为从权利要求本身和说明书看,权利要求中的"电话费用记录手段"指的是在通话过程中显示通话费用的装置。[2] 专利权人对于权利要求中用语的界定,也可能不是采用定义的形式。在 Lockwood v. American Airlines,Inc. 案中,涉及对"客户"的含义的解释。专利权人指控被告的电脑售票系统侵犯了其专利。在专利权利要求书中有"客户操作手段""根据客户的指令""接受客户付款"等用语。被控侵权人称其系统是供旅行社使用的,而旅行社不是专利中所说的"客户"。联邦巡回上诉法院从说明书中得知发明的目的在于不通过旅行社而向客户直接提供服务。并且说明书中还提到"这是一个新的设备,可以提供以前通常通过旅行社提供的服务"。因此,法院认为这些描述界定了"客户"一词的含义,权利要求中的"客户"不包括旅行社在内。[3] 可见,专利权人不必在说明书中对权利要求中的用语作出特别的定义,只是在说明书中特定语境中使用某一个词就可以为该词界定一个新的含义。

在 Typhoon Touch Technologies,Inc. v. Dell,Inc. 案中,对于权利要求中"无键盘"(keyboardless)的含义产生了争议。被控侵产品使用触摸屏和一体化机械键盘,可以通过触摸屏或键盘输入。专利权人主张,不管是否增加了键盘或使用一体化机械键盘,只要可以不使用键盘输入就属于权利要求中的"无键盘"。法院发现,说明书中没有包括一体化机械键盘的例子,但是说明了可以使用触摸屏,或外接键

---

〔1〕 44 467 F. 3d 1370,1375 – 78 (Fed. Cir. 2006).

〔2〕 133 F. 3d 1459,45 USPQ2d 1421 (Fed. Cir. 1998).

〔3〕 107 F. 3d 1565,41 USPQ2d 1961 (Fed. Cir. 1997).

盘。另外,说明书还指出机械键盘的缺点和触摸屏的优点。因此,法院认为,“无键盘”指的是没有一体化的机械键盘,尽管并不排除外接键盘。[1]

多数情况下,权利要求书中的用语在说明书的含义比普通含义更窄。法院对争议的用语给出比普通含义窄的解释。例如,在 Taurus IP, LLC v. Daimler Chrysler Corp. 案中,当事人对于权利要求中“用户”(user)的含义产生了争议。专利保护的是在计算机数据库中提供产品信息的方法,权利要求的用语是“用户定义关系信息”(user-defined relationship information)和“用户定义的关系的项目”(user-defined relationship items)。专利权人主张,用户的含义不用解释,包括所有使用该系统的人。地区法院和联邦巡回上诉法院都否定了这一主张。法院认为,权利要求中的“用户”限于那些定义了数据在系统中显示规则的人和将数据输入系统的人。权利要求的用语本身要求用户是能够定义规则和定义数据的人,而说明书也描述了用户从事上述行为。因此说明书和权利要求书表明,发明人并没有将“用户”包括那些从外部进入系统的人(如网页浏览者)的意思。“‘用户’的含义不能像 Taurus 所主张的那样在真空中解释。相反,它必须根据说明书进行解释。”[2] 再如,在 Kinetic Concepts, Inc. v. Blue Sky Medical Group, Inc. 案中,对于权利要求中“伤口”(wounds) 的含义,法院认为说明书中的所有例子都只涉及皮肤伤,因此“伤口” 的含义不包括瘘和脓袋。[3] 再如,在 Norian Corp. v. Stryker Corp. 案中,对于权利要求中“磷酸源”(phosphoric acid source)的含义,虽然其一般含义是磷酸的来源,但联邦巡回上诉法院认为,对于这一术语应结合其在说明书中的用法确定其含义。在说明书中有如下的描述:“酸性的中和磷源独立于未结合的水,可以是正磷酸结晶乙酸柏木酯或 Ca $(H_2PO_4)_2H_2O$ 或另一磷酸钙酸源本身或与其他成分(如三斜磷钙石)的组合物。”据此,法院对“磷酸源”施行了限制性解释,认为其含义是作为磷酸组分来源的酸性磷酸酯。[4]

权利要求书中的用语在说明书的含义也可能比普通含义更宽。例如,在 Lexion Medical, LLC v. Northgate Technologies, Inc. 案中,专利涉及患者接受内窥镜检查过程中将空气加温后输入到体内。权利要求中的温度是“在预定温度的 2 度的范围之内。”被控侵权产品输入温度有时越出了 2 度的范围。被控侵权人主张,权利要求的含义是温度一直在 2 度的范围之内。地区法院和联邦巡回上诉法

---

[1] 659 F. 3d 1376, 1382 – 83 (Fed. Cir. 2011).

[2] 726 F. 3d 1306, 1320 (Fed. Cir. 2013).

[3] 554 F. 3d 1010, 1018 – 19 (Fed. Cir. 2009).

[4] 42 363 F. 3d 1321, 1325 – 26 (Fed. Cir. 2004).

院都没有接受被控侵权人的主张。法院认为,在专利权利要求书中,还有一个步骤是检测温度是否超出了预定的范围,这说明温度会偶尔超出预定的范围。在说明书中,有关的描述中有“大约”一词:“在预定温度的大约 2 度的范围之内”。说明书中还提到,检测温度并在出现偏差时调整到预定的范围有几毫秒的滞后时间。因此,权利要求中用语的含义是,允许个别情况下温度在预定温度的 2 度的范围之外。[1]

当某一用语既有广义的解释又有狭义的解释,而说明书中只使用了狭义的含义时,什么情况下应按狭义的含义进行解释,美国法院并没有提出一般的规则。[2] 但在有的案件中,法院也提出了说明书的哪些内容在确定权利要求的用语含义时更重要。例如,在 C. R. Bard, Inc. v. United States Surgical Corp. 案中,法院指出:“整体描述发明的内容,比仅仅描述优选实施例的内容更容易支持对权利要求的用语作限制性的界定。”[3] 如果说明书中使用了一些标志性的词,例如在争议的权利要求用语后使用了“即”(i. e.)、“是”(is)、“即是”(that is)等类似的词,如果没有其他相反的证据,可以认定为对争议用语的界定。[4] 当说明书中描述了发明使用的环境,同时表明还可以用于其他环境时,不认为是对发明的定义。[5] 但是,如果说明书中举例发明包括某特定成分,则权利要求应解释为允许包括这一成分。[6]

解释权利要求用语含义的前提是推定该用语使用的是普通含义,说明书赋予该用语特别的含义时必须是清楚的,在放弃该用语的部分含义时,必须是清楚无误的。否则,就不能使用说明书界定权利要求用语的含义。在 Thorner v. Sony Computer Entertainment America, LLC 案中,权利要求 1 涉及视频游戏中被称为弹性垫的触感装置,以及“多个致动器,连接到(attached to)所述垫”。地区法院认为,“连接到”指的是“贴在外表面上”。作出上述解释的理由在于,说明书中没有使用“连接到”,而在权利要求 10 中使用了“嵌入”一词指内置致动器。联邦巡回上诉法院推翻了一审判决。联邦巡回上诉法院认为,对于权利要求用语的特别界定,需要专利权人清楚、明确的陈述,仅仅在每个实施例中披露了贴在外表面的方式,不足以表明对权利要求中的含义进行了界定。如果专利权人对“连接到”进行了这种界

---

〔1〕 641 F. 3d 1352, 1356 – 57, (Fed. Cir. 2011).

〔2〕 See Robert C. Kahrl, *Patent Claim Construction*, 2nd ed., New York, Wolters Kluwer, 2015, pp. 5 – 19.

〔3〕 3388 F. 3d 858, 863 – 66 (Fed. Cir. 2004).

〔4〕 See Edwards Lifesciences LLC v. Cook Inc., 582 F. 3d 1322, 1334 (Fed. Cir. 2009), Trading Technologies International, Inc. v. Espeed, Inc. 595 F. 3d 1340 (Fed. Cir. 2010).

〔5〕 See LG Electronics, Inc. v. Bizcom Electronics, Inc., 453 F. 3d 1364 (Fed. Cir. 2006).

〔6〕 In Re Omeprazole Patent Litigation, 483 F. 3d 1364 (Fed. Cir. 2007).

定,“外表面”的用语就没有必要了。另外,权利要求 10 中的“嵌入”应为“连接到”的一种更细化的方式,而不是一种变化方式。[1] 在 Azure Networks,LLC v. CSR PLC 案中,联邦巡回上诉法院在判决中指出:如果某个词已经有公认的含义,专利权人应清楚地界定其含义,并且作为词典编纂者必须表示出合理的清晰、慎重和准确,从而足以限制该用语的含义。对于权利要求中“MAC 地址”的含义,说明书改变了该用语的普通含义。[2]

(2)说明书显示应采用词典中的哪种含义

当权利要求中的某一用语在词典中有多种可能的解释时,说明书可以帮助确定适用哪一种解释,或者确定如何适用词典中的解释。例如,在 Nellcor PuritanBennett,Inc. v. Masimo Corp. 案中,权利要求涉及在复合波形中“过滤”(filtered)非周期性信息。对于其中“过滤”的含义,一审法院解释为“减少并消除”。联邦巡回上诉法院发现,在技术词典中该词有 8 种含义,其中两种含义是“减少”而不是“消除”。然后,法院看说明书以确定专利权人使用的是哪种含义。在说明书中,专利权人使用该词指的是通过平均跨越周期信息中的非周期性信息数据从而减少非周期性信息的影响。可见,在这种过程中,发明人使用“过滤”是指减少非周期性信息而不是消除它。[3] 因此,联邦巡回上诉法院认定“过滤”的含义是减少,从而撤销了一审判决。

再如,在 Novartis Phar - maceuticals Corp. v. Eon Labs Manufacturing,Inc. 案中,专利涉及管理病人环孢菌素(cyclosporin)的制备,专利权人将其制成水溶胶(hydrosol)。对于“水溶胶”的含义,被控侵权人认为它仅指体外制备的药品,专利权人主张还包括病人在摄入药品后在胃里形成的物质。联邦巡回上诉法院发现,在通用词典和医疗词典中,“水溶胶”都有两种含义。在说明书中,“水溶胶”从未在药品制备之外的含义上使用。在这种情形下,该词用于指可注射的药品,它不会到达胃部与水结合。联邦巡回上诉认为,虽然说明书并没有对“水溶胶”一词的含义进行明确的放弃,但这些内容结合在一起可以帮助法院在争议的含义中选择。最后法院选择了狭义的解释。在 Nystrom v. Trex Co. 案[4]以及 Searfoss v. Pioneer Consolidated Corp.[5]案中,针对权利要求用语在词典中的两种解释,法院最后参考

[1] 669 USPQ2d 1801,1807 (Fed. Cir. 2012).

[2] 771 F. 3d 1336,1347 - 48 (Fed. Cir. 2014).

[3] 402 F. 3d 1364,1367 - 68 (Fed. Cir. 2005).

[4] No. 03 - 1082,2005 WL 2218632 (Fed. Cir. ,Sept. 14,2005).

[5] 374 F. 3d 1142 (Fed. Cir. 2004).

说明书采用了狭义的解释。

但也有个别案件中,法院参考说明书后采用了广义的解释。例如,在 Deere & Company v. Bush Hog,LLC 案中,专利涉及动力割草机等设备上的旋转刀台,包括上下刀架,其中上刀架"结合并固定"(engagement with,and being secured to)在下刀架上。被控侵权产品在上刀架和下刀架间有连接的中间部件。被控侵权人主张权利要求中的"engagement with"要求上下刀架接触,地区法院同意被控侵权人的主张并做出了不侵权认定。联邦巡回上诉法院推翻了一审判决。联邦巡回上诉法院认为,"engagement with"和"being secured to"各有不同的含义,否则就是多余的。在说明书的一个附图以及附图说明中,上下刀架的边缘部分有填充片。因此,联邦巡回上诉法院认为,"engagement with"的含义是上下刀架不必直接接触,也可以间接接触。[1]

但是,在有的案件中,法院则否定了权利要求书中的含义限于说明书中用法的做法。在 InnovafPure Water,Inc. v. Safari Water Filtration Systems,Inc. 案中,对于权利要求中的"可操作地连接"(operatively connected),一审法院认为,词典中有两种解释,说明书中使用的都是物理连接,因此其含义是物理连接。联邦巡回上诉法院认为该用语的含义并不限于物理连接。做出上述认定,主要是从权利要求用语本身出发,如果 connected 指的是物理连接,operatively 就成为多余的。[2]

(3)说明书澄清权利要求用语的含混不清之处

当权利要求的用语含义不清时,可以借助说明书确定其含义。例如,在 Microsoft Corp. v. International Trade Commission 案中,权利要求中有"资源状态信息"(resource state information)的用语。联邦巡回上诉法院认为,这里的"状态"含义太宽泛,需要借助说明书确定其具体含义。在说明书中有这样的描述:"储存在服务器中的集合程序的内容的'状态'指的是存储在服务器处的资源的当前版本的身份。"因此,法院认为"状态"应解释为显示的某种信息的特定版本是最新版本。[3]

(4)说明书放弃普通含义中的部分含义

当某一用语具有较宽的普通含义时,专利说明书中如指出发明不包含某种情形,据此解释权利要求中用语的含义,可以认为专利权人放弃了部分内容,从而对该用语作出限制性解释。由于权利要求的用语推定具有普通含义,因此只有说明

---

[1] 703 F. 3d 1349 (Fed. Cir. 2012).

[2] 381 F. 3d 1111(Fed. Cir. 2004).

[3] 731 F. 3d 1354 (Fed. Cir. 2013).

书作出清楚、明确的放弃时,才能用于限制普通含义。放弃可以是明示的,也可以是暗示的。对于明示的舍弃一般不会产生争议。即使没有明示放弃,法院也承认专利权人可以暗示性地对权利要求的含义进行舍弃。例如,在 Bell Atlantic Network Services, Inc. v. Covad Communications Group, Inc.〔1〕案中,联邦巡回上诉法院指出,即使说明书没有提供明显的定义,也可以对确定权利要求的含义提供指导。如果某一用语在说明书中连续使用的是狭义的含义,可以暗示该用语的含义就是该狭义的含义。说明书中的实施例也可能对权利要求中的用语具有界定作用。在 Toro Co. v. White Consolidated Industries, Inc.〔2〕案中,法院就根据说明书对权利要求中的含义进行了解释。专利描述的是一种手持联合吹风/吸尘器。专利权利要求中称该发明有一个"入口盖"(inlet cover),"所说的入口盖包括在操作过程中增加压力的装置"。专利的实施例提供了可移动的入口盖,圆形盘通过螺丝与入口盖连接在一起。被控侵权物的中的圆形盘与入口盖是分开的。被控侵权人主张权利要求中的"包括"一词要求圆形盘与入口盖连接在一起。一审法院没有采纳被控侵权人的主张,认定被控侵权人构成字面侵权。在二审中联邦巡回上诉法院的法官意见有分歧。多数人的意见认为说明书中只有一个实施例,"说明书和21张附图中的入口盖都是与圆形盘连接在一起的"。并且,说明书还两次提到圆形盘可以"自动地"到达合适的位置。这使二审法院合议庭中的多数法官认为,虽然圆形盘与入口盖连接在一起体现在实施例中,权利要求书也应当包含这一限制。在 X2Y Attenuators, LLC v. International Trade Commission 案中,专利涉及在电路中使电子干扰最小化的装置。在专利说明书记载,"三明治型"是本发明所有实施方式和意义的必要因素。在作为优先权的在前专利中,也有"三明治型是所有实施方式的共同特点"的记载。因此,法院认为专利权利要求的技术方案限于三明治型。〔3〕

再如,在 SafeTCare Manufacturing, Inc. v. Tele-Made, Inc. 案中,专利涉及在一个细胞培养基中三维培养纤维细胞的方法。被告以小珠(bead)作为培养基。在专利申请时,本领域的人员都知道,小珠既可以用于二维培养,也可以用于三维培养。专利权人主张,专利中的三维培养包括使用小珠。但地区法院认为专利权人在说明书中放弃了小珠的方案。联邦巡回上诉法院多数人意见维持了一审判决。法院认为,在说明书中,"小珠"出现了 5 次。其中 4 次将小珠与三维培养相区别,而第 5 次与该问题无关。在分析了说明书中的 4 次用法后,联邦巡回上诉法院的多数人

〔1〕 262 F. 3d 1258, 59 USPQ2d 1865 (Fed. Cir. 2001).

〔2〕 199 F. 3d 1295, 53 USPQ2d 1065 (Fed. Cir. 1999).

〔3〕 757 F. 3d 1358 (Fed. Cir. 2014).

意见认为,“总的来说,虽然发明人没有明确对三维培养进行重新定义并排除使用小珠的技术方案,但这里暗示放弃了使用小珠,这种暗示如此清楚,以至于相当于明示。”〔1〕

但是,仅仅记载发明的目的或效果,这本身并不能将权利要求的范围限于实现所述目的或效果的结构或方法。〔2〕 或者只是描述某结构体现了发明,并不能认为是权利要求含义之内的其他结构的放弃。〔3〕 如果从属权利要求中包含了限制条件,一般不能解释为独立权利要求通过放弃也包括了该限制条件。在 Amgen,Inc. v. Hoechst Marion Roussel,Inc. 案中,专利涉及“非天然存在的促红细胞生成素糖蛋白产品”,可以使身体增加产出红细胞。被控侵权人主张该专利包括使用外源 DNA,而不包括使用内源 DNA,因为专利说明书中记载该产品为外源 DNA 的原核或真核宿主表达。联邦巡回上诉法院未支持该主张,并指出:“界定发明的是权利要求。权利要求最好结合说明书去理解。但是,法院在确定专利权利要求的恰当范围时应特别注意,同时防止将说明书加入权利要求的限制中,而这并不是专利权人的本意。……当加入的限制并非来源于权利要求时,不恰当加入限制的危险更加严重。一旦我们开始使用权利要求中未提及的因素限制权利要求,我们永远不知道在哪里停下来。”〔4〕本案中,专利权利要求中的一个从属权利要求使用的是外源 DNA。法院根据区别权利要求的原则,认定独立权利要求未限定为外源 DNA。

如果说明书中披露了多个发明,法院不能将说明书视为专利权人对部分内容的放弃。在 Rambus,Inc. v. Infineon Technologies,AG 案中,对于权利要求中在存储器中使用的“总线”(bus)一词,地区法院认为说明书对该词进行了限制,其含义限于“复用总线”(multiplexed bus)。联邦巡回上诉法院推翻了一审判决。联邦巡回上诉法院认为,基于这同一份说明书,审查员要求申请人提出分案申请,申请人已经获得了多项专利,因此不能使用说明书中关于“本发明”的描述来限制所有权利要求。〔5〕

如果专利说明书披露了多个发明点,不能认为专利权利要求必须包括所有的发明点。例如,在 Golight,Inc. v. Wal-Mart Stores,lnc. 案中,说明书披露了发明探照灯设备的几个创新点,其中包括可以水平旋转至少 360 度。联邦巡回上诉法院认

---

〔1〕 727 F. 3d at 1200 (Fed. Cir. 2012).

〔2〕 See e. g. ,Northrop Grumman Corp. v. Intel Corp. ,325 F. 3d 1346 (Fed. Cir. 2003).

〔3〕 See Bio Technology General Corp. v. Duramed Pharmaceuticals,Inc. ,325 F. 3d1356 (Fed. Cir. 2003).

〔4〕 314 F. 3d 1313 (Fed. Cir. 2003)(引用注释已节略)。

〔5〕 315 F. 3d 1081,1094 (Fed. Cir. 2003).

为这并不能表明旋转不到360度的装置不在专利保护范围之内,因为专利说明书披露了其他几个创新点。[1]

有的情况下,对于现有技术中某个技术特征的批评可以认为是对该技术特许的放弃。在 In Chicago Board Options Exchange, Inc. v. International Securities Exchange, LLC 案中,说明书描述了大厅交易的缺点,称其自动交易系统克服了这些缺点。法院认为,这些描述构成对权利要求范围的限制。[2] 但是,一般情况下,仅仅指出现有技术中的某个技术特征的缺陷本身并不能认为将具有该技术特征的方案排除在保护范围之外。例如,在 Epistar Corp. v. International Trade Commission 案中,被控侵权人主张专利表面发光 LED 的透明窗口层不包括使用铟锡氧化物(ITO)的方案,因为说明书对于使用 ITO 的方案提出了批评。联邦巡回上诉法院指出:"即使专利说明书中对于使用 ITO 作为透明窗口层提出了批评,这种批评也没有达到放弃的程度。放弃要求'明显的排斥或限制的表示,代表放弃专利的部分范围'。专利权人讨论某技术的缺陷,并不能说明是对以与发明一致的方式使用这种技术的方案的放弃。"[3]

4. 说明书使权利要求区别于现有技术

说明书中关于专利发明与现有技术的区别也可以用于界定权利要求用语的含义。当说明书描述了某现有技术时,权利要求中的用语应当解释为不包括该现有技术。例如,在前面提到的 O. I. Corp. v. Tekmar Co. 案中,法院在确定权利要求中"通道"的含义时,就参考了说明书中关于现有技术的描述,说明书提出现有技术中的通道的壁是平滑的。因此,法院认定权利要求17中的通道不包括壁平滑的、圆柱形的结构。[4]

在 Gemalto S. A. v. HTC Corp. 案中,专利涉及可以运行应用程序的包括处理器和内存的集成系统,权利要求中使用了"集成电路卡"(integrated circuit card)一词。对于该词的含义,地区法院认为它要求应用软件完全存储在芯片内存中,而被控侵权产品的软件存储在另外的内存中,因此不构成侵权。上诉中,专利权人称其专利允许应用软件存储在其他内存上。联邦巡回上诉法院基于说明书中关于现有技术的描述否定了专利权人的主张:"但是,说明书中提到的处理器运行存储在芯片外的 JAVA 应用程序时,将它称为现有技术,即个人电脑中的微处理器。说明书

[1] 355 F. 3d 1327 (Fed. Cir. 2004).
[2] 677 F. 3d 1361, 1372 (Fed. Cir. 2012).
[3] 566 F. 3d at 1335 (Fed. Cir. 2002).
[4] 115 F. 3d 1576, 1583 (Fed. Cir. 1997).

中称'传统支持JAVA的平台'为'个人电脑中的微处理器','有一个中央处理器和一些外设(例如内存、输入设备、输出设备)使其正常运行'。"而说明书中描述的本发明,是像集成电路卡那样的资源集合平台,处理器和内存在一个芯片中。本发明的目的是在运行JAVA程序时不必使用外部内存。基于上述理由,联邦巡回上诉法院维持了一审判决。[1]

5. 发明目的或技术效果的限定作用

当说明书描述了发明的某些技术效果时,所描述的技术效果可以限制权利要求的范围。说明书中的发明目的也具有同样的作用。当专利权人具有明显的意思其专利限于实现所述的效果或达到所述的目的时,可以将专利的保护范围解释为只包括具有所述技术效果或实现所述目的方式。

例如,在Loctite Corp. v. Ultraseal,Ltd.案中,专利说明书中称其发明在氧气去除后发生"快速和立即的"(rapidly and spontaneously)反应。联邦巡回上诉法院认为,这一描述对于专利发明具有限制作用。[2] 在Sofamor Danek Group,Inc. v. Depuy-Motech,Inc.案中,发明涉及一种有人体连接装置的植入物。专利说明书中称该发明克服了现有技术中植入物具有多个部件的缺陷,植入物本身具有与人体连接的装置从而具有部件少方便使用的技术效果。联邦巡回上诉法院认为,说明书的描述将具有分体式螺丝锁定装置的植入物排除在发明的范围之外。[3]

在Honevwell International,Inc. v. ITT Industries,Inc.案中,权利要求涉及加油装置,其中包括具有导电纤维的聚合物(polymer having electrically conductive fibers)。实施例中的导电纤维为钢纤维,而被控侵权产品使用的是碳纤维。虽然"导电纤维"的普通含义包括"碳纤维",但联邦巡回上诉法院认为专利权人已经将碳纤维排除在其专利保护的范围之外。作出上述认定的主要理由是,在专利说明书中有几段将碳纤维与钢纤维进行对比,"与其他导电纤维如碳纤维相比,钢纤维具有以下优点:使用更少的数量就可以提供所需要的导电性。""其他导电纤维,例如前面提到的碳纤维,作主应力集中器,实现导电性需要较高的填充量,限制了树脂基质的应力。与非金属纤维不同,钢纤维并不显著增加机械强度或基础树脂显著的刚度。其他具有高长宽比的金属也可以作为不锈钢的替代物。"专利权人主张,说明书中已经提到碳纤维是导电纤维,说明书中的这些描述只是用来说明优选实施例的优点。对此,联邦巡回上诉法院认为:"恰恰是因为说明书中已经指出碳

[1] 754 F.3d 1364 (Fed. Cir. 2014).

[2] 781 F.2d 861,228 USPQ 90 (Fed. Cir. 1985).

[3] 74 F.3d 1216,37 USPQ2d 1529 (Fed. Cir. 1996).

纤维是导电纤维,但又贬低了碳纤维对于本发明的可适用性,使我们认为碳纤维已经被放弃。另外,不锈钢纤维是否是专利发明的优选实施例并不重要。我们并不是将地区法院的权利要求解释修改为只限于不锈钢,而是将其修改为碳纤维不在879号专利权利要求的范围之内。"[1]

在Alloc,Inc. v. International Trade Commission案中,法院使用发明目的和发明的技术效果对权利要求中作了限制性解释。专利涉及地板,权利要求称联锁矩形件即使锁定后仍彼此是"可移位的"(displaceable)。联邦巡回上诉法院认为,专利权利要求中的锁节上有活动空间(play)。作了上述认定主要是基于:说明书中"背景技术和发明目的"中称"在锁槽和锁面之间有活动空间";说明书中称锁节上的活动空间使地板条可移动;说明书中称锁节上的活动空间使地板条在不损坏的情况下进行拆装;说明书中称,由于活动空间的存在,本发明允许锁定组件被锁定;说明书中称现有技术的缺陷是由于锁节中无活动空间,使地板在不破坏的情况下无法拆卸。根据说明书中的上述内容,法院考虑到根据说明书解释权利要求和不能把说明书中的限制读入权利要求之间的平衡,称这种平衡的关键在于说明书对于发明特点的描述。在本案中,说明书表明发明实质上只是针对有活动空间的地板产品。[2]

如果说明书中称发明的技术特征之一具有某一技术效果,法院通常并不要求所有技术效果和特征都体现在每个权利要求中。联邦巡回上诉法院指出:"并不要求专利权人在每个权利要求中都涵盖说明书中认为重要的所有的技术效果或特征。"[3]"并不是专利发明的所有技术效果都是对权利要求的限制。"[4]法院否定以说明书中的技术效果或发明目的限定权利要求的做法主要有以下几种情形:

第一种情形是,只是在说明书的"背景技术"中提到的现有技术的技术特征,并不能认定已排除在专利权利要求的范围之外。例如,在Ventana Medical Systems, Inc. v. Biogenex Laboratories,Inc.案中,专利涉及显微镜载片染色的自动化设备和方法。专利权利要求中有一句话"在试剂容器中分配试剂"。地区法院认为,这要求从试剂容器中将试剂直接分配到载片上,排除了从试剂容器经传输装置分配试剂的方法。作出这一认定的主要理由是所有的实施例都是直接分配,而专利说明书排除了用吸管从容器中吸取试剂再分配到载片上的"吸吐"装置。联邦巡回上诉

〔1〕 452 F.3d 1312,1319 - 20 (Fed. Cir. 2006).

〔2〕 342 F.3d 1361 (Fed. Cir. 2003).

〔3〕 Golighr,lnc. v. WaI-Mart Stores,lnc. ,355 F.3d 1327 (Fed. Cir. 2004).

〔4〕 I4i Limited Partnership v. Microsoft Corp. ,589 F.3d 1246 (Fed. Cir. 2009).

法院推翻了一审判决。联邦巡回上诉法院认为，专利说明书的背景技术中描述了多种装置，包括“吸吐”装置，提出这些技术的缺陷，认为其不能满足高精度免疫组化的要求。专利发明的目的是提供“比标准方法更高速、可信、多产的结果”。这种泛泛地提出的现有技术的缺陷，并不能认为是对使用“吸吐”方法的装置的排除，特别是所列举的现有技术中还包括一种直接分配的方式。如果认为，这导致排除的效果，直接分配的技术也排除在外了。[1]

第二种情形是，技术特征与技术效果没有明确的联系。在 Saunders Group, Inc. v. Comfortrac, Inc. 案中，法院没有采纳通过说明书中的技术效果限定权利要求的主张。案中专利说明书中的唯一实施例使用了“压力激活密封”，被控侵权人主张权利要求书应包含这一限制。法院认为，说明书中并没有特别指出密封件是现有技术缺陷的根源，只是提到现有技术不能提供足够的牵引力，但没有称“压力激活密封”是解决技术问题的唯一方式。[2]

第三种情形是，说明书描述了多个技术效果。在 Honeywell, Inc. v. Victor Co. 案中，法院认为专利不一定必须具有说明书所描述的所有技术效果。该案说明书中描述了发明的两个技术效果，而权利要求中只明确提到了一个。法院认为如果内部没有说明两个技术效果是专利得到授权所必须，法院可以解释为权利要求的用语不要求被控侵权装置必须具有第二个技术效果。[3]

第四种情形是，如果说明书描述的专利发明技术效果是取消现有技术所必需的部件或步骤，而权利要求中没有明确要求取消该部件或步骤，不一定意味着该部件或步骤不能或不必体现在专利发明中。例如，在 Vizio, Inc. v. International Trade Commission 案中，说明书称发明接收子信道的数字视频信息而无须获取并使用节目映射表信息，法院认为这并不表明使用节目映射表信息就不构成侵权。[4]

第五种情形是，权利要求书本身对争议的用语有界定。在 Brookhill-Wilk 1, LLC v. Intuitive Surgical, Inc. 案中，专利涉及机器人操作内窥镜手术的装置，要求身体内部组织的视频图像传输到“超出直接手动接触的所述病人的身体范围的远程位置”。被控侵权人主张“远程”指手术室之外，专利权人称“远程”指手臂不能触及的范围。在说明书的“背景技术”部分，称现有技术中手术室通过操作手术设备进行。在“发明目的”部分，专利权人列举了其发明的技术效果：节省手术费用和

---

〔1〕 473 F. 3d 1173, 1180 – 82 (Fed. Cir. 2006).

〔2〕 649 F. 3d 1326 (Fed. Cir. 2007).

〔3〕 298 F. 3d 1317, 63 USPQ2d 1904 (Fed. Cir. 2002).

〔4〕 605 F. 3d 1330 (Fed. Cir. 2010).

便于在世界各地操作手术。在实施例中,称医生和其他人员在手术室现场,通过电脑和电信连接与远程医生交流。尽管有上述描述,联邦巡回上诉法院认为,权利要求中的"直接手动接触"对"远程"一词的范围作了明确界定,即手臂不能触及的范围,不应限制为更狭窄的解释。说明书中的描述只是发明人意图使用该发明的特定情形,但这种意图并不能用于限定权利要求。说明书和审查档案并没有明确排除或限制权利要求的用语,因此应按该用语的普通含义进行解释。从在词典中的含义看,"远程"没有被控侵权人所主张的在手术室外的意思。因此,"远程"的含义仍为其普通含义。[1]

(二)实施例用于解释权利要求

说明书的作用是对发明进行详细的描述,使本领域技术人员可以实施该发明。为了达到上述目的,有必要提供实施该发明的例子,即实施例。美国专利法重视实施例的作用,对实施例也提出了较高的要求。美国专利法并不要求发明人提供实施发明的所有方式,只是要求发明人提供他所知道的最佳实施例(best mode)。专利申请人有时称为"优选实施例"(preferred embodiment)。

《美国专利法》第112条要求专利说明书"应载明发明人或者共同发明人构思的实施发明的最佳实施例"。虽然《美国发明法案》第15条规定:不得将未能根据《美国专利法》第112条披露最佳实施例作为撤销专利权利要求或认定专利权利要求无效或不可执行的理由。但上述规定并没有整合到美国专利法中,美国专利商标局继续审查专利申请是否满足最佳实施例的要求。

实施例只是发明的例示,界定发明界限的是专利权利要求。因此,法院确立的权利要求原则是,实施例中的限制不能读入权利要求中。与此相对应的情况是,如果说明书对权利要求中的术语进行了限缩性定义,这种限缩性定义可以读入到权利要求中。在专利诉讼中,专利权人往往主张说明书中的任何限制都不能读入到权利要求中去,这样做会将专利的保护范围不恰当地限定在只保护实施例。而被控侵权人往往主张实施例中的关键限制必须适用到权利要求中。[2] 因此,实施例中哪些限制可以读入到权利要求中,是法院在解释权利要求时需要解决的问题。

法院在解决这一问题时,需要确定有关的描述是确定性的还是例示性的。法院根据说明书中的内容确定关于发明的详细描述是实施例还是发明本身。例如,

---

〔1〕 334 F. 3d 1294 (Fed. Cir. 2003).

〔2〕 Robert C. Kahrl, *Patent Claim Construction*, 2nd ed., New York: Wolters Kluwer, 2015, pp. 5-48.4.

在 Trading Technologies International, Inc. v. Espeed, Inc. 案中,由于说明书在介绍唯一实施例时称为"本发明",法院认为有关的描述对于发明具有限定作用。[1] 而 Rexnord Corp. v. Laitram Corp. 案中,由于权利要求中载明"本发明可以通过其他实施例体现,并且可以通过其他方式实施。"法院认为,有关的描述对保护范围没有限定作用。[2]

但是,美国法院并没有对此确立一个解决的规则。例如,在 Netword, LLC v. Centraal Corporation 案中,联邦巡回上诉法院指出:"虽然说明书不必体现所有的实施例和变换物,并且权利要求不局限于发明人的优选实施例……但权利要求不能将专利保护的范围扩大到发明人描述的发明之外。专利权利要求就是对权利要求中的技术术语和其他用语所涵盖范围的司法陈述。"[3] 上述论述说明了法院对于实施例用于解释权利要求的不确定态度。在说明书中,专利权人有时并没有明确指明哪些是实施例,哪些是对发明的定义。这也给法院参考实施例解释权利要求增加了困难。

法院在参考实施例解释权利要求过程中,逐渐形成了一些规则。下面介绍主要的几个规则。

1. 实施例可以界定权利要求用语的含义

实施例中对权利要求用语的解释,也可以用于界定该用语的含义。其前提条件是该用语在说明书中以相同的方式使用。[4] 例如,在 American Calcar, Inc. v. American Honda Motor Co. 案中,专利要求保护的是汽车装置,可以接受"多种来源"(a plurality of sources)的信号。被控侵权物只接收来自 XM 收音机的信号。专利权人主张,XM 收音机符合权利要求中多种来源的条件,因为它从不同的地方播放节目。地区法院和联邦巡回上诉法院都没有接受这种主张,理由在于,说明书中称发明可以接收多种来源的多种信号,在行驶过程中如果驶出某种来源的范围,则搜索新的来源。实施例中将"来源"定义为信号。因此,权利要求中的多种来源指的是多种信号,只接收一种来源的信号不属于权利要求的范围。[5]

---

〔1〕 595 F. 3d 1340 (Fed. Cir. 2010).

〔2〕 274 F. 3d 1336 (Fed. Cir. 2000).

〔3〕 242 F. 3d 1347, 58 USPQ2d 1076 (Fed. Cir. 2001).

〔4〕 Robert C. Kahrl, *Patent Claim Construction*, 2nd ed., New York: Wolters Kluwer, 2015, pp. 5 - 52.

〔5〕 651 F. 3d 1318 (Fed. Cir. 2011).

2. 权利要求不受优选实施例的限制

美国联邦巡回上诉法院多次强调不能将说明书中的限制读入到权利要求中去。这一原则包含了不能将实施例中的限制读入权利要求的内容。在实施中,被控侵权人常常会提出实施例中的描述对于权利要求具有限定作用。特别是当说明书只有一个实施例时,被控侵权人往往主张该实施例就是发明本身,从而对专利权利要求具有限定作用。美国联邦巡回上诉法院在 Teleflex, Inc. v. Ficosa North America Corp. 案中明确指出:"即使说明书只描述了一个实施例,也不能限于该实施例读专利权利要求,除非专利权人通过排除或限制的语句显示出明显的意图。专利权人可以通过以下方式表明其不按照通常和习惯含义使用权利要求中用语的意图:对用语进行重新定义;或者在内部证据中使用语句表明其排除或限制,从而对权利要求范围进行明确放弃。"[1]

当然,"权利要求不受优选实施例的限制"并不是一条不能突破的原则。实施例是说明书的一部分。在参考说明书解释权利要求时,也会参考实施例。在特定情况下,也可以参考实施例解释权利要求。上述案件中,法院提出了改变权利要求用语普通含义的条件。这一条件在很多案件中被提及。例如,在 Elkay Manufactgrueing Co. v. Ebco Manufactruing Co. 案中,法院指出:书面描述明确指出它只是描述了发明的优选实施例……通常的规则是,专利权利要求不受优选实施例的限制,除非权利要求本身的语言包含这样的意思。[2] 在 CCS Fitness, Inc. v. Brunswick Corp. 案中,法院提出,"当内部证据表明专利权人根据特定的实施例将权利要求中的用语与现有技术区别开来,明确对标的物表示了放弃,或者称某一特定实施例对发明是重要的"时,法院可以限制权利要求中本来清楚的用语的含义。[3]

实践中,法院在多数案件中驳回了使用实施例限定权利要求的主张。在 Johnson Worldwide Associates, Inc. v. Zebco Corp. 案中,专利权利要求中称航向锁与拖捕马达结合,产生拖动船只的动力。航向锁包括:转向马达、转向环和航向探测器。专利的优选实施例中航向锁和航向探测器安装在拖捕马达上。而被控侵权物的航向探测器安装在脚踏板上通过电线与拖捕马达相联。法院认为,除非有不得已的情况,应当强烈推定权利要求中的用语使用的是其普通含义。有两种情况可以从专利说明书中找出权利要求中用语的含义。第一种情况是发明人明确界定

[1] 299 F. 3d 1313 (Fed. Cir. 2002).

[2] 192 F. 3d 973, 52 USPQ2d 1109 (Fed. Cir. 1999).

[3] 288 F. 3d 1359, 62 USPQ2d 1658 (Fed. Cir. 2002).

了权利要求用语的含义。第二种情况是发明人使用的用语使权利要求不清晰，只从权利要求的用语本身无法确定权利要求的范围。在本案中，“转向”一词的含义是清晰的，而且发明人也没有明确界定其他含义。因此，法院认为，被控侵权物属于专利发明的权利要求的范围。因此，本案法院确定了一项原则，如果权利要求本身并非不清晰，或者发明人没有对权利要求中的用语进行重新定义，就没有理由将说明书中的限制读入到权利要求中去。[1] 在 Hill-Rom Services, Inc. v. Stryker Corp. 案中，法院认为，法院不接受将专利保护范围限于实施例中披露的结构，除非有清楚的标志说明专利权人有这样的意思，“没有有魔力的语言可以使用，但是使权利要求用语的意思偏离普通和习惯的含义，专利权人必须有一些语言，表明在专利中这样做的清楚的意思。”[2]

在 Gillette Co. v. Energizer Holdings, Inc. 案中，对于权利要求中的“多刀片”，虽然实施例中使用的是三刀片，并且说明书多处提到三刀片，联邦巡回上诉法院认为，说明书并没有排除四个刀片，因此不符合清楚、明确排除的标准。[3]

在 Karlin Technology, Inc. v. Surgical Dynamics, Inc. 案中，专利权利要求保护的是圆筒形脊柱植入隔离物，其外表有一系列螺纹线。实施例中的螺纹线上有孔将线隔断，说明书中称孔的作用是使螺纹进一步锁定。被控侵权人称权利要求中的“一系列螺纹线”是不连续的。法院认为，说明书中对于披露的实施例，“优选实施例”和“本发明”交替使用，但没有对“螺纹线”进行界定，因此法院认为说明书中的实施方式只是实施例，该用语应按普通含义解释，包括连续的螺纹线。[4]

在 Varco, L. P. v. Pason Systems USA Corp. 案中，权利要求中的一个步骤是“转播选择的信号”，实施例中的描述是：“使用气动阀进行转播”。联邦巡回上诉法院认为不能将转播方式限定为使用气动阀。因为实施例中用语本身说明可以使用其他结构进行转播。如果说明书中称“转播是使用气动阀进行的”，可以认为是对其他结构的放弃。[5]

在 Martek Biosciences Corp. v. Nutrinova, Inc. 案中，对于权利要求中的“动物”是否包括人类，虽然实施例中的动物都不是人类，并且说明书中写明“某些动物是从可食动物中优选的动物”，联邦巡回上诉法院认为这不足以说明已经排除了人类，因为

---

[1] 175 F. 3d 985, 50 USPQ3e 1607 (Fed. Cir. 1999).

[2] 755 F. 3d 1367, 1372 (Fed. Cir. 2014).

[3] 405 F. 3d 1367 (Fed. Cir. 2005).

[4] 177 F. 3d 968 (Fed. Cir. 1999).

[5] 436 F. 3d 1368 (Fed. Cir. 2006).

它指的只是优选的实施例,并没有说权利要求中的所有动物都是可食动物。[1]

在 PSN Illinois, LLC v. Ivoclar Vivadent, Inc. 案中,联邦巡回上诉法院认为,即使在实施例中将权利要求中没有提及的某特征称为该发明的一个特点,如果说明书的其他部分在描述发明时未提及该特征,该特征也不能用于限定权利要求。[2]

3. 权利要求不能将优选实施例排除在外

实施例是对专利发明的例示。本领域技术人员在理解发明时,会认为实施例在发明的保护范围之内。因此在解释权利要求时,原则上不能将实施例排除在外。在 Burke, Inc. v. Bruno Independent Living Aids, Inc. 案中,联邦巡回上诉法院推翻了一审法院关于权利要求中的"地面盘"(floor pan)必须是平面结构的认定,其理由之一是"地区法院的权利要求解释认为地面盘必须是平面的,这会将说明书中的优选实施例排除在外,因此不能得到维持。"[3]

在 Hoechst Celanese Corp. v. BP Chemicals Ltd. 案中,对于权利要求中的"稳定的"(stable)一词的含义,说明书中称为"物理范围的变化不超过 50%"。对于物理范围是线性测量还是体积测量,双方产生了争议。法院发现,如果采用体积测量而不是线性测量,说明书中的一个例子将超出 50%。法院认为,专利权人不会将专利的保护范围界定得超出其实施例,本领域技术人员也不会这样理解。因此,权利要求应解释为线性测量的变化幅度不超过 50%。[4]

在 Chimie v. PPG Industries, Inc. 案中,如果将权利要求中的"无尘"(dust-free)按普通含义理解,会将两个实施例排除在外。因此,法院将其解释为"相对无尘"。并将实施例中灰尘数值较高的数值作为权利要求的保护范围。[5]

在 Oatey Co. v. IPS Corp. 案中,专利涉及洗碗机。权利要求有"底板有第一和第二并排排放口"的用语。第一个实施例中,在底板的长形开口上封装了一个两个圆形口的板。第二个实施例中,在底板的长形开口上没有封装板,而是由一直立的板将其分为两个槽。被控侵权人主张第二实施例不在权利要求的范围之内,因为它不符合权利要求用语的普通含义。地区法院支持了被控侵权人的主张并作出了不侵权判决。联邦巡回上诉法院推翻了一审判决。联邦巡回上诉法院认为,"至少当权利要求书可以合理地解释包括某一特定实施例时,如没有相反的有证明力的

---

〔1〕 579 F. 3d 1363, 1377 (Fed. Cir. 2009).

〔2〕 525 F. 3d 1159 (Fed. Cir. 2008).

〔3〕 183 F. 3d 1334, 51 USPQ2d 1295 (Fed. Cir. 1999).

〔4〕 78 F. 3d 1575 (Fed. Cir. 1996).

〔5〕 402 F. 3d 1371 (Fed. Cir, 2005).

证据,将权利要求解释为排除实施例是不正确的。”专利说明书中有如下描述:“如果不使用测试端头,底板的长形开口本身就形成了排放口”。因此,第二实施例应解释在专利权利要求的范围之内。[1]

但是,“权利要求不能将优选实施例排除在外”也不是不能突破的原则。在Mdine Mfg. Co. v. International Trade Commission[2]案中,联邦巡回上诉法院指出:“将发明人的设计排除在外的权利要求解释很少是正确的,这种解释需要有非常有说服力的证据支持,但在本案中没有这种证据。”可见,法院掌握的原则是权利要求解释不能将优选实施例排除在外,但如果有“非常有说服力的证据”支持,在特殊情况下也有可能采取将优选实施例排除在外的解释方法。Elekta Instrument S. A. v. O. U. R. Scientific International, Inc. 案就是这种情况。案中的发明是射线防护装置,这种放射线防护装置可以将检查人体头部时的射线集中到一个中心点,在该中心点射线被吸收。权利要求书中称,从该装置与人体头部相适应的直径平面看,该装置“只是从上述平面呈 30 度到 45 度角向中心点延伸”。但是,在专利说明书及附图中,从上述平面到中心点的两个槽形梁小于 30 度。被控侵权人称根据专利权利要求书,所有的槽形梁都应界于 30 度到 45 度之间,而专利权人称这种解释将会使说明书中的唯一实施例被排除在外。联邦巡回上诉法院审查了专利的申请经过,发现审查员曾提出现有技术包括槽形梁在 30 度到 45 度之间的装置,而专利权人要求保护的不是“仅仅”在 30 度到 45 度之间的装置,因此,专利不具有新颖性。针对审查员的意见,专利权人将权利要求书进行了修改,其中一项修改是在权利要求中增加了“只是”一词。联邦巡回上诉法院认为,权利要求本身是清楚的,它要求所有的槽形梁必须界于 30 度到 45 度之间,如果槽形梁可以界于 0 度到 45 度之间,权利要求中提到 30 度就是多余的。因此,法院认为,这属于那种必须将优选实施例排除在外的个别案件,应当按照权利要求的普通含义进行解释。[3]

以下几个案件都是在解释权利要求时把实施例排除在外的例子。在 Lucent Technologies, Inc. v. Gateway, Inc. 案中,联邦巡回上诉法院解释权利要求时将唯一的实施例排除在外。专利涉及将讲话数字化的方法。权利要求称“产生具有 N = 1,2,…,的序列的多脉冲激励代码。通过在时间帧内通过反复形成脉冲的序列,N 个脉冲形成连续的时间帧,每个脉冲在连续迭代框架内的幅度为 β 和位置为 m,每个连续迭代包括以下 5 个步骤……”被控侵权人主张在每个脉冲编码都需要 5 个

---

〔1〕 514 F. 3d at 1277 (Fed. Cir. 2008).

〔2〕 75 F. 3d 1545, 37 USPQ2d 1609 (Fed. Cir. 1996).

〔3〕 214 F. 3d 1302, 54 USPQ2d 1910 (Fed. Cir. 2000).

步骤,专利权人主张在每个时间迭代中只需要第5个步骤,其余步骤在每个时间帧内执行。为支持这一主张,专利权人称说明书中的唯一实施例就是这样的。联邦巡回上诉法院支持了被控侵权人的主张,将说明书中的唯一实施例排除在专利保护范围之外。法院指出:“当权利要求书有一种以上的解释时,可以通过对解释进行修改以维持专利的有效性。尽管如此,当权利要求只有一种合理解释时,我们将按专利权人撰写的内容进行解释。确实,我们已经限制了权利要求解释应保持专利有效性这一准则只适用于以下的情形:在考虑了所有内部证据后,权利要求的用语仍是含混不清的。当权利要求并非含混不清时,我们曾解释权利要求将所有实施例排除在外。在本案中,权利要求明确地要求每个连续迭代执行5个步骤,而说明书也没有对权利要求的用语进行重新定义使其具有其他的含义。”〔1〕

在 Helmsderfer v. Bobrick Washroom Equipment, Inc. 案中,法院解释权利要求时把所有的实施例都排除在外。专利涉及公共厕所中安装在墙上的婴儿整理台。专利权利要求中有如下记载:“支撑平台在靠墙的封闭位置之间移动,平台的顶面被墙部分地遮挡(partially hidden)无法看到……”对于其中的“部分地遮挡”,地区法院认为不包括全部遮挡。但在所有的实施例中,当支架折叠起来靠墙时,平台顶面都被全部遮挡。专利权人主张,权利要求中的“部分”的含义是“至少有一部分”。联邦巡回上诉法院未支持专利权人的主张,因该主张与“部分”的普通含义不符。关于将实施例排除在外的问题,联邦巡回上诉法院认为,只有两项权利要求涉及“部分地”这一用语,说明书中的实施例被排除在这两项权利要求之外,但并没有被排除在其他的权利要求之外。〔2〕

在 Braintree Laboratories, Inc. v. Novel Laboratories, Inc. 案中,专利涉及诱导结肠通便的可饮用溶液,对于各组分,权利要求只提出了“有效数量”,“其中该组合物不产生任何临床显著电解质的变化和不包括磷酸盐。”对于其中“临床显著电解质的变化”,专利说明书中称“‘临床显著’在这里是指在血液化学中的正常范围或其他不良反应的正常上限或下限之外的变化。”而地区法院将其解释为:“血液化学中正常范围内的上限或下限之外并伴有或表现为其他不良反应的变化。”这样解释的理由是,如果不这样解释就会将实施例排除在外。联邦巡回上诉法院推翻了地区法院的解释。联邦巡回上诉法院称,“根据我们的先例,专利权人的词典编纂优先于权利要求解释分析”。最后,联邦巡回上诉法院采纳了说明书中的界定,将实施

〔1〕 525 F. 3d 1200 (Fed. Cir. 2008).

〔2〕 1527 F. 3d 1379 (Fed. Cir. 2008).

例排除在外。[1] 在该案中,法院确立了以下标准:如果说明书中对权利要求的用语有明确的界定,即使该界定将实施例排除在外,也应当采用该界定的含义。

但是,在有的案件中,法院虽然认为可以突破解释权利要求不能把实施例排除在外的原则,但因没有非常有说服力的证据而最终认定实施例在权利要求的范围之内。在 Epos Technologies, Ltd. v. Pegasus Technologies, Ltd. 案中,法院强调了"非常有说服力的证据"。案中专利涉及数字记录笔画的装置。权利要求中有"临时连接"(temporary attachment)的用语,地区法院将其解释为临时连接到传感器阵列,联邦巡回上诉法院将其解释为临时连接到书写面。并指出:"地区法院的解释将优选实施例排除在外,而这并没有非常有说服力的证据支持。"[2]

由于专利说明书中披露的技术方案可以包括几个发明,可以作为几个专利的基础,并不意味着说明书中披露的实施例一定在专利权利要求的范围之内。因此,当说明书中有几个实施例时,某一项权利要求不一定要包括所有的实施例。例如,在 TIP Systems, LLC v. Phillips & Brooks/Gladwin 案中,说明书中有一个变换实施例,法院解释权利要求时认为其不在权利要求的范围之内。[3]

(三)附图的解释作用

说明书中的附图对于帮助理解发明具有重要的作用。附图可以帮助法院解释权利要求,并且有时可以提供界定权利要求用语的依据。[4] 例如,在 General American Transportation Corp. v. Cryo-Trans, Inc.[5]案中,权利要求中的一句话是,开口"与侧面墙和底部墙相毗连"。对这句话的争议集中在"毗连"一词是否要求至少一些开口距离底部墙比侧面墙近。在附图 1 中,一些开口距离侧面墙比底部墙近,而另一些开口距离底部墙比侧面墙近。法院据此认为,权利要求中的"毗连",指的是开口与最近的墙之间的关系,而不是开口可以和一个以上的墙毗连。在 Deper Products, Inc. v. QSound Labs, Inc. 案中,专利涉及将声音分为两个声道。对于权利要求中"following"的含义,因说明书中没有使用该词,法院通过附图进行了解释。[6]

附图可以帮助法院对权利要求的用语作出比普通含义更宽的解释。例如,在 International Rectifier Corp. v. IXYS Corp. 案中,权利要求中的"环形的"(annular)

---

[1] 749 F. 3d 1349 (Fed. Cir. 2014).

[2] 766 F. 3d 1338 (Fed Cir. 2014).

[3] 529 F. 3d 1364 (Fed. Cir. 2008).

[4] Robert C. Kahrl, *Patent Claim Construction*, New York, Aspen Publishers, 2003, pp. 5 – 35.

[5] 93 F. 3d 766, 39 USPQ2d 1801 (Fed. Cir. 1996).

[6] 157 F. 3d 1325, 48 USPQ2d 1088 (Fed. Cir. 1996).

的普通含义是两个同心圆之间的部分,而附图中为两个同心的六边形之间的部分。法院据此将“环形的”解释为“由两个同心的多边形限定的表面区域”。[1] 附图也可以帮助法院对权利要求的用语作出比普通含义更窄的解释。在 Outside the Box Innovations, LLC v. Travel Caddy, Inc. 案中,法院通过附图限制性地解释了权利要求中“between”的含义。[2]

但是,附图虽然可以帮助解释权利要求,但其作用只相当于实施例,如果没有非常有说明力的理由,一般不能使用附图限制权利要求用语的含义。例如,在 Advanced Cardiovascular Systems, Inc. v. SciMed Life Systems, Inc.[3] 案中,对于权利要求中“连接件”(connecting elements)的含义,因附图中其是彼此平行并平行于支架的轴线的带状金属部分,一审法院将其解释为基本平行并与轴线平行的结构。联邦巡回上诉法院推翻了一审判决。联邦巡回上诉法院认为,说明书从未称连接件是基本平行并与轴线平行的结构,虽然附图是这种结构,但这不足以限定权利要求的含义。

在 Plantronics, Inc. v. Aliph, Inc. 案中,联邦巡回上诉法院指出,说明书中的附图不是工程图纸,如果说明书中没有关于尺寸和位置的描述,就不能用于确定附图中部件的尺寸和位置,就不能将权利要求限定为某特定结构。[4]

上述案件中,法院都将附图作为解释权利要求的工具。可见,美国法院承认附图对于权利要求解释的作用。但是,美国法院使用附图进行权利要求解释的案件并不多,法院也没有提出具体的规则。法院使用附图进行权利要求解释的方法与使用说明书进行解释非常相似。

二、专利审查档案

(一)权利要求的解释中的审查档案禁止反悔

专利审查档案是在申请人要求授予专利的过程中记载在专利局的材料。[5] 审

---

[1] 361 F. 3d7363 (Fed. Cir. 2004).

[2] 695 F. 3d 1285 (Fed. Cir. 2012).

[3] 261 F. 3d 1329, 59 USPQ2d 1801 (Fed. Cir.).

[4] 724 F. 3d 1343 (Fed. Cir. 2013).

[5] Robert C. Kahrl, *Patent Claim Construction*, New Yok: Aspen Publishers, 2003, pp. 5 - 35. 专利审查档案主要指的是专利授权过程中的文件,但美国学者和法院也承认在专利复审程序中的文件同样属于专利审查档案。例如,在 Spectrum International, Inc. v. Sterilite Corp. 164 F. 3d 1372 (Fed. Cir. 1998)案中,法院指出,专利权人关于专利性的意见陈述可以限制专利权利要求的范围,这同样适用于在专利复审中的陈述。因此,在审查档案的定义中一般只提及专利授权程序中的材料,但在诉讼中适用专利审查档案时也将专利复审时的材料包括在内。

查档案包括了专利申请人与审查员之间交换意见的材料,例如,审查员指出发明与现有技术的相似之处,而申请人通过意见陈述或修改权利要求书将发明与现有技术相区别。专利审查档案还包括在审查过程中申请人提交的或审查员发现的现有技术。审查档案曾被称为"包袋"(file wrapper),但自从联邦巡回上诉法院成立后,该法院就以"审查档案"一词取代了"包袋"。

对于专利审查档案可以用于解释权利要求的理由,美国联邦巡回上诉法院在Markman v. Westview Instruments,Inc.〔1〕案中指出:"在解释权利要求用语时,法院还应当考虑专利审查档案,如果该审查档案成为诉讼中的证据。在专利局审查过程中形成的这些'无可争辩的公共记录',对于理解权利要求具有首位的重要性。法院具有广泛的权利,可将专利审查档案作为法律问题以确定专利权利要求中用语的真正含义。"专利审查档案对于权利要求具有解释作用,是因为专利权利要求中的用语在专利审查过程和侵权诉讼中应当具有相同的含义,"专利权利要求不能在授权过程中采取一种解释方式,而针对被控侵权人又采用另一种解释方式"。〔2〕专利审查档案虽然不是专利授权文件的一部分,但是公众可以到专利局查阅并了解其内容。因此,审查档案成为"无可争辩的公共记录",使公众可以借助审查档案将发明与现有技术进行对比,从而理解专利发明的内容。这样,美国法院将审查档案作为内部证据,使之成为解释权利要求的重要依据。专利权人的意见陈述可能产生审查档案禁止反悔。也就是说,专利权人将发明与现有技术区别开来的意见陈述,可能成为其主张权利要求的范围的衡平障碍。审查档案禁止反悔一般产生于适用等同原则确定专利保护范围的过程中,但是,在确定权利要求的字面含义时,审查档案可以成为确定发明人赋予权利要求用语的含义的证据。

专利审查档案是可以供公众查询的记录,但不像专利说明书那样易于使用。专利审查档案需要专门到专利局查询才可以得到,一般是由被控侵权人查询并提供。因此,并不是在每个案件中都涉及专利审查档案,也不是每个专利都有可用于解释权利要求的审查档案。因此,在解释权利要求时审查档案的使用也不像说明书那样普遍。另外,专利审查档案也不像说明书那样可信。专利审查档案反映了申请人与专利局之间正在进行的意见交换,但不是最终的结果,不像说明书那样具有确定性。有的案件中,法院因专利审查档案缺乏确定性而拒绝使用审查档案解

〔1〕 52 F. 3d 967,980 (Fed. Cir. 1995).

〔2〕 Southwall Technologies,Inc. v. Cardinal IG Co. 54 F. 3d 1570,at 1576,34 UPSQ2d 1673 (Fed. Cir. 1995).

释权利要求。[1]

审查档案一般用于限制权利要求的含义,但这并不是绝对的。在个别案件中,专利权人也可以使用审查档案证明自己较宽的含义。例如,在 Honeywell, Inc. v. Victor Co. of Japan Ltd.[2] 案中,联邦巡回上诉法院在解释权利要求用语"contiguous"的含义时,就考虑到申请人在专利审查过程中所做的解释:"实际接触;触及;靠近但不接触;邻近;相连。"最后做了含义较宽的解释。

专利审查档案还可以用于对权利要求用语的特别界定。在 Tempo Lighting, Inc. v. Tivoli, LLC 案中,对于权利要求中"inert to light"的含义,因在专利过程中专利申请人对其进行了界定,法院采纳了申请过程中的界定,而没有采纳词典的解释。[3]

专利审查档案既可以用于适用等同原则时,又可以用于权利要求的字面解释中,对于二者的关系,Southwall Technologies, Inc. v. Cardinal IG Co.[4] 案中,联邦巡回上诉法院进行了论述。在本案中,专利要求保护的是具有"喷积绝缘层"的反射胶片。审查员指出通过喷积和氧化这两个步骤形成喷积绝缘层为现有技术。专利权人称其发明是将直接积淀金属氧化物或者在有氧化气体的情况下积淀金属。联邦巡回上诉法院指出:"Southwall 公司的意思是审查档案禁止反悔可以适用于确认字面侵权的权利要求解释。但是,使用审查档案界定权利要求中用语的含义与适用等同原则限制将权利要求的范围扩大的审查档案禁止反悔是有严格区别的。根据审查档案进行权利要求解释是确定字面侵权的第一步。而审查档案禁止反悔是在经过权利要求解释发现字面侵权不成立后,对等同范围的限制。审查档案对等同范围的限制与适用审查档案解释权利要求不是一回事。"法院认为在本案中,"专利审查档案限制了权利要求用语的解释,将审查过程中放弃的内容排除在解释之外"。因此,专利权人在审查档案中已经将两个步骤形成的喷积绝缘层排除在权利要求的范围之外。然后,法院又审查等同原则下的侵权问题,认为审查档案同样限制了等同的范围,因此也不构成等同侵权。

(二)专利审查档案的形式

在审查档案中,专利申请人可能对审查员的拒绝通知提出意见陈述,在意见陈

〔1〕 例如在 Netcraft Corp. v. eBay, Inc. 549 F. 3d 1394, 1401 (Fed. Cir. 2008)案中,联邦巡回上诉法院认为专利审查档案缺乏确定性而未将其作为解释权利要求的参考资料。

〔2〕 298 F. 3d 1317 (Fed. Cir. 2002).

〔3〕 742 F, 3d 973 (Fed. Cir. 2014).

〔4〕 54 F. 3d 1570, 34 UPSQ2d 1673 (Fed. Cir. 1995).

述中申请人通常会澄清权利要求中用语的含义,或说明发明人对于发明范围的看法,或者对权利要求作出修改或提出新的权利要求。在专利审查过程中,可以作为解释权利要求的审查档案不仅仅限于在答复驳回通知时的修改或意见陈述。实质上,发明人关于其发明以及现有技术的所有陈述,都是发明人关于其要求保护的范围的证据。[1] 例如,申请人向专利局所做的信息披露,提交的加快审查请求,发明人争议程序中所做的陈述等,都属于专利审查档案的范围。

专利审查档案一般指的是记载在专利局中的书面文件。也就是说,专利审查档案一般是以书面文件的形式存在。但有时专利申请人和审查员需要进行面谈或电话交谈,这时虽然面谈和电话交谈的主要内容会以纪要的形式存在于专利审查文件中,但这些纪要一般只是申请人与审查员交流的概要,不足以确定申请人为了获得专利对于其发明的描述。美国专利审查指南不允许审查员依赖申请人与专利局之间的口头表达的内容,也不允许审查员作为证人出现在法庭上。另外,当事人有时会提供证人证言证明申请人与专利审查员之间的交流情况,并将其作为审查档案用于权利的解释。例如,在 Unique Concepts, Inc. v. Brown[2]案中,当事人就提出证人证言以证明专利审查过程中审查员和专利申请人进行了交谈,根据交谈的内容专利申请人取消了权利要求 9。一审法院认定了证人证言,并将它作为与审查档案有关的证据确定了专利的保护范围。二审法院认为,一审法院不能依据证人证言认定权利要求 9 是根据电话交谈而取消的,"我们不知道为什么权利要求 9 被取消,也不能推测取消该权利要求的原因"。可见,作为权利要求解释依据的审查档案,只应限于申请人提交的书面文件,并不包括口头交流的记载,以及关于申请人与审查员交流情况的证人证言。

(三)权利要求的修改

权利要求的修改主要发生在专利审查的过程中。如果审查员根据引用的现有技术驳回了原来的权利要求,专利申请人在对权利要求进行修改后被授予专利权,则可以有力地说明修改后的权利要求不包括引用的在先技术。权利要求的修改只有清晰无误地限制了权利要求用语的含义时,才能认为其限制了专利保护范围,例如,在 Hockerson-Halberstadt, Inc. v. Avia Group International, Inc. 案中,专利发明涉及对跑鞋的改进。在专利审查过程中,审查员引用了在先技术中"底部沟的宽度大于边缘组合宽度"的描述拒绝了原来的权利要求。专利申请人在修改的权利要

---

〔1〕 Robert C. Kahrl, *Patent Claim Construction*, 2nd ed., New York, Wolters Kluwer, 2015, pp. 5－6.

〔2〕 939 F. 2d 1558, 19 USPQ2d 1500 (Fed. Cir. 1991).

求中使用了“中间纵向凹槽”(central longitudinal groove)一词,并称其发明中的凹槽比在先技术中的窄,并且目的不同。联邦巡回上诉法院认为,专利权人在审查档案中对“凹槽”一词赋予了特别的含义,改变了其原来的意思。专利权人将其发明中的凹槽界定为比在先技术中的窄,而在先技术中的凹槽比边缘组合宽度宽。专利权人放弃了在先技术中的这种含义,使其权利要求中的凹槽比边缘组合宽度窄。[1] 再如,在 North America, Inc. v. Intel Corp.[2]案中,专利发明涉及在半导体晶片上制造晶体管的方法。专利权利要求中的一句话为“在电极门的上面和侧面形成相对厚的氧化层,在底层欲作为源流区的部分形成相对薄的氧化层”。原来的权利要求中没有在电极门上面形成氧化层的描述。在专利审查过程中专利权人为了避开在先技术而增加了这一内容,并称这样做的目的是形成植入掩膜,防止离子植入。而在先技术中的氧化层不够厚,不能作为植入掩膜。法院认为,在先技术中电极门上面的氧化层比源流区厚 1.77 倍,专利权利要求中电极门上面的氧化层应比源流区厚 1.77 倍以上。

为了区别于现有技术,申请人修改权利要求时增加限定性的词,一般认为是对权利要求范围的限制。例如,在 Zodiac PoolCare, Inc. v. Hofflnger Industries, Inc. 案中,专利申请人在权利要求中增加了“基本上 substantially”一词。对于权利要求中“基本上向内”(substantially inward)的含义,专利权人主张它仅表示所述止动件的大部分位于所述盘周边的内部。联邦巡回上诉法院没有采纳这一主张,认为专利申请人增加这一个词界定了止动件与盘周边的位置关系,使整个止动件基本上位于盘周边内。[3] 针对缺乏明确性要件的驳回理由所做的修改,也可以限制专利权利要求的范围。例如,在 Old Town Canoe Co. v. Confluence Holdings Corp. 案中,针对专利权利要求缺乏明确性的驳回理由,专利申请人增加了“完成后”一词。联邦巡回上诉法院认为,增加的这个词表明聚结进行到完成,达到最佳状态。

把从属权利要求合并到独立权利要求中的修改也可以限制权利要求的范围。在 Mangosoft, Inc. v. Oracle Corp. 案中,专利申请权利要求 1 涉及共享网络存储空间的网络计算机,权利要求 2 包括“多个当地(local)存储装置分别对应多个计算机。”在审查过程中,申请人删除了权利要求 2,修改了权利要求 1 并称权利要求 1 包括了原来权利要求 2、3、4、8、9 的内容,在说明中称“权利要求 1 除了网络外还引用了对应每个计算机的‘当地存储装置’”。在侵权诉讼中,专利权人称“当地”不

〔1〕 222 F. 3d 951, 55 USPQ2d 1487 (Fed. Cir. 2000).

〔2〕 157 F. 3d 887, 48 USPQ2d 1181 (Fed. Cir. 1998).

〔3〕 206 F. 3d 1408 (Fed. Cir. 2000).

一定对应每个计算机上的存储装置。联邦巡回上诉法院认为,根据专利修改的过程看,如果允许将“当地”解释为网络存储,实质上将“当地”这个词读出了权利要求,忽视了专利权人所称的将权利要求2并入权利要求1的意见。[1]

如果修改不是针对权利要求本身进行的,则一般不产生限制权利要求含义的作用。例如,在Pitney Bowes, Inc. v. Hewlett-Packard Co.[2]案中,专利权人在审查过程中对发明的主题进行了修改,将原来的“一种通过制造不同大小的点产生图像的装置和方法”,修改为“一种通过制造不同大小的光点产生图像的装置和方法”,在“点”(spots)前增加了一个修饰词“光”。但权利要求中仍使用的是“点”。被控侵权人根据审查档案主张权利要求中的“点”指的是“光点”。联邦巡回上诉法院未采纳该主张,认为对发明主题的修改不像对权利要求书修改那么重要,主题是用来分类而不是用来划定专利保护范围的,因此对主题的修改对专利权利要求解释“几乎没有影响”。

在专利复审过程中,专利权人也可能对权利要求进行修改。在专利复审过程中对权利要求的修改,其后果相当于重颁专利。如果专利权利要求与原来的权利要求是“同一”的,专利权人可以就他人在重颁专利前后的侵权行为得到赔偿。而“同一”的含义没有实质变化。[3] 因此,在专利复审过程中对权利要求进行修改的情况下,当事人争议的往往是修改后的内容与修改前的内容是否是“同一”的。如果修改前与修改后是“同一”的,即使权利要求的语言发生了变化,专利权人仍可就重新授权前的被控侵权人的行为获得赔偿。而如果修改前与修改后不是“同一”的,专利权人不能就重新授权前被控侵权人的行为获得赔偿。这就涉及权利要求经过修改后是否还可能与修改前是“同一”的,以及如何判断修改前的权利要求与修改后的权利要求是否同一的问题。在Laitram Corp. v. NEC Corp.[4]案中,联邦巡回上诉法院认为修改后的权利要求的范围变小,从而与修改前的权利要求不是同一的。法院还指出:“虽然在很多情况下认定被拒绝的权利经过修改后没有发生实质变化是困难的,但我们得出结论不是根据‘本来如此的规则’(per se rule),而是在综合考虑了书面描述、审查档案和权利要求中相关用语后才得出的结论。”可见,权利要求在专利复审过程中经过修改而被重新授权时,不能据此认定修改后的权利要求与修改前的权利要求不是同一的,而是必须综合考虑相关因素进行认定。

---

[1] 525 F. 3d 1327 (Fed. Cir. 2008).

[2] 182 F. 3d 1298, 51 USPQ2d 1161 (Fed. Cir. 1999).

[3] Robert C. Kahrl, *Patent Claim Construction*, New York, Aspen Publishers, 2003, pp. 6 – 29.

[4] 952 F. 2d 1357, 21 USPQ2d 1276 (Fed. Cir. 1991).

(四)专利权人的意见陈述

1. 专利审查档案中专利权人陈述的明确性

在专利审查档案中的专利权人的陈述,有的明确显示了放弃某一内容的意图,但有的则未明确显示这一意图。美国联邦巡回上诉法院认为,如果专利权人的陈述未明确显示放弃某一内容的陈述,则不应作为限制专利范围的依据。这一原则来源于下述规则:除非专利权人明确赋予权利要求中的用语以特定含义,该用语应以其在说明书中的含义为准。[1] 在 Micro Chemical, Inc. v. Great Plains Chemical Co.[2]案中,专利发明涉及在动物饲料被食用前自动将微原料加入的装置和方法。在专利说明书中列举的现有技术中,使用的是"重量累加"的加入方法。专利说明书称这种方法太慢而且不精确。一审法院据此认为专利方法不包括重量累加的方式。联邦巡回上诉法院认为,从说明书看,专利权人虽然批评了现有技术中的方法,但没有称这些缺点是因为使用了重量累加的方法而导致的。专利权人在一个实施例中还使用了这种方法。从审查档案看,在专利权人曾提交了信息披露陈述,专利权人认为其方法与现有技术的不同在于其使用了将原料在液体中内部混合的步骤。因此,审查档案说明专利权人通过内部混合步骤将专利与现有技术区别开来,专利说明书和审查档案都没有明确放弃重量累加方法。

认定专利申请人对于权利要求范围进行了部分放弃需要较高的标准。在 Pharma L. P. v. Endo Pharmaceuticals, Inc. 案中,联邦巡回上诉法院推翻了一审法院对于专利权人在审查过程中放弃部分内容的认定,提出放弃应"清晰无误"的标准:"根据审查档案放弃部分内容的原则,专利权人可以在审查过程中通过清晰、无误地舍弃保护范围中的内容,从而限制权利要求的含义。"在 Advanced Fiber Technologies (AFT) Trust v. J&L Fiber Services, Inc. 案中,法院认定专利申请人在审查过程中的陈述符合放弃的条件。专利涉及一种用于将纸浆与碎屑分离的方法和筛选装置,专利权利要求称该装置有很多开口。审查员引用了一篇对比文件提出了驳回意见。专利申请人答复称,专利发明用于处理纸浆,对比文件不能用于处理纸浆,对比文件的开口是 0.762 毫米,是专利发明开口的三倍多。法院认定专利发明的开口小于 0.254 毫米。

专利审查档案中的放弃,不仅出现在将发明与现有技术区分时的陈述,还出现在专利权人描述其发明范围的所有情形中。例如,关于针对能够实施要件驳回的意

---

〔1〕 Robert C. Kahrl, *Patent Claim Construction*, New York, Aspen Publishers, 2003, pp. 6 - 11.

〔2〕 194 F. 3d 1250, 52 USPQ2d 1258 (Fed. Cir. 1999).

见陈述,提交的信息披露书,复审程序中作为信息披露提交的其他诉讼中权利要求解释,对于限制性要件的回复等。[1] 例如,在 Biogen Idec, Inc. v. Glaxosmithkline LIC 案中,专利局以缺乏能够实施要件发出了拟驳回的审查意见,因为对于权利要求中的"抗体",说明书只提到 Rituxan,对于其他抗体缺乏必要的披露。专利申请人答辩称,本领域技术人员利用公在技术可以容易地确定该抗体与 Rituxan 具有相似的亲缘和特异性。审查员撤回了驳回通知并授权。被控侵权物的抗体与 Rituxan 截然不同,属于细胞体中当时现有技术中未知的部分。专利权人起诉专利侵权,因为被控侵权产品落入专利独立权利要求的范围,而 Rituxan 属于从属权利要求的内容。一二审法院均认定不构成侵权,因为专利权人的陈述是对专利保护范围清晰无误的放弃。[2]

2. 专利权人的意见陈述用于解释权利要求

针对审查员的拒绝通知或审查意见,专利申请人可能不修改专利权利要求,而是提出自己的争辩意见。当争辩意见中提到发明与在先技术的不同特点时,这些不同特点可以用于限制权利要求的范围。当争辩意见中对权利要求中的用语赋予特定的含义,或者在几个可能的普通含义中选定一个特定的含义时,即使在说明书中有对该用语的明确定义,争辩意见也可以用于限制权利要求中用语的含义。因为说明书是因在先技术而被拒绝之前写的,而争辩意见是针对拒绝通知中的在先技术而作出的,其目的就是进一步限制权利要求的范围。[3]

专利权人的争辩意见往往可以用于限定专利的保护范围,使争议用语的含义比普通含义更窄。例如,在 TecSec, Inc. v. International Business Machines Corp. 案中,对于权利要求中的"多层次多媒体安全"(multi-level multimedia security)的含义产生了争议。联邦巡回上诉法院认为,该用语的普通含义包括两种类型的安全,例如一定程度的加密加上密码保护。但是,在审查过程中,审查员以该用语不清楚发出了审查意见。申请人在意见陈述中争辩称,多层次多媒体安全通过两种方式实现:"多层次的安全"通过在加密对象中嵌套加密对象来实现,"多媒体的安全"通过对象被加密来实现。根据这一意见,"多层次多媒体安全"指的是多重加密。[4] 但在个别情况下,专利权人的争辩意见也可以对权利要求的用语作出更宽的解释。例如,在 Martek Biosciences Corp. v. Nutrinova, Inc. 案中,对权利要求中的"非氯化

---

[1] Robert C. Kahrl, *Patent Claim Construction*, 2nd ed., New York, Wolters Kluwer, 2015, pp. 6 – 25.

[2] 713 F. 3d 1090 (Fed. Cir. 2013).

[3] Robert C. Kahrl, *Patent Claim Construction*, New York, Aspen Publishers, 2003, pp. 6 – 33.

[4] 731 F. 3d 1336 (Fed. Cir. 2013).

钠盐”(non-chloride sodium salt)是否包括氢氧化钠(NaOH)产生了争议。专利说明书中没有提及氢氧化钠,被控侵权人主张它不属于权利要求中的非氯化钠盐。但是,在审查过程中,专利权人的争辩意见中明确提到氢氧化钠属于非氯化钠盐。因此,联邦巡回上诉法院认为,这清楚地表明专利权人更广义地使用“非氯化钠盐”,使其包括氢氧化钠。[1]

专利权人的争辩意见可能会提到多个区别技术特征,其中的任何一个都可能被用来限制专利权利要求的范围。例如,在 Andersen Corp. v. Fiber Composites, LLC 案中,争议的权利要求用语为“复合结构构件”(composite structural member),一审法院在解释时未考虑复合材料的生产过程。联邦巡回上诉法院推翻了一审判决,认为在专利说明书和审查档案中,专利权人的意思是复合结构构件的生产过程对于发明至关重要。为了区别于审查员引用的现有技术,专利申请人争辩称,使用现有技术生产的复合材料不是本专利中的复合材料。专利中的复合材料在制造时先将熔融的聚合物和木浆混合,形成粒状材料,冷却,然后挤出。这样生产的结构构件表面平滑,没有任何聚氯乙烯降解。联邦巡回上诉法院认为,上述说明排除了使用其他方法生产的复合材料。专利权人主张,这只是区别技术特征之一,不应对专利保护范围产生限定作用。联邦巡回上诉法院指出:“申请人提出专利区别于现有技术的多个理由,并不免除它们中的每一个被用于限制权利要求的用语。相反,像我们明确提出的,申请人提出的其专利申请与现有技术区别的某个特定理由,即使申请人还提出了其他的理由,也可以用于对权利要求范围的部分放弃。”[2]

在专利审查档案中对于权利要求用语的限制性解释,可以取代该用语的普通含义,也可以取代说明书对于该用语的界定。其原因在于,说明书在撰写时还没有遇到因现有技术而可能被驳回的问题。在专利审查过程中的修改和意见陈述,是为了针对驳回通知而进一步缩小权利要求的范围。[3] 例如,在 Elkay Manufacturing Co. v. Ebco Manufacturing Co. 案中,对于权利要求中“一个进料管”(a feed tube)的含义产生了争议。被控侵权产品的进料管是由两个同心管组成,内管从瓶子往分配器传送水,外管传送空气。被控侵权人主张权利要求应解释为同一管传送水和空气。一审法院未采纳被控侵权人的主张并作出了侵权判决。联邦巡回上诉法院首先看了权利要求用语的普通含义,“a”的意思是一个,也可以指更多。“一个进料管”指的是一个管子或通道。在说明书的实施例中,传送水和空气使用的是同一管子或

---

〔1〕 579 F. 3d 1363 (Fed. Cir. 2009).

〔2〕 474 F. 3d 1361 (Fed. Cir. 2007).

〔3〕 Robert C. Kahrl, *Patent Claim Construction*, 2nd ed., New York, Wolters Kluwer, 2015, pp. 6–93.

通道。权利要求的普通含义和说明书均不能否定专利权人的主张。在专利审查过程中,专利权人称“一个液体通道……可以传送液体……和空气。”联邦巡回上诉法院认为,在专利审查档案中的解释是决定性的。根据该意见,一个进料管应解释为使用同一管道既传送水又传送空气,排除了使用两个管分别传送空气和水的方案。因此,联邦巡回上诉法院推翻了一审判决。[1]

如果专利申请人以其发明具有在先技术中不存在的某一特征为由将其发明与在先技术进行了区别,并不一定导致权利要求一定将在先技术中的相似特征排除在外。例如,在 Minnesota Mining & Mfg. Co. v. Chemque, Inc.[2]案中,专利申请人在争辩意见中称,其发明与在先技术的不同在于在先技术中的酐点(anhydride sites)是中和的。被控侵权人据此认为专利发明中的所有酐点都应当是反应的。联邦巡回上诉法院没有采纳该主张,认为发明与在先技术的区别在于在先技术中的所有酐点都是中和的,而发明中的酐点有的是反应的,但不必全部是反应的。再如,在 Omega Engineering, Inc. v. Raytek Corp. 案中,专利权人称其激光瞄准装置与现有技术的区别在于,本发明的激光束指出靶标的周围,而现有技术只有单个激光束指向靶标的中心。法院认为,这种描述并不能认为把激光束指向靶标的中心的装置全部排除在外。[3]

如果专利申请人的争辩意见没有被审查员接受,专利权人可能会主张其争辩意见中提出的发明与在先技术的区别特征不应当作为对权利要求的限制,因为它没有被审查员接受。在 R. A. C. C. Industries, Inc. v. Stun-Tech, Inc.[4]案中就出现了这种情况。专利申请人在争辩意见中提出了其发明与在先技术在使用意图上具有不同之处。但审查员没有采纳该意见,而是在专利申请人增加了结构上的限制后才授予了专利权。联邦巡回上诉法院认为,由于审查档案表明专利权人不能仅通过使用意图将其发明与在先技术区别开来,专利权人在争辩意见中所说的使用意图不能用于限制权利要求的范围。因审查员没有接受申请人的争辩意见,该意见对权利要求的范围没有限定使用。但是,在 Desper Products, Inc. v. QSound Labs, Inc.[5]案中,专利申请人在提出争辩意见后并没有被授权,法院仍认为该争辩意见对于权利要求具有限制作用。在涉案专利审查过程中,专利申请人在提出

---

[1] 192 F. 3d 973 (Fed. Cir. 1999).

[2] 303 F. 3d 1294, 64 USPQ2d 1270 (Fed. Cir. 2002).

[3] 334 F. 3d 1314 (Fed. Cir. 2003).

[4] 178 F. 3d 1309, 49 USPQ2d 1793 (Fed. Cir. 1998).

[5] 157 F. 3d 1325, 48 USPQ2d 1088 (Fed. Cir. 1998).

了争辩意见后,审查员又引用了另一个在先技术拒绝授权,但同时提出,如果将从属权利要求改为独立权利要求,将能够获得授权。专利申请人据此修改了权利要求并获得了授权。法院认为,审查员没有在专利申请人提出争辩意见后授权是因为引用了另一在先技术,专利申请人的争辩意见已经达到了将发明与前一个拒绝通知中的在先技术区别开来的目的。因此,该争辩意见可以用于对权利要求中用语的解释。

专利权人的争辩意见不只是限于在专利审查过程中。在专利被拒绝授权后申请人向"专利上诉与干预委员会"(Board of Patent Appeals and Interferences)所作的陈述,以及专利权授权后在无效程序中所作的陈述,都可以用来确定权利要求中用语的含义。[1] 例如,在 Marine Polymer Technologies, Inc. v. HemCon, Inc. 案中,在一审法院认定专利侵权后,专利权人在专利局的无效程度中删除了 6 项从属权利要求,影响到独立权利要求中"生物相容"(biocompatible)一词的解释。在二审中,联邦巡回上诉法院使用专利权人在无效程序中所作的陈述,做出了不同的解释,并撤销了一审判决。[2]

(五)专利审查档案与审查员的信赖

利用审查档案解释权利要求与适用等同原则时的禁止反悔的区别之一在于,认定等同时的禁止反悔原则要求对方产生信赖。也就是说,某人的陈述被其他人信赖,从而做出了于己不利或对陈述人有利的行为,陈述人不得否认作出陈述这一事实。在专利案件中,当申请人对权利要求作出修改或进行了陈述时,审查员接受了修改或陈述,从而批准了该专利,专利权人就不得否定修改或陈述所带来的对专利权的限制。社会公众一般就可以主张禁止反悔,从而限制等同原则的适用,因为审查员在专利申请程序中代表社会公众。[3] 但是,在专利诉讼过程中使用专利审查档案解释权利要求时,被控侵权人不必证明审查员对专利权人的修改或陈述产生信赖。[4]

例如,在 Laitram Corp. v. Morehouse Industries, Inc. 案中,对于权利要求中的"驾驶面"(driving surface),专利申请人在审查过程中将其界定为平面。一审法院据此认定不侵权。在上诉中,专利权人提出一审法院将实施例中的特征读入了权利要求,审查员授权时并没有依赖专利审查过程中专利权人的意见。联邦巡回上

---

〔1〕 Robert C. Kahrl, *Patent Claim Construction*, 2nd ed., New York, Wolters Kluwer, 2015, pp. 6 – 103.

〔2〕 659 F. 3d 1084 (Fed. Cir. 2011).

〔3〕 Ibid., pp. 6 – 45.

〔4〕 Ibid., pp. 6 – 46.

诉法院指出:“审查员没有信赖专利申请人关于与现有技术区别的陈述,并不意味着这一陈述对权利要求解释没有影响……不管审查员的动机是什么,在专利审查过程中的陈述可用于帮助理解申请人使用某一用语的意图。”[1]可见,在使用专利审查档案进行权利要求解释时,美国法院并不考虑专利申请人的陈述是否被审查员接受。只要申请人做出了陈述,就可以用来作为解释权利要求的证据。

但是,专利权人在审查过程中对于权利要求用语的界定,如果没有被审查员认定为区别技术特征,则可能因没有被审查员信赖而不对权利要求有限定作用。例如,在 Ecolab,Inc. v. FMC Corp. 案中,专利涉及将去内脏的家禽与溶液接触来消毒的方法,权利要求载明:“其基本上由浓度为至少 100ppm 过乙酸[PAA]的消毒液组成”。在专利审查过程中,审查员曾引用 Greeley 专利认为缺乏新颖性,引用 Greeley 专利与 Oakes 专利认为申请缺乏创造性。对此,专利申请人答复称,“Greeley 专利没有教导单独使用 PAA 作为消毒剂”。“Oakes 专利强力倡导和教导使用多种杀菌剂混合物,而不是使用一种杀菌剂。”审查员的回复是“权利要求指向的是使用‘基本上由浓度为至少 100ppm 过乙酸[PAA]的消毒液组成’的化合物,而不限于只使用 PAA 的消毒液。”最后,专利获得了授权,但不是基于专利申请人的意见。由于专利说明书中还包括了其他抗菌剂,联邦巡回上诉法院认为专利权人没有放弃组分中包括的其他抗菌剂。[2]

当审查员对权利要求的用语作了描述时,如果该描述不是来自于申请人,不能认为申请人已经接受这种描述或通过该描述对权利要求的范围进行了部分放弃。法院将考察审查员的描述是否来自于申请人或是对申请人意见的重复。[3]

审查员对于授权理由的描述,如果申请人没有回复,本身不能认为是对权利要求范围的明显放弃,但可以作为本领域技术人员理解权利要求的参考资料。在 Acco Brands,Inc. v. Micro Security Devices,Inc. 案中,联邦巡回上诉法院指出:“申请人没有义务对审查员授权理由进行回复,授权理由中的描述不一定限制权利要求。”[4]在 Salazar v. Procter & Gamble Coizr 案中,专利申请人申请了具有“弹性”刺激棒和“弹性”抛光棒的牙刷。针对审查员的驳回意见,申请人重新撰写了权利要求,把原来的从属权利要求作为独立权利要求。审查员授予了专利,称现有技术中的抛光棒是尼龙的,不能认为是“弹性”的。申请人对此没有再发表意见。在其

---

〔1〕 143 F. 3d 1456,46 USPQ3d 1609 (Fed. Cir. 1998).

〔2〕 569 F. 3d 1335 (Fed. Cir. 2009).

〔3〕 Robert C. Kahrl, *Patent Claim Construction*, 2nd ed., New York, Wolters Kluwer, 2015, pp. 6 – 51.

〔4〕 346 F. 3d 1075 (Fed. Cir. 2003).

后的侵权诉讼中,地区法院认为权利要求中包括尼龙。联邦巡回上诉法院认为,申请人与审查员交换意见中并没有认为“弹性”对于专利授权具有重要性,也没有提及尼龙等非弹性的材料。因此,联邦巡回上诉法院推翻了一审判决。但是,该院承认审查员关于授权理由的意见关系到权利要求用语的解释,因为它表明在申请时本领域技术人员是如何理解权利要求的。[1]

(六)相关专利的审查档案

不只是涉案专利的审查档案可以用于权利要求的解释,其他专利的审查档案也可能对涉案专利的权利要求解释具有帮助作用。其他专利主要是指与涉案专利有关的专利,如涉案专利的母专利。作为一般规则,在母专利申请中清晰无误的放弃对于其后有关的专利申请具有同样的限定作用。在母专利申请过程中的陈述,如果没有指向特定的权利要求用语,也可以用来确定在后继续申请中具有同样说明书的权利要求用语的含义。当两个专利使用同一说明书时,即使在前专利已经授权,在后申请中的陈述可以用于限制在前专利的保护范围。[2] 例如,Wang Laboratories,Inc. v. America Online,Inc. 案就是使用“母专利申请”的审查档案进行权利要求解释的案件。本案中的专利涉及使用电话调制解调器在电脑间传送信息结构的装置。独立权利要求20没有指明信息结构所使用的交换协议。联邦巡回上诉法院认为,专利说明书中描述的该信息结构使用的是以字符为基础的协议(character-based protocol)。并且,在该专利的母专利申请中,专利申请人给审查员的意见陈述中称,在先技术使用的是以图像为基础的协议(picture-based protocol),而该发明使用的是以字符为基础的协议。法院认为这两项专利申请的标的物是一样的,因此,法院认为专利权人将其发明限定在使用以字符为基础的协议上,本领域技术人员也会认为该发明只是涉及以字符为基础的协议。[3] 在 Inpro Ⅱ Licensing,S. A. R. L. v. T-Mobile USA,Inc. 案中,联邦巡回上诉法院根据母专利申请中对于“主接口”(host interface)的界定,认为其含义是“直接并行的总线接口”。针对专利权人提出的反对意见,联邦巡回上诉法院提出:“因权利要求、技术问题以及发明点各案而异,不应当过于重视相关专利申请的审查过程中的意见。但尽管如此,在母专利申请中申请人描述的是这些相关申请的广义的技术基础,在每个申请中的用法与地区法院认为的含义‘直接并行的总线接口’是一致的。”[4] 因此,联

---

[1] 414 F. 3d 1342 (Fed. Cir. 2005).

[2] Robert C. Kahrl, *Patent Claim Construction*, 2nd ed., New York, Wolters Kluwer, 2015, pp. 6 – 59.

[3] 197 F. 3d 1377, 53 USPQ2d 1161 (Fed. Cir. 1999).

[4] 450 F. 3d 1350 (Fed. Cir. 2006).

邦巡回上诉法院将母专利申请的审查档案作为解释权利要求的资料。

但是,母专利申请与涉案专利毕竟是两个专利,并不是所有母专利申请的审查档案都可以用于涉案专利的权利要求解释。例如,在 Middleton, Inc. v. Ninnesota Mining & Manufacturing Company〔1〕案中,权利要求中有一个用语为“统一柔软胶片”,该用语在母专利申请中是为了区别现有技术而增加的,专利申请人的代理人陈述称这一修改可以实现涂饰后的地面厚度统一。被控侵权人主张涉案专利中的“统一柔软胶片”应具有与母专利申请中相同的含义。联邦巡回上诉法院认为,前一专利申请要求保护的是对保龄球道表面或平滑运动地面的改进,而涉案专利要求保护的是一般地板表面。由于第二个专利要求保护的标的物范围更广,不能使用前一个专利申请中的陈述缩小第二个专利中权利要求中用语的含义。可见,将母专利申请的审查档案作为权利要求解释的证据是有条件的,那就是两个专利要求保护的标的物应是一致的。

另外,在个别情况下,一个与涉案专利没有联系的专利审查档案也可能成为涉案专利权利要求解释的内部证据。Sextant Avionique S. A. v. Analog Devices, Inc.〔2〕案就是这种情况。该案中的专利和另一个专利都涉及加速计装置,但两个专利是不同的发明人,有不同的说明书,且没有请求相互优先权或引用同一个母专利。在第一个专利中,专利申请人针对拒绝通知增加了关于镀金属(metallization)的限制,并称这与“重涂硅”(heavily doped silicon)的现有技术不同。第二个专利的代理人和第一个专利的代理人是同一个人。第二个专利申请人称其发明与第一个专利是相似的,但有一个改进的返回结构。在第一个专利被授权后,专利律师重新起草了第二个专利的权利要求,明确提到了“镀金属”。在本案的诉讼过程中,专利权人主张权利要求中的镀金属具有特别的含义,应当包括重涂硅。联邦巡回上诉法院认为,第一个专利中的陈述可以用于确定两个专利中的镀金属的含义。但是,在 Loctite Corporation v. Ultraseal, Ltd.〔3〕案中,联邦巡回上诉法院拒绝使用另一个没有联系的专利的审查档案作为权利要求解释的证据,理由是该案中的专利与另一个专利“没有相似的审查历史”。可见,将没有联系的专利的审查档案作为涉及专利权利要求解释的证据不是一个通常的规则,只出现在极其特殊的情况下。就像前面所述的 Sextant 案的情况那样,两个专利的申请人或代理人是同一个人,并且第二个专利引用了前一个专利,这时才有可能使用第一个专利中的审查档案解释

---

〔1〕 311 F. 3d 1384, 65 USPQ2d 1138 (Fed. Cir. 2002).

〔2〕 172 F. 3d 817, 49 USPQ2d 1865 (Fed. Cir. 1999).

〔3〕 781 F. 2d 861, 228 USPQ2d 90 (Fed. Cir. 1985).

第二个专利中的权利要求。

(七)专利审查过程中的错误

1.权利要求中的错误及订正

如果专利权人在审查过程中发现权利要求中存在语言错误,可以要求专利局颁发订正证书,或者要求重新授予专利。订正证书可以订正专利局导致的错误,也可以订正专利权人书写或印刷上的错误以及性质轻微的错误。对于订正错误的后果,联邦巡回上诉法院在 Superior Fireplace Company v. Majestic Products Company 案中进行了论述:"有些错误可以被立即明显地看出来,以至于对于错误所在毫无异议。拼写错误就是这类错误的例子,如将'frame'拼成'frane'。而第二类错误是对读者来说不那么明显的印刷上的错误,例如,因为错误而使用了拼写正确并且在句中符合逻辑的另一个词。第三类错误是很明确地存在错误,但错误在哪里并不清楚。例如,使用了矛盾的用语,但不清楚哪一个用语是错的。对于这些公众记录的读者而言,如何恰当地订正第二和第三类错误并不是显而易见的。对于文字或印刷上的错误只允许在以下情况下进行扩大性订正:从说明书、附图和审查档案中可以很清楚地看到错误应当如何被订正。"[1]可见,联邦巡回上诉法院强调了专利的内部记录具有公示的功能。重颁专利并扩大专利保护范围时有两年期限的限制,但法律没有限制颁发订正证书的期限,为了保护公共利益免受因订正而导致权利要求保护的范围意料之外地扩大所带来的损害,应当将可以订正的错误限制在很小的范围内。在本案中,专利权人在权利要求中使用了单数的墙(wall)和复数的墙(walls),后来通过订正证书将复数的墙订正为单数的墙。但法院认为,从说明书和审查档案看,无法确定专利权人意定使用的是单数的墙还是复数的墙,因此订正证书和权利要求都是无效的。

在 Novo Industries, L. P. v. Micro Molds Corp. 案中,联邦巡回上诉法院认为,如果权利要求存在错误,而专利权人没有取得订正证书,在个别情况下,一审法院有权通过解释权利要求实质上订正错误。在该案中,权利要求保护的是用于垂直百叶窗的承载组件,百叶窗固定在可移动支撑指状物中,"stop means formed on a rotatable with said support finger"。专利权人称这一句话中存在打字错误,一审法院将其解释为:"stop means formed on and rotatable with said support finger"。联邦巡回上诉法院认为,这种错误不适合通过权利要求解释进行订正。该院首先认为,法律关于订正证书的规定并不是为了取代以下的案例法:当订正并不是重新撰写权

---

〔1〕 270 F. 3d 1358, 1370, 60 USPQ2d 1668 (Fed. Cir. 2001).

利要求时,法院通过解释权利要求订正无意的明显错误,而是为了仅仅给出审查员所理解的本意。但是,国会并没有授权地区法院有权订正可以通过订正证书订正的所有错误。而是法院可以继续订正明显的、轻微的书写或印刷上的错误,重大的错误应由专利局订正。最后法院提出:"地区法院只有在符合以下两个条件时才可以订正专利:(1)基于专利权利要求和说明书不会对订正产生合理的争议;(2)专利审查档案没有给出不同解释的启示。"[1]在该案中,专利权人曾提出两种不同的订正方法,而地区法院采取了第三种订正方法。联邦巡回上诉法院认为,专利说明书并没有清晰地克服权利要求的模糊不清之处。同样,专利审查过程也表明,导致错误的修改并没有清楚地揭示唯一可以订正错误的无异议的解释。因此,该专利因缺乏明确性而无效,专利权人可以通过订正程序去解决。

而在一些个别案件中,法院认定可以通过法院进行订正。例如,在 Hoffer v. Micro-soft Corp. 案中,从属权利要求 22 为"根据权利要求 38 所述的……"但该专利并没有权利要求 38。专利审查档案表明,权利要求 22 原为权利要求 39,权利要求 21 原为权利要求 38。地区法院认定权利要求 22 无效,联邦巡回上诉法院推翻了一审判决,认为法院可以订正无异议的错误,权利要求 22 不应认为无效,其含义是"根据权利要求 21 所述的……"[2]在 Ultimax Cement Manufacturing Corp. v. CTS Cement Manufacturing Corp. 案中,联邦巡回上诉法院认为,在权利要求中应增加一个逗号进行订正。[3] 在 CBT Flint Partners, LLC v. Return Path, Inc. 案中,联邦巡回上诉法院认为,在权利要求中应增加"and"进行订正。[4]

可见,美国法院承认在解释权利要求时可以对权利要求进行订正,但对于权利要求中的扩大性订正采取了严格的态度。一旦专利被授权,就具有公示作用。只有社会公众可以清楚地看到错误所在并知道如何订正时,才允许专利权人对错误进行订正。

2. 专利审查档案中的错误及订正

在使用专利审查档案解释权利要求的过程中,专利权人有可能主张在审查过程中的意见陈述或修改是因为代理人的错误造成的。对于这些错误的认定和订正,美国联邦巡回上诉法院在 Biotec Biologische Naturverpackungen GmbH. v. Biocorp, Inc. 案中指出:"审查档案中的错误应与一般文件中的错误同样看待,即这

---

〔1〕 350 F. 3d 1348 (Fed. Cir. 2003).

〔2〕 405 F. 3d 1328 (Fed. Cir. 2005).

〔3〕 587 F. 3d 1339 (Fed. Cir. 2009).

〔4〕 654 F,3d 1353 (Fed. Cir. 2011).

些错误对于相关读者来说是否非常明确,以至于不订正就是不公平的。"[1]在该案,权利要求涉及"实质上脱水"(substantially water free)淀粉的制备。在专利审查过程中,专利申请人曾向审查员提出,其专利方法开始时使用的是实质上脱水的淀粉。被控侵权人主张,专利保护的方法限于开始使用实质上脱水的淀粉的方法。地区法院和联邦巡回上诉法院都没有支持被控侵权人的主张。法院认为,本领域技术人员明显看出申请人的陈述是错误的,不会据此解释权利要求。[2] 而在 ViSkase Corp. v. American National Can Co. 案中,法院没有支持专利权人的主张。该案中权利要求涉及热塑性塑料热收缩膜,包括"极低密度聚乙烯,密度在约 0.91 克/立方厘米以下。"专利权人主张"约 0.91 克/立方厘米"为"0.905 ~ 0.914 克/立方厘米",被控侵权物的密度是 0.912 克/立方厘米。地区法院认定构成侵权。联邦巡回上诉法院推翻了一审判决。联邦巡回上诉法院发现,在专利审查过程中,有一份现有技术对比文件披露了聚乙烯塑料热收缩有密度为 0.910 ~ 0.94 克/立方厘米。专利申请人在给审查员的意见中称,该对比文件与本专利无关,本专利权利要求的密度都在 0.910 以下。专利权人在侵权诉讼中主张,该意见是因专利代理人的错误而提交的,不应作为解释权利要求的依据。联邦巡回上诉法院未采纳该意见,认为本领域技术人员会合理地信赖该意见。[3]

三、摘要

美国专利商标局规定:"摘要不能用于解释权利要求的范围。"[4]但是,联邦巡回上诉法院没有完全遵循这一规定,有时仍参考摘要的规定。例如,在 Hill-Rom Co. v. Kinetic Concepts, Inc. 案中,对于权利要求中"垫子"(cushions)的含义,联邦巡回上诉法院在解释时就参考了摘要和实施例的内容。对于当事人提出摘要不能用于解释权利要求的意见,联邦巡回上诉法院指出:"C. F. R. § 1.72(b)的规定,是专利商标局的规则,适用于审查员在审查专利过程中的审查行为。它并不涉及法院在侵权诉讼中解释权利要求的过程。我们经常参考摘要确定专利权利要求的范围。我们看到,没有法律原则要求我们可以忽视对于确定专利权的范围具有潜在帮助的内部证据来源。"[5]该案中,法院确定权利要求用语的含义时还使用了实

---

[1] 249 F. 3d 1341 (Fed. Cir. 2001).
[2] 249 F. 3d 1341 (Fed. Cir. 2001).
[3] 261 F. 3d 1316 (Fed. Cir. 2001).
[4] 37 C. F. R. § 1.72(b).
[5] 209 F. 3d 1337 (Fed. Cir. 2000).

施例的内容,摘要在解释权利要求时只起到验证的作用,而不是决定的作用。同样,在 Honeywell,Inc. v. Victor Co. of Japan,Ltd. 案,法院也参考摘要对权利要求进行了解释,但摘要也只是与其他证据相印证。[1]

美国学者认为,权利要求只是使用不超过 250 个字的一句话,但它代表了更长的权利要求,甚至多项具有不同保护范围的权利要求。虽然从历史上看,联邦巡回上诉法院逐渐限制了使用摘要解释权利要求的做法。在 Hill-Rom 案中,对权利要求的解释与摘要中的描述明显矛盾时,要求法院例外地参考摘要解释权利要求。另外,当权利要求的用语只出现在摘要中,法院也会参考摘要来解释权利要求。[2]

第五节　借助外部证据解释权利要求

一、外部证据概述

(一)外部证据的含义

外部证据指的是与专利有关的除了内部证据以外的所有证据。之所以称为外部证据,是因为这些证据并不是存在于专利局有关该专利的档案中。外部证据主要包括:专家证言、发明人陈述、词典、论文和审查档案中没有引述的在先技术等。[3]

将解释权利要求的证据分为内部证据和外部证据,目的在于使权利要求解释更客观。在授予专利后,公众可以在专利局的档案中阅读内部证据,并且其内容在专利授权后以及在诉讼发生时都不会变化。公众可以依赖这些证据,特别是进行避专利设计时。对于内部证据和外部证据的作用,美国联邦巡回上诉法院曾指出:“外部证据对于确定相关技术是有帮助的……但是,对于确定权利要求语言的法律意义而言,外部证据没有内部证据重要。”[4]在 Phillips v. AWH Corp. 案中,美国联邦巡回上诉法院对外部证据不如内部证据可靠进行了充分的论述。[5]

外部证据可以分为两类:一类是不变的证据,如词典、论文和科技出版物等。这类证据比其他外部证据如证言等更客观,但不如内部证据可靠,因为它们与发明

---

[1] 298 F. 3d 1317 (Fed. Cir. 2002).

[2] Robert C. Kahrl, *Patent Claim Construction*, 2nd ed., New York, Wolters Kluwer, 2015, pp. 5 – 142.

[3] Zodiac Pool Care Inc. v. Hoffinger Industries Inc. 260 F. 3d 1408, 54 USPQ2d 1141 (Fed. Cir. 2000).

[4] C. R. Bard, Inc. v. U. S. Surgical Corp., 388 F. 3d 858, 862 (Fed. Cir. 2004).

[5] Phillips v. AWH Corp (Fed. Cir. 2005) (en banc). 参见本章第二节对该案的介绍。

人对发明的界定无关,也与专利局解释专利申请的其他记录无关。另一类外部证据是变化的证据,例如证言和为诉讼而准备的报告和演示等。这些证据往往与争议的问题直接相关,但却是一方当事人提供的。因此,美国法院认为这些证据对于证明发明人的意图没有价值或价值很小。[1]

(二)外部证据的使用

对于外部证据在什么情况下使用,美国联邦巡回上诉法院曾经指出:"在多数场合,只分析内部证据就可以解决争议权利要求用语的含混不清之处。在这样的情况下,依赖外部证据是不合适的。在那些公共记录清楚地描述了专利发明的范围的场合,依赖任何外部证据都是不合适的。"[2]在 Phillips v. AWH Corp. 案中,法院并没有对使用外部证据的条件重新进行界定。因此,外部证据一般只是在内部证据不足以解释权利要求用语的含混不清时使用。

允许在个别情况下使用外部证据主要是两个原因:一是在阅读权利要求用语时,法院不能取代本领域技术人员的作用;二是专利权人和专利局都不能预期模仿者在利用了专利所教导的好处后,如何有意或无意地解释专利的产品或方法。[3]

二、词典和科技论文

词典和科技论文位于外部证据的首位。美国法院认为词典和科技论文是最重要的外部证据。[4] 联邦巡回上诉法院曾指出:"虽然科技论文和词典因不属于专利档案的一部分而归于外部证据,但它们值得我们特别注意。法官为了更好地理解有关技术可以随时借助于这些资料,并且可以依赖词典解释权利要求的用语,只要词典的定义与通过阅读专利文件所得到或明确的含义并不矛盾。"[5]

(一)词典和科技论文在解释权利要求中的地位

从前面美国联邦巡回上诉法院的论述可以看出,词典对于权利要求解释具有重要的作用。但长期以来,美国法院一直将词典作为外部证据,只是在内部证据不足以明确权利要求中用语的含义时,才借助于词典等外部证据。

但是,在一些案件中,法院往往首先看权利要求中的用语在词典中的含义,然

---

[1] Robert C. Kahrl, *Patent Claim Construction*, New York, Aspen Publishers, 2003, pp. 4 – 7.

[2] Vitronics Corp. v. Conceptronic, Inc. 90 F. 3d 1576, 1577, 39 USPQ2d 1573 (Fed. Cir. 1996).

[3] Robert C. Kahrl, *Patent Claim Construction*, 2nd ed., New York, Wolters Kluwer, 2015, pp. 7 – 7.

[4] Ibid., pp. 7 – 11.

[5] Vitronics Corporation v. Conceptronic, Inc. 90 F. 3d 1576 (Fed. Cir. 1996).

后再看说明书。例如,在 Optical Disc Corp. v. Del Mar Avionics〔1〕案中,涉及对权利要求中"斜面"(ramp)的解释。法院首先查了该用语在词典中的含义。在通过词典确定了该用语的含义后,法院再看说明书中的用语是否和上述含义矛盾。在 Texas Digital Systems, Inc. v. Telegenix, Inc.〔2〕案中,联邦巡回上诉法院试图将上述做法确立为法院遵循的规则。在该案中,法院着重强调了词典和科技论文的作用:

作为帮助法院和法官理解技术和术语的来源和参考,一审法院和上诉法院的法官在诉讼的任何时候参考这些材料都是完全适当,不管它们是否作为证据由当事人提交。因此,将它们称为"外部证据"或"特别形式的外部证据"都是不恰当的……词典、百科全书和科技论文,在专利授权时是可以公开获得的,可以客观地提供本领域技术人员理解权利要求中用语含义的可靠信息。这些来源可以公正地反映通常理解,而不受专家证言或通过专利授权而固定内部记录后的事件的影响,不受当事人动机的渲染,不受诉讼的鼓动。其实,这些材料是可以帮助法官更好地理解本领域技术人员所使用的技术和术语的最有意义的来源。

然后,法院对于适用词典的顺序进行了论述:

由于词语在词典中有多种含义,其中一些与专利发明是无关的,必须借助内部记录来确定权利要求用语的多个可能含义中哪个是与发明人使用的是一致的……另外,在所有案件中都必须通过内部记录检查普通和习惯含义的推定能否被推翻。其实,内部记录可能表明,说明书使用的词语的含义与词典中字义的普通含义明显不一致。在这种情况下,应当拒绝不一致的词典含义。简言之,当专利权人作为自己的词典编纂者,明确为权利要求的用语界定了不同于其普通含义的意思时,倾向于词典定义的推定应当被推翻。另外,如果发明人曾经通过使用词语或表达明示了排除或限制,从而放弃了权利要求所及的范围时,这种推定也应当被推翻。在明确权利要求用语的普通和习惯含义之前,将参考说明书和审查档案作为权利要求解释的第一步,将违反不能将说明书的限制读入到权利要求中去的先例。

可见,Texas 案确立了优先适用词典对权利要求中的用语进行解释的规则。具体而言,先根据词典确定权利要求中用语的普通和习惯含义,然后看权利要求中的含义是否与根据词典确定的含义一致。如果发明人对该用语界定了明确的其他含义,或者发明人对权利要求的范围进行了明确的舍弃,则可以不采纳其词典中的含义。否则,应当以词典中的含义为准。

---

〔1〕 208 F. 3d 1324, 54 USPQ2d 1289 (Fed. Cir. 2000).

〔2〕 308 F. 3d 1193, 64 USPQ2d 1812 (Fed. Cir. 2002).

Texas 案以后,首先借助词典确定权利要求中用语含义的案件明显增加,而说明书的作用明显降低。例如,有的学者指出,在 2003 年中,"说明书在权利要求解释中的主要作用是确定词典中的哪个含义是可行的"。[1] Abbott Laboratories v. Syntron Bioresearch, Inc.[2]案中,联邦巡回上诉法院称,解释权利要求的第一步是根据词典确定权利要求用语的普通和习惯含义。在该案中,法院根据词典确定了有争议的术语的含义,然后又根据说明书和权利要求对该含义进行了分析,认定词典的含义是可取的。在 Boehringer Ingelheim Vet-Medica, Inc. v. Schering-Plough Corp.[3]和 Intellectual Property Development, Inc. v. UA-Columbia Cablevision of Westchester, Inc.[4]案中,法院也都是以先通过词典确定权利要求中用语含义的方法进行了权利要求解释。

在 2004 年 4 月美国联邦巡回上诉法院对 Phillips v. AWH Corp. 案作出的判决中,出现了两种解释权利要求的方法。多数人的意见是根据权利要求书、说明书和专利审查档案对权利要求中争议的用语"折流板"进行解释,认定其在专利中的含义是折流板与面板呈非直角。而少数人的意见认为,应当首先按照词典用的含义对"折流板"进行解释,如果专利权人在说明书中没有对其进行重新定义,或者没有明确舍弃其部分含义,就应当以词典中的含义为准。针对上述不同意见和广泛适用词典的现象,美国联邦巡回上诉法院决定对该案进行再审。在再审决定书中,法院提出在解释权利要求时就主要参考词典还是说明书,应按什么顺序适用词典和说明书,以及在什么情况下适用说明书的问题。[5] 联邦巡回上诉法院在 2005 年对该案的判决中,对上述问题进行了回答。其意见是:Texas 案的方法不合理地扩大了词典的作用,限制了说明书的作用。词典和说明书都是解释权利要求的参考资料,其适用并没有固定的先后顺序。但说明书的作用远大于词典,不能将说明书只是作为检验词典含义的工具,不能只是在专利权人是自己的词典编纂者或者专利说明书清楚地反映出对专利保护范围进行了舍弃时,才使用说明书来限制词典中的含义。

可见,通过 Phillips 案的再审判决,美国联邦巡回上诉法院再次明确了说明书

---

[1] Paul Devinsky, Mark G. Davis, 2003 Patent Law Decisions of the Federal Circuit, 53 American University Law Review, 773 (2004).

[2] 334 F. 3d 1343, 67 USPQ2d (BNA) 1337 (Fed. Cir. 2003).

[3] 320 F. 3d 1339, 65 USPQ2d (BNA) 1961 (Fed. Cir. 2003).

[4] 336 F. 3d 1308, 67 USPQ2d (BNA) 1385 (Fed. Cir. 2003).

[5] 参见本章第二部分对 Phillips v. AWH Corp. 案的介绍。上述问题,是联邦巡回上诉法院再审决定中提出的第一和第二个问题。

的作用,否定了前几年出现的扩大词典作用的做法。但该院并没有否认先使用词典确定权利要求中用语含义的做法。

Phillips 案后,联邦巡回上诉法院使用词典解释权利要求时,往往引用 Phillips 案。例如,在 Free MotionFitness,Inc. v. Cybex International,Inc. 案中,对于权利要求中“adjacent”一词,在说明书和相关资料中没有定义。因此,当事人和法院都在词典中寻求解释。法院发现该词在词典中有两种解释,最后法院根据说明书选择了较宽的解释。[1]

另一方面,当词典中的解释与说明书披露的内容不一致时,就不适合采用词典的解释。例如,在 Ultirnax Cement Manufacturing Corp. v. CTS Cement Manufacturing Corp. 案中,对于权利要求中的“可溶性 $CaSO_4$酸酐”(soluble $CaSO_4$ anhydride)的含义,一审法院采用词典的解释,认为酸酐的含义是酸去除水后的化合物。但说明书中没有披露通过酸制造 $CaSO_4$。相反,专利说明书中将该化合物描述为“无水石膏”(anhydrite),被控侵权人也将“anhydride”与“anhydrite”交替使用。另外,另一个词典将 anhydride 解释为“通过去除水,从一种化合物(通常为酸)制造另一种化合物。” 词典并没有解释 anhydride 是否来自于酸,因此法院认为应作出与说明书一致的解释,意思为“可溶性无水硫酸钙”。[2]

当词典的含义与发明人在审查档案中的明确界定冲突时,不能采纳词典的含义。例如,在 Tempo Lighting,Inc. v. Tivoli,LLC 案中,对于权利要求中“inert to light”的含义,法院没有采纳词典的含义,因为发明人在审查过程的意见陈述中明确界定了其含义。[3]

(二)词典的选择

对于同一个词,可能不同的词典都有解释。这时就出现选择哪个词典的含义的问题。

词典可以分为通用词典和专业词典,而两个词典中的含义可能不一样,这时就会出现是选择适用通用词典还是专业词典的问题。例如,在 Masco Corp. v. United States[4]案中,法院在解释权利要求中“drive”的含义时,就使用了通用词典和专业词典。在比较了该用语在通用词典和机械工程词典中的含义后,法院并没有想当然地采用专业词典中的含义,而是通过分析说明书和审查档案,认为发明人使用的

---

[1] 423 F. 3d 1343 (Fed. Cir. 2005).

[2] 587 F. 3d 1339 (Fed. Cir. 2009).

[3] 742 F. 3d 973 (Fed. Cir. 2014).

[4] 303 F. 3d 1316,64 USPQ2d 1182 (Fed. Cir. 2002).

是机械工程词典中的狭义的含义。在 Karlin Technology, Inc. v. Surgical Dynamics, Inc. 案中,法院用通用词典解释了权利要求中的"系列"(series),但使用专业词典解释了"丝"(threads)。[1] 在 Vanderlande Industries Nederland BV v. International Trade Commission 案中,联邦巡回上诉法院提出应使用技术词典解释技术术语:"Vanderlande 信赖这种通用词典中的示例是没有说服力的。其原因在于:首先,Vanderlande 误解了在权利要求解释中使用通用词典的正确规则。权利要求应从本领域技术人员的角度进行解释,在本领域技术人员理解权利要求术语在该领域中的含义与通常使用的含义相同的情况下,通用词典可以有助于权利要求解释。但是,如果有证据(如事实认定者认为可信的专家证言或技术词典)表明本领域技术人员认为权利要求的术语在该领域具有特别含义时,或者像本案中,权利要求中的术语离开说明书就没有任何含义时,通用词典对于该术语的解释就毫无意义。通用词典不能推翻可信的特定领域证据赋予的含义,也不能推翻该术语缺乏含义这一事实。"[2]

在上述案件中法院对于非技术用语没有提出如何选择词典。但对于技术术语,法院提出专业词典优先。实践中,如何使用通用词典和专业词典,成为困扰当事人和法院的一个问题。联邦巡回上诉法院在决定对 Phillips v. AWH Corp. 案进行再审时,试图解决这一问题。[3] 但在再审判决中,法院并没有明确回答这一问题,只是提出通用词典对于术语的多种定义难免会超出专利申请人所赋予的含义,专业词典有时也会有这种缺陷。可见,对于通用词典和专业词典,并不存在优先适用哪一个的规则。具体适用时主要是看哪一个更符合内部证据中的用法。

通用词典也有不同的版本,不同的词典会对同一用语给出不同的解释。因此,有时会出现适用哪个通用词典的问题。例如,在 Anderson v. International Engineering and Manufacturing, Inc.[4]案中,一方当事人提出了《美国传统词典》中的解释,另一方当事人提出了《韦伯新通用未删节词典》(*Webster's New Universal Unabridged Dictionary*)中的解释。但最后法院对两种解释都没有采纳。

在有的案件中,法院有时会同时适用一个以上的词典,甚至同时使用通用词典

---

〔1〕 177 F. 3d 968, 50 USPQ2d 1465 (Fed. Cir. 1999).

〔2〕 366 F. 3d 1311 (Fed. Cir. 2004).

〔3〕 美国联邦巡回上诉法院在 2004 年 8 月的再审决定中提出了"通用词典和专业词典应当如何使用"的问题。参见本章第二部分对该案的介绍。

〔4〕 160 F. 3d 1345, 48 USPQ2d 1631 (Fed. Cir. 1998).

和专业词典。例如,Greenberg v. Ethicon Endo-Surgery,Inc. 案中,法院就采用了两个通用词典和一个机械工程词典对权利要求中的“制动”(detent)进行了解释。[1] 在 Regents of the University of Minnesota v. AGA Medical Corp. 案[2]中,法院同时使用了两种词典。

法院一般会采用当事人提供的词典的解释,但有时法院也会不采纳当事人提供的词典而自己重新确定词典并作出解释。在过去十年间美国联邦巡回上诉法院进行重新解释时最常用的两个词典是《韦伯新国际词典》(第 3 版)和《韦伯新学院词典》(第 9 版)。[3] 可见,当有多个词典可以适用时,对于适用哪个词典法院可以自由决定。法院可以使用一个以上的词典,也可以拒绝适用任何词典;法院可以接受当事人一方提供的词典,也可以自己重新确定词典。

(三)科技论文的使用

专利是提供给本领域的技术人员来理解的。相对于通用词典而言,科技论文更有可能提供本领域技术人员所理解的含义。因此,对于明显的技术术语,法院往往引用科技论文和专业词典来确定其含义。对于医学术语引用医学论文,对于化学术语引用化学论文,等等。

论文可以对确定科技术语的含义提供指导,有时在没有特定技术词典时可以成为确定科技术语含义的最佳来源。[4] 当内部证据不能清楚地解决对于权利要求解释的争议时,论文可以提供对于争议术语的完整解释。例如,在 TAP Pharmaceutical Products,Inc. v. OWL Pharmaceuticals,LLC 案中,一审法院参考论文对权利要求解释中的争议进行了认定,二审法院维持了一审判决。[5]

有时法院会引用两种或两种以上的词典和论文,并从中发现技术术语最适宜接受的含义。例如,在 Azure Networks,LLC v. CSR PLC 案中,法院在考察了相关技术词典和论文后得出结论,权利要求中的“MAC 地址”对该领域普通技术人员而言有普遍接受的通常含义。[6]

(四)词典和论文的出版时间

从美国法院的判决看,有的案件中法院使用的是专利授权前出版的词典或论

---

〔1〕 91 F. 3d 1580,39 USPQ2d 1783 (Fed. Cir. 1998).

〔2〕 717 F. 3d 929 (Fed. Cir. 2013).

〔3〕 Robert C. Kahrl, *Patent Claim Construction*, New York, Aspen Publishers, 2003, pp. 7 – 16. 3.

〔4〕 Ibid. ,pp. 7 – 16. 4.

〔5〕 419 F. 3d 1346 (Fed. Cir. 2005).

〔6〕 771 F. 3d 1336 (Fed. Cir. 2014).

文。例如,在 Texas Digital Systems, Inc. v. Telegenix, Inc. 案中,法院特别指出所使用的百科全书和论文是在专利授权时可以公开获得的。[1] 而在有的案件中法院使用的是专利申请前出版的词典或论文。例如,在 Regents of the University of Minnesota v. AGA Medical Corp. 案中,法院指出参考的是"专利申请日前公开的词典"。

但是,美国法院并没有对可以使用的词典或论文的出版时间做出明确的阐述,更没有对其理由进行分析。有的学者认为,对权利要求的解释是按本领域技术人员在专利申请日的理解进行的。作为解释依据的词典和论文应当是在专利申请日前出版的。[2] 这种主张是有道理的,但不能绝对化。如果当事人认为所争议的术语的含义在专利申请日前和申请日后没有变化,也可以使用专利申请日后出版的词典和论文。

(五)词典和论文外的其他资料

除了词典和论文外,其他技术资料也可以作为解释权利要求的资料。主要包括:

(1)技术出版物。例如,在 Key Pharmaceuticals, Inc. v. Hercon Laboratories Corp. 案中,对于权利要求中"医疗有效量"的解释,法院就参考了美国 FDA 批准并在登记公报上公开的内容。[3]

(2)未引用的现有技术。现有技术可以用于探求本领域技术人员对权利要求用语的理解。现有技术可以分为两类:一类是在审查过程中曾引用过的,另一类是在审查过程中没有引用过的。在审查过程中引用过的现有技术不是外部证据,因为它是专利局在考察专利性时的一部分。另外,在发明人与专利局的意见交换中一般会涉及这些使用过的现有技术。即使在审查档案中没有这些意见交换的过程,读者也可以推知专利权利要求中的用语不包括该现有技术。而未引用过的现有技术,发明人与专利局没有讨论过,读者根据记载也无从知道专利权利要求是否未涵盖该现有技术中的产品或方法。[4] 在 ArcelorMittal France v. AK Steel Corp. 案中,法院将发明人在专利申请日前发表的文章作为现有技术的资料,用于帮助解释权利要求。[5]

---

[1] 308 F. 3d 1193(Fed. Cir. 2002).

[2] Robert C. Kahrl, *Patent Claim Construction*, 2nd ed., New York, Wolters Kluwer, 2015, pp. 7-42.

[3] 161 F. 3d 709 (Fed. Cir. 1998).

[4] Robert C. Kahrl, *Patent Claim Construction*, 2nd ed., New York, Wolters Kluwer, 2015, pp. 7-45.

[5] 700 F. 3d 1314 (Fed. Cir, 2012).

(3)当事人的临时资料。发明人、发明人的同事或其公司所写的材料,不管是在发明过程中写的,还是其后写的,也可以作为解释权利要求的资料。但这些资料不像第三方的论文那样可信。被控侵权人方提供的材料也是这样。其原因在于,发明人及其同事所写的材料,反映的是发明人的特定用法,而不是本领域技术人员的用法。这些材料也不像技术出版物那样有背景说明,使法院可以确定权利要求用语在这些材料中的用法与专利中的用法是否一致。[1]

三、专家证言

(一)专家证言的作用

美国联邦巡回上诉法院1995年判决的 Markman v. Westview Instruments, Inc.[2]案,改变了专家证言在权利要求解释中的作用。在该案以前,在发明人和专家提供了关于权利要求中用语含义的证言后,如果这些证言之间有矛盾,或者与书面材料有矛盾,或者与权利要求用语的明显含义或词典含义有矛盾,就会出现一个从属的事实问题。需要在解释权利要求之前由事实审法官解决这一事实问题。但是,根据 Markman 案的判决,外部证据仅仅是帮助法官理解发明的内容,而不能用于改变权利要求的内容。因此,此后专家证言的作用大大削弱,只能起到帮助作用而起不到证明作用。[3]

在 Phillips v. AWH Corp. 案中,联邦巡回上诉法院列举了专家证言的下述作用:专家证言可以说明发明的技术背景,解释发明的实施方式,以确保法院对于专利中技术问题的理解与本领域技术人员的理解是一致的,或者用以确定专利或在先技术中的某一术语在相关领域是具有特定含义的。从这些作用可以看出,专家证言对于权利要求解释只起到辅助作用,不能用于直接确定权利要求的含义。但是,在无法使用说明书解释权利要求时,有时专家证言也会起到重要作用。例如,在 Cheese Systems, Inc. v. Tetra PakCheese & Powder Systems 案中,权利要求中的奶酪制造桶垂直放置,被控侵权产品有几度的倾斜。地区法院在解释权利要求时认为,垂直放置主要是区别于现有技术中的水平放置,并且专家证言指出,现在很多的奶酪制造桶在放置时都是两条腿长两条腿短,被控侵权人的专家也称稍微倾斜的奶酪制造桶仍属于垂直的。因此,一审和二审法院均认为奶酪制造桶垂直放

---

[1] Robert C. Kahrl, *Patent Claim Construction*, 2nd ed., New York, Wolters Kluwer, 2015, pp. 7－46.

[2] 52 F. 3d 967, 34 USPQ2d 1321 (Fed. Cir. 1995).

[3] Robert C. Kahrl, *Patent Claim Construction*, New York, Aspen Publishers, 2003, pp. 7－20.

置包括稍微倾斜放置。[1]

2015 年 1 月,美国最高法院的 Teva Pharmaceuticals USA, Inc. v. Sandoz, Inc. 案判决也涉及专家证言的使用。该案主要涉及上诉法院如何对待一审法院的权利要求解释的问题。最高法院提出:上诉法院在对地区法院的判决进行审查时,应当区别对待其中的事实问题与法律问题,对于事实问题的审查采取明显错误标准,而对于法律问题的审查则采用重新审查标准。其中,一审法院对专家证言的采纳属于事实认定问题,如果上诉法院要推翻地区法院法官做出的事实认定,则上诉法院必须证明地区法院法官在这些事实认定中出现了明显错误。[2] 自该案以后,地区法院关于专家证言的意见将会得到联邦巡回上诉法院更多的尊重。

另外,Teva 案还涉及专家证言的采纳标准问题。地区法院采信了 Teva 公司专家的意见,而并未接受 Sandoz 公司专家的解释。但是联邦巡回上诉法院并未接受 Teva 公司专家关于技术人员如何看待曲线峰值微调的解释。其在并未发现地区法院的决定存在明显错误的情况下,而拒绝接受这一解释。最高法院明确:联邦巡回上诉法院应当接受地区法院的认定,除非地区法院出现明显的错误。联邦巡回上诉法院并未遵守明显错误原则的行为是错误的。[3] 可见,联邦巡回上诉法院对于专家证言的采纳使用了"有用性标准",而美国最高法院否定了这一标准,提出了"可信性标准"。这一标准,使专家证言的作用进一步增强,特别是在二审法院判决的过程中。

(二)专家证言的种类

作为外部证据的专家证言按照出具人的不同可以分为以下几种:

1. 本领域技术人员的证言

(1)专家证言的使用

在 Markman 案前,由于本领域技术人员的证言对于解释权利要求具有重要作用,由本领域的技术专家出具关于权利要求解释的证言是一种常用的做法。Markman 案后,专家证言改变权利要求用语含义的功能受到大大限制,专家证言也不像以前那样普遍采用了。虽然专利是由本领域技术人员来解释的,但出具专家证言者往往不是本领域技术人员,而是在本领域具有更高水平者甚至是杰出专家。[4]

---

〔1〕 725 F. 3d 1341 (Fed. Cir. 2013).

〔2〕 574 U. S. -(2015).

〔3〕 574 U. S. -(2015).

〔4〕 Robert C. Kahrl, *Patent Claim Construction*, 2nd ed., New York, Wolters Kluwer, 2015, pp. 7-57.

专家语言的使用并不是可有可无的。联邦巡回上诉法院指出,在决定是否允许使用专家证言时,由一审法院进行合理判断。[1] 当内部证据存在模糊之处而当事人又提供了专家证言时,一审法院拒绝使用专家证言有可能导致案件被发回重审。例如,在 Bancorp Services, LLC v. Hartford Life Insurance Co. 案中,一审法院以专家不属于专利相关领域为由拒绝了提供专家证言的要求,并做出了专利因缺乏明确性而无效的结论。二审法院认为一审法院在采纳专家证言前不应做出缺乏明确性的认定,因此撤销了一审判决。[2]

(2)专家证言的采纳

法院依赖这类专家证言的情形主要出现在相关领域涉及的行业术语与其通常的含义大不相同,需要该领域的技术人员来界定有关技术,而不只是界定权利要求中的术语。

例如,在 Wang Laboratories, Inc. v. AOL, Inc.[3]案中,专利涉及用于快速集中存储和检索以帧为单元的数据信息的装置。独立权利要求 20 没有限定帧的格式,而其后的权利要求限定为基于字符的协议。被控侵权产品使用的是位映射协议。被控侵权人提出说明书中只提到基于字符的协议,因此权利要求书应限于基于字符的协议。双方当事人都认可:帧的普通含义包括基于字符的协议和位映射协议。专利权人的专家证人解释了帧可以使用几种不同的协议,而被控侵权人的专家证人解释了为什么说明书只描述了一种协议。法院在最后判决时并没有表明倾向于哪一个,或者哪一个更可信,但上述专家证言确实帮助法院理解了专利权利要求的含义。在 EMI Group North America, Inc. v. Intel Corp.[4]案中,当事人双方也都提交了专家证言,法院在判决中提到了专家证言的作用:“这些专家证言解释了金属氧化物半导体领域晶体管制作的技术,分析了引用的材料,验证了专利的技术事实和被控侵权方法及其效果。这些专家证言讨论了说明书和审查档案以及在审查过程中拒绝通知、争辩和修改的有关含义。专家证言表明了他们对权利要求范围的观点。”但是,法院在判决中并没有引用某一具体的专家证言,而是根据说明书和审查档案对权利要求的含义进行了分析。在有的案件中,法院也会引用专家证言。例如,在 Ajinomoto Co. v. Archer-Daniels-Midlang Co.[5]案中,联邦巡回上诉法院

[1] Inpro Ⅱ Licensing, S. A. R. L. v. T-Mobile USA, Inc., 450 F. 3d 1350 (Fed. Cir. 2006).

[2] 359 F. 3d 1367 (Fed. Cir. 2004).

[3] 197 F. 3d 1377, 53 USPQ2d 1161 (Fed. Cir. 1999).

[4] 157 F. 3d 887, 48 USPQ2d 1181 (Fed. Cir. 1998).

[5] 228 F. 3d 1338, 56 USPQ2d 1332 (Fed. Cir. 2000).

在判决中指出:"地区法院的权利要求解释和相关结论得到了专家证言的支持,并且与被控侵权人的用法完全相符。"

Altiris,Inc. v. Symantec Corp. 案说明了专家证人对于权利要求解释的帮助作用。专利权利要求涉及联网计算机,在启动时能够检测到并安装新的软件。对于其中的步骤产生了争议,一审法院听取了专家证言,认定权利要求中"设置启动选择项"这一步骤必须在"自动检测"后而在"正常启动"前。联邦巡回上诉法院推翻了上述认定,认为"设置启动选择项"这一步骤可以在任何时间进行。作出上述认定的理由主要是说明书的记载和专家证言。对于专家证言,该院指出:"在马克曼听证中的专家证言清楚地表明,本领域技术人员的理解是,在'正常启动'之前、之中或之后不必运行'设置'步骤就可以实现发明的目的。由此看来,专家证言起到了帮助理解技术和帮助我们以本领域技术人员的眼光看待专利的目的。"〔1〕

在 Merck & Co. v. Teva Pharmaceuticals USA,Inc. 案中,专家证言帮助法院从两种解释中进行选择。案中争议的是权利要求中的"酸"(acid),被控侵权产品用的是盐。一个专家证人是化学专家但不是制药专家,称盐不是酸。而其他的专家称在化学领域盐不是酸,但在制药领域盐可以理解为在治疗疾病时具有酸的作用,专利中的酸可以包括以盐的形式存在的酸。专利中的一些实施例使用的是盐的形式的酸。联邦巡回上诉法院合议庭的多数意见据此认为权利要求中的酸包括盐。针对被控侵权人的反对意见,联邦巡回上诉法院指出,尽管不能使用专家证言改变权利要求用语在说明书中的含义,但并没有禁止使用专家证言解释权利要求中用语的含义,以及他们对于在发明所属领域的领会和理解。〔2〕

(3)专家证言的拒绝

如果通过内部证据足以对权利要求进行清楚解释,即使权利要求本身是含混不清的,法院也会拒绝采纳专家证言。在美国联邦巡回上诉法院的判决中,有多种拒绝采纳专家证言的情形。例如,在 Southwall Technologies,Inc. v. Cardinal IG Co.〔3〕案中,联邦巡回上诉法院认为专家证言与审查档案中的明显含义相矛盾,因此拒绝采纳专家证言。在 Pitney Bowes,Inc. v. Hewlett-Packard Co.〔4〕案中,地区法院采纳了专家证言界定了权利要求中"点"的含义。联邦巡回上诉法院撤销了该判决,理由是地区法院使用专家证言改变了权利要求用语的明白含义,这是不能允

〔1〕 318 F. 3d 1363 (Fed. Cir. 2003).

〔2〕 347 F. 3d 1367 (Fed. Cir. 2003).

〔3〕 54 F. 3d 1570,34 USPQ2d 1673 (Fed. Cir. 1995).

〔4〕 182 F. 3d 1298,51 USPQ2d 1161 (Fed. Cir. 1999).

许的。在 Sinorgchem Co. ,Shandong v. International Trade Commission 案中,专家证言对于权利要求中"controlled amount"的解释没有被法院采纳,因为其解释的含义与本领域中已经接受的用法不符。[1] 在 Aqua-Aerobic Systems, Inc. v. Aerators, Inc. 案中,联邦巡回上诉法院指出,"(专家证言)对于澄清专利技术和从专家的角度解释专利技术的含义经常是有用的,但是,它不能纠正专利中的错误、消除专利中的限制或者偏离专利文件中的说明书"。[2] 可见,对于技术专家的证言,美国法院在解释权利要求时不一定都会采纳。法院即使采纳了专家证言,也只是将它作为一个辅助的证据,一般不将它作为确定权利要求用语含义的直接来源。

2. 发明人的证言

发明人的证言是一类特殊的专家证言。发明人作为证人,不仅有能力对发明客体发表意见,并且发明人具有双重角度,既是作为本领域技术人员对权利要求进行解释的专家,又是发明过程的证人。在有些情况下,发明人可以证明一些影响权利要求起草的客观事实。[3] 例如,在 Pall Corp. v. Micron Separations, Inc. 案中,权利要求中称 CH_2 与 NHCO 的比为"大约 5:1 到大约 7:1"。发明人的证言称,当时低于 5:1 的唯一产品为 3:1,但测试表明其性能不能令人满意。在 3:1 到 5:1 之间没有测试。联邦巡回上诉法院认为,发明人的证言可以帮助了解发明人在权利要求中的意定含义。根据发明人的证言,法院最后认定 CH_2 与 NHCO 的比为 4:1 的被控侵权产品不在专利权利要求的字面含义范围内。[4] 在 Hoechst Celanese Corp. v. BP Chem. ,Ltd. 案中,涉及对权利要求中"范围"(dimension)一词的理解。专利权人主张它指的是距离,被控侵权人主张它指的是数量。而在词典中,有的词典中该词没有数量的含义,但有的词典中有。发明人的证言称该词在专利中指的是距离。地区法院认为发明人的证言是"高度可信的",认定权利要求中的"范围"指的是距离。二审中联邦巡回上诉法院虽然维持了一审判决,但指出地区法院称发明人证言是"高度可信的"不妥,认为发明人证言"相对于其他证据而言是累积证据,扩大了我们对技术以及争议用语用法的理解"。[5]

发明人在作为证人时,往往会陈述自己在提交专利申请时对于权利要求所意图表达的含义。对此,联邦巡回上诉法院曾指出:"发明人的主观意图,如果没有在

---

[1] 511 F. 3d 1132 (Fed. Cir. 2007).

[2] 211 F. 3d 1241, 54 USPQ2d 1566 (Fed. Cir. 2000).

[3] Robert C. Kahrl, *Patent Claim Construction*, New York, Aspen Publishers, 2003, pp. 7-40.

[4] 66 F. 3d 1211, 36 USPQ2d 1225 (Fed. Cir. 1995).

[5] 78 F. 3d 1575, 38 USPQ2d 1126 (Fed. Cir. 1996).

专利文件中表达出来,对于专利保护范围不起作用。"[1]从理论上说,在解释权利要求用语的含义时,发明人与其他本领域技术人员的地位是相同的,因为发明人的证言限于解释本领域技术人员对于说明书和审查档案的理解。但在实践中,发明人的证言还有另外的影响,这是因为发明人对于用语选择、对于发明与现有技术在说明书和审查档案中的区别点有个人的认识。[2]

可见,发明人证言在某些情况下可以帮助法院解释权利要求,但与技术专家的证言一样,发明人的证言不能直接用于确定权利要求的含义。在解释权利要求时,联邦巡回上诉法院总是尽量不受技术专家证言和发明人证言的约束,而是在对权利要求解释后,再在上述证言中寻找与法院的解释一致的意见。这些证言使法院进一步确信其解释能够被本领域技术人员接受。正是在这个意义上,这些证言是"有用"的。

3. 专利律师的证言

在 Markman 案中,联邦巡回上诉法院对专利律师的证言提出了以下意见:

首先,Markman 及其专利律师关于权利要求解释的证言不能得到重视。例如,他们都对如何根据专利文本进行权利要求解释作了证。但是,这些证言只不过相当于法律意见——所讲的只是法院对权利要求进行解释的过程。因此,对于这类意见,法院有完全的自由裁量权进行以下处置:把它作为专家法律意见,从中找到指导,或完全忽略它,甚至不接受它……当法律"专家"对如何解释权利要求提供了矛盾的意见,或者法律专家关于如何解释权利要求的意见与专利文件本身矛盾时,这种矛盾并不产生需要解决的事实问题,专家意见也不能约束法院,或者解除法院根据专利文本解释权利要求的义务。这些专家意见也不能改变或影响上诉法院对专利要求用语的含义进行重新审查这一标准。[3]

可见,联邦巡回上诉法院认为专利律师的证言在很多情况下只是法律意见,基本不具备"证言"的性质,对于法院解释权利要求的帮助也很有限。但是,联邦巡回上诉法院并没有禁止地区法院使用专利律师的证言,并且专利律师提供证言也是符合联邦证据规则的规定的。[4] 因此,地区法院仍使用专利律师的证言。但地区

---

〔1〕 Vitronics Corp. v. Conceptronic, Inc., 90 F. 3d at 1584 (Fed. Cir. 1996).

〔2〕 Robert C. Kahrl, *Patent Claim Construction*, 2nd ed., New York, Wolters Kluwer, 2015, pp. 7-91.

〔3〕 Markman v. Westview Instruments, Inc., 52 F. 3d 967 (Fed. Cir. 1995).

〔4〕 美国《联邦证据规则》第 702 条规定:"如果科学、技术或其他专门知识对于事实审法官理解证据和确定事实有帮助,具有这方面知识、技能、经验、训练或教育的证人可以作为专家,通过提供意见或其他形式作证。"专利代理人因为具有起草和解释专利的经验,可以成为上述规定中具有"专门知识"的人。

法院对于专利律师证言的态度是不同的。有的法院只允许专利律师就专利审查过程中的客观事实作证,有的法院允许专利律师就权利要求解释问题作证,有的法院将专利律师的证言作为律师辩论的延续。[1] 总的来说,在那些专利案件少的地区法院使用专利律师证言较多,而在那些处理专利案件多的地区法院,法官会认为听专利律师证言是浪费时间。[2]

尽管地区法院有权决定是否采纳专利律师的证言,但联邦巡回上诉法院对于使用专利律师的证言决定侵权和专利效力的问题一直持否定的态度。在 Sundance, Inc. v. DeMonte Fabricating, Ltd. 案中,地区法院在认定侵权和专利效力时使用了专利律师的证言。联邦巡回上诉法院认为,在专利侵权和效力的问题上,让一个证人以专家的身份作证,地区法院滥用了权利,除非该证人符合该领域专家的条件。法院在判决的注释中指出:"一个合格的专家是否可以就非显而易见性问题进行作证,由地区法院决定。但是,我们一直认为,让一个证人在陪审团面前就权利要求解释提供证言是不合适的。"[3]

因此,专利律师的证言与其他专家证言不同,它对于审理专利案件经验不多的法官具有一定的帮助作用。法官一般只是听专利律师的证言,但在判决中并不引用这些证言。

4. 法院指定的专家和技术顾问的证言

根据《联邦证据规则》第 706 条的规定,法院有权指定双方当事人选定的专家或者自行指定专家。法院可以根据专家证言确定很多需要查明的事项。当法院指定的专家完成了法院交办的调查后,专家将其结论通报当事人。其后,任何一方当事人都可以提取专家证言,甚至要求专家到法庭作证,或者法院要求专家到法庭作证。这一规定,主要是为了制止高度派别化的专家证人和解决名望高的专家不愿意帮助诉讼的问题。

根据上述规定,法院可以自行指定专家。例如,在 Unique Concepts, Inc. v. Brown[4]案中,双方都提供了专家证人,法院也指定了自己的专家。三位专家都是对等同原则这一法律原则作的证。

《联邦证据规则》第 706 条规定的是法院指定的专家可以进行作证,并且其证言可以作为证据。除此之外,专家还可以做技术顾问,以确保法院的意见准确地描

---

〔1〕 Robert C. Kahrl, *Patent Claim Construction*, New York, Aspen Publishers, 2003, pp. 7 - 52.

〔2〕 Ibid.

〔3〕 550 F. 3d 1356 (Fed. Cir. 2008).

〔4〕 939 F. 2d 1558, 19 USPQ2d 1500 (Fed. Cir. 1991).

述了文件和证言中的专利技术,或者专家帮助当事人准备有助于法院理解技术的资料。另外,《联邦证据规则》第53条还规定了法院可以指定特别专家(special master),在没有陪审团审理的情况下,除非有明显的错误,法院必须接受特别专家的报告。由于联邦证据规则规定特别专家用于发现事实,法院没有发现明确错误就可以不接受专家关于权利要求解释的报告。使用特别专家不是一个证据问题。特别专家关于法律问题的报告是法律推理而不是专家报告。地区法院通过指定特别专家,可以了解一个本领域技术人员关于技术的个人看法。虽然技术专家与特别专家的作用是有明显区别的,但地区法院对他们关于权利要求解释的结论按同一个标准进行审查。地区法院对于其指定的专家或特别专家的意见,就像对待当事人提交的其他外部证据一样,具有采纳、修改、借用、忽视或拒绝等完全的自由裁量权。联邦巡回上诉法院对于地区法院采纳的特别专家证言或对于地区法院拒绝采纳特别专家结论的情况,进行全面的审查。[1]

第六节　等同原则

一、等同原则的含义

根据等同原则,即使被控侵权产品或方法没有落入权利要求字面含义的范围,但如果被控侵权物与专利发明中的技术特征之间的差别是非实质性的,被控侵权物仍可能被认为与发明是“相当的”,从而构成侵权。在对专利的权利要求进行了解释,并且发现被控侵权物没有构成字面侵权后,才会适用等同原则。因此,等同原则下的侵权是对字面侵权的补充。[2]

按照等同原则认定专利侵权,对于专利权人来说,是将其专利的保护范围扩大到专利权利要求的字面含义之外。对于被控侵权人来说,是“任何人都不能对专利进行欺骗”。并且美国最高法院提出,这里所说的“欺骗”并不看是否具有欺骗的主观意图。[3]

---

〔1〕 Robert C. Kahrl, *Patent Claim Construction*, New York, Aspen Publishers, 2003, pp. 7 – 57.

〔2〕 Ibid, pp. 3 – 9.

〔3〕 Armando Irizarry, “Harmonizing Prosecution History Estoppel and the Doctrine of Equivalents in Patent Infringement Actions”, 5 *Tulane Journal of Technology and Intellectual Property* 31, 2003.

二、等同原则在美国的产生和发展

1. 等同原则在美国产生的历史基础

在早期美国法没有采用权利要求作为专利保护范围的依据之前,法院将被控侵权物与说明书中对发明的描述进行对比,如果认为被控侵权物与专利发明虽不完全一致,但与专利发明足够相似,也可以认为被控侵权物"占用"(expropriate)了发明,从而构成侵权。[1]

当专利法规定专利保护范围最终由权利要求书来确定时,一些法律界人士担心没有能力对发明的范围进行解释。这将会使发明人在保护其发明时受制于权利要求的语言。美国最高法院在 2002 年的 Festo Corp. v. Shoketsu Kinoku Kogyo Kabushiki Co.[2]案(以下简称 Festo 案)中,就指出了权利要求书中语言的局限性:

不幸的是,语言的特点会使专利申请无法捕捉事物的本质。发明人选择将发明申请专利并公之于众,而不是秘密地使用它,要承担他人尽力利用专利语言局限性的风险。专利权利要求书的语言可能无法捕捉发明的细微差别或者完全精确地描述其创新的范围。如果专利总是按字面含义进行解释,其价值将会大大削弱。

正是由于语言的局限性,而法院又认为需要像以前那样按照说明书的描述对发明提供保护,这就产生了突破权利要求的字面含义并与说明书进行比较对发明进行保护的等同原则。可以说,等同原则是传统的专利侵权判定方法的延续。

2. 美国最高法院关于等同原则的判例

"美国的等同侵权理论及具体判定方法都是由司法判例确立的。"[3]美国最高法院曾经针对等同原则作出过几个重要的判例。

第一个有影响的判例是 1854 年的 Winans v. Denmead[4]案。美国学者认为,该案是美国等同原则的开端。[5] 在该案中,专利权人发明了一种用于运煤的轨道车,具有圆锥形的车身结构。被控侵权人采用了专利权人的发明构思,但将专利权利要求中圆锥形车身结构改为八角棱锥形车身结构。专利权人指控被控侵权人侵犯了其专利权。美国最高法院以 5:4 的微弱多数认定了被控侵权人构成侵权。多

---

[1] Robert C. Kahrl, *Patent Claim Construction*, New York, Aspen Publishers, 2003, pp. 6-9.

[2] 122 S. Ct. 1831, 62 USPQ2d 1705 (2002).

[3] 李明德:《美国知识产权法》,法律出版社 2003 年版,第 85 页。

[4] 56 U. S. (15 How.) 330 (1854).

[5] See Darcy August Paul, "The Judical Doctrine of Equivalents", 17 *Harvard Journal of Law and Technology* 247, 2003.

数人的意见认为：

有时，专利权人在他们的权利要求中增加一个明确的宣告，称不管发明物的形式或比例如何不同都属于其权利要求的范围。但这种宣告是不必要的。因为即使不增加这些话，法律也是这样解释权利要求的……专利权人描述了其发明，展示了发明的原则，并对其最佳实施方式要求给予保护。这就意味着，从法律上看来，专利权人对所有可能抄袭其发明的形式都提出了要求，除非他表示了放弃某些形式的要求。

根据上述原则，多数法官认为，基于权利要求涵盖了专利权人有权获得的所有保护的推定，咬文嚼字地解释"圆锥形"的含义是不合理的，因为无论专利权人还是该领域中的其他技术人员都不会认为运煤的轨道车车身必须是精确的圆锥形。通过对权利要求的文字作合理解释，应当认为它包含了被控侵权人的轨道车。需要说明的是，在该案判决作出时，按照当时的美国专利法(1936 年专利法)，并没有要求有清楚的权利要求(distinct claims)，只是要求"应当特别界定并指出他请求为自己发明或发现的部件、改进或组合"。当时的权利要求并不像现在一样有用数字编号的多个权利要求。

1870 年的专利法要求专利权人"应当特别指明并清楚地对他请求为发明或发现的部件、改进或组合提出权利要求"。由于该法提出了"清楚地……提出权利要求"，有人认为等同原则已经失去了法律依据，应当被推翻。由此导致了美国第二个有影响的判例，即 1950 年的 Graver Tank & Mfg. Co. v. Linde Air Products Co.〔1〕案(以下简称 Graver 案)。在该案中，美国最高法院首先论述了等同原则的重要性：

还必须意识到如果允许他人在稍加变动后就可以利用专利发明，那么专利保护就会变得空洞无用了，因为完全一模一样的照抄是十分少见的。如果专利权人在任何情况下都要受其权利要求文字内容的严格限制，那么专利权的利益就得不到切实维护，专利制度鼓励公开发明的目的就会落空。等同原则正是顺应这种需要而提出来的，其核心在于防止他人盗用专利发明成果。〔2〕

更重要的是，美国最高法院在该案中提出了认定等同的标准：

等同的构成，必须在专利、现有技术和有关案件特定情形的背景中予以确定。在专利法看来，等同不是某一公式的禁锢，也不是在真空中予以考虑的绝对。它不要求每一个目的和每一个方面的完全一致。在确定等同时，与某一事物相等的事

---

〔1〕 转引自李明德：《美国知识产权法》，法律出版社 2003 年版，第 86 页。

〔2〕 转引自尹新天：《专利权的保护》(第 2 版)，知识产权出版社 2005 年版，第 377 页。

物可能并不相互等同,而那些主要效果不同的事物可能会在有时等同。必须考虑专利中某一成分所要达到的效果,它与其他成分合并时所产生的特性,以及它在操作时应将要产生的功能。一个重要因素是该领域中具有一般技术水平的人员是否有可能知道,专利中不存在的某一成分与专利中存在的某一成分具有可互换性。[1]

该案的意义在于它确立了等同原则在专利侵权判定中的重要作用,并明确了认定等同的"方式/功能/效果"基本相同的标准。

在 Graver 案以后,美国最高法院在 50 多年的时间里一直没有受理过有关等同原则的案件。直到 1997 年美国最高法院作出了对等同原则具有重要影响的第三个判例 Hilton Davis Chemical Company v. Warner-Jenkinson Company[2]案(以下简称 Hilton 案)。在该案中,美国最高法院对等同原则的一系列问题进行了详细的陈述。对其主要内容,笔者将在本文下面的部分进行详细论述。

Hilton 案后不久,美国最高法院又作出了对等同原则具有重要影响的第四个判例 Festo 案。在该案中,美国最高法院对于专利审查档案禁止反悔的适用进行了澄清。对该案的详细论述,笔者将在本文的下面部分进行论述。

3. 美国联邦巡回上诉法院与美国等同原则的发展

为了改变原来各巡回区上诉法院在专利侵权诉讼中掌握标准不一致的状况,美国国会于 1982 年通过了《1982 年联邦法院改革法》。根据该法的规定,美国联邦巡回上诉法院于 1982 年 10 月 1 日成立。对于不服地方法院专利纠纷案件的上诉案件以及不服专利复审委员会决定的上诉案件,美国联邦巡回上诉法院具有专属管辖权。这样提高了专利审判中的一致性,使专利法的适用具有更高的可预见性。[3]

由于美国联邦巡回上诉法院对于专利侵权纠纷上诉案件具有专属管辖权,并且除了美国最高法院决定受理并作出判决的极个别案件外,绝大多数专利侵权纠纷案件的终审判决是由美国联邦巡回上诉法院作出的,因此,美国联邦巡回上诉法院在专利侵权诉讼中的态度和标准在一定程度上就代表了美国的态度和标准,从中也可以看出美国在专利侵权诉讼中态度和标准的变化趋势。联邦巡回上诉法院自成立以来,适用等同原则审理了大量案件,也总结了一些适用等同原则的标准。联邦巡回上诉法院的有些做法,已经被美国最高法院纠正。例如,美国最高法院通过 Hilton 案的判决,以"逐一技术特征"原则取代了联邦巡回上诉法院的"实质性相

---

〔1〕 转引自李明德:《美国知识产权法》,法律出版社 2003 年版,第 86 页。

〔2〕 520 U.S.17,41 USPQ2d 1965 (1997).

〔3〕 参见李明德:《美国知识产权法》,法律出版社 2003 年版,第 101 ~ 103 页。

同”原则;通过 Festo 案的判决,以禁止反悔的“弹性障碍”取代了联邦巡回上诉法院的“完全障碍”。同时,联邦巡回上诉法院的很多做法已经得到了美国最高法院的认可,或者至少没有被最高法院否定。因此,美国联邦巡回上诉法院对于美国等同原则的发展起了重要的作用,研究美国联邦巡回上诉法院的有关判决对于认识美国的等同原则具有重要意义。

三、认定等同的标准

(一)“功能—方式—效果”“三一致”标准

1.“三一致”标准的提出和适用

早在 1878 年的 Machine Co. v. Murphy[1]案中,美国最高法院就对认定等同的标准进行了完整的论述:“如果两件发明物以实质上相同的方式发挥着相同的功能,达到了实质上相同的效果,它们就是相同的。”

在 Graver 案中,原告拥有一项电焊剂专利,权利要求中称该焊剂含有由钙和镁构成的金属硅脂酸,而被控侵权物以钙和锰构成的硅酸脂取代了权利要求中所说的钙和镁构成的硅酸脂。美国最高法院首先对认定等同的标准进行了论述,“等同原则是基于以下理论,如果两个发明物以实质相同的方式做着相同的工作,并且实现基本相同的效果,即使它们在名称、构成和外形上有差别,它们也是相同的”。美国最高法院认为,在本案中,除了镁与锰的不同,“在所有的其他方面,两种合成物都是相同的。使用这些合成物的机械方法是相似的。对它们的操作是一致的,并产生了同种和同质的焊接”。最后,法院认定等同侵权成立。

2. 联邦巡回上诉法院在 Hilton 案中提出的认定标准

联邦巡回上诉法院成立以后,经常涉及认定等同的标准问题。在对 Hilton 案进行上诉审的过程中,联邦巡回上诉法院试图澄清认定等同的标准。

Hilton 案中,专利涉及染料提纯的方法,专利权利要求称:“一种染料提纯的方法……其改变在于:在水溶条件下……通过使用孔径为 5 ~ 15 埃米的薄膜进行外在过滤,从而使所说的杂质从所说的染料中分离出来。其外在过滤的流体静力压强为 200 ~ 400 英镑/平方英寸,pH 值为 6.0 ~ 9.0。”被控侵权方法与专利权利要求的不同之处在于,被控侵权方法的 pH 值为 5.0。该案的主要争议在于,能否根据等同原则认定被控侵权方法构成等同侵权。

联邦巡回上诉法院决定对本案进行满席审理时,向双方当事人提出了三个问

〔1〕 97 U. S. 120 (1878).

题,其中一个问题是:“根据等同原则认定专利侵权,除了证明在功能、方式和效果方面相同或实质相同这一所谓的三一致标准之外是否还需要其他的证据。如果需要,需要什么证据?”在回答第一个问题时,联邦巡回上诉法院称三一致标准通常足以确认侵权,但今后这不是一个必需的要件,“在本案中,本院明确提出,等同原则的适用是基于权利要求的产品或方法与被控侵权的产品或方法间的差异是非实质性的,非实质性的判断应根据客观的标准”。同时,联邦巡回上诉法院仍然认为,三一致标准是确定被控侵权物与专利发明之间具有非实质性差异的有用方法。“根据等同原则认定侵权,需要证明专利产品或方法与被控侵权产品或方法之间是否存在非实质性差异。通常,通过‘功能—方式—效果’标准将足以发现差异的范围。在这些案件中,当事人的证据集中在功能、方式和效果上,而事实认定者将根据这些证据适用等同原则。但是,其他证据,比如抄袭或者避专利设计等,也可以对认定等同侵权提供帮助。没有法官可以预测这些因素是否会在哪个案件中出现。”因此,除了“三一致”标准外,其他因素也可以成为确定发明与被控侵权物之间差异范围的相关因素。

“功能—方式—效果”标准通常足以认定等同,因为功能、方式和效果方式的相似性,为怀疑被控侵权物与专利发明之间的非实质差异只留下了很小的空间。但是,对于功能、方式和效果的衡量不一定是问题的结束……随着技术越来越深奥和发明步骤越来越复杂,“功能—方式—效果”标准可能不会一成不变地足以表明差异的非实质性。

可见,联邦巡回上诉法院认为,被控侵权物与专利发明之间具有“非实质差异”,是认定等同侵权的根本标准。在认定“非实质性差异”时,“功能—方式—效果”标准是一个有用的方法。通常适用这一标准就足以认定非实质性差异。但是,并不是所有的案件都适用“功能—方式—效果”三一致标准来认定非实质性差异。

3. 美国最高法院在 Hilton 案中对适用等同原则标准的论述

由于美国联邦巡回上诉法院提出了认定等同中的重要问题,而该院最后判决时法官的意见分歧较大,以 7∶5 的比例作出了判决。美国最高法院决定对 Hilton 案调卷审理。在判决中,美国最高法院首先肯定了在被控侵权产品或方法与专利权利要求保护的发明之间仅存在非实质性差别时,可以适用等同原则。美国最高法院将适用等同原则的标准称为认定等同的语言结构问题。美国最高法院指出,双方当事人以及联邦巡回上诉法院都付出了很多精力来讨论认定等同时,是所谓的“三一致”标准(某一特定的专利权利要求所起到的作用、该技术特征起作用的方式和通过该技术特征所实现的效果是否一致)合适,还是采用联邦巡回上诉法院提出的“非实质性差异”标准更为合适。“三一致”标准适用于对机械装置的分析判断,但对于其他产品或方法的分析可能只是提供了一个不充分的框架。另一方面,“非实质性差异”标准对于认定差异的“非实质性”基本没有提供另外的指导。

最后,美国最高法院对于认定等同的标准进行了如下总结:

在我们看来,采用什么语言结构来认定等同并不重要,重要的是对以下问题的探究:被控侵权产品或方法中是否含有与专利发明中的每个技术特征相同或等同的技术特征?根据具体的情况,不同的语言结构可能适用于不同的案件。只要将判断集中在每一个技术特征上,避免通过适用等同原则来实质上忽略权利要求中的任何技术特征,则已经大大减小了采用什么语言结构的重要性。对权利要求中的每个技术特征在发明中所起的作用进行分析,就会引导人们判断替换的技术特征是否在功能、方式、效果上与权利要求中的技术特征相匹配,或者替换技术特征所起的作用与专利权利要求中的技术特征实质性不同。在使用上述限制性原则的情况下,我们认为进一步细致深入地处理联邦巡回上诉法院在认定等同时的语言选择已没有意义。我们期望联邦巡回上诉法院通过其日常的审判来更好地形成认定等同的标准,我们把这一任务留给该法院凭借其特有的专业知识所作出的完美判决来完成。

可见,美国最高法院既认识到了“三一致”标准的局限性,又认识到“非实质性差异”标准的缺陷。美国最高法院改变了以“三一致”标准为首位判断标准的传统做法,认为具体采用什么标准,应当根据案件的具体情况而定。但是,美国最高法院并没有提出自己的等同认定标准,只是要求联邦巡回上诉法院进一步完善认定等同的标准。同时,美国最高法院还强调指出,采用什么样的判断标准并不重要,重要的是等同应当是技术特征之间的等同,而不是被控侵权物与专利发明从整体上的等同。

(二)非实质性差异标准

美国最高法院在 Hilton 案中授权联邦巡回上诉法院完善认定等同的标准,实质上默认了联邦巡回上诉法院提出的“非实质性差异”标准。非实质性差异标准并不是美国联邦巡回上诉法院在 Hilton 案中首次提出来的。美国最高法院早在 Graver 案中就提到,如果没有等同原则,不道德的模仿者将对专利做不重要的、非实质性改变,虽然没有增加任何东西,仍处于专利的保护范围之外。

美国联邦巡回上诉法院在后来的案件中,多次提到了“非实质性变化”。例如,在 1987 年的 Perkin-Elmer Corp. v. Westinghouse Electric Corp. 案中,美国联邦巡回上诉法院就指出:“虽然等同原则是为了实现公平,根据公平的需要将发明人从语义的束缚中解救出来。但等同原则并不是为了允许对权利要求进行重写,将非等同物包括在内。或者说,允许权利要求的范围扩大到包括超过非实质差异的内容。"[1]

在1989年的Moleculon Research Corp. v. CBS,Inc.案中,联邦巡回上诉法院否定了原告提出的等同的主张,因为原告没有证明被控侵权物中的变化属于非实质性变化。[2]

在1991年的London v. Carson Pirie Scott & Co.案中,联邦巡回上诉法院指出:"当侵权人不是围绕专利进行设计并做出实质性变化,而是仅仅做非实质性变化时,实际上挪用甚至偷窃了专利发明,在等同原则下可构成侵权。"[3]

而在认定是否产生实质性变化时,法院在有的判决中采用了"三一致"标准。例如,在Charles Greiner & Co. v. Mari-Med Manufacturing,Inc.案中,被控侵权产品使用了与专利产品不同的部件,法院认定是否构成等同时,法院看结果和实现结果的方式是否相同。[4] 在Valmont Industries,Inc. v. Reinke Manufacturing Co.案中,法院提出三一致标准是分析是否符合"非实质性变化"的工具。[5]

(三)Hilton案后美国法院认定等同的标准

美国最高法院允许联邦巡回上诉法院在个案中总结认定等同的适当的表达方式,使联邦巡回上诉法院可以形成自己的等同认定标准。其实,在Hilton案以后,联邦巡回上诉法院继续适用这一标准。在认定被控侵权物与专利发明是否存在"非实质性差异"时,法院经常采用"三一致"标准进行认定。

在Dawn Equipment Co. v. Kentucky Farms,Inc.[6]案中,联邦巡回上诉法院认为,被控侵权物与原告的发明在结构上不相似,操作上也不同,并且没有产生同样的效果。因此,法院认定等同侵权不成立。

在Ethicon Endo-Surgery,Inc. v. United States Surgical Corp.[7]案中,联邦巡回上诉法院在判决中指出,"根据以上事实,没有事实认定者会认定等同侵权,因为被控侵权物与专利发明之间的差异是明显的且并不是非实质性的"。

---

[1] 822 F.2d 1528(Fed. Cir. 1987).

[2] 872 F.2d 407 (Fed. Cir. 1989).

[3] 946 F.2d 1534 (Fed. Cir. 1991).

[4] 962 F.2d 1031 (Fed. Cir. 1992).

[5] 983 F.2d 1039 (Fed. Cir. 1993).

[6] 140 F.3d 1009,46 USPQ2d (BNA) 1109 (Fed. Cir. 1998).

[7] 149 F.3d 1309,47 USPQ2d (BNA) 1272 (Fed. Cir. 1998).

Insituform Technologies, Inc. v. CAT Contracting, Inc.[1]案中,被控侵权物使用针代替了专利权利要求中的杯子,法院认为,因为申请人没有提到使用针,可以推定发明人不能使用针实施该发明。而地区法院扩大解释了权利要求的范围。

Toro Co. v. White Consolidated Industries[2]案中,联邦巡回上诉法院认为被控侵权物虽然与专利发明存在功能上的差异,但仍属于等同侵权。案中的发明是真空吸送器联合装置。权利要求中吸风口有一个可移动的盖"包括用于增强由所述真空吸送器产生的压力的手段"。说明书中披露的装置是一个环系在盖上。说明书中还称当盖放在吸风口处时,所述的环"自动地"置于吸风口上。而被控侵权物将一个环插入到盖下,而不是系在盖上。被控侵权物不会产生环"自动"置于吸风口上的功能。地区法院既采用了"非实质性差异"的标准,又采用了"三一致"的标准进行了分析,但着重根据"三一致"标准认定等同侵权不成立。联邦巡回上诉法院认为,因为权利要求完全是采用结构方式定义的,不能将功能限制读入到权利要求中去。因此,虽然被控侵权物没有实现专利说明书中描述的一个功能,其与专利发明的差异仍是非实质性的。最后联邦巡回上诉法院将案件发回重审,要求地区法院根据等同原则判断是否构成侵权。

除了前面所说的"三一致"标准和"非实质性差异"标准之外,美国联邦巡回上诉法院的法官还提出过其他认定等同的标准。

美国法官提出的其他标准之一是"显而易见性"标准。该标准是由联邦巡回上诉法院法官 Nies 在 Roton Barrier, Inc. v. Stanley Works[3]案的对多数法官判决的赞同意见中提出来的。这一标准的倡导者认为,应当适用专利审查中的"显而易见性"标准来判断被控侵权物与专利发明之间的差异是否是实质性的。如果符合"显而易见性"标准,其差异就是实质性的,被控侵权物不构成等同侵权;如果不符合"显而易见性"标准,其差异就是非实质性的,可能构成等同侵权。虽然"显而易见性"标准受到有的学者的肯定,并且有人提出要通过立法将"显而易见性"标准作为认定等同的法定标准,[4]但该标准并没有被美国法院使用过,也没有被法院的正式判决意见所承认。

---

〔1〕 161 F. 3d 688, 48 USPQ2d (BNA) 1610 (Fed. Cir. 1998).

〔2〕 266 F. 3d 1367, 60 USPQ2d (BNA) 1437 (Fed. Cir. 2001).

〔3〕 79 F. 3d 1112, 1128 (Fed. Cir. 1996).

〔4〕 例如,美国律师 Scott P. Zimmerman 在"The Doctrine of Equivalents: A Call for Congressional Reinvigoration" [40 The Journal of Law and Technology, 599 (2003)] 一文中提出,国会应当对等同原则的适用进行立法,立法中应当将"显而易见性"标准作为认定等同的标准。

另一个其他标准是“可知置换性”(known interchangebility)标准。在 Graver 案中,美国最高法院就指出,“一个重要的因素是,本领域具有合理知识的人是否知道不包括某一成分的装置与包括这一成分的发明具有可置换性”。在 Hilton 案中,美国联邦巡回上诉法院指出,“被控侵权物与专利权利要求技术特征之间的可知置换性,对于认定本领域技术人员认为其中的差异性是非实质性的来说,是一个有力的证据”。虽然美国法院曾考虑了“可知置换性”因素,有时以缺乏可知置换性为由,认定被侵权物与专利发明之间的差异是实质性的。1998 年的 In Multiform Dessicants, Inc. v. Medzam, Ltd. 法院以本领域技术人员不能认识到置换性为由,认定不构成等同侵权。[1] 但并没有将它上升为一个认定等同的标准。有的学者提议将“可知置换性”作为认定等同的标准。这一标准可以是必要标准也可以是充分标准。如果作为必要标准,专利权人要证明等同侵权,必须证明被控侵权物中的技术特征与专利权利要求中的对应特征具有可置换性;如果作为充分标准,只要专利权人证明了被控侵权物中的技术特征与专利权利要求中的相应特征具有可置换性,就足以认定侵权成立,但“可知置换性”并不是认定等同的唯一标准。[2]

有的案件中,被控侵权人提出了其他的标准,但没有被联邦巡回上诉法院采纳。例如,在 Leggett & Platt, Inc. v. Hickory Springs Manufacturing Co. 案中,被控侵权人提出其方案已经获得专利授权,因此不可能构成专利侵权。联邦巡回上诉法院认为,被控侵权物是否属于专利等同的范围属于事实问题,而其获得专利是一个法律问题,并不妨碍是否属于等同的认定。[3]

(四)等同认定标准的客观性

在 Hilton 案中,联邦巡回上诉法院在判决中提出,“其他证据,比如抄袭或者避专利设计等,也可以对认定等同侵权提供帮助”。并且,该法院区别了抄袭、避专利设计和独立开发三种情况,认为:抄袭表明,专利权所覆盖的产品或方法与被控侵权的产品或方法之间存在非实质性的区别;避专利设计则表明,二者之间存在实质性不同。而且,抄袭和避专利设计都与主观意图有关。独立开发没有提供任何有关实质性相同或不同的信息,因而有关侵权的判定也是客观的。可见,联邦巡回上诉法院虽然承认等同认定的标准是客观的,但同时又认定其他主观因素也是认定等同时需要考虑的。这就为他人认为认定等同需要考虑主观因素留下了余地。在

---

〔1〕 Multiform Dessicants, Inc. v. Medzam, Ltd. 45 USPQ2d (BNA).

〔2〕 M. Scott Boone, “Defining and Refining the Doctrine of Equivalents: Notice and Prior Art, Language and Fraud”, 43 *The Journal of Law and Technology* 645, 663, 2003.

〔3〕 285 F. 3d 1353, 625 (Fed. Cir. 2002).

向最高法院的上诉中,上诉人就提出在适用等同原则时,法院应当考虑被控侵权人的意图的上诉理由。

对此,美国最高法院 Hilton 案的判决中进行了明确的回答:"Graver 案确实为上诉人将意图因素纳入等同原则的建议留下了余地,但我们不认为它要求意图因素。更好的观点是,或者与 Graver 案以前的判例相一致的,与判定侵权的客观方法相一致的观点是,意图在等同原则的适用中不起任何作用。"这样,美国最高法院在等同原则的适用中排除了所有的考虑侵权者主观因素的余地,使等同原则成为一个纯粹客观的判定侵权与否的理论。[1]

(五)对美国等同认定标准的评价

采用什么标准认定等同,是适用等同原则的重要问题。对此,美国法院从创立等同原则以来,长期采用的是"功能—方式—效果"三一致的标准。在提出"三一致"标准之初,"三一致"是针对权利要求中的某一技术特征而言的。但在 Graver 案以后,美国地区法院和联邦巡回上诉法院在适用等同原则时,逐渐把注意力放在权利要求所覆盖的产品或方法上,以权利要求所覆盖的产品或方法与被控侵权产品或方法进行比较。在 Hilton 案中,美国联邦巡回上诉法院提出认定等同的根本标准是"非实质性差异"标准,"三一致"标准只是认定非实质性差异的一种方法。美国最高法院在 Hilton 案中没有提出新的认定等同的标准,认为采用什么标准应当根据具体案情来定。同时,美国最高法院强调了"功能—方式—效果"三一致的标准只能针对具体技术特征进行比较。

"三一致"标准和"非实质性差异"标准并不是冲突的,也不是并列的。按照美国联邦巡回上诉法院的意见,有时仍按被控侵权物与专利技术之间的对比,发现是否存在非实质性差异。"三一致"标准和"非实质性差异"标准仍是美国法院现行适用等同原则的标准。除了这两个标准外,有的法官和学者还提出了其他的认定标准,例如显而易见标准和可知置换性标准等,但它们并没有成为美国法院的现行标准。

四、"整体等同"和"逐一技术特征等同"

在适用等同原则时,美国曾经存在两种方法,一种方法是"整体等同"(invention as a whole),另一种方法是"逐一技术特征等同"(element by element)或"全部技术特征等同"(all element)。美国最终采纳了逐一技术特征等同的方法。

---

〔1〕 参见李明德:《美国知识产权法》,法律出版社 2003 年版,第 98 ~ 99 页。

（一）“整体等同”的提出

在 Graver 案中，美国最高法院作了如下的论述：“在本案中，摆在我们面前的是两种电焊剂，专利电焊剂 Unionmelt 和被控侵权物 Lincolnweld。被控侵权物使用了钙和锰构成的硅酸脂取代了专利的钙和镁构成的硅酸脂。除此之外，从其他方面看，两种产品是相似的。这两种产品使用的机械方式是相似的，其操作是相同的，并且产生了同种类同质量的电焊效果。”可见，美国最高法院在这里虽然没有明确提出，但采用的是将被控侵权物与发明进行整体比较的方法。

从 Graver 案以后，美国法院（包括 1982 年成立的联邦巡回上诉法院）很长时间以来都按照最高法院的暗示，采用将被控侵权物与专利发明进行整体比较的方法认定等同。

1983 年，美国联邦巡回上诉法院在 Hughes Aircraft Co. v. Unite States[1]案中，明确提出了“整体等同”。本案中专利权利要求中包括以下两个技术特征：“发射瞬时旋转角度位置（ISA 位置）指示信号的装置”和“根据控制信号进行实时控制的装置”。一审法院认为，被控侵权物没有任何与权利要求中所述的，将 ISA 位置指示信号送到地面站的装置“明显等同或者准确等同”的装置，也不存在任何与权利要求 1 中所述的，根据控制信号进行实时控制的装置“明显等同或者准确等同”的装置。因此，等同侵权不成立。联邦巡回上诉法院认为，在适用等同原则时，应当将权利要求所要求保护的发明作为一个整体来看待，这种要求在各个对应部分之间满足所谓的“明显等同或者准确等同”的观点是错误的。因为如果被控侵权物具有这种“明显等同或者准确等同”的对应部分，则可以直接得出相同侵权成立的结论，用不着再进行等同判断了。最后，联邦巡回上诉法院将被控侵权物与专利发明从整体上进行了对比，认定等同侵权成立。

联邦巡回上诉法院在上述案件中明确了适用等同原则的方法为“整体等同”。此后的几年中，此案被广泛引用，“整体等同”成为适用等同原则的基本方式。例如，在 Martin v. Barber[2]案中，联邦巡回上诉法院指出，“为了认定 Backwing（被控侵权物）与专利发明是否等同，事实认定者必须确定，Backwing 的组成部分从一个整体看，与专利发明是否以实质相同的方式，产生实质相同的功能和效果”。

（二）“逐一技术特征等同”的提出

在“整体等同”作为认定等同的主要方法的同时，美国联邦巡回上诉法院还适

---

〔1〕 717 F. 2d 1351，219 USPQ 473（Fed. Cir. 1983）. 对该案的详细介绍，参见尹新天：《专利权的保护》（第 2 版），知识产权出版社 2005 年版，第 381 ~ 385 页。

〔2〕 755 F. 2d 1564，225 USPQ 233（Fed. Cir. 1985）.

用了“逐一技术特征等同”的方法。例如,在1985年的Lemelson v. United States案中,联邦巡回上诉法院指出:“权利要求中的每个技术特征都是重要的和必要的。要认定侵权,原告必须指出每个技术特征或其等同特征都出现在被控侵权物中。”[1]

针对“整体等同”和“逐一技术特征等同”的不同做法,1987年,美国联邦巡回上诉法院在Pennwalt Co. v. Durand-Wayland, Inc.案中以满席审理的方式对此进行了澄清,最终多数人意见是赞同“逐一技术特征等同”的方法。联邦巡回上诉法院在判决中指出:“根据等同原则,如果被控侵权装置与权利要求所要求保护的发明相比,能够以基本上相同的方式,实现基本上相同的功能,产生基本上相同的效果,则有可能(但不一定)构成专利侵权行为。然而,这一判断准则并不意味着可以忽略权利要求中记载的限定特征。必须以权利要求作为专利侵权判断的出发点,尽管一个非开创性的发明也能享有某种程度上的等同范围,但是法院不能通过适用等同原则来忽略权利要求中记载的有意义的结构或者功能性限定特征,因为公众有权依靠这样的限定特征来避免作出侵犯专利权的行为,在适用等同原则时,必须审视权利要求的每一个限定特征。根据早就建立的原则,权利要求中的每一个技术特征都是重要和不可缺少的,要想法院认定侵权成立,专利权人就必须证明被控侵权装置中采用了权利要求中的每一个技术特征或者其等同物。要认定等同,与权利要求中的技术特征相比较,被控侵权装置中采用的替换技术特征必须以基本上相同的方式,实现基本上相同的功能,达到基本上相同的效果。”[2]

可见,在经历了四年之后,联邦巡回上诉法院对于等同原则的适用方式产生了显著的变化。其基本态度已从“整体等同”过渡到“全部技术特征等同”的方法,联邦巡回上诉法院虽然没有直接否定Hughes案中提出的“整体等同”方法,但其在本案中的论述已经否定了“整体等同”。

(三)对“整体等同”和“全部技术特征等同”的分歧意见

虽然Pennwalt案以“全部技术特征等同”取代了“整体等同”,但由于该案是7:4的比例通过的,少数派仍然认为应当将专利发明与被控侵权物作为一个整体进行比较,因此,该案难以起到统一标准的预期作用。在该判决之后,美国联邦巡回上诉法院有关等同原则的判决仍然是五花八门。多数判决遵循全部技术特征等同规则,有的判决仍然采用整体等同理论,有的试图将全部等同特征规则和整体等

---

〔1〕 752 F. 2d 1538 (Fed. Cir. 1985).

〔2〕 833 F. 2d 931, 4 USPQ2d 1737 (Fed. Cir. 1987). 对该案的详细介绍,参见尹新天:《专利权的保护》(第2版),知识产权出版社2005年版,第387～392页。

同理论综合起来。[1]

联邦巡回上诉法院对 Hilton 案的判决就反映了该院对“全部技术特征等同”和“整体等同”的摇摆态度和法官的分歧意见。在该案中,多数法官的意见认为,等同原则的适用标准是被控侵权方法与专利方法从整体上进行对比,从整体上看二者是否存在实质性差异。这实质采用了前面所说的“整体等同”方法。但少数派法官不同意上述方法,特别是 Nies 特别提出了在不扩大权利要求范围的前提下适用等同原则的方法,即将等同原则适用于权利要求中的每一个技术特征,而不是从整体的被控侵权产品或方法来适用。她指出:“对于一项发明来说,如果权利要求是以技术特征合并来表述的,就像本案一样,那么,所谓‘等同原则’中的‘等同物’,就是指该发明中的一个技术特征或部分与被控侵权产品或方法中的替代物的等同。”

(四)美国最高法院对“全部技术特征等同”的肯定

针对联邦巡回上诉法院对于“整体等同”和“全部技术特征等同”的摇摆态度和不同意见,美国最高法院在 Hilton 案中明确肯定了“全部技术特征等同”的方法。美国最高法院在判决中指出:

对于确定专利发明的范围来说,权利要求中的每一个技术特征都是重要的。因而,必须将等同原则适用于权利要求中的每一个技术特征,而不是适用于整个发明。必须强调的是,将等同原则适用于每一个技术特征不允许宽泛到实际上取消该技术特征的程度。只有将等同原则的适用不超过上面所述的程度,我们就有信心认为等同原则不会损坏专利权利要求在专利保护中的核心作用。

这样,美国最高法院明确否定了联邦巡回上诉法院在 Hughes 案中提出的“整体等同”方法,将“全部技术特征等同”确立为适用等同原则的准则。

(五)“全部技术特征等同”的适用

根据“全部技术特征等同”的方法,权利要求中的每一个技术特征都是重要的,不能忽略权利要求中的技术特征而认定等同。在根据“全部技术特征等同”方法认定等同时,要看被控侵权物中是否有权利要求中的每个技术特征及其等同物,但是这并不要求权利要求中的技术特征与被控侵权物中的技术特征必须是一一对应的。

1. 权利要求中的技术特征与被控侵权物中的技术特征的对应关系

如果被控侵权物用一个技术特征实现了专利中两个技术特征的功能,或者被控侵权物中的两个技术特征实现了专利中一个技术特征的功能,只要在被控侵权

---

[1] 参见尹新天:《专利权的保护》(第 2 版),知识产权出版社 2005 年版,第 391 页。

物中找到了权利要求中技术特征的对应特征,都不影响等同的认定。例如,在Corning Glass Works v. Sumitomo Electric U. S. A. 案中,被控侵权物中的一个部件与专利权利要求中的技术特征 a 对应,但同时实现了技术特征 b 的功能,联邦巡回上诉法院未采纳被控侵权物缺少技术特征 b 的主张,仍认定构成等同。[1] 在 Sun Studs, Inc. v. ATA Equipment Leasing, Inc. 案中,被控侵权物将专利要求中的充电装置和对准装置合并在一个结构中,一审法院因被控侵权物缺少对准装置而认定不构成侵权。联邦巡回上诉法院指出:"认为被控侵权物中对准装置和充电装置必须是独立的部件是错误的。认定等同并不要求部件的一一对应,在不丧失等同性的情况下技术特征可以合并。每个案件必须根据被控侵权物与专利发明不同之处的性质和范围来确定。"[2]

在 Eagle Comtronics, Inc. v. Arrow Communication Laboratories, Inc.[3] 案中,专利权利要求中所述的发明的技术特征包括一个有前盖的筒夹和一个后面部插入的舱体,但被控侵权物只有一个叫绝缘舱的联合结构。被控侵权人称,根据全部技术特征等同的规则,其产品不构成侵权。联邦巡回上诉法院指出:

尽管权利要求中的限制不能在被控侵权物上完全消失,但限制是否被损坏必须要看被控侵权物中两个技术特征是否实现了专利发明的一个功能,或者两个限制是否被结合进被控侵权物的一个技术特征这一事实。如果其差异是非实质性的,权利要求中的限制不一定被损坏,等同原则仍然可以适用。因此,原告关于"技术特征不必一一对应"的主张是正确的,全部技术特征原则并不妨碍本案认定等同。

2. 技术特征消失还是被替换的认定

在适用"全部技术特征等同"规则时,被控侵权人往往主张权利要求中的某个技术特征在被控侵权物中消失了,而专利权人往往主张权利要求中的技术特征在被控侵权物中被替换了。因此,法院首先必须判断权利要求中的技术特征在被控侵权物中是消失了还是被替换了。只有认定技术特征被替换了,才能继续考虑其差异是不是非实质性的。

关于技术特征是消失还是被替换的争议有时出现在关于形状的技术特征中。在 Tronzo v. Biomet, Inc. 案中,专利涉及人工髋关节窝,其包括放置在髋骨中的植入物,专利权利要求称植入物为"大致圆锥形的外表面",被控侵权产品的外表面为

---

[1] 868 F. 2d 1251 (Fed. Cir. 1989).

[2] 872 F. 2d 978 (Fed. Cir. 1989).

[3] 305 F. 3d 1303, 64 USPQ2d 1481 (Fed. Cir. 2002).

半圆形。专家证言称,植入物不管是半圆形的、梯形的还是其他形状的,其起作用的方式几乎完全相同。据此,联邦巡回上诉法院认为,如果认定所有实质上起相同作用的形状都属于等同的特征,将会使“大致圆锥形的外表面”的限制在权利要求中不起作用,将违反全部技术特征的原则。因此,法院最后判决不构成等同。[1] 但是,并不是说关于形状的技术特征就不能认定等同。在 Optical Disc Corp. v. Del Mar Avionics[2]案中,原告的专利为 CD 刻录机,专利权利要求中称该刻录机刻录的 CD 的凹点具有“缓坡状边缘”(ramped trailing edge),而被控侵权物刻录的 CD 的凹点具有“两个台阶伸展的边缘”(two-step trailing edge)。地区法院认定相同侵权和等同侵权都不成立。在上诉中,被控侵权人称,如果认定专利权利要求及于“两个台阶伸展的边缘”,就忽略了权利要求中的“缓坡状边缘”限制,这是违反全部技术特征规则的。联邦巡回上诉法院没有采纳这一主张,认为用一种形状代替另一种形状并不是忽略了权利要求中的技术特征。在 DePuy Spine, Inc. v. Medtronic Sofamor Danek, Inc. 案中,联邦巡回上诉法院也认定不同的形状仍构成等同。案中专利是脊椎植入物,具有连接到椎弓根螺钉的杆,通过接纳杆的装置将二者连接。每个椎弓根螺钉具有圆形的头。权利要求限定接纳杆的装置为“用于接收头部螺钉的内部中空球形部分”。被控侵权装置有两种,一种接纳装置为圆锥形表面,另一种为环形表面。对于圆锥形表面的被控侵权产品,联邦巡回上诉法院推翻了一审法院不侵权的认定。可见,对于权利要求中关于具体形状的限定,联邦巡回上诉法院在认定被控侵权物是否构成等同时持比较谨慎的态度。但是,该院并没有认为这类技术特征不能适用等同原则。是否可以适用等同原则,法院根据说明书中的描述、专利技术与现有技术的区别并有时参考外部证据来确定。

对于权利要求中关于功能的限定,如果被控侵权物中完全没有该功能,则可以认为该技术特征消失了。例如,在 Unidynamics Corp. v. Automatic Products International, Ltd. 案中,专利涉及自动售货机,权利要求中的一个技术特征是保护门处于关闭状态的弹簧装置。法院认为该技术特征的功能是在门开启时使门关闭,在门关闭时使其保持关闭状态。被控侵权产品使用磁铁使门保持关闭状态。法院认为被控侵权产品与专利的功能不同,专利技术可以使门在任何位置实现关闭,而被控侵权产品只使门保持关闭状态。因此,被控侵权产品与专利技术并不等同。[3]

说明书中对于专利保护范围的放弃,也可以作为认定技术特征消失的依据。

---

〔1〕 156 F. 3d 1154(Fed. Cir. 1998).

〔2〕 208 F. 3d 1324, 54 USPQ2d 1289 (Fed. Cir. 2000).

〔3〕 157 F. 3d 1311 (Fed. Cir. 1988).

当说明书中强调使用某一特定的物质而不是其他时,则其他物质不能认定为等同物,因为其他物质已经被专利权人排除在专利保护范围之外。例如,在 Novartis Pharmaceuticals Corp. v. Abbott Laboratories 案中,专利权利要求保护的是用于药物环孢菌素的药物制剂,其包含(除了环孢菌素外)丙二醇亲水性组分、亲脂性组分和亲水性表面活性剂。被控侵权产品具有亲脂性表面活性剂,但没有亲脂性组分。地区法院和联邦巡回上诉法院均认定两者不等同。主要原因在于,说明书中称表面活性剂的组合融解环孢菌素可以产生亲脂性组分,但是剩余部分构成亲脂相溶剂是药学上可接受的非表面活性剂亲脂性赋形剂。因此,法院认为,如果认为可以将亲脂性表面活性剂作为亲脂性组分,则将该组分排除在专利权利要求之外。[1]

权利要求中的技术特征包含表示范围的词时,容易引起该技术特征是消失了还是被替换了的争议。例如,在 Moore U. S. A. ,Inc. v. Standard Register Co.[2]案中,案中的发明涉及一种适合于邮寄的表格,权利要求中称胶带延伸到长边“长度的大部分”(majority of the lengths),而被控侵权物中的胶带只延伸到长边长度的 47. 8%。专利权人主张等同侵权,理由是根据等同原则可以认定长度的 47. 8% 与长度的大部分是等同的。地区法院和联邦巡回上诉法院都未采纳这一主张,认为全部技术特征规则使低于“长度的大部分”的变换不能适用等同原则。如果认定胶带短于长度的大部分实质上使权利要求包括了胶带延伸到长度小部分的商业表格。因为“小部分”和“大部分”是反义词,允许这种等同实际上忽略了权利要求中的技术特征。但是,在 LG Electronics, Inc. v. Bizcom Electronics, Inc. 案中,法院认为“全部”并没有绝对排斥“非全部”。案中专利保护的是具有总线的处理系统中读写数据的方法。专利权利要求中的技术特征是,缓存所有的读请求和所有的写请求,然后执行所有的读请求,再执行所有的写请求。被控侵权方法在读地址与写地址匹配后并不是执行所有的写请求。地区法院认为不构成等同,因为认定等同会损害权利要求中“所有”的限定作用。联邦巡回上诉法院推翻了一审判决,指出:“关于执行所有写请求这一技术特征,不可避免地还存在等同的范围,尽管该范围非常窄。”联邦巡回上诉法院要求地区法院重审,并提出了以下问题:“如果被控侵权产品在匹配读请求前执行了全部或几乎全部的写请求,则等同原则可以完全适用,不会损害权利要求。虽然这一范围在专利权利要求的字面含义之外,但这与权利要求的用语并非不一致。”[3]

---

〔1〕 375 F. 3d 1328 (Fed. Cir. 2004).

〔2〕 229 F. 3d 1091,56 USPQ2d 1225 (Fed. Cir. 2000).

〔3〕 453 F. 3d 1364 (Fed. Cir. 2006).

技术特征中的数值也会引起该技术特征是消失还是替换的争议。在 Ortho-McNeil Pharmaceutical, Inc. v. Caraco Pharmaceutical Laboratories, Ltd. 案中，法院认定从属权利要求对独立权利要求中的数值进行了进一步限定后，如果再突破该限定认定等同，则损害了权利要求。案中从属权利要求中限定的比例是“大约 1 : 5”，而被控侵权产品的比例是“1 : 8. 67”，专利说明书和专家证言表明，“大约 1 : 5”的范围是 1 : 3. 6 ~ 1 : 7. 1。由于其他权利要求也有对该数值的限定，甚至与该数值重合。法院认为专利权利要求的范围只限于字面含义的范围，不能通过等同原则扩大范围。[1] 但是，在从属权利要求中的数值限定并不一定排除等同原则的适用。例如，在 Adams Respiratory Therapeutics, Inc. v. Perrigo Co. 案中，权利要求中要求的药量是“释放到患者中的愈创甘油醚的总量，必须为至少 3500hr × ng / mL”。被控侵权产品的相关量为 3493. 38hr × ng / mL。被控侵权人主张，如果适用等同原则扩大到被控侵权物，将损害权利要求的限制。一审法院支持了这一主张。但联邦巡回上诉法院推翻了一审判决。联邦巡回上诉法院认为，“仅仅在权利要求中有数值或数值范围的限定，在内部证据中没有更多限定用语的情况下，并不排除等同原则的适用。……本案中增加了‘至少’一词并不能改变上述分析。至少 3500 是表示多于或等于 3500 的最简单的方式，是一个终点开放的范围。”[2]

3. 权利要求损坏原则（Claim Vitiation Doctrine）

在区分技术特征消失和技术特征被替换时，联邦巡回上诉法院在判决中并没有提供一个原则性的分析方法。例如，法院的判决没有表明，当被控侵权物中具有权利要求中所述的结构特征时，为什么权利要求中的特定描述性语句会导致因全部技术特征规则不能适用等同原则。[3] 为了解决这种困难，联邦巡回上诉法院常常使用“损坏权利要求”这一术语，认为只要被控侵权物使权利要求中的限制受到“损坏”，就不能适用等同原则。有的学者认为，联邦巡回上诉法院这样做，实际上创立了一个适用等同原则的新方法即“权利要求损坏原则”。通过这种方法，联邦巡回上诉法院放弃了等同原则或者使等同原则的适用变得不可预测。[4]

2000 年之后的一段时间中，美国法院在多起案件中适用“权利要求损坏原则”。例如，Cooper Cameron Corp. v. Kvaerner Oilfield Products, Inc. 案。案中的发明是

---

〔1〕 476 F. 3d 1321 (Fed. Cir. 2007).

〔2〕 616 F. 3d 1283 (Fed. Cir. 2010).

〔3〕 Robert C. Kahrl, *Patent Claim Construction*, New York, Aspen Publishers, 2003, pp. 9 – 39.

〔4〕 Daniel H. Shulman, Donald W. Rupert, “‘Vitiating’ the Doctrine of Equivalents: A New Patent Law Doctrine”, 12 *Federal Circuit Bar Journal* 457, 460, 2002 – 2003.

海上石油井楼,权利要求中的一个技术特征是“横向穿过两个栓柱之间的轴墙的油井维修舱门”。被控侵权物的油井维修舱门位于栓柱之上而不是其间。地区法院认定等同侵权不成立。联邦巡回上诉法院维持了一审判决,其理由是,被控侵权物的油井维修舱门位于栓柱之上,这与位于“两个栓柱之间”是不等同的,否则就损坏了权利要求的限制,违反全部技术特征规则。[1]

在 Semitool,Inc. v. Novellus Systems,Inc. 案中,权利要求中的一个技术特征为加工头和加工基部“形成一个实质上密封(substantially enclosed)的处理空间”。被控侵权物的加工头和加工基部之间有一个环状缝隙。联邦巡回上诉法院认为,专利权利要求对“形成一个实质上密封的空间”进行了限定,如果认定被告的装置与之等同,将完全损坏这一限制。[2]

SciMed Life Systems,Inc. v. Advanced Cardiovascular Systems,Inc. 案中,专利发明为一种有两个出口的导尿管。联邦巡回上诉法院解释权利要求认为,专利中的两个出口应是同轴的而不是并排的。而被控侵权物中的两个出口是并排的。联邦巡回上诉法院认为,“如果某个特定结构被排除在权利要求的范围之外,不管是明示排除还是暗示排除,可以认为该特定结构处于等同原则所及的范围之外”。Bryson 法官还对上述认定进行了解释:“如果专利权人称其发明装置是非金属的,他就不能以金属装置与非金属装置等同为由对金属装置主张权利。这时不能适用等同原则的理由可以解释为,这将不被允许地损坏‘非金属’这一限制,或者解释为专利权人向公众做出了清楚的宣告,金属装置不在其专利的保护范围之内。”[3]

损坏技术特征原则的极端状态是“二元分析法”。在 Asyst Technologies,Inc. v. Emtrak,Inc. 案中,权利要求中有“所述容器与其一起安装在(mounted on)相应的工作站上”的用语。而被控侵权物中的容器与工作站并排设置。对于是否构成等同,法院认为“安装在”是二元制的,如果将任何非“安装在”上面的方案认定为等同的特征,将损坏权利要求中的技术特征限制。[4] 在很多适用“损坏权利要求”的判决中,虽然法院并没有明确提出二元分析法,但实质上使用的是这种分析方法。一旦认定权利要求的用语是二元制的,即该用语之外的词的含义与该用语的含义都是相反的,则不再按照等同原则的标准认定是否构成等同,而是直接否定等同的主张。

---

〔1〕 291 F. 3d 1317,62 USPQ2d 1846 (Fed. Cir. 2002).

〔2〕 No. 00 – 1375,2002 WL 1628368 (Fed. Cir. July 23,2002) (unpublished opinion).

〔3〕 242 F. 3d 1337,58 USPQ2d 1059 (Fed. Cir. 2001).

〔4〕 402 F. 3d 1188 (Fed. Cir. 2005).

美国联邦巡回上诉法院在 Deere & Co. v. Bush Hog,LLC 案中限制了这种二元分析法在适用等同原则时的使用。该案中,专利涉及动力割草机等设备上的旋转刀台,包括上下刀架,其中上刀架“结合并固定”(engagement with, and being secured to)在下刀架上。被控侵权产品在上刀架和下刀架间有连接的中间部件。被控侵权人主张权利要求中的“engagement with”要求上下刀架接触,地区法院同意被控侵权人的主张并做出了不侵权认定。地区法院认为,“结合”的含义从性质上说是二元的,上下刀架或者接触,或者不接触,二者必具其一。联邦巡回上诉法院推翻了一审判决。联邦巡回上诉法院认为,“engagement with”和“being secured to”各有不同的含义,否则就是多余的。在说明书的一个附图以及附图说明中,上下刀架的边缘部分有填充片。因此,联邦巡回上诉法院认为,“engagement with”的含义是上下刀架不必直接接触,也可以间接接触。联邦巡回上诉法院推翻了一审判决,并在判决中对“二元分析法”进行了批评。联邦巡回上诉法院指出,在进行等同原则分析时,被控侵权产品总是缺少某个技术特征的,关键是非实质性差异的认定:“法院应当注意不能通过认定为‘二元选择’而走捷径。换句话说,不能仅仅指出专利权利要求中的某个技术特征在被控侵权产品或方法中消失了,就认为损坏了权利要求。因为从等同原则的定义中,就承认某个技术特征消失了并且被等同特征替换了。如果只是看到技术特征消失了就认定损坏了权利要求,这种‘例外’将吞噬等同原则的规则。而最高法院拒绝让无数的争议埋葬等同原则。因此,在适当的狭窄的范围内容保留等同原则,需要法院审查下面这个基本问题:是否有真正的事实争议,被控侵权产品从字面上省略了权利要求的一个技术特征,但仍然构成等同的结构?”[1]因此,联邦巡回上诉法院认为,“损坏权利要求”并不是等同原则的例外,而是一个法律认定,即证据表明没有一个理性的陪审团成员会认为两个技术特征是等同的,或者说是适用了“非实质性差异”或“三一致”标准后的一个法律后果。[2]

此案判决之后,联邦巡回上诉法院有一些案件中引用该判决驳回被控侵权人提出的损坏权利要求的主张。例如,在 Brilliant Instruments, Inc. v. GuideTech, LLC 案中,被控侵权人提出损坏权利要求的主张,而专利权人的专家证人解释了被控侵权产品符合功能—方式—效果的“三一致”标准。联邦巡回上诉法院引用了 Bush Hog 案的判决,指出损坏权利要求并不是等同原则的例外,只是没有理性的陪审团成员会认为,被控侵权的技术特征与专利技术特征存在非实质性差异的法律

〔1〕 703 F. 3d 1349 (Fed. Cir. 2012).

〔2〕 Ibid.

后果。专利权人提出的两者的非实质性差异的专家证言,足以说明两者的差异是否是非实质性的这一事实争议,认定等同不会损坏权利要求。[1] 在 Machine Works, Inc., v. Vermeer Manufacturing Co. 案中,法院引用了 Brilliant Instruments 案指出:损坏权利要求的概念只是意味着找不到缺失的技术特征的等同物,最后认定构成等同侵权。[2] 在 Epos Technologies, Ltd. v. Pegasus Technologies, Ltd. 案中,联邦巡回上诉法院再次对二元分析法提出了批评。案中权利要求的一个技术特征是发射和接收"间歇性"(intermittent)超声波,而被控侵权产品发射和接收持续的超声波。一审法院驳回了专利权人等同侵权的主张,其理由正是二元分析法:如果认定持续的超声波与间歇性超声波等同,则将"间歇性"的限制读出了权利要求。联邦巡回上诉法院推翻了一审法院的认定,指出:"在这里,地区法院通过认定二元选择(持续的和间歇性的),在等同的认定上走了捷径。但这种二元选择并不是该专利和记载的证据所要求的。地区法院的判决,并没有将 Epos 产品的功能作为认定等同侵权的一部分。另外,一审判决并没有考虑 Pegasus 提出的 Epos 产品的信号与专利中间歇性超声波信号等同的专家证言。地区法院应当更充分地考虑是否一个理性的陪审团成员会认为持续信号和间歇性信号等同的问题,而不是在分析中走捷径。"[3]

联邦巡回上诉法院在 DePuy 案中曾指出:"认为将等同原则适用于被控侵权物将损坏专利权利要求的限制,只不过是这样一种结论:有足够的证据使理性的陪审团成员不会认为被控侵权物与专利权利要求的技术特征等同,或者说支持认定等同的理论缺乏法律充分性。"[4]

联邦巡回上诉法院在 Freedman Seating Co. v. American Seating Co. 案中指出:"没有既定的公式来确定等同是否会损坏权利要求的限制,从而违反全部技术特征原则。法院必须根据每个案件的全部情况,决定被控侵权物是否可以公平地认为是对专利保护对象来说是非实质的变化,同时不会使权利要求中的相关限定失去意义。"[5]

可见,虽然美国法院曾经常使用"损坏权利要求"的用语,但美国联邦巡回上诉法院否定了损坏权利要求原则是等同认定时的原则,特别是否定了适用等同原则

---

[1] 707 F. 3d 1342 (Fed. Cir. 2013).

[2] 723 F. 3d 1376 (Fed. Cir. 2013).

[3] 766 F. 3d 1338 (Fed. Cir. 2014).

[4] 469 F. 3d at 1018 - 19.

[5] 420 F. 3d 1350 (Fed. Cir. 2005).

时的"二元分析法",使等同原则的认定仍以"非实质性差异"和"三一致"标准为基本标准。

4."特意排除"规则

除了使用"损坏权利要求原则"在等同认定时走捷径外,美国法院还使用"特意排除"规则(或称意识限定规则)否定等同的认定。特意排除规则使用在两种情形下,一种情形是权利要求书本身;另一种情形是使用说明书和审查档案等。

(1)权利要求本身的特意排除规则

在 Athletic Alternatives, Inc. v. Prince Mfg., Inc. 案中,权利要求中使用了"至少三个偏移距离"的用语,而被控侵权产品只有两个偏移距离,联邦巡回上诉法院认定不构成等同,因为被控侵权产品已经被明确排除在专利权利要求的范围之外。[1] 在 Ethicon Endo – Surgery, Inc. v. United States Surgical Corp. 案中,联邦巡回上诉法院指出,"特意排除"适用在将被控侵权物纳入等同的范围会与权利要求的用语不一致的情形中。"超出"或"忽略"权利要求的限制,并不一定导致"特意排除",因为在等同原则下对侵权的任何分析都必然涉及"超出""忽略"权利要求的字面范围。该案中,权利要求中的锁定点与纵向槽相连,而被控侵权物中的锁定点远离纵向槽。联邦巡回上诉法院认为权利要求确定了锁定点的特定位置,排除了被控侵权物中的方案,因此不构成等同侵权。[2]

在 Bicon, Inc. v. The Straumann Co.[3]案中,美国联邦巡回上诉法院认为,当权利要求包括一个对结构的详细描述时,对这种权利要求适用等同原则要受到限制。该案中的发明针对的是种植牙。其权利要求载明:"一种用于在将拱座放在植入病人牙槽的基部的过程中保护内皮丘包的边缘突出物,其中,(1)拱座有一个截头球形的根基部分;(2)锥形面部分有一定高度的突出,包括……"被控侵权物有一个喇叭形的表面。专利权人称它与权利要求中的截头球形的根基部分是等同的。对此,法院认为:

专利权人在这里面对的问题是,权利要求中的限定(1)和(2)包括一个对拱座形状的详细描述,包括它有一个截头球形的根基部分。权利要求中包括了对结构的详细描述应当限制等同原则的适用……权利要求的突出限制与等同原则的适用具有密切的关系。这一原则特别适用在本案中,权利要求对拱座的根基部分描述了一个特定的形状,它明确地排除了根本不同的甚至相反的形状。在这种情况下,

[1] 3 F. 3d 1573, 1581, 1582 – 83, 37 U. S. P. Q. 2D (BNA) 1365, 1372, 1373 – 74 (Fed. Cir. 1996).

[2] 149 F. 3d 1309 (Fed. Cir. 1998).

[3] 441 F. 3d 945 (Fed. Cir. 2006).

将权利要求采用明显排除某一标的的方式进行限定,暗示着专利放弃了被排除的标的,限制了专利权人根据等同原则主张侵权……如果将某一标的物纳入到等同的范围中与权利要求的用语是不一致的,则这一标的物是被"特别排除"(specifically excluded)在等同的保护范围之外的。如果将被控侵权物中的结构作为权利要求中所述的拱座的等同物,将损害这一"特别排除"原则。被控侵权物的根基部分是截头锥形的,而不是截头球形的,并且其颈部是凹入的而不是凸起的。因此,被控侵权物的形状是与专利权人所描述的凸起的截面球形拱座相反的,因此是被排除在外的。

在该案中,法院没有适用"三一致"标准,而是根据对权利要求用语的分析,就否定了等同原则的适用。

在 2006 年 8 月判决的 Cook Biotech v. ACell[1]案中,美国联邦巡回上诉法院再次适用了意识限定规则。专利的名称为"来自膀胱黏膜的细胞组织移植",专利中所述的细胞黏膜组织"将管腔肌肉层并且至少膀胱黏膜的管腔部分进行分层",可以用来移植或支持受损的或染病的细胞组织。其权利要求 1 具有代表性,写的是:"一种细胞组织,是由包括管腔肌肉层和至少从热血脊椎动物膀胱黏膜的管腔部分进行分层取得的膀胱黏膜下层组成的。"被控侵权物包括了膀胱黏膜的管腔部分,但没有对其进行分层。法院认为,如果说明书对权利要求中的用语给出了确切的含义,就应以发明人的定义为准。从本案说明书看,权利要求中的细胞组织,包括膀胱黏膜下层,也可以包括除此之外的其他成分。但是,它不能包括专利权人明确排除的内容。被控侵权人的产品不是从"膀胱黏膜的管腔部分"分层得到的,因此不构成字面侵权。对于是否构成等同侵权,联邦巡回上诉法院认为,根据全部技术特征原则,等同的概念不能适用于从专利权利要求中特意排除的结构。本案中专利权利要求明确"膀胱黏膜的管腔部分"分层,特意排除了其他部分。如果权利要求书特意排除了某一成分,就不能在不违反"全部技术特征规则"的情况下,通过等同理论将特意排除的成分纳入专利的保护范围。如果采纳了专利权人的主张,就实质上去除了从"膀胱黏膜的管腔部分"分层这一限制条件。

在 Augme Technologies, Inc. v. Yahoo! Inc. 案中,权利要求中第一代码模块"嵌入"(embedded)网页中,而被控侵权产品采用的是链接的方式。联邦巡回上诉法院认为不构成等同。该院认为,没有理性的陪审团成员会认为这是等同的,因为

---

[1] 460 F. 3d 1365(Fed. Cir. 2006).

这样会使“嵌入”和“链接”实质相同，而“链接”是“嵌入”所明确排除的。当专利权人试图将与权利要求中的限定相反的或不一致的结构纳入专利保护范围时，就适用“特定排除”规则。[1]

但是，联邦巡回上诉法院并不仅仅因为权利要求中的严格限定的用语而适用“特意排除规则”。例如，前面提到的 Adams Respiratory Therapeutics, Inc. v. Perrigo Co. 案中，法院就认定“至少”一词也不影响等同认定。[2]

(2)说明书特意排除

当专利权人主张被控侵权物中的替换技术特征与专利权利要求中的技术特征等同时，法院可以看说明书是否不允许使用这种替换特征。如果认定已经放弃或排除了这种替换特征，则不能再认定属于等同的范围。

在 Gaus v. Conair Corp. 案中，专利涉及电吹风等手持电子设备的防电击装置，权利要求中的一个技术特征是“一对间隔开的电接触导电探针网络”。说明书中对于将电接触导电探针网络间隔开的理由是，在电被间隔开的探针断开之前避免任何水接触壳体中的电子操作系统。而在现有技术中，在水接触到电子操作系统之后才断电，在电吹风掉在浴缸的水中时这将会使用户受到短时电击。被控侵权电子只有一个电探针来探测到水。联邦巡回上诉法院推翻了一审构成等同的认定。联邦巡回上诉法院认为，专利说明书已经指出，专利发明使带电部件与用户隔开从而实现防电击保护，而被控侵权产品是排除在专利保护范围之外的。因为专利发明的目的是探测到水并在水到达电子操作系统前关闭电源。这一目的排除了那些电子操作系统作为探针并且在浸水后才关闭电源的装置。[3]

说明书批评的并在专利发明中消除了的现有技术中的某一特点，如果专利权人再主张具有该特点的被控侵权物属于等同的范围，有可能被认定被特意排除在外而不能得到支持。例如，在 L. B. Plastics, Inc. v. Amerimax Home Products, Inc. 中，专利权利要求的一个技术特征是通过连续焊接以将网格层连接到防护板，而被控侵权产品并非连续焊接而是使用热熔黏合剂。说明书批评了现有技术中的连接方式，指出其缺点是效率低、时间多、成本高、劳动密集。虽然说明书并没有特别提及热熔黏合剂，但联邦巡回上诉法院认为热熔黏合剂属于现有技术，而专利权人选择使用“焊接”以区别于现有技术，不能再通过等同原则将其批评的现有技术包括

---

[1] 755 F. 3d 1326 (Fed. Cir. 2014).

[2] 616 F. 3d 1283, 1291 - 92 (Fed. Cir. 2010).

[3] 363 F. 3d 1284 (Fed. Cir. 2004).

在专利的保护范围之内。[1]

可见,美国联邦巡回上诉法院已将“特意排除”规则独立于“权利要求损坏”原则。尽管联邦巡回上诉法院对“权利要求损坏”原则提出了批评,但没有否定“特意排除”规则。

五、认定等同的基准时间

在 Hilton 案中,美国最高法院还对认定等同的基准时间问题进行了论述。被告在上诉中称,权利要求具有告知公众的作用,而等同原则的适用又使公众难以确切了解权利要求的范围。因此,为了最大限度地减轻两者之间的冲突,应当把等同原则限定在专利所披露的等同物中。按照这种主张,确定等同的时间点就是申请人撰写专利说明书的时间,而确定等同物的范围也被限制在专利说明书的范围之内。联邦巡回上诉法院持不同意见的法官提出一个较为温和的看法,即把确定等同的时间点定在专利公布之日。按照这种看法,专利权的保护,只及于权利要求及该专利公布之日已经存在的等同物,而对于以后产生的等同物则不予保护。

美国最高法院指出,由于等同原则具有客观性,一个本领域技术人员关于权利要求中的技术特征与被控侵权物的技术特征具有可置换性的认识不是为了其自身的目的,而是为了告诉事实认定者关于所述技术特征之间相似或者不同的事实。既然等同原则的问题是被控侵权物的技术特征与专利权利要求的技术特征是否等同,那么判断等同的时间(知道技术特征之间具有可置换性的时间)就应当是侵权的时间,而不是专利公布的时间,更不是专利申请的时间。

自从美国最高法院将认定等同的基准时间确定为专利侵权时以后,美国法院就一直按专利侵权时作为判断等同的基准时间。例如,在 1998 年的 Hughes Aircraft Co. v. United States[2]案中,联邦巡回上诉法院指出,虽然被控侵权物中的一个技术特征与专利权利要求的相应技术特征相比,以不同方式实现相同的功能,取得相同的效果,但由于“在后开发技术的原则”淡化了两者之间方式的不同。因此,虽然被控侵权物中没有专利权利要求中的某个技术特征,但它包括一个实质上实现相同效果且具有相同功能的、在专利发明时未知的等同技术特征,仍然构成等同侵权。可见,美国法院不但将认定等同的基准时间确定为专利侵权时,而且在认定等同时,如果由于新技术的出现使被控侵权物使用某一技术特征代替了权利

---

[1] 499 F. 3d 1303 (Fed. Cir. 2007).

[2] 140 F. 3d 1470,46 USPQ2d (BNA) 1285 (Fed. Cir. 1998).

要求中的技术特征,法院在认定等同时采取更宽松的立场。并且,在认定等同时,如果被控侵权物中的一个技术特征是专利发明时未知的,这时法院采取更宽松的态度来认定等同。

六、审查档案禁止反悔

(一)禁止反悔的含义及其对适用等同原则的影响

禁止反悔是英美法中的一项衡平法原则,其基本含义是,一方当事人已经做出了某种行为,并且被他人所信赖,该当事人以后就不能再否认该行为以损害他人的利益。审查档案禁止反悔原则是专利解释的一个规则,它要求解释专利时应当根据其专利审查档案进行,专利权人为了获得专利而放弃的内容不能通过作为等同物而重新进入专利的保护范围。[1] 美国联邦巡回上诉法院曾经指出:"审查档案禁止反悔是对适用等同原则的限制,它将专利申请人在审查过程中放弃的内容排除在等同的范围之外。"[2]长期以来,美国法院在适用等同原则时就适用禁止反悔原则。美国最高法院的 Hilton 案和 Festo 案都涉及禁止反悔原则。

在 Hughes Aircraft Co. v. Unite States 案中,美国联邦巡回上诉法院指出,在专利局的两种行为可以产生禁止反悔,一种是为了避免因在先技术而被拒绝从而对权利要求作出的修改;另一种是为取得专利而进行的陈述。[3]

(二)因权利要求修改而导致的禁止反悔

1."弹性障碍"(flexible bar)与"完全障碍"(complete bar)

因权利要求修改而导致的禁止反悔的范围问题,是美国法院在适用禁止反悔原则时的一个关键问题。美国最高法院对 Hilton 案和 Festo 案的判决都涉及这一问题。对于这一问题,有两种做法:一种做法认为权利要求的修改是适用等同原则的"弹性障碍"。也就是说,即使权利要求在审查过程中经过修改,也要区分不同的情况确定是否适用等同原则;另一种做法认为权利要求的个性是适用等同原则的"完全障碍"。也就是说,不管权利要求因什么原因而被修改,都导致不能对修改的部分适用等同原则。

最初,美国最高法院以"弹性障碍"的方式适用禁止反悔原则。例如,在 1889

---

[1] Sue Ann Mota, "The Doctrine of Equivalents and Prosecution History Estoppel: the Supreme Court Supports Flexibility over Certainty in Patent Cases in Festo v. SMC", 9, 6 *Richmond Journal of Law and Technology*, 1, 6, 2002.

[2] Cybor Corp. v. FAS Techs., Inc., 138 F. 3d 1448, 1460 (Fed. Cir. 1998).

[3] 717 F. 2d 1351, 219 USPQ2d 473 (Fed. Cir. 1983).

年的 Hurlbut v. Schillinger[1]案中,虽然专利权人为了避开在先技术通过修改权利要求放弃了原来权利要求中的部分内容,但法院认为,被控侵权物与被放弃的内容相比,它与发明更相似,从而认定为等同物。联邦巡回上诉法院成立后,也一直以"弹性障碍"的方法适用禁止反悔原则。例如,在 Hughes Aircraft Co. v. Unite States[2]案中,美国联邦巡回上诉法院指出,对权利要求的修改,即使是为了避免拒绝授权而进行的,也可以根据修改所针对的在先技术的性质而适用等同原则,因权利要求修改的性质和目的不同,其对等同范围的影响可以"从很大到没有"。在此后直到该法院作出 Festo 案的判决前,该法院一直告诫地区法院,在考虑禁止反悔抗辩时,要考虑在先技术的性质以及申请人所称的发明与在先技术的区别特征,不能只是推定所有的限制性修改和意见陈述都对任何变换特征产生禁止反悔,从而不能适用等同原则。[3]

Hilton 案就是涉及权利要求修改与禁止反悔范围的典型案件。案中权利要求最初没有提到 pH 值的范围,但审查员发现了另有一项专利技术披露了 pH 值为 9 以上的外在过滤方法,原告因此修改了权利要求,将 pH 值限定在 6.0 ~ 9.0。被告提出,申请人在专利审查过程放弃任何内容,不论其原因如何,都不能重新回到受保护的范围。联邦巡回上诉法院认为,在本案中,禁止反悔原则并不妨碍适用等同原则。因为,当被告诉诸禁止反悔原则以限制等同原则适用时,法院不仅要详细调查所放弃的内容,而且要详细调查放弃的原因。申请人为了区别于现有技术确定加入了"pH 值从 6.0 ~ 9.0"的字样,但这只是放弃了 pH 值 9 以上,并不妨碍原告以等同原则占有 pH 值 6.0 以下的内容。在美国最高法院的判决中指出:

本院主张因为某些理由而对专利申请文件进行修改不应导致禁止反悔原则的适用,但是这一立场并不意味着本院同意在任何情况下只要专利审查档案不能表明进行修改的理由,就必须能够避免禁止反悔原则的适用。权利要求应当起到定义发明和告知公众的双重作用,因此,应当由专利权人承担指明在审查过程中对权利要求所进行的修改是由于什么原因的责任,然后再由法院判断专利权人解释的修改理由是否足以避免禁止反悔原则的适用。如果从审查档案中无法判断对权利要求进行修改是出于什么原因,法院就应当推定专利权人在权利要求中加入新的限定特征是为了使其权利要求具备新颖性和非显而易见性。在这样的情况下,对该技术特征适用等同原则就要受到禁止反悔原则的限制。

---

[1] 130 U. S. 456, 458 - 463 (1889).

[2] 717 F. 2d 1351, 219 USPQ2d 473 (Fed. Cir. 1983).

[3] Robert C. Kahrl, *Patent Claim Construction*, New York, Aspen Publishers, 2003, pp. 9 - 40. 2.

最后,美国最高法院以专利权人在权利要求中加入 pH 值 6.0 的原因不清楚,不能确定禁止反悔能否适用为由,将案件发回重审。可见,同样将权利要求修改作为适用等同原则的"弹性障碍",在 Hilton 案中美国联邦巡回上诉法院和最高法院采取了不同的方法。联邦巡回上诉法院认为,只有避开现有技术的修改才产生对修改部分不适用等同原则的后果。如果不能认定因什么原因而修改,则不妨碍等同原则的适用。美国最高法院则推定,如果专利权人修改权利要求的目的是避开现有技术,因此不能对修改的部分适用等同原则。为了推翻这一推定,专利权人就要证明其修改的真正原因并不是为了使专利符合授权的条件。可以看出,美国最高法院在适用等同原则时条件更严格一些,将不能证明修改原因的修改排除在适用等同原则的范围之外。

另一件对禁止反悔的适用具有重大影响案件是 Festo 案。Festo 公司拥有磁力无杆气缸及活塞驱动装置的两项美国专利。在美国专利商标局的审批程序中,审查员曾指出,第一个专利申请对工作过程的叙述不清楚不符合美国专利法第 112 条的规定且一些权利要求多重引用。于是发明人对该申请进行了修改,权利要求增加了新的限制:该装置包括一对单路密封环并且其外套由可磁化材料制成。第二个专利申请也在复审程序中增加了对单路密封环的限制。此后,这两份专利申请获得了批准。SMC 公司的被控侵权物是一种类似的装置,具有一个双路密封环和一个非磁化材料的外套。

联邦巡回上诉法院曾认定构成等同侵权,但后来美国最高法院要求根据 Hilton 案的原则对该案进行重审。2000 年 12 月 29 日,美国联邦巡回上诉法院作出了重审判决。在判决中,美国联邦巡回上诉法院对于禁止反悔的适用范围提出了如下意见:第一,导致禁止反悔的修改不只限于因克服现有技术而进行的修改,只要是为了获得专利授权而对权利要求所做的任何限制性修改,就应当导致禁止反悔原则的适用。第二,不论申请人的修改是应专利局的要求而作出的,还是申请人自愿作出的,只要是它限制了原来权利要求的范围,都可以导致禁止反悔的适用。第三,如果对权利要求的限制性修改导致对该权利要求中的某个技术特征适用禁止反悔原则,那么对该技术特征来说就完全不能适用等同原则。第四,当专利审查档案不能表明修改权利要求的原因时,就推定修改是为了获得专利授权而作出的,这时就应适用禁止反悔原则而不能对修改的技术特征再适用等同原则。美国联邦巡回上诉法院的上述意见,是对以前禁止反悔原则的根本改变,被称为"完全障碍"的方法。

美国最高法院接受了对该案的上诉,并于 2002 年 5 月 28 日作出了判决。美国最高法院对联邦巡回上诉法院的第一个观点表示赞同。对第二个观点没有发表意见,应当认为也给予了默许。但对其第三和第四个观点,也就是关于“完全障碍”的观点,美国最高法院进行了强烈的批评,并提出了自己的观点。对于第三个观点,美国最高法院认为,禁止反悔原则并不能禁止发明人对经过限制性修改的权利要求主张等同,理由是:

不能由此得出结论认为经过修改的权利要求如此完善,以至于不需要等同原则。如上所述,即使经过修改,文字仍然有可能不够完备,不能与发明创造相适应……没有理由认为限制性修改应当被视为放弃了在作出修改时尚无法预见的并且经过合理解释无法认定是已经放弃了的那些等同情况,也没有理由认为不能对与修改只有擦边关系(peripheral relation)的发明内容适用等同原则。

对于第四个观点,美国最高法院提出了一种新的推定,并对它进行了深入的分析:

在专利权人不能解释其作出修改的原因时,不仅应当适用禁止反悔原则,而且适用的后果是禁止对修改的技术特征适用等同原则。这并不是要求适用“完全障碍”规则。它仅仅限于专利权人不能对其修改的原因作出解释的情况。但是,上述论述确实表明,当法院无法确定限制性修改的原因(这是将禁止反悔限制于被放弃了的特定等同物的理由)时,法院就应当推定专利权人已经放弃了较宽的文字与较窄的文字之间的一切……专利权人应当承担举证责任,证明修改并没有放弃争议的特定等同物。专利权人作为权利要求的撰写者,应当被指望撰写出能够将容易知道的等同物涵盖在内的权利要求。当专利权人决定通过修改来缩小其权利要求的保护范围时,可以推定他放弃了原始权利要求与修改后的权利要求之间的所有领地……但是,在某些情况下,也可以认为修改并没有放弃特定的等同物。例如,在专利申请时,该等同物是无法预见的;修改的原因与争议的等同物之间只存在擦边的关联;或者存在其他理由,不能合理地指望专利权人当初在撰写申请文件时写入后来产生争议的非实质性替换物。在这些情况下,专利权人可以推翻禁止他主张等同的上述推定。

Festo 案后,联邦巡回上诉法院按该案确定的标准适用禁止反悔原则。法院首先推定因权利要求的修改而缩小的部分已经被放弃,然后由专利权人推翻上述推定。如果专利权人不能推翻上述推定,则不再进行等同的认定,而是直接认定不构成侵权。由于之前地区法院在审理时没有做上述推定,因此在 Festo 案后的一段时间,联邦巡回上诉法院将涉及权利要求修改是否适用等同原则的案件发回重审。例如,2004 年 6 月,联邦巡回上诉法院对 Honeywell International, Inc. v. Hamilton

Sundstrand Corp. 案作出了判决。地区法院在一审中认定,将从属权利要求变更为独立权利要求,并取消原来的独立权利要求,是对权利要求的限制性修改。因权利要求修改而不适用等同原则,从而判决不构成侵权。由于一审法院没有审理专利权人能否推翻因修改而放弃的推定,因此判令地区法院进行重审。[1]

2. 不导致禁止反悔的情形

在 Festo 案中,美国最高法院提出了不导致禁止反悔的三种情形:

(1)等同物无法预见

Festo 案提出的不适用禁止反悔的第一种情形就是等同物无法预见。在此后的案件中,多数涉及如何判断等同物是否可以预见的判断标准。

在 Ranbaxy Pharmaceu-ticals, Inc. v. Apotex, Inc. 案中,权利要求中的某一特征修改后缩减为甲酸,而被控侵权人使用的是乙酸。对于专利权利要求的修改是否导致禁止反悔,关键是看乙酸和甲酸作为等同物是否是可预见的。专利权人称他没有预见到这种修改会使公知的乙酸排除在等同物的范围之外。联邦巡回上诉法院认为专利权人承认化学家认为甲酸和乙酸同质并可以作为等同物,就应当预见到本来应当将乙酸包括在权利要求的字面范围之内。因此专利权人不能预见的主张不能成立。[2]

在 Festo 案中,由于最高法院无法确定专利权人通过修改放弃的范围,因此发回联邦巡回上诉法院重审此案,给专利权人一次机会,以证明自己修改权利要求放弃的范围不包括被控侵权物。联邦巡回上诉法院经过审理后,将该案发回地区法院重审。地区法院重审后认定等同结构是可以预见到的,因此不属于等同的范围。联邦巡回上诉法院维持了这一判决。联邦巡回上诉法院认为,为了说明可预见性,被控侵权人不必说明专利权人知道等同结构符合功能—手段—效果三一致的标准或非实质性差异的标准。如果等同结构在现有技术中,不管是否知道在发明中使用等同结构的特定优点,都可以说明具有可预见性。如果对本领域技术人员来说是已知的,则说明具有可预见性。[3]

在最高法院作出 Festo 案判决后不久,联邦巡回上诉法院就在 Smith Kline Beecham Corp. v. Excel Pharmaceuticals, Inc. 案中涉及等同物的可预见性问题。原来的权利要求针对的是控释性羟丙基甲基纤维素(HPMC),但没有提及具体的物质。说明书中描述了 HPMC 及其特性。审查员要求修改权利要求书,称说明书中

---

〔1〕 370 F. 3d 1131(Fed. Cir. 2004).

〔2〕 350 F. 3d 1235 (Fed. Cir. 2003).

〔3〕 493 F. 3d 1368 (Fed. Cir. 2007).

的披露不支持控释性这一通用概念。专利权人将权利要求书修改为控释性盐酸安非他酮。被控侵权产品使用的是聚乙烯醇(PVA)。联邦巡回上诉法院认为,除非专利权人能够推翻PVA属于因修改而放弃的范围的推定,否则不能适用等同原则。而推翻推定的方式是表明在修改权利要求时PVA是HPMC的等同物对于本领域技术人员是不能预见的。而大量证据表明本领域技术人员对此是可以预见的。因此,被控侵权人不构成等同侵权。[1]

在Schwarz Pharma,Inc. v. Paddock Laboratories,Inc.案中,联邦巡回上诉法院认为可预见性应根据发明所属领域进行判断,而不是根据专利保护范围进行判断。该案中修改后的权利要求为药物组合物,包括三种组分,其中一种组分是"合适量的碱金属或碱土金属碳酸盐以抑制环化和变色"。被控侵权物使用的是氧化锰而不是碱金属。专利权人主张,氧化锰替代碱金属是不可预见的,因为氧化锰被认为是为针对环化的特定降解途径或特定药物类别的ACE抑制剂的稳定剂。联邦巡回上诉法院认为,本案中的领域是药品组合物。在该领域中,氧化锰是稳定剂。因此,专利权人并没有表明缺乏可预见性从而推翻保护范围已放弃的推定。[2]

在前述Honeywell International,Inc. v. Hamilton Sundstrand Corp.案中,联邦巡回上诉法院指出:"可预见性并不要求被控侵权产品或方法是可预见的,或者说所有的等同特征当时就已经存在。可预见性只是要求本领域技术人员在相关时间可以合理地预见到所争议的等同特征。"[3]

通过上述案件,联邦巡回上诉法院确立了可预见性的判断标准:将被控侵权的技术特征与经过修改缩减了的技术特征相比,看本领域技术人员在专利修改时是否可以预见到两者是等同特征。

(2)"擦边关联"的修改

可以推翻Festo推定的另一个理由是"修改的原因与争议的等同物之间只存在'擦边的关联'"。但是,自从美国最高法院作出Festo案判决后,该院没有在其他判决中涉及这个问题。联邦巡回上诉法院也没有总结出自己的规则。因此,对于什么情况下专利权人可以主张其修改只是擦边关联从而不影响等同原则的适用,在美国一直还未形成共识。联邦巡回上诉法院在一些案件的判决中涉及这个问题,并提出了一些看法。

联邦巡回上诉法院在Rhodia Chimie v. PPG Industries,Inc.案中指出:"擦边关

[1] 356 F.3d 1357(Fed. Cir. 2004).

[2] 504 F.3d 1371 (Fed. Cir. 2007).

[3] 370 F.3d 1131(Fed. Cir. 2004).

联标准推翻 Festo 推定是非常窄的”。[1] 从联邦巡回上诉法院的判决看，大部分涉及“擦边关联”的判决都是驳回了专利权人“擦边关联”的主张。例如，在 Rhodia Chimie v. PPG Industries，Inc. 案中法院指出：“为了避开现有技术而对权利要求进行修改，如果争议的等同物包括在现在技术中，则不是擦边关联。但这并不能得出结论，如果争议的等同物不在现有技术中就属于擦边关联。”[2] 案中专利权利要求在审查过程中对二氧化硅微粒增加了“无尘”的限定，以区别于现有技术中粉末状、粒状或其他形状的二氧化硅。被控侵权产品从字面上不落入“无尘”的范围，但专利权人主张被控侵权产品含尘量低属于等同的范围。由于被控侵权产品并不是粉末状、粒状或其他形状，并不在需要避开的现有技术的范围之内，因此权利要求的修改与被控侵权物无关。联邦巡回上诉法院未支持这一主张。联邦巡回上诉法院认为，专利权人在修改过程中增加了一些限定以区别于现有技术，其中包括“无尘”这一限定，这些限定都不涉及现有技术中的形状。含尘量是审查过程中的一个问题，是修改权利要求的原因，不能说与具有该特征的被控侵权物只是擦边关联。[3]

联邦巡回上诉法院驳回“擦边关联”主张的情形还包括：为了避开现有技术所做的修改，如果审查档案表明权利要求中的用语具有区别于现有技术的特点，则不属于擦边关联；[4] 专利权利要求的修改是根据因重新授权而驳回的通知，为避免与自己的在先专利重合而进行的限缩性修改；[5] 为了克服权利要求得不到说明书支持而进行的修改；[6] 为了区别于现有技术增加了 5 个步骤，但实质上只有第 5 个步骤区别于现有技术，对于只有第 5 个步骤的被控侵权方法来说，并不能认为只是擦边关联；[7] 将从属权利要求修改为独立权利要求，实质上是在原来独立权利要求的基础上增加了限定条件，当专利权人对这一限定条件主张等同时，这种修改方式不属于擦边关联。[8]

而在个别案件中，联邦巡回上诉法院认定了修改只是擦边关系从而不妨碍等同原则适用。例如，在 Insituform Technologies，Inc. v. Cat Contracting，Inc. 案中，权利要求涉及通过用树脂浸渍并将其安装在管中来修复柔性农业管的方法。权利要

[1] 402 F. 3d 1371 (Fed. Cir. 2005).
[2] 402 F. 3d 1371 (Fed. Cir. 2005).
[3] Ibid.
[4] See Terlep v. Brinkmann Corp., 418 F. 3d 1379 (Fed. Cir. 2005).
[5] See Amgen, Inc. v. Hoechst Marion Roussel, Inc., 457 F. 3d 1293 (Fed. Cir. 2006).
[6] See International Rectifier Corp. v. IXYS Corp., 515 F. 3d 1353 (Fed. Cir. 2008).
[7] See Lucent Technologies, Inc. v. Gateway, Inc., 525 F. 3d 1200, 1217 – 15 (Fed. Cir. 2008).
[8] See Honeywell International, Inc. v. Hamilton Sundstrand Corp., 533 F. 3d 1304 (Fed. Cir. 2008).

求 1 要求将单个真空杯固定到衬里的壁以将树脂拉过衬里,而被控侵权方法用了多个真空杯。一审法院认定构成等同侵权。在上诉中,被控侵权人主张单个真空杯的限制是在审查过程中为了避开现有技术而增加的,因此不能适用等同原则。专利权人主张修改的原因只是“擦边关系”。为了与现有技术相区别,修改中增加了几个限定,现有技术中的真空杯在管子的另一端,需要使用管子长度的真实泵。在提交了修改时,专利权人称发明直接将真空杯放在靠近树脂的位置。在审查档案中,没有显示实现这一目的需要单个的真空杯。而原来一项从属权利要求就是要求单个真空杯,也因同一对比文件而被驳回。根据上述理由,联邦巡回上诉法院认定专利权人成功推翻了禁止反悔的推定。[1]

在 Funai Electric Co. v. Daewoo Electronics Corp. 案中,专利涉及可以降低电子噪声的录像机的录像带盒的结构。专利权利要求 1 中的一个技术特征是直接驱动马达与录像带盒底盘电绝缘。审查员认为,它与现有技术相比显而易见。而专利权利要求 4 写的是“直接驱动马达通过轴承保持器安装在录像带盒底盘上,其中所述轴承保持器由绝缘材料制成。”针对审查员的意见,专利权人将权利要求 4 修改为独立权利要求,删除了权利要求 1。在侵权诉讼中,被控侵权人主张,专利权利要求修改为“电绝缘材料”,把非电绝缘材料都排除在等同的范围之外。法院认为,使用电绝缘材料并不是权利要求 4 获得授权的因素,因为这一点在审查过程中从未被提及过。因此对于被控侵权物而言,审查过程中的修改只是擦边关联,并不排除等同原则的适用。[2]

在 Intervet, Inc. v. Merial, Ltd. 案中,原来权利要求 9 为:“包含分离的 DNA 分子的载体,所述分离的 DNA 分子包含选自 ORFs 1 - 13 的序列。”审查员认为 ORFs 被认为是来自猪圆环病毒,而权利要求可以包括来自生物体的 ORFs。虽然专利权人争辩说 ORFs 1 - 13 基于 PCV - 2 基因组的 ORFs,但仍在权利要求中增加了“猪圆环病毒Ⅱ型”的限定。地区法院认为,这一修改排除了 ORFs 1 - 13 的所有等同物。联邦巡回上诉法院推翻了一审判决。该院认为,虽然权利要求的修改限制等同原则的适用,但仍允许某些形式的等同。权利要求的修改,使 PCV - 1 和非猪圆环病毒的 ORFs 不能认定为等同的范围,但被控侵权物系与该专利中公开的 5 个代表性菌株之一具有超过 99% 核苷酸同源性的病原猪序列。由于被控侵权物与专利权利要求如此相近,以至于合理解释修改放弃的范围时不应把被控侵权物放在放

---

〔1〕 385 F. 3d 1360 (Fed. Cir. 2004).

〔2〕 616 F. 3d 1357 (Fed. Cir. 2010).

弃的范围内。将权利要求修改为限于猪圆环病毒Ⅱ型,与Ⅱ型 ORF 的同源猪等同物是否与专利发明等同,只是“擦边关联”。[1]

在 Aquatex Industries, Inc. v. Techniche Solutions 案中,对于权利要求中的“纤维填充材料”,地区法院把它解释为合成棉胎材料。而被控侵权产品使用的是合成和天然纤维的混合物。在该专利审查过程中,专利权人曾增加了“蒸发冷却”以区别于现有技术中的压缩冷却。联邦巡回上诉法院认为,这一修改并不限制专利权人主张被控侵权物中的材料与专利权利要求中的材料等同,因为增加的内容是限定其他用语的,而不是限定“纤维填充材料”。[2]

在 Regents of University of California v. Dalcocytomation California, Inc. 案中,专利涉及通过给染色体 DNA 染色获得目标序列的方法,其中在含有标记的核酸片段的异质混合物中重复序列的杂交能力被去除。在一个从属权利要求中,专利权人对该方法进一步限定:“所述的去除杂交能力的步骤包括通过与非均质混合物中的互补的未标记的重复核酸片段杂交,基本上阻断了异质混合物中的标记的重复核酸片段。”为了区别于现有技术,在审查过程中专利权人增加了“阻断核酸”的内容。被控侵权方法使用的是合成核酸,或称肽核酸。法院认为构成等同侵权。因为专利权人已经推翻了修改已放弃被控侵权物的推定。专利权利要求的修改与合成核酸是否与阻断核酸的 DNA 等同只具有擦边关联。修改是将去除杂交能力的方法限定为“阻断”而不是其他方法,并没有限定所使用的物质。关于核酸的限制在原来的权利要求中就已经存在。[3]

有学者根据联邦巡回上诉法院的判决总结认为:限缩性修改在满足两个条件时,可以认为包含擦边限制:①在专利审查过程中专利权人主张,其进行限缩性修改只是为了将其发明与现有技术中的一个技术特征相区别; ②限缩性修改目的是澄清某一技术特征,该技术特征与专利权人主张根据等同原则被侵犯的技术特征不同。限缩性修改如果是为了避开包含所有主张等同的技术特征的现有技术,则不能认为是擦边关系。[4]

(3)其他理由

除了上述两种情形外,美国最高法院在 Festo 案中还兜底性地列了“其他理

---

[1] 617 F. 3d 1282 (Fed. Cir. 2010).

[2] 479 F. 3d 1320 (Fed. Cir. 2007).

[3] 517 F. 3d 1364 (Fed. Cir. 2008).

[4] Blaine Larson, “How Tangential Does It Have To Be?: Making Sense of Festo's Tangential Limitations Doctrine”, 48 *Hous. L. Rev.* 959, 2011.

由”,可以推翻修改已放弃等同物的推定。但是,自 Festo 案之后,地区法院只作出一件认定“其他理由”的判决,但被联邦巡回上诉法院推翻。[1] 因此,美国法院还没有认定“其他理由”的案例。

(4)主动修改与禁止反悔

联邦巡回上诉法院在 Festo 案中提出的一个问题是:如果专利权人主动修改权利要求,而不是应审查员的要求或为了应对驳回通知而修改,是否产生审查档案禁止反悔?联邦巡回上诉法院做了肯定的回答。该案被美国最高法院发回重审时,并没有涉及这一问题。因此,联邦巡回上诉法院在重审 Festco 案中重申了主动修改仍适用禁止反悔原则的观点。另外,联邦巡回上诉法院在其他案件中也提到这一观点。[2] 因此,适用禁止反悔原则并不区分修改的原因。

(5)修改对未修改的权利要求的影响

如果专利权人在审查过程中只对部分权利要求进行了修改,而侵权案件涉及的是未修改的权利要求,未修改的权利要求是否也受禁止反悔的限制?美国联邦巡回上诉法院对此做了肯定的回答。

早在 1985 年的 Builders Concrete, Inc. v. Bremerton Concrete Supply Co. 案中,美国联邦巡回上诉法院就提出了上述观点。案中专利权人在审查过程中为了区别于现有技术,将一个独立权利要求中的限制加入到另一个独立权利要求中,而前一独立权利要求未修改就获得了授权。后一权利要求的禁止反悔也适用于前一未修改的权利要求。联邦巡回上诉法院称为“传染性禁止反悔”。即使涉案的权利要求只是未修改的权利要求,法院也不允许专利权人主张被控侵权物具有与权利要求所描述的段落等同的结构。法院认为:“如果不这样做,将会是形式重于内容,将会歪曲法学的逻辑,而这对于理解权利要求可以提供有效的和有用的指导。本案中专利权利要求 10 未经修改而授权,这并不能说明其可以通过适用等同原则覆盖专利权利要求 1 中放弃的部分。”[3]

2004 年的 Glaxo Wellcome, Inc. v. Impax Laboratories, Inc. 案中,美国联邦巡回上诉法院重申了上述观点。专利权人在审查过程对一些权利要求进行了限缩性修改,将控释剂限定为 HPMC。联邦巡回上诉法院认为,由于专利权人的修改是为了克服专利无法实施的驳回理由,等同原则不能使保护范围扩大到控释剂外的产品。但是,当初的权利要求 1 中已经提到了 HPMC,因此没有修改就获得了授权。

---

〔1〕 AmgenInc v. Hoechst Marion Roussel, Inc. 457 F. 3d 1293 (Fed. Cir. 2006).

〔2〕 See Pioneer Magnetics, Inc. v. Micro Linear Corp., 330 F. 3d 1352 (Fed. Cir. 2003).

〔3〕 F. 3d 1313 (Fed. Cir. 2003).

联邦巡回上诉法院认为,权利要求 1 也受其他权利要求修改的影响,与修改后的权利要求一样适用禁止反悔原则。

可见,虽然禁止反悔原则可以适用于未修改的权利要求,但只有在未修改的权利要求与修改后的权利要求关联密切时才可能“受传染”而适用,并不是不区分地对所有权利要求实行禁止反悔原则。

(6)总结和评价

通过 Hilton 案和 Festo 案的判决,美国最高法院重申了权利要求修改是等同原则的“弹性障碍”规则,同时对禁止反悔在等同原则中的适用范围进行了澄清和细化。其主要的观点有:只要专利权人为了获得专利对权利要求进行了限制性修改,不管是否为了克服现有技术,也不管是否应审查员的要求而进行的,都导致禁止反悔的适用;当专利权人不能解释其修改的原因时,法院推定其修改是为了“专利性”,也就是为了获得专利;禁止反悔的适用,只是针对经过修改而放弃的内容,并不导致修改后的技术特征就完全不能再适用等同原则;当法院无法确定修改的原因时,就推定经过修改前和修改后之间的内容被排除在等同的范围之外,除非专利权人可以证明其修改并没有将特定的等同物排除在外,或者有其他特别的原因。实践中,专利权人虽然完成上述证明仍有一定的难度,但在一些案件中通过证明“不可预见”或“擦边关联”,可以使权利要求的修改不影响等同原则的适用。

虽然美国最高法院否定了联邦巡回上诉法院在 Festo 案中提出的“完全障碍”规则,但其确立的“弹性障碍”规则,实质上也可以称为“推定完全障碍”规则。如果专利权人不能推翻推定,实质上还是完全障碍。上述规则一方面体现了禁止反悔仍是限制等同原则适用的一大障碍,另一方面也体现了在适用禁止反悔原则时法院越来越灵活。法院不再一律将所有修改后缩减的内容排除在等同原则的范围之外,而是给专利权人留下了将其重新纳入等同范围的余地。

(三)因意见陈述而导致的禁止反悔

在专利审查过程中,针对审查员的拒绝通知,专利申请人往往提出其发明与现有技术的区别特征。在专利授权后,审查档案禁止反悔会阻止专利权人对缺少这一区别特征的被控侵权物主张等同侵权。这时适用禁止反悔的条件与权利要求修改时是一样的,也就是看审查档案是否明确无误地放弃了某标的物。[1]

1. 单独禁止反悔还是组合禁止反悔

有时,专利申请人担心一个区别特征不足以克服拒绝理由,就在意见陈述中列

---

〔1〕 Robert C. Kahrl, *Patent Claim Construction*, New York, Aspen Publishers, 2003, pp. 9 – 54.

举了一个以上的区别特征,最后获得了授权。这时,如果专利权人对缺少其中一个区别特征的被控侵权物主张等同侵权。就出现是否每个区别特征都是独立的禁止反悔的理由的问题。对此,美国联邦巡回上诉法院的做法并不一致。

其中一种方法是区别技术特征的组合产生禁止反悔,并不是每个区别技术特征都构成禁止反悔。例如,在 Read Corp. v. Portec, Inc.[1]案中,专利涉及一种粗糙物质中分离肥土的装置。针对不授权的审查意见通知,专利申请人在意见陈述中列举了其发明与引用的在先技术的几个区别特征,其中一个特征是在先技术中的轮子是固定的,而专利发明的轮子是可以往复运动的。被控侵权人称,专利权人的上述陈述阻止其对轮子固定的装置主张适用等同原则。联邦巡回上诉法院认为,往复运动的轮子对于专利性来说是不重要的,在审查员拒绝的权利要求中就包含有往复运动的轮子这一特性。联邦巡回上诉法院还专门做了根据性描述:

并不是专利权人在专利审查过程中区别引用的在先技术的每一个陈述,都产生独立的禁止反悔。意见陈述必须从上下文来看。例如,针对某一现有技术 Deister 可能有很多区别特征。比如 Deister 描述的是一个小的放映装置,有着和该装置一样高的轮子。专利申请人列举的区别特征可能不只是针对轮子,如发明中的轮子不是轴环的,其位置不同等,还可能包括结构中其他部分的明显区别。因此,该意见陈述产生的禁止反悔包括所有这些区别特征的结合,而不是每个区别特征都产生一个禁止反悔。

Nies 法官在注释中还指出,如果不是这样认定,就会因不重要的在先技术被引用而导致大范围的禁止反悔,因为针对有密切关系的在先技术可能只列举一个区别特征,而针对关系不密切的在先技术可能列举大量区别特征。从这里可以看出权利要求修改与意见陈述所导致的禁止反悔的不同。权利要求的每一处修改都导致一个独立的禁止反悔,而意见陈述中的区别特征并不是每个特征都导致一个独立的禁止反悔。

另一种方法是每个区别技术特征都是单独的禁止反悔的理由。例如,在 Pods, Inc. v. Porta Stor, Inc. 案中,专利权人列举了本发明相对于现有技术的三个区别特征,联邦巡回上诉法院认为这三个区别技术特征都可以单独作为禁止反悔的理由。案中专利涉及用于保持和运输海运集装箱的承载框架,权利要求界定的形状是长方形,有四个侧面,而被控侵权物为"U"形,有三个侧面。联邦巡回上诉法院认为,在审查过程中,专利权人称其发明与现有技术的区别有三个方面:现有技术适用于

---

[1] 970 F. 2d 816, 23 USPQ2d 1426 (Fed. Cir. 1992).

特制的集装箱,而专利发明适用于所有的集装箱;现有技术缺少对于长方形的教导;现有技术中缺少针对长方形承载框架的装载和放置手段。联邦巡回上诉法院认为长方形框架是禁止反悔的理由。[1]

上述两种方法中,第一种方法导致禁止反悔的理由少,适用禁止反悔也比较少,认定等同侵权的可能性更大;第二种方法导致禁止反悔的理由多,适用禁止反悔也比较多,认定等同侵权的可能性更小。

如果专利权人在意见陈述中称专利发明与现有技术的区别在于组合物,联邦巡回上诉法院将认为改变组合物不属于等同的范围。在 Bio-Medical, Inc. v. Integrated Liner Technologies, Inc. 案中,专利发明涉及将聚烯烃黏合到弹性体上的方法,使用由硅酸乙酯,原硅酸乙酯和钛酸四丁酯在有机溶剂中制成的底漆。被控侵权物使用单分子物质作为底漆。地区法院和联邦巡回上诉法院均以禁止反悔认定不构成侵权。在专利审查过程中,审查员发现了使用权利要求中各组分的不同组合。对此,专利权人称其发明与现有技术的区别在于其使用了三种成分组合而成的底漆。法院认为,这一主张使替换一种组分的方案属于禁止反悔的范围。[2]

2. 审查员信赖与禁止反悔

当意见陈述没有被审查员信赖时,就会出现意见陈述是否仍导致适用禁止反悔原则的问题。例如,有时专利申请人可能提出多个理由,但只有一个被审查员接受。或者尽管专利申请人作出了意见陈述,专利仍被拒绝,但后来其他限定条件加入了权利要求后获得了授权。专利权人提出但没有被审查员信赖的理由是否成为禁止反悔的依据,成为意见陈述禁止反悔适用中的一个问题。

Catalina Marketing International, Inc. v. Coolsavings. com, Inc. 案中,法院认为与专利授权无关的陈述并不产生禁止反悔。案中专利权人针对审查员的拒绝通知,称其专利发明的一个特点是"位于商店内"。审查员没有采纳仍拒绝了专利。后来,专利权人又增加了其他限制条件后获得授权。一审法院认为,专利权人关于发明"位于商店内"的陈述产生禁止反悔。联邦巡回上诉法院推翻了这一认定,认为专利权人从来没有称终端的位置是其发明区别于现有技术的特征,审查员认定地理位置对于发明性是无关紧要的。[3] 而在前面提到的 Pods, Inc. v. Porta Stor, Inc. 案中,联邦巡回上诉法院曾指出:"在审查过程中支持专利性的明确意见,不管

〔1〕 484 F. 3d 1359 (Fed. Cir. 2007).

〔2〕 216 F. 3d 1367 (Fed. Cir. 2000).

〔3〕 289 F. 3d 801, 62 USPQ2d 1781 (Fed. Cir 2002).

是否属于为了获得授权所必须,都可以导致禁止反悔。"[1]可见,专利权人的意见陈述,如果无法确定是否与专利授权有关,则认定导致禁止反悔。但如果认定与专利授权无关,也可以不作为禁止反悔的理由。

还有一个问题是意见陈述对于禁止反悔原则的影响,即意见陈述是否导致了权利要求范围的缩小。相比而言,意见陈述比权利要求修改更有可能放弃权利要求的客体。例如,在 Pall Corp. v. Micron Separations, Inc. 案中权利要求中称亚甲基与氨基酸混合物的比例为"大约 5:1 到大约 7:1",被控侵权物中的比例为 4:1。专利权人在审查过程中对审查员称,权利要求的比例范围实质上是非常窄的,并且将明显排除亚甲基的大部分。这一陈述并没有限制权利要求的范围,因此,并不产生禁止反悔。[2] 而在 Conoco, Inc. v. Energy & Environmental Internationl, L. C. 案中,法院明确说明了意见陈述与权利要求修改所导致的禁止反悔的区别:"与基于权利要求修改的禁止反悔不同,我们并不推定专利权人的争辩或陈述放弃了整个的等同范围。虽然意见陈述具有相同的效果,但这并不总是像修改权利要求那样清楚地放弃保护的范围。"[3]在该案中专利涉及管道中的减阻剂,使用的是"脂肪酸蜡"。在审查过程中,专利权人强调了使用脂肪酸蜡比使用金属硬脂酸盐的重要性。联邦巡回上诉法院认为,这一陈述,导致放弃了金属硬脂酸盐作为等同物,但没有明确放弃其他等同物。

3. 其他专利中的意见陈述

在适用意见陈述禁止反悔时,涉及其他专利中的意见陈述是否对诉讼中专利导致禁止反悔的问题。在 Abbott Laboratories v. Dey, L. P.[4]案中,前一个专利与诉讼中的专利是同一权利人,前一个专利的发明人是诉讼中专利的三个发明人中的一个。一审法院将前一个专利审查过程中专利申请人的陈述作为禁止反悔的理由,但联邦巡回上诉法院推翻了这一认定。理由是后一个专利可能是符合专利性的,对前一个专利的意见陈述不一定适用于后一个。

对于国外同族专利中的意见陈述是否导致禁止反悔,Tanabe Seiyaku Co., Ltd. v. United States International Trade Commission 案曾涉及这一问题。在国外专利申请的审查过程中,专利权人曾称专利中的五种组合与其他组合相比具有意想不到的效果,是非显而易见的。被控侵权人主张国外的这一陈述具有禁止反悔的作用,

---

[1] 484 F. 3d 1359 (Fed. Cir. 2007).
[2] 66 F. 3d 1211, 36 USPQ2d 1225 (Fed. Cir. 1995).
[3] 460 F. 3d 1349 (Fed. Cir. 2006).
[4] 287 F. 3d 1097, 62 USPQ2d 1545 (Fed. Cir. 2002).

但联邦巡回上诉法院未采纳这一主张。但联邦巡回上诉法院认为,国外的陈述可以作为专利权人理解其专利保护范围的相关证据,以确定本领域技术人员对于专利保护范围的理解。[1]

可见,相比于权利要求的修改,意见陈述导致适用禁止反悔的情形更少。意见陈述中列举的几个区别特征不一定都分别产生禁止反悔,没有被审查员信赖的意见陈述可能不产生禁止反悔,只有意见陈述明确地对权利要求中的内容进行了放弃时才导致禁止反悔,其他专利中的意见陈述不导致诉讼中专利的禁止反悔。

七、假想权利要求测评

在先技术不能被解释到属于专利的保护范围,这是专利法的基本原则。美国法院通过"假想权利要求测评",使等同原则不能扩大到使专利发明包括在先技术的程度。

在 Wilson Sporting Goods Co. v. David Geoffrey & Assocs.[2]案中,Rich 法官提出通过解释权利要求确定允许的等同范围的方法,这一规则就是"假想权利要求测评"。他在判决中提出:

为了使分析简单化并将问题置于人们熟悉的场景,通过设想一个假想的足以从字面上包括被控侵权物的假想权利要求,从而将对等同范围的限制概念化可能是有帮助的。这样,相关的问题就是,这个假想的权利要求是否可以克服在先技术而被专利局批准。如果不能被批准,使专利的保护范围通过等同原则将被控侵权物包括在内就是不合适的。

不久以后,联邦巡回上诉法院就在 Key Manufacturing Group, Inc. v. Microdot, Inc.[3]案中适用了这一分析方法,认为如果将专利权利要求假想到包括被控侵权物,就将在先技术也包括在内,因此推翻了一审认定侵权的判决。但联邦巡回上诉法院使用假想权利要求进行分析的情况越来越少。在 1993 年的 Int'l Viaual Corp. v. Crown Metal Mfg. Co.[4]案中,法院对"假想权利要求测评"进行了如下评述:

假想权利要求测评是一个评价在先技术是否限制等同原则适用的可选择方式。这是对以下规则的简单表达:"在专利局通过字面权利要求不能合法得到的东西,专利权人也不能通过等同原则得到"……如果适用这一规则,法院需要预想一

---

〔1〕 199 F. 3d 726 (Fed. Cir. 1997).

〔2〕 904 F. 2d 677, 14 USPQ2d 1942 (Fed. Cir. 1990).

〔3〕 925 F. 2d 1444, 17 USPQ2d 1806 (Fed. Cir. 1991).

〔4〕 991 F. 2d 768, 26 USPQ2d 1588 (Fed. Cir. 1993).

个假想的权利要求,将其范围扩大到字面包括被控侵权物的程度,再看假想的权利要求是否可以克服在先技术具有专利性。

可见,假想权利要求测评只是法院使用的将公知技术排除在专利保护范围之外的方法之一。

假想权利要求测评与传统方法的区别是,专利权人与被控侵权人所承担的举证责任不同。在使用传统方法时,被控侵权人承担证明被控侵权物属于现有技术的责任。在使用假想权利要求测评时,虽然最初被控侵权人也要承担证明被控侵权物属于现有技术的责任,但最终由专利权人承担假想权利要求不包括现有技术的责任。例如,在 Streamfeeder,LLC v. Sure-Feed Sys. ,Inc.〔1〕案中,被告提出如果将被控侵权物认定为等同物,现有技术也被包括在等同物的范围之内。对此,专利权人提出了一个假想的权利要求,该权利要求包括了被控侵权物,但没有包括现有技术。地区法院据此认定被告不构成侵权。上诉后,联邦巡回上诉法院推翻了一审判决,认为专利权人提出的假想权利要求缩小了一些限制,同时为了避开现有技术扩大了一些重要限制。联邦巡回上诉法院重新用相应的限制更换了被缩小的限制,发现从现有技术看假想的权利要求是显而易见的。

尽管在假想专利权要求规则中专利权人承担较重的责任,专利权人仍可以通过这种方法证明侵权成立。例如,Abbott Laboratories v. Dey L. P.〔2〕案就是这种情况。案中的发明涉及治疗呼吸疾病的肺表面活性剂药物。专利权利要求中有几个数值限定,如“磷脂总量为 68.6% ~90.7%,中性脂肪为 0.3% ~13.0%,胆固醇总量为 0.0% ~8.0%”等。被控侵权物的两份样品中的磷脂的含量分别为 94.5% 和 91.8%。原告提出等同侵权的主张。联邦巡回上诉法院将权利要求中磷脂的含量扩大到足以包括被控侵权物的程度,也就是扩大到 68.6% ~94.5%。然后将该假想的权利要求与在先技术进行比较,看是否引用的单个在先技术包括该假想权利要求中的所有限制,或者将该假想的权利要求作为一个整体看,在发明作出时对于一个本领域普通技术人员来说是否是显而易见的。按照这种模式进行分析,合议庭认为无法否定该假想权利要求的有效性,因此,被控侵权物属于现有技术的抗辩不成立。最后,法院认定被告构成等同侵权。

假想权利要求测评是美国联邦巡回上诉法院为了将公知技术排除在等同范围之外而设计出来的一种方法。这一规则在某些情况下是一种有效的分析方法。但

〔1〕 175 F. 3d 974,50 USPQ2d 1515 (Fed. Cir. 1999).

〔2〕 287 F. 3d 1097,62 USPQ2d 1545.

它并不是将公知技术排除在等同范围之外的唯一的方法。这种方法的实质在于将被控侵权物与现有技术进行比较,如果被控侵权物与现有技术相比不符合专利的授权条件,则不能认定被控侵权物属于等同的范围;如果被控侵权物与现有技术相比符合专利的授权条件,则可以认定被控侵权物属于等同的范围。

八、捐献规则与等同的范围

(一)捐献规则(dedication rule)

捐献规则的含义是,说明书中披露但没有要求保护的技术方案,不在专利的保护范围之内。捐献规则最早出现于1881年Miller v. Brass Co.。[1] 美国最高法院在判决中指出:“如果要求保护某一种装置,但对于从专利表面来看非常明显的其他装置没有要求保护,从法律上看,没有要求保护的就捐献给了公众。”该案是针对重新颁发专利的有效性而作出的,最高法院没有指出这一规则能否适用于除重新颁发专利以外的情形。并且美国最高法院指出,这不是一个绝对的规则。

在1991年的Unique Concept,Inc. v. Brown[2]案中,联邦巡回上诉法院明确提出了在相同侵权的判断中应当使用捐献规则:“在说明书中予以披露,但是没有纳入保护范围的客体视为捐献给社会。”从此以后,联邦巡回上诉法院经常在相同侵权判断中否定侵权指控。

(二)捐献规则在等同侵权判断中的使用

在Graver案中,美国最高法院就遇到在等同侵权判断中是否使用捐献规则的问题。案中说明书披露了9种硅酸脂,包括被控侵权物所使用的硅酸脂,但专利权人只对一种硅酸脂请求保护。美国最高法院多数法官的意见是构成等同侵权。但法官Black和Douglas认为,应当使用捐献规则,不能认定等同。在Hilton案中,美国最高法院的论述中也涉及捐献规则。针对等同物应当限定在专利公布时已知的或者在专利说明书中披露的物的主张,美国最高法院论述了应当拒绝将等同物限定在已知物的范围的主张,并提出“必须拒绝将等同物限定在不但是已知的而且是在专利中披露的物的更激进的主张”。有人认为,从这句话中可以看出,最高法院的意思是,等同物可以是但不一定是在说明书中披露的物。[3] 因此,长期以来,美国最高法院虽然没有明确否认在等同侵权判断中适用捐献规则,但有关的论述中

〔1〕 104 U.S. 350 (1881).

〔2〕 19 USPQ2d 1500 (Fed Cir. 1991).

〔3〕 Ashita Doshi,“Patent:Dedication Rule”,18 *Berkeley Technology Law Journal* 209 ,2003.

具有这种意思。

但是,联邦巡回上诉法院在1996年的Maxwell v. J. Baker, Inc.案中明确肯定了在等同判断中适用捐献规则。案中专利说明书中披露了两种将两只鞋连接在一起的方案,一种是将短片缝合在鞋子侧部或者后部的鞋帮衬里夹层之间,另一种是将短片固定在外鞋底与内鞋底之间,但专利权利要求书只对短片固定在外鞋底与内鞋底之间的方案要求保护。美国联邦巡回上诉法院指出:"未将这些替换物写在权利要求中,剥夺了专利商标局判断其是否符合授权条件的机会。制鞋领域中的技术人员在阅读了本专利说明书之后,就会得出结论,认为专利权人已经将短片缝合在鞋帮衬里夹层中的实施方案捐献给社会。从法律上说,任何人采用这种捐献的技术方案都不应当承担侵犯专利权的责任。今天,我们要指出的是,捐献规则同样也适用于等同侵权的判断。"[1]

然而,在两年之后,联邦巡回上诉法院拒绝在YBM Magnex, Inc. v. International Trade Commission[2]案中适用捐献规则。法院在判决中指出:

最高法院认为等同不必限于专利文件中记载的技术方案,由此可以推论在专利说明书中记载而未在权利要求书中记载的方案也同样可以适用于等同原则。最高法院不同意仅记载在说明书中而未记载在权利要求书中的技术方案已经全部捐献给社会,因此Maxwell判决确定的捐献规则不能成为一般性原则。我们不否认在某些情况下的确有可能需要作出Maxwell案那样的判决,但是不能同意美国国际贸易委员会的观点,将Maxwell判决扩大为一种新的法律原则,这既是对Maxwell判决的错误解读,也直接违背了美国最高法院的在先判例。

可见,在该案中,美国联邦巡回上诉法院虽然没有否定Maxwell案确立的捐献规则,但认定它不是一个普遍的法律原则,只适用于像Maxwell案那样特定的案情。这就大大限制了在等同侵权判定中适用捐献规则的可能性。

2002年3月,美国联邦巡回上诉法院以满席审理的方式对Johnson & Johnston Associates, Inc. v. R. E. Service Co.[3]案作出了判决,在判决中联邦巡回上诉法院澄清了其在捐献规则对等同侵权适用问题上的观点。案中专利涉及对印刷电路板的保护措施。说明书中称为了达到发明的效果,可以在铜箔上粘贴一层硬度较大的保护层,理想的保护层材料为铝,但其他材料如不锈钢、镍合金等也可以用来做保护层。但专利权利要求只要求保护铝制保护层。被控侵权物使用的是钢制保护

---

〔1〕 86 F. 2d 1098, 39 USPQ2d 1001 (Fed. Cir. 1996).

〔2〕 145 F. 3d 1317 (Fed. Cir. 1998).

〔3〕 285 F. 3d 1046 (Fed. Cir. 2002).

层,法院面临被控侵权物是否构成等同侵权的判断。联邦巡回上诉法院对该院和美国最高法院的在先判决进行了分析,认为在先判例没有否认捐献规则。因此,专利权人不能通过提交范围狭窄的权利要求的方式规避专利局的审查,在授予专利之后再以"说明书中披露了等同物"为理由,试图通过适用等同原则来认定侵权。正如 Maxwell 判决所述,如果允许这样的做法,就会鼓励专利申请人提交内容广泛的说明书和保护范围狭窄的权利要求书,以此来规避专利局对申请人本来可以提交的较宽权利要求的审查。在本案中,专利权人在权利要求中写明采用"铝制保护层",在说明书中指出"尽管铝制保护层是目前看来较为理想的方案,但是也可以采用不锈钢或者镍合金等其他材料制作保护层"。因此,本案专利权人不能通过适用等同原则将其保护范围扩大到权利要求中没有指明的材料。鉴于本法院对 YBM 一案的判决与本庭的这一结论相抵触,法庭宣告否定 YBM 判决。

因此,联邦巡回上诉法院以满席审理的大法庭判决,重新确立了捐献规则在等同侵权判断中的适用,否定了 YBM 案中的意见。

此后,联邦巡回上诉法院又有一些案件明确了捐献规则适用的范围。在 2004 年的 PSC Computer Prods. ,Inc. v. Foxconn Int'l,Inc.[1]案中,美国联邦巡回上诉法院指出,"我们认为,如果本领域的技术人员通过阅读说明书可以理解披露但未要求保护的教导,另一种可供选择的客体就捐献给了社会。但这种披露捐献规则并不意味着,只要专利说明书中提及了这种概念就一定将该种概念下所有属概念的内容都捐献给了社会。披露必须足够特定化,达到使本领域普通技术人员可以识别该披露但未要求保护的客体"。法院认为,说明书中虽然披露了"其他弹性物质",但并不意味着该种概念下的所有属概念都捐献给了社会。而说明书中披露的"浇铸塑料部件",已经捐献给社会。在 2005 年的 Pfizer, Inc. and Warner-Lambert Company, L. L. C. v. Teva Pharmaceuticals USA, Inc. 案中,美国联邦巡回上诉法院提出,"我们认为,专利的通告公众功能提醒我们,在未要求保护的客体被认为捐献给社会以前,该未要求保护的客体一定是被专利权人作为权利要求中技术特征的另一种选择而被特定化的"。案中权利要求书中的一个技术特征是"糖类"(saccharide),其作用是防止水解。被控侵权物使用微晶纤维素代替了权利要求中的糖类。专利说明书只是在谈到分解剂时提到了微晶纤维素。法院认为,专利权人并不是将微晶纤维素作为糖类的代替物,因此没有将它捐献给公众。在 Toro Co. v. White Consolidated Industries 案中,在之前的诉讼中法院曾将权利要求中的

---

[1] 355 F.3d 1353 (Fed. Cir. 2004).

“增压装置”解释为永久固定在盖子上。权利要求中称这种方案的好处是:“根据正在进行的操作而自动限制空气入口26的尺寸,而不需要操作者手动插入或移除替换”,被控侵权产品的增压装置是可以从盖子上移动的。地区法院认为,这一句话表明,可移动的方案是权利要求中披露但没有要求保护的,不属于等同的范围。在上诉中,专利权人称,权利要求中的描述是不经意写的,并没有特意将该方案未纳入专利保护范围。联邦巡回上诉法院认为,专利权人的意思并不是适用捐献规则的前提或考虑因素。因此,维持了一审判决。[1]

可见,联邦巡回上诉法院通过 Johnson 案最终确立了捐献规则,使专利说明书中披露但未要求保护的客体不能再属于等同的范围。但在随后的案件中,该法院又对捐献规则进行了限制。已经出现的限制主要有两个:一个限制是如果说明书只是披露了这种概念,并不意味着这种概念下所有属概念都捐献给社会;另一个限制是,捐献规则只适用于专利权人将披露的客体作为专利技术特征的另一种方案进行特定化的情形。但专利权人是否有捐献给社会的意思,并不是适用该规则时考虑的因素。

(三)可预见规则(rule of foreseeability)与等同物的范围

可预见规则与捐献规则具有一定的相似性,并且该规则是在前面所说的 Johnson 案的少数人意见中提出来的。因此,本文将可预见性规则放在捐献规则部分进行介绍。

在 Johnson 案中,Rader 法官同意该案的判决,但提出了不同的理由。Rader 法官指出,一方面,等同原则的建立是为了给专利权人提供更为有效的法律保护;另一方面,等同原则的建立也并非没有代价。为了实现对专利权人保护和公众对专利公示作用的信赖,有必要采用“可预见规则”。该规则的含义是:对于专利权人在申请专利时已经可以预见并且应当要求保护但未要求保护的内容,不能通过等同原则纳入专利的保护范围之内。采取可预见规则的原因在于:“专利权人有责任起草一份将所有可以预见的实施发明都包括在内的权利要求书。等同原则不能用来救济那些没有履行其公示责任的专利权人。因此,可预见规则是对专利公示功能的奖赏,而非对等同原则保护作用的限制。”

但是,Johnson 案中,Lourie 法官对可预见规则表示了不同的意见。他认为,可预见性的概念并不能简化等同原则的判断,确定可预见性并不是一个单纯的法律问题,法院有时难以判断。并且可预见性与显而易见性有些相似,这导致了可预见

---

〔1〕 383 F. 3d 1326 (Fed. Cir. 2004).

规则与专利法中常规概念的矛盾。

联邦巡回上诉法院在2014年的Ring & Pinion Serv. ,Inc. v. ARB Corp. ,Ltd.案中明确否定了可预见规则是等同原则适用的障碍。法院在判决中指出:"我们现在没有,以前也没有限制等同原则适用的可预见规则。已知可替换性是支持在等同原则下认定侵权的。如果将申请专利时可预见的物排除在等同的范围之外,是与上述原则相冲突的。我们的结论是,申请时对于等同物的可预见性,并不是适用等同原则认定侵权的障碍。"[1]

可预见规则比捐献规则是对等同原则的进一步限制。捐献规则使专利权人在说明书中披露但没有要求保护的技术方案不能纳入到专利等同的范围之中,而可预见规则不但承认上述限制,还认为虽然专利权人没有在说明书中披露但本来可以预见的技术方案,专利权人也不能通过等同原则把它纳入专利的保护范围。可预见规则不合理地限制了等同原则的适用,因此被联邦巡回上诉法院明确否定。

九、反向等同原则(the reverse of doctrine of equilents)

一般所说的等同原则都是通过等同原则将专利的保护范围扩大到其等同物的范围。除这种一般意见上的等同原则外,还有一种很少使用的"反向等同原则"。反向等同原则的基本含义是:即使被控侵权物在专利权利要求的字面含义之中,但被控侵权物与发明相比有根本变化,被控侵权物实际是以实质上不同的方式,实现了相同或相似的作用,这时可以认定不构成侵权。

反向等同原则始于1898年美国最高法院的Westing-house v. Boyden Power Broker,Co.[2]案。案中权利要求中的一项技术特征是功能性的。美国最高法院认为,即使从字面上看被控侵权物具有这一技术特征,但如果被控侵权物与说明书中的描述在结构上不等同,仍然不构成侵权。

在Graver案中,Jackson法官也提到等同原则可以被被控侵权人使用。"等同原则的有益现实不只是带给专利权人的,有时也可以是针对专利权人的。因此,如果某一装置与专利物品在原则上有较大差异,虽然产生同样或相似的效果,但采用的是实质不同的方式,却同时又落入专利要求的字面范围,等同原则可以用于限制权利要求的范围,挫败专利权人的侵权主张。"上述论述中明确包含了对"反向等同原则"的主张。

---

〔1〕 743 F. 3d 831(Fed. Cir. 2014).

〔2〕 170 U. S. 537 (1898).

联邦巡回上诉法院明确提出"反向等同原则"是在 SRI International v. Matsushita Electric Corp. of America[1]案中。联邦巡回上诉法院在该案的判决中指出:

如果专利权人证实了字面侵权,被控侵权人可以使用反向等同原则证明不侵权。如果被控侵权人可以提出因反向等同原则不侵权的表面证据,专利权人仍具有证明侵权的责任,他必须推翻上述证据。等同原则提出了被控侵权产品是否以实质上相同的方式产生实质相同的效果、实现实质相同功能的事实问题。……反向等同原则同样也提出了一个事实问题,这个问题的答案在于被控侵权物是否在原则上与专利发明有相当的变化,以至于被控侵权物虽产生同样或相似的功能、效果,但采取的是实质不同的方式。

在 Smithkline Diagnostics, Inc. v. Helena Laboratories Corp.[2]案中,联邦巡回上诉法院又使用了反向等同原则,但最后法院认为被控侵权物起作用的方式与专利发明没有实质的不同,因此,仍然认定侵权成立。

反向等同原则大多适用于"功能限定权利要求",自从 1952 年专利法增加了第 112 条第 6 项关于功能限定权利要求的规定后,功能限定权利要求适用反向等同原则已经成文化。[3] 但是,《美国专利法》第 112 条第 6 项的规定并没有取代反向等同原则,美国最高法院和联邦巡回上诉法院仍然承认反向等同原则是有效的法律原则。[4] 但是,从近些年美国法院的有关案件来看,除了针对功能限定权利要求的情形外,基本没有因适用反向等同原则而认定不侵权的案件。因此,虽然反向等同原则还是一个有效的原则,但其适用的机会是极其有限的。也有的学者提出反向等同原则仍有适用的余地,当被告的产品在技术上和商业上都远远优于原告的专利发明的实施方式时,适用反向等同原则可以通过排除侵权来保护真正的创新成果。[5] 但这只是一种理论上的学说,并没有得到法院的认可。

---

〔1〕 775 F. 2d 1107, 227 USPQ2d 577 (Fed. Cir. 1985).

〔2〕 859 F. 2d 878, 8 USPQ2d 1468 (Fed. Cir. 1988).

〔3〕 关于《美国专利法》第 112 条第 6 项的规定以及功能限定权利要求的解释问题,本文下面的部分将有详细介绍。

〔4〕 See George M. Sirilla, Thomas P. Feddo, Michael C. Antone, "The Doctrine of Equivalents: Both a Sword and a Shield", 13 *Federal Circuit Bar Journal*, 75, 2003. 在该文中作者提出,反向等同原则也属于等同原则的内容。等同原则有两个目的:限制或者扩大权利要求的字面含义。因此,等同原则既是矛又是盾。

〔5〕 Samuel F. Ernst, "The Lost Precedent of the Reverse Doctrine of Equivalents", 18 *Vand. J. Ent. & Tech. L.* 467, 2016.

第七节　功能限定权利要求的解释

一、美国专利法关于功能限定权利要求的规定

在1946年Halliburton Oil Well Cementing Co. v. Walker〔1〕中，美国最高法院对功能限定权利要求进行了否定。认为功能限定权利要求不符合专利法的规定，因而是无效的。但是，美国最高法院的这种立场遭到美国专利律师界的强烈反对。美国国会在制定1952年专利法时采纳了美国专利律师界的意见，否定了最高法院的意见，增加了专利法第112条第6项的规定："针对组合的权利要求来说，其特征可以采用'用于实现某种特定功能的机构或者步骤'的方式来撰写，而不必写出实现其功能的具体结构、材料或者动作。采用这种方式撰写的权利要求应当被解释为覆盖了说明书中记载的相应结构、材料或动作以及其等同物。"上述规定，明确肯定了可以使用功能限定权利要求，并且对于如何解释功能限定权利要求作出了特别的规定。

由于上述规定，相当数量的美国专利权利要求中都采用了功能限定权利要求，这已经成为许多美国人撰写权利要求的习惯。〔2〕对功能限定权利要求如何解释成为专利权利要求解释中的一个重要问题。

二、美国对功能限定权利要求的审查

《美国专利法》第112条第6项的规定，只规定了对于功能限定权利要求如何解释，但没有规定功能限定权利要求如何审查。在1952年美国专利法实施后，美国专利局很长时间以来仍然按照对一般专利要求的审查方式对功能限定权利要求进行审查。也就是说，审查员只需考虑权利要求中所述功能是否被对比文献所公开，而不必受专利申请说明书记载的用于实现该功能的具体方式的限制。按照这种审查方法，对于专利申请人来说比较严格，因为任何对比文献记载的技术只要能够实现专利申请权利要求中记载的功能，就被认为已经公开了该功能限定权利要求。这使很多功能限定权利要求被驳回或认定为无效。

---

〔1〕 329 U.S. 1, 71 USPQ2d 175 (1946).

〔2〕 参见尹新天：《专利权的保护》（第2版），知识产权出版社2005年版，第322页。

美国联邦巡回上诉法院于 1994 年在 In re Donaldson[1]案中对美国专利局的上述做法进行了纠正。法院在判决中指出,《美国专利法》第 112 条第 6 项的字面含义应当是:在解释权利要求中所包括的功能限定权利要求时,必须将它解释为所指的是说明书中记载的相应具体结构、材料、步骤以及其等同物。这一理解与美国国会当年订立这一条款时的宗旨是一致的。这种解释立场不但适用于专利侵权诉讼,也同样适用于专利审查程序。美国专利法既没有表明,也没有暗示美国专利局进行专利审查时可以不遵从这一条款的规定。

根据上述判决,美国专利局于 1994 年 4 月 20 日修改了其专利审查指南,将专利法第 112 条第 6 项的规定也适用到专利审查中。根据新的审查指南的规定,在涉及功能限定权利要求的审查时,专利局应当确定发明的要点。如果审查员发现某在先技术可以实现权利要求中的功能,并且该在先技术是专利所描述的具体方案的等同物,审查员可以拒绝授予专利;如果虽然在先技术可以实现权利要求中的功能,但该在先技术与专利说明书中描述的具体方案并不相同和等同,该在先技术并不影响专利的授权。通过上述判决的作出和审查指南的修改,美国对于功能限定权利要求的审查标准和解释标准实现了统一。

三、功能限定权利要求的认定

由于功能限定权利要求的审查和解释标准不同于其他权利要求,认定哪些权利要求属于功能限定权利要求就成为一个重要的问题。

(一)使用"……的手段(means for)"的权利要求

功能限定权利要求在英文中为"means plus function"权利要求,因为这类权利要求典型地使用"means for"的撰写方式。因此,对于使用这种撰写方式的权利要求,法院会考虑它是不是功能限定权利要求。

在 Al-Site Corp. v. VSI Int'l,Inc.[2]案中,联邦巡回上诉法院的法官 Rader 对认定功能限定权利要求的标准进行了总结。他指出:

当"手段"(means)一词与功能相结合出现在权利要求的技术特征中时,就推定它是"方式+功能技术特征"……但是,根据专利法第 112 条第 6 项的明确表述,该项的规定只适用于没有提到充分的结构限制的技术特征。因此,如果权利要求本身提到了实现权利要求中所述功能的充分的结构和物质,上述推定是可以被推翻

〔1〕 16 F. 3d 1189,29 USPQ2d 1845 (Fed. Cir. 1994).

〔2〕 174 F. 3d 1308,50 USPQ2d 1161 (Fed. Cir. 1999).

的……虽然使用"……的手段(步骤)"不是导致功能限定权利要求的唯一方式,但这一用语是导致功能限定权利要求的典型用语,而其他用语不是……然而,如果某一技术特征中使用了功能性术语,没有提及实现该功能的特定结构或物质,尽管该技术特征没有明确的功能限定权利要求用语,它仍可能是功能限定权利要求。

Allen Engineering Corp. v. Bartell Indus. ,Inc.[1]案中,美国联邦巡回上诉法院对功能限定权利要求的认定作了更简洁的概括:如果权利要求中使用了"……的手段"这样的用语,就推定该权利要求为功能限定权利要求。但这一推定可以通过以下两种方式推翻:一是技术特征虽然使用了"……的手段"这样的用语,但没有描述该手段的相应功能;二是技术特征虽然描述了其功能,但同时也描述了实现这一功能的充分结构。

在很多案件中,虽然权利要求使用了"手段"这一词,但因为描述了具体结构和位置,法院认定不属于功能限定权利要求。例如,在 TI Group Automotive Systems (North America),Inc. v. VDO North America,L. L. C. 案中,权利要求中有如下的描述:"用于将燃料泵送到所述油罐的泵送装置,所述装置位于油罐中的所述开口的区域中,并且包括喷嘴和与所述喷嘴对准的文丘里管,燃料由所述喷嘴,通过所述文丘里管,由油罐的开口处流到油罐中……"法院认定这一权利要求不属于功能限定权利要求。[2] 在 TriMed,Inc. v. I. iJcer Corp. 案中,案中专利涉及板与螺丝钉的结合,固定销穿过板上的贯穿孔以固定腕骨断裂。权利要求有如下的描述:"所述板中的所述贯穿孔提供用于允许所述销轴在其中滑动但防止跨越所述裂缝的压缩,并且稳定所述销的所述近端限制在所述板的平面中的位移的手段"。法院认定,由于权利要求中描述了充分的结构,推翻了其属于功能限定权利要求的推定。[3] 但是,如果在"手段"后虽有结构的描述,但结构的描述不够充分时,仍不能推翻该权利要求为功能性的推定。例如,在 Laitram Corp. v. Rexnord,Inc. 案中,专利涉及输送带,其中一个技术特征为:"用于将所述多个[链节端部]彼此连接的手段,使得所述多个链节端部中的所述孔的轴线同轴地布置,且基本平行。"联邦巡回上诉法院认为:"在一个功能性技术特征中引述一些结构并不能排除第 112 条第 6 款的适用。例如,在本案中,在连接手段一句所引述的结构只是进一步明确了该手

[1] 299 F. 3d 1336,63 USPQ2d 1769 (Fed. Cir. 2002).

[2] 3375 F. 3d 1126 (Fed. Cir. 2004).

[3] 514 F. 3d 1256 (Fed. Cir. 2008).

段的功能,只是告诉了连接手段做什么,而没有告诉其结构是什么。"[1]

还有一些案件中,虽然权利要求使用了"手段"这一词,但因为描述的不是功能而是结构,法院并不认定属于功能限定权利要求。例如,在 York Products, Inc. v. Central Tractor Farm & Family Center 案中,专利涉及皮卡车的车厢,其中一个技术特征是"形成在向上延伸的衬管侧壁部分的手段,包括从所述衬管侧壁部分突出的多个间隔开的竖直延伸的凸起部件,并且在将相邻的所述凸起部件分开的间隙中形成负载锁,所述负载锁具有足够的深度,以锚定结构定位并支撑在货台上。"联邦巡回上诉法院认为,这一描述使法院需要考虑它是否是功能性的。但该技术特征中,虽然使用了"……手段"的撰写方式,但内容都是结构性的,而不是功能性的,因此推翻了它属于功能限定权利要求的推定。[2]

"手段"后所引述的内容如果结构是公知的,也可以推翻功能限定权利要求的推定。例如,在 Rembrandt Data Technologies, LP v. AOL LLC 案中,权利要求中有如下两个技术特征:"分数率编码手段,用于接收所述第一组并在其上执行接收所述第一组并执行分数的分数编码。""网格编码手段,用于对相等位数的所述帧进行网格编码。"地区法院认为上述两个技术特征是功能性的,但联邦巡回上诉法院推翻了地区法院的判决。联邦巡回上诉法院认为,分数率编码手段和网格编码手段的用语在 20 世纪 90 年代就开始使用,对于本领域技术人员来说自描述型的,不属于功能性技术特征。[3] 同样,在 TecSec, Inc. v. International Business Machines Corp. 案中,对于权利要求中的"系统存储装置"(system memory means)和"数字逻辑装置"(digital logic means)并不属于功能性技术特征。因为系统存储装置意味着诸如随机存储器的结构,而数字逻辑装置意味着诸如执行布尔代数的数字电路的结构。[4]

可见,在认定功能限定权利要求时,法院首先看权利要求中的某项技术特征是不是包含"……的手段"或"……的步骤"等用语。如果权利要求中有这一用语,法院就推定该技术特征是功能性。但在该用语并没有和功能性描述连用时,或者权利要求中描述了实现该功能的充分结构时,这一推定就可以被推翻。除此之外,有的权利要求并没有使用"……的手段"这一用语,但通过专利权利要求条文的规定,也可以认定该技术特征是功能性的。

---

[1] 939 F. 2d 1533 (Fed. Cir. 1991).

[2] 99 F. 3d 1568 (Fed. Cir. 1996).

[3] 318 F. 3d 1363 (Fed. Cir. 2011).

[4] 731 F. 3d 1336 (Fed. Cir. 2013).

在按照上述方法认定时，比较容易出现争议的一种情况是，权利要求中使用了“……的手段”这一用语，但对于是否描述了实现该功能的充分结构有不同意见。例如，在本章第二部分提到的 Phillips 诉 AWH 案中，权利要求中的一个技术特征是“从钢壳墙向内伸展的钢制折流板组成的、放置在壳体内用于增加承载力的其他手段”。一审法院认为这属于功能限定权利要求，联邦巡回上诉法院否定了一审法院的认定，认为这不是功能限定权利要求。

(二)未使用“……的手段(means for)”的权利要求

在 2004 年的 Lighting World, Inc. v. Birchwood Lighting, Inc. 案中，联邦巡回上诉法院指出，专利权人在描述功能时未使用“……的手段”的用语则高度推定不是功能限定权利要求。[1] 一般情况下，对于未使用“……的手段”一词的权利要求，如果被控侵权人主张该权利要求是功能性的，需要提供证据和理由推翻其不是功能性的推定，这具有一定的难度。

为了澄清未使用“……的手段”一词的权利要求认定为功能限定权利要求的标准，联邦巡回上诉法院 2015 年以满席审理的方式就 Williamson v. Citrix Online, LLC 案进行了审理。案中专利涉及通过计算机网络进行分布式学习的系统，争议的技术特征为“分布式学习控制模块，用于接收在演示者和观众成员计算机系统之间转换的通信，用于将通信中继到预期的接收计算机系统，以及用于协调流数据模块的操作。”争议的问题是“分布式学习控制模块”是否意味着充分的结构使其不被作为功能性技术特征。该院全体法官对此案进行审理后，肯定了 Lighting World 提出的推定标准，但这种推定不再是“高度推定”。联邦巡回上诉法院提出了推翻推定的理由：“推翻推定的标准是，本领域技术人员是否将其作为结构的名称，且具有充分确定的含义。当权利要求未使用‘手段’一词时，如果挑战者说明权利要求的用语未引述足够确定的结构，或者引述了功能但未引述实现该功能的充分结构，则推定可以被推翻，从而作为功能限定权利要求适用第 112 条第 6 款的规定。”法院认为，需要检查该技术特征中的所有内容以确定其是否有结构内容。“模块”是一个通用词汇，其前面的“分布式学习控制”没有增加结构内容，其余的内容为传统的功能性形式。说明书中也没有描述“分布式学习控制模块”的重要结构细节。因此，该技术特征为功能限定技术特征。[2]

可见，对于未使用“……的手段”一词的权利要求，认定其为功能限定权利要求

---

〔1〕 382 F. 3d 1354 (Fed. Cir. 2004).

〔2〕 792 F. 3d 1339 (Fed. Cir. 2015) (en banc).

的标准更为宽松,更容易被认定为功能限定权利要求。这可能是因为美国对于使用"……的手段"一词的权利要求采取比较严格的态度,而专利申请人采用其他词来代替"……的手段"的原因。实践中,专利申请人使用多种词汇代替"……的手段",如机构(mechanism)、元件(element)或装置(device)等词。这些词并不引发属于功能性技术特征的推定,但如果该用语没有足够确定的结构,仍可能被认定为功能性技术特征。

在Robert Bosch,LLC v. Snap-On,Inc. 案中,专利涉及电子汽车诊断系统,"一个外部诊断测试仪……包括:程序识别和程序加载设备……"一审法院认为,程序识别设备和程序加载设备为功能限定的技术特征,因为说明书没有具体的结构。联邦巡回上诉法院维持了一审判决,认为非功能性技术特征的推定已被推翻。理由是:说明书中没有程序识别和程序加载设备的结构特点,所有的文字描述都是介绍其功能。专利权人的专家证人虽称这些术语对于本领域技术人员来说具有结构的含义。但当其试图描述结构特点时,描述的仍是其结构。另外,专利证人所列出的可以实现该功能的所有可能结构,不足以功能性用语具有结构特点。最后,法院认定专利权利要求缺乏明确性,从而无效。[1]

在Intel Corp. v. VIA Technologies,Inc. 案中,法院认为使用"元件"一词的技术特征为功能性技术特征。该专利中的相关技术特征为:"适于以至少两个速率之一选择性地将数据直接写入所述外围设备的元件"。[2]

在HTC Corp. v. IPCom GmbH & Co. 案中,法院认为使用"布局"(arrangement)一词的技术特征为功能性技术特征。该专利中的相关技术特术特征为:"用于在切换不成功时重新激活与第一基站的链路的布局"。[3]

在Regents of the Universiry of Minnesota v. AGA Medical Corp. 案中,法院认为使用"结构"(structure)一词的技术特征为功能性技术特征。该专利中的相关技术特术特征为:"展示用于在压缩方向和膨胀方向之间移动构件的弹簧状海绵元件的自膨胀结构"。[4]

在Bearing Bearing Co. v. PHD,Inc. 案中,法院认为使用"机构"(mechanism)一词的技术特征为功能性技术特征。该专利中的相关技术特征为:"所述组件的特征在于,用于响应于所述定位销的所述直线运动沿着直线将所述指状物移入和移

[1] 769 F. 3d 1094 (Fed. Cir. 2014).

[2] 319 F. 3d 1357 (Fed. Cir. 2003).

[3] 667 F. 3d 1270 (Fed. Cir. 2012).

[4] 717 F. 3d 929 (Fed. Cir. 2013).

出所述定位销垂直于所述轴线 A 的机构。"[1]

四、功能限定权利要求的解释方法

根据《美国专利法》第 112 条第 6 项的规定，对于功能限定权利要求，应当被解释为覆盖了说明书中记载的相应结构、材料或动作以及其等同物。在适用上述规定的过程中，美国法院创立了针对功能限定权利要求解释的方法。

(一) 区别对待功能限定权利要求中的用语

功能性技术特征的语句中有不同的用语，有的是用来描述功能的，有的则不是。法院在解释功能限定权利要求时，应将功能性技术特征中的不同用语进行区分。将实现所述功能的用语与描述实现所述功能的背景的用语区别开来。只有实现所述功能的用语，才限于说明书中披露的结构及其等同物。而描述实现所述功能的背景的用语，则不能限于说明书中披露的结构及其等同物。例如，在 O. I. Corp. v. Tekmar Co. 案中，专利涉及在气相色谱仪中从待分析的样品中除去水蒸气的装置，其中一个技术特征为："第一手段，用于当分析物段从喷射容器通到捕集器时，使分析物段塞通过加热到高于环境温度的第一温度的通道。"对于其中的"通道"，联邦巡回上诉法院认为，虽然它写在功能性技术特征中，但不能按照功能性技术特征的解释方式进行解释，因为它不是实现所述功能的组成部分。[2]

再如，在 Ims Technology, Inc. v. Haas Automation, Inc. 案中，专利涉及机床中的数控装置，权利要求中的一个用语是"顺序显示数据块的手段"。一审法院认为权利要求中的"数据块"只限于说明书中披露的内容及其等同物。联邦巡回上诉法院认为，专利法第 112 条第 6 项只适用于对实现所述功能的手段或步骤的解释。对于不是实现上述功能的用语，不能按照该项的规定进行解释。法院认为权利要求中的"数据块"并不是实现权利要求所述功能的用语，因此，不能使用第 112 条第 6 项的规定进行解释。[3]

(二) 区别技术特征原则很少适用

针对普通的权利要求，解释的一个方法是区别技术特征原则。但这一原则很少适用于功能限定权利要求的解释。这是因为，功能限定权利要求的保护范围不是根据权利要求的用语确定的，而是根据说明书的描述确定的。因此，功能限定权

---

[1] 550 F. 3d 1090 (Fed. Cir. 2008).

[2] 115 F. 3d 1576 (Fed. Cir. 1997).

[3] 206 F. 3d 1422, 54 USPQ2d 1129 (Fed. Cir. 2000).

利要求和其他权利要求所使用的用语可能不同,但其含义是依据同一个说明书,而依据该说明书只能对不同的权利要求做出保护范围相同的解释。美国联邦巡回上诉法院在 The Laitram Corp. v. Rexnord, Inc.[1]案就提到区别技术特征原则不适用于功能限定权利要求的解释。案中专利独立权利要求 21 是功能限定权利要求,而从属权利要求 24 描述了具体的结构。专利权人主张,如果将权利要求 21 解释为只包括说明书中的具体结构及其等同物,那就和权利要求 24 的保护范围一样了,这不符合区别技术特征原则。法院指出,法院创立的区别技术特征原则不能改变法律的规定。并不能因为另一个权利要求具体描述了实现某种功能的结构特征,就使功能限定权利要求可以进行扩大解释。如果采用专利权人的主张,就为避开专利法第 116 条第 6 项的规定开辟了一条便利之路。因此,这种情况下不能适用区别权利要求原则。

当专利中功能限定权利要求为独立权利要求时,专利权人往往把具体结构作为从属权利要求。在专利侵权诉讼中,专利权人往往引用区别技术特征原则来主张独立权利要求的保护范围比从属权利要求的保护范围大。联邦巡回上诉法院仍然按照专利法第 112 条第 6 项的规定解释功能限定权利要求的范围,并认为功能限定权利要求的字面范围比引用具体结构的从属权利要求的范围大。因为功能限定权利要求的字面范围包括说明书中的具体结构及其等同物,而从属权利要求的字面范围只包括具体结构。[2] 联邦巡回上诉法院曾在判决中指出:"包括功能性限定的独立权利要求与引述实现该功能的具体结构的从属权利要求,其字面的保护范围并不相同。这是已经确定的规则。"[3]

但是,区别权利要求原则并不是绝对不适用于功能限定权利要求。在个别情况下,该原则也可以适用。例如,在 Clearstream Wastewater Systems, Inc. v. Hydro-Action, Inc. 案中就将区别权利要求原则适用于功能限定权利要求的解释。案中发明涉及包括过滤系统和充气净化系统的污水处理系统。说明书披露了两种充气净化系统:用硬管的现在技术和用软管的新技术。所有的权利要求中都引用了新的过滤系统,而对充气净化系统,独立权利要求 4 使用了功能性的描述方式,"向充气室中的污水中充入空气以增强空气净化力的手段",而从属权利要求 5 描述了软管充气的具体方式。地区法院认为,专利说明书中描述了软管充气的好处,专利权利要求中的充气净化系统使用的都应是软管技术。联邦巡回上诉法院推翻了地区法

---

[1] 939 F. 2d 1533, 19 USPQ2d 1367 (Fed. Cir. 1991).

[2] Robert C. Kahrl, *Patent Claim Construction*, New York, Aspen Publishers, 2003, pp. 8 – 30.

[3] Medtronic, Inc. v. Advanced Cardiovascular Systems, Inc., 248 F. 3d 1303 (Fed. Cir. 2001).

院的判决，认为并不是每一个新的特征都必须体现在所有的权利要求中。"权利要求 4 没有描述特定的充气系统，而从属于权利要求 4 的权利要求 5 描述了使用软管的技术。根据区别权利要求的原则，权利要求 5 中的软管限制不应当被读入权利要求 4 中。"[1]可见，在解释功能限定权利要求时使用区别权利要求原则是有条件的，本案中的独立权利要求中除了使用功能性语句描述的技术特征外，其他技术特征也是具有新颖性的特征，并且在专利说明书中描述的实现功能性技术特征的方式有两个。因此，只有在说明书中描述了两个以上实现权利要求中所述功能的方式，并且将该功能性技术特征解释为指向任何一种实现方式都符合专利的授权条件时，可以在功能限定权利要求的解释中使用区别权利要求原则。

另外，在 Versa Corp. v. Ag-Bag International, Ltd. 案中，独立权利要求使用了功能性限定，说明书披露了两种实现所述功能的结构，一个从属权利要求只描述了其中一种结构。联邦巡回上诉法院认为，独立权利要求的保护范围及于该从属权利要求未描述的另一种结构及其等同物。因为如果将独立权利要求解释为包括两种结构及其等同物，该从属权利要求就是多余的。[2]

如果从属权利要求增加了独立权利要求中未记载的功能，则可以适用区别技术特征原则。例如，在 Wenger Manufacturing, Inc. v. Coating Machinery Systems, Inc. 案中，专利涉及用于涂覆和干燥食品的设备，独立权利要求包括一种干燥器壳体，一个供干燥食材的长形卷轴，以及"与所述干燥器壳体相关联的用于循环通过所述卷轴的循环装置，空气循环装置包括用于从卷轴的内部进入所述壳体以便提供通过该装置的沉积空气流。"从属权利要求 3 包括"用于涂覆和干燥如权利要求 2 所述的食品的设备，包括用于排出接收在所述空腔中的所述空气的第一部分并将所述空气的第二部分再循环回所述卷轴的内部的装置"。被控侵权人主张，独立权利要求中的循环装置应实现从属权利要求 3 的功能。地区法院支持了这一主张，但被联邦巡回上诉法院推翻。联邦巡回上诉法院认为，当从属权利要求引用了独立权利要求中未包括的功能时，就可以适用区别技术特征原则，推定二者具有不同的保护范围，并且增加的功能要求额外的结构。[3]

（三）对功能限定权利要求的字面解释

对功能限定权利要求的字面解释是通过以下步骤完成的：

---

[1] 206 F. 3d 1440, 54 USPQ2d 1185 (Fed. Cir. 2000).

[2] 392 F. 3d 132 (Fed. Cir. 2004).

[3] 239 F. 3d 1225 (Fed. Cir. 2001).

1. 确定相同功能

功能限定权利要求的核心是关于功能的描述。因此,在对这类权利要求进行解释时,首先要确定哪些用语是用来描述功能的,也就是确定权利要求所描述的功能是什么。有时在权利要求的一句话中,有一部分是功能性的,其余部分不是功能性的。该技术特征的功能只能通过功能性限定的这一部分来确定,而不能包括非功能性限定的部分。例如,在 BBA Nonwoven Simpsonville, Inc. v. Superior Nonwovens, LLC 案中,权利要求中的一句话是"corona means cooperating with said attenuator and positioned forelectrostatically charging the filaments so that repelling forces areinduced in the filaments to more uniformly spread the filamentsbefore they are deposited on said collection surface to form a web"。联邦巡回上诉法院认为,这句话中关于功能的描述是"attenuator"这个词之前的部分,之后的部分描述的是位置,不属于功能的范围。[1]

确定权利要求所述的功能时,要根据权利要求书的明确记载来确定,不能将说明书中描述的发明的功能都读入到权利要求中。联邦巡回上诉法院在 JVW Enterprises, Inc. v. Interact Accessories, Inc. 案中指出:"确定要求保护的功能和识别对应于该功能的结构涉及必须以特定顺序发生的不同的步骤,尽管是相关的。简言之,在识别相应结构之前必须确定功能。"[2]该案中的专利涉及用于视频游戏控制器的基座,其包括"用于可锁定地接收处于固定位置的视频游戏控制器的装置"。地区法院根据说明书中的描述,将该技术特征的功能描述为:"通过将部件彼此装配的交错而接收在固定位置"。联邦巡回上诉法院认为,地区法院的认定偏离到识别相应结构的步骤,是不允许的。因此推翻了地区法院的认定。[3]

在确定了权利要求的功能后,然后对比被控侵权产品的功能,看被控侵权产品是否实现了相同的功能。"功能"是对专利权利要求进行限定的主要因素。被控侵权物只有具有与专利发明相同的功能,才可能落入专利权利要求的保护范围。在 Pennwalt Corp. v. Durand- Wayland, Inc. 案中,由于一审法院认定被控侵权物的功能与专利权利要求中的功能不完全相同,因此该院并不需要对被控侵权物的结构与说明书中披露的结构是否等同进行对比。同时该院还指出:"如果被控侵权物没有精确地实现所要求的功能,必须记住,第 112 条第 6 款不涉及等同性。"[4]

---

〔1〕 303 F. 3d 1332 (Fed. Cir. 2002).

〔2〕 424 F. 3d 1324 (Fed. Cir. 2005).

〔3〕 Ibid.

〔4〕 833 F. 2d 931 (Fed. Cir. 1987) (en banc).

2. 确定相应结构

根据《美国专利法》第112条第6项的规定，功能限定权利要求应当解释为至少包括说明书中实现该功能的相应结构。因此，对于说明书中相应结构的确定是功能限定权利要求解释中的关键问题。一般来说，说明书中都有对实现权利要求书中所述功能的具体结构或材料、动作的描述，因为如果没有这种描述，可能会使专利因不符合专利法的要求而无效。在确定实现权利要求中所述功能的相应结构时，一般根据说明书对具体结构的描述就可以确定。但有时说明书中对于结构的描述过于详细，有的描述并不是实现权利要求的功能所必需的，这时应当认为那些不是实现权利要求所述功能所必需的结构不属于"相应结构"的范围，只用那些实现权利要求所述功能所必需的描述来确定"相应结构"。例如，在 Chiuminatta Concrete Concepts, Inc. v. Cardinal Industries, Inc.〔1〕案中，专利发明涉及切割潮湿混凝土的圆锯，权利要求中的一个技术特征是"与锯连接用于支持混凝土与锯刃接触面以防止切割过程发生碎裂的手段"。在专利的说明书中有如下的描述："混凝土切割锯有一个基盘，上面有两个轮子和一个滑动板，三者都与混凝土表面接触形成三点支撑。锯刃从滑动板的缝中穿过以便于切割板下的混凝土。滑动板上的缝的尺寸足以支撑混凝土与锯刃接触的表面，以防止混凝土切割时发生破裂。"另外，说明书还对滑动板进行了更详细的描述：滑动板通常是圆边金属矩形条，圆边之间是平面部分。平面部分通常与基盘平行。滑动板上的缝通常也是矩形的，并且位于平面部分。联邦巡回上诉法院认为，说明书中关于滑动板的详细描述，对于权利要求中所说的功能来说是没有关系的。因此，说明书中披露的实现权利要求所述功能的相应结构只是前一部分关于滑动板的描述，关于滑动板的详细描述不能用于确定实现权利要求所述功能的相应结构。

如果就权利要求中的相应功能，说明书披露了多个结构，法院应就被控侵权物分别与各个结构以及各结构的等同结构进行对比。例如，在 Callicrate v. Wadsworth Manufacturing, Inc. 案中，说明书披露了一种主要的实现权利要求所述功能的结构，地区法院将被控侵权物与该结构及其等同结构进行对比后，得出不侵权的结论。联邦巡回上诉法院推翻了一审判决，因为说明书还披露了几种替换结构，被控侵权物都需要与这些结构进行对比才能得出是否侵权的结论。〔2〕 但是，仅仅是说明书在对比文件中提到的结构，并不能作为说明书中披露的相应结构。〔3〕

---

〔1〕 145 F. 3d 1303, 46 USPQ2d 1752 (Fed. Cir. 1998).

〔2〕 427 F. 3d 1361 (Fed. Cir. 2005).

〔3〕 See Atmel Corp. v. Information Storage Devices, Inc., 198 F. 3d 1374 (Fed. Cir. 1999).

在确定结构与功能的对应关系时,一个经常出现的争议在于说明书披露的结构哪些是与权利要求中的功能相对应的。说明书中的“相应结构”必须与权利要求中所述的功能具有“相对应”的关系。也就是说,通过说明书和审查档案等可以看出,某一结构就是用来实现权利要求中所述的功能的,这一结构才可以认定为权利要求所述功能的“相应结构”。B. Braun Medical,Inc. v. Abbott Laboratories 案就属于这种情况。案中发明涉及静脉治疗用的瓣膜。权利要求中的一个技术特征是“防止瓣膜移动的手段”,专利说明书中描述了“横切条”(traverse cross bar)可以实现上述功能。专利权人主张,除了横切条之外,图 3 中的实施例没有使用横切条,而是使用了瓣膜座。因此,瓣膜座也是权利要求中所述功能的相应结构。联邦巡回法院认为,“只有说明书或审查档案将权利要求中披露的结构与权利要求中的功能清楚地联系起来时,才能把权利要求中的披露的结构作为‘相应’结构”。虽然说明书中披露了瓣膜座,但说明书和审查档案没有瓣膜座结构与权利要求中的功能相对应的任何指示,因此不能将瓣膜座认定为专利权利要求的相应结构。[1]

当说明书指明某一特定结构实现权利要求的功能时,将除此之外的结构也包括在实现权利要求功能的结构中是错误的,即使这些结构与权利要求中的功能有关联。例如,在 Northrop Grumman Corp. v. Intel Corp. 案中,专利涉及电脑中的多路复用数据总线接口单元,权利要求中的功能性技术特征界定了监视功能和生成功能两种功能。地区法院认为说明书中的相应结构为逻辑单元 220 和 X0 及 X18。联邦巡回上诉法院推翻了这一判决,理由是说明书明确说明实现权利要求中两种功能的结构是逻辑单元 220。虽然 X0 及 X18 与该功能有关,但不属于实现该功能的相应结构。[2]

在确定说明书中的相应结构时,法院不仅看说明书的记载,有时还看专利审查档案。例如,在 Frank's Casing Crew & Rental Tools,Inc. v. Weatherford International,Inc. 案中,对于说明书中的提升板是否属于实现权利要求中所述功能的组成部分,双方产生了争议。专利权人主张提升板只是实现权利要求所述功能的结构的支持结构,并不属于实现所述功能的结构。但联邦巡回上诉法院认为,在专利审查过程中专利权人强调了提升板对于专利发明区别于现有技术的作用,最后认定提升板是实现所述功能的结构的一部分。[3] 在 Chicago Board Options Exchange, Inc. v. International Securities Exchange,LLC 案中,法院在确定说明书中的相应结构时,既

〔1〕 124 F. 3d 1419,43 USPQ2d 1896 (Fed. Cir. 1997).

〔2〕 325 F. 3d 1346 (Fed. Cir. 2003).

〔3〕 389 F. 3d 1370 (Fed. Cir. 2004).

考虑了说明书,又考虑了审查档案。案中涉及证券自动交易系统,其中一个技术特征是“系统存储手段,用于存储分配参数,用于在收到的订单或报价与先前接收的订单和报价之间分配交易”。地区法院认为,相应的结构除了存储器以外还包括报价匹配装置,因为上述技术特征中的“参数”是在报价匹配装置中。联邦巡回上诉法院认为,说明书中有几次提到“参数”是在存储装置中,并且审查档案中专利权人也有相似的陈述,因此存储器是实现所述功能的唯一结构。[1]

在 Harris Corp. v. Ericsson, Inc. 案中,实现权利要求中所述功能的结构为普通电脑,说明书披露的内容是普通电脑加装特定程序后执行相应功能。法院认为说明书中的相应结构为加装了可以实现所述功能的程序的特定用途电脑。[2]

3. 确定等同结构

在确定了相应结构后,如果被控侵权物与相应结构不同,专利权人可以主张被控侵权物是该相应结构的等同物。如果被控侵权物是该相应结构的等同物,仍可以构成字面侵权。确定等同结构与按照等同原则认定等同既有相似之处,又有区别。主要表现在以下几个方面:

第一,确定等同结构与等同原则下认定等同的标准有相似之处,两者都适用“非实质差异”标准,但“三一致”标准的适用有不同之处。联邦巡回上诉法院指出,在根据《专利法》第 112 条第 6 项认定等同时,事实认定者已经认定两者的功能是相同的,因此所进行比较的只是效果和方式两个方面。“专利法第 112 条第 6 项下的非实质性差异标准只剩下‘方式’和‘效果’。也就是说,法律规定的等同的分析要求确定被控侵权物实现权利要求所述功能的‘方式’,所产生的‘效果’与‘说明书中记载的相应结构、材料或者动作’实现权利要求的功能的方式或者效果是否有实质性差异。只有差异是非实质性的,才能认定为专利法第 112 条第 6 项下的等同结构。”[3] 虽然在一般情况下适用等同原则时,需要就功能—方式—效果三个方面通过证据和辩论来确定是否基本相同,但在功能限定权利要求的字面侵权判断中,相应结构等同物的确定没有上述要求。[4] 事实上,法院总是看被控侵权物的结构与专利说明书中披露的实现权利要求所述功能的结构是否有实质性差异,而很少

---

[1] 677 F. 3d 1361 (Fed. Cir. 2012).

[2] 417 F. 3d 1241 (Fed. Cir. 2005).

[3] Odetics, Inc. v. Storage Technology Corporation, 185 F. 3d 1259, 51 USPQ2d 1225 (Fed. Cir. 1999).

[4] See Appiied Medical Re. sources, Jnc. v. United States Surgical Corp., 448 F. 3d 1324 (Fed. Cir. 2006).

使用“三一致”标准。[1]

第二,确定等同结构不适用等同原则下的全部技术特征原则。在 Odetics,Inc. v. Storage Technology Corporation 案中,地区法院按逐一技术特征对比的方式对被控侵权物与专利中披露的相应结构的组成部分进行了对比。联邦巡回上诉法院否定了这种做法,指出:“与权利要求的功能相对应的整体结构的每个组成部分(如果可以划分为组成部分的话),并不是权利要求的技术特征。而技术特征是与权利要求功能相对应的整体结构。这就是为什么虽然结构的组成部分不同但仍属于第112条第6款所述的等同结构的原因。”[2] 因此,将被控侵权物与专利中披露的相应结构进行对比时,没有必要将各个结构分解为不同的技术特征再进行对比,将两者从整体上进行对比就可以。

第三,等同结构不包括专利授权后出现的技术。虽然美国法院没有明确功能限定权利要求的等同结构是否包括专利授权后出现的技术,但有关判决暗示了等同结构必须是在专利授权时已经存在的,在专利授权后设计的结构不在功能限定权利要求的范围之内。[3] 在 Welker Bearing Co. v. PHD,Inc. 案中,联邦巡回上诉法院曾指出:“等同结构与等同原则是非常相近的。它们的共同点是,第112条第6款的等同结构和等同原则都适用于结构之间的‘非实质性差异的类似分析’。然而,两种方式之间的重要区别在于对‘非实质性改变’的基准时间。也就是说,根据第112条第6款的等同结构必须在专利授权时就是可得到的,而等同原则可以包括在专利授权后开发的技术。”[4]

第四,禁止反悔原则可以用于等同结构的确定。确定等同结构虽然属于字面解释的范围,禁止反悔原则仍可以适用。在 J&M Corp. v. Harley-Davidson,Inc. 案中,专利涉及用于将麦克风和电插头安装到摩托车头盔的装置,原来的专利要求的是连接麦克风和插头的是单独的夹子,权利要求中称“所述麦克风安装件和所述插头安装件均包括连接到头盔的下侧边缘的夹子部分”。专利授权后,专利权人认为,该权利要求没有覆盖其全部发明,申请重颁专利,其权利要求称麦克风和插头全部连接到一个夹子上。专利商标局审查意见认为该权利要求未得到说明书支持。专利权人修改了权利要求,将其修改为功能限定权利要求并获得授权。专利权人针对被控侵权人提起侵权诉讼,而被控侵权产品的麦克风和插头使用一个夹

---

〔1〕 Robert C. Kahrl, *Patent Claim Construction*, 2nd ed., New York, Wolters Kluwer, 2015, pp. 8－84.

〔2〕 185 F. 3d 1259, 51 USPQ2d 1225 (Fed. Cir. 1999).

〔3〕 Robert C. Kahrl, *Patent Claim Construction*, New York, Aspen Publishers, 2003, pp. 8－53.

〔4〕 550 F. 3d 1090 (Fed. Cir. 2008).

子。联邦巡回上诉法院认为，根据专利审查档案，使用一个夹子的方案不在专利保护范围之内。[1] 在 Solomon Tech-nologies, Inc. v. International Trade Commission 案中，专利涉及一种混合动力汽车发动机和变速器的配置，其中一个技术特征是“动力转换手段”。说明书披露的具体结构是电动机的电枢围绕齿轮，两者通过盘连接。被控侵权物使用轴将电动机连接到变速器。专利权人主张轴是盘的等同结构。但是，在专利审查档案中，针对驳回通知专利权人陈述了盘的重要性，因此法院未采纳专利权人的主张。[2]

(四)等同原则下对功能限定权利要求的解释

根据《美国专利法》第 112 条第 6 项的规定，在对功能限定权利要求进行字面解释时，已经将专利说明书中披露的相应结构的等同物包括在内。如果认定被控侵权物不属于功能限定权利要求的字面含义的范围，还能否适用等同原则认定被控侵权物属于该权利要求的等同的范围，在美国是一个有争议的问题。

一般认为，因为在对功能限定权利要求进行字面解释时，已经将相应结构的等同物考虑在内，如果再允许按照等同原则认定侵权，就是“在苹果上咬两次”。[3] 联邦巡回上诉法院的案例法说明，除了个别的情况外，认定被控侵权物不属于功能限定权利要求相应结构的等同物，也就认定了在等同原则下也不可能构成侵权。[4]

这就是说，即使被控侵权物不属于功能限定权利要求相应结构的等同物，在特殊的情况下仍然可以适用等同原则认定侵权。这种特殊情况主要是指以下两种情况：

一种情况是被控侵权物使用的是专利授权后的新技术。由于功能限定权利要求相应结构的等同物范围只及于专利授权时已经存在的技术，如果被控侵权物使用的是专利授权后的新技术，就不属于功能限定权利要求的字面范围，这时可以适用等同原则认定是否构成侵权。美国联邦巡回上诉法院在 Chiuminatta Concrete Concepts, Inc. v. Cardinal Industries, Inc. 案中指出，“对于功能限定权利要求，如果因没有等同结构而不能认定构成字面侵权，也就排除了根据等同原则认定等同侵权。”，等同结构的认定和等同原则的适用，其区别在于基准时间。如果提出的等同结构产生于专利授权前，等同原则的适用与等同结构的认定重合在一起。如果产

---

〔1〕 269 F. 3d 1360, 60 USPQ2d 1746 (Fed. Cir. 2001).

〔2〕 524 F. 3d 1310 (Fed. Cir. 2008).

〔3〕 Chiuminatta Concrete Concepts Inc. v. Cardinal Industries Inc., 145 F. 3d 1303 (Fed. Cir. 1998).

〔4〕 Robert C. Kahrl, *Patent Claim Construction*, 2nd ed., New York, Wolters Kluwer, 2015, pp. 9 - 77.

生在专利授权之后,则要根据等同原则进行分析。[1] 在 Ring & Pinion Service, Inc. v. ARB Corp., Ltd. 案中,联邦巡回上诉法院指出,由于认定第 112 条第 6 款的功能限定权利要求的等同结构的基准时间是专利授权日,而适用等同原则的基准时间是侵权日,专利授权之后的技术不构成对功能限定权利要求的字面侵权,但可能构成等同侵权。[2] 虽然联邦巡回上诉法院在上述案件提出了授权后的技术可适用等同原则,但并没有不属于功能性技术特征的等同结构根据等同原则认定侵权的案例,因为上述案件中涉及的被控侵权技术并不是授权后的技术。

第二种情况是被控侵权物的功能与权利要求中的功能并不完全相同。对功能限定权利要求字面侵权的认定,是在被控侵权物的功能与权利要求中限定的功能完全相同的情况下进行的。因此,如果被控侵权物的功能与功能限定权利要求中的功能不完全相同,就不可能认定字面侵权。但是,这时有可能根据等同原则认定侵权。例如,在 WMS Gaming, Inc. v. International Game Tech.[3] 案中,联邦巡回上诉法院就认定等同侵权成立。该案中被控侵权物的结构与专利说明书中披露的相应结构相似,但被控侵权物的功能与专利权利要求中限定的内容不完全相同。专利权利要求限定的功能是分配和选择单个数字,而被控侵权物实现的功能是分配和选择数字组合。联邦巡回上诉法院认为,由于两者功能上的上述差异,被控侵权物不属于权利要求的字面范围。但是,由于被控侵权物与专利权利要求中限定的功能没有实质的差异,而其结构又与说明书中披露的相应结构相似,因此,等同侵权成立。该案被认为是属于极特殊的情况,其后美国联邦巡回上诉法院在以后的判决中并没有引用该案判决。但是在 2001 年的 Interactive Pictures Corp. v. Infinite Pictures, Inc.[4] 案中,美国联邦巡回上诉法院再次适用等同原则,认定与功能限定权利要求限定的功能不完全相同的被控侵权物构成等同侵权。

联邦巡回上诉法院在 2014 年的 Ring & Pinion Serv., Inc. v. ARB Corp., Ltd. 案中对上述两种情形进行了总结。案中专利涉及汽车锁定差速器,权利要求中的一个技术特征"圆柱形装置,其形成在所述差速器壳中并且容纳致动器位置以使所述锁定装置相对于所述支架移动。"案中双方当事人向法院提交了共同的意见,称:"如果申请时的可预见性不妨碍等同原则的适用,则被控侵权物构成等同侵权。"一审法院认定申请时的可预见性不妨碍等同原则的适用,但认为如果认定等同侵权

---

[1] 145 F. 3d 1303, 46 USPQ2d 1752 (Fed. Cir. 1998).

[2] 743 F. 3d 831 (Fed. Cir. 2014).

[3] 184 F. 3d 1339, 51USPQ2d 1385 (Fed. Cir. 1999).

[4] 274 F. 3d 1371, 61 USPQ2d 1152 (Fed. Cir. 2001).

将损害“圆柱形装置”这一技术特征。因此认定不构成等同侵权。联邦巡回上诉法院支持了可预见性不妨碍等同原则的适用的观点。对于等同原则的适用,法院指出:“根据专利法第112条第6款确定等同结构以认定字面侵权,与针对同一技术特征认定等同侵权,存在两点区别:时间和功能。认定是否属于第112条第6款的等同结构的基准时间是专利授权日,而适用等同原则的基准时间是侵权时。因此,专利授权后的技术,尽管不构成第112条第6款下的字面侵权,仍可能构成等同侵权。第二个区别是技术特征的功能。第112条第6款下的字面侵权,要求被控侵权物的功能与权利要求的功能相同。而等同原则可以包括以基本相同的方式和基本相同的效果实现基本相同功能的结构。因此,等同原则可以包括功能等同但不完全相同的结构。……认定不构成第112条第6款的字面侵权,并不排除认定等同侵权。”[1]最后,法院以地区法院在认定不构成侵权时未考虑双方的共同意见为由,将案件发回重审。

可见,美国联邦巡回上诉法院肯定了等同原则对于功能限定权利要求的适用,但同时也限定了适用的条件。当被控侵权物使用的是专利授权后新出现的技术,或者被控侵权物的功能与功能限定权利要求中限定的功能不完全相同但又没有实质差异时,仍可以适用等同原则认定侵权。

第八节 以方法界定产品的权利要求的解释

一、以方法界定产品的权利要求的审查

美国专利法并没有对以方法界定产品的权利要求作出专门规定。美国专利法规定了专利保护的四种客体:方法、机器、产品和物质合成。对于第三种和第四种客体,有时缺乏足够的信息进行充分的描述,这时允许不采用传统的通过形状和物理特征进行界定的方法,允许使用制造方法对发明客体全部或部分进行界定。

1891年,美国专利局就在Ex Parte Painter案中承认了以方法界定产品的权利要求的必要性:“提出确立下面一项规则是不会引起争议的:产品权利要求不应当通过制造该产品的方法来界定。但是,做出发明的人有权利得到专利,他的权利不应受制于语言的局限性。如果一件产品是新产品、有用的产品并且体现了发明,但不通过引用制造方法就不能界定它或者将它与在先技术相区别时,就出现了上述

[1] 743 F.3d 831 (Fed. Cir. 2014).

规则的例外情况。”可见,采用以方法界定产品的权利要求,是因为使用其他方法无法界定产品而产生的。因此,很长时间以来,美国专利局和关税与专利上诉法院一直将“其他方法无法界定产品”作为审查以方法界定产品的权利要求的标准,这一标准被称为“必须性”标准。如果不符合这一标准,专利局不允许采用以方法界定产品的权利要求。例如,在 In re Moeller[1]案中,美国关税和专利上诉法院认为专利客体可以通过物理或化学性质进行描述,不符合使用以方法界定产品的权利要求的条件,从而维持了专利局不予授权的决定。

但是,后来,这一“必须性”标准开始放松。在 In re Bridgeford[2]案中,美国关税和专利上诉法院指出:“是通过结构、新的物理性质还是生产方法来界定产品,或者在适当的案件中采用一个以上的方法来界定产品,对发明的专利权是最终的考虑因素。”在这里,该法院并没有将“必须性”作为使用以方法界定产品的权利要求的条件,而是将关注点从“必须性”转移到产品本身是否符合专利授权的条件。在其后的案件中,该法院还指出,只有权利要求是“明确的”,法律并不限制专利申请人对其发明提出权利要求的方式。而以方法界定产品的权利要求是否是明确的,取决于产品本身的专利性。在 1974 年修改的专利审查程序指南中,取消了关于以方法界定产品权利要求的“必须性”要件。在取消了“必须性”要件后,专利局并不审查方法是否是新的或显而易见的,而是对产品本身进行审查。[3]

在对以方法界定产品的权利要求进行审查时,审查员可以要求专利申请人说明其产品与在先技术中相似产品的区别。如果该产品与在先技术中的产品是相同的,或者只有细微的差别,审查员可以缺乏非显而易见性或新颖性为由拒绝授权。也就是说,与传统的权利要求相比,对于证明该专利的显而易见性,审查员承担了更少的证明责任,而申请人承担了更多的证明其专利具有非显而易见性的责任。[4]

美国的审查指南(MPEP)关于“以方法界定产品的权利要求”规定了以下内容:第一,作为用其制造方法来表征的所要求保护的产品的权利要求,用方法特征表征的产品权利要求是合适的。第二,虽然以方法界定产品的权利要求受方法的限制和定义,但是产品专利性的确定基于产品本身,而不依赖其制造方法。如果 PBP 权利要求中的产品与现有技术的产品相同或显而易见,即使该现有技术的产品由不

---

〔1〕 117 F. 2d 565 (C. C. P. A. 1941).

〔2〕 357 F. 2d 679 (C. C. P. A. 1966).

〔3〕 See Brian S. Tomko, “Scripps or Atlantic: the Federal Circuit Squares off over the Scope of Product-by-Process Patents”, 60 *Brooklyn Law Review* 1693, 1995.

〔4〕 Ibid.

同的方法制备,该权利要求也是无法获得专利权的。第三,以方法界定产品的权利要求由于缺乏物质的有形的描述使得权利要求的专利性判定更困难,原因在于尽管权利要求可以仅由方法限定,必须确定的是产品权利要求的专利性而非所述方法的步骤。因此我们的观点是当现有技术公开了一种产品,该产品与用方法特征表征的产品权利要求所要求的产品相比看起来相同或仅有轻微差别,基于《专利法》第102条或第103条的驳回非常公平且可接受。在实践中,专利局不具备条件通过大量的方法生产产品,然后获得现有技术的产品并进行物质的有形的对比。[1]

可见,美国专利局和法院在实践中承认了以方法界定产品的权利要求。对于这种权利要求,最初只允许在其他方法无法界定产品时使用。后来,美国专利局和法院取消了这一限制,只就产品本身是否符合专利的授权条件进行审查。在审查过程中,专利申请人承担证明其专利具有非显而易见性的责任。

二、以方法界定产品的权利要求的解释

在解释以方法界定产品的权利要求时,一个重要的问题是权利要求中的制造方法是否对于产品具有限制作用。如果认为制造方法对于产品没有限制作用,只要被控侵权物与权利要求界定的产品相同,不管是否使用了权利要求中所说的制造方法,都构成侵权;如果认为制造方法对于产品具有限制作用,只有被控侵权物与权利要求界定的产品相同,并且使用了权利要求中所说的制造方法时,才构成侵权。

(一)美国最高法院关于以方法界定产品的权利要求的解释

对于制造方法是否对于以方法界定产品的权利要求具有限定作用,美国最高法院一直没有明确地提出观点。但美国最高法院在有关判决中曾涉及这一问题。早在Smith v. Goodyear Dental Vulcanite Co.[2]案中,美国最高法院就在侵权判断中涉及以方法界定产品的权利要求。案中的发明是一种假牙托,它是将假牙放在弹性材料上焙烤变硬后做成的。美国最高法院指出,本专利是一个产品发明,其中所说的制造方法和构成材料都是发明的一部分。可见,该案中美国最高法院暗示制造方法对于发明具有限定作用。在Cochrane v. Badische Anilin & Soda Fabrik[3]案中,美

---

〔1〕 参见丁佳艺:《“用方法特征表征的产品权利要求”相关问题的探析》,中国社会科学院研究生院2014年硕士学位论文,第23页。

〔2〕 93 U.S.486 (1876).

〔3〕 111 U.S.293 (1884).

国最高法院认为,用新的方法制造已知产品的权利要求的保护范围,应当限于新的方法,否则专利就失去了限制。在 1938 年的 General Electric Co. v. Wabash Co.[1]案中,美国最高法院指出,如果专利权人除了引用制造方法将其产品与现有技术区别开来以外,并没有其他的区别特征时,其独占的范围不能扩大到使用各种方法生产的这种产品。

从上述判决可以看出,美国最高法院暗示制造方法对于专利具有限定作用。但是,这些判决都是在 20 世纪 50 年代以前做出的,当时对于以方法界定产品的权利要求的审查标准与现行的标准并不相同,并且美国最高法院并没有明确表明如何解释以方法界定产品权利要求,因此,可以说美国最高法院并没有关于解释以方法界定产品的权利要求的判例。

(二)美国关税与专利上诉法院关于以方法界定产品权利要求的解释

对于以方法界定产品的权利要求,美国关税与专利上诉法院未作出决定性的判决,并且有些判决是冲突的。在有些判决中,法院认为方法是权利要求的一个限制条件。例如,在 In re Moeller[2]案中,美国关税和专利上诉法院认为,以方法界定产品的权利要求的保护范围,只限于使用了权利要求中所述的方法生产的产品。而在另一些案件中法院认为这种专利保护的是产品,而不只是权利要求中所说的方法。例如,在 In re Hirao[3]案中,法院指出,不能将以方法界定产品的权利要求片面解释为只保护使用权利要求中的方法所生产的产品。[4]

(三)2009 年之前联邦巡回上诉法院的判决

2009 年之前,联邦巡回上诉法院曾经对以方法界定产品的权利要求作出两种不同的判决:

1. 认定制造方法没有限定作用的判决

1991 年,美国联邦巡回上诉法院在 Scripps Clinic & Research Found. v. Genentech[5]案中认为,制造方法对于以方法界定产品的权利要求没有限定作用。本案中的权利要求涉及制造基因 8C 的方法,基因 8C 是人类血液中使血液凝固的物质。案中的权利要求采用了以方法界定产品的方式。对于这种权利要求的保护

---

[1] 304 U. S. 364 (1938).

[2] 117 F. 2d 565 (C. C. P. A. 1941).

[3] 535 F. 2d 67 (C. C. P. A. 1976).

[4] See Michael J. Schutte, "Patent Law: Controversy in the Federal Circuit Over Product-by-Process Claims—Atlantic Thermoplastics Co. v. Faytex Corp.", 19 *Dayton L. Re v.* 283, 1993.

[5] 927 F. 2d 1565, 18 USPQ2d 1001 (Fed. Cir. 1991).

范围,Newman 法官代表联邦巡回上诉法院出具的判决意见中指出:

专利权人指控被控侵权人采用不同的方法制造的产品也侵犯了其用方法界定产品的权利要求。对此,一审法院认为,除非采用了该权利要求中记载的方法技术特征,否则就不应认为构成了专利侵权。专利权人正确地指出,一审法院的判决违背了已往的判例。根据有关判例,以方法界定产品的权利要求的新颖性和非显而易见性与写入权利要求的方法特征无关。本法庭认为,在判断专利性时,不能认为这样的权利要求 9 所要求保护的产品受到了方法特征的限定。由于专利侵权的判断原则应当与专利性的判断原则相互一致,因此在确定专利保护范围时,用方法界定产品的权利要求也不应当解释为所述产品受方法特征的保护。

2. 认定制造方法具有限定作用的判决

在上述 Scripps Clinic 案判决一年后,美国联邦巡回上诉法院又对 Atlantic Thermoplastics Co. v. Faytex Corp.[1]案作出了判决,在该判决中法院认定制造方法对于以方法界定产品的权利要求具有限定作用。

案中的发明涉及制造具有抗冲击性能的内鞋底的方法及用这种方法制成的内鞋底。在专利权利要求所述的制造方法中,其中一个步骤是将一种弹性插入材料预先放置在模具中。被控侵权人制造的内鞋底与专利产品具有基本相同的结构,但被控侵权产品的制造方法是将一种液态的弹性材料注射到模具的底部表面上。

一审法院认为被控侵权人的产品不构成侵权。理由是:专利权利要求中将弹性插入材料放置到模具中,而被控侵权物使用的是液体材料,并且是注射到模具上的。专利说明书要求弹性插入材料的表面具有"足够的表面黏性",而被控侵权物不是通过插入材料的表面黏性来固定弹性插入材料的位置。

案件上诉到联邦巡回上诉法院后,联邦巡回上诉法院维持了上述不侵权认定。Rader 法官代表联邦巡回上诉法院出具了判决意见。针对专利权人要求适用 Scripps Clinic 案的原则认定侵权的主张,Rader 在分析了美国最高法院以及关税与专利上诉法院的有关先例后指出,Scripps Clinic 案没有遵循最高法院和关税与专利上诉法院的有关先例,因此没有拘束力。最后,Rader 法官指出,"在侵权诉讼中必须要考虑以方法界定产品的权利要求中所包含的方法特征,这不仅是因为该观点和以往的判例相一致,而且还因为忽略方法特征就会背离专利法的一项基本原则,即只有被控侵权行为再现了权利要求中的全部技术特征或者其等同物时,才能认为构成专利侵权"。

---

[1] 970 F. 2d 834,23 USPQ 1481 (Fed. Cir. 1992).

由于 Atlantic Thermoplastics 案中合议庭的判决与 Scripps Clinic 案判决截然不同,Atlantic Thermoplastics 公司要求联邦巡回上诉法院对该案进行再审。联邦巡回上诉法院的 10 名法官对该请求进行了评议,最后以 6:4 的多数意见驳回了 Atlantic Thermoplastics 公司的再审请求。[1] 在该驳回再审决定书中,Newman 法官等四位持不同意见者提出了自己的意见。Rader 又追加了自己的意见。

Rich 法官作为持不同意见者,认为 Atlantic Thermoplastics 案合议庭的意见违反了联邦巡回上诉法院的规则,曲解了最高法院的先例。这种意见将会导致以方法界定产品的专利权人只能得到极小范围的保护,违反专利法鼓励研究、创新和向社会公开技术的目标。

Newman 法官将 Atlantic Thermoplastics 案中所引述的判例进行了分类,认为以方法界定产品的权利要求可以分为三类:第一类是产品是新的和非显而易见的,但离开制造方法无法界定;第二类是产品是旧的或显而易见的,但制造方法是新的;第三类是产品是新的和非显而易见的,但包含有制造方法的限制。她指出,先例并没有提供固定的规则,而是根据不同的情况进行处理。Scripps Clinic 案属于第一类,而 Atlantic Thermoplastics 案属于第二类。只有第一类才属于真正意义上的以方法界定产品的权利要求。这类权利要求几乎都出现在新产品的场合。这类权利要求是产品权利要求,专利的客体是产品。因为发明的对象是产品而不是方法,所以这时方法对于产品并没有限定作用。对于第二类权利要求,因为专利法要求授予专利的客体必须具有非显而易见性,已知的产品是不能被授予专利权的,因此这类权利要求实质上属于方法专利权利要求。作为方法权利要求,其保护的对象是方法,因此方法对于发明具有限定作用。Atlantic Thermoplastics 案合议庭认为所有的以方法界定产品的权利要求都受所述方法的限制,会导致有时对发明保护不充分。

Rader 法官针对上述不同意见,又提出了自己的意见。他认为,第一,在 Atlantic Thermoplastics 案中不遵守 Scripps Clinic 案的先例是正确的。Atlantic Thermoplastics 案并没有试图统一联邦巡回上诉法院的规则。Atlantic Thermoplastics 案只是根据权利要求确定专利的保护范围。因为,Scripps Clinic 案是一个特例,不遵守该案中的认定是正确的。第二,忽略方法特征将忽略"权利要求中最主要的(如果说不是唯一的话)限制条件"。这将违反专利法的基本原则,并

---

〔1〕 驳回再审请求决定书为 Atlantic Thermoplastics Co. v. Faytex Corp.,974 F. 2d 1279,23 USPQ2d 1801 (Fed. Cir. 1992)。

且要求法院在进行专利侵权判断时将被控侵权物与专利中实施例进行比较,而不是将它与权利要求进行比较来认定侵权。第三,美国最高法院没有区分新产品和以新方法生产的旧产品,只是指出未使用所述方法的被控侵权物不可能被认定为侵权。不能认为这一规则只适用于产品是旧的或显而易见的场合。第四,如果专利法不能对该以方法界定产品的专利以充分的保护,需要国会立法来解决,而不是通过法院判决解决。

(四)联邦巡回上诉法院确立的解释规则

在 Scripps Clinic 案和 Atlantic Thermoplastics 案中,美国联邦巡回上诉法院提出了解释以方法界定产品权利要求的两种方法。两个案件的判决都是合议庭作出的,而不是由法官以满席审理的方式作出的,而根据联邦巡回上诉法院的有关规则,只有满席审理的判决才能推翻本院合议庭的判决。因此,不能说 Atlantic Thermoplastics 案的判决推翻了 Scripps Clinic 案的判决。后来,美国联邦巡回上诉法院并没有就该问题作出新的判决。两个判决都仍是有效的先例。这使下级法院在适用有关规则时产生迷惑。下级法院有时按照 Scripps Clinic 案进行判决,有时按照 Atlantic Thermoplastics 案进行判决。例如,马萨诸塞地区法院在 1993 年的 Tropix, Inc. v. Lumigen〔1〕案中认为制造方法对于以方法界定产品的权利要求具有限定作用,即使产品相同,制造方法不同也不构成侵权。但该法院在 2000 年的 Trustees of Columbia University v. Roche Diagnostics GmbH〔2〕案中,认为制造方法对于以方法界定产品的权利要求没有限定作用。

2009 年,联邦巡回上诉法院以满席审理的方式就 Abbott Laboratories v. Sandoz, Inc. 案〔3〕作出了判决,澄清了对以方法界定产品权利要求的解释规则。

涉案权利要求 2 ~ 5 为关于药品头孢地尼(cefdinir)结晶的产品权利要求,在这些权利要求中,并没有采取结晶头孢地尼的物理、化学特征或组成对该产品进行限定,而记载了获得该结晶头孢地尼的制备方法,采用了"is obtainable by ~ ing",即"可对……溶液在室温或加温的状态下酸化获得"的形式进行了记载。也就是说,以方法限定产品形式记载了权利要求。Sandoz, Inc. 等制药公司制造了相同的药品,但并不是使用权利要求中所说的方法。Abbott 公司主张被告侵犯了专利权。

美国联邦巡回上诉法院认为,在此应考虑以披露为代价而赋予独占权的专利法宗旨,方法限定产品权利要求的权利范围应受权利要求中记载的方法特征所限

〔1〕 825 F. Supp. 7, 27 USPQ2d 1475 (D. Mass. 1993).

〔2〕 126 F. Supp. 2, 16 (D. MASS. 2000).

〔3〕 556 F. 3d 1282 (Fed. Cir. 2009).

定。例如,对于一项涉及化学混合物的发明,发明人没有在权利要求中记载该混合物的组成或特性,而采用了“compound X,obtained by process Y(由方法 Y 获得的混合物 X)”这种方式来记载该混合物,在这种情况下,专利权人通过方法特征向公众传达了其享有独占权的权利范围。如果在进行权利要求解释时不考虑“obtained”后的“process Y”限定,便意味着采用其他方法制造的混合物 X 也可能构成对该专利的侵权。对方法记载的忽略使得侵权判断的依据只能落脚于混合物的组成或特征,在发明者并没有在权利要求中记载混合物的组成或特征的情况下,如何判断该被控侵权物与专利产品是否同一,不将所记载的方法的同一性作为侵权的判断依据,而试图根据没有记载的组成、特征来追究专利侵权的做法似有舍近求远之嫌。最后,联邦巡回上诉法院对以方法界定产品的权利要求的解释规则作出认定:在专利权利范围划定时应将方法限定产品权利要求中的方法记载作为限定因素考虑。

由于上述判决是联邦巡回上诉法院以满席审理的方式作出的,在此之后没有被最高法院或国会的立法推翻,现在仍是有效的解释规则。自此以后,美国法院在专利侵权诉讼中,按照“制造方法具有限定作用”的方式解释方法界定产品的权利要求。但是,美国专利商标局并未对美国的专利审查指南作出与判例一致性的修改,仍采用“产品限定法”的观点对这类权利要求中的专利性进行审查,认为产品的可专利性仍是基于产品本身,而不依赖于产品的方法。

第九节　专利间接侵权

一般认为,专利间接侵权包括引诱侵权和帮助侵权。其中帮助侵权虽然主要涉及专利侵权判断的问题,但实质上也可以认为这是一种某种情况下对专利“重要构成成分”提供保护的制度。如果没有专利帮助侵权制度,只能按照全部技术特征原则判断是否落入专利保护范围,而专利帮助侵权制度使某些情况下只使用专利的重要构成部分也构成侵权。因此,专利帮助侵权制度与专利的保护范围有关。本书关于专利间接侵权的研究,主要针对专利帮助侵权问题。

一、美国间接侵权的渊源和专利法中的有关规定

(一)美国间接侵权的渊源

美国最早提出间接侵权的案件是 1871 年的 Wallace v. Holmes 案,案中该专利

是一种油灯,其包括燃烧器和在燃烧器顶部的玻璃烟囱以防止火焰被吹出。特别的改进是用于将烟囱连接到燃烧器的结构,使烟囱的底部保持冷却,但是该专利权利要求包括燃烧器和玻璃烟囱的组合。案中的被告制造和销售与专利发明中的燃烧器基本相同的燃烧器,但被告从未与燃烧器一起制造或出售任何烟囱。法院认为,按照一般的侵权判断规则,被控侵权产品不包括所有技术特征,不构成侵权。但是法院认为,如果被告在与第三方实际一致的情况下,为了实际生产和销售专利灯,被告制造燃烧器,另一方制造烟囱,并且由于一致行动,他们实际上制造和出售了燃烧器和烟囱。单个产品离开另一个是没有用的,但每一个都是与另一个一起使用的,实际上也是这样销售和使用的。毋庸置疑,他们必须被认为是专利的共同侵权人。因此法院判定,"从案件性质的某种推断"认为被告人与灯具的使用者一致侵犯专利权,因为燃烧器被出售的被告除了与烟囱合并外没有他用。[1]

虽然 Wallace 没有使用帮助侵权或间接侵权的用语,但它确立了美国帮助侵权的框架,并在 80 年后成为美国专利法第 271 条的组成部分。[2]

1909 年美国最高法院在 Leeds & Catlin v. Victor Talking Machine Co. 案中认定了帮助侵权。Victor Talking Machine 公司拥有一个关于留声机的专利,其中包括用于从唱片和触针再现声音的方法权利要求,以及对由唱片和触针组成的声音再现设备的产品权利要求。最高法院认为,生产留声机用唱片的人构成对留声机专利的共同侵权。因为唱片对于本发明的使用并非一次性用品,而本发明的显著特征是唱片和触针一起使用使留声机工作。[3]

(二)美国专利法的规定

美国专利法第 271 条 (c)规定:"在美国许诺销售或销售,或在美国进口专利机器、产品、组合或合成物之成分者,或用于实施专利方法之材料或器械者,而且该成分、材料或器械是有关发明的实质性部分,同时还知道该成分、材料或器械是为了用于侵犯专利权而特别制造或特别改装的,并且不是主要可用于非侵权目的的大宗物品或商品,将作为帮助侵权者而承担责任。"这一规定最早见于美国 1952 年专利法,一直适用至今。

上述规定,确立了美国帮助侵权的法律规则。帮助侵权主要有两个要素:一是侵权人明知他所许诺销售、销售和进口的成分是他人发明专利中特有的成分,而且

---

〔1〕 29 F. Cas. 74 (C. C. D. Conn. 1871).

〔2〕 Charles W. Adams, "A Brief History of Indirect Liability for Patent Infringement", 22 *Santa Clara Computer & High Tech. L. J.* 369, 2006.

〔3〕 213 U. S. 325 (1909).

除了用于他人的发明专利而没有其他的用途。二是购买者由此而直接侵犯了他人的专利权。[1]

二、专利帮助侵权行为的对象

《美国专利法》第271条(c)针对的是“为了用于侵犯专利权而特别制造或特别改装”的产品,而“不是主要可用于非侵权目的的大宗物品或商品”。美国最高法院曾指出:专利法的“大宗商品原则”,免除了销售具有既有实质性合法用途又可被非法使用的商品的模棱两可的行为,将侵权行为限于更严重的错误的行为,而不仅仅是知道产品有可能被他人滥用的行为,为创新和繁荣商业留下了空间。[2]

在诉讼过程中,要证明某产品是“为了用于侵犯专利权而特别制造或特别改装”的,相对比较困难,而被控侵权的人证明该产品是“常用商品”或“具有实质性非侵权用途的商品”,相对更容易一些。因此,美国在专利帮助侵权诉讼中,一般由被控侵权者承担证明自己的商品是常用商品或具有实质性非侵权用途商品。“常用商品”,包括以定期或者大量的方式为批发市场所生产的商品、大宗出售的产品、销路稳定的商品、常用品、原材料、某国家或地区买卖的主要产品等含义。尽管常用商品的含义不确切,但常用商品必然是实质性非侵权用途的商品。因此,在实践中如果被控侵权者不能说服法官该产品是一种常用商品,那么他只要证明它具有实质性的非侵权用途,也不构成专利间接侵权。因此,美国法官对提供某产品的行为是否构成专利帮助侵权进行解释时,也集中在“实质性非侵权用途”上。

联邦第五巡回上诉法院法官Brown在1963年Fromberg, Inc. v. Jack W. Thornhill[3]案中指出,“实质性非侵权用途”是指这种非侵权用途必须符合经济效益原则,必须是切实可行的,甚至必须是可以大批量生产而不能是事后任意杜撰的、虚假的、不能实现的、不符合经济的、纯粹试验性质的。在判断某商品是否属于常用商品或具有实质性非侵权用途的商品,应当以实际生产销售的产品为准,而不是以该产品所含的成分为准。另外,从1952年司法委员会向国会提交的《专利法修正案报告》的解释来看,销售特定产品的行为要构成专利帮助侵权,不仅仅需要满足该产品除了用于实施该专利外没有其他实质性的非侵权用途,而且还必须满

---

〔1〕 参见李明德:《美国知识产权法》(第2版),法律出版社2014年版,第109页。

〔2〕 Metro-Goldwyn-Mayer Studios Inc. v. Grokster, Ltd., U. S. 2005, 125 S. Ct. 2764.

〔3〕 315 F. 2d 407 (1963).

足该产品应构成专利产品的实质部分或核心部分。[1]

Bard, Inc. v. Advanced Cardiovascular Systems, Inc. 案涉及被控侵权产品是不是为了用于侵犯专利权而特别制造或改装的。案中的专利是一种在冠状动脉成形术中使用导管的方法,被告销售用于冠状动脉血管成形术的灌注导管。原告称被告的产品是为了侵犯专利权而特别制造的。地区法院认定构成侵权,联邦巡回上诉法院撤销了一审判决。联邦巡回上诉法院认为,认定被告是否构成帮助侵权,首先要确定所涉权利要求的范围。第二是审查法院的证据,以确定根据 § 271(c),使用被告导管是否会侵犯该权利要求。解释权利要求后,法院认为,根据专利权利要求的记载,将导管插入冠状动脉,导管的开口在冠状动脉内并直接邻近球囊。原告认为,外科医生将被告导管插入冠状动脉到导管近端的入口从动脉抽取血液的行为,侵犯了其专利。联邦巡回上诉法院认为,使用被告导管的过程中可能出现三种情形:第一种情形是,对定位导管进行定位,使其所有侧开口仅位于主动脉中;第二种情形是,所有的侧开口都位于冠状动脉内;第三种情形是,一些侧开口位于主动脉中,一些侧开口位于动脉中。因此,仅有第二种情形属于专利权利要求记载的情形。因此,被告的产品并不属于专为侵犯专利权而特别制造或改装的。[2]

在电子产品中,不仅存在将越来越多的功能集成到单个产品中的趋势,而且越来越多的功能被包装在单个芯片中,或单个软件程序中。这时,在确定是否具有非侵权实质用途时,不是看被告生产销售的整个产品,而是其产品中与权利要求有关的部分。在 Ricoh Co. v. Quanta Computer, Inc. 案中,联邦巡回上诉法院指出:被告在进口和销售前,将微控制器嵌入到一个更大的产品中,与一些额外的、可分离的特征结合在一起,并不能因此允许其逃避作为一个共同侵权者的责任。否则,即使其中的部件单独销售会构成侵权,而整个产品因这些附加的特征而具有实质非侵权用途,就不会有帮助侵权责任存在了。[3]

在 Lucent Technologies, Inc. v. Gateway, Inc. 案中,涉及被告产品是否有实质非侵权用途。根据双方的意见,最主要的问题是,"材料或设备"是整个软件包还是只是实现权利要求的特别的工具(如日期日历选择器)。如果是整个软件包,则具有实质非侵权用途;如果是日期日历选择器等特别工具,则没有实质非侵权用途。联邦巡回上诉法院举了一个例子,认为被告的主张不成立。假如被告生产一个软

---

〔1〕 参见张玉敏等:《专利间接侵权问题》,载国家知识产权局条法司编:《〈专利法〉及〈专利法实施细则〉第三次修改专题研究报告》,知识产权出版社 2006 年版,第 1623 页。

〔2〕 911 F. 2d 670 (Fed. Cir. 1990).

〔3〕 550 F. 3d 1325 (Fed. Cir. 2008).

件,包含五个且只有五个特征。而这五个特征中的每一个都是他人的方法专利。也就是说,第一特征侵犯第一专利中的方法权利要求,第二特征侵犯第二专利中的方法权利要求等。而对每一个专利来说,被告的软件都具有实质非侵权用途。如果这样认定被告的产品具有实质非侵权用途,是不符合法律规定和判例的。在本案中,如果被告只生产和销售日期日历选择器,则没有实质非侵权用途,就会构成帮助侵权。被控侵权人将其作为一部分加入到软件中,并不能因此逃避作为帮助侵权人的责任。[1]

三、行为人的主观要件

《美国专利法》第 273 条的规定使用了“知道”一词,反映了专利帮助侵权的主观要件不同于一般专利侵权。对于“知道”的含义,2011 年 5 月 31 日,美国最高法院在 SEB 案判决[2]中进行了阐释。虽然该案是就引诱侵权而做出的,但美国最高法院指出,该案的规则同样适用于帮助侵权。

SEB 公司在美国拥有一项深层炸锅的专利。Pentalpha 公司(以下简称 P 公司)在香港购买了一个 SEB 的锅,除了装饰部分之外,完全照搬了 SEB 的专利炸锅产品。P 公司照搬了该产品以后,要求律师出具该产品不侵犯美国专利的报告,但没有告诉律师该产品是照搬了 SEB 的产品。律师检索了相关美国专利,但没有找到 SEB 的专利,并于 1997 年 8 月出具报告称 P 公司的产品不侵犯他人的专利。同月,P 公司将该产品销售给 S 公司,S 公司在美国销售。1998 年 3 月,SEB 对 S 公司起诉,称 S 公司销售的产品侵犯了其专利权。1998 年 4 月,S 通知了 P 公司。但 P 公司仍对 Fingerhut Corp. 和 Montgomery 销售这种产品,而后者又在美国转售。SEB 与 S 达成和解协议后,起诉了 P 公司,理由是引诱侵权。

地区法院作出 P 公司构成引诱侵权的结论。2010 年 2 月,美国联邦巡回上诉法院就该案作出了判决。[3] 联邦巡回上诉法院维持了地区法院的判决。在引诱侵权的主观要件方面,联邦巡回上诉法院提出了“故意漠视”(deliberate indifference)标准。该院认为,对于引诱侵权而言,其主观要件是引诱者必须具有特定意图。按照这一规则,原告必须证明被控侵权人知道或应当知道其行为将引诱侵权,并且包括知道专利存在这一要件。但是,对于知道专利存在这一要件而言,其含义是不清

〔1〕 580 F. 3d 1301 (Fed. Cir. 2009).

〔2〕 Global-Tech Appliances, Inc. , Et Al. v. SEB S. A, 131 S. Ct. 206(2011).

〔3〕 SEB S. A. v. Montgomery Ward & Co. , 594 F. 3d 1360 (2010).

楚的。联邦巡回上诉法院认为,对已知风险的故意漠视与实际知道并没有区别,就是一种形式的实际知道。即使专利权人没有直接证据证明被控侵权人实际知道涉案专利,也可以认定构成引诱侵权。

美国最高法院认为,本案中的主要问题是,《专利法》第271(b)条[1]规定的"积极引诱侵犯专利权"是否要求必须知道相关行为构成专利侵权。美国最高法院认为,第一,引诱侵权需要知道专利的存在。美国最高法院认为 Aro Ⅱ案[2]解决了这个问题。"知道……是为了用于侵犯专利权而特别制造或特别改装的"可以理解为知道为了在产品中使用而专门制造或改装的,而该产品碰巧是侵权产品;也可以理解为,除了上述条件外,还必须知道专利的存在。法官意见严重分歧,多数法官同意第二种理解,即认为需要知道专利的存在。而四个少数派法官同意第一种理解,认为只需要知道专门制造用于一个碰巧侵权的产品就足够了。"虽然该案中的两种观点都有很多支持的理由,但学者认为,"Aro Ⅱ案中的观点已经被固定为专利帮助侵权的271(c)。"[3] SEB 案并没有要求法院推翻 Aro Ⅱ案中确立的规则,而在经历了近半个世纪后,国会也没有认为应当改变专利法第271(c)条中规定的意图要件。因此,按照遵循先例的原则,美国最高法院认为第271(c)条要求知道被侵犯的专利的存在。第二,知道的标准应为"有意视而不见"(willful blindness)。关于知道的标准,美国最高法院认为"故意漠视"一个专利存在的已知风险并不是第271(b)条的适当标准,适当的标准应是"有意视而不见的原则"(doctrine of willful blindness)。美国最高法院认为,"视而不见的原则"是刑法中已经确立的原则。刑法中的许多条款要求被告的行为是明知的或故意的,法院使用"有意视而不见"的原则来防止被告人在清楚的证据面前故意假装以逃避责任。从"有意视而不见"规则的长远历史和被普遍接受而言,美国最高法院认为没有理由说它不能适用于专利引诱侵权的民事诉讼中。"有意视而不见"应符合两个基本条件:第一,被告必须主观上相信某一事实存在有高度的可能性;第二,被告必须采取了故意的行为避免知道这一事实。最高法院认为,这些条件给视而不见原则一个超过鲁莽和过失之外的适当的限制范围。按照这种模式,一个有意的视而不见的被告,采取故意行为避免确认高度可能性的过错行为,从而可以说实际上知道了关键事实。尽管否定了二审法院对于"知道"的认定标准,最高法院仍作出维持二审判决的结论。

---

[1] 《美国专利法》第271(b)条规定:"积极引诱侵犯专利权者将作为侵权者承担责任。"

[2] Aro Mfg. Co. v. Convertible Top Replacement Co., 377 U.S. 476, 484 (1964).

[3] 5 R. Moy, Walker on Patents §15:20, pp. 15 – 131 (4th ed. 2009). *John R. Sand & Gravel Co. v. United States*, 552 *U. S.* 130, 139 (2008).

美国最高法院的 SEB 案判决,在以下几个方面有重要意义:

首先,美国最高法院明确了认定引诱侵权需要引诱者知道其引诱的行为构成侵权。如前所述,对于是否需要知道引诱的行为是否构成侵权,或者说是否知道专利的存在,很长时间以来都有争议和不同的做法。美国最高法院的判决,明确了“知道专利存在”是引诱侵权的构成要件。

其次,美国最高法院明确了“有意视而不见”可以认定为“知道”。在确立了“知道专利存在”是引诱侵权的要件后,就存在以什么标准认定“知道”的问题。美国最高法院否定了联邦巡回上诉法院“故意漠视”的标准,提出了更严格的“有意视而不见”标准。证明“有意视而不见”远比“故意漠视”更困难。和之前的证明心理状态的标准不同,“有意视而不见”要求证据如下,第一,就某一产品或方法受专利保护而言,被控引诱者主观上相信有较高的可能性,而不是仅仅是有风险。第二,被控引诱者采取了故意的行为回避得知这一事实。这一案件澄清了专利引诱侵权的判断标准,对于那些从事制造、使用、销售和进口技术的人来说是一个好消息。如果按照“故意漠视”的标准,将会使引诱侵权责任无限制并无法预测。就现存的200 多万件美国专利而言,任何从事制造、销售、使用和进口产品的人都可以说意识到其客户在使用产品时侵犯他人的专利权。最高法院的标准是一种比较高的标准,限制承担引诱侵权责任人的范围,只包括那些面对其引诱的行为具有侵权的高度可能性,并且故意采取行动避免知道这些行为实际构成侵权的人。美国学者认为,最高法院的判决,通过通常难以证明的“有意视而不见”标准,为合法创新者加以引诱侵权责任确立了难以克服的障碍。[1]

最后,美国最高法院明确了《美国专利法》第 271(b)和(c)条主观要件是相同的。在 SEB 案判决中,美国最高法院认为,引诱侵权并不认为是帮助侵权外的独立理论,引诱侵权是帮助侵权的形式。在 1952 年第 271 条制定时,引诱侵权和帮助侵权独立存在于两个条款,分别为(b)和(c)两项。两个条款的用语虽有不同,但两条款规定的侵权行为的主观要件是相同的。美国最高法院在 SEB 案中对引诱侵权的主观要件标准表明了态度,同时提出第 271(b)和(c)条的标准是相同的。这说明,美国最高法院在 SEB 案中提出的引诱侵权的主观要件,同样适用于帮助侵权。

另外,在 Commil USA,LLC,Petitioner v. Cisco Systems,Inc. 案中,美国最高法院澄清了相信专利无效能否作为引诱侵权的抗辩事由的问题。联邦巡回上诉法院

〔1〕 Gibson Dunn,“Supreme Court Raises the Bar for Claims of Active Inducement of Patent Infringement in Global-Tech Appliances, Inc. v. SEB S. A”, http://www. gibsondunn. com/publications/pages/supremecourtraisesthebar-forclaimsofactiveInducementofPatentInfringementinglobal-techappliances. aspx,最后访问日期:2015 年 3 月 12 日。

认为,可以参照"对不侵犯专利权的善意确信",将"对专利无效的善意确信"作为引诱侵权的一项抗辩。对此,美国最高法院否定了这种意见。美国最高法院认为:专利的效力和侵权是两个不同的问题,所以"对专利无效的善意确信"与"引诱侵权的主观状态要求"之间是没有关系的。专利无效不是对抗认定侵权的理由,而是针对责任的抗辩。[1] 美国最高法院的这一认定,也可以适用于专利帮助侵权。被控构成专利帮助侵权者,也不能用善意确信专利无效作为抗辩。

四、直接侵权与间接侵权的关系

美国法院一直认为,间接侵权以直接侵权为前提,没有直接侵权就没有间接侵权。美国最高法院曾在 Mercoid 案中指出:"如果没有专利侵权,就不会有帮助侵权者。""如果购买者和使用者不可能作为侵权者而受到处罚,那么向他销售的人也不可以因为帮助不存在的侵权而受到处罚。"[2] 在 Aro Mfg. Co. v. Convertible Top Replacement Co. 案中,美国最高法院指出:"很明显,第 271(c)条没有改变在没有直接侵权的情况下没有帮助侵权的基本规则。该条使用了直接侵权的术语规定帮助侵权,即销售专利组合或机器的组成部分,用于侵犯该专利。"[3] 在 Deepsouth Packing Co. v. Laitram Corp. 案中,美国最高法院指出:"帮助侵权的首要条件是存在直接侵权。"[4] 因此,美国帮助侵权成立的前提是存在直接侵权,如果直接侵权不存在,帮助侵权也不成立。另外,直接侵权并不需要已经实际发生。美国第八巡回上诉法院在 Graham Paper Co. v. International Paper Co. 案中指出,针对间接侵权行为,为专利权人提供救济不需要以已经开始的直接侵权行为作为先决条件,存在直接侵权的威胁即可。[5]

本 章 小 结

美国将专利侵权分为直接侵权和间接侵权,直接侵权又分为字面侵权和等同侵权。关于权利要求的字面解释,美国联邦巡回上诉法院在 2005 年判决的 Phillips

---

[1] 575 U. S. _ (2015).

[2] Mercoid Corp. v. Mid-Continent Invest, 320 U. S. 661(1944).

[3] 365 U. S. 336, 365 U. S. 341 – 342 (1961).

[4] 406 U. S. 518 (1972).

[5] 46 F. 2d 881; 1931 U. S. App. LEXIS 2512.

v. AWH Corp. 案中进行了详细的阐述。本案中阐述的权利要求解释方法就是美国目前权利要求解释的一般规则。本案中的权利要求解释方法可以概括如下：权利要求应根据本领域普通技术人员的理解进行解释；解释权利要求的基准时间是发明完成时(或申请时)；权利要求书对于确定其中术语的含义可以提供实质性指导；说明书通常是弄清争议术语含义的最佳指南；专利审查档案可以作为理解权利要求的资料，但其作用不如说明书大；字典、专家证言等外部证据在解释权利要求时可以使用，但其作用不如权利要求书、说明书和专利审查档案等内部证据，并且应当结合内部证据使用；字典不能作为解释权利要求的首要资料，否则会不适当地扩大专利的保护范围；在适用了所有可用的权利要求解释工具后权利要求仍然含混不清时，才出现按使专利有效的方式进行解释的问题。

在解释权利要求时，美国法院首先看权利要求本身，从本领域普通技术人员的角度看权利要求用语的“普通和习惯含义”。其他权利要求也可以用于解释涉诉的权利要求。因为美国法院认为专利权人使用的语言具有连贯性。因此，一般情况下，专利文件中的同一用语具有相同的含义；互换的用语具有相同的含义；根据具体情况解释不同专利中使用的相同用语；权利要求中的每一个用语都有其意义而不是多余的。独立权利要求通常不应当解释为包含从属权利要求中明确提出的限制条件。

除了权利要求书本身之外，说明书、附图和专利审查档案是法院解释权利要求时首先使用的内部证据。说明书可以支持权利要求用语的普通含义，可以对权利要求用语含义作出特别界定，可以显示应采用几个可能的含义中的哪一个，可以澄清权利要求用语的含糊不清之处。当说明书描述了发明的某些技术效果时，所描述的技术效果可以限制权利要求的范围。实施例中的限制一般不能读入权利要求中。在解释权利要求时，一般不能将优选实施例排除在外。附图也可以帮助解释权利要求，其作用相当于实施例。在确定权利要求的字面含义时，审查档案可以成为确定发明人赋予权利要求用语的含义的证据。权利要求的修改清晰无误地限制了权利要求用语的含义时，可以认为其限制了专利保护范围。如果专利权人的陈述明确显示放弃某一内容时，可以作为限制专利范围的依据。使用审查档案解释权利要求时，不需要审查员对专利权人的修改或陈述产生信赖。

除了内部证据外，用于解释权利要求的外部证据主要包括：专家证言、发明人陈述、词典、论文和审查档案中没有引述的在先技术等。解释权利要求时经常使用的外部证据是词典，有时也会使用科技论文。法院使用的是专利授权前出版的词典或论文。专家证言对于权利要求解释只起到辅助作用，不能用于直接确定权利要求的含义。

等同原则在美国有很长的历史。而近些年来,等同原则的适用又成为美国专利侵权判断中的一个热点问题。美国最高法院通过几个案件的审理,明确了等同原则适用中的一些问题,例如,等同认定的标准、等同适用的方法、禁止反悔原则的适用等。关于等同认定的标准,美国法院从创立等同原则以来,长期采用的是"功能—方式—效果""三一致"的标准。美国联邦巡回上诉法院提出认定等同的根本标准是"非实质性差异"标准。美国最高法院认为采用什么标准应当根据具体案情来定。关于等同原则适用的方法,美国最高法院否定了"整体等同",而确立了"全部技术特征等同"的方法。在适用"全部技术特征等同"方法时,美国法院又创立了"权利要求损坏原则"和"特意排除"规则。通过 Hilton 案和 Festo 案的判决,美国最高法院重申了权利要求修改是等同原则的"弹性障碍"规则,同时对禁止反悔在等同原则中的适用范围进行了澄清和细化,并体现了禁止反悔对等同原则的进一步限制。主要表现在适用禁止反悔的理由由因克服现有技术的修改扩大到为获得专利的限制性修改;在出现修改的原因不明时,从是否导致禁止反悔和禁止反悔作用的范围方面都做出不利于专利权人的推定。美国法院通过"假想权利要求测评",使等同原则不能扩大到使专利发明包括现有技术的程度。在适用等同原则的过程中,美国法院提出了捐献规则,进一步限制等同原则的适用。但可预见规则虽然曾被提出,最终没有被法院采纳。

美国专利法允许采用功能限定的方式撰写权利要求。根据美国最高法院的判决,美国专利与商标局修改了其审查指南,使美国对于功能限定权利要求的审查标准和解释标准实现了统一。在确定功能限定权利要求的保护范围时,一般不适用区别权利要求原则。功能限定权利要求时的字面含义,包括说明书中记载的相应结构、材料或动作以及其等同物。在特殊情形下,对于功能限定权利要求,仍可以适用等同原则。

对于制造方法是否对以方法界定产品的权利要求具有限定作用,美国法院联邦巡回上诉法院曾有"物同一说"和"方法限定说"两种不同的判决,但最终采纳了"方法限定说"。

通过帮助侵权的规定,美国专利法将保护范围扩大到"为了用于侵犯专利权而特别制造或特别改装,且不是主要可用于非侵权目的的大宗物品或商品",条件是知道他人使用该商品用于侵犯专利权。知道的标准是"有意视而不见"。帮助侵权以直接侵权为前提,但直接侵权不一定实际发生。

第三章　英　国

第一节　《欧洲专利公约》及其解释议定书中的专利保护范围

英国和德国是《欧洲专利公约》的成员国。根据《欧洲专利公约》的规定,成员国本国的法律规定应当与该公约的规定一致。《欧洲专利公约》关于专利保护范围的规定直接影响着英国和德国的专利法以及法院。因此,在分析英国和德国的规定和做法前,在这里先对《欧洲专利公约》及其解释议定书的规定进行分析。

一、《欧洲专利公约》及其解释议定书对专利保护范围的规定

《欧洲专利公约》签署于1973年,生效于1978年6月,截至2016年12月已经有38个成员国。《欧洲专利公约》成员国的国民只要向欧洲专利局提出一个专利申请,指定要求得到保护的国家,就可以在指定的国家得到专利保护。提出欧洲专利申请时,可以指定一个、几个或全部成员国。一旦依照公约授予专利权,即可在所有指定的成员国生效,与指定的各成员国依国家法授予的专利具有同等效力。欧洲专利局只是欧洲专利的审查和授权机构,对于欧洲专利的保护由成员国法院承担。在《欧洲专利公约》的成员国,欧洲专利与其本国专利局授予的专利具有相同的效力。各成员国法院依据本国的法律对欧洲专利提供保护。由于相同的专利由不同的国家进行分别保护,统一各成员国确定专利保护范围的做法就尤为必要。为此,《欧洲专利公约》在第69条作了专门的规定,并且成员国为此专门制定了《欧洲专利公约第69条解释议定书》。

《欧洲专利公约》关于专利保护范围的规定是其第69条第1项的规定。1973年文本中该规定为:“欧洲专利和欧洲专利申请的保护范围应当根据权利要求的用语确定,但说明书和附图可以用于解释权利要求。”《欧洲专利公约第69条解释议定书》对于《欧洲专利公约》第69条的含义进行了解释:

> 第69条不应在以下意义上予以解释,即一项欧洲专利所赋予的保护范围,应被理解为是由权利要求措辞的严格的字面的含义所界定的,说明书和附图只能被用来说明存在于权利要求中的模糊不清之处。它也不能在以下意义上予以解释,即权利要求仅仅是作为一个指南,所授予的实际保护,依据该领域中的技术人员对说明书和附图的考虑,可以及于专利权人期望的东西。相反,它应该以居于这两个极端之间的方式进行解释。这种居间方式综合了对专利权人的公平保护和使第三方有合理的确定性。

《欧洲专利公约》第69条第1项以简明扼要的语言明确了确定专利保护范围的方法,指明了权利要求书是确定专利保护范围的依据。在解释权利要求书时,可以借助于说明书和附图。《欧洲专利公约第69条解释议定书》又对上述规定进行了解释。解释议定书否定了两种对69条的规定进行解释的方法:严格局限于专利权利要求字面含义的做法和只将权利要求书作为一个指南的做法。解释议定书要求将上述两种做法进行折中,折中的原则是既要给专利权人以公平的保护,又要使第三方有合理的确定性。一般认为,《欧洲专利公约》第69条及其解释议定书的规定,使专利的保护范围可以扩大到字面含义之外,但对于可以扩大的范围没有明确界定。[1]

二、《欧洲专利公约》及其解释议定书的修改

(一)《欧洲专利公约》的修改

2000年11月,欧洲专利公约成员国外交会议在德国慕尼黑召开。在该次会议上,《欧洲专利公约》和《欧洲专利公约第69条解释议定书》都进行了修订。修改后的《欧洲专利公约》称为《欧洲专利公约2000》文本。

《欧洲专利公约2000》文本与1973年文本相比修改的内容之一是第69条的修改。第69条第1项将“用语”(the terms)一语去掉,修改后的内容为:“欧洲专利和欧洲专利申请的保护范围应当根据权利要求确定,但说明书和附图可以用于解释权利要求。”在修改草案中对该项修改的解释为:“根据现行《欧洲专利公约》第69条第1项的规定,欧洲专利的保护范围根据权利要求的术语确定。其中的‘用语’

---

〔1〕 Heinz Winkler,“The Scope of Patent Protection: Past, Present and Future”, 10 *I. I. C.* 1979, pp. 296 - 297.

(英语为 terms、法语为 teneur、德语为 inhalt)的含义不明确,并且三种正式语言中的含义并不一致。世界知识产权组织 1991 年起草的专利法条约草案中的相应条款中并没有这种特别的解释,只是规定了专利保护范围应当根据权利要求确定。从《欧洲专利公约第 69 条解释议定书》来看,这里的‘用语’一词也可以省略。"[1]

可见,《欧洲专利公约》第 69 条第 1 项规定的修改非常简单,只是因为"用语"一词有不同的含义而被删除,并且删除以后该条规定的含义并没有变化。这一修改并没有影响《欧洲专利公约》第 69 条所确立的权利要求解释原则。

(二)《欧洲专利公约第 69 条解释议定书》的修改

相比《欧洲专利公约》而言,《欧洲专利公约第 69 条解释议定书》的修改中争议比较大,最后修改的内容与原来的建议草案差别也比较大。在欧洲专利局行政理事会起草的《修改欧洲专利公约的基本建议草案》中,对《欧洲专利公约第 69 条解释议定书》提出了增加条款的建议,将原来的规定作为第 1 条"一般原则",再增加第 2 条"等同"和第 3 条"以前的陈述"。第 2 条的具体内容为以下两项:"(1)为了确定欧洲专利的保护范围,应当适当考虑在被控侵权时与专利权利要求中记载的手段相等同的手段。(2)使用某技术手段可以达到与权利要求书中记载的技术手段实质相同的效果,如果这对于本领域技术人员来讲是显而易见的,一般应当认为为等同的技术手段。"第 3 条的具体内容为:"为了确定专利的保护范围,应当适当考虑专利申请人或者专利权人在专利授权、无效程序中明确限定专利保护范围的陈述,特别是该限定是作为对引用在先技术的答复而做出的时。"[2]欧洲专利局行政理事会对上述修改建议的解释是:

> 现行《欧洲专利公约》第 69 条及《欧洲专利公约第 69 条解释议定书》关于欧洲专利保护范围的规定,没有达到专利申请与其解释一致的预定目标。特别是在涉及所谓的"等同"以及专利申请人和专利权人在专利申请书、专利说明书以及在审查和专利无效程序中所作的陈述的作用时,更是如此。在涉及侵犯欧洲专利的诉讼过程中适用上述规定时,成员国的法院从开始就试图尽量做到行动一致。但是,虽然已经取得了一些进展,但从欧洲专利法官论坛和案件来看,至少在解释欧洲专利和确定其保护范围方面还没有欧洲一致的标准和规则。特别是在上面提到的两个问题上,更是缺乏一致性。为了强调和

---

〔1〕 欧洲专利局行政理事会起草的《修改欧洲专利公约的基本建议草案》(Basic proposal for the revision of the European Patent Convention),http://www.european-patent-office.org/epo/dipl_conf/pdf/em00002.pdf。

〔2〕 同上。

澄清《欧洲专利公约》第69条所涉及的保护范围问题，以及为了促进欧洲法院实践中的一致性，解释议定书应当增加关于等同和限定性陈述在确定保护范围中的作用的规则。[1]

欧洲专利局行政理事会草案中的第2条是关于"等同"的规定。在这一条中，不但规定了等同手段是确定专利保护范围时应当考虑的因素，而且对等同手段进行了定义。欧洲专利局行政理事会草案中的第3条是关于"禁止反悔"的内容。在这一条中，规定了专利申请人和专利权人的陈述对于确定专利的保护范围具有参考作用。可见，欧洲专利局行政理事会本来想在《欧洲专利公约第69条解释议定书》中增加"等同"和"禁止反悔"两个方面的规定。

2000年11月，在德国慕尼黑召开的欧洲专利公约成员国外交会议上，各成员国对于上述拟增加的内容展开了激烈的争议。英国代表强烈反对增加第2条和第3条规定，认为这不会带来欧洲专利法的统一，并且对"等同"进行定义也不能禁止对该定义的不同解释。英国代表还提出对于确定专利保护范围的时间欧洲并没有统一的做法。美国的禁止反悔原则带来了很多负面的教训，应当给予否定。德国代表支持上述规定，但对认定等同的时间提出了不同意见。很多成员国也都表示了不同的意见。[2]

最后在各方妥协的基础上，第2条第(2)项和第3条的规定没有被采纳，第2条(1)项的规定经过修改后成为《欧洲专利公约第69条解释议定书》第2条："为确定欧洲专利的保护范围，应当适当考虑与权利要求书中载明的技术特征相等同的每个技术特征。"与最初的草案相比，草案中的关于认定等同的时间为"被控侵权时"的规定被删除，草案中的"技术手段"(means)被修改为"技术特征"(element)。

《欧洲专利公约》第69条和《欧洲专利公约第69条解释议定书》的目的就是统一成员国确定专利保护范围的做法，并且上述规定为促进欧洲专利公约成员国专利权利要求解释方法的统一起到了积极的作用。但是，在很多问题上成员国的做法并不一致。2000年的慕尼黑外交会议试图将欧洲国家的做法进一步统一，在"等

---

[1] 欧洲专利局行政理事会起草的《修改欧洲专利公约的基本建议草案》(Basic proposal for the revision of the European Patent Convention)，http://www.european-patent-office.org/epo/dipl_conf/pdf/em00002.pdf。

[2] 关于慕尼黑会议上有关代表的意见和最后结论的报告，参见国际保护知识产权协会就此次会议所作的报告《关于修改欧洲专利公约外交会议的报告》，http://www.aippi.org/reports/report-EPO-Dipl.Conf.htm。

同理论”的适用方面拟定了有关的规则。但从最后采纳的条款来看,关于认定等同的时间、等同的定义以及禁止反悔的规定都没有被采纳,增加的《欧洲专利公约第69条解释议定书》第2条的规定只是简单的一句话。从这句话来看,对于“等同”等术语都没有界定。学者认为,虽然《欧洲专利公约第69条解释议定书》增加了“等同”的规定,但并没有改变欧洲专利公约对于等同原则的态度,并没有允许将专利保护范围扩大到权利要求之外。[1] 因此,2000年《欧洲专利公约》及《欧洲专利公约第69条解释议定书》的修改,对各国专利保护范围的做法的影响并不大。

2001年6月,欧洲专利局行政理事会批准了新修改的《欧洲专利公约》及其解释议定书,并于2007年12月13日生效。

第二节　英国专利法和专利保护范围

一、现行英国专利法关于专利保护范围的规定

英国现行专利法是1977年制定的,被称为1977年专利法。该法中关于专利权利要求解释的规定是第125条的规定:“(1)在没有其他特别的事由的情况下,对于已经申请专利或者已经授予专利权的发明,应当根据专利权利要求的描述进行界定。专利说明书和附图可以用于解释权利要求。专利申请以及专利的保护范围,也按照上述规定确定……(3)《欧洲专利公约第69条解释议定书》在生效后,适用于本条第(1)项的解释,就像适用于《欧洲专利公约》第69条的解释一样。”可见,1977年英国专利法关于专利保护范围的规定是根据当时《欧洲专利公约》的规定而制定的,其内容与《欧洲专利公约》第69条的规定基本一致。并且1977年英国专利法明确规定,《欧洲专利公约第69条解释议定书》可以适用于对1977年英国专利法第125条第(1)项的解释。英国1977年专利法在制订后经历了多次修订,但第125条的上述规定一直没有修改。

正如上一章提到的,在2000年11月召开的欧洲专利公约慕尼黑外交会议上,《欧洲专利公约》和《欧洲专利公约第69条解释议定书》都进行了修改。2004年9月,英国对1977年专利法进行了修订,并且修订后的专利法已于2005年1月1日起实施。这次英国专利法修改的原因之一就是使英国专利法与2000年《欧洲专利

---

〔1〕 Nicholas Pumfrey et al.,“The Doctrine of Equivalents in Various Patent Regimes - Does Anybody Have It Right?”, 11 *Yale J. L. & Tech.* 261,283,2009.

公约》的修改相适应。但是,这次专利法的修改并没有对第125条进行修改。英国专利局和贸易工业部在起草专利法修改建议草案时,意识到了《欧洲专利公约》和《欧洲专利公约第69条解释议定书》的相应修改,但建议不必因《专利欧洲公约》的细微修改而修改专利法第125条。这一建议得到了广泛的支持。[1] 因此,英国2004年修改专利法并没有对第125条进行修改,并且至今为止也没有修改。但是,英国已经批准了2000年《欧洲专利公约》和《欧洲专利公约第69条解释议定书》的修改,并且执行生效后的《欧洲专利公约2000》和《欧洲专利公约第69条解释议定书》。

二、加入《欧洲专利公约》前的英国专利法和权利要求解释

(一)加入《欧洲专利公约》前的英国专利法

英国专利法有悠久的历史。英国1624年的《垄断法案》被认为是世界第一部现代含义的专利法。[2] 但是,很长时间以来,英国的专利法并没有要求专利申请人必须撰写说明书和权利要求书。1852年制定的英国专利法正式提出专利申请必须有说明书的要求。在专利申请实务中逐渐形成了在说明书中记载权利要求的做法。1883年制定的英国专利法明确提出,说明书中应当“对申请专利的发明进行明确的陈述”,也就是提出了撰写权利要求书的要求。[3] 此后的英国专利法进一步明确了对权利要求书的要求。1907年的英国专利法规定,如果权利要求书的范围不清楚或不充分,专利可能无效。1949年的英国专利法规定了专利权利要求书的作用是“界定专利请求的范围”。这样形成了专利权利要求的周边限定功能制度。[4]

(二)加入《欧洲专利公约》前的英国专利保护范围

英国的专利保护范围的理论与英国专利法的传统有密切的关系。在《垄断法案》之前,国王为了得到金钱或服务,或者只是为了显示恩惠,经常在贸易、生产和进口领域授予垄断权。这种大量和无条件地授予垄断权的做法,损害了其他经营

---

〔1〕 英国专利局和贸易工业部提出的专利法修改建议草案及英国各界作出的回应的情况,参见Consultation on the proposed Patents Act (Amendment) Bill: Summary of responses and the Government conclusions, http://www.patent.gov.uk/about/consultations/responses/patact/index.htm。

〔2〕 参见郑成思:《知识产权论》(修订本),法律出版社2001年版,第7页。

〔3〕 [日]井上由里子:《英国判例的动向》,载日本知识产权研究所编:《关于权利要求解释的调查研究报告书》(2002年),第51页。

〔4〕 同上。

者的利益。英国国会通过制定《垄断法案》规定除了“使用新的生产方式”外,禁止授予垄断权。因此,英国专利法只是作为全部禁止各种形式垄断的例外产生的。[1] 英国专利法产生的上述背景,影响着英国传统上对专利保护范围的态度。由于专利只是禁止垄断的例外,使英国在专利政策上更侧重于考虑公共利益。[2] 法院对专利经常持怀疑的态度,并认为专利权人应当精确地界定在专利有效期内社会公众被禁止的范围。[3] 因此,在英国的传统上,法院原则上将专利的保护范围限定在权利要求的字面含义之内。英国法院在对专利权利要求进行解释时,采取了周边限定主义的严格解释立场。

例如,英国上议院在 1894 年的 Noble 案[4]中指出,即使专利申请人听了他人建议或再大胆一些,本来可以提出更宽的权利要求,也应当严格按照实际的权利要求确定专利保护范围。英国上议院在 1936 年的 EMI 案[5]中指出:“离开权利要求书中清楚而又符合语法的含义,通过读入权利要求书中并不存在的用语来限制或扩大其范围,没有教条或原则可以证明这样做是正确的。”英国上议院在 1938 年的 Electric and Musical Industries, Ltd. v. Lissen, Ltd. 案中指出:“权利要求的作用是清楚、精确地界定要求独占的范围,使他人知道准确的边界,越界就视为侵权。权利要求的主要作用是限制而不是扩大独占的范围。权利要求没有要求保护则视为放弃。权利要求应毫无疑义地作为整个文件的一部分而不是独立的文件来阅读,但禁止的范围应体现在权利要求的用语上而不是其他地方。”[6]

英国上议院在 20 世纪 60 年代的两个判例中仍然显示了其强调周边限定主义的严格解释立场。在 1963 年的 Van der Lely v. Bamford 案[7]案中,被控侵权物与专利权利要求书的不同之处在于,被控侵权物中为前轮而权利要求书中为后轮。上议院认为应当对权利要求书中的后轮作严格的解释,并因此作出不侵权的判决。在 1969 年的 Rodi & Wienenberger v. Showell[8]案中,专利权利要求书中记载的伸缩式金属手表带的某一部件为 U 字形,而被控侵权物的相应结构为 C 字形。一审

---

〔1〕 Ray D. Weston, Jr., “A Comparative Analysis of the Doctrine of Equivalents: Can European Approaches Solve an American Dilemma?” 39 *IDEA: The Journal of Law and Technology* 35, 1998.

〔2〕 Ibid.

〔3〕 Ibid.

〔4〕 Noble v. Anderson (1894) 11 R. P. C. 115 at 128.

〔5〕 EMI v. Lissen [1939] 56 R. P. D. T. M. 23, 29 (H. L.).

〔6〕 [1938] 56 RPC 23, 39.

〔7〕 Van der Lely v. Bamford, 1963 RPC 61.

〔8〕 Rodi & Wienenberger v. Showell, 1969 RPC 367.

法院认为两者功能相同,构成侵权。二审法院认为U字形部件是发明的本质特征,认定不构成侵权,英国上议院维持了二审判决。上述两个判决作出时,欧洲各国正在酝酿签订欧洲专利公约。这两个判决给德国等其他国家以很深的印象,使这些国家认为英国对专利权利要求的严格解释妨碍了欧洲专利法的调和。因此,在1973年签订欧洲专利公约时,各成员国又签订了《欧洲专利公约第69条解释议定书》,提出了对英国的严格解释标准和德国的过度宽松解释标准进行折中的要求。[1]

其实,在这段时期的英国,也存在按宽松标准解释权利要求的判决和理论。这种理论就是"发明精髓原则"(doctrine of pith and marrow)。"发明精髓"一词是Cairns法官在1877年的Clark v. Adie[2]案中提出的。Marconi v. British Radio Telegraph and Telephone Co.[3]案的判决对发明精髓原则的含义进行了阐述:"根据发明精髓原则,如果被控侵权制品采用了发明的必要特征(essential features),而省略了发明的非本质特征,或者进行了机械等同物(mechanical equivalents)的替换,仍不能免除专利侵权责任。"根据发明精髓原则,法院可以根据说明书和权利要求书确定哪些技术特征是必要技术特征,哪些技术特征是非必要技术特征。必要技术特征构成发明的精髓。如果被控侵权物包含了全部必要技术特征,即使省略了非必要技术特征,或使用等同物替换了非必要技术特征,仍构成侵权。认定等同的标准不只是看替换物是否产生了相同的效果,还看是否以相同的方式产生相同的结果。[4] 另外,如果被控侵权物与专利权利要求的必要技术特征的字面含义不同,则不构成侵权。

对于发明精髓原则而言,至关重要的是必要技术特征与非必要技术特征的划分。作为通常的规则,法院会认为权利要求中的所有技术特征都是必要技术特征。由于专利保护范围不能扩大到必要技术特征的等同物,等同侵权在英国只是非常有限的例外。[5]

可见,英国在加入欧洲专利公约前,周边限定主义的严格解释方法是法院权利要求解释的主要特征。但与此同时,英国法院还提出了"发明精髓原则"。发明精髓原则是一种较宽松的权利要求解释方法。根据发明精髓原则,专利权利要求中

---

〔1〕 参见[日]井上由里子:《英国判例的动向》,载日本知识产权研究所编:《关于权利要求解释的调查研究报告书》(2002年),第52页。

〔2〕 Clark v. Adie(1877) 2 App Cas 315,320.

〔3〕 Marconi v. British Radio Telegraph and Telephone Co. (1911),28 RPC 181.

〔4〕 Utterworths Patent Litigation 198 (Gary M. Ropski, ed. 1995).

〔5〕 Ray D. Weston, Jr. ,"A Comparative Analysis of the Doctrine of Equivalents: Can European Approaches Solve an American Dilemma?" 39 *IDEA: The Journal of Law and Technology* 35, 1998.

的技术特征分为本质特征和非本质特征,被控侵权物缺少非本质特征,或者用等同物将非本质特征替换,仍构成侵权。

三、脱欧后的英国专利制度

2016年6月23日,英国举行公投,结果是多数人同意脱离欧洲联盟。2017年3月13日,英国议会两院分别批准了由特蕾莎·梅政府提出的"脱欧"法案。3月16日,英国女王伊丽莎白二世批准"脱欧"法案,授权英国首相特雷莎·梅正式启动脱欧程序。3月29日,英国驻欧盟大使 Tim Barrow 将正式通知递交 Tusk,启动为期两年的英国脱欧程序。

英国脱欧对于英国的很多法律制度产生影响。对于专利制度的影响,英国知识产权局认为:[1]

> 英国退出欧盟不会影响目前的欧洲专利制度,该制度受(非欧盟)欧洲专利公约的约束。英国企业可以继续向欧洲专利局申请专利保护,其中,包括英国。现有的涵盖英国的欧洲专利也不受影响。
>
> 英国仍然是欧盟的正式成员,企业可以使用当前的补充保护证书(SPC)系统继续申请并获得专利的药品和植物保护产品的补充保护证书。根据该制度授予的现有英国补充保护证书继续有效。一旦英国离开欧盟,英国企业仍然可以在现有制度下在所有其他欧盟成员国申请补充保护证书。在离开欧盟后,政府正在探索英国的补充保护证书保护方案。
>
> 目前,英国仍然是《统一专利法院条约》的签署国。2016年11月28日,英国政府确认打算进行批准"统一专利法院协议"的安排。2017年6月26日,在威斯敏斯特颁布了"统一专利法院特权和豁免令"形式的二次立法,相应的苏格兰法令将在适当的时候在霍利鲁德颁布。这是英国批准《统一专利法院条约》的最后立法步骤。我们正在与筹备委员会合作,尽快使《统一专利法院条约》投入运作。

可见,脱欧对于英国的专利保护影响甚至小。受影响最明显的是,正式脱欧

---

〔1〕 Intellectual Property Office,"Facts on the Future of Intellectual Property Laws Following the Decision that the UK will Leave the EU",https://www.gov.uk/government/news/ip-and-brexit-the-facts,最后访问日期:2017年7月5日。

后,英国不再适用欧盟延长专利保护期限的补充保护证书制度,而是要创立自己的制度。

第三节 英国的目的解释方法

《欧洲专利公约》成立后,英国上议院对于专利权利要求采取了比周边限定主义的严格解释较缓和的态度。其中重要的判决是 Beecham Group, Ltd. v. Bristol Laboratories, Ltd. 案。[1] 在该案中,英国上议院判决指出:"如果一个人制造了与专利实质等同的物品,他不能因为进行了细小的或非实质性的变更而逃脱侵权责任。"后来,在 1982 年的 Catnic 案[2]和 1990 年的 Improver 案[3]中,英国的法官提出了"目的解释方法"的权利要求解释方法。目的解释方法的权利要求解释标准又被称为"Catnic-Improver 标准"。英国上议院在 Kirin-Amgen 案中,对目的解释方法进行了重新阐释。

一、Catnic 案——目的解释方法的提出

(一)案情及有关争议

本案中的专利为建筑用的"钢过梁"。专利权利要求书中记载了"第二个支柱从水平面垂直延伸"的字句。专利说明书中称,以前钢过梁的缺点是太重,发明的目的在于提供一种轻便、节省和易于安装的钢过梁。附图中的支柱也都是垂直的。被告在看了原告的产品画册后开始仿造原告的产品。后来因为收到了原告的警告信,被告将产品结构进行了一些改变。原来垂直的支柱变为倾斜角度为 6 度和 8 度。支柱倾斜角度变为 6 度后钢过梁的承载力减少了 0.6%,变为 8 度后承载力减少了 1.2%。

(二)二审法院的判决

一审法院认定被告构成侵权。二审法院拒绝适用"发明精髓原则",认为虽然支柱"精确垂直"并非发明的本质特征,但专利权人在说明书中将它作为本质特征。"垂直"的含义就是与平面呈 90 度角。被控侵权产品中的支柱并不是与平面呈 90

---

[1] Beecham Group Ltd. v. Bristol Laboratories Ltd. (1978) RPC 521.

[2] Catnic Components Limited and another v. Hill & Smith Limited, (1982) RPC 183. 需要说明的是,该案虽然是 1982 年做出的,但依据的是 1949 年的英国专利法。

[3] Improver Corp. and others v. Remington Consumer Products Ltd. and others, (1990) FSR 181.

度角,而是有6度和8度的倾斜。因此,二审认定被告不构成侵权。

(三)三审判决及目的解释方法的提出

在英国上议院的三审判决中,Diplock法官阐述了其"目的解释方法"的观点:

> 专利说明书是专利权人自己选择用语,向对该发明有实际兴趣的人(也就是本领域技术人员)做出的单方陈述。通过说明书,专利权人向本领域技术人员说明他请求获得独占权的新产品或方法的必要特征是什么。只有他请求保护的新的必要特征才构成所谓的权利要求的"精髓"。对于专利说明书,应进行目的解释,而不是像很多律师经常做的那样进行谨小慎微的字面意义考证。每一个案件所面临的问题是:对于发明所意定使用的领域具有实际知识和经验的人来说,是否认为专利权人将严格遵循权利要求书中的说明语句作为发明的必要条件,即使对于发明的实施方式没有实质影响的任何的变更都将会落入专利独占权的范围之外。当然,如果变更对于发明的实施方式具有实质影响,这一问题不会产生。或者,在发明公开日对于本领域技术人员来说,这种变更对于发明的实施方式不具有实质影响不是显而易见的(obvious),这一问题也不会产生。如果从发明公开日的现有技术看这种变更对于发明的实施方式不具有实质影响不是显而易见的,本领域技术人员有权相信专利权人在撰写说明书时认为有充分的理由严格限制其独占权,并且有限制其独占权的意图。虽然后来专利权人或其他人在本领域的行为表明,这种限制是不必要的。只有在上述情况下,才可以对上述问题作出否定的回答:本领域技术人员可以很明显地看到,专利权人(也是本领域的技术人员)使用权利要求中的说明语句的目的,并不是排除任何从专利权人和本领域技术人员的知识来看对发明的实施没有实质影响的变更。

根据上述观点,Diplock法官对本案进行了分析。他认为,本案中的问题在于:说明书是否明显地告诉了熟悉建筑施工的人,说明书中关于钢过梁支柱"垂直延伸"的描述,不可能是专利权人用来排除对发明实施没有实质影响的支柱接近90度的钢过梁的。理性的专利权人没有理由会对其发明做出这样的限制。相反,这样做会使其发明变得毫无价值。因为模仿者会通过对支柱的角度作轻微的变更来使用该发明。当几何学者对同行几何学者使用"水平地""垂直地"等术语时,可能应当精确地理解其含义。但是,当使用"垂直延伸"用来描述具有支撑门窗上的砌砖的功能的建筑产品时,对一个普通的建筑业者来说,指的是支柱是竖立的,接近于精准垂直也可以满意地实现精确垂直时的功能。或者换句话说,对一个本领域的技术人员来说,他不会认为专利权人将支柱的精确垂直作为其发明的一个必要特征。最后,Diplock 法官认为,像二审法院那样通过对说明书中形容词、副词的不同用法进行分析所得出的结论并非决定性的,与目的解释所得出的结论相比是不重要的。因此,Diplock 法官认为应当支持上诉主张,撤销二审判决,维持一审的判决。Diplock 法官的意见得到了其他法官的支持,最后英国上议院作出了撤销二审判决,维持一审判决的决定。

Diplock 法官在本案中第一次提出了对专利权利要求进行"目的解释"的理论。这种理论的出发点在于,专利权利要求书是专利权人自己撰写的、用以设定专利权独占范围的文件。因此,在根据专利权利要求书确定专利的独占范围时,应当重视专利权人的意思。专利权人的意思并不是指专利权人内心的意思,而是本领域技术人员所理解的专利权人的意思。

根据 Diplock 法官的论述,只有在以下情况下才考虑专利权人的意思:被控侵权物对专利权利要求描述的发明进行了变换,这种变换对于发明的实施方式没有实质的影响;在发明公开日对于本领域技术人员来说,这种变换对于发明的实施方式不具有实质影响是显而易见的。这里所说的"显而易见"并不意味着不具有专利性审查中的创造性。即使是变换物也是经过创造性的步骤而产生的,本领域的技术人员面对专利和变换物,也可以得出它对发明实施方式不具有实质影响是显而易见的结论。在满足上述条件的情况下,应当考虑本领域技术人员所理解的专利权人的意思。如果本领域技术人员认为专利权人具有将这种变更排除在专利保护范围之外的意思,则应当认为经过这种变更后的被控侵权物不属于专利的保护范围。如果本领域技术人员认为专利权人没有将这种变更排除在专利保护范围之外的意思,则应当认为经过这种变更后的被控侵权物仍然属于专利的保护范围。

二、Improver 案——目的解释方法的完善和议定书问题的提出

(一)案情和争议的有关问题

本案中涉及的发明是电动脱毛机。专利权利要求中记载的一个技术特征是由相邻的线圈组成的"螺旋状弹簧",该"螺旋状弹簧"在电动机的驱动下旋转,达到美容脱毛的目的。被控侵权物的相应装置中没有"螺旋状弹簧",取而代之的是一个圆柱形的橡胶棒,橡胶棒上有平行的切口。圆柱形的橡胶棒在电动机的驱动下旋转,也能达到美容脱毛的目的。另外,专利说明书提到,"螺旋状弹簧"的外形独特,可以在任何时候都有垂直方向的弹簧。这样,可以不用移动脱毛机的盒子就将各

个方向的毛发去掉。说明书最后载明了以下“等同说明”:“很明显,对于本领域技术人员来说,本发明不限于前面所说的实施例中的细节,本发明可以在不改变实质特点的情况下通过其他形式实现。因此,前面所说的实施例从各方面来说都是说明性的,而不是限制性的。它只是权利要求书的参考,而不是对权利要求书的陈述。在权利要求书的含义和等同范围内的所有变换物,都被认为是属于权利要求的范围。”原告指控被告侵犯其专利权。

(二)法院判决和目的解释方法的完善

英格兰—威尔士上诉法院 Hoffmann 法官认为,本案中的侵权问题可以转化为权利要求解释问题,即橡胶棒是否属于螺旋状弹簧。有的法官认为这个问题是橡胶棒是否是螺旋状弹簧的“机械等同物”,但 Hoffmann 认为应当采用其他的表述方法。对专利进行正确解释的方法是 Diplock 法官在 Catnic 案提出的,对权利要求书的语言应进行目的解释而不必进行字面解释。

Hoffmann 法官将目的解释的方法进行了进一步阐述:

> 如果被控侵权物的一个技术特征不在专利权利要求的表面的、字义的、文本的含义范围之内(即被控侵权物为变换物),在确定经过适当解释能否认定该技术特征在权利要求的范围之内时,法院应当向自己提出以下三个问题:(1)变换物是否对发明起作用的方式具有实质性影响?如果有,则变换物在权利要求的范围之外。(2)本领域技术人员在专利公开日是否可以明显地看到变换物对于发明起作用的方式没有实质影响?如果不是,则变换物在权利要求的范围之外。(3)从权利要求书的用语看,本领域技术人员是否认为专利权人将与权利要求的表面含义完全一致作为发明的必要要件?如果是,则变换物在权利要求的范围之外。如果对最后一个问题的回答是否定的,则说明专利权人使用权利要求中的语句,并不是在字面含义上使用,而是具有在比喻含义(可以是提喻性描述也可以是转喻性描述)上使用的意图。专利权人认为权利要求中的语句指的是包括变换物以及其字面含义在内的一组物(a class of things),而字面含义只不过是这一组物的最理想的、最公知的或最显著的例子。

然后,Hoffmann 法官又对上述目的解释的方法进行了解释:

> 最终的问题都是被控侵权物是否落入专利权利要求范围的问题。对此,

我认为Diplock法官在Catnic案中的意见是并不存在“字面侵权”和“发明精髓侵权”的明确分界线。另外,Fox法官在Anchor Building Products,Ltd. v. Redland Roof Tiles,Ltd.案中对这个问题进行了准确的界定。他认为这一问题就是,缺少权利要求中的一个技术特征,是否属于无关紧要的变换物,并且本领域技术人员认为这属于权利要求用语的范围内。值得注意的是,Diplock法官所提的前两个问题(即变换物是否对发明起作用的方式具有实质性影响,以及本领域技术人员在专利公开日是否可以明显地看到变换物对于发明起作用的方式没有实质影响),虽然不对照发明就不能作出有意义的回答,但这两个问题首先并不是权利要求解释问题。对这两个问题的回答只是为以后的权利要求解释提供事实背景。只有第三个问题才提出了权利要求解释的问题。Diplock法官提出的方法明确说明了,前两个问题的答案对于第三个问题并不是决定性的。即使采用目的解释的方法对专利的用语进行解释,也可能产生以下结论:变换物对于专利起作用的方式没有实质的影响,而这对于本领域技术人员来说在专利公开日也是显而易见的,但是由于某些原因,专利权人将权利要求中的用语限定在字面含义并排除了变换物。如果不是这样,就没有必要回答第三个问题了。

最后,Hoffmann法官运用目的解释方法按照自己提出的三个问题对本案进行了分析:

(1)变换物对于发明起作用的方式是否有实质性影响?对这个问题的回答取决于对“发明起作用的方式”的理解。一种极端的理解是,发明通过抓取并拔出毛发的方式起作用。按这种理解,变换物对发明起作用的方式当然没有影响。另一种极端的理解是,发明通过连续的螺旋状空心的环状截面的金属卷丝抓取毛发起作用。按照这种理解,变换物当然对于发明起作用的方式有实质性影响。双方的专家证人都承认,与具有平边切口的橡胶棒相比,有环状截面的卷丝的螺旋状弹簧在接触点产生的压力更大。这种差异在我对发明起作用的方式的判断中并不是决定性的。被告的证人称原告产品会产生更多的断发,但这并没有数量上的证据,且断发对于发明的影响也无法判断。在每英寸上螺旋状弹簧上弹簧缝隙的数量比橡胶棒上切口的数量多4倍,并且切口是不连续的。因此,原告的产品在同一时间脱毛的数量比被告产品多,但给使用者带来的痛苦也大一些。另外,关于原告产品是不是能更好地去除短一些的毛发,以及原告的空心螺旋状弹簧与被告的实心橡胶棒抓取毛发的方式是否相同等,都没有决定性的结论。另外,双方的产品都能达到为客户满意地去除毛发的目的。从原告的专利说明书和被告申请专利的说明书看,两份说明书中的描述基本相同。在笔者看来,螺旋状弹簧和橡胶棒起作用的方式是相同的。前面所说的差异都不是实质性的。

(2)本领域技术人员在专利公开日是否可以明显地看到变换物对于发明起作用的方式没有实质影响?对于这个问题,被告方主张这个问题指的变换物自身可以使人想到它是权利要求的字面含义所指物品的明显的替代品。这是对 Diplock 法官所提问题的误解。对这个问题的正确理解应该是,本领域技术人员看到发明和变换物后,再问他是否变换物明显地与发明起作用的方式相同。即使回答是肯定的,这与变换物是发明性改进也不一定矛盾。例如,如果橡胶棒使用了以前不可能使用的材料(如可能由于费用太高),但它具有一定的优势(如脱毛时痛苦更小等),这可能是与发明起作用的方式明显相同的变换物,但同时是发明性改进。材料本身不能使本领域技术人员想到它是发明的明显替代品也并不重要。这些都与解释问题(Diplock 法官所提出的第三个问题)有关,不应当在这个阶段回答。原告的专家证人认为,使发明可以按照说明书的描述发挥作用的原因,在于它具有以下特点:可以旋转;可以沿轴的方向传递扭矩以抵御脱毛时产生的力;具有柔软性(可以弯曲为弓形);有缝隙(可以抓取毛发)。他们还认为,只要具有上述特点的圆棒就可以很明显地与发明起作用的方式相同,橡胶棒当然属于这一类。从这里来看,第二个问题的回答是肯定的。

(3)本领域技术人员是否认为专利权人的意思是将其权利要求限定在螺旋状弹簧的表面含义?这个问题是解释问题,涉及本领域技术人员的理解。原告方的专家证人认为,发明所需要的螺旋状弹簧只不过是旋转的带缝隙的可弯曲的圆形物,发明人不可能将橡胶棒等排除在外。从该专利说明书来看,该专利中只提到了螺旋状弹簧。如果发明人或者起草专利文件的人内心里认为螺旋状弹簧还有替代物的话,他在说明书中也从来没有提及可以使用替代物。橡胶棒是通过其他手段实现螺旋状弹簧的柔软性特点的——橡胶棒使用的材料比弹簧采用的钢的柔软性强 3 万倍。材料的差异是两个产品的内在差异。如果原告产品中的弹簧是由弹性材料制成的,就成了无法使用的面条;如果被告产品中的橡胶棒是由钢制成的,就成了无法控制的硬棒。如果原告的专利说明书中有下述记载,“本发明还可以采用弹性物的结构形式,弹性物在旋转中在不同点分别产生张开和闭合的不同方位状态”,它至少可以使人认为这是螺旋状弹簧的替代物。关于说明书中“等同说明”的作用,Hoffmann 法官认为,该说明的前半部分只是说说明书不能用于限制权利要求中用语的含义。这不是问题的关键,最重要的是后半部分“在权利要求书的含义和等同范围内的所有变换形式,都被认为是属于权利要求的范围”。如果这句话意味着“本领域技术人员在阅读了说明书后,无论对权利要求书的用语如何理解,权利要求书中所描述的部件都可以包括所有情况下具有相同作用的所有其他部件”,则原告方的主张是正确的。但是,这句话并没有这么广泛的效果。这句话中所说的变换物必须在权利要求书的“含义”和“等同的范围内”,它只不过是说,“不要忘了按照 Catnic 案和《欧洲专利公约第 69 条解释议定书》进行权利要求解释”。因此,对原告专利中的“螺旋状弹簧”不能给予宽泛的一般解释,本领域的技术人员也不会这样理解。这不像 Catnic 案那样即使支柱有一定的角度仍可被认为近似于垂直。橡胶棒与螺旋状弹簧并不近似。这是两类不同的物,只是在极有限的情况下它们起的作用相同。不能认为弹簧是发明的“非实质性”的部分,用橡胶棒代替弹簧也不是细微的变换。为什么专利权人将其发明限定在橡胶棒呢?这是因为,橡胶棒具有难以克服的滞后作用。如果使用橡胶棒原告的发明就不会起作用。原告说明书中推荐的实施例也不能使用橡胶棒。另外,如果在起草专利权利要求书时将橡胶棒之类的替代物也包括在内,可能得不到专利局的认可。假想的技术人员不一定熟悉专利法,他有权认为专利权人有很好的理由将其发明限定为螺旋状卷丝。第三人有权根据《欧洲专利公约第 69 条解释议定书》的规定对专利保护范围产生合理的确定性,而只从说明书中的“等同说明”得出权利要求的其他含义,会否认第三人的这种确定性。

因此,对于上述三个问题,虽然前两个问题都得出了有利于原告方的答案,但在第三个问题上的答案是有利于被告方的。综合这三个问题就是:被控侵权物作为变换物对于发明起作用的方式没有实质的影响,本领域技术人员在发明公开日也可以明显地认识到这一点。但是,本领域技术人员会认为专利权人只将其发明限定在权利要求中所说的螺旋状弹簧,而不包括被控侵权物中的橡胶棒。因此,最后的结论是,被控侵权物并不在专利的保护范围之内。

可见,在本案中,Hoffmann 法官对“目的解释方法”进行了进一步的阐释,认为目的解释方法是解释权利要求的正确方法。Hoffmann 法官将对权利要求的目的解释归纳为三个问题,在回答了他所提出的三个问题后,认定被控侵权物是否属于专利权利要求范围的问题就解决了。Hoffmann 法官在本案的判决中对于他所提出的三个问题进行了详细的分析,为其他法官适用目的解释方法提供了良好的范例。另外,Hoffmann 法官还对专利说明书中的“等同说明”的作用进行了分析。认为虽然原告的专利说明书中载明等同范围内的变换形式都属于专利权利要求的范围,但是,并不能因此而扩大专利权利要求的范围,不能仅从等同说明得出权利要求的其他含义。

三、2004 年前目的解释方法在英国的适用

Diplock 法官在 Catnic 案中提出、Hoffmann 法官在 Improver 案完善的目的解释方法,成为英国法院解释权利要求的基本依据。这种解释权利要求的标准被称为"Catnic-Improver 标准"。Hoffmann 法官对目的解释方法归纳的三个问题因为是根据《欧洲专利公约第 69 条解释议定书》提出来的,所以被称为"议定书问题"(Protocol Questions)。下面将英国上诉法院适用目的解释方法进行权利要求解释的概况和典型案件进行分析。

(一)英国上诉法院 2004 年前适用目的解释方法的概况

自从 Improver 案后,英国上诉法院经常在专利侵权案件中提出"议定书问题",并根据对这三个问题的回答确定是否侵权。下表是英国上诉法院在 Improver 案后至 2004 年根据"议定书问题"认定专利侵权是否成立的情况:[1]

序号	案件	第一个问题	第二个问题	第三个问题	是否侵权
1	PLG Research v. Ardon [1993] F. S. R. 197	否	是	否	侵权
2	Optical Coating v. Pilkington [1995] R. P. C. 145	否	是	是	不侵权
3	Kastner v. Rizla [1995] R. P. C. 585	否	是	否	侵权
4	Beloit v. Valmet (Mark 2) [1997] R. P. C. 489	—	—	是	不侵权
5	Union Carbide v. BP (Mark 2) [1999] R. P. C. 409	否	是	否	侵权
6	Union Carbide v. BP (Mark 3) [1999] R. P. C. 409	否	否	是	不侵权
7	Scanvaegt v. Pelcombe [1999] F. S. R. 786	是	—	—	不侵权

[1] 表中前 17 件参见 Hugh Dunlop,"Court of Appeal Gets to Grips with the Protocol", *European Intellectual Property Review*, 2003, pp. 342 - 350。

续表

序号	案件	第一个问题	第二个问题	第三个问题	是否侵权
8	Wheatley v. Drillsafe [2001] R. P. C. 133	否	是	是	不侵权
9	American Home Products v. Novartis [2001] R. P. C. 8	是	否	是	不侵权
10	Amersham Pharmacia Biotech v. Amicon（未报告）	—	—	是	不侵权
11	Taylor v. Ishida（未报告）	否	是	否	侵权
12	Dyson v. Hoover [2002] R. P. C. 22	否	是	否	侵权
13	Sara Lee v. Johnson Wax（未报告）	是	否	（是）	不侵权
14	Rohm and Haas v. Collag [2002] F. S. R. 28	是	（否）	（是）	不侵权
15	Pharmacia v. Merck [2002] R. P. C. 41	否	是	否	侵权
16	City Technology v. Alphasense（未报告）	否	是	否	侵权
17	Kirin-Amgen v. TKT [2003] R. P. C. 3	是	否	—	不侵权
18	Merck & Co. Inc. v. Generics（UK）Ltd. [2004] R. P. C. 31	是	否	—	不侵权

（二）对英国上诉法院有关案件的分析

1. 对认定侵权的案件的分析

上表中共有18个案件，[1]其中认定侵权的为7件，下面对这7个案件进行简要分析。

第一件认定侵权的案件是PLG Research v. Ardon案。该案涉及的是与塑胶网有关的专利。原告专利权利要求中载明专利所使用的材料是“同一平面的”，而被告使用的材料有凹凸的地方。法院对该“同一平面的”这一用语的解释与Catnic案非常相似，判决结果也与Catnic案一样认定了侵权。

---

[1] 表中的第5个案件和第6个案件其实是一件案件，因为案中涉及两件被控侵权物，而法院对两件被控侵权物是否属于专利权利要求的范围作出了不同的认定。为了叙述和分析方便，这里把它作为两件案件。

第二件认定侵权的案件是 Kastner v. Rizla 案。该案涉及的是与卷纸设备有关的专利。专利权利要求中载明的技术特征有“平台带动刀盘来回运动”和“由刀盘带动并与刀盘一起运动的推动盘”的记载。被控侵权产品与原告专利的不同之处在于,被控侵权产品中没有来回运动的刀盘,取而代之的是新月形旋转刀片;被控侵权产品中的推动盘并不与刀一起运动。英国上诉法院认为,对专利权利要求进行解释,该法院必须遵循 Catnic 案的先例。专利权利要求的范围是固定的,在确定专利权利要求的范围时不用考虑在先技术和被控侵权物。但是按照 Catnic 案的标准,法院必须考虑专利权人是否将被控侵权物排除在外。因此,在确定专利保护范围时,法院不得不考虑到双方争议的情况。被控侵权物与专利权利要求的不同之处属于变换物。应当按照 Improver 案中的问题确定变换物是否属于专利权利要求的范围。关于第一个问题,虽然变换物与专利权利要求中刀盘机械不同,但这对于发明起作用的方式没有实质性影响。关于第二个问题,使用机械等同物对于本领域技术人员来说在专利公开日是显而易见的。关于第三个问题,有四个原因使人认为“刀盘来回运动”并不是本发明的实质要件。一是发明的主题说明本发明的进步性在于切断带状纸片;二是刀盘对于切纸装置来说只是附属物;三是说明书中提到的发明的两个主要部分不包括刀盘;四是说明书中对刀盘的描述不会使记者考虑到刀盘按照等速原理运转的必要性。因此,对第三个问题的回答是否定的。最后,法院认定被告构成侵权。

第三件认定侵权的案件是 Union Carbide v. BP 案。该案涉及从单体液态反应堆中提取聚合物的方法的专利。权利要求书中提到的专利方法包括从反应堆中除去聚合产品,将未反应的液体冷却为气体和液体的二相化合物,并将该化合物重新投入到反应堆。在被告的生产方法中,产生重新二相化合物使用的是新单体,而不是回收的气体。法院认为,没有证据可以表明被告使用新单体产生二相化合物的方法会对发明起作用的方式有实质的影响。一个本领域的技术人员在看到发明和被告使用的方法时,会立即意识到二相化合物使用新单体还是回收的空气是无关紧要的。对于第三个问题,法院认为虽然发明相对于被告的方法而言具有一定的长处(省去了空气分离和注射装置),但是因为专利说明书中提到了可以将空气分离和注射,专利权人没有将被控侵权方法排除在专利方法的范围之外。

第四件认定侵权的案件 Taylor v. Ishida 和第五件认定侵权的案件 Dyson v. Hoover 具有一定的相似性。在这两个案件中,当事人所争议的权利要求中的用语本身具有一定的模糊性。Taylor v. Ishida 案件中权利要求中的用语是“固定的”(fixed),而被控侵权物是不固定的;Dyson v. Hoover 案中权利要求中载明某一部件是“截头圆锥形”,而被控侵权物中的相应部件是喇叭形的。这里重点介绍一下Dyson v. Hoover案。本案中的专利发明与真实吸尘器有关。法院认为,专利权利要求中的“截头圆锥形”从几何学的角度看,其含义不用过多解释。但这只是该用语的“表面的、字义的、文本的含义”,从《欧洲专利公约第69条解释议定书》的角度来看,理解其含义还要看上下文。专利说明书没有提及“截头圆锥形”部件的尺寸(长度和直径)和锥度。任何吸风装置都有类似圆锥形的部件。专利说明书没有对该部件进行特别界定,说明它不是本发明的关键部件。对于本领域的技术人员来说,可以明显地看到使用喇叭状的部件而不是“截头圆锥形”部件对于发明起作用的方式没有实质的影响,并且专利权人使用“截头圆锥形”也并不具有将“喇叭状”排除在外的目的。因此,对于“截头圆锥形”的含义不能按照严格的字面的、几何上的意义进行解释。被告使用的喇叭状的部件也属于权利要求中“截头圆锥形”部件的范围。

第六件认定侵权的案件是Pharmacia v. Merck案。该案涉及一种抗炎药的专利。专利权利要求书称本发明包括一种“氢氧根(烯醇)形式”的物质,但没有明确该物质的酮类互变体。被告销售的被控侵权物是酮类形式的化合物。一审法院认为,“氢氧根”是一个精确的化学术语,根据定义它并不包括“酮类”形式的化合物。在专利的说明书中也没有暗示该术语的含义不是其普通的化学含义。“氢氧根”的含义是清楚明确的,不允许有变换物。因此,被控侵权物不在专利发明权利要求的范围之内,被告不构成侵权。在二审中,被告认为一审法院的解释方法是正确的,但原告认为一审法院没有考虑到“互变现象”的事实。所有的人都会认为烯酮是权利要求1中的化合物,并且在人体中产生抗炎活动。而本领域的技术人员烯酮与“酮类”形式的物共存并结合为化合物起到抗炎的作用。二审中Aldous法官认为,在本案中“议定书问题”经过修正以后才能适用。原告的解释比被告字面含义的解释更有道理。权利要求中的化合物是在人体内活动的一类物。为了给专利权人以公平的保护,应当考虑到人体内的化合物。烯酮以不可分割的平衡状态与酮类物共存,两者的化合物实现抗炎的作用。如果将权利要求只限于变异体,是达不到专利权人所关心的任何目的的。将权利要求解释为包括酮类物,不会妨碍第三人从权利要求书得到的合理确定性。虽然权利要求中没有明确提及酮类物,但第三人知道解释权利要求时不必局限于权利要求书中明确提到的物质。如果这样解释,就只对化合物进行字面解释,这是不符合议定书的要求的。第三人也知道,使用烯酮的形式只能是通过其他互变体。他们也不会对生产和销售可能形成烯酮的其他互变体构成侵权感到惊奇。因此,原告的权利要求包括了酮类物。被告的销售行为构成侵权。可见,Aldous 法官认为"议定书问题"并不能直接适用于对本案化合物的解释。权利要求中的化合物,即使具有明确含义,也不能只是按照字面含义进行解释。在具体认定关于化合物的权利要求的保护范围时,应从对专利权人给予公平保护和保证权利要求书给第三人合理确定性进行平衡的角度出发,寻找既能给予专利权人公平保护,又不妨碍第三人的合理确定性的结论。最后,Aldous 法官通过分析原告发明起作用的方式和本领域技术人员公知知识,认为将专利权利要求解释为包括被控侵权物是按照上述原则得出的正确结论。在此基础上,认定被告构成侵权。另一位法官 Arden 坚持采用通过"议定书问题"的方式进行权利要求解释。她认为,通过"议定书问题"进行权利要求解释,可以增加权利要求解释的连续性和透明度。并且,专利起草人是按照法律的要求起草权利要求书的,这也是应当遵循"议定书问题"的原因。权利要求解释的最后结论必须通过"议定书问题"得出。认定变换物属于权利要求的范围的标准,不是因为必须使专利权的独占范围有效,而是变换物是不重要的、明显的和与权利要求的用语一致的。Arden 法官根据"议定书问题"对本案进行了分析。她认为,对于第一个问题,回答是变换物对于发明起作用的方式没有实质的影响。对于第二个问题,因为本领域技术人员只能将烯酮与酮类物结合使用,因此答案是本领域技术人员可以明显地认为变换物对于发明起作用的方式没有实质的影响。对于第三个问题,由于本领域技术人员知道酮类物以均衡状态与烯酮共存,在水状态下酮类物不能从烯酮中分离,因此,将烯酮解释为包括其互变体对于第三人也并非不公平。"氢氧根"是一个描述性用语,可以包括酮类物和烯酮。因此,对于第三个问题的回答是,专利权人并没有将变换物排除在专利权利要求的范围之外。可见,Arden 法官坚持采用按照"议定书问题"的三个问题进行权利要求解释,但在本案中其结论与 Aldous 法官的结论是一致的。

第七件认定侵权的案件是 City Technology v. Alphasense 案。该案涉及有两个电极的瓦斯探测器的电气化学装置发明。案中专利权利要求书记载的发明的上方电极是多孔的,在使用时暴露在瓦斯中。两个电极中间有一个离析器。下方电极有一个开口,一个油绳(wick)通过该开口将电解液贮藏器中的电解液吸到上方的离析器。被控侵权物中也有一个油绳,但该油绳并没有将电解液吸到离析器中。被控侵权物中的电解液是通过其他离析器传送的。法院认为,"油绳"的含义是一束纤维,从字面上看将被控侵权物的相应装置排除在外。但是,法院通过按照"议定书问题"进行权利要求解释,认为被控侵权物的相应装置仍在专利权利要求的范围之内。法院认为,被控侵权物的变换,对于发明起作用的方式并没有实质的影响,并且这对于本领域的技术人员而言也是显而易见的。被告也没有让法院相信专利权人将发明限定在权利要求的字面含义之内。因此,被告构成侵权。

2. 对未认定侵权的案件的分析

前面的表中没有认定侵权的案件为 10 件。在这没有认定侵权的 10 件案件中,因第一个问题没有认定侵权的为 5 件,因第二个问题没有认定侵权的为 5 件,因第三个问题没有认定侵权的为 8 件。其中,单独因第一个问题没有认定侵权的为 1 件,即 Scanvaegt v. Pelcombe 案;单独因第三个问题没有认定侵权的为 4 件,即 Optical Coating v. Pilkington 案、Wheatley v. Drillsafe 案、Beloit v. Valmet 案和 Amersham Pharmacia Biotech v. Amicon 案。其余的案件中,有 2 个案件是因为第一和第二个问题而未被认定侵权的,即 Kirin-Amgen v. TKT 案和 Merck & Co., Inc. v. Generics (UK), Ltd. 案;有 1 个案件是因为第二和第三个问题而未被认定侵权的,即 Union Carbide v. BP (Mark 3);有 3 个案件是因为三个问题而未被认定侵权的,即 American Home Products v. Novartis 案、Sara Lee v. Johnson Wax 案和 Rohm and Haas v. Collag 案。可见,没有认定侵权的主要是因为第一和第三个问题,没有单独因第二个问题而没有认定侵权的案件。

(三) 对目的解释方法的争议

从前面的分析可以看出,Catnic 案提出目的解释方法以及 Improver 案对目的解释方法进行完善的"议定书问题",很快成为英国法院解释权利要求的准则。英国法院认为,目的解释方法体现了欧洲专利公约第 69 条解释议定书和 1977 年专利法所要求的解释立场。[1] 但是,在有的案件中(例如前面所说的 Pharmacia v. Merck 案)法官对"议定书问题"的适用表示了忧虑。在有的案件中法官提出,Catnic 案的标准如果与议定书是一致的,则已经是不必要的;如果是不一致的,则是危险的。[2] 但英格兰—威尔士上诉法院在涉及权利要求解释时,几乎无一例外地按照"议定书问题"进行认定。

"议定书问题"是不是解释权利要求的准则,目的解释方法是不是理想的解释方法,在英国理论界还是存在争议的。例如,有人提出,"议定书问题"中的第二个问题没有必要。第二个问题是跟随第一个问题而来的,如果第一个问题的回答是肯定的,就没有必要回答第二个问题。如果变换物对于发明起作用的方式有实质影响,通常情况下对本领域的技术人员来说就是显而易见的;反过来说,如果这对

---

[1] Ray D. Weston, Jr., "A Comparative Analysis of the Doctrine of Equivalents: Can European Approaches Solve an American Dilemma?" 39 *IDEA: The Journal of Law and Technology* 35, 1998.

[2] PLG Research Ltd. v. Ardon International, [1995] RPC 287.

于本领域技术人员来说不是显而易见的,这就有力地说明了变换物对于发明起作用的方式有实质影响。[1] 有人对目的解释方法给予了全盘否定,认为目的解释方法是错误的,应当废弃该解释理论。其主要理由是:目的解释方法需要知道权利要求的目的,但本领域技术人员是不知道的;目的解释方法混淆了说明书和权利要求书的作用;目的解释方法与议定书不一致;目的解释方法违反了实现权利要求解释方法在欧洲一致的议定书目标;目的解释方法的适用降低了英国案例在欧洲的影响;继续依赖目的解释方法会否定以前先例中的合理原则;继续依赖目的解释方法会妨碍阐释议定书所需要的案件法的发展。[2]

四、Kirin-Amgen 案——对目的解释方法的重新阐释

2004 年 10 月 21 日,英国上议院对 Kirin-Amgen, Inc. and others v. Hoechst Marion Roussel Limited[3]案作出了判决。在本案中,针对前面所说的对目的解释方法的争议和"议定书问题"在适用中所出现的问题,Hoffman 法官又对目的解释方法进行了重新阐释。

(一)案情及涉及的有关问题

Kirin-Amgen 公司(以下简称 Amgen 公司)是美国加州的一家公司,它拥有一项利用 DNA 重组技术(recombinant DNA technology)生产红细胞生成素(EPO)的欧洲专利(EP 0148605B2)。EPO 是肾脏分泌的一种促进骨髓生成红细胞能力的激素。Amgen 公司的专利可以用于人工制造 EPO,这在治疗贫血特别是因肾脏功能不全而引起的贫血方面是一大进步。

Transkaryotic Therapies 公司(以下简称 TKT 公司)是美国马萨诸塞州的一家公司。该公司也发明了一种制造 EPO 的方法,用的是基因激活技术(gene activation),产品称为"GA—EPO"。Hoechst Marion Roussel 公司(以下简称 Hoechst 公司)是一家跨国制药公司的英国子公司,准备进口"GA—EPO"。Amgen 公司诉 TKT 和 Hoechst 公司侵权。

利用 DNA 重组技术制造蛋白质多肽的技术在 20 世纪 70 年代以后发展迅速。为成为某些蛋白质的第一个制造者,许多制药企业展开了激烈的竞争。1983 年,

---

[1] Hugh Dunlop, "Court of Appeal Gets to Grips with the Protocol", *European Intellectual Property Review*, 2003, pp. 342 – 350.

[2] Jonathan D. C. Turner, "Purposive Construction: Seven Reasons Why Cantnic is Wrong", 21 *European Intellectual Property Review*, 1999, pp. 531 – 536.

[3] [2004] UKLD 46.

Amgen 公司的科研人员首先发现了 EPO 基因序列的相关信息,这些信息对于所有制造 EPO 的方法都是必需的。

一旦 EPO 的基因序列被发现后,利用基因重组技术制造 EPO 就成为可能。Amgen 公司在其专利说明书中描述了利用基因重组制造 EPO 的方法。“将从捐赠者组织提取或者化学合成的符合要求的多肽产品结构的基因,不断注入具有自我复制功能的单细胞组织,如细菌、酵母等;然后,现存的基因表达就‘转形’或‘变异’,成为所需要的产品。”这就是专利所教导的制造 EPO 的方法。Amgen 公司科研人员所用的方法是将捐赠者的组织注入哺乳动物的细胞,产生 EPO。

TKT 公司采用基因激活技术制造 EPO。EPO 生长于人的细胞中,其技术涉及控制上游序位基因。这在专利申请时是做不到的,但在专利诉讼时因为“同源结合”技术的应用,已经可以做到了。原告的 EPO 与被告 GA—EPO 的区别在于,前者是利用外在的 DNA 注入主体细胞破译 EPO,后者是从经过控制的人体细胞基因破译 EPO。

原告的专利说明书,说明了技术背景,EPO 的作用和提取难度,描述了原告科研员在猴子和人身上发现 EPO 的方法,并制定了两类物种的基因序列。原告专利总计有 31 项权利要求,其中诉讼中涉及的是权利要求 1、权利要求 19 和权利要求 26。权利要求 1 为“用于在主体细胞(host cell)中获得 EPO 的基因序列”。权利要求 19 为“在外在 DNA 序列(exogenous DNA sequence)表达的 EPO”。权利要求 26 为“根据权利要求 1,作为 DNA 序列主体细胞表达产品的 EPO”。本案涉及权利要求 19 和权利要求 26 是否被侵犯,但如果被告的生产方法不在权利要求 1 的保护范围内,也不侵犯权利要求 19 和权利要求 26。

(二)一审和二审判决

一审法院认为权利要求 19 无效,而权利要求 26 有效并被侵犯。二审法院(英国上诉法院)认为所有权利要求都有效,但都没有被侵犯。

二审法院首先认为,从字面上看权利要求 1 没有被侵犯。因为权利要求 1 明确要求在“主体细胞”中提取 EPO,而被控侵权物所使用的不是主体细胞。然后,法院按照“议定书问题”对权利要求 1 的保护范围进行了解释。对于第一个问题,法院认为原告专利权利要求中要求保护的不是基因序列,而是可以用于主体细胞产生 EPO 的基因序列,也就是外在基因序列。被告的变换物是已经存在于细胞中的内在基因序列。内在基因序列在同源结合技术出现以前是不能用于破译 EPO 的。因为,法院认为对于第一个问题的回答为“是”,即变换物对于发明起作用的方式具有实质性影响。对于第二个问题,虽然只回答了第一个问题就足以认定不侵权了,法院仍对第二个问题进行了分析。法院认为,应当将被控侵权物告诉假想的本领域的技术人员,让他判断被控侵权物是否明显与发明以相同的方式起作用。第二个问题的作用在于确保第三人从权利要求书中得到的合理确定性。即使对于第一个问题的回答是"否",也就是变换物对于发明起作用的方式没有实质影响,本领域的技术人员在1984年也不会认为变换物会有用处,变换物与发明以相同的方式起作用是不可能显而易见的。因此,对于第二个问题的回答是"否"。根据对上述两个问题的回答,法院认为即使按照"议定书问题"对权利要求进行解释,被控侵权物也不属于权利要求1的范围。权利要求1没有被侵犯,其他权利要求也没有被侵犯。因此,二审法院认定被告不构成侵权。

(三)Hoffman法官的分析意见

已经从英国上诉法院法官成为英国上议院法官的Hoffman,抓住本案这个机会,对英国的权利要求解释问题进行了充分的阐述。其主要内容有:

1. 关于专利保护范围的法律规定

Hoffman首先介绍了英国和欧洲关于专利保护范围的有关规定。他指出,英国1977年专利法使《欧洲专利公约》(以下简称公约)在英国生效。此前,英国成文法中没有关于专利保护范围的规定,专利保护范围根据普通法、授权专利文件中的用语和一般解释原则确定。Diplock法官在Catnic案中阐述了确定专利保护范围的一般原则,但公约和1977年专利法对此作了更明确和详细的规定。对于公约第69条的规定,Hoffman认为,它沿袭了英国的长期传统,明确规定了专利保护范围应根据权利要求书的用语确定。但是,在德国,1977年以前的侵权诉讼中,往往只是将专利权利要求作为确定保护范围的出发点,保护范围的确定依据是说明书作为一个整体所披露的发明物。尽管公约采用了英国的用权利要求书界定保护范围的做法,但缔约国不愿意接受英国法院解释权利要求的原则。这种原则有时被认为使权利要求被过分限制地、字面地解释。缔约国想明确放弃这种法律技术。另外,他们认为,那些以前根据"发明本质"而不是权利要求确定专利保护范围的国家,也不能以对权利要求进行宽容解释为借口继续按以前的办法做。在这种情况下,《欧洲专利公约第69条解释议定书》(以下简称议定书)实现了这种妥协。一般来说,从议定书中"两个极端之间"这一用语来看,议定书代表了两种解释方法的妥协。但这并不准确。这是一个解释第69条的议定书,而不是解释权利要求的议定书。第一句话确实涉及权利要求的解释。要理解它,需要知道英国法院以前适用的解释专利以及其他材料的规则。第二句话不涉及解释权利要求。相反,它明确规定不能离开权利要求,把说明书作为一个整体,看专利权人已经完成的是什么。最后一句说明,在根据权利要求并避免字面主义确定保护范围时,缔约国法院应将对专利权人的公平保护和使第三方有合理的确定性结合起来。

2. 英国的解释规则

Hoffman 还对英国法院对专利权利要求书和其他文件的解释规则进行了总结。他指出,不了解英国法院以前的解释法律文件的原则,就不可能理解议定书第一句话所意图禁止的行为。传统的解释原则要求对单词和语法给予其"自然和普通的含义",这就是说,字典给予单词的含义和语法给予句式的含义。尽管上下文或当时的环境与所使用的词不符,除非它们是"含混不清的",这种含义就应被采纳。另外,如果权利要求的语言本身具有两种或两种以上的含义,是"含混不清的",法院可以考虑说明书和附图中上下文的内容。如果这仍不足以解决"含混不清",法院可以考虑当时背景,或借助所谓的"外部证据"事实,这是指一个读者可以合理地预期作者在写这个材料时存在于其知识中的内容。

这些规则,如果被严格地适用,意味着除非法院发现语言中的含混不清,则可能不得不按一个理性读者,在知道上下文和相关背景的情况下知道并非作者的意图的含义进行解释。这种解释规则,有利于英国法早期的确定性,但可能产生相当不公平,而且有时确实产生过。之所以这种不公平并没有经常产生,是因为法官通常可以机智地发现"含混不清",从而使他们可以根据合适的上下文进行解释。试图按"本身"的含义解释权利要求,而不顾上下文或使用它的目的,一直是一种非常做作的行为。议定书以及它提及的"解决含混不清",意在排斥解释权利要求时的做作的英国规则。其实在议定书签署时,英国法院在解释权利要求和解释其他商业材料时已经放弃了这些规则。Diplock 法官在 Catnic 案中提到:专利说明书应进行目的解释,而不只是文字解释。

解释专利权利要求书或者其他文件时,不可能直接关注作者想说什么。根据一个接受表达的理性人所理解的作者的意思进行解释,从这个意义上说,解释是客观的。关键不是"作者使用的词语的含义",而是想象中的受意人所理解的作者想要表达的意思。词典和语法书界定了词语的使用规则,但受意人对于词语的理解不只是依据词典和语法书的规则,还要根据使用的具体环境。词语的含义不只是决定于作者所使用的词语,还取决于受意人的身份、知识和对受意人的假定状态。对于专利说明书而言,假定的受意人是本领域的技术人员,他在阅读说明书时具有本领域的通常知识,并且假定说明书的目的是描述发明,并为发明划清界限,而不是作为数学或化学教科书或化学品或软件的购物单。"目的解释"的中心就是这种认识。但是,有一种趋势认为,目的解释好像是神秘刺穿说明书用语的某种占卜术的模糊描述。其实,Diplock 法官的含义是很明确的,他只是想指出为一个目的使用某个词语和为另一个目的使用某个词语所表达的含义可能是不一样的。

专利说明书的目的,只是传达发明的观念。对发明目的的理解是用于确定权利要求书含义的材料之一。“目的解释”并不意味着扩大或超过专利权人在权利要求书中寻求保护的技术客体范围。因此,问题的关键一直是本领域的技术人员如何理解专利权人所用语言的含义。为此,所使用的语言至关重要。词语含义和句法的习惯用法使我们可以非常精确和细致地表达我们的意思,普通技术人员通常认为专利权人根据相应的词语含义和句法的习惯用法选择所使用的语言。像很多法官所指出的,说明书是专利权人自己选择词语撰写的单方文件,并且专利权人使用说明书来描述在他看来具有某种程度的新的东西,是以前没有存在的,可能没有通用的定义。有时,在本领域技术人员看来,很明显专利权人在某些方面背离了词语的习惯用法,或者其对发明的描述中包括了某些非本质的东西。但这种情况并不常见。

假想的技术人员借助说明书和附图,对权利要求进行目的解释后,有时可能得出的结论是专利权人肯定想指另外的意思而不是表面上的意思。出现这种现象的原因之一是我们的知识背景存在差距,这导致专利权人通过特别的方式表达自己的想法。

英国、荷兰和德国的法院,肯定不鼓励(如果他们不是完全禁止的话)使用专利局的材料帮助解释。这有很好的原因:专利的含义不因本领域技术人员是否看到了专利局的材料而不同,而专利局的材料所提供的帮助是很有限的。然而,如果不接触这些材料,以及专利权人及其顾问的个人想法,是不可能知道什么原因使专利权人对要求的独占范围作出无法解释的限制的。一种可能的解释是那并不代表专利人真正想说的意思,但也有可能因为他自己的原因他确实想表达那种意思,比如想避免在授权或在先技术方面与审查员争议,以便尽快获得授权。曾有人建议,如果对于限制要求保护范围缺乏合理的解释,应推定在专利权人与专利局之间有很好的理由。先假定别人的意思,在得出别人没有按习惯用法使用时就认为这需要明显合理的理由,这样做是没有意义的。

3. 关于等同原则

关于等同原则是否在欧洲适用的评论,是 Hoffman 在该判决中论述的重要内容。他首先指出了等同原则产生的原因。他指出,在“自然、通常含义”这一规则或多或少被严格适用的时期,对于适用这种解释,从而允许他人通过“非实质改变”权利要求中描述的发明避免侵权,英国法院和美国法院都表现出了可以理解的焦虑。在英国,这导致了把“发明精髓”作为侵权判断原则的出现。发明精髓原则一直是有点模糊的,并且还不清楚法院把它是作为一个解释原则,还是作为权利要求之外对保护范围的扩大。

然后,Hoffman 对美国的等同原则进行了介绍。他指出,在美国,有一个相似的原则叫等同原则,它坦白地承认允许专利权人在权利要求范围之外扩大保护范围。但是,一旦允许专利独占范围超过权利要求的术语,就很难知道在哪里界定它的范围。在 Hilton 案中,美国最高法院对等同原则表达了一定的焦虑,认为等同原则"有自己的生命,不受专利权利要求的限制"。但是,对我来说,一旦允许这一原则超过权利要求,它自己的生命就正是对它的限制。美国法院通过所谓的审查过程和禁止反悔原则限制这一原则的适用,使在专利审查过程中通过修改受到限制的权利要求不能再要求等同。专利权人被整个世界(不必知道或依赖有关修改)禁止反悔,不得对曾经放弃的独占权予以否认。禁止反悔原则意味着,在对专利局的文件进行费时费力的调查前,专利保护的范围无法确定。另外,困难还涉及准确确定哪一部分应被认为是通过修改而放弃的。为了恢复一定程度的确定性,美国联邦巡回上诉法院确立了规则,一切因专利性而作出的修改应作为在修改文本外扩大独占范围的完全障碍。但最高法院推翻了这种向字面主义撤退的主张,理由是治疗比疾病更糟。

对于欧洲是否存在等同原则,以及欧洲是否应该确立等同原则,Hoffman 认为,美国的等同原则和英国的发明精髓原则,都是绝望的产物。法院感到不能脱离"不留情逻辑"所要求的解释,而这一逻辑妨碍他们授予专利权人本领域技术人员所合理地认为他要求的、全面的独占权。当时的背景是法院解释文件的趋势以字面主义为特征,并且事实上专利吸引了有经验的律师利用字面主义,找到专利独占权的漏洞。如果字面主义阻碍了在解释专利权利要求方面给予专利权人合理的保护,有两种解决办法。一种做法是在解释权利要求时坚持字面主义,并发展出一个超越权利要求范围并扩大到等同物的原则,美国就是这么做的。另一种做法是放弃字面主义,英国上议院在 CATNIC 案中就是这么做的。CATNIC 案确立的解释原则是,按照本领域技术人员所理解的专利权人要求的范围确定保护范围。CATNIC 案以后,有了公约第 69 条。在笔者看来,该条的规定坚定地关上了通向扩大保护范围到权利要求范围之外的任何原则的大门。FESTO 案说明,就全美国的法院来说,美国的专利诉讼付出了巨大的代价,而那并不比只是简单地读权利要求更公平或更有预见性。因此,Hoffman 认为,在欧洲不存在等同原则,也不需要采用美国的等同原则。

针对 2000 年修订的议定书增加的第 2 条关于"等同"的规定,Hoffman 进行了解释。他指出,虽然公约第69条禁止越过权利要求将保护范围扩大到等同物,但是,没有理由不承认它是本领域技术人员所知道的重要事实背景的组成部分,并且可能会对理解权利要求产生影响。这只是常识。2000年新增加的议定书第2条就对此做了规定。

4. CATNIC案的原则与议定书是否一致

CATNIC案是根据1947年的英国专利法作出的。虽然其后英国法院基本都遵循该案以及Improver案所确立的解释原则,但仍有法官认为CATNIC案只是对英国普通法的阐述,该案确立的原则已被议定书取代,不必再引用CATNIC案。针对这种主张,Hoffman认为CATNIC案的方法与议定书是一致的,并且议定书没有取代该案的解释方法。

Hoffman指出:

> 议定书是对公约第69条的解释,没有明确规定权利要求解释的原则。它只是提到不能适用的原则,即旧的英国字面主义,但另外它又规定了不应当超出权利要求的范围。然而,它规定的目标是将对专利权人的公平保护与对第三人的合理确定性相结合。如何实现这一目标,应当在尽可能的情况下,通过试图不伤害任何一方的合理预期来解释权利要求。哪种解释原则可以给专利权人公平保护?当然,它应当是这样一种解释原则,它授予专利权人本领域技术人员所认为专利权人意图保护的范围的全面独占权。而哪种解释原则可以给第三人合理程度的保护,当然还是这种原则。这种解释原则不授予专利权人在本领域技术人员所认为他意图保护范围的全部范围之外的保护。其实,任何其他原则对专利权人来说也是不公平的,因为它将不合理地使专利权受到因预见性和不充分性而无效的威胁。

因此,CATNIC案的解释原则与议定书是完全一致的。它旨在给专利权人以全面独占,但不超出全面独占的范围,这一全面独占范围就是,一个理性的本领域技术人员,在阅读了权利要求书上下文之后,所认为的专利权人意图保护的范围。当然,这说起来容易做起来难,虽然这种困难不应被夸大。绝大多数专利说明书非常清楚地界定了要求独占的范围。对这种说明书的争议不会走到法院。但是,在一些边缘案件中,确实存在一种情况,即某种解释对某人来说是公平合理的,而对于专利权人来说是不公平的,或对于第三人来说是不合理的。在任何文件解释规则中,不确定性的程度都是内在的。它困扰着整个合同法领域,更不用提立法了。原则上来说,这是没有补救办法的,虽然笔者有时想这种不确定性是否可以通过指南或"结构性"解释方法来减轻。

"议定书问题"在英国已经适用了15年。法官对适用的结果是满意的,虽然在有些案件中也看出了这种方法的局限性。在提及"CATNIC案原则"时,作出如下区分是很重要的:一方面是目的解释原则,它是因议定书的要求而产生的;另一方面是将目的解释原则适用于等同物的指南,它被压缩为议定书问题。前者是专利解释的基础,是普遍适用的;后者只是指南,可能在某些案子中更有用。从法院的判决看,议定书问题越来越成为确定本领域技术人员理解专利权人意图的法律规则而不是指南。但它只应当是指南,并且作为指南其价值是有局限的。

5. 权利要求解释与议定书问题的关系

一审法院首先对权利要求的字面含义进行了"字面"解释,然后再考虑议定书问题。在什么意义上说某种解释是"字面解释"呢,适用议定书问题时所遇到的第一个问题就是什么是权利要求的"表面的、字义的、非语境的"含义。没有任何言语是非语境的。非语境的含义只能指词典和教科书中的常规用法。将非语境的含义与语境的含义进行比较,就好像将苹果和梨进行比较一样,一方指的是使用词语和句式应当遵循的规则,另一方指的是在特定场合使用该词语和句式的含义。只有假定作者严格按照常规用法使用词语,"表面的、字义的、非语境的"含义才有意义。

是否严格按照常规用法使用词语的问题经常出现在使用数字、度量、角度之类的词语时,这里的问题是是否可以允许有一定程度的偏差和近似值。但也存在不涉及数字和度量的案件,这时的问题是该语句是严格按照常规用法还是在更宽泛的意义上使用的。当没有这种问题时,适用议定书问题就存在困难。没有人会认为"外在基因破译EPO"会有包括"内在基因破译EPO"的宽泛含义。本案中的问题在于,本领域技术人员是否认为发明的实现与基因是不是外在的没有关系。这是通过议定书问题难以解决的,因为这完全取决于对发明的理解。

确定欧洲专利的保护范围只需要回答一个问题,那就是第69条所带来的问题:本领域的技术人员对专利权人使用权利要求书中的语言是如何理解的?除此之外的一切,包括议定书问题,只是法官回答这一问题的指南。发明所要求保护的范围与权利要求书界定发明的概括性程度是一致的。对于本领域技术人员来说,其理解的专利权利要求的概括程度一般不会高于专利权人选择的概括性程度。这意味着,一旦法官解释了权利要求,就回答了侵权的问题。试图回答议定书问题只会导致混淆。议定书问题在很多案件中是有用的,但它不能代替对本领域技术人员如何理解专利权人所用语言的认识的努力。

6. 专利申请日后的新技术与专利保护范围问题

本案中,原告主张如果不将专利权利要求解释为可以包括在优先权日未知的技术,如果优先权日后出现了与专利的效果相同的新技术,专利就失去了价值。这就提出了专利权利要求是否可以包括专利使用申请日(优先权日)尚不存在的新技术的产品或方法的问题。对此,Hoffman 认为,如果给予合适的解释,专利权利要求可以包括在使用权利要求撰写时未知技术的产品或方法。问题是本领域的技术人员是否认为说明书的内容有充分的概括性以至于可以包括以后的新技术。从原则上讲,解释一个通常的术语使其包括在撰写时的未知物是不困难的。这在解释立法时常会出现。例如,将 19 世纪法规中的"车辆"(carriage)解释为包括汽车。有时通过权利要求的用语、上下文和当时的实际情况,可以很明显地看出专利权人的意思是使用概括性术语指向实现某种结果的所有方式,虽然从某些方面看专利权人使用的词语并不适用于产生这种结果的新技术。关于权利要求书中是否可以包括新技术的争议与议定书问题的第二个问题有关。当一个人问,对于本领域技术人员而言,变换物与发明实施的方式相同是否是显而易见时,他其实已经假定变换物是可以实施的技术方案。在某一技术申请日(优先权日)是未知的情况下,本领域技术人员可能会说,这一技术与发明实施的方式相同不可能是显而易见的,因为它是否可以实施本身就不是显而易见的。可能对于议定书问题的第二个问题的更好的答案是,新技术带来的问题又是议定书问题无能为力的一种情形。而另一方面,如果权利要求可以按照足以概括性地包括新技术的方式进行解释,议定书问题对自己做了回答。

7. 英国专利解释方法与欧洲其他国家的一致性

Hoffman 在判决中还专门对自己确立的英国专利解释方法与欧洲其他国家的做法进行了对比。他指出,人们曾经认为,尽管有公约第 69 条及其解释议定书,英国作为一方与德国和荷兰作为另一方,在专利解释上是有重大区别的。确实在公约签订早期,德国和荷兰法院有一种观点认为公约并没有带来什么变化,议定书允许缔约国法院继续按以前的做法确定保护范围,但现在已经不再是这样的了。德国和荷兰的最高法院都指出,第 69 条的作用在于使权利要求具有欧洲专利局所说的"中心角色"。权利要求不再只是确定保护范围的出发点,而成为关键基础。德国法院在处理等同问题上有自己的指导原则,那与议定书问题很相似。在 2002 年 3 月 12 日德国联邦最高法院判决的 5 件案件中,涉及的问题都是权利要求中的数值和度量是否允许一定程度的近似(如果允许,程度是多少)。法院明确地说,它的方法与 CATNIC 案相似。但德国法官不问变换物与发明是否"实施方式相同",而是看是否采用有相同技术效果的方式解决了发明的根本问题。那可能是提出问题的更好方式，因为它避免了“实施方式相同”是否以变换物可以实施为假定条件的问题。德国法院对于等同物问题的处理，也是看对公约第69条所带来的问题的回答，也就是说，本领域的技术人员如何理解专利权人在说明书中所使用的语言。因此，Hoffman 的结论是，德国等欧洲国家的法院已经改变了以前的专利解释方法，现在适用的方法已经与英国的专利解释方法一致。

（四）判决结果

Hoffman 法官首先对原审法院的判决进行了分析。他指出，权利要求1是一个 DNA 序列，从“表六”及有关序列中选出，以保证 EPO 在主体细胞中的表达。需要解释的主要问题是一个本领域的技术人员是否认为“主体细胞”意味着对破译 EPO 的 DNA 序列是主体（host）。Amgen 公司认为，作为一种选择，它可以包括对于细胞来说是内在的序列，就像表述 GA—EPO 的人类 EPO 基因一样，只要这一细胞对于某些外在 DNA 来说是主体即可。在 TKT 的产品中，它对于控制序列和引进同类结合的序列来说，是主体细胞。对于这个问题，一审法院法官听取了大量在本领域具有较高技术水平的证人的证言，他们都主张他们知道权利要求1指的是破译 EPO 的 DNA 序列，是被提取和合成并适用于在主体细胞中表达的。换句话说，权利要求的是一个序列，用来破译 EPO，而 EPO 对于表达发生的细胞来说是外来的。因此，除非对于破译 EPO 或其类似物的 DNA 而言是外来的，则一个细胞不能称为“主体细胞”。这种结论部分是基于本案诉讼所得到的教导。从保证 EPO 从主体细胞表达而言，“主体”和“主体细胞”一直被用于描述被外来的破译 EPO 的 DNA 转染的细胞。本案专利中的例子，都是关于从细胞外提取破译 EPO 的 DNA，并被注入其他的细胞。确实，在相关时候，通常的重组蛋白质的方法是通过克隆基因破译蛋白质，并把克隆物注入通过转染或转化的自我复制的组织。

一审法官还认为，说明书中的“用于以保证……多肽的表达”，指的是破译多肽的 DNA，而不是促进内在 DNA 表达的控制序列。另外，说明书有提到发明包括使用已经存在 EPO 基因的哺乳动物细胞时表现出担忧。这明确地说明，专利权人认为高度表达的 DNA 不应是主体细胞中的原形，这对于发明来说是关键的，那将明确排除表达 GA—EPO 的 DNA 序列，部分基因是在主体细胞中形成的。

因此，一审法官得出结论认为，本领域技术人员不会认为表达 GA—EPO 的内在表达序列落入权利要求1的保护范围，GA—EPO 不是权利要求1中的 DNA 表达，也不侵犯第26项权利要求。通过同样的分析，法官得出结论认为，本领域的技术人员不会认为 GA—EPO 是权利要求19中“外在 DNA 序列表达的产品”。

Hoffman 认为,上述结论是完全有说服力的。

但是,一审法官认为上述解释只是“字面”解释,然后转到议定书问题上。一审法官认为发明是发现 EPO 的序列及相关信息,这样,任何使用这个信息制造 EPO 的方法,不管表达是外在的还是内在的,都是以同样的方式起作用,而这对于本领域的技术人员来讲是显而易见的。另外,没有理由认为,专利权人想坚持某一特定的使用这一信息的方法得到 EPO 的表达。因此,专利的保护范围包括了被告的生产方法,被告构成侵权。

上诉法院认为,发明是制造 EPO 的方法,关于基因序列的信息是实现发明所必需的,但不是也不可能是发明本身。因此,用一种不同的方法制造 EPO 对本领域技术人员来讲不是显而易见的。

针对上述一审法院和二审法院的认定,Hoffman 提出了前面所说的权利要求解释的标准。即确定专利保护范围的最终问题是:本领域的技术人员对专利权人使用权利要求书中的语言是如何理解的?议定书问题只是确定专利保护范围的指南,而不是标准。议定书问题在很多案件中是有用的,但像本案这种情况就不能适用。

议定书问题在很多案件中是有用的,但它不能代替对本领域技术人员如何理解专利权人所用语言的认识的努力。据此,上诉法院的解释是正确的。因为,第一,一审法官的解释没有注意权利要求。甚至没有把权利要求作为指南,而是直接使用了说明书中“表六”,并认为那就是发明。第二,上诉法院称“表六”不是发明,那是正确的。说“表六”是“发明的核心”是正确的,但不能说那就是发明。发明应是实际的产品或方法,而不是自然界中的信息。这是符合国家与专利权人之间的社会契约的。作为对发明人披露实施发明所需信息的回报,国家授予其专利权。披露不只是使他人可以在专利期满后实施该发明,如果是这样,发明人在专利保护期内可以对其发明保密。披露还使任何人都可以立即为所有不侵权的目的使用该信息。专利说明书是进一步研究的重要信息来源。

本案的其他法官都同意 Hoffman 的意见,因此,英国上议院维持了上诉法院的判决,驳回了原告的诉讼请求。

(五)对本案的总结

本案是英国上议院针对一项欧洲专利而作出的判决,其主要的法律依据是《欧洲专利公约》及《欧洲专利公约第 69 条解释议定书》的规定。因英国专利法的规定与《欧洲专利公约》的规定是一致的,英国上议院同时认为其采用的目的解释方法是与公约的要求一致的,因此,英国上议院在本案中采用的专利解释原则,不但适用于欧洲专利,也适用于英国专利。

Hoffman 在本案关于权利要求解释的论述可以概括如下:1977 年以后,英国按照新的专利法和公约的规定进行专利权利要求解释。公约第 69 条的规定,明确规定了专利保护范围根据权利要求的用语确定,因此,它沿袭了英国的传统。但是,为了避免英国传统的按照“自然和普通含义”解释的过分严格解释权利要求的做法,缔约国专门制定了议定书。但是,英国法院解释权利要求的做法已经发生了改变。这种改变的表现就是目的解释方法的出现。目的解释要求根据一个接受表达的理性人所理解的作者的意思进行解释。“目的解释”并不意味着扩大或超过专利权人在权利要求书中寻求保护的技术客体范围。进行目的解释时,不必参考专利申请过程中的材料。美国的等同原则允许专利权人在专利权利要求的范围之外扩大保护范围。美国试图通过禁止反悔原则限制等同原则的适用,但这样做的代价是巨大的。公约第 69 条禁止采用美国的等同原则。2000 年议定书修改时增加的关于等同的规定,只是将等同物作为本领域技术人员理解权利要求的背景知识。CATNIC 案的方法与议定书是一致的,并且议定书没有取代该案的解释方法。“议定书问题”只是适用 CATNIC 案所确立的解释原则的指南,本身并不能代替 CATNIC 案所确立的解释方法。“议定书问题”适用于权利要求中涉及数字和度量时,但并不是可以适用于所有的案件。在涉及专利申请以后的新技术是否可以在专利权利要求范围之内时,“议定书问题”就不能适用。确定欧洲专利的保护范围只需要回答一个问题:本领域的技术人员对专利权人使用权利要求书中的语言是如何理解的?

Hoffman 在本案中所提出的上述权利要求解释的方法,对 Diplock 案中目的解释方法的进一步论述,同时将英国法院采取的权利要求解释方法进行了进一步明确。对于目的解释理论,曾有人认为它只是将英国以前的“文本解释”原则和“发明精髓”原则用新的语言的复述。[1] Hoffman 在本案中明确了,目的解释与以前的“文本解释”和“发明精髓”原则都不相同。目的解释是一个解释过程,并不存在纯粹的“文本解释”。本判决明确肯定了 Diplock 案的解释方法与议定书的要求是一致的。虽然议定书新增加了关于等同物的规定,但英国法院不会采取美国的等同原则,而是继续适用以前的解释方法。

Hoffman 在论述中重要一点是对自己以前提出的“议定书问题”的作用和适用

---

〔1〕 Ray D. Weston, Jr., “A Comparative Analysis of the Doctrine of Equivalents: Can European Approaches Solve an American Dilemma?” 39 *IDEA: The Journal of Law and Technology* 35, 1998.

范围进行了限制。上议院的另一位法官 Walker 在同意 Hoffman 意见的同时,专门对这一点表示欢迎。他指出,“有这样一种危险:对某个原则的司法概括,因为简洁、实用和被反复引用,就有了自己的生命,好像成为有待解释的法律规定一样”。因此,Hoffman 的论述,消除了人们对于“议定书问题”的误解,使人们重新关注本领域技术人员对于权利要求的理解。

五、Eli Lilly 案——英国专利保护的最新判例

Actavis UK,Ltd. v. Eli Lilly & Company 案是近年英国影响较大的专利案件。该案经英格兰—威尔士高等法院(专利法院)和英格兰—威尔士上诉法院的判决,最后英国最高法院作出了判决。该案主要涉及等同原则、专利审查档案的使用以及间接侵权问题。

1. 基本案情

被告 Lilly 生产一种治疗癌症的药物,称为 Pemetrexed disodium(培美曲塞二钠)。Lilly 对该药物、制备该药物的盐以及该药物与维生素 B12 的混合物等拥有欧洲专利。Actavis 准备生产一种相关的药品,并向英国法院提出确认不侵犯专利权的诉讼。

案中专利的名称为“含有抗叶酸剂和甲基丙二酸降低剂的组合物”,其中权利要求 1 ~ 11 为瑞士型权利要求,权利要求 12 ~ 24 为产品权利要求。其中权利要求 1 为:“培美曲塞二钠在制备用于抑制哺乳动物肿瘤生长的组合治疗药物中的用途,其中所述药物与维生素 B12 或其药物衍生物组合施用,所述维生素 B12 的药物衍生物是羟钴胺素,氰基 - 10 - 氯钴胺素,高胆酸高胆固醇,高氯酸 10 - 氯钴胺素,叠氮钴胺素,氯钴胺素或钴胺素。”

在最初提交的 PCT 专利申请中,该专利有 28 项权利要求,权利要求 1 ~ 10 为治疗方法。在进入欧洲专利局后,专利申请人删除了权利要求 1 ~ 10。

Actavis 产品的活性成分是(a)培美曲塞二酸,(b)培美曲塞二甲基胺或(c)培美曲塞二钾。

在诉讼中,双方争议的是本领域技术人员如何理解权利要求中“培美曲塞二钠”,其含义是否可以包括 Actavis 产品。Actavis 认为,该词是一个精确的化学术语,不包含其他含义。而 Lilly 主张本领域技术人员将“培美曲塞二钠”理解为是指(至少)培美曲塞二酸和培美曲塞的任何药学上可接受的并充分溶解盐(即能够制备,安全,足够稳定并且不影响药物的功效)。

2. 一审判决[1]

由于原告主张其产品在英国、法国、意大利、西班牙不侵犯被告的专利权，一审法院分别适用这几个国家的法律对是否侵犯专利权进行了分析。最后得出均不侵犯专利权的结论。

对于适用英国法律的分析，Arnold 法官在判决中引述了 Catnic 案、Improver 案和 Kirin-Amgen 案中的解释方法，以及 Jacob 法官总结的一般规则。然后就等同原则和使用审查档案的问题发表了自己的看法。

"我对等同问题增加以下两点意见。第一点是为了考虑侵权和有效性的目的，必须以相同的方式解释权利要求，这一事实至关重要，不容忽视。《欧洲专利公约》第 69 条既适用于侵权的目的，也适用于有效性的目的。因此，根据议定书第 2 条的规定，在确定权利要求的范围时应适当考虑等同物。专利保护范围，对于侵权和有效性都是至关重要的。坦率地说，人们不能只是为了侵权使用等同物来扩大权利要求的范围，而不将其适用在有效性判断中。同样，也不能为了侵权的目的使用等同物来将保护扩展到权利要求之外，但是在考虑有效性时将注意力限制在权利要求中。第二点是经验表明，专利权人在三种主要类型的案件中提出等同的主张。第一种是由于从后见之明，发现专利撰写不当，这可能是由于发明人的指示不当，也可能是由于专利律师起草不当，也可能是兼而有之。Improver 案可以说是第一种情形的一个例子。第二种是自专利的优先权或申请日期以来技术有了新的发展。Kirin-Amgen 案可以说是第二种情形的一个例子。第三种是专利权人现在对在专利审查过程中自己或审查员所作的决定感到后悔，并且试图避免该决定的后果。本案是第三种情形的一个明显的例子。"

法院认为第一种和第二种情形都允许考虑等同问题。对于第一种情形，法律承认起草专利权利要求是一种困难和不精确的工作，并且不能允许第三方利用起草的不足之处，只要合理地明确这些不足之处，就不应影响权利要求的范围。一方面，要保护第三人的法律确定性。法院应当保护平衡。对于第二种情形，法律不允许被控侵权人仅仅因采用了新出现的技术手段而免于侵权，而另一方面，专利权利要求也可能起草得只与旧技术有联系。而对于第三种情形，法院认为不应考虑等同问题。因为法律没有理由同情专利权人。因为专利申请人可以依赖有经验的专业建议，并且可以对于审查员所作的不利决定请求复审。如果法院通过权利要求解释推翻审查员对于权利要求范围的决定，就削弱了审查员的重要作用。如果法院允

[1] 2014 年 5 月 15 日英格兰和威尔士高等法院(专利法院)判决，法官 Arnold 起草判决意见。

许通过权利要求解释推翻申请人在审查过程对专利保护范围的决定,更是如此。

对于专利审查档案,法院认为可以用于帮助解释权利要求。原因在于:那些关注专利保护范围并得到专业建议的人,会取得一份专利审查档案,看专利审查档案是否有助于确定专利保护范围。在一些案件中,专利审查档案简短、简单,并清楚地说明为什么权利要求采用授权专利中的表达方式。考虑审查档案可以保证专利权人无法滥用专利制度,在审查过程中采纳较窄的权利要求,而在侵权诉讼中主张更宽的解释。

根据上述法律规则,法院分析了权利要求中"培美曲塞二钠"的含义。法院认为双方争议的焦点在于"培美曲塞二钠"是否包括培美曲塞二酸。从字面上看,"培美曲塞二钠"不包括培美曲塞二酸。因此,对于这一变换物,要按 Improver 案中的问题进行分析。法院对这三个问题进行了分析,并得出了培美曲塞二酸不在"培美曲塞二钠"的范围的结论。

然后,法院又从总体上从"议定书"以及对专利权的合理保护与第三人的合理确定性结合角度,对"培美曲塞二钠"这一术语进行了解释。法院认为,Lilly 故意将该专利的权利要求限于培美曲塞二钠。在本说明书或本领域技术人员的普通常识中没有任何内容暗示 Lilly 打算在除其常规含义以外的任何情况下使用"培美曲塞二钠"这一术语,或者错误地使用了该术语。而专利审查档案显示情况恰恰相反。将专利保护范围限于 Lilly 借助于专利指导而选择的用语的范围内,这为 Lilly 提供了公平的保护,并且不会使 Lilly 承担由于增加的内容和/或不足而导致专利无效的风险。将权利要求延伸到(至少)药学上可接受的和充分可溶的任何形式的培美曲塞不会为第三方提供合理的确定性。任何其他结论都符合"议定书",并将权利要求仅仅视为指南。据此,法院作出不侵权的结论。

3. 二审判决[1]

二审法院在直接侵权问题上同意一审判决的结果。但在等同问题、审查档案的适用问题和间接侵权问题上,又提出了自己的意见。

关于等同问题,二审判决没有反驳一审判决的观点,但又对该问题阐述了自己的意见。该判决指出,英国法院不适用等同原则,并不意味着对专利发明实施方式没有实质变化的等同物的存在,不影响对专利权利要求的适当、有目的的解释。相反,长期以来的法律是,这样的等同物成为本领域技术人员已知的事实背景的一部

---

〔1〕 2015 年 6 月 25 日英格兰—威尔士上诉法院判决,法官 Royal 起草判决意见。[2015] EWCA Civ 555 (25 June 2015).

分,这将影响他理解权利要求的意思。正是这样,英国法律不仅遵守《欧洲专利公约》第 69 条的"议定书",而且符合《欧洲专利公约第 69 条解释议定书》的新的第 2 条的规定。

对于专利审查档案,二审判决否定了一审判决认为专利审查档案可以帮助解释权利要求的观点。理由是:

"首先,它假定有本领域技术人员总是阅读审查档案。我不明白为什么会这样,因为普遍认为这样做的价值有限,至少本案的判决前是这样。其次,更重要的是,一审法院的意见表明,审查档案告诉我们权利要求是如何撰写成现在这种状态的故事,将有助于法院防止滥用专利制度。在笔者看来,这将是一个非常罕见的情况。除非接受权利要求中的限制是对主张更宽保护范围的专利权人某种程度的禁止反悔。但始终仍然存在一个问题,即申请人是否需要接受该限制,尽管他这样做了。在这种情况下,审查档案对最终权利要求解释问题的影响可能非常有限。因此,为了发现专利权人面对权利要求书得到不说明书支持的驳回意见而接受了对权利要求的限制,而救助于审查档案,我并不认为这是有用的。当事人在任何时候都可以提出权利要求书得不到说明书支持从而对专利提出质疑。在侵权诉讼中表明专利权人曾针对专利局的驳回通知从而修改了权利要求,这样做能达到什么目的呢?专利权人仍然可以说,我本来不必这么做,在审查过程中的明显的让步是错误做出的。如果不允许专利权人提出这种主张,审查档案真的创造了一种禁止反悔。无论如何,专利局通常关注可专利性,而不是保护范围。如果申请人在每一份意见中都表明他不接受这一点,或不接受那一点,或不接受对专利保护范围的限制,则不能从他的行为推断其接受了专利局的意见。我不愿意让专利律师的专业陷入这种不必要的麻烦。"

因此,二审法院明确地否定了参考专利审查档案的做法。但二审法院同意一审法院根据"议定书问题"得出的不构成直接侵权的结论。然而,二审法院在间接侵权问题上,否定了一审判决,因此拒绝作出确认不侵权的判决。

4. 最高法院的判决〔1〕

2017 年 7 月 12 日,英国最高法院〔2〕就该案作出了三审判决。

---

〔1〕 [2017] UKSC 48 (2017 年 7 月 12 日)。

〔2〕 2009 年 10 月,英国将上议院上诉委员会变更为英国最高法院。英国最高法院成立的目的是实现英国高级法官与上议院的完全分离,强调当时的"上议院法官"(现为英国最高法院法官)的独立性,并提高了司法制度的透明度。英国最高法院负责审理整个英国的民事案件,以及在英格兰、威尔士和北爱尔兰的刑事案件。

在判决书中,Neuberger 法官首先对适用法律进行了分析。本案所适用的法律是英国 1977 年专利法第 60 条(1)、第 130 条(7),以及《欧洲专利公约 2000》。Neuberger 法官指出《欧洲专利公约第 69 条解释议定书》对于本案的处理极为重要。Neuberger 法官在回顾了该议定书的修改过程后指出:

> "议定书"的起草具有妥协协议的所有标志。这并不奇怪。在特定情况下给发明者提供适当程度保护的愿望,与通常情况下这种保护程度应原则明确的需求,存在必然的冲突。给予发明家垄断的适当性和竞争最大化的公众利益之间存在着不可避免的紧张关系。此外,《欧洲专利公约 2000》和"议定书"适用于在专利法方面有着不同传统和方法的许多不同国家。……
>
> 更具体地说,"议定书"有两点是清楚的。第一点可以从第 1 条推断出来,对专利权人提供的保护范围不受权利要求的字面含义的限制。然而,允许法院离开字面意义多远是不清楚的。我不认为第 1 条第一句的最后一部分只能在解释权利要求时考虑到说明书和附图,否则权利要求就是含糊不清的。对这一点的任何疑问都必须由第二句和第三句来解释,这在我看来这样看起来太狭窄了。不过,很难确定,在解释权利要求时,他们打算允许法院超越权利要求的实际语言多远。其次,从第 2 条可以显而易见地看到,解释权利要求与权利要求提供的保护程度之间至少有可能有区别,并且在考虑到这种保护的范围时,必须考虑到等同物,但议定书并没有对什么构成等同物或如何考虑等同物给出准确的指导。

对于如何突破权利要求的字面用语给专利权人以保护,Neuberger 法官又分析了英国法院在 Catnic 案、Improver 案、Kirin-Amgen 案中的做法,以及德国、法国、意大利、西班牙以及荷兰法院的做法,对确定专利保护范围提出了自己的意见:

> 在我看来,尽管 Diplock 法官在 Catnic 有过论述,判断侵权问题最好是解决两个问题,每个问题都要通过诉讼中的专利意定读者(即本领域技术人员)的眼睛来考虑。这些问题是:(1)是否可以通过正常解释认定该变换物侵犯权利要求?如果不是,(2)是否以某种方式看该变换物变体因与发明的差异是不重要的,从而仍然可以认定侵犯权利要求?如果任一问题的答案为"是",则存在侵权行为;否则,则不侵权。这种方法符合"议定书"第 2 条的规定,因为问题(2)正式提出了等同原则,但将其范围限制于与发明相比只具有不重要差异

的变换物。很明显,这两个问题符合“议定书”第1条的规定,它们包括平衡专利权人的利益和专利清晰度之间的竞争关系,也试图为满足竞争市场的需要而在鼓励发明和披露发明之间寻找平衡。在我看来,问题(1)不言而喻地提出了一个解释问题,而问题(2)提出了一个通常必须通过参考事实和专家证据来回答的问题。

基于上述两个问题,Neuberger 法官认为本案中问题(1)的回复是否定的。因此主要是问题(2)的分析。问题(2)主要涉及被控侵权物与发明之间的差异是否是“不重要的”。对此,法院认为需要借助 Hoffman 法官在 Improver 案中提出的三个问题,但这些问题需要修改。法院分别分析了三个问题并提出了修改建议:

第一个问题,变换物是否对发明起作用的方式具有实质性影响,似乎总体上令人满意。这是一个针对机械领域专利提出的问题,并不完全适用于所有类型的案件。然而,实际上,Hoffman 法官所提出的问题,其重点在于“发明”如何起作用,应该改正为使法院着重于其他国家法院所使用的“发明的基础”,“创造性核心”或“创造性”概念。实际上,这个问题是,变换物是否以与本发明基本相同的手段获得相同的效果。如果这个问题的答案是否定的话,那么就不应当作出侵权的结论。如果答案是肯定的,那么它为认定侵权提供了一个良好的初步基础,但这时还不能得到答案。

第二个问题是有些问题的。在我看来,本领域技术人员在专利公开日是否可以明显地看到变换物对于发明起作用的方式没有实质影响这一问题,使专利权人承担了太多的负担,因为要求本领域技术人员自己弄清楚这种变换物是否会起作用……在我看来,第二个问题不符合“议定书”第1条所要求的“专利所有人的公平保护”。第二个问题应更好地表述为:在被告知变换物是什么后,本领域技术人员是否显而易见地看到变换物以基本相同的方式实现基本相同的效果?换句话说,应假定本领域技术人员知道变换物实际的工作情况……这个重新拟订的第二个问题也应适用于依赖或基于自优先权日以来新技术的变换物,即使本领域技术人员在专利优先权日考虑第二个问题。

根据我的理解,德国法院对于第二个问题至少有时要求变换物不具有创造性,但我不确信这是一个适当的标准,尽管本案中没有必要认定这个问题。如果变换物具有创造性,尽管专利权人不太可能在第二个重新设计的问题上取得成功,但是我很难看出为什么单独这一点就可以认定变换物不侵犯原始发明。侵权人可以授予新专利权,就像发明专利发明的新颖用途本身可以获得专利一样,但像这样一种新颖的用途,我看不出为什么该变换物不会侵犯原始专利。话虽如此,应该补充的是,我怀疑的第二个问题的德国版本通常会产生与重新设计的第二个问题相同的结果。

Hoffman 法官提出的第三个问题,从权利要求书的用语来看,本领域技术人员是否认为专利权人将与权利要求的表面含义完全一致作为发明的必要要件?在我看来,如果正确地适用,这是个可以接受的问题。在这方面,我提出以下四点:第一,虽然"权利要求的语言"很重要,但是考虑第三个问题时,当然不排除专利说明书以及本领域技术人员所应当具有的知识和技能。第二,合理地阅读权利要求书并不能覆盖变换物这一事实,当然不足以证明专利权人不满足第三个问题。……第三,在考虑第三个问题时,问一个这样的问题是适当的:是否争议的部分是本发明的"必不可少的"部分,但是这与问它是否是发明概念是其中一部分的整个产品或方法的"必不可少的"部分是不一样的。……第四,当一个人考虑某变换物在侵权之日是显而易见的,但在优先权日并不如此时,正如上文所述,必须使本领域技术人员具有比他在优先权日更多的信息。

在此基础上,Neuberger 法官提出了修正的三个问题:

(1)尽管不在专利相关权利要求的字面含义之内,该变换物是否以与发明(即专利披露的发明概念)基本相同的手段实现基本相同的效果?(2)本领域技术人员在专利优先权日阅读了专利之后,是否显而易见地知道变换物像发明一样以实质上相同的手段,实现了实质上相同的效果?(3)专利的读者(本领域技术人员)是否会得出结论,专利权人本来的意思是将严格遵循权利要求的字面含义作为发明的必要要件?

为了在不构成字面侵权的情况确认构成专利侵权,专利权人必须确立上述前两个问题的回答是"是",而第三个问题的回复是"否"。

基于上述三个问题,Neuberger 法官对本案进行了分析。得出的结论是第一个问题和第二个问题的回答是"是"。但对于第三个问题,Neuberger 法官得出了与上诉法院不同的结论。Neuberger 法官认为,上诉法院采取了过分重视权利要求的用语而忽视议定书第 2 条规定的方法。二审法院认为,由于该说明书提及"抗叶酸"

和“抗叶酸药物”,而权利要求写了培美曲塞二钠,这意味着专利起草人将被理解为意图其他培美曲塞化合物不会侵犯。但 Neuberger 法官认为,如果说明书没有提及反叶酸药物,而仅提及培美曲塞二钠,反而是一个更强有力的证据表明专利权人意图将自己限制在培美曲塞二钠上。因此,如果不考虑专利审查档案,Actavis 产品构成侵权。接着,Neuberger 法官对本专利的审查过程进行了介绍,并对专利审查档案的影响进行了分析:

> 根据我的判断,对于像德国和荷兰法院那样在考虑解释或侵权问题时应考虑专利审查档案的建议,英国法院应该采取怀疑的态度,而不是绝对主义的态度。……但是,鉴于上文所讨论的《欧洲专利公约 2000》第 69 条的措词,法院根据可依靠专利审查档案来确定专利的保护范围的情况必须予以限制。
>
> 虽然一律排除任何其他情况的存在是傲慢的,但我目前的观点是,考虑专利审查档案只限于以下情形:(1)只将自己局限于专利说明书和权利要求则所涉及的问题真的不清楚,而专利审查档案可以明确地解决这一问题,或者(2)忽视专利审查档案将违反社会公共利益。第一种情形,我觉得是不言而喻的;第二种情形的例子就是专利权人向欧洲专利局明确表示,如果获得专利授权,他并不会试图将专利的保护范围扩大到他现在所声称侵权的那种变换物。

根据上述标准,Neuberger 法官认为考虑专利的审查档案并不会改变 Actavis 产品构成侵权的结论。而这一结论同样也适用于法国、意大利和西班牙的行为。

六、2004 年后目的解释方法在英国的适用

(一)总体情况

Kirin-Amgen 案是对英国的专利权利要求解释方法具有重要意义的判例。该案中所确立的标准成为英国法院解释专利权利要求的依据。此后,英国法院一直按照该案确立的规则解释权利要求,确定专利的保护范围。

例如,在 Halliburton Energy Services, Inc. v. Smith International (North Sea), Ltd.[1]案中,涉案专利为钻岩工具,双方的争议涉及对权利要求中“轴力”(axial force)的解释。英格兰—威尔士上诉法院认为,解释权利要求的原则是 Hoffman 法官在 Kirin-Amgen 案中所确立的原则。该原则的要点主要有以下方面:最根本的解

---

〔1〕［2005］EWHC 1623 (Pat) (21 July 2005 年 7 月 21 日).

释原则在公约第69条本身,但人们把过多的注意力放在议定书上;公约第69条规定专利的保护范围根据权利要求来决定;对权利要求应进行目的解释(通过说明书和附图可以查明发明人的目的);对权利要求不能孤立解释(说明书和附图不能只是用于解决权利要求中的含混不清之处);发明人的目的可能不止一个;发明人的目的并不是问题的全部,最后还要看权利要求所使用的用语的含义;如果发明人对权利要求进行了明显的限制,这种限制是有意义的;权利要求中所使用的用语即使在非语境中有特别含义,在专利的上下文中不一定是这种含义;没有所谓一般性的"等同原则";通过目的解释可能得出被控侵权物与专利权利要求在技术上有细微差别但被控侵权物仍属于权利要求范围的结论;目的解释应避免"谨小慎微的(meticulous)字义分析"。英格兰—威尔士上诉法院法官认为,对此还可以增加以下三点:专利说明书的受意人是具有普通知识的本领域技术人员;权利要求中可能有通过上下文仍不能解释的难题;仔细(carefulness)并不等于过分谨小慎微。根据上述要点,英格兰—威尔士上诉法院对本案权利要求中的争议进行了解释。

在Ranbaxy UK, Ltd. & Anor v. Warner-Lambert Company〔1〕案中,英格兰—威尔士上诉法院指出,Kirin-Amgen案对权利要求解释的方法进行了概括。从中可以明确看出,在确定本领域技术人员对专利权人在权利要求中使用的用语如何理解时,法院应当从专利权人选择的用语通常具有关键作用这一角度来处理这一问题。过分谨小慎微的分析指的是对语法、句式、词语和段落进行过分细节的分析,从中得出的含义可能与本领域技术人员所理解的含义相反。仔细并不等于过分谨小慎微。在上述认为的基础上,法院对本领域技术人员和本领域的通常知识进行界定,并根据专利说明书等对本领域技术人员如何理解权利要求书进行了分析,从而得出了解释结论。值得注意的是,法院在界定本领域通常知识时,是以优先权日作为界定的时间标准的。

Kirin-Amgen案以后,英国法院在绝大多数的案件中都没有提及"议定书问题",尽管Kirin-Amgen案中认为它仍然是有效的。有的专家认为,在实践中,"议定书问题"不再是英国专利法的一部分。〔2〕 在Boegli-Gravures v. Darsail and Pyzhov〔3〕案中,法院根据本领域技术人员所理解的专利权人使用权利要求用语的本来意思,对权利要求进行解释。但与此同时,法院也提到了议定书问题。总的来

---

〔1〕 [2005] EWHC 2142 (Patents) (12 October 2005).

〔2〕 B Cordery, E Nettleton, S Tuxford, L Ballington, "Review of Patent Cases in the English Courts in 2008", *CIPA Journal* 38, 2009.

〔3〕 [2009] EWHC 2690 (pat).

看,2004 年之后,适用“议定书问题”的案件非常少。

在 Plzzoli Spa v. BDMO SA[1]案中,法院同意一审法院的观点:变换物(非实质的或其他)的问题,是解释权利要求的一个步骤,并不是在解释了权利要求后扩大其保护范围。

Occlutech GmbH v. AGA Medical Corporation & Ors[2]案是英格兰—威尔士上诉法院 2010 年 6 月作出的判决,与德国“闭塞装置”案系同一专利和被控侵权产品。案中专利涉及血管内闭塞装置及其制造方法。权利要求 1 记载:“一可收缩医疗装置(60),其包括编织金属织物形成的金属绞线……其特征在于,夹子用于在相对的端部夹紧所述金属绞线。”被控侵权物为血管内闭塞装置,其金属制成绞线由镍钛合金(镍钛诺)制成。该绞线通过大约 180°反转,两个端部成为一束并焊接到套筒上。本案中的争议问题之一是权利要求中的“夹子”用的是复数形式,并且在“相对端”夹紧金属绞线,而被控侵权物的“套筒”只有一个,是将金属绞线的端部夹紧在一起,而不是在“相对端部”。原审法院认定构成侵权。法院在判决中主要对权利要求中的“夹子”进行了解释。法院认为,“夹子”通常用于描述通过施加一定程度的外部压力或力而结合在一起的物体,但是在合适的上下文中,它也可以理解为具有扩展的意义,其可以包括使用一种将线股物理绑定在一起的装置,即使这不是用于固定绳索的唯一手段。法院认为,本领域技术人员将理解专利说明书的字面意思是使用外部装置夹子将线股保持在一起,而不是将它们与焊料或焊接熔合在一起。使用焊料或焊接熔合排除了外部设备其在模制过程完成之后被放置在并且物理地附接到焊接端部。因此,被控侵权产品在专利权利要求的范围之外。

Smith & Nephew v. ConvaTec[3]案是英格兰—威尔士上诉法院 2015 年 7 月作出的判决,该案涉及权利要求中数值限定的解释。ConvaTec 的专利权利要求中记载的黏合剂“浓度在 1% 和 25% 之间”。Smith & Nephew 已经开发了一种浓度不超过 0.77% 的方法。在一审和二审的过程中,对于上述权利要求,出现了三种解释:第一种是“精确值”方法,这种方法使浓度低于“1%”的任何方案都不会侵权;第二种是“重要数字”方法,这种方法使“1”的重要数字值 ≥0.95 和 <1.5,结果是 0.77% 不侵权;第三种方法是“数字舍入”方法,这种方法使此“1”包括 ≥0.5 和 <1.5 的数值,结果是 0.77% 侵权。一审法院采纳了“重要数字”方法,认定不构成侵

---

〔1〕 [2007] EWCA Civ 588.

〔2〕 [2010] EWCA (Civ) 702.

〔3〕 [2015] EWCA Civ 607.

权;二审法院采纳了“数字舍入”方法,认定构成侵权。对于权利要求的解释,二审法院引用了 Hoffman 法官在 Kirin Amgen 案中的论述,以及 Jacob 法官总结的一般规则。然后提出“我将补充以下两个原则,这些原则也是从 Hoffman 大法官的论述中得出的,并且对本上诉案件有特别的影响。第一,读者读说明书时,借助于公知常识并且假定说明书的目的是描述和标定发明。第二,专利权人选择了出现在权利要求中的用语,很可能得到有经验的咨询意见,并且只使用具体的概念而非一般概念,可能是故意这样做的。”接着法院判决对于权利要求中的数值限定的解释进行了分析:科学家故意以特定的精确度来表达数值是一种标准做法。因此,书写任何特定数字的精确度向读者传达了作者希望他人如何理解该数字。例如,它可以允许作者传达需要执行计算的精确程度,或者可以指示需要进行的测量中的实验不确定性。在所有这些情况下,数字所表达的精度被读者理解为由数字具有的有效数字或小数位数来指示。另外,一个普遍接受的观点是,为了将被表达为特定精度的一个数与被表示为不同的和明显更高的精度的另一个数进行比较,则可能首先需要将第二个数舍入到相同程度的精度。这种舍入的标准就是“四舍五入”。因此,25% 的数字表示为两个重要的数字,因此从科学角度理解为涵盖 24.50% 至 25.49% 范围内的所有数字。最后,法院总结为:在解释包含数值范围的权利要求时所采用的方法,与解释其他权利要求的方法相同。但是有以下几点值得强调。首先,这类权利要求的保护范围在考虑侵权和效力时必须完全相同。其次,没有理由使用“四舍五入”或任何其他类似的精确方法来改变现有技术中公开或修改被控侵权物中的数字。第三,专利权利要求中的数值范围的含义和范围必须根据公知常识和在整个说明书的上下文确定。第四,可能的情况是,根据公知常识和说明书的教导,本领域技术人员可能做出这样的理解,专利权人已经选择在权利要求中将数字表示为特定但有限的精确度,而其意图是权利要求包括当以相同的精度陈述时落在所要求保护的范围内的所有值。第五,是否可以作出上述认定,取决于所有情况,包括小数点位数以及权利要求中已经出现的重要数字等。就本案中专利权利要求的保护范围,法院认为,根据公知常识和本说明书的教导,本领域技术人员将相信专利权人意图以不太精确的方式理解权利要求的限制。1% 包括当表示为最接近的整数或精确到零小数位,即所有值 = 0.5% 和 <1.5% 时,舍入到 1% 的所有那些值。在该范围的顶部,25% 包括表示为最接近的整数时达到 25% 的所有值,也就是说所有值 = 24.5% 和 <25.5%。并且从整体上看所要求的范围,因此它包括所有值 = 0.5% 和 <25.5%。被控侵权产品的数值为 0.77%,因此落入专利的保护范围。

Eli Lilly 案对英国法院长期遵循的三个议定书问题进行了修正,并对审查档案的适用提出了自己的意见,实质上改变了英国确定专利保护范围的标准。

(二)权利要求解释的一般规则

在 Mayne Pharma v. Pharmacia Italia〔1〕案中,英格兰—威尔士上诉法院提出了适用解释权利要求的"实用指南",该指南参考了 Kirin-Amgen 案判决,并被后来的 Ancon v. ACS Stainless Steel Fixings〔2〕案和 Pumfrey J in *Halliburton v. Smith International*〔3〕案肯定和引用。在 Virgin Atlantic Airways, Ltd. v. Premium Aircraft Interiors UK, Ltd.〔4〕案中,法院对该"实用指南"进行了简化,成为英国目的解释方法的一般规则:

(a)首要的原则是《欧洲专利公约》第 69 条的规定。

(b)第 69 条规定,专利的保护范围应根据权利要求确定,说明书和附图可以用于解释权利要求。简而言之,权利要求应在上下文中进行解释。

(c)权利要求应进行目的性解释——应从说明书和附图确定发明人的目的。

(d)不应孤立地解释权利要求,并只将说明书和附图用于解决权利要求的模糊不清之处。发明人的目的对于权利要求解释至关重要。

(e)在确定发明人的目的时,必须记住,他可能基于对发明的概括程度有多个发明目的。例如,发明人可能有一个(通常不止一个)实施例以及概括性的概念。但不能假定发明人一定想得到与其使用的术语的目的相适用的最宽范围的含义:目的与含义不同一回事。

(f)尽管如此,目的并不是权利要求解释的全部和终点。我们仍应最终关注所使用用语的含义。因此,议定书中的另一个极端——只将权利要求作为指南——被公约第 69 条排除在外。界定专利权人独占范围的是权利要求的用语。

(g)如果专利权人在专利权利书中加入了一个特意的限制,必定有其意义。我们不能无视这些明显的、有意识的限定因素。

(h)如果专利权人使用的某一术语或语句,在字面上有特定的含义(或宽或窄),但在考虑上下文时可能有别的含义。

(i)不存在所谓的一般的"等同原则"。

(j)另外,目的解释可以得出这样的结论,即使在权利要求中的技术特征与被

---

〔1〕[2005] EWCA Civ 137.

〔2〕[2009] EWCA Civ 498.

〔3〕[2005] EWHC 1623 (Pat).

〔4〕[2009] EWCA Civ 1062, [2010] RPC 8.

控侵权物的技术特征存在技术上的细微差异,如果进行目的解释仍可落入权利要求的范围之内。这不是因为等同原则,而是因为本来就是结合上下文读权利要求的合理方式。

(k)目的解释可以避免 Diplock 法官在 Catnic 案中所说的“律师的职业训练易使其沉溺于各种琐碎繁杂的语言分析”。

在上述规则中,解释权利要求用语的含义,并不区分其字面含义和等同含义,而是参考说明书和附图,基于对发明人目的的考虑,确定专利的保护范围。Eli Lilly 案之后,上述规则也将进行相应的修订。

(三)英国法院解释权利要求中的资料

1. 权利要求

(1)对权利要求不同部分的解释

欧洲专利局典型的权利要求采用前序部分和特征部分两段式的撰写方式。对于这两部分的解释,英国法院曾指出前序部分应给出比特征部分更宽的解释。[1] 但这是与目的解释方法的总体原则相冲突的。[2] 后来英国法院没有再提及这种解释方法。

英格兰—威尔士上诉法院曾指出,可以推定本领域技术人员知道,专利权利要求的前序部分是对专利权人认为的现有技术的描述。[3] 在该案中,对权利要求的用语有两种可选择的解释,其中,一种解释导致的结果是将某一产品解释为属于现有技术,而本领域技术人员知道那不是现有技术。上诉法院认为另一种解释是正确的解释。

(2)对权利要求中的术语解释的规则

在对权利要求中术语进行解释时,法院一般认为,相同的术语具有相同的含义。例如,在 Boston Scientific v. Palmaz[4]案中,权利要求中相同的术语出现了两次。如果将权利要求解释为不覆盖现有技术,则该术语就应作出不同的解释。法院认为,这样做对于权利要求解释的问题来说太复杂了,最后法院按“相同的术语具有相同的含义”的方法进行了解释。

---

〔1〕 Mead Corp. v. McLaren Packaging, Discussed in CIPA Guide to the Patents Acts, Fifth Edition, Sweet & Maxwell, 2001 at 125. 17.

〔2〕 CIPA Guide to the Patents Acts, Fifth Edition, Sweet & Maxwell, 2001 at 125. 17.

〔3〕 Virgin. v. Premium Aircraft [2009] EWCA Civ 1065.

〔4〕 Boston Scientific Ltd. v. Palmaz [1998] EWHC Patents 350 and Bostonr Boston Scientific Ltd. v. Palmaz [2000] EWCA Civ 83.

英国法院也采用区别权利要求的原则,不同的权利要求假定具有不同的保护范围。[1] 这一原则也适用于从属权利要求。[2] 但是,如果这样导致"过于细致的语言分析",则不适用。[3] 从属权利要求应具备独立权利要求的所有技术特征。从属权利要求可用于帮助解释独立权利要求。[4]

在 Nokia GmbH v. IPCom[5]案中,法院认为,对于方法专利中的步骤顺序,不应解释为限于严格按权利要求中撰写的顺序。

(3)对某些特殊术语的解释

欧洲专利局通常不允许使用"大约""基本上"等词修饰范围,但可以修饰点值,例如实质上垂直、大约 100 度等。英国法院在解释这些词时,并没有特殊的规则。这些术语将参考说明书和附图进行解释。在 Smithkline Beecham v. Apotex[6]案中,涉及对权利要求中"基本上不含结合的有机溶剂"(substantially free of bound organic solvent)的解释。说明书中对此有几种潜在的定义,并倾向于对上限进行限定。但法院对这种撰写方式提出了批评,并依赖专家证言对权利要求进行了解释。而在 Chiron v. Evans Medical[7]案中,权利要求中有"所述抗原基本上不含材料 B"的用语,法院则进行了严格的解释,其含义是抗原完全不含材料 B。

在上述案件中,还涉及对"纯化的抗原"(purified antigen)的解释,认为"纯化的"并不是要求一定程度的纯净度,而是要求经过了纯化这一过程。

2. 说明书及实施例

《欧洲专利公约》第 69 条明确规定了说明书用于解释权利要求。因此,说明书对于权利要求的解释至关重要。但是,法院认为,如果权利要求是清楚的,则不能增加说明书中的限制条件。[8] 法院做出上述认定的一个重要理由是专利对于第三人的确定性。如果专利权人认为说明书中的一个限定是界定发明的重要技术特征,则通常可以在授权后通过修改使权利要求包含这一技术特征。

对于实施例,法院认为一般应解释在专利保护范围之内。在 Pifco v. Philips 案

[1] Parkinson v. Simon [1894] 11 RPC 493.

[2] Adhesive Dry Mounting v. Trapp [1910] 27 RPC 341.

[3] Ultraframe (UK) Ltd. v. Eurocell Building Plastics Ltd. [2005] EWCA Civ761.

[4] Glaverbel SA v. British Coal Corp. [1995] RPC 255.

[5] [2009] EWHC 3428 (Pat).

[6] [2004] EWCA Civ 1568.

[7] [1997] EWHC 359 (Patent).

[8] Cadcam Technology Ltd. v. Proel SRL, Midwest Europe Ltd. [2000] EWHC 63.

中,法院指出:“如果独立权利要求不能将变换实施例中的一个包含在内,将是令人吃惊的。”[1]在Oneac v. Raychem案中,法院认为,优选实施例通常不应在专利权利要求的范围之外。[2]

说明书中关于现有技术的描述,对于专利保护范围具有重要的影响。说明书中引用的现有技术的文件,以及描述本身,都可以用于确定专利的保护范围。[3]

按照目的解释的方法,专利保护范围应解释得与说明书和附图一致。因此,说明书中关于技术效果的描述以及对于权利要求术语的界定,对于确定专利保护范围具有重要影响。例如,在Minnesota Mining v. Plastus Kreativ[4]案中,法院认为说明书中确定的创造性标准可以用于权利要求的解释,如果被控侵权产品没有达到这一标准,则不能认定侵权。在Rocky Mountain Traders v. Hewlett Packard[5]案中,法院认为“议定书问题”的第三个问题是确定本领域技术人员是否会认为权利要求中的用语排除了明显非实质性的变换物。法院发现说明书并没有排除该变换物,因此认定构成侵权。在City Technology v. Alphasense[6]案中,法院针对一个机械发明适用“议定书问题”的第三个问题。说明书描述了发明的目的和解决的技术问题。被控侵权人主张,从说明书可以看出,专利权人清楚地表明,本发明在于具有所述优点的特定结构。法院未支持被控侵权人的主张,理由是:说明书和权利要求书都没有表明专利权人认为应严格遵循有关限定。说明书采用的是典型的机械发明的撰写方式,即先描述技术问题、发明目的,然后是概念条款、发明的具体内容以及权利要求书。说明书和权利要求书没有任何地方表明保护范围应限于权利要求的字面含义,从而无法给专利权人提供公平的保护。在Qualcomm v. Nokia案中,发明是基于特定现有技术存在的问题而做出来的,但是权利要求书并没有表明限于该技术。法院认为,将专利保护范围限于该技术是错误的。法官指出:“通常的事实是,发明产生于某一出发点,这一出发点的需求已经存在或强烈感觉到这种需要。但是,发明一旦完成后,它可以适用于需要不那么强烈的情形。我们不能得出结论说,考虑到发明的出发点,其独占的保护范围必须受引用的现有技术的限

---

〔1〕［1998］EWHC Patents 276.

〔2〕Oneac v. Raychem［1998］, discussed at CIPA Guide to the Patents Acts, Fifth Edition, Sweet & Maxwell, 2001, 125. 14.

〔3〕Beloit v. Valmet［1995］RPC 705.

〔4〕［1997］RPC 737（CA）.

〔5〕［2000］EWCA Civ 347.

〔6〕［2002］EWCA Civ 347.

制。其保护范围应取决于权利要求。”[1]

根据《欧洲专利公约2000》第85条的规定，摘要的作用是提供技术信息，不能用于其他目的，特别是不能用于解释专利保护的范围。因此，摘要不能用于解释权利要求。

3. 外部证据

对于解释权利要求的外部证据，英国法院通常认为以下证据不予考虑：被控侵权物；专利权人、发明人或专利文件起草者的主观想法、意图、目的或意见；专利发明做出的方式；专利权人在授权前或授权后的行为；说明书后所附的文件；用于攻击专利性的现有技术。[2]

专家证言是经常使用的外部证据。在大部分专利侵权诉讼中，都必须向法院提交专家报告，因为在确定专利保护范围时，法院需要证据证明本领域技术人员的知识水平。当事人选择了专家后，每个专家将就有关问题向法院提交一份报告，并且有可能在庭审中进行质证。在 Glaverbel v. British Coal[3]案中，上诉法院指出，作为一般的规则，法院允许提交关于技术术语的证据。但是，并不是所有的专家证言都对确定专利保护范围起作用。在 Dupont Liquid Packaging Systems v. Smurfit Bag In Box[4]案中，法院认为由于发明是一个简单的机械装置，确定专利保护范围不需要借助专家证言。在 American Home Products v. Novartis[5]案中，法院认为，关于权利要求中术语的一份专家证言不具有相关性，因为这是一个由法院来决定的法律问题。

在解释权利要求时，英国法院通常不重视词典中的词义。[6] 有的学者也对使用词典中词义的做法提出了批评意见。[7] 在 Kirin-Amgen 案中，上议院认为文件中的词义很少可以通过词典确定，因为词典缺乏上下文的环境。

著作和论文可以作为专利优先权日公知常识的证据，用以说明本领域技术人

---

[1] [2008] EWHC 329 (Pat).

[2] Edward D. Manzo, edited, Patent Claim Interpretation (global edition), 2010 - 2011, West, 2010, p. 833.

[3] [1995] RPC 255.

[4] [2007] EWHC 510 (Pat).

[5] [2000] EWCA Civ 231, at para. 19.

[6] Minnesota Mining and Manufacturing v. Plastus Kreativ [1997] RPC 737.

[7] Eds. S. Thorley, R. Miller, *Terrell on the Law of Patents*, 16th, London: Sweet & Maxwell, 2006, pp. 6 - 110.

员对于权利要求的理解。[1] 但是,如果某一文件不能认为是本领域技术人员的公知常识,则不能用于解释权利要求。[2]

对于实验报告,法院在 Merck v. Generics 案中否定了其可以作为解释权利要求的资料。法院在判决中指出:"专利权人撰写的专利文件向全世界公开,不但要清楚地界定发明是什么,并且要用清晰的证言描述要求独占的范围。可以假定,相当领域的成员只要阅读专利文件,就可以理解其内容。如果法律到了只有采纳实验报告和广泛的专家证据解释权利要求的程度,则说明出错了。……专利制度要向公众公平地运行,专利权人要求独占的范围对于读者来说应是可辨别的。当他生产一件产品或使用某种方法时,他必须能够理解专利权禁止的范围。如果需要做实验才能确定专利的独占范围,那是不正确的。"[3]

(四)英国权利要求解释中的其他问题

1. 权利要求解释的基准时间

在 Glaverbel v. British Coal 案中,法院指出,在专利说明书的公开日(或者也许是优先权日),所有有关的客观情形包括普通知识(但不包括只限于专利权人等有限的人知道的情形)都已经存在了,这时本领域普通技术人员应当可以知道专利的含义了。[4] 因此,解释权利要求的基准时间为专利公开日。选择将公开日作为解释基准时间的理由在于,本领域普通技术人员的知识从申请日到公开日可能会存在变化的过程。Sara Lee Household & Body Care v. Johnson Wax 案也持相同的观点。[5] 但是,最近的案件中,多数案件将优先权日作为解释的基准时间。例如,英格兰—威尔士上诉法院的 Kirin-Amgen 案和 Ultraframe v. EuruocellBuilding Plastics[6]案,英格兰—威尔士高等法院(专利法院)的 Dyson v. Hoover[7]案。在 Les Laboratoires Servier v. Apotex[8]案中,英格兰—威尔士高等法院(专利法院)对于采用优先权日还是公开日作为一个未决问题。Eli Lilly 案中,英国最高法院将权利要求解释的时间界定为优先权日。

---

〔1〕 Eds. S. Thorley, R. Miller, *Terrell on the Law of Patents*, 16th, London: Sweet & Maxwell, 2006, pp. 6－39.

〔2〕 Qualcomm Incorporated v. Nokia Corporation [2008] EWHC 329 (Pat).

〔3〕 [2003] EWHC 2842 (Pat).

〔4〕 [1995] RPC 255.

〔5〕 [2001] EWCA Civ 1609.

〔6〕 [2005] EWCA Civ 761.

〔7〕 [2000] EWHC Patents 62.

〔8〕 [2007] EWHC 1538.

2. 限制性解释问题

按目的解释方法确定专利保护范围时,对于权利要求中用语的解释,在特殊情况下有可能比其字面的含义更窄。例如,当权利要求将现有技术包括在内时,法院通常在解释权利要求时将现有技术排除在外。[1] 在对权利要求作出限制性解释时,必须有好的理由。在 Rockwater v. Technip(2004)案中,Jacob 法官驳回了要求限制性解释权利要求的主张,指出:"不能认为说明书中特定段落中关于实施例的描述可以用来限制权利要求中上位概念的含义。重要的是整体的披露内容或发明目的。"[2]学者认为,将附加限制读入权利要求的字面含义中,只有在作为目的解释的结论时才是允许的。[3]

3. 排除非必要技术特征的问题

如前所述,在《欧洲专利公约》在英国生效前,英国法院曾适用"发明精髓原则"。在《欧洲专利公约》在英国生效后,对于该原则能否继续适用存在不同的意见。英国法院仍在个别案件中采用这一原则认定某些技术特征是非必要技术特征。例如,在 1999 年的 Union Carbide v. BP Chemicals[4]案中,法院就认定权利要求中的某一技术特征不是必要技术特征,被控侵权物虽缺少这一特征仍落入专利保护范围。但更多的人认为,技术特征是用来界定专利保护范围的,每个技术特征对于发明来说都是必要的。不能因为采用目的解释的方法,而将某个技术特征认为是对发明概念不必的。1995 年的 Kastner v. Rizla[5]案就采用了这种观点。2000 年的 Dyson v. Hoover[6]案中,法院认为,即使某一技术特征对于发明的概念没有任何意义,也应当被解释不能被忽略,因为它可能是因为专利权人出于某种原因加入的。在 2006 年的 Mayne Pharma v. Debiopharm[7]案中,权利要求中有一个 PH 值调整的步骤。被控侵权人没有使用这一步骤,但生产出了同样的产品。法院认为,这一步骤在专利中是必需的,虽然本领域技术人员可能认识到还有其他可替换的步骤。因此,被告不构成侵权。

因此,虽然法院没有明确的不能忽略任何技术特征的规则,但实际上法院在确定专利保护范围时会考虑每一个技术特征。

---

〔1〕 Beloit v. Valmet 1995 RPC 705.

〔2〕 Rockwater Ltd. v. Technip France SA [2004] EWCA Civ 381.

〔3〕 Eds. S. Thorley, R. Miller, *Terrell on the Law of Patents*, 16th, London: Sweet & Maxwell, 2006, pp. 6 – 74.

〔4〕 [1999] RPC 409.

〔5〕 [1995] RPC 585.

〔6〕 [2000] EWHC Pat 62.

〔7〕 [2006] EWHC 1123 (Pat).

4. 等同问题

2000 年《欧洲专利公约第 69 条解释议定书》增加了第 2 条关于"等同"的规定。对于这一规定是否改变英国法院的目的解释方法,Kirin-Amgen 案对此做出否定的回答,得出了不应采用等同原则的结论。该案作出时,EPC2000 和《欧洲专利公约第 69 条解释议定书》还未生效。在《欧洲专利公约 2000》和《欧洲专利公约第 69 条解释议定书》在 2007 年生效后,英国法院仍按 Kirin-Amgen 案提出的规则对待有关等同的问题。在前述 Actavis UK, Ltd. v. Eli Lilly & Company 案中,一二审法院都对等同的问题进行了解释,其内容虽有差异,但都不承认于权利要求解释之外还存在独立的等同原则。在解释权利要求时,会适当考虑等同物,考虑的方式是等同物作为本领域技术人员已知的事实背景的一部分,从而影响他理解的权利要求的意思。而在最高法院的判决中,虽然没有明确提出英国适用等同原则,但也没有否定等同原则。法院在适用《欧洲专利公约 2000》和《欧洲专利公约第 69 条解释议定书》时考虑到等同物,并且参照德国等国家的规定修正了三个议定书问题,而修正后的问题实质上就是等同认定的标准。可以认为,英国最高法院在 Eli Lilly 案中承认了等同原则。

5. 禁止反悔问题

如前所述,在 Kirin-Amgen 案中,法院批评了美国使用专利审查档案的做法,认为这种做法增加了诉讼成本,而不一定增加法律确定性。因此,英国法院原则上不考虑专利审查档案。但在某些情况下,被控侵权人仍可以将专利权人的行为或陈述作为禁止反悔的理由。例如,在 Furr v. Truline[1]案中,法院同意使用专利权人在专利审查过程中的意见,以禁止其在侵权诉讼中进行扩大解释。在 Bristol-Myers Squibb v. Baker Norton[2]案中,法院提出不能使用专利审查档案扩大专利保护范围,"如果将这些公众通常不会看的材料用于支持扩大解释的基础,对公众是不公平的。"[3]在 Rohm and Haas v. Collag[4]案中,法院认为,参考专利申请人在审查过程中的陈述,确定权利要求中的模糊之处是适当的。但是,该案中的信息是客观信息和对根据官方观察进行的实验的评论,而专利说明书的注释中已经提及该资料。而在 Actavis UK, Ltd. v. Eli Lilly & Company 案中,一二审法院对于专利审查档案的作用存在明显不同的观点。一审法院试图将参考专利审查档案成为一种规

〔1〕［1985］FSR 553.

〔2〕［1998］EWHC Pat. 300.

〔3〕Ibid.

〔4〕［2001］EWHC Civ 1589.

则,但被二审法院否定。而最高法院在判决中对于审查档案的适用提出了新的观点,既不像以前那样完全不考虑审查档案,也不像美国那样宽泛地适用审查档案禁止反悔,而是有条件地适用审查档案。

对于国外的专利审查档案,英国法院曾在侵权诉讼中不予考虑。[1] 但 Eli Lilly 案后是否会给予考虑,需要英国法院进一步明确。而对于欧洲专利局的决定,英国法院认为需要考虑。例如,在 Monsanto v. Cargill[2]案中,在欧洲专利局的异议程序中,欧洲专利局上诉委员会对于权利要求的术语作出了特定的解释。英国法院认为,由于欧洲专利局上诉委员会做出了解释并据此作出了决定,如果不采用该解释,需要有很好的理由。

第四节　对功能性权利要求和以方法界定产品的权利要求的解释

一、对功能性权利要求的解释

(一)功能性权利要求的使用

英国专利法中没有对功能性权利要求进行专门规定。英国法院承认可以使用功能性权利要求。但是,与其他种类的权利要求一样,对功能性权利要求也有如下的要求:在阅读了说明书和权利要求书后,本领域的技术人员可以不经过新的发明活动,就得到充分实施该发明的信息。[3] 如果缺乏实施发明的充分支持,功能性权利要求可能被认为"公平不充分"。例如在 Minnesota Mining's (Suspension Aerosol Formulation) Patent[4]案中,权利要求中使用了功能性用语并记载了其达到的效果,但是法院认定该专利无效。因为,法院认定,专利说明书对于达到使本领域技术人员可以实施发明的教导没有任何开示。

(二)对功能性权利要求的解释

英国专利法并没有关于功能性权利要求解释的规定。目前英国也没有对这类

---

〔1〕 例如,在 Ranbaxy v. Warner-Lambert [2006] EWCA Civ 876 案中,法院拒绝了国外的专利审查档案,认为它对于权利要求解释没有作用。

〔2〕 [2007] EWHC 2257.

〔3〕 [英]Gerry Kamstra, Richard Wallis:《关于英国权利要求解释的调查报告书》,载日本知识产权研究所编:《关于权利要求解释的调查研究报告书》(2002年)。

〔4〕 [1999] RPC 135.

权利要求的解释进行深入的讨论。[1] 涉及功能性权利要求解释的案件更是非常少。Warheit v. Olympia Tools 案是涉及功能性权利要求解释的案件。案中发明为自身可调节的钳子。专利权利要求中的一个技术特征为“两个硬的长条物交叉穿过,每个一端为夹口另一端为把手”,另一个技术特征是钳子夹口和把手与“滑动的枢轴的固定手段”相结合。在专利说明书中,“滑动的枢轴的固定手段”使用的是在狭槽内滑动的制转杆,狭槽的一端是平滑的,而另一端有与制转杆咬合的齿。被控侵权物中使用在狭槽的半圆形凹处钉子阻止滑动并使两个长物没有枢轴运动。一审法院认为不能将权利要求中的用语理解为包含本身不是枢轴的物。二审中英格兰—威尔士上诉法院认为,“滑动的枢轴的固定手段”指的是复合结构,可以有多个组成部分,装置本身不一定是枢轴。二审法院并没有认为被控侵权物为变换物并按照“议定书问题”进行判断,而是认为将被控侵权物排除在专利保护范围之外不能公平保护专利权人,因此,认定被告构成侵权。从上述案件也可以看出,英国法院还没有关于功能性权利要求解释的特殊规则,而是按照对待一般权利要求一样的解释方法进行解释。

二、以方法界定产品的权利要求的解释

(一)《欧洲专利公约》的规定

《欧洲专利公约》第 64 条第(2)项将方法专利的保护范围扩大到使用该方法直接获得的产品,即使该产品本身并不能获得专利保护。有很多专利申请人直接要求对通过方法界定的已知产品获得专利保护,理由是《欧洲专利公约》第 64 条第(2)项的规定。技术上诉委员会没有接受这种主张,而是将使用方法界定的新的有创造性的产品和新的有创造性的方法进行了区分。技术上诉委员会指出,用方法界定的产品权利要求,只有该产品满足专利性的条件,并且没有其他信息可以看出该产品可以通过成分、结构或其他可测要素进行描述时,才是允许的。[2] 将产品要素与方法要素结合在一个权利要求中,也是允许的。[3]

如果产品本身不具有新颖性,即使通过方法界定,也不能授予专利权。以方法界定的产品的权利要求应独立于方法进行解释。如果产品是新的,也不能仅因为通过方法界定而使其具有创造性。要想获得专利保护,寻求专利保护的产品应当

---

〔1〕 参见[日]井上由里子:《英国判例的动向》,载日本知识产权研究所编:《关于权利要求解释的调查研究报告书》(2002 年),第 52 页。

〔2〕 T150/82,OJ 1984.

〔3〕 T148/87.

是对现在技术而言非显而易见的技术问题的解释方案。[1]

方法界定产品的权利要求,可以通过使用“可以通过 Y 方法获得的产品 X”之类的表述。其中不管是使用“可以通过 Y 方法获得”或“通过 Y 方法获得”,还是使用“通过 Y 方法直接获得”等类似用语,其获得的专利保护是一样的,即专利保护的是产品本身。[2]

(二)英国的做法

英国专利法中也没有关于以方法界定产品的权利要求的规定。对这种权利要求的使用和解释在英国并没有深入的讨论。[3] 前面提到的 Kirin-Amgen 案也涉及以方法界定产品的权利要求的问题。Hoffman 在判决中指出:

> 根据 1949 年专利法及以前的专利法,实务中认为如果某一产品是用新的方法制造的,就足以将它与现有技术中存在的相同产品区分开来。这不太符合逻辑。因为产品是如何制造的并不是产品本身所具有的特点,不足以使之成为一种新的产品。即使用不同的方法制造,产品仍是同一个产品。当对专利的保护范围没有界定时(直到 1977 年一直如此),英国的做法是有好处的。这种做法假定只有在英国使用这一方法才构成侵权。以方法界定产品的权利要求使发明人不但可以追究使用其方法从事制造行为的人的责任,而且可以追究经营使用这种方法制造的产品的人的责任。这在他人经营进口产品的情况下非常有用。如果生产该产品所使用的方法在英国使用就构成侵权,则经营该进口商品也构成侵权。但是,欧洲专利公约规定,专利权人可以依据方法专利主张使用该方法制造的产品侵权(不管该制造行为发生在国内还是国外)……这一规定在很大程度上消除“以方法界定产品的权利要求”的实际理由。欧洲专利局因此能够接受“新方法不一定产生新产品”这一合乎逻辑的主张。“以方法界定产品的专利要求”通常不能被接受。专利权人如果指控产品经营者,必须以其方法专利为依据。在欧洲专利局技术上诉委员会(Technical Board of Appeal)在 International Flavors & Fragrances, Inc. [1984] OJ EPO 309 案的决定中,指出英国是欧洲专利公约成员国中唯一接受以方法界定产品的权利要求的国家。欧洲专利局接受“以方法界定产品的权利要求”的唯一案例是这样的情况:从不同于现在技术中现有产品的意义上看产品是

[1] T223/96.

[2] 欧洲专利局审查指南Ⅲ-10,4.12。

[3] 同上。

> 新的,但这种区别无法通过化学或物理术语描述……使用"以方法界定产品的权利要求"的第一个条件是产品是新的,以不同的方法制造相同的产品并不能导致产品是新的。只有当产品是不同的,而这种不同不能通过其组成成分等满意地界定时,才可以通过制造方法界定……我认为,在确定什么是新产品时,英国应当采用与其他成员国一样的法律……这意味着对多年来习惯做法的改变。但在现实中这种改变并没有太大的影响。因为专利权人可以依据方法权利要求将保护范围扩大到产品。如果我们认为某一权利要求有效,而欧洲专利局基于同样的事实认定其无效,那是很不幸的。

上述论断是针对权利案件中专利权利要求26是否有效而提出的。该权利要求为根据权利要求1,作为DNA序列主体细胞表达产品的EPO。该专利要求保护的是产品EPO,但该产品是通过权利要求1中的DNA在主体细胞中表达出来的。因为,该权利要求属于以方法界定产品的权利要求。Hoffman认为EPO并不是新产品,因此认定该项权利要求无效。

从Kirin-Amgen案件的上述论述中可以看出英国对于以方法界定产品的权利要求的使用和解释状况。在对方法专利的保护延及产品以前(英国1977年专利法以前),英国广泛承认以方法界定产品的权利要求。因为使用这种权利要求比单纯使用方法专利权利要求相比,具有可以针对在外国使用该方法生产的产品提出主张的优势。但是,欧洲专利公约将方法专利的保护扩大到依据该方法直接取得的产品以后,以方法界定产品的权利要求已经失去了上述意义。欧洲专利局对这种权利要求规定了严格的限制条件,但是,英国并没有采纳欧洲专利局的做法。Kirin-Amgen案明确提出英国应当采纳欧洲专利局和其他成员国的做法,只有在产品是新的并且该产品与其他产品的区别不能通过其组成成分等满意地描述时,才可以使用以方法界定产品的权利要求。可见,英国以前对以方法界定产品的权利要求的使用采取了比较宽松的立场,只要方法是新的,就允许使用这种权利要求。相应的,在对这种权利要求进行解释时,也只将保护范围及于依据该方法生产的产品。英国上议院在Kirin-Amgen案对以方法界定产品的权利要求的使用提出了更严格的标准。但是,在将这种权利要求的使用标准严格后,如何确定其保护范围,英国上议院并没有提及。

第五节 间接侵权

一、英国关于间接侵权的规定

英国1977年专利法第60条第(2)款规定:"专利有效期间,专利权人以外的人未经专利权人同意,在联合王国对非被许可人或无权实施该发明的人提供或表示愿意提供任何有关发明关键组成部分的手段,使发明得以实现,而他明知或在当时正常人理应知道,这些手段适合于并旨在用来使该项发明在联合王国实现,他们的行为也就侵害了该发明的专利。"同时,第(3)款规定,"上述第(2)款不应适用于供应或表示愿提供一种必须商品,除非此项供应或贡献的目的就是导致接受供应的人,或导致接受推荐的人去做上述第(1)款中属于侵害该专利的事。"

二、英国间接侵权的案例

1. Grimme Maschinenfabrik GmbH & Co KG v. Derek Scott[1]

案中专利涉及土豆清理机,专利产品使用横向旋转星形橡胶辊以相同方向旋转,星形的尖端带动土豆旋转,并在旋转过程中使根茎和土块落下,从而实现土豆清理。

被控侵权产品销售时使用的是钢辊,与专利权利要求中的产品并不相同。但是该产品可以由最终用户(或中间人)更换为使用橡胶辊,就落入专利保护的范围。一审法院认定构成帮助侵权。理由在于:一个合理的人显然知道这些机器都适合于使用橡胶辊,被告对此是知道的,也正是其所希望的。

在上诉判决中,法院不但对英国关于间接侵权的规则进行了总结,还考虑了其他欧洲国家的做法,因为法院认为对欧洲专利公约的所有成员国适用相同的法律是非常重要的。

法院认为,《英国专利法》第60条第(2)款规定了一种法定的侵权行为,但并不源于任何以前的名义上的侵权或普通法的侵权行为。与其他普通法的侵权请求相比,它的独特之处在于在下述情形下仍存在可诉的侵权行为:(1)即使提供的内容能够完全合法、不侵权地使用;(2)即使提供的内容从来没有并且可能也不会以某

[1] [2010] EWCA Civ 1110.

种方式直接侵犯专利权;(3)专利权人没有受到任何损害;(4)在提供时,无论之后是否可能发生的任何事情。

根据上述观点,法院对于争议问题作出了认定。争议的第一个问题是间接侵权是否以直接侵权为要件。法院认为,即使仅仅是许诺销售,还不存在直接用户,也可能构成间接侵权。因此间接侵权不以直接侵权为要件。认为没有直接侵权就不构成第60条第(2)款的间接侵权是错误的。

双方争议的另一个问题是,对于本案中具有合法用途的完整产品,能否成为英国专利法第60条第(2)款规定的发明关键组成部分的手段?法院认为,被告的产品更换为橡胶辊后,就可以实施原告的专利。提供钢辊的机器,设计为实际可将钢辊更换为橡胶辊,显然是提供实施专利的手段。专利法第60条第(2)款适用于不构成直接侵权的产品,并没有限制本身不经过改装就可以合法使用的产品。关于被控侵权产品是"整机"就不侵权的观点是不合逻辑的。为什么可以容易地添加部件以使其落入权利要求中的装置是"有关发明关键组成部分的手段",但是可以容易地从其中移除或替换部件以使其落入权利要求中的装置不是这样的手段?

双方争议的问题还涉及帮助侵权的主观要件,即"知道"的认定标准,法院认为,合适的标准是"固有可能"(inherently probable)标准,而不是实际知道标准。固有可能标准是指如果提供者提供或许诺提供时,对于最终用户将用作实施发明是知道的,或从客观情形看是明显的,就可以认定提供者符合间接侵权的主观要件。根据上述认定,上诉法院最后维持了帮助侵权的判决。

2. Nestlé Nespresso S. A. and others v. Dualit and others[1]

原告雀巢等公司是欧洲专利的专利权人和被许可人,指控被告提供咖啡胶囊侵犯其专利。专利权利要求1为"提取系统包括用于提取胶囊的装置和可以在装置中提取的胶囊",并界定了提取胶囊的装置的组成部件和胶囊的组成部件。被告只生产用于原告咖啡机的咖啡胶囊。原告曾专门对胶囊拥有专利(148号欧洲专利),但该专利于2011年到期。

对于被告是否构成侵权,案件中涉及几个争议点,法院都对此进行了分析。

第一个争议点是,拥有原告的咖啡机并购买被告咖啡胶囊一起使用的消费者是否是"非被许可人或无权实施该发明的人"。被告认为这个问题的答案是否定的。理由是原告咖啡机的所有者被暗示许可以任何自己喜欢的方式使用机器,包括兼容的胶囊。而原告认为,咖啡机购买者没有被许可超越机器本身使用原告的

---

〔1〕 High Court of Justice, Patents Court, London, UK, 22 April 2013, Case No. [2013] EWHC 923 (Pat).

专利,特别是与胶囊有关的发明。对此法院认为,权利要求撰写的方式,使咖啡机购买者得到胶囊后就落入权利要求的保护范围。假如发明是一个内燃机,而权利要求写的是使用特定的汽油,而该汽油本身并不受专利保护,是不是意味着内燃机的购买者只能从专利权人或其许可的人那里购买汽油?当然不是。本案的发明在于咖啡机,而不是胶囊的设计。因此,原告咖啡机的所有者被暗示许可获得和使用与该咖啡机兼容的胶囊。另外,从权利用尽的角度来分析,原告通过同意咖啡机的制造和销售,已经用尽了在该专利下的权利,不能再限制购买者根据其正常功能使用这些机器的自由。而该机器的正常功能是从胶囊制作咖啡。因此,原告已经用尽了依靠专利来控制购买者购买这种胶囊的权利,消费者并不是"非被许可人或无权实施该发明的人"。

第二个争议点是,被告所提供的产品是否属于"有关发明关键组成部分的手段"。对此,英国英格兰和威尔士高等法院认为需要考察其他国家的判例,主要是德国和荷兰的判例。德国的判例认为,手段不一定是属于有创造性的部分,也包括现有技术中的手段。如果一个特征对于本发明的技术教导完全不重要,则被认为是非必要的元素。而荷兰最高法院则认为,发明关键组成部分的手段是发明区别于现有技术的部分。英国英格兰和威尔士高等法院认为,德国的方法比荷兰的方法更符合第26条第1款的明显目的,即第三方不应允许通过向本发明创造的市场提供相关手段从而从本发明中获益。按照德国的方法,胶囊构成权利要求1中发明关键组成部分有关的手段。胶囊确实有助于实施发明的技术教导,并且不是完全不重要的部分。虽然发明将胶囊作为已知产品,并且权利要求中只要求胶囊具有呈凸缘形式的引导边缘,胶囊的边缘对于专利发明的实施具有重要作用。因此,被告所提供的产品属于"有关发明关键组成部分的手段"。

第三个争议点是,被告的产品是否属于大宗商品,英国英格兰和威尔士高等法院认为,为了符合大宗商品的要求,产品通常必须是在市场上供应的用于各种用途的产品。被告的胶囊专为与原告的咖啡机一起使用而设计。当这些产品最初投放市场时,它们没有其他用途。随后,被告推出了适配器,使其胶囊可用于其他类型的咖啡机。最近,被告也推出了自己的咖啡机设计,它可以使用被告胶囊以及其他胶囊。因此,即使现在,被告的胶囊除了用于有限范围的部分咖啡机之外没有其他用途。因此,被告的产品并不属于大宗商品。

第四个争议点是,被告的产品是否"使得发明得以实现"。这取决于购买被告胶囊的人与原告的咖啡机一起使用,是否制造了落入权利要求1保护范围的系统。对此,英国英格兰和威尔士高等法院认为,第一,胶囊相对于权利要求1中的系统来说是附属部分;第二,咖啡机和胶囊都具有独立的商业存在;第三,考虑到胶囊是消耗品,咖啡机的购买者将假定他们有权从他们喜欢的任何来源获得在咖啡机上使用的胶囊;第四,胶囊不体现本专利的发明概念;第五,显然咖啡机的所有者甚至没有对产品进行通常所说的修理,更不用说制造一个产品。因此,购买了原告咖啡机的人又购买了被告的胶囊并在咖啡机上使用时,并没有制造专利系统,被告的产品并没有“使得发明得以实现”。基于上述理由,英国英格兰和威尔士高等法院认定被告并未构成间接侵权。

3. Koninklijke Philips Electronics N. V. v. Nintendo of Europe GmbH[1]

本案涉及飞利浦拥有的三项专利的有效性和侵权问题。第一个(484 号欧洲专利)要求保护一种在计算机生成的虚拟环境中控制虚拟物体的运动的装置,名为“控制虚拟物体运动的方法和装置”,其他两个专利(498 号欧洲专利和 650 号欧洲专利)涉及被设计为保持在手中并用于控制电气设备的电子指向装置。其中第 498 号欧洲专利是名称为“基于定点设备的用户接口系统”,650 号欧洲专利是 498 欧洲专利的分案。

法院最后认定 484 号欧洲专利无效,专利侵权主要涉及第 498 号欧洲专利和 650 号欧洲专利。其中,498 号欧洲专利的权利要求 1 为:“用户交互系统包括:电气设备(110);可由用户操作以指向空间中的区域的便携式指向装置(101,300);拍摄照片的相机(102),所述相机连接到所述指示设备,使在操作中它对所指向的区域进行成像; 和数字信号处理器(120),能够接收和处理所述图像,并且能够将从所述图像导出的用户界面信息发送到所述电气设备;其特征在于还包括:在使用指向设备的房间中的至少一个房间定位信标(180,181,182),其能够发射电磁辐射以供数字信号处理器使用,所述数字信号处理器被设置为识别指向设备指向的房间的哪一部分;和用于估计所述指向设备的运动或运动轨迹(400,410)的装置。”

被告生产的游戏系统包括可连接到电视机的控制台和允许玩家与控制台交互并玩游戏的各种单元。其中,最知名的单元是遥控器,即一个手持单元,可以在空中摆动,进行打网球等游戏。另一个单元是平衡板,游戏者可以站在上面进行走路等运作。被告将游戏控制台和其他单元分别销售,且在销售时没有加装游戏软件。

法院认为,由被告销售给客户的游戏控制台并不属于权利要求 1 中的装置。被告的游戏控制台连接上平衡板,并安装上软件,才属于权利要求 1 中的装置。而被告的游戏控制台在销售时并没有软件,在使用时需要插入游戏软件光盘才可以

[1] 20 June 2014, Case No. [2014] EWHC 1959 (Pat).

使用。因此,被告并不构成直接侵权。

原告还提出了间接侵权的主张,关键在于被告提供的硬件设备是否属于“有关发明关键组成部分的手段”,特别是没有软件或没有平衡板的硬件设备是否属于“有关发明关键组成部分的手段”。法院认为,《专利法》第60条第2款规定的间接侵权有主观和客观两方面的要件。在客观的要件中,该手段必须适用于“使发明得以实现”;在主观要件中,关键在于行为人是否具有使发明得以实现的意图,但对此双方并没有争议。法院认为,没有软件和平衡板的硬件设备,仍是使发明得以实现的“有关发明关键组成部分的手段”。因为它适用于实施专利,一旦与软件和平衡板相结合,就成为权利要求1中的产品。另外,这是这种结合中的关键部分。因此,本案符合间接侵权的构成要件,被告构成间接侵权。

4. Actavis UK, Ltd. v. Eli Lilly & Company

Actavis UK, Ltd. v. Eli Lilly & Company 案涉及等同原则、专利审查档案的使用问题,前面已经介绍,这里主要介绍涉及的间接侵权问题。

Lilly 认为,即使没有直接侵权,Actavis 提供产品的行为也构成间接侵权。原因是当该产品提供给医生或药剂师时,他们就像 Actavis 所知道的那样在生理盐水溶液中溶解以使其能够被给予患者。盐水是常见的盐即氯化钠在水中的溶液,当常见的盐溶解在水中时,它分解成钠阳离子和氯化物阴离子。因此,当 Actavis 的产品(含有培美曲塞二钾)溶解于盐水中时,该溶液含有培美曲塞阴离子和钾阳离子加上钠阳离子和氯化物阴离子。在这种情况下,即使培美曲塞二磷酸钾与维生素B12 结合不构成侵权,至少在钠离子与培美曲塞离子的比例至少为2∶1时,并且与盐溶液配合时就会有侵权行为。

对于间接侵权,英格兰和威尔士上诉法院支持了 Lilly 的主张,认定虽然不构成直接侵权,但构成间接侵权。上诉法院认为,Actavis 通过生产销售有关产品,为医生或药剂师提供实现本发明的基本手段。通过将培美曲塞二钾溶解在普通水中制备的溶液产生仅含有钾离子和培美曲霉离子的溶液,因此不在权利要求范围内,因为钠离子丢失。然而,在本案中,事实上可能产生间接侵犯,因为在正常情况下,Actavis 的产品在盐水中溶解和/或稀释,而盐水中有丰富的钠离子。Actavis 将其产品供应给第三方,后者用盐水重建(或在用二酸稀释的情况下)产品,将有钠离子和培美曲塞离子漂浮。虽然第三方并没有按权利要求1的记载正在实施本发明,但培美曲塞离子本身构成本发明的关键组成部分的手段,因此有可能构成间接侵权。[1]

---

〔1〕 [2015] EWCA Civ 555 (25 June 2015).

针对 Actavis 的上诉,英国最高法院对是否构成间接侵权进行了分析。并对 Actavis 提出的上诉理由逐一进行了批驳,最后驳回了 Actavis 的上诉。Actavis 上诉的第一个理由是包括培美曲塞离子和钠离子的溶液在专利中不在专利权利要求"培美曲塞二钠"的范围内,因为它限于固体或结晶化学品。英国最高法院认为,没有理由认为专利权人意图以这种方式限制其用语。恰恰相反,说明书中还提到了培美曲塞二钠延及在溶液中的化学品。Actavis 上诉的第二个理由是,上诉法院在考虑直接侵权和间接侵权时的观点是矛盾的。在认定直接侵权时,认为不可以假设本领域技术人员知道培美曲塞二钾会溶解;而在考虑间接侵权时,培美曲塞二钾实际上是溶解的。英国最高法院认为,即使没有得出结论,本领域技术人员应该被视为知道培美曲塞二钾是否可以溶解,这一理由也应驳回,因为它是不合逻辑的。当 Actavis 准备推销他们的产品时,非常清楚它们都是可溶的。Actavis 上诉的第三个理由是,溶解在盐水中的培美曲塞二钾溶液在任何情况下都不包含专利中的用语"培美曲塞二钠",它只是简单地将培美曲塞溶解在盐水中。英国最高法院认为,这不是一个好的理由。如果将培美曲塞二钠溶解在氯化钾水溶液中可以说会导致含有培美曲塞二钠的溶液(如 Actavis 的论据暗示所接受的),那么根据基本化学逻辑就可以得出,将培美曲塞二钾溶解在盐水中,就产生含有培美曲塞二钠的溶液:两种溶液化学成分相同,都是由钾和钠阳离子和氯化物和培美曲塞的阴离子在水中组成。Actavis 上诉的第四个理由是,认为可能存在间接侵权是不合理的,因为它们都取决于 Actavis 产品溶解的溶剂,即使该溶剂是盐水,它将取决于钠离子的比例和该溶液中的培美曲塞离子,而这将根据患者体重而变化。英国最高法院认为,侵权可能取决于溶剂的性质,溶液中离子的相对量似乎并非不合理。这仅仅是专利保护范围的结果,因为(由上诉法院裁定),其权利要求仅限于培美曲塞二钠,当溶解在水中时,每一个培美曲塞产生两个钠阳离子。Actavis 上诉的最后一个理由是,培美曲塞二钠是药物的一部分,而不是用于制造如专利权利要求 1 所述的药物。英国最高法院认为难以同意上述观点。而不是如果原始药物包含培美曲塞二钠而不是培美曲塞二钾,培美曲塞二钠进入制造过程会更晚,但不能改变在给予患者之前,药物包括培美曲塞二钠和维生素 B12 的事实。因此,英国最高法院维持了上诉法院的判决,认为:如果 Actavis 知道,或者根据当时的情况显而易见,最终用户将会在盐水中稀释,Actavis 就构成间接侵权。[1]

---

〔1〕[2017] UKSC 48 (2017 年 7 月 12 日).

三、英国专利帮助侵权的要件

根据《英国专利法》第60条第2款的规定以及英国法院的上述案例，英国专利帮助侵权的构成要件为：

第一，在行为方式方面，英国专利法规定的间接帮助行为不仅包括实际提供的行为，也包括“表示愿意提供”的许诺销售行为。在许诺销售的情况下，还不存在直接用户，也可能构成间接侵权。因此间接侵权不以直接侵权为要件。

第二，在行为客体方面，专利法将专利帮助侵权行为的行为客体界定为“有关发明关键组成部分的手段”，这里的“手段”既可以理解成“物品”，也可以理解成“方法、步骤”。手段不一定是属于有创造性的部分，也包括现有技术中的手段。具有合法用途的完整产品以及大宗商品，仍可以成为这里规定的“发明关键组成部分的手段”。

第三，在行为的后果方面，被告的产品应“使得发明得以实现”。第三人购买了被告的产品后，最终从事了制造专利产品的行为，才可以认定使发明得以实现。如果第三人只是使用被告的产品对原专利产品进行修理，或者对原来专利产品的正常使用，不能认定为“使得发明得以实现”。

第四，在主观要件方面，英国专利法规定“他明知道，或在当时正常的人理应知道，这些手段适合于并旨在用来使该项发明在联合王国实现，这样的行为也就侵害了该发明的专利”，这就是说，只有行为人具有主观故意，才能构成专利帮助侵权行为。主观故意的认定标准是“固有可能”标准，而不是实际知道标准。固有可能标准是指如果提供者提供或许诺提供时，对于最终用户将用作实施发明是知道的，或从客观情形看是明显的，就可以认定提供者符合间接侵权的主观要件。

本章小结

英国在加入欧洲专利公约前，周边限定主义的严格解释方法是法院权利要求解释的主要特征。但与此同时，英国法院还提出了“发明精髓原则”。发明精髓原则是一种较宽松的权利要求解释方法。根据发明精髓原则，专利权利要求中的技术特征分为本质特征和非本质特征，被控侵权物缺少非本质特征，或者用等同物将非本质特征替换，仍构成侵权。

1977年的英国专利法按照欧洲专利公约的规定对专利保护范围的确立原则作

了规定。1982 年英国上议院法官 Diplock 在 Catnic 案提出了对专利权利要求进行目的解释的主张,也就是说要看本领域技术人员是否认为专利权人将严格遵循权利要求书中的说明语句作为发明的必要条件。1990 年英格兰—威尔士上诉法院法官 Hoffman 在 Improver 案中将目的解释方法概括为三个问题,被称为“议定书问题”。虽然有的法官和学者提出目的解释方法与《欧洲专利公约》第 69 条及其解释议定书的规定不相符,但目的解释方法和议定书问题成为英国法院解释权利要求的依据。一直到 2004 年 10 月,英国的法院都一直依据 Catnic 案和 Improver 案确定的规则进行权利要求解释。

2004 年 10 月,已经成为上议院法官的 Hoffman 在 Kirin-Amgen 案中对权利要求解释的标准进行了重新阐释。Hoffman 在该案中确立的权利要求解释标准具有以下特点:第一,Catnic 案中的目的解释方法是与《欧洲专利公约》第 69 条及其解释议定书的要求一致的,并且是与德国等国的做法一致的。议定书问题只是适用目的解释方法的指南,在有些案件中不能适用。第二,在解释权利要求、确定专利的保护范围时只需要回答一个问题:本领域的技术人员对专利权人使用权利要求书中的语言是如何理解的? 因此,解释专利权利要求并不分为字面解释和等同解释(或适用议定书问题)两个阶段。第三,美国的等同原则和英国的“发明精髓原则”不能在英国适用。但是,被控侵权物属于专利权利要求的等同物这一事实可以作为解释权利要求的背景事实。第四,判断本领域技术人员对专利权利要求是如何理解时,本领域技术人员通常所具有的知识以专利申请日(优先权日)的知识为准。这一点虽然 Hoffman 在案中没有明确提及,但他多次提到“专利文件起草时”和优先权日的技术状况。其后英格兰—威尔士上诉法院也是按照申请日(优先权日)的知识作为本领域技术人员理解权利要求的知识背景的。第五,解释权利要求时不必参考专利申请经过。

2017 年 7 月,英国最高法院在 Eli Lilly 案中修正了上述权利要求解释中的三个问题,使这些问题更接近于美国和德国的等同原则标准,并且有限制地适用审查档案禁止反悔。

英格兰—威尔士上诉法院提出了适用解释权利要求的“实用指南”,该指南参考了 Kirin-Amgen 案判决。英国法院在解释权利要求时,会参考其他权利要求。法院一般认为相同的术语具有相同的含义,并采用区别权利要求的原则。说明书对于权利要求的解释至关重要。如果权利要求是清楚的,则不能增加说明书中的限制条件。实施例一般应解释在专利保护范围之内。专利保护范围应解释得与说明书和附图一致。因此,说明书中关于技术效果的描述以及对于权利要求术语的界定,对于确定专利保护范围具有重要影响。英国法院会考虑专家证言、词典、著作和论文等外部证据,但外部证据所起的作用有限。

对于权利要求的基准时间,英国法院既有适用公开日的判决,也有适用申请日(优先权日)的判决,并没有统一的基准时间。虽然英国法院没有明确的不能忽略任何技术特征的规则,但实际上法院在确定专利保护范围时会考虑每一个技术特征。英国法院不承认于权利要求解释之外还存在独立的等同原则。在解释权利要求时,会适当考虑等同物,考虑的方式是等同物作为本领域技术人员已知的事实背景的一部分,从而影响他理解的权利要求的意思。

英国并没有特别关注功能性权利要求和以方法界定产品的权利要求的问题。从现有的案件看,英国按照普通权利要求审查和解释功能性权利要求。从 Kirin-Amgen 案开始,英国按照严格的标准审查以方法界定产品的权利要求。但对于如何解释以方法界定产品的权利要求,英国还没有新的标准。

《英国专利法》第 60 条第 2 款规定了专利帮助侵权,针对的是“有关发明关键组成部分的手段”并“使得发明得以实现”的行为,该行为不仅包括实际提供的行为,也包括许诺销售行为。专利帮助侵权的主观要件是主观故意,标准是“固有可能”标准。

第四章　德　　国

第一节　德国专利法的有关规定

一、德国专利制度

德国第一部《专利法》是1877年德意志帝国时期颁布的。这部专利法的特点是创立了世界上最早的审查公告制度,但该专利法并没有对专利权利要求作出规定。1891年和1936年,德国专利法进行了修改。第二次世界大战以后,德国分裂为东德和西德。自1945年至1949年,西德的专利工作中断了4年。1949年10月,西德在慕尼黑设立了专利局。1953年,西德重新公布了《专利法》和《实用新型法》,正式恢复了专利制度。1968年,西德对1936年的专利法做了修改,1976年又进行了再次修改。现行的德国专利法是1980年修订、1981年生效的,一般称为1981年专利法。1990年东德、西德统一后,东德的法律被西德法律取代,统一后的德国仍适用1981年德国专利法。其后,德国专利法又进行了多次修订。1998年11月,“德国专利局”更名为“德国专利与商标局”。

德国专利法中的“专利”仅指发明专利;德国对实用新型、外观设计都单独立法保护。本书中介绍的德国专利的保护,主要针对的是德国专利法,但其中很多内容也适用于对德国实用新型的保护。

二、德国专利法中关于专利保护范围的规定

现行德国专利法关于权利要求解释的规定是其《专利法》第14条的规定:“专利或专利申请的保护范围应当根据权利要求的术语确定。但是,说明书和附图可以用于解释权利要求。”该条几乎原文照抄了《欧洲专利公约》第69条的规定。

德国联邦最高法院（BGH）在1986年的“路边石型材”案[1]中认为《欧洲专利公约第69条解释议定书》的规定，适用于德国专利法第14条的解释。法院判决中指出：

> 与1978年前的法的状况不同，专利权利要求的范围，对于界定专利的保护范围而言，不只是线索，而是决定性的原则。根据1981年专利法第14条的规定，专利权利要求范围的含义，应当通过解释进行探求。在进行解释时，应当参考说明书及附图。从与1981年专利法第14条对应的欧洲专利公约第69条解释议定书看，对专利权利要求的解释不只是消除专利权利要求中的不明点，而是明确专利权利要求中使用的技术的概念，明确权利要求中记载的发明的含义以及射程范围。

可见，德国现行专利法关于专利权利要求解释的规定，是完全按照《欧洲专利公约》的规定作出的，并且德国法院在司法实践中还遵守了《欧洲专利公约第69条解释议定书》的规定。德国确定专利保护范围的依据主要是《专利法》第14条的规定，《欧洲专利公约》第69条第1款的规定以及《解释议定书》的有关规定。根据德国联邦最高法院的判例，欧洲专利公约及其解释议定书，不仅适用于欧洲专利，也适用于德国专利。[2] 因此，对于欧洲专利和德国专利，德国法院确定保护范围时的规则是相同的。

第二节　德国专利保护范围理论的发展

德国的专利保护范围理论有悠久的历史，并且对其他国家如日本等都有很大的影响。本节将对德国专利保护范围理论的变化进行简单的回顾。

一、德国关于专利保护范围解释的早期理论

德国关于专利保护范围解释的早期理论，指的是从德国专利制度开始到20世纪初的整个19世纪的理论。早期理论的特点是认为专利权利要求的范围与专利的

---

〔1〕 又称Formstein案，本书后面对该案有详细介绍。

〔2〕 BGH GRUR 1989,903,904 – Batteriekastenscbnur.

保护范围完全一致。[1]

1877 年的德国专利法中并没有关于专利权利要求范围的直接规定。1891 年专利法修改时在第 20 条增加了“在说明书的末尾应当记载作为取得专利所必备的要件的受保护点(专利权利要求范围)”的规定。这一规定一直持续到 1976 年专利法的修改。1898 年,德国专利局开始要求申请人撰写专利权利要求,但主要用来说明发明的标的,而不是用来确定专利的保护范围。

从这一时期的判例来看,只有被控侵权物使用了与专利权利要求范围中记载的解决手段同样的手段时,才认定构成侵权。也就是说,严格把握“发明的对象”与“受保护点”的完全一致,专利发明的保护范围在专利局授予专利时就已经确定了。[2]

德国专利保护范围解释的早期理论,是受 Hartig 的影响而创立的。Hartig 认为,发明与其他精神创作一样,是通过单一的概念和定义来限定其界限的,使用具体的实施要件对上述概念进行限定的是实施方式。对发明应从一般原理到具体化构成进行把握。因此,最一般的发明概念的定义,就是专利权利要求范围的记载。发明的最大范围是通过权利要求进行界定的。专利局在授予专利权时,同时确定了专利的保护范围。在专利侵权诉讼中,法院受专利局授予专利权的严格约束。法院确定专利保护范围的过程,就是对专利申请人和专利局意思表示进行解释的过程。[3]

德国关于专利保护范围解释的早期理论将专利的保护范围严格限制在专利权利要求的范围之内,并且严格限制法院在确定专利保护范围时的权限。这容易产生对专利发明保护不力的缺陷。为了对真正的发明给予保护,德国法院开始借助于“假定意图”这一概念。假定意图是指,假定专利申请人和专利局具有这样一种意图:将专利申请中与公知技术相比符合专利授权条件的所有内容都纳入专利的保护范围。[4] 在某些情况下,法院甚至会违反当事人所表示的真实意思而认定“假定意图”。[5]

---

〔1〕［日］松本重敏:《专利发明的保护范围》(新版),有斐阁 2000 年版,第 134 页。

〔2〕同上。

〔3〕同上。

〔4〕Heinz Winkler,“The Scope of Patent Protection:Past,Present and Future”,10 *I. I. C.* 296,1979,pp. 296 – 297.

〔5〕Ibid.

二、扩张解释理论

由于早期解释理论存在对专利权人保护不力的缺陷，而假定意图的适用也不能弥补这一缺陷，德国法院在19世纪末的判决中出现了专利保护范围与专利权利要求范围分离的思想。德国最高法院在1910年2月9日的Kokskoschentscheidung案[1]判决中提出，专利权利要求并不是"在所有方面精确地划定专利的保护范围，发明的保护范围不是根据专利申请人和专利局的意思来确定，而是完全根据发明的客观价值确定"。因此，德国法院只是根据专利申请日的技术水平来确定专利的保护范围。另外，该判决不仅改变了确定专利保护范围的标准，还改变了确定专利保护范围的主体。以前，专利保护范围根据专利申请人和专利局的意思确定专利的保护范围，其中专利局的意思具有决定性的作用。而根据新的判断方法，专利局只是对发明的专利性进行审查并固定专利的客体，专利的保护范围由法院来确定。帝国最高法院在判决中还指出："哪些技术特征对于专利保护是绝对必要的，哪些技术特征是可以省略的，以及哪些技术特征的组合本身可以得到专利保护，在专利授权阶段确定上述内容是不合适的，进行这样的专利保护范围的进一步审查只会导致专利授权的过度拖延。"这一判决极大地扩张了专利的保护范围。以该判决为基础，改变并形成了以后的扩张解释理论。

扩张解释理论的基本点在于，"专利保护的对象"与授予专利权的"发明的对象"是分离的。"发明的对象"由专利局在专利授权以及专利无效审查过程中判断。确定发明的对象的权利专属于专利局。对于专利局授权时的意思表示，法院按照意思表示解释的一般原则进行解释。专利保护的范围由法院在专利侵权诉讼中判断。法院在确定时不受专利局意思的约束。

这种分离解释理论，并没有法律的明确规定作为依据，而是根据专利权保护的实际需要由法院创立的。这种实际需要表现在以下几点：第一，如果由专利局在专利审查过程中参照现有技术水准确定专利的保护范围，会导致审查迟延，专利局越来越不能负担此任务；第二，专利申请人在专利申请时不可能预测将来可能产生的所有侵害形式；第三，专利权利要求范围中可以记载发明的特征，但不可能记载发明的实施形式；第四，发明所具有的价值随技术环境的变化而变化，发明的真正价

[1] RG. 1901. 4. 20.（GRUR. 1908 S. 343）. 该判决提出授予专利的发明的对象由专利局确定，而专利侵权诉讼中的保护范围由法院确定，并且专利的保护范围应当根据发明对社会的贡献确定。

值只有在与侵害形式对比时才能表现出来。[1]

按照扩张解释理论,法院在对专利权利要求进行解释时,应当考虑到专利法的目的和德国的经济发展,作出适合技术发展要求的解释。并且,根据这种解释理论,专利发明的保护范围应当扩张到等同的范围。扩张解释理论的要点是:第一,原则上,不能因为技术课题相同就认定为属于专利的保护范围,除了技术课题相同外还要对发明的技术解释手段进行比较。第二,在技术课题相同而采用其他技术解决手段进行置换的情况下,要看这种置换是否具有专利性。如果与专利发明的解决手段相似,并且是容易实施的,应当作为专利法上的等同属于专利发明的保护范围。第三,专利的保护不能在发明之外广泛扩大,因此,作为原则应当认为专利的保护范围限于技术课题相同的情况。但是,将专利的技术解决手段用于其他课题的情况下,也有可能属于专利的保护范围。[2]

三、扩张解释理论的发展

上述扩张解释理论逐渐成为德国判例学说上的主流。这一理论在发展过程中经历了以下发展阶段:[3]

1. 极端扩张偏向阶段

在这一阶段,在分离论的基础上,出现了对专利权人进行极端保护的理论。这种偏向的基本点在于专利权利要求中不必开示发明思想。曾经有法院在判决中认为,专利保护的范围延及本领域技术人员在阅读了说明书后可以得到启示的所有技术和其他内容。[4]

2. 对极端扩张偏向修正的阶段

针对上述极端扩张偏向对专利权的过度保护,很快就出现了对这种偏向的修正。这种修正主要表现在:专利保护范围限于说明书开示的发明思想的范围;专利保护的范围不及于专利申请时公知的技术;与专利申请时的技术水准相对比确定专利发明保护范围的宽窄。

3. 二分说的阶段

在上述修正的基础上,出现了以二分说为原则的判例学说。根据这种学说,法

---

〔1〕 [日]松本重敏:《专利发明的保护范围》(新版),有斐阁2000年版,第138~139页。

〔2〕 同上书,第140~141页。

〔3〕 同上书,第141~144页。

〔4〕 Bruchhausen,"The Scope of Patent Protection in Different European Countries-An Outline of Recent Case Law",4*INT' L REV. INDUS. PROP. & COPYRIGHT L.* 306,310,1973.

院在确定专利保护范围时,区分发明的对象和一般发明思想。对于发明对象,法院受专利局授权意思的拘束,没有审理权限。而对于一般发明思想,法官不受专利局授权的拘束。法官对一般发明思想的专利要件(如新颖性、进步性和发明的高度等)进行审查。也就是说,对于“发明的对象”之外的扩张部分,由法院对其专利要件进行审查。

4. 三分说的确立

20 世纪 40 年代,德国法官发表了三分说的理论。该理论后来被德意志联邦最高法院继承,并发展为德国专利法的理论基础。1953 年,德国最高法院在判决中使用了“三分法”的判断方法。直到 1981 年,该学说一直是德国占统治地位的理论。[1] 三分说与二分说的关系如下表:[2]

二分说	三分说
发明的对象	专利权利要求的字面含义——发明的直接对象
	明显的等同——发明的对象
一般发明思想	非明显的等同——一般发明思想

三分说认为,专利局对“发明的直接对象”和“发明的对象”进行判断,法院对“一般发明思想”进行独自判断,同时可对“发明的对象”的新颖性进行调查。三分说与二分说的不同之处在于,当被告的产品属于“明显的等同”的范围时,按二分说应当属于发明的对象之外而应由法院判断。而按照三分说,对于新颖性以外的要件法院受专利局判断的拘束。[3]

三分说理论将专利的保护范围分为三个:一是发明的直接对象,发明的直接对象反映了本领域普通技术人员在根据说明书和附图阅读了说明书后可以得出的技术概念;二是发明的对象,指本领域普通技术人员在根据说明书、附图、现有技术和本领域的通常知识,不经创造性劳动可以得出的发明思想或技术教导;三是一般发明思想,指的是被控侵权物虽然在专利技术教导的范围之外,但它与专利技术教导

[1] David L. Cohen, “Article 69 and European Patent Intergration”, 92 *Northwestern University Law Review* 1082, 1998.

[2] [日]松本重敏:《专利发明的保护范围》(新版),有斐阁 2000 年版,第 143 页。

[3] 同上。

具有共同的发明思想,这一发明思想就是一般发明思想。[1] 发明的对象又称为"明显的等同",一般发明思想又称为"非明显的等同"。二者的相同之处在于:它们都与专利权利要求的技术特征具有相同的技术功能,并且在专利发明思想和解决原则的范围内可以替换权利要求中的技术特征。二者的不同之处在于:非明显的等同是本领域普通技术人员在经过特别的、仔细的、非创造性的考虑后可以认识到的等同。与明显的等同相比,它是需要更深的"考虑"才能认识到的。[2]

按照三分说的理论,法院在进行侵权判定时需要三个步骤。首先,法院看被控侵权物是否与专利权利要求的字面含义完全相符。如果完全相符,则认定被控侵权物属于专利的保护范围。其次,如果被控侵权物与专利权利要求的字面含义不完全相符,法院就在专家证人的帮助下,判断被控侵权物与受保护的发明是否具有相同的"明显的等同"特征,如果有相同的"明显的等同"特征,则认定被控侵权物属于专利的保护范围。最后,如果在上述步骤中被控侵权物与受保护的发明没有相同的"明显的等同"特征,法院会问专家证人是否可以从受保护发明的权利要求中得出"一般发明思想"或教导。如果专家证人认为可以从专利权利要求中得出"一般发明思想"或教导,法官再问专家证人是否可以从被控侵权物中得出同样的"一般发明思想"或教导。如果专家证人的回答是肯定的,则法院认定被控侵权物属于专利的保护范围。[3]

德国扩张解释理论的特点是其对"一般发明思想"的保护。对"一般发明思想"的保护是德国专利保护的最大范围。保护"一般发明思想"的目的在于给予专利权人的保护与其对技术的贡献相当。在对"一般发明思想"提供保护后,法院就根据发明的思想而不是根据具体技术方案确定专利保护范围。一般发明思想要得到专利保护,必须满足以下三个条件:第一,它必须是本领域技术人员可以从专利权利要求书和被控侵权物中推导出来的;第二,它必须是不经过创造性劳动就可以推导出来的;第三,它必须符合专利性的要件。[4]

对一般发明思想的保护使专利的保护范围扩大到"部分组合",即被控侵权物缺少了权利要求中的一个或多个技术特征仍构成侵权。部分组合又称为改劣实施

---

〔1〕 Ray D. Weston, Jr., "A Comparative Analysis of the Doctrine of Equivalents: Can European Approaches Solve an American Dilemma"? 39 *IDEA: The Journal of Law and Technology* 35, 1998.

〔2〕 Ibid.

〔3〕 David L. Cohen, "Article 69 and European Patent Intergration", 92 *Northwestern University Law Review* 1082, 1998.

〔4〕 C. Sijp, "Scope of Protection Afforded by a European Patent", 10 *I. I. C.* 433, 435, 1979.

或不完全实施，它是属于"明显等同"范围内的概念。[1] "部分组合"要得到专利保护，必须符合以下条件：至少体现了专利技术方案的一些有益效果；实质利用了专利的发明思想；本领域技术人员可以从专利说明书中立即推导出来。[2] 但是，专利说明书不一定明确指出"部分组合"。[3] 对"部分组合"的保护可以扩大到权利要求中一个或多个技术特征的组合，可以包括省略一个或多个技术特征并以明显或非明显等同特征替换的技术方案，有时甚至可以扩大到对单个技术特征的保护。[4]

四、《欧洲专利公约》确立的解释理论

扩张解释理论以及在此理论基础上形成的二分说和三分说，都认为法院在专利侵权诉讼中可以不受专利局授权的约束，以"一般发明思想"为中心确定专利的保护范围。这种以"一般发明思想"为中心确定专利保护范围的理论，被称为"中心限定主义"。

欧洲专利公约在权利要求解释问题上采取了折中的立场，虽没有明确否定德国以前以"一般发明思想"为中心的扩张解释理论，但对于这种理论的适用提出了严格的限制，即"专利或专利申请的保护范围应当根据权利要求的术语确定"。《欧洲专利公约第 69 条解释议定书》具有明显的否定扩张解释理论的含义。该议定书生效后，德国学者就指出，议定书的规定与德国的"一般发明思想"是不相容的。[5]

如前所述，德国于 1976 年按照《欧洲专利公约》的规定对专利法进行了修订，并且德国联邦最高法院认为《欧洲专利公约第 69 条解释议定书》的规定适用于对《德国专利法》第 14 条的解释。因此，德国的扩张解释理论以及在此基础上形成的二分法和三分法，虽然对于德国法院在专利侵权诉讼中解释专利权利要求还具有一定的影响，但已不再是可以适用的理论。[6] 因此，自 1978 年修订后的德国专利

---

〔1〕 参见[日]松本重敏：《专利发明的保护范围》(新版)，有斐阁 2000 年版，第 146 页。

〔2〕 同上。

〔3〕 同上。

〔4〕 同上。

〔5〕 Ray D. Weston, Jr., "A Comparative Analysis of the Doctrine of Equivalents: Can European Approaches Solve an American Dilemma?", 39 *IDEA: The Journal of Law and Technology* 35, 1998.

〔6〕 德国专利法按照《欧洲专利公约》修改后，应当对专利权利要求进行限缩性的解释还是继续适用以前的解释理论，在德国还存在一定的争议。部分学者认为德国以前的解释理论仍能适用于修改后的专利法。德国法院在司法实践中仍然区分"发明的对象"和"发明保护范围"，认为前者属于专利局决定的范围，而后者由法院来确定。但是德国法院认为，保护"一般发明思想"的理论在新专利法中不能再适用。参见 Jochen Pagenberg, "Interpretation of Patent Claims-Influence of Prior Art and the Knowledge of the Skilled Person for the Scope of Protection", http://www.law.washington.edu/casrip/Symposium/Number8/CM%20-%20Pagenberg%20CASRIP%20Interpretation%20of%20Patent%20Claims.pdf。

法实施后,德国开始按照《欧洲专利公约》和《欧洲专利公约第 69 条解释议定书》的规定进行专利保护范围的解释。在《欧洲专利公约 2000》和新的《欧洲专利公约第 69 条解释议定书》生效后,德国开始执行《欧洲专利公约 2000》和新的《欧洲专利公约第 69 条解释议定书》。

第三节　德国对专利权利要求的字面解释

一、德国对专利权利要求字面解释的判例

(一)“箝位镙杆”案

德国联邦最高法院 1999 年 3 月 2 日作出的“箝位镙杆”案判决是关于权利要求字面解释的典型判例。[1] 案中专利发明为水管的镙杆接口,其中的技术特征 3 为:“镙杆头可以从皮带另侧开口的凸缘的孔中通过,并达到中心纵轴被垫圈固定在那里,垫圈一边有细长开口,并且垫圈在固定前被放在镙杆头和皮带凸缘之间。”双方争议的是对其中“垫圈在固定前被插入到镙杆头和皮带凸缘之间”的理解。

二审法院认为,从一个普通技术人员的角度来看,水管夹子与镙杆在长度上匹配,固定镙杆只需要少量的旋转,镙杆头通过孔后,垫圈从皮带凸缘和镙杆头的水平面插入。根据上述解释,二审法院认为被告不构成侵权。原告提出上诉称,二审法院的上述解释认为垫圈只能直线插入而不是曲线插入,使权利要求的含义比字面含义窄。

联邦最高法院认为,专利的保护范围应当根据权利要求书的用语确定。“用语”的含义不是指其字面意思,而是指其本质的含义(essential meaning)。权利要求解释不只是澄清权利要求中的含混不清之处,还要澄清技术用语的含义以及确定发明的意义和范围。应当按照本领域普通技术人员根据专利说明书的全部内容并考虑到发明所涉及的问题及解决方案后的理解,对权利要求中的用语进行解释。权利要求书中“垫圈在固定前被插入到镙杆头和皮带凸缘之间”,从字面上看没有指明垫圈插入的方式。为了理解该技术特征的实质含义和意义,本领域技术人员应当看该技术特征所企图解决的问题是什么。这样做时,该技术人员不仅要看权利要求的字面含义,还要看整个专利说明书。如果某种解释即使符合专利权利要求的字面含义,但从现在技术看是不可能的,他也应当否定这种解释。在这种情况下,专利的教导意义只限于实施例。如果本领域技术人员从专利说明书中得到的

---

〔1〕 X ZR 85/96, IIC 1999, 932 (in English).

教导小于权利要求书所表达的字面含义,专利说明书就可以限制专利开示的范围。二审法院按照本领域技术人员对“插入垫圈”的理解来确定专利权利要求的实质含义,认为本领域技术人员从中得到的教导不只是“插入垫圈”,还包括了插入垫圈的方式。二审法院确定的专利权利要求用语的实质含义,并不是对字面含义的限制,而是和字面含义一致的。这是本领域技术人员根据说明书的全部内容所作出的必然理解。专利权利要求解释不必严格拘泥于其措辞,而是要根据本领域技术人员所处的技术环境进行解释。权利要求不能用语言学的方法进行字义上的解释,而是要根据发明所解决的课题及方案从技术意义上进行解释。虽然日常用语和技术用语对于本领域技术人员来说都具有通常含义,但必须考虑该用语在说明书中的使用。说明书就是专利的术语表。有些术语是以不同于通常含义的方式使用的,这时具有决定意义的是其在说明书中的含义。最后,联邦最高法院认为二审法院权利解释方法是正确的,维持了二审法院不侵权的判决。

(二)“多齿轮毂”案

德国联邦最高法院 2008 年 2 月 12 日判决的“多齿轮毂”案[1],提出了如何根据发明的技术效果对权利要求进行限制性解释。在原审判决中,大量引用了法庭专家的意见,但没有根据说明书和附图对权利要求进行解释。法庭专家的意见主要围绕专利发明的技术要求和限制,但这些内容在专利权利要求中没有记载。联邦最高法院认为,在个别情况下,如果发明实现的技术效果只能通过对权利要求进行限制解释的技术教导实现,则可以对权利要求进行限制性解释,使其含义窄于权利要求的字面含义。其他权利要求及其技术特征,以及说明书及附图,以及本领域普通技术人员的一般技术知识,都可以进一步印证这种限制性解释,或推翻这种限制性解释。由于原审法院只依赖了法庭专家的意见,就对权利要求作了限制性解释,没有根据其他权利要求、说明书和附图等进行评价,因此德国联邦最高法院将案件发回重审。

(三)“铰接装置”案

德国联邦最高法院 2010 年 3 月 4 日判决的“铰接装置”案件,[2]提出确定发明解决的技术问题也是解释权利要求的一部分。案中专利涉及将列车车厢连接在一起的铰接装置。在现有技术中的铰接装置,包括集成在连接臂中的阻尼部件,以及可变形的、相应地可破坏的能量耗散构件,以便耗散因事故而导致的过度冲击产生

[1] Federal Supreme Court of 12 February,2008 (X ZR 153/05) – Mehrgangnabe.

[2] Federal Supreme Court of 4 February 2010(Xa ZR 36/08) – “Gelenkanordnung”.

的能量。涉案专利对铰接装置的结构进行了改进,也能够吸收来自极端冲击的能量。作为本发明装置的特别优点,涉案专利提到,来自正常列车运行的冲击以及在极端情况下发生的冲击可以由能量耗散构件吸收。为了解决这个问题并实现期望的优点,权利要求 1 的特征部分中的唯一特征是,能量消散构件在一个铰接臂中“无间隙地”结合。

上诉法院在判决中认为,就说明书中提及的需要解决的问题而言,“无间隙地”这一特征应解释为能量耗散构件必须一直处于铰接装置负载传动中,使其可以阻尼在正常列车运行期间发生的任何冲击以及由于例如事故等产生的极度冲击。上诉法院得出这个结论,因为专利权利要求没有提及除了能量耗散构件之外的用于正常列车运行的任何其他阻尼元件,并且“无间隙地”如果没有任何实际限制作用,将成为可有可无的特征。

联邦最高法院推翻了上诉法院的判决。联邦最高法院确认,本发明描述的优点之一是,本发明的铰接装置还可以提供用于正常列车运行的阻尼装置。然而,这并不一定意味着专利权利要求中提到的能量耗散构件必然可以实现这一功能。技术问题源自本发明实际实现的内容,而不是说明书描述的期望实现的内容。这必须由专利权利要求的解释来确定。在这点上,说明书中关于本发明要解决的技术问题的描述,以及说明书中的其他描述和附图,可以包含关于正确解释权利要求的提示。然而,专利权利要求本身优于专利说明书的内容。

(四)“芬太尼 TTS”案件

德国联邦最高法院 2010 年 11 月 18 日判决的“芬太尼 TTS”案件[1],涉及权利要求中前序和特征部分有冲突时如何解释权利要求。在该案中,独立权利要求 1 的前序部分规定要求保护的系统包括“至少一个含有芬太尼的基质层”,而特征部分仅涉及所要求保护的系统的“基质层”中的该活性化合物的浓度。前序部分基质层用的是单数,而特征部分用的是复数。鉴于这种不一致性(单数/复数),联邦专利法院认为特征部分优先于前序部分,独立权利要求 1 的保护范围限于包括多个基质层的系统。

德国联邦最高法院推翻了联邦专利法院的限制性解释。该院认为,专利权利要求前序部分和特征部分之间的不一致,当通过说明书很明显可以作出一致性的解释时,不能通过使前序部分变得毫无意义的方式解决。

(五)“闭塞装置”案

德国联邦最高法院 2011 年 5 月 10 日作出的“闭塞装置”案判决既涉及权利要

[1] Xa ZR 149/07.

求的字面解释又涉及等同原则。[1] 案中专利涉及血管内闭塞装置及其制造方法。权利要求1记载:"一可收缩医疗装置(60),其包括编织金属织物形成的金属绞线,……其特征在于,夹子用于在相对的端部夹紧所述金属绞线。"被控侵权物为血管内闭塞装置,其金属制成绞线由镍钛合金(镍钛诺)制成。该绞线通过大约180°反转,两个端部成为一束并焊接到套筒上。本案中的争议问题之一是权利要求中的"夹子"用的是复数形式,并且在"相对端"夹紧金属绞线,而被控侵权物的"套筒"只有一个,是将金属绞线的端部夹紧在一起,而不是在"相对端部"。原审法院认定构成侵权。

对于是否构成字面侵权,德国最高法院认为,"根据欧洲专利公约第69条第1款的规定,专利权的保护范围根据权利要求来确定。为了实施这一规定并达到解释议定书第1条的目的,必须首先要结合说明书和附图从本领域技术人员的角度确定权利要求用语的技术含义。虽然从字面理解权利要求对于把握专利的保护范围是不合适的,但也不能将权利要求中的具体方案概括化以扩大保护范围。特别是,对于一个狭义的权利要求,不能根据说明书中的广义描述进行解释。相反,权利要求书优先于说明书。说明书中没有反映的内容不能受到专利的保护。根据《欧洲专利公约》第69条第1款的规定,说明书和附图用于解释权利要求。因此在确定权利要求的含义时,可以参考说明书和附图。但是,参考说明书和附图必须既不能扩大保护范围,又不能实质限制权利要求用语界定的保护客体。如果说明书的技术教导与权利要求书的技术教导不能协调,则以权利要求书为准。当权利要求书与说明书有冲突时,说明书中有描述但没有反映在权利要求书中的内容,原则上不在专利保护范围之内。说明书只能作为对专利保护客体的解释而被考虑。……像本案中的情形,权利要求的用语与说明书中的描述不协调,就不能参考说明书'改正'权利要求,否则就违反了权利要求优先的原则。"根据上述论述,德国最高法院认为,权利要求书中要求夹子在相对端部,被控侵权物不在权利要求的字面含义之内。

(六)"聚合物泡沫"案

德国联邦最高法院2012年7月17日作出的"聚合物泡沫案"判决[2],强调了根据发明的效果和权利要求的上下文解释权利要求。

联邦专利法院没有根据上下文考虑权利要求1的技术教导,而只是就单个技术特征的含义进行了认定。联邦最高法院认为,权利要求的解释应根据权利要求

---

〔1〕 X ZR 16/09.

〔2〕 Federal Supreme Court of 17 July 2012 (X ZR 117/11)-*Polymer foam.*

书整体的含义以及每个技术特征对于发明人目的的影响来进行。权利要求中每个技术特征的含义应根据上下文来确定,其他争议的技术特征的含义有可能与引用的现有技术中的相应技术特征的含义不同。至少在有争议时,理解权利要求中技术特征的含义,关键是根据实现本发明的技术效果,既要看该技术特征本身,又要看其与其他技术特征的结合。这需要使用说明书和附图来解释和说明要求保护的技术教导。按这种方式解释后,权利要求中是否包括不能允许的超出原申请范围的扩张并不重要,就像不能根据与现有技术的区别而决定哪些是可授权专利而对权利要求作出解释一样。

(七)“访问权限”案

德国联邦最高法院2014年10月14日判决的“访问权限”案[1],涉及实施例对于权利要求解释的作用。案中专利涉及通信线路中分配访问权限的方法。原审法院在解释权利要求时,两个实施例都不包括在专利保护范围之内。德国联邦最高法院认为,将所有实施例解释在专利保护范围之外并非绝对不允许,但这只能是在经过考虑但最后排除了将实施例包括在内的其他可能解释之后,或者如果可能从专利权利要求中得出足够清楚的指示,要求保护的客体与说明书的描述有较大差异之后,才能得出这种结论。但本案并不符合上述条件。权利要求书所描述的技术特征本来是可以包括两个实施例的。因此,原审法院将两个实施例解释在权利要求的范围之外是错误的。

(八)“管件”案件

德国联邦最高法院2015年5月12日判决的“管件”案件[2],强调了权利要求应参考说明书和附图进行解释修正权利要求中的错误用语。在该案中,德国联邦最高法院指出,即使乍看之下权利要求本身是符合逻辑的,不需要进行深度解释,也应当参考说明书和附图进行解释。该案中的权利要求本身是非常清楚的,但与说明书中的描述完全矛盾,与唯一的实施例以及所有的附图都矛盾。这是由于在授权过程中两个技术特征被错误地替换造成的。

在一审中,联邦专利法院认为权利要求本身是符合逻辑的,不能根据说明书和附图进行解释。联邦最高法院认为,每个专利都需要根据说明书和附图进行解释,即使乍看之下权利要求的用语是清楚的、不含糊的。按照这种解释方式,专利权利要求的两个技术特征应根据说明书和附图的意义来修正。法院在判决中还特别指

---

〔1〕 Federal Supreme Court of 14 October 2014 (X Z R 3 5 / 1 1)-Zugriffsrechte.

〔2〕 Federal Supreme Court of 12 May 2015 (ZR 47/13)-Rotorelemente.

出,本案与“闭塞装置”案并不矛盾。

(九)“轮胎拆卸机”案件

德国联邦最高法院2014年6月6日判决的“轮胎拆卸机”案件[1],涉及引用多项权利要求的权利要求的保护范围。案中专利有两项独立权利要求:权利要求1和权利要求13。其中权利要求2~12是权利要求1的从属权利要求,保护的是“用于安装和拆卸轮胎的自动装置”。权利要求13为:“一种轮胎拆卸机,其特征在于,包括根据权利要求1~12所述的装置。”对于上述内容,双方争议的核心在于权利要求13中的轮胎拆卸机必须具有实施权利要求1~12中的所有权利要求的装置,还是权利要求1~12的任何组合就可以。德国联邦最高法院认为,引用多个在先从属权利要求的专利权利要求不一定需要被解释为必须满足所有所述从属权利要求的所有特征。法院做出上述认定的理由在于:从权利要求的用语来看,权利要求13可以有两种解释,而从说明书和附图看,并没有强调哪个技术特征对于轮胎拆卸机是必需的。

二、德国对专利权利要求字面解释的特点

从上述判例和德国法院的其他判决来看,德国对专利权利要求的字面解释具有以下特点:

(一)字面解释重视权利要求但不拘泥于权利要求的字面含义

在对专利权利要求进行字面解释以确定是否构成相同侵权时,权利要求不仅是起点也是基础。德国法院并不只是根据权利要求字面含义确定专利保护范围。德国法院对专利权利要求的字面解释,可以称为“本质含义解释”。解释的原则是,“不得拘泥于专利权利要求的字句,不得忽视发明对象的技术意义”,[2]解释的标准是,按照本领域普通技术人员根据专利说明书的全部内容并考虑到发明所涉及的问题及解决方案后的理解,对权利要求中的用语进行解释。权利要求的术语可以解释为足以包括说明书的技术教导。

(二)本领域普通技术人员的理解是决定性的

与其他国家一样,在德国,本领域普通技术人员在确定专利保护范围时具有重要的作用。德国联邦最高法院在Formstein案中指出,在欧洲专利公约的时代,本领域普通技术人员所认为的发明的范围在权利要求解释和等同原则的适用中是决定

---

[1] Federal Supreme Court of 6 June 2014 (X ZR 31/11) -tyre removal machine.

[2] Benkard a. a. o. S. 532. 转引自[日]田中伸一郎:《德国判例的动向》,载日本知识产权研究所编:《关于专利权利要求解释的研究报告书》(2002年),第58页。

性的。德国的本领域普通技术人员被假定为有能力参考说明书中的实施例并运用其一般知识能容易地想出与发明具有相同功能产生相同效果的变型。德国联邦最高法院假定本领域普通技术人员应当有能力从权利要求的术语中所列举的一个特定结构抽象出一个一般概念,采用高度的抽象化,认定未落入诉争权利要求的术语的含义范围的被控结构构成字面侵权。[1]

德国法院指出,在解释权利要求时,重要的问题是本领域普通技术人员如何阅读和理解权利要求的用语,并从中得出什么结论,以及呈现给他什么样的创造性思想。[2] 在专利权利要求和专利说明书中使用的术语必须被解释为使它们的含义对应于相关技术人员的理解,其中本领域技术人员将权利要求的完整技术内容作为一个整体。[3] 假设相关技术人员将以有意义的方式考虑专利说明书,并且将试图以不会产生矛盾的方式来理解专利。[4]

(三)采用"面向功能的权利要求解释"方法

德国法院在解释权利要求时,采用"面向功能的权利要求解释"(Function-oriented Claim Construction)方法。[5] 权利要求的用语在专利申请客观公开的解决方案的上下文中解释。[6] 本领域普通技术人员应以合理方式阅读说明书,确定权利要求的用语在专利发明的创造性方案中所起的功能。在此基础上,考虑到该用语在专利发明中的作用,解释该用语的含义。权利要求中用语的功能,一般不能只通过权利要求书确定,需要借助说明书和附图。联邦最高法院曾在判决中认定,对于权利要求的某种解释的功能是说明书中的唯一实施例所不能实现的,这种解释应当被放弃。[7] 但是,如果权利要求的用语有明确的空间或物理结构的限制,则不能使用"面向功能的权利要求解释"方法解决其含混不清之处。例如,如果权利要求中明确要求使用"钉子",则不能将它解释为一种固定手段,这将会使螺丝也属于钉子的范围。[8]

---

〔1〕 参见[日]竹中俊子:《美国、德国、英国和日本专利的保护范围——基于"本领域普通技术人员"的概念和分析》,载[日]竹中俊子主编:《专利法律与理论》,知识产权出版社2013年版,第431页。

〔2〕 BGH GRUR1983,497.

〔3〕 BGH,"Drehzahlermittlung"; 2004; X ZR 82/03.

〔4〕 BGH,"Spannschraube"; 1999; X ZR 85/96.

〔5〕 See Toshiko Tankenaka, *Patent Enforcement in the US, Germany and Japan*, Oxford: Oxford University Press, 2015, p. 114.

〔6〕 Federal Supreme Court, decision of Nov. 7, 2000. X ZRI45/98.

〔7〕 BGH GRUR 2010, 602, 604_Gdeniuznordn.

〔8〕 Alexander Harguth, *Patent in Germany and Europe*, New York, Wolters Kluwer, 2011, p. 177.

正确适用“面向功能的权利要求解释”方法，使权利要求的含义可以有比其表面的意思更宽，也可能更窄。但总体来说，这种解释方法在实践中使权利要求的含义解释得比美国法院更宽。[1]

（四）解释权利要求的资料分为可以帮助确定专利保护范围的资料和帮助确定本领域普通技术人员知识和背景的资料

德国并不像美国那样将解释权利要求的资料分为内部证据和外部证据，而是将其分为可以帮助确定专利保护范围的资料和帮助确定本领域普通技术人员知识和背景的资料。根据《德国专利法》第14条和《欧洲专利公约》第69条的规定，帮助确定专利保护范围的资料对权利要求解释有直接的影响，主要包括说明书（详细说明以及附图）、其他权利要求、正式公开的专利申请文本、专利说明书中提到并讨论的现有技术。帮助确定本领域普通技术人员知识和背景的资料对权利要求的解释具有间接影响，因为专利说明书和权利要求书是用来供本领域技术人员来阅读的。这些资料包括审查或无效过程中的意见陈述、其他现有技术、词典和科技论文以及专家证言等。[2]

说明书是《德国专利法》和《欧洲专利公约》明确提到的用于解释权利要求的资料。正如在“管件”案件中德国联邦最高法院所指出的，每个专利都需要根据说明书和附图进行解释，即使乍看之下权利要求的用语是清楚的、不含糊的。专利说明书是自己的词典。说明书中的描述往往包括对权利要求术语的界定，这时应按说明书中界定的含义确定权利要求术语的含义。如果权利要求中的用语在说明书中的意义不同于通常的含义，应以说明书的含义为准。使用说明书和附图解释权利要求，有可能导致解释的含义比字面普通含义更广，但也可能使其含义比字面含义更窄。发明的名称作为说明书的一部分，也可以用于解释权利要求。摘要的主要目的在于提供技术信息，在解释权利要求中不应给予考虑。之前德国法院曾文字描述与附图有矛盾时文字描述优先，[3]按现行专利法和欧洲专利公约是否还采取这种解释方法，尚无定论。[4]

如果权利要求采用了宽泛的撰写方式，专利保护范围通常并不局限于说明书中的更具体的描述以及附图。[5] 通常，说明书中的详细说明只作为实施例对待，不

---

〔1〕 Toshiko Tankenaka, *Patent Enforcement in the US, Germany and Japan*, Oxford, Oxford University Press, 2015, p. 115.

〔2〕 Ibid, p. 118.

〔3〕 BGH GRUR 1955, 244 – Repassiernaele.

〔4〕 Toshiko Tankenaka, *Patent Enforcement in the US, Germany and Japan*, Oxford, Oxford University Press, 2015, p. 118.

〔5〕 GRUR2004, 1023 – Bodtnseitige Vererinzelungsvorricbtutrg.

能限制专利的保护范围。说明书中有描述但没有体现在权利要求中的技术特征,也不能限制专利的保护范围。在解释权利要求时,说明书中总体描述的部分优于具体实施方式的部分。[1]

解释权利要求时,要考虑其他权利要求的用语。对独立权利要求的解释,一般使其包括所有从属权利要求的保护客体。同一用语在所有权利要求中应认为具有相同的含义。[2]

词典和科技论文在德国权利要求解释中只起到很小的作用。它们可以成为本领域技术人员理解权利要求用语普通含义的起点,但并不是决定性的。因为说明书是权利要求的词典,是解释权利要求的最主要资料。但是,如果没有任何迹象表明说明书以其他方式使用权利要求的用语以改变其普通含义,则可以采纳词典或科技论文中所显示的本领域普通技术人员的通常理解。[3]

专家证言也可以用于权利要求的解释,但当事人的专家证言的作用并不比当事人自己的陈述更具权威性。法庭也可以指定中立的法庭专家,在侵权程序中使用法庭专家的比例不到10%。在无效程序中一审法院(联邦专利法院)几乎从来没有使用过,联邦最高法院只在个别案件中使用过。法庭专家的主要任务是向法庭传授本领域技术人员的知识,使法官可以正确地做出判断。法庭专家并不要求对权利要求作出解释,但可以使法官具有理解专利和解释权利要求所必需的技术知识。[4] 这包括可以决定或影响理解权利要求用语的所有信息,例如技术事实、本领域技术人员已有的理解、本领域技术人员的知识、技能和经验以及分析方法等。[5] 专利提供的信息帮助法官解释权利要求。法官不能将权利要求解释的问题交给法庭专家,或者简单地采纳法庭专家的意见而不进行进一步论证。前面介绍的“多齿轮毂”案,德国联邦最高法院就对只依赖法庭专家的意见作出权利要求解释的做法提出了批评。

(五)在对专利权利要求进行字面解释时考虑现有技术

专利申请时的现有技术是法院对专利权利要求进行解释时考虑的一个因素。如果专利说明书中讨论了某现有技术,那么该现有技术以及说明书中披露的该现

〔1〕 Toshiko Tankenaka, *Patent Enforcement in the US, Germany and Japan*, Oxford, Oxford University Press, 2015, p. 119.

〔2〕 Cf. BGH, case No. XZR107/05, 38.

〔3〕 Toshiko Tankenaka, *Patent Enforcement in the US, Germany and Japan*, Oxford, Oxford University Press, 2015, p. 123.

〔4〕 BGH GRUR 2008, 779, 782 – Mebrgangnabe.

〔5〕 Toshiko Tankenaka, *Patent Enforcement in the US, Germany and Japan*, Oxford, Oxford University Press, 2015, p. 124.

有技术的特点,可以作为解释权利要求的资料。[1] 特别是当专利说明书在对比现有技术的基础上描述专利发明时,这种描述对于理解权利要求是非常有用的。说明书中提到的现有技术可以用于解释权利要求的程度,各案而异。[2] 说明书中没有提到的现有技术,一般不能用于解释权利要求。[3] 即使在专利申请日或优先权日该现有技术是可获得的技术,也是如此。[4] 但是,这种现有技术有助于确定本领域普通技术人员的一般知识。[5] 如果现有技术成为本领域普通技术人员公知常识的一部分,则可以用于确定专利保护的客体。[6]

德国没有解释权利要求应使专利有效这样的一般原则。但是,对于专利说明书中现有技术的探讨,会给出本领域普通技术人员对于本专利新颖性和创造性的理解。因此,说明书中提到的现有技术,使权利要求解释不包括那些说明书中已认为已知的技术方案。说明书也可以表明专利保留现有技术中的某些特征或优点,但在很多情况下,专利使用现有技术仅仅是作为起点,并没有理由假定本发明想要保留现有技术的所有特征。[7]

德国在字面解释和相同侵权认定时不承认自由技术抗辩。1941 年前,德国法院曾认可所有的自由技术抗辩。因为当时的法律规定了对专利无效审判请求的 5 年除斥期间。1941 年关于无效审判请求的除斥期间的法律规定修改后,在按照等同原则进行专利权利要求解释和侵权判断时,自由技术抗辩是被告可以使用的一种抗辩手段。但是,德国的判例认为,在相同侵权的情况下,被告不能使用自由技术抗辩。[8] 如果被告认为专利无效,在被控侵权物属于专利权利要求的字面含义的范围的情况下,只能向德国专利法院提起无效诉讼。[9]

(六)通常不考虑专利审查档案

《欧洲专利公约》及《欧洲专利公约第 69 条解释议定书》和《德国专利法》第 14

---

[1] Federal Supreme Court, X ZR 56/96, Mitt 1999, 365, "Sammelforderer."

[2] Alexander Harguth, *Patent in Germany and Europe*, New York, Wolters Kluwer, 2011, p. 180.

[3] Federal Supreme Court, X ZR 45/85, GRUR 1987, 280, "Befestigungsvorrichtung."

[4] Federal Supreme Court, X ZR 124/88, GRUR 1991, 811, "Falzmaschine."

[5] Alexander Harguth, *Patent in Germany and Europe*, New York, Wolters Kluwer, 2011, p. 180.

[6] BGH GRUR 1978, 235, 237 – Stromwandler.

[7] Toshiko Tankenaka, *Patent Enforcement in the US, Germany and Japan*, Oxford: Oxford University Press, 2015, p. 123.

[8] Benkard, a. a. o. S. 532. 转引自[日]田中伸一郎:《德国判例的动向》,载日本知识产权研究所编:《关于专利权利要求解释的研究报告书》(2002 年),第 59 页。

[9] 参见[日]田中伸一郎:《德国判例的动向》,以及[德]Paul Tauchner:《关于德国专利权利要求解释的调查报告》,载日本知识产权研究所编:《关于专利权利要求解释的研究报告书》(2002 年),第 59、141 页。

条的规定,均没有提及专利审查档案在解释权利要求中的作用。在2000年修改《欧洲专利公约第69条解释议定书》时,提议增加的禁止反悔的规定没有获得通过。德国法院一直坚持在权利要求解释时不使用审查档案。德国最高法院明确提出,专利的授权程序基本与权利要求解释无关。[1] 即使专利权人的陈述包括在专利授权决定中,通常也与权利要求解释无关。[2] 德国学者认为,在解释权利要求时考虑专利审查档案是有问题的,因为档案中的材料永远不会全部反映授予专利权的理由。[3]

虽然专利审查档案对于权利要求解释没有约束力,但并不是说审查档案对于权利要求解释没有任何影响。专利申请人的意见陈述,可以为本领域普通技术人员在优先权日理解专利说明书中的教导提供重要的指引。[4] 专利审查档案可以作为本领域普通技术人员理解权利要求的证据。[5] 如果专利申请人的意见陈述,与可以从说明书中读出的内容相互印证,则更有说服力。[6] 可以说,专利审查档案在确定专利保护范围中的重要性,与词典以及其他外部证据相似。[7]

另外,在一些特殊情况下,也会直接使用专利审查档案确定专利保护范围。例如,在"Weichvorrichtung"案[8]中,专利权人在申请过程中的限制性解释被用于解释权利要求,因为这些解释是在专利异议过程中提出的,而被控侵权人正是异议人。德国最高法院认为,针对以前的异议人,如果专利权人提出与在异议过程中不同的主张,将违背诚实信用原则,不能被接受。但是对于其他没有参与专利异议程序的当事人,则不能使用专利权人的意见陈述解释权利要求。因此,审查档案直接用于解释权利要求,只适用于侵权诉讼的当事人恰恰是无效或异议程序的当事人的情形。[9]

另外,在前述"聚合物泡沫"案中,法院允许在权利要求书与说明书存在冲突时,参考已经公布的专利申请文件。为了确定权利要求用语的清晰含义,允许将授权文本与申请文本进行对比。

---

[1] BGH GRURInt 2002,612.

[2] Federal Supreme Court,X ZR 73/95,NJW 1997,3377,"Weichvorrichtung II".

[3] Kuhnen,Hnndbuch der Patentverlezung,Ref,46. 转引自 Toshiko Tankenaka,*Patent Enforcement in the US,Germany and Japan*,Oxford:Oxford University Press,2015,p. 121。

[4] BGH GRUR 1993,886,888 – Weichvorridnungl.

[5] Federal Supreme Court,X ZR 57/96,GRUR 1998,895. "Regenbecken".

[6] BGH,case No. I ZR 90/59 (1961) – Zigelsteine.

[7] Kuhnen,Hnndbuch der Patentverlezung,Ref,49. 转引自 Toshiko Tankenaka,*Patent Enforcement in the US,Germany and Japan*,Oxford:Oxford University Press,2015,p. 122。

[8] BGH GRUR 1993,886.

[9] Alexander Harguth,*Patent in Germany and Europe*,New York,Wolters Kluwer,2011,p. 182.

第四节 德国的等同原则

一、1978 年前德国权利要求解释中的等同

从前面介绍的德国权利要求解释理论可以看出,1978 年前德国的权利要求解释中存在两种等同:明显的等同和非明显的等同,有时也称为"技术上的等同"和"专利法上的等同"。[1]

明显的等同或技术上的等同,指的是对于本领域普通技术人员来说,在专利申请时不需要经过特别考虑就可以看出被控侵权物中采用了与专利发明具有同一效果的技术解决手段。非明显的等同或专利法上的等同,指的是被控侵权技术与专利技术相似,并且超过了明显等同的程度,但是本领域普通技术人员经过发明努力不是不能想到的。[2]

明显的等同和非明显的等同都属于专利发明的保护范围。除了这两种等同以外,如果被控侵权物也具有发明性,就属于非等同,不属于专利发明的保护范围。[3]

无论是明显的等同还是非明显的等同,都以被控侵权物与专利发明具有相同的发明思想为前提。而专利权利要求书只是认定等同的指导,并不起关键的作用。

二、德国适用现行专利法涉及等同的有关判例

自从德国按照《欧洲专利公约》规定修改专利法后,德国法院依据该专利法审理的案件有很多涉及等同的认定。现将德国法院的几个重要判例介绍如下:

(一)路边石型材(molded curbstone)案件[4]

该案件是奠定德国适用专利法第 14 条的"基石"的案件。案中所涉及的发明是街道边使用的石型材。专利石型材有一个与街道平行可以作为排水槽的长条槽,还有一个与长条槽和街道边缘交叉的水槽,它可以将排水槽中的水排走。被控侵权人是一个城市的市政府。市政府使用了传统的铺路石和路边石,每个路边石之间有 3 厘米的空隙。路边石之间的空隙形成了排水槽。一审法院认定构成侵

---

〔1〕 [日]松本重敏:《专利发明的保护范围》(新版),有斐阁 2000 年版,第 144 页。

〔2〕 同上。

〔3〕 同上。

〔4〕 德国联邦最高法院(BGH)1986 年 4 月 29 日判决。28 IIC 795 (1987).

权,二审法院撤销了一审的判决。德国最高法院将案件发回重审。在发回重审的判决中,德国最高法院对以下几个问题进行了论述:德国法院对于《欧洲专利公约第69条解释议定书》的适用;等同的认定;公知技术抗辩的适用。

首先,关于德国法院对《欧洲专利公约第69条解释议定书》的适用,前面已经提到,德国联邦最高法院明确提出在按照专利法的规定确定专利保护范围时,应当适用于《欧洲专利公约第69条解释议定书》的规定。

其次,对于等同的认定。法院在判决中指出:

> 根据《欧洲专利公约第69条解释议定书》的规定,专利的保护范围不只是限于专利权利要求的字面含义所引导出的范围。在被控侵权物与专利权利要求所述的发明有所改变的情况下,该议定书为超越专利权利要求的字面含义确定专利的保护范围开辟了道路……1978年1月1日以后申请的专利的保护范围,在涉及等同物侵权时,应当通过权利要求解释根据权利要求的内容来确定。这时应当考虑本领域技术人员所能够认识到的该发明的意义。问题在于,根据发明解决技术课题的专利权利要求,专家是否可以使用其他手段达到相同的效果。也就是说,是否可以通过其他手段达到相同的结果。具有平均水平的技术人员根据专利权利要求记载的发明的教导,可以得出的与发明效果相同的解决手段,原则上应当属于专利的保护范围。这样既考虑到法的稳定性,又实现了给予发明人适当报偿的目的……上诉审法院在判断等同时,以被控侵权物的构造与受保护的发明的解决原理不同为由,认定不构成侵权。这种判断是适用法律错误。在确定1978年以后申请的专利的保护范围时,应当从一个普通技术人员的角度,根据专利说明书和附图以及该技术人员的专门知识,看他是否可以从权利要求中得出与被控侵权物具有相同效果的解决手段,并不看"解决原理"是否相同。

可见,德国最高法院在本案中明确肯定了根据新的专利法可以认定等同物属于专利的保护范围。德国最高法院提出的认定等同的要件主要有两个:置换容易性和想到容易性。并且法院还明确否定了以"解决思想"是否相同来认定等同的方法。

最后,公知技术抗辩的适用。法院在判决中指出:

> 在根据1981年专利法的规定确定专利保护范围时,允许提出被控侵权物

与在先技术相比不符合专利的实质要件作为抗辩。在专利侵权诉讼中,被告不但可以提出被控侵权物是从公知技术中可以得知的主张,还可以提出与在先技术相比发明不具有专利性的主张。这种抗辩的主张和举证责任由被告负担。即使允许这种抗辩,也不是对发明者正当报酬的限制。

可见,德国最高法院在本案中肯定了在认定等同侵权的场合可以适用公知技术抗辩。公知技术抗辩时既可以主张被控侵权物与公知技术相同,也可以主张被控侵权物与公知技术相比不具有专利性。公知技术抗辩的主张和举证责任在被告方。

路边石型材案件表明德国法院在限制专利的保护范围方面迈出了重要的一步。它明确放弃了以前保护"一般发明思想"的做法,将《欧洲专利公约》及其解释议定书的规定与德国传统上保护发明人的思想结合起来,确定了解释权利要求的方法。它改变了以前将"明显等同"和"非明显等同"区分开的做法,重新确立了等同的认定标准。并且该案还确立了对于适用等同原则的重要限制:公知技术抗辩原则。

(二)离子分析(ion analysis)装置案件〔1〕

这是德国联邦最高法院判决的第一起针对欧洲专利的侵权案件。案中法院指出:

在专利侵权诉讼审理过程中,首先确定权利要求的字面含义。在确定权利要求的字面含义时,应当以本领域普通技术人员认为的权利要求所具有的含义为准。如果被控侵权物使用了专利权利要求中字面的含义,就应当认为构成专利侵权。另外,如果本领域普通技术人员经过对专利说明书的分析和对专利权利要求的深入思考,为了解决专利的技术课题,可以想到被控侵权物是与专利发明具有相同效果的变换手段,也应当认为构成专利侵权。

法院在本案判决中提出了权利要求解释的步骤,也就是先进行字面解释,再进行等同解释。本案是依据《欧洲专利公约》和《欧洲专利公约第69条解释议定书》作出的判决。法院在判决中提出的认定等同的要件与上述路边石型材案相同,并且都没有明确本领域技术人员想到可能性的判断时间问题。有学者认为,从判决

〔1〕 德国联邦最高法院1988年6月14日判决。IIC-2,1991,249.

的全文看,应当理解为判断时间为专利申请日。[1]

(三)手拉绳(handle cord)案件[2]

本案中的发明是在电池盒上使用的手拉绳。手拉绳的两端是两个相互配合的固定锁。一端的固定锁插入另一端的固定锁后可以起到固定的作用。专利权利要求中记载的一个技术特征是两个固定锁连接的“贯通口为直角配置”。被控侵权物手拉绳的两端也各有一个固定锁,但一端固定锁插入另一端固定锁时为纵轴向插入,因此不存在“贯通口为直角配置”这一技术特征。

在判决中,联邦最高法院首先明确了权利要求解释的原则:

> 专利权利要求解释,不只是消除其中的含糊不清之处,还要使权利要求中的技术概念明确化,以及达到阐明权利要求中记载的发明所达到的范围的目的。在解释权利要求时,应当以技术人员的理解作为基准。技术人员的理解不但对确定专利权利要求中用语的含义有影响,而且还是确定越过权利要求用语含义的有关问题的基准。

然后,法院重申了与前述离子分析装置案相同的权利要求解释方法。

二审法院认为“贯通口为直角配置”对于专利发明并不重要,被控侵权物的纵轴向插入方式只不过是“贯通口为直角配置”的变换形式,因此认定被告构成等同侵权。联邦最高法院认为,二审法院在进行等同判断时,不是根据权利要求进行的,而是主要根据与权利要求无关的发明的详细说明的内容确定专利保护范围的。在这个过程中,二审法院对照发明的详细说明、考虑到本领域技术人员的理解,但忽视了权利要求中“贯通口为直角配置”这一技术特征。被控侵权物与专利权利要求中“贯通口为直角配置”的字面含义有明显差别,但是,从等同的观点看,并不能排除被控侵权物仍属于专利发明的保护范围。然而二审法院没有从专利权利要求记载的发明出发,看本领域技术人员是否可以从权利要求的文字以及与语义不同的实施形式得出被控侵权技术。联邦最高法院还详细阐述了其对二审法院认定方法的意见,指出:

> 应当对与发明人的适当报酬给予同等考虑的,是使第三人能够对专利保

---

〔1〕［日］松本重敏:《专利发明的保护范围》(新版),有斐阁2000年版,第445页。

〔2〕德国联邦最高法院1989年10月3日判决。IIC-1,1991,104.

护范围有十分确切的预见。对于第三人而言,应当从不得根据忽略权利要求中的技术特征后的发明主张权利出发给予保护。专利所保护的发明,是根据专利权利要求中全部技术特征表述出来的。第三人对此产生信赖。对于要求保护的发明,专利申请人应当在权利要求中进行严密的书写。二审法院显然没有注意到法的安定性的要求。

因此,联邦最高法院判决将案件发回重审。

可见,在该案中,联邦最高法院否定了二审法院确定专利保护范围时重视说明书而忽视专利权利要求的做法,重申了确定权利保护范围应当从权利要求出发,以技术人员对权利要求的理解为基准的原则。对于能否忽略权利要求中的一个技术特征认定等同,德国联邦最高法院并没有作出否定的回答,仍然承认了认定等同的可能性。但是,该法院又同时指出,在确定专利保护范围时应当重视对第三人的保护和法的稳定性。这就为忽略专利权利要求中的技术特征认定等同设定了严格的条件。

(四)固定装置案件[1]

这是一起涉及独立开发和从属发明是否构成等同侵权的案件。德国联邦最高法院在判决中指出:"使用受保护的发明对象者,侵害了专利法第9条规定的专利权人的专有权。即使侵害人使用的是通过独自开发实现的发明,结果也是一样。如果后一发明不是按照字面含义使用前一发明的产物,而是以属于前一发明保护范围内的等同要素为基础而成立的,也适用上述结论。判定被控侵权物是否属于专利保护范围时,要从专利的角度把与专利无关的技术特征从被控侵权物中去掉。对于包含专利置换要素的被控侵权物,通过审查其是否与专利具有同样的效果,是否属于容易想到的来进行审理。去掉与专利无关的技术特征的被控侵权物属于专利等同的范围,则附加了其他技术特征的被控侵权物属于专利的从属专利。"因此,在本案中,德国联邦最高法院明确了独立开发不影响侵权的认定,使用从属发明仍然可能构成等同侵权。在判断使用从属发明是否构成等同侵权时,要将被控侵权物中与发明无关的技术特征去掉进行比较。

(五)洗车装置案件[2]

本案也是一起针对欧洲专利的侵权案件。案中的专利洗车装置,有两个重量

---

[1] 德国联邦最高法院1990年7月12日判决。IIC-1,1992,111.

[2] 德国联邦最高法院1990年11月6日判决。IIC-1,1992,121.

不同的重物分别牵引洗车刷，在洗车完毕后洗车刷自动复位。而被控侵权物中没有牵引洗车刷的两个重量不同的重物，在洗车完毕后洗车刷不能自动复位，需要在电机牵引下复位。一审法院判决原告败诉，二审法院驳回了原告上诉，三审中联邦最高法院又驳回了原告的上诉。

二审法院认为，对于本领域技术人员来说，被控侵权物所采用的洗车刷复位的解决方案是容易想出来的。但专利发明具有不使用外力使洗车刷复位的目的。从专利的目的与解决原理来看，利用电机牵引洗车刷复位的解决手段绝不是与专利发明等同的解决手段。因此，被控侵权物没有使用专利发明的解决原理。被控侵权物也不是模仿专利发明的改劣实施例，因为被控侵权物没有使用专利权利要求中的核心解决方案。专利发明的核心解决方案是两个重物的重量不同，实现洗车刷自动复位。因此，二审法院维持了一审法院认定不构成侵权的判决。

联邦最高法院认为，当被控侵权物与专利的本质的、决定性的特征以及专利所追求的意义不同，甚至完全相反时，被控侵权物没有使用专利的内容。专利发明的保护范围，不应扩大到舍弃了专利发明的决定性的优点、使用现有的技术手段回避专利发明的主要目的的实施形态。因此，联邦最高法院维持了驳回原告上诉的判决。

本案涉及被控侵权物不能实现专利发明的目的时能否认定等同。德国法院明确指出因目的和解决原理不同，不能认定被控侵权物构成等同侵权。另外，日本学者指出，本案涉及被控侵权物缺少专利发明的解决手段的部分内容时，是否可以适用"部分组合"的问题。对此，本案判决中认定被控侵权物缺少专利发明的决定性优点的要素，因此不能构成侵权。可见，在等同理论下适用"部分组合"保护时，德国法院考虑被控侵权物与作为发明基础的技术解决课题的关系，对专利发明的技术特征的重要性进行评价。〔1〕二审法院提出本案不属于改劣实施例，说明二审法院仍然承认改劣实施构成侵权。联邦最高法院维持了二审的判决，并且没有对二审法院的上述意见提出反对，说明德国联邦最高法院仍然承认"部分组合"理论。

(六)机械式操作装置案件〔2〕

本案中的发明是缆车上使用的机械式操作装置，权利要求中记载的技术特征4为"调整装置在两个覆盖物相互接续的覆盖区间使用，覆盖物上固定有两个嵌入式可伸缩的覆盖物延长部"。被控侵权物的调整装置上有两个可伸缩的覆盖物延长部；虽然两覆盖物延长部相互接续形成可以利用的覆盖区间，但并不是固定的；覆

---

〔1〕［日］松本重敏、大瀬户豪志编：《专利侵权判决的比较研究——以等同理论为中心》，信山社出版株式会社1996年版，第284页。

〔2〕德国联邦最高法院1992年5月5日判决。GRUR 1992，Heft 9，594.

盖物延长部与覆盖物是一体的;调整装置与离合器间不存在覆盖区间。一审法院认定被告构成侵权。二审法院认为,被控侵权物虽然只利用了权利要求中技术特征4的一部分,但它仍然利用了专利发明的原理,并且实现了专利的作用效果,是本领域技术人员通过说明书和附图的公开内容可以得知的。因此,二审法院维持了一审认定侵权的判断。案件又上诉到德国联邦最高法院,联邦最高法院在三审判决中指出,根据二审法院认定的事实,没有必要涉及"部分组合"保护的问题。因为被控侵权物并不缺少专利权利要求中的技术特征,只是用与专利权利要求中容易推导出的变换物将权利要求中的技术特征替换。这种变换物的替换与专利技术具有相同的作用效果,并且是本领域技术人员根据发明的理论容易认识到的。因此,德国联邦最高法院认定被告构成等同侵权。

在这个案件中,二审法院适用了"部分组合"理论,认定缺少权利要求中部分内容的被控侵权物仍属于专利的保护范围。联邦最高法院没有对"部分组合"理论本身表示反对,而是认为本案只是用替换物将权利要求中的内容替换,而不是缺少权利要求中的内容,因此不必适用"部分组合"理论。可见,在下级法院的判决中仍然承认"部分组合"理论,联邦最高法院没有表示反对。

(七)树干切断方法及装置案件[1]

本案中最初原告与被告签订合同,由原告许可被告实施其树干切断装置专利。后来被告也就树干切断装置申请了自己的专利。被告申请专利的技术与原告专利的不同之处在于,原告专利权利要求中记载切削工具是"锯""圆锯"等,而被告申请专利的技术中使用了"成型工具"这一术语。在被告具体实施其技术时,其中的切削工具除了锯外还有刀片。二审法院认定构成侵权,三审中联邦最高法院将案件发回重审。

二审法院判决认为,被告装置中的切削方法,是根据原告专利的理论发明的。被告只是将原告专利中的一个特征具体化。对于本领域普通技术人员来说,能够认识到这是以前的理论中所包含的特征。被告所使用的"成型工具",与原告专利文字是等同的。对于本领域技术人员来说,在使用锯进行切断作业时,被告的装置只不过是对木制品表面进行成型操作的可以直接想到的公知手段。被告的装置属于从属发明,对这种装置的制造、销售行为属于原告专利的保护范围。

联邦最高法院首先重申了确定专利保护范围的原则:在审理专利侵权案件时,要首先根据本领域技术人员的理解确定专利权利要求的内容。也就是必须探知专

[1] 德国联邦最高法院1994年3月17日判决。GRUR 1992,Heft 9,594.

利权利要求使用的文字对于本领域技术人员来说具有什么含义。如果被控侵权物使用了上述本领域技术人员所认为的权利要求的含义,则可以认为被控侵权物使用了受专利保护的发明。除此之外,在本领域技术人员认为被控侵权物与权利要求书记载的发明有关系,但采用了变换手段的情况下,如果本领域技术人员凭借其专门知识,可以看出被控侵权物与发明具有相同的效果,被控侵权物也利用了受专利保护的发明。

然后,联邦最高法院对二审法院的判决进行了分析。二审法院认为虽然被告的活动使用的是具有发明性的方法,但也可能与原告专利的保护范围相抵触。这种理解,实际上就是即使使用“具有发明性的等同物”,也应当给原发明人报酬。这种思路即使与以前法院适用的方法相比,也是不一致的。在以前法院适用专利法的判例中,不管是“明显的等同”还是“非明显的等同”,都是基于本领域普通技术人员从专利说明书中读出的发明思想而成立的。在本领域普通技术人员不必付出发明努力而得到被告解决方案的情况下,被控侵权物作为等同变形物属于专利的保护范围。而本领域普通技术人员必须付出发明努力时,被控侵权物就不属于等同领域,或专利的保护范围。原专利发明人也不能请求得到报酬。二审法院在审理过程中,对被告用刀片代替锯是否属于等同的审理,从从属发明的角度进行考察是没有必要的。从属发明的问题,也就是本案中原告的专利与被告专利间的关系问题,只有在被告从字面上或者按照等同理论再现了原告的权利要求中的技术特征,同时又有进一步的发明和更具体的实施方式时,才属于从属发明。二审法院认为,被告的具体实施方式属于一般概念“成型加工”和“成型加工工具”的变换物,这只有在原告的专利保护所有的成型加工工具的情况下才能成立。但原告专利权利要求中只提到了“锯”“圆锯”“用锯切断”等,本领域普通技术人员不会由此想到“成型加工工具”。根据“固定装具案件”确立的原则,从等同的观点看不能认定被控侵权物属于从属发明。因此,联邦最高法院将该案发回重审。

本案判决对于阐明从属发明和等同理论的关系具有重要的意义。德国联邦最高法院在判决中进一步明确了按照等同理论认定从属发明的条件。从属发明必须是再现了原专利要求中的技术特征,同时又有进一步的发明时才成立。本案中被告用“刀片”将原告专利权利要求中的“锯”替换,是具有发明性的活动,不属于从属专利,也不属于等同替换。

本案进一步明确了德国法院在确定专利保护范围时对权利要求书的重视。前面所说的“固定装具案件”判决以后,德国很多专利实务工作者认为“固定装具案件”又重新引入了已经被放弃的“一般发明思想”。[1] 但联邦最高法院在本案中对“固定装具案件”的解释是与人们的上述理解不同的。联邦最高法院明确提出认定从属发明应当与原告专利的权利要求书进行对比,如果被告进行了有创造性的变更,则可能不再属于原告专利的保护范围。[2] 这样,联邦最高法院通过本案也澄清了人们对“固定装置案件”的错误理解,进一步明确了不能按照“一般发明思想”确定专利保护范围。

本案中联邦最高法院还提到了“明显的等同”和“非明显的等同”。但根据现行专利法是否还适用上述概念,法院并没有明确。

(八)切纸刀案件[3]

本案中专利权利要求中载明切纸刀刀片与切割面的角度为10度~22度,最好为16度,刀片纵轴与底面呈9度~12度的锐角。被控侵权物刀片设定的角度为8度40分,不在权利要求的字面范围内。德国联邦最高法院认为,虽然数值限定的含义是明确的,但是如果本领域技术人员在专利优先权日认为该数值限定对于发明并非关键性的,该数值仍可以具有一定的弹性。本案中,本领域技术人员不会认为刀片呈9度~12度的锐角具有关键性意义的技术特征。从专家证人的角度看,被控侵权物中刀片的角度与专利发明的刀片的角度可以产生同样的效果。因此,联邦最高法院维持了二审法院认定构成等同侵权的判决。本案中,关于刀片角度的数值下限9度是在专利审查过程中增加的,但法院仍认为这并不导致在这一数值下限之外的实施行为不构成等同侵权。法院在判决中指出:“这些规定(关于《欧洲专利公约》第99条第3项和德国专利法第20条的规定[4])并没有规定专利权的部分放弃。”“同样,在专利异议程序中,专利权人针对欧洲专利局决定所提出的上诉的取消,在《欧洲专利公约》第108条的范围内可能对于已经授权的专利具有权利形成的效力。这是因为欧洲专利局异议部作出的维持或取消专利的决定具有终局的效力。因此,从实体法上说,对上诉的取消不能超过决定基于《欧洲专利公约》

---

〔1〕 Jochen Pagenberg, “Interpretation of Patent Claims-Influence of Prior Art and the Knowledge of the Skilled Person for the Scope of Protection”, http://www. law. washington. edu/casrip/Symposium/Number8/CM%20-%20Pagenberg%20CASRIP%20Interpretation%20of%20Patent%20Claims. pdf.

〔2〕 Ibid.

〔3〕 德国联邦最高法院2002年3月12日判决。BGH GRUR 2002,511.

〔4〕《欧洲专利公约》第99条第3项规定:“即使欧洲专利在成员国被放弃或失效后,仍可以对该专利提出异议。”《德国专利法》第20条第(1)项规定:“下列情况下专利失效:专利权人用书面形式向专利局声明放弃专利;在得到正式通知书未在合理时间内作出第37条(1)的声明;在得到正式通知后未在合理时间内交付专利年费和滞纳金。”

第102条所产生的权利形成效力。”因为《欧洲专利公约》第69条只规定了说明书和附图可以用于解释权利要求,德国联邦最高法院拒绝参考专利审查过程解释权利要求。并且,该法院还提出,欧洲专利公约成员国在2002年修改该公约时,没有增加参考专利审查过程的条款,以此来支持自己的上述做法。可见,本案涉及对于数值限定的权利要求是否可以适用等同,以及在认定等同时是否应当参考专利申请经过。对此,德国联邦最高法院认为,如果本领域技术人员认为数值限定对于专利发明并不是关键性的技术特征,就可以按照等同理论将该数值限定外的被控侵权行为认定为侵权。在认定等同时,不必参考专利审查过程。对于在专利审查过程中专利权人修改的技术特征,仍然可以按照等同理论确定保护范围。

(九)“闭塞装置”案件〔1〕

前面涉及权利要求解释中曾介绍的“闭塞装置”案件,还涉及等同原则的适用。法院认定被控侵权物使用一个夹子将金属绞线的端部夹紧在一起,而不是在“相对端部”,因此不构成字面侵权。对于是否构成等同侵权,法院也认定不能构成等同侵权。案中专利说明书中描述了几种技术方案,但权利要求中只描述了其中一种。专利说明书中的描述与权利要求的内容存在差异,权利要求的内容少于说明书描述的方案。法院认为,如果说明书披露了几种实现特定技术效果的方案,但只有一种包括在权利要求书中,则使用其他的技术方案,根据等同原则不构成侵权。

(十)“二化合物”(Diglycidverbindung/Diglycidyl Compounds)案件〔2〕

德国联邦最高法院2011年9月13日判决的“二化合物”案件,涉及专利说明书披露了多种技术方案,但专利权利要求书中要求保护一种技术方案时等同原则的适用。案中专利涉及一种试剂的生产方法。权利要求中的第一步是使用二化合物进行固相环氧化,即使用两个缩水甘油基组成的化合物,为固相提供一个环氧基。在说明书中,还公开了另外一种固相提供一个环氧基的方案,即多羧酸与氨基或巯基衍生的有机物与固相的结合。而在被控侵权方法中,环氧基是通过共聚的方式获得的。法兰克福地区法院和法兰克福上诉法院都认定被控侵权方法构成等同侵权。其主要理由是被控侵权方法就权利要求中的二化合物环氧化方案提供了替代的方案,而该替代方案对本领域技术人员而言在优先权日是显而易见的。

德国联邦最高法院推翻了上述认定,并将案件发回重审。在判决中,联邦最高

〔1〕 BGH 2011, X ZR 16/09.

〔2〕 German Federal Supreme Court of September 13, 2011-Case X ZR 69/10-Diglycidverbindung/Diglycidyl Compounds.

法院提到了其之前的“闭塞装置”案件，该案中，法院强调了源于权利要求的重要性，权利要求的所有技术特征是本领域技术人员考虑的关键基础。如果专利权利要求在几种可以实现所述技术效果的方案中选择了某一方案，本领域普通技术人员对于可能的变通方案的考虑也应当与这种选择保持一致。因此，只有源于专利权利要求保护的技术教导，才能纳入考虑的范围。在本案中，需要考虑的是被控侵权技术是属于权利要求保护的方案还是只是说明书中披露的方案。如果只是说明书中披露的方案，则不属于等同的范围。只有替代的方案属于权利要求保护的方案，才有可能认定等同侵权。被控侵权技术到底属于哪种方案，联邦最高法院发回上诉法院查明。

（十一）“马桶盖连接装置”案件[1]

本案是杜塞尔多夫上诉法院作出的判决。案中专利涉及将马桶盖与陶瓷马桶连接起来的装置。权利要求1中的一个技术特征是：具有大致圆柱形基体的适配器构件，其中形成有径向盲孔以用于插入舵杆。被控侵权产品具有阶梯状的通孔。地区法院认定不构成等同侵权。主要理由是，认定等同的第三个要件是本领域技术人员必须将替代装置视为与该专利要求保护的教导具有相同的效果。这意味着有使本领域技术人员找到替代物的考虑因素。等同的手段必须基于专利权利要求和专利说明书，专利说明书和权利要求书使本领域技术人员考虑将某些手段进行修改后的不同的实施方式，可以作为与专利的技术考虑等同的技术方案。但是，如果权利要求的用语表明，专利权人选择了一种实现技术效果的特定手段，放弃了其他替换的手段，则不能认定使用其他手段的被控侵权物构成等同侵权。杜塞尔多夫地区法院认为，涉案专利权利要求明确提到了“盲孔”，而说明书提到各种各样的孔，例如通常的“孔”，以及“盲孔”“通孔”“阶梯孔”。因此，法院认为使用术语“盲孔”是选择性的，“通孔”不是其等同替代物。

杜塞尔多夫上诉法院认为，就认定等同的第三要件而言，一般来说，只有当专利申请人意识到实现相同效果的替代手段并有意识地决定不要求保护这些替代手段时，才可以假定不符合第三个要件。在本案中，本领域技术人员可以从权利要求1中包含的功能性术语“以用于插入舵杆”中想到，根据专利权利要求，孔的功能是决定性的。当阅读专利说明书时，本领域技术人员不会得到这样的启示：为了实现所述功能，设置具有封闭底部的“盲孔”。相反，专利说明书给出的启示是：该技术教导取决于形成径向孔用于插入舵杆的事实，并且径向孔提供用于防止舵杆滑动

[1] Dusseldorf Appeal Court of November 7,2013-Case I 2 U 29/12-WC-Sitzgelenk/ Toilet seat hinge.

的止动件。虽然专利说明书提到各种孔,但只是作为用于插入舵杆的手段而提出来的。因此,没有迹象使法院认为,专利申请人知道“通孔”可以具有等同的效果。因此,法院认为,专利权人并不是从各种孔中选择了盲孔。法院进一步指出,专利权人针对某些替代手段的选择性决定(通过在权利要求的措辞中没有提及替代手段),并不能由此推断这些替代手段对于技术人员是显而易见的,也就不能否定这些替代手段仍属于等同的范围。最后,杜塞尔多夫上诉法院认定构成等同侵权。

(十二)“托盘容器”案件〔1〕

德国联邦最高法院2012年7月17日判决的“托盘容器”案件,涉及等同认定时的功能。案中专利权利要求1要求保护的托盘容器包括平托盘、可更换的内部塑料容器、包围所述内部容器的外笼以及垂直和水平金属网格杆形成的网格结构。这种托盘容器通常用于储存和运送液体。专利发明的目的是提供比现有技术更平稳、轻便和易于操作的托盘容器。这一目的是通过权利要求1所述的外笼的特定结构实现的。专利权人针对被控侵权人提起侵权诉讼,指控他们生产改装的托盘容器,即将原来从市场上购买的原告的二手托盘容器中的内部塑料容器更换为新的,然后再向外出售。慕尼黑地区法院以专利权用尽为由认定不构成专利侵权,而慕尼黑上诉法院以不等同为由认定不构成专利侵权。慕尼黑上诉法院审理中认定,被控侵权产品以下两个技术特征与专利权利要求1中的相应技术特征不相同:水平格栅杆相对于内部容器的外壁的位置以及水平和垂直网格棒的外切面。该院认为,上述技术特征的功能在于防止在运输过程中相邻的“托盘容器”相互“攀爬”,而被控侵权产品无法避免这种现象,因此该院认为被控侵权产品不具有相同的技术效果,不构成等同侵权。

德国联邦最高法院首先认可了慕尼黑上诉法院的分析步骤,即首先从总体上看权利要求的普通含义,其次看字面不相同的技术特征的技术效果以及指控为等同特征的相应技术效果。但对于专利发明的技术效果,联邦最高法院认为应根据本发明相对于现有技术的实际贡献来确定,而不是根据说明书中的发明目的来确定。在确定单个技术特征的技术效果时,必须全面考虑单个技术特征和权利要求所有技术特征的技术效果。这时,涉及说明书中明确地提出技术问题的段落以及其他涉及技术效果的段落。德国最高法院认为,同等的技术效果不仅仅是发明整体的技术效果,还包括被替换的技术特征的特定技术效果。如果被控侵权产品的

〔1〕 German Federal Supreme Court of July 17, 2012 -Case X ZR 113/11-Palettenbehälter Ⅲ/Pallet Container Ⅲ.

替换技术特征的技术效果更劣，即某一技术特征的特定技术效果没有完全实现，则不能轻易认定具有同等的技术效果。在这种情况下，要看这种更劣的技术效果是否在发明的范围之内。如果对权利要求的解释得出的结论是，专利必须具备在质量和数量上最低限的技术效果，而替换特征没有达到这一最低限，则不认为具有"同等技术效果"，即使从总体上实现了发明的其他技术效果。最后，德国联邦最高法院维持了慕尼黑上诉法院的判决。

(十三)"压接工具"案[1]

德国联邦最高法院2010年12月14日判决的"压接工具"案件，涉及在原审中没有涉及等同问题，在第三审中能否直接判断的问题。在一、二审中，法院都认定构成相同侵权。但联邦最高法院认定不构成相同侵权，故等同侵权的问题在第三审中才提出来。联邦最高法院认为，如果专利权人可以证明其本来在二审中是可以提出等同的主张和证据的，则三审法院应就等同问题进行判断。联邦最高法院进一步确认了已确立的德国判例法：基于等同侵权的禁令只能由法院根据当事人的请求以及事实和证据而授予。而对于提出请求以及事实和证据的时间，在第三审时仍可以提出，但这时提出必须基于特定情形。像该案中由于原一审认定构成相同侵权，专利权人没有必要提出等同侵权，这时仍可以在第三审中提出来。

三、对德国等同原则的总结

根据以上德国法院关于等同理论的判决以及学者的论述，对德国法院根据现行专利法以及《欧洲专利公约》适用等同原则的情形概括如下：

(一)等同原则仍适用但与《欧洲专利公约》实施前的等同原则有明显区别

德国有适用等同原则的传统，而《欧洲专利公约》实施前的等同原则以"发明思想"为中心，采用中心限定主义的方法。《欧洲专利公约》试图改变德国的传统做法，强调了权利要求书的作用。德国实施《欧洲专利公约》并按公约修改了专利法后，已经无法再按照之前的做法适用等同原则。而《欧洲专利公约》和《欧洲专利公约第69条解释议定书》是允许适用等同原则的。德国在施行《欧洲专利公约》和现行专利法后，仍适用等同原则，超越专利权利要求字面含义的等同实施方式也属于专利的保护范围。但这时的等同原则不再以"发明思想"为中心，而是以权利要求为中心，根据权利要求的教导判断是否构成等同。在认定等同时，应当从一个普通

[1] German Federal Supreme Court of December 14, 2010-Case X ZR 193/03-Crimpwerkzeug Ⅳ/Crimping Tool Ⅳ.

技术人员的角度,根据专利说明书和附图以及该技术人员的专门知识,看他是否可以从权利要求中得出被控侵权物是否具有相同效果的解决手段的结论,并不看“解决原理”是否相同。这就是说,认定等同不再根据专利的“一般技术思想”,而是根据专利权利要求书的记载。为了维护法律的确定性或权利要求的公示作用,让竞争者能够知道其产品是否落入专利的保护范围,德国法院对于等同原则的适用采取了限制性的做法。近年来,只有少数的案件被德国法院认定构成等同。[1]

(二)认定等同有三个要件

根据德国法院的判例,认定等同侵权的要件有三个:第一,字面不相同的替代特征与权利要求中的相应特征相比,对于解决发明中的技术问题客观上具有同等的技术效果;第二,替代特征具有同等的技术效果在专利申请日或优先权日对本领域普通技术人员是显而易见的;第三,被控侵权物采用替代特征解决技术问题,源于本领域技术人员从涉案专利权利要求中得到的替代特征可以等同地解释技术问题教导。

第一个要件是一个客观要件,主要就替代特征与权利要求中特征的技术效果进行对比。如果发明的总体效果已经实现,并且权利要求中字面含义不相同的被替代技术特征的技术效果也已经实现,则认定替代特征具有同等的技术效果。[2] 并不是说权利要求中技术特征的所有技术效果单独都具有决定性的作用,而只是考虑该技术特征在解决专利发明的技术问题中所实现的技术效果。[3] 该技术特征客观上具有的技术效果,如对于专利发明不起作用,则不予考虑。[4] 因此,确定权利要求中技术特征的技术效果,必须要与发明解决的技术问题联系起来。[5] 等同原则下的专利侵权,被控侵权物所实现的技术效果并不要求与相同侵权的方式或程度相同。[6] 通常,专利发明的技术效果基本实现或实际上实质实现就可以。[7] 但是,正如前述托盘容器案件中法院指出的,如果专利必须具备在质量和数量上最低限的技术效果,则替代特征必须达到这一最低限,才能认定具有同等的技术效果。

第二个要件要求本领域普通技术人员可以在专利申请日或优先权日以自己的经验不经过创造性劳动就能发现替代特征。本领域技术人员应当可以认识到,权

---

〔1〕 Toshiko Tankenaka, *Patent Enforcement in the US, Germany and Japan*, Oxford: Oxford University Press, 2015, p. 128.

〔2〕 BGH GRUR 2011, 313, 318 – Crimpwerkzeug Ⅳ.

〔3〕 GRUR 2000, 1005, 1006 – Bratgeschirr.

〔4〕 BGH GRUR 2012, 45, 47 – DiglyCidverbindung.

〔5〕 GRUR 2000, 1005, 1006 – Bratgescbirr.

〔6〕 GRUR 2000, 1005, 1006 – Bratgescbirr.

〔7〕 BGH GRUR 1999, 909, 913 – Spannschraube.

利要求中的技术特征可以被其他适当的手段所替代。这包括对于替代特征具有同等技术效果的认识。[1] 认定本领域技术人员是否可以发现替代特征并认识到其具有同等技术效果的标准,与专利授权时创造性的标准相同。[2] 在认定时所使用的资料与权利要求解释时不同,不仅仅是说明书中提到的现有技术可以考虑,在优先权日的所有现有技术都可以考虑。即使被控侵权物具有创造性,也有可能认定构成等同侵权。例如,本领域技术人员可以认为被控侵权物的替换特征只是上位概念的一个具体实施方式,不经过创造性劳动就可以认定其与权利要求中的技术特征具有同等效果。[3]

第三个要件强调了权利要求书在确定等同特征时的作用。并不是所有在优先权日显而易见地具有同等效果的替换特征都属于专利保护的范围,该替换特征必须来自于权利要求保护客体的教导。这种教导必须达到使本领域普通技术人员认为被控侵权物等同地解决了发明的技术问题的程度。被控侵权物需要与专利保护的客体足够接近,否则,如果被控侵权物中解决技术问题的方式与专利权利要求有较大的区别,则不属于专利保护的范围。例如,德国法院认为在以下情形下不能认定被控侵权物源自专利权利要求的教导:专利发明的主要目的是避免使用某技术特征,而被控侵权物恰恰使用了该技术特征;专利发明必须不需要其他帮助就可以达到某一技术效果,而被控侵权物使用了这种帮助;某一技术特征被相反的特征所替代;被控侵权物中的数值与权利要求中的数值存在实质差异。[4] 即使从技术角度看被控侵权物与专利发明差别不大,但专利说明书中的内容使本领域技术人员认为必须按权利要求的字面含义才能实现专利发明,或者至少客观上不会考虑全部具有同等效果的解决方案,德国联邦最高法院仍认定不构成等同侵权。[5]

(三)判断等同的基准时间是申请日(优先权日)

对于等同判断的时间,其实主要是第二个要件涉及,即认定本领域普通技术人员是否可以不经过创造性劳动就发现替代特征时,需要以某一时间点作主判断的基准时间。德国法院一般认为应当以申请日(优先权日)作为判断等同的基准时。也就是说,一般情况下,根据专利申请日(优先权日)的技术水准判断是否构成等

---

〔1〕 BGH GRUR 1999,977,981 – Raumschild.

〔2〕 Toshiko Tankenaka, *Patent Enforcement in the US, Germany and Japan*, Oxford, Oxford University Press,2015,p. 130.

〔3〕 Ibid.

〔4〕 Ibid. ,p. 131.

〔5〕 GRUR 2002,523,526 – Custodiol Ⅰ.

同。但是,使用了在专利申请日(优先权日)尚不存在的新材料的实施形态,也不一定排除在等同的范围之外。这是因为,虽然在专利申请日(优先权日)不存在这种新材料,但是可以根据专利申请日(优先权日)的技术水准去对用新材料将专利权利要求中记载的技术特征置换进行判断。[1] 德国法院曾经认定,用专利申请时不存在的合成物质将专利权利要求中的技术特征进行替换构成等同,德国联邦最高法院也没有否定该判决。[2]

(四)现有技术抗辩可限制等同原则的适用

在涉及等同侵权时,被告可以提出现有技术抗辩。由于等同侵权中的现有技术抗辩是在前述“路边石型材案件”中由 Formstein 提出来的,因此又被称为 Formstein 抗辩。现有技术抗辩只适用于等同侵权,而不能适用于相同侵权。原因在于,在专利审查、异议和无效程序中,专利性只是根据专利权利要求的字面含义范围进行评价的,字面含义之外的等同的范围并没有纳入考虑的范围。不能剥夺第三人使用在现在技术的基础上没有创造性的改进,但这一改进有可能属于等同的范围。[3] 因此,需要通过现有技术抗辩将这部分内容排除在等同的范围之外。

在适用现有技术抗辩时,只考虑被控侵权物中与专利权利要求相对应的技术特征。与专利发明无关的技术特征不在考虑的范围之内。实践中,可以使用替代技术特征重新撰写权利要求,再看该权利要求是否具有新颖性和创造性。[4]

(五)一般不适用禁止反悔原则

专利审查档案的作用,在适用等同原则时和在解释权利要求时基本相同,即一般不承认其具有禁止反悔的效果。如果在说明书中没有明确的放弃、限定的记载,原则上不考虑专利审查档案。这是因为,有一个观点认为,《欧洲专利公约》第 69 条规定解释权利要求时可以参考说明书和附图,但不允许参考专利审查、异议以及无效诉讼过程中的记录。[5] 但是,如果专利权人在异议程序中进行了限制性的陈述,就不得在确定专利保护范围时对异议程序有关人提出与上述陈述矛盾的主张。这可能是根据与民事诉讼中的禁止反悔同样的理由而不是根据禁止反悔原则。这就是说,异议申请人在异议程序中听到了专利权人对专利保护范围的限定主张,并

---

〔1〕 参见[日]田中伸一郎:《德国判例的动向》,载日本知识产权研究所编:《关于专利权利要求解释的研究报告书》(2002 年),第 60 页。

〔2〕 同上。

〔3〕 Toshiko Tankenaka, *Patent Enforcement in the US, Germany and Japan*, Oxford, Oxford University Press, 2015, p. 133.

〔4〕 Keukenschrijver (ed.), Busse, Patentgesetz, § 14, Ref. 82.

〔5〕 [日]君岛祐子:《等同理论的日德比较》,载日本知识产权研究所编:《关于专利权利要求解释的研究报告书》(二)(2004 年),第 71 页。

在信赖该主张的前提下开始了以后的行为。在异议程序中专利权人承认某种实施行为不属于专利的保护范围，如果在专利权得到维持后又主张属于专利的保护范围，这会动摇以前信赖专利权人的主张的异议申请人的地位，因违反诚实信用原则而不能被允许。但是，在德国是不允许与异议程序无关的人主张禁止反悔的。[1]

（六）捐献规则可限制等同原则的适用

在前述“闭塞装置”案件中，德国法院确立了适用等同原则时的捐献规则：如果说明书中披露了实现某一技术效果的几种可选择的技术方案，但权利要求只要求保护一种，则使用其他的技术方案不属于等同的范围。另外，在前述“二化合物”案件中，德国法院还进一步认为，即使没有在说明书中披露，但与在说明书中披露而未要求保护的技术方案没有差别的技术方案，也不属于专利的保护范围。而在前述“马桶盖连接装置”案件中，杜塞尔多夫上诉法院缓和了捐献规则的适用：即使在说明书中披露的技术方案，如果不是作为专利发明的替代手段提出来的，或者不能认为要求保护的技术方案并不是从中选择的，仍然可以认为属于等同的范围。

（七）部分组合理论不再适用

在施行《欧洲专利公约》以前，德国曾存在“部分组合”理论或者改劣实施理论。施行《欧洲专利公约》以后的很长一段时间，德国下级法院仍然承认并在个别的案件中予以适用。“部分组合”理论将专利权利要求中的技术特征分为本质的、决定性的技术特征和不重要的技术特征，如果被控侵权物缺少不重要的技术特征，在符合认定等同的条件时，仍然可以认定构成侵权。2007 年 5 月 31 日，德国联邦最高法院在“衰变程序测量仪”案中明确否定了“部分组合”理论。该案是一起实用新型专利案件。德国联邦最高法院认为，将空间物理上功能上定义的技术特征置于考虑之外确定专利的保护范围是不符合《欧洲专利公约》第 69 条、《专利法》第 14 条和《实用新型法》第 12a 条规定的，否则专利的保护范围不是以授权的专利（或实用新型）的权利要求书，而是以虚构的、由权利要求书的部分特征组合构成的权利要求为基础，权利要求书因而失去了作为确定专利保护范围之决定基础的意义。这样，德国联邦最高法院否定了原审法院认定权利要求的技术划分为“必要技术特征”的做法，认为对于权利要求中的每个技术特征，只有在被控侵权物中找到相同或等同特征时，才能认定构成侵权。部分技术特征的组合，不在专利的保护范围之内。[2] 因此，德国传统的“部分组合”理论不再适用，认定侵权必须符合相同侵权或等同侵权的构成要件。

---

〔1〕［日］君岛祐子：《等同理论的日德比较》，载日本知识产权研究所编：《关于专利权利要求解释的研究报告书》（二）（2004 年），第 71 页。

〔2〕 BGH, judgment of 31. 5. 2007 – X ZR 172/04-Zerfallszeitmessgerät.

在进行技术特征对比时,德国法院并不要求被控侵权产品的技术特征的数量与专利权利要求相同,即使专利权利要求中的几个技术特征的效果由一个单独的替代特征实现,或者权利要求中的一个技术特征的效果由几个替代特征实现,仍可能认定等同侵权。[1]

第五节 功能性权利要求和以方法界定产品的权利要求的解释

一、对功能性权利要求的解释

(一)对功能性权利要求的审查

德国专利法中并没有关于功能性权利要求的特别规定。1985 年德国联邦最高法院的"丙烯酸纤维(Acrylfasern)案"[2]承认了专利权利要求中可以有功能性的技术特征。该案中,权利要求书中有"至少有 35% 有收缩力的高收缩丝、纤维"的记载。德国专利法院认为,上述记载只通过技术特性表示要求保护的丝、纤维,不能将物特定化。德国联邦最高法院认为,"对于发明物,如果通过直接知觉的特征在权利要求中表示是不可能的或者不能完全实质性地表示出来,可以通过能够确认该物的特征或者制造方法以及制造设备来描述"。可见,德国联邦最高法院通过该案明确肯定了功能性权利要求,但同时也提出了使用这种权利要求的条件,那就是只有在通过直接知觉的特征在权利要求中表示是不可能的或者不能完全实质性地表示出来时,才能使用功能性权利要求。另外,如果使用功能性权利要求,本领域的技术人员根据该功能性的技术特征,可以不费力地在功能定义的全部领域实施该发明,也就是说技术方面的教导必须十分公开使他人可以充分实施。必须提供有关的解决手段,不能只记载发明的课题。必须使本领域技术人员可以在涉及功能性权利要求的全部范围内将该技术特征一般化。[3] 而对于功能性权利要求的专利性(新颖性和创造性)的判断,应当将功能性权利要求一般化到全部范围进行判断。在前面所说的"丙烯酸纤维案"中,德国联邦最高法院就以专利权利要求只提

---

〔1〕 Toshiko Tankenaka, *Patent Enforcement in the US, Germany and Japan*, Oxford, Oxford University Press, 2015, p. 133.

〔2〕 BGH GRUR 31. 1985.

〔3〕 参见[日]田中伸一郎:《德国判例的动向》,载日本知识产权研究所编:《关于专利权利要求解释的研究报告书》(2002 年),第 62 页。

出解决的课题,没有提供解决的手段为由,认定不符合授予专利的条件。可见,德国虽然允许使用功能性权利要求,但只有在符合严格限定条件的情况下才能使用这种权利要求。近年来,随着 IT 行业专利申请量的增加,IT 行业专利申请中使用功能性权利要求的也大量增加。[1]

(二)对功能性权利要求的解释

对于以功能性权利要求方式界定的发明,其保护范围的确定仍然按照《德国专利法》第 14 条的规定。也就是说,与专利权利要求中记载的权利要求具有同一效果和特性的所有手段,都在专利的保护范围之内。专利的保护范围并不只限于说明书所披露的实施例。不管在专利权利要求书和说明书中有没有明示,只要实现了专利权利要求书中记载的功能,就在专利的保护范围之内。[2]

二、以方法界定产品的权利要求的解释

(一)对以方法界定产品的权利要求的审查

与功能性权利要求一样,德国专利法中也没有以方法界定产品的权利要求的规定。德国联邦最高法院通过以下两个案件确立了可以使用以方法界定产品的权利要求。第一个案件是 1972 年的 Trioxan 案。[3] 案中的权利要求的一项技术特征是"通过重量为 70% ~99.99% 的 Trioxane、0 ~ 10% 的环状乙醚、0.01% ~20% 的 R1 - R2 - CHO 的有复合功能的化合物得到的共重合体"。联邦专利法院认为,上述权利要求中记载的是物(共重合体)的发明,但权利要求中记载的发明对象并不是唯一特定的,因此不能授予专利权。德国联邦最高法院认为,对于分子化学物质的保护,使用完全正确的结构式进行特定是不可能的,这时可以在权利要求中使用制造方法界定物质。因此,联邦最高法院判决将案件发回重审。第二个案件是 Farbbildroehre 案。[4] 本案中的权利要求的一项技术特征是"使用第 1 项的露出装置制造的屏幕"。德国专利法院认为,不能认定该权利要求与第 1 项权利要求具有同一性,判决不授予专利。德国联邦最高法院认为,对于使用该机器制造的物的权利要求以及该机器的权利要求,并不缺乏给予法律保护的必要性。使用制造方法

---

[1] [德]Paul Tauchner:《关于德国专利权利要求解释的调查报告》,载日本知识产权研究所编:《关于专利权利要求解释的研究报告书》(2002 年),第 141 页。

[2] [日]田中伸一郎:《德国判例的动向》,及[德]Paul Tauchner:《关于德国专利权利要求解释的调查报告》,载日本知识产权研究所编:《关于专利权利要求解释的研究报告书》(2002 年),第 62、141 页。

[3] GRUR 1972 541,3 IIC 1972 226.

[4] GRUR 1979,461.

对物进行特定的情形,并不限于化学领域的发明。对于其他物,如果没有充分描述的可能性,作为例外使用制造该物的机器来表示也是可能的。最后,联邦最高法院判决将案件发回重审。上述两个案件明确了作为例外,可以使用以方法界定产品的权利要求或者以制造工具界定产品的权利要求,前提是没有其他更适当的方法界定产品,并且使用这种方法界定产品使产品更具有唯一性。[1]

在上述 Trioxan 案中,对于产品的定义采用了"通过……得到"(obtained by)的方式。也就是说,从字面上看,权利要求书提到的生产方法是得到产品的唯一方法。另外,在"Lactobacillus bavaricus"案[2]中,对于产品的定义采用了"可以通过……得到"(obtainable by)的方式。也就是说,权利要求书提到的生产方法是得到产品的方法之一。对于这两种方式表述的权利要求,德国联邦最高法院都给予了认可。[3]

对以方法界定产品的权利要求的专利性进行判断时,不只是就专利权利要求中记载生产方法生产的产品进行判断,而是就所有相同性质的特征进行判断。[4]因此,在审查过程中,德国并不考虑方法的限定作用,只有产品本身符合新颖性、创造性等授权条件时,才能授予专利权。

1983 年以后,德国使用"可能通过……得到"以及"可以通过……生产出"方式撰写权利要求的专利申请大量增加。在欧洲专利局及德国专利局的专利申请中,以方法界定产品的方式撰写权利要求成为一种专利申请实务中推荐的方法。[5] 近年来,随着生物技术领域专利申请的增加,使用以方法界定产品权利要求的专利申请也增加。德国专利局和法院并没有采用与对待通常生产物的权利要求不同的方法对待这类专利权利要求。[6]

(二)对以方法界定产品的权利要求的解释

根据德国的判例法,以方法界定产品的权利要求的保护范围,包括与实施该权利要求得到的产品相同的所有产品。也就是说,与通过结构特征定义产品的权利

---

〔1〕 参见[日]田中伸一郎:《德国判例的动向》,载日本知识产权研究所编:《关于专利权利要求解释的研究报告书》(2002 年),第 63 页。

〔2〕 GRUR 1978,586.

〔3〕 [德] Paul Tauchner:《关于德国专利权利要求解释的调查报告》,载日本知识产权研究所编:《关于专利权利要求解释的研究报告书》(2002 年),第 147 页。

〔4〕 参见[日]田中伸一郎:《德国判例的动向》,载日本知识产权研究所编:《关于专利权利要求解释的研究报告书》(2002 年),第 63 页。

〔5〕 同上。

〔6〕 同上。

要求一样,通过方法界定产品也是将产品特定化的一种方式。[1] 德国最高法院在1993年的“Tettraploide Kamille”案[2]中,确认了以前案例中的这种解释方法。因此,德国对于以方法界定的产品给予绝对的保护。即使被控侵权产品的生产方法与专利权利要求中的方法不同,只要产品与权利要求中界定的产品相同就属于专利的保护范围。但是,在确定专利保护范围时,会考虑专利权利要求中的方法对于最终产品的影响。[3]

第六节　德国的专利间接侵权

一、德国专利法的规定

《德国专利法》第10条规定,“(1)专利权的效力还在于,禁止任何第三人未经专利权人许可,在本法有效的地域范围内,向无权使用专利发明的人提供或许诺提供与发明的必要特征相联系的手段,致使后者在本法有效地域范围内销售或供应某发明,如果该第三人知道或显然应当知道所述工具适用于或专门适用于实施发明专利的话。(2)如果该方法涉及日常交易中可以获得的普通商品时,不适用第(1)款的规定,除非第三人使受让人获知他们以第9条第2项所禁止的方式交易。(3)本法第11条第1至3项所规定的行为者,不视为本条第(1)款中的有权使用发明的人。”上述规定,确定了德国专利法帮助侵权的基本规则。

二、德国专利间接侵权的要件

根据德国专利法的上述规定以及德国最高法院的有关判例,德国专利间接侵权的构成要件如下:

1. 行为的客体是“与发明的必要特征相联系的手段”

对于手段是否与发明的必要特征相联系,联邦最高法院认为,取决于该手段在实现发明思想时与发明的必要特征是否在功能上共同发挥作用,是否与发明的核心思想存在充分的紧密关系。受专利保护的机器的能源,虽然在使用机器时必然会用

---

〔1〕［德］Paul Tauchner:《关于德国专利权利要求解释的调查报告》,载日本知识产权研究所编(2002年),《关于专利权利要求解释的研究报告书》,第147页。

〔2〕BGH GRUR 1993 651.

〔3〕Federal Supreme Court, X ZR 188/01, GRUR 2005, 749, “Aufzeichnungstrager”.

到,但对于实现发明的技术效果没有帮助,就不属于“与发明的必要特征相联系”。[1]

对于是否与发明的必要特征相联系,德国最高法院在“Impeller Flow Meter”案解释得非常宽,特别有利于专利权人。德国最高法院认为,基本上所有权利要求中的技术特征,都是必要特征,除非它价值绝对非常低。[2] 但在2007年的“Pipettensystm”案中,联邦最高法院限制了前述较宽的权利要求,认为对于发明的解决方案没有任何贡献的部分,即使它位于发明的特征部分,也不构成必要特征。[3] 而在2012年的“MPEG－2解码程序”案中,联邦最高法院甚至提出所述的手段必须对于发明的实现具有贡献。[4] “手段”本身不一定是专利产品或专利方法中的技术特征。[5] 手段不一定是属于有创造性的部分,也包括现有技术中的手段。[6] 因此,提供具有实质非侵权用途的手段,或在优先权日已经在市场上销售的手段,仍有可能构成间接侵权。[7]

德国联邦最高法院曾在判决中指出,“与发明的必要特征相联系的手段”中的手段指的是有形的物体,[8]但下级法院在判决中认为也包括非有形物体如软件等。[9]

另外,根据《德国专利法》第10条第(2)款的规定,当上述行为涉及日常交易中可以获得的普通商品时,不构成间接侵权,但第三人诱导提供者实施直接侵权行为的除外。

2. 行为是“提供或许诺提供”

与直接侵权行为不同,帮助侵权的行为不及于制造和使用行为,而是针对提供或许诺提供的行为。也就是说,只有把“与发明的必要特征相联系的工具”提供给他人或许诺提供给他人,才可能构成帮助侵权。

3. 行为的对方是“无权使用专利发明的人”

只有将“与发明的必要特征相联系的工具”提供无权使用专利发明的人,才构成帮助侵权。向有权使用该发明的人提供,不构成帮助侵权。例如,向因为专利权

---

[1] BGH GRUR 2012,1230,1235 – MPEG – 2.

[2] BGH GRUR 2004 758.

[3] BGH GRUR 2007 769.

[4] BGH GRUR 2012 1230.

[5] Toshiko Tankenaka, *Patent Enforcement in the US*, *Germany and Japan*, Oxford, Oxford University Press,2015,p. 102.

[6] BGH GRUR 2004,758,761 – Flugelradzdhltr.

[7] Toshiko Tankenaka, *Patent Enforcement in the US*, *Germany and Japan*, Oxford, Oxford University Press,2015,p. 102.

[8] BGH GRUR 2001,228,231 – Luftheizgerat.

[9] Toshiko Tankenaka, *Patent Enforcement in the US*, *Germany and Japan*, Oxford, Oxford University Press, 2015,p. 101.

人的许可合同或默示的同意而有权使用发明的人,或经专利权人自己或许可他人制造的产品进入市场之后,购买产品的顾客因专利权用尽而有权对产品进行修理,向其提供替换件或零部件,都不构成帮助侵权。但是,根据《德国专利法》第10条第(3)款的规定,实施第11条第1项至第3项行为的任何人,不属于第10条第(1)款规定的有权实施专利的人。[1] 间接侵权的成立,不以无权使用专利的人已经从事直接侵权行为为要件。只要存在直接侵权的危险,间接侵权就成立。[2]

4. 客户有将提供的手段用于侵权的意图,且行为人知道该意图

接受"与发明的必要特征相联系的手段"的客户必须有将之用于实施发明的意图,例如,将该手段与其他部件组合形成受专利保护的产品。并不要求客户之后实际上实施了这一计划,只要在提供或许可提供该手段时客户具有这样的意图就足够了。[3] 专利权人需要对客户的意图进行举证。专利权人可以援引日常经验,例如,提供者推荐了某种使用方式,则可以预测客户遵循了这种方式;如果手段本身的性质和成分,专门就是为使用专利而设计的,则也可以说明客户将其使用于侵权。如果没有客户真实意图的证据,专利权人也可以主张至少大部分客户有将手段用于侵权的意图。在2001年10月的"空气加热装置"案件[4]中,德国联邦最高法院指出,这类证据需要证明,所提供的手段可以用于并将用于侵权用途具有非常高的可能性,用于侵权用途必须排除合理怀疑。而在2005年7月的"皮带轮传动电梯"案[5]中,德国联邦最高法院认可了以下认定:被告提供了传动组件,因为它是平的,可以用于专利中的皮带轮传动电梯,因为专利不需要单独的机器空间。行为人在随商品发放的宣传材料中指出了这种使用方式。但是,这种传动组件也可以用于传统的电梯,行为人的宣传材料中也指出了这种使用方式。德国联邦最高法院认为,单纯使用者知道将这些组件用于专利产品的好处,甚至有一定的可能性他们会这样做,并不能代替事实证据以说明行为人实际上准备这样用。除了客户具有将提供的手段用于侵权的意图外,行为人还"知道或显然应当知道"客户具有

---

[1] 《德国专利法》第11条第1~3项为:"专利权对下列行为不具有效力:1. 个人非营利目的的行为;2. 与专利的主题相关的、以实验为目的的行为;2a. 为了培育、发现、研发新的植物品种而使用生物材料;2b. 为获得在欧盟范围内的一个药品许可,或者在欧盟成员 国或者第三国的一个药品许可而在实践中所必需的研究和试验 行为;3. 在药房中根据医生处方直接、个别地配制药品的行为,以及与配制该药品有关的行为。"

[2] BGH GRUR 2001,228,231 – Luftheizgerdt.

[3] Pitz, Kawada, Schwab, *Patent Litigation in Germany, Japan and the United States*, Munich C. H. Beck, 2015, p. 25.

[4] BGH GRUR 2001 228.

[5] BGH GRUR 2005 848.

这样的意图。

5. 行为发生在德国境内

帮助侵权中的提供行为和客户使用行为都发生在德国境内,这被称为地域“双重限定”。首先,提供或许诺提供工具的行为发生在德国境内;其次,客户具有在德国将之用于使用专利的意图。如果客户准备在境外使用该产品,则不构成帮助侵权。之前,将具体部件提供给国外的客户供他人在国外使用,不构成帮助侵权。但在2007年的“收音机控制的钟表”案〔1〕中,德国联邦法院改变了以前的观点。德国联邦最高法院认为,将部件提供到德国境外,而最后的产品仍准备在德国使用,也应当认定是在德国境内的侵权行为。在该案中,德国公司将专利中的部件检测装置提供给香港客户,而该香港客户生产了收音机控制的钟表后,又把它运到了德国。

本 章 小 结

20世纪前,德国对权利要求解释采取了严格解释的立场。从20世纪开始,德国出现了扩张解释理论。扩张解释理论导致了根据“一般发明思想”确定专利保护范围的中心限定主义的权利要求解释方法。《欧洲专利公约》生效后,德国依据该公约的规定修改了专利法。新的专利法实施后,德国放弃了以前的权利要求解释方法,开始按照《欧洲专利公约》和《欧洲专利公约第69条解释议定书》的规定确定专利保护范围。

德国法院确定专利保护范围时,首先对专利权利要求进行字面解释。德国的“字面解释”可以称为“实质含义解释”。字面解释不拘泥于权利要求书用语的字面含义,而是按照本领域普通技术人员根据专利说明书的全部内容并考虑到发明所涉及的问题及解决方案后的理解,对权利要求中的用语进行解释。在解释权利要求时,如果权利要求书在说明书中的含义不同于普通含义,则以说明书中的含义为准。说明书具有重要的意义。在对专利权利要求进行字面解释时考虑说明书中提到的现有技术,或者说明书中虽没有提到但属于本领域技术人员普通知识的现有技术。德国法院在解释权利要求时,采用“面向功能的权利要求解释”。考虑到该用语在专利发明中的作用,解释该用语的含义。在解释权利要求时,德国法院将证

〔1〕 BGH GRUR 2007 313.

据分为可以帮助确定专利保护范围的资料和帮助确定本领域普通技术人员知识和背景的资料。前者主要包括说明书(详细说明以及附图)、其他权利要求、正式公开的专利申请文本、专利说明书中提到并讨论的现有技术;后者主要包括审查或无效过程中的意见陈述、其他现有技术、词典和科技论文以及专家证言等。按照字面解释确定专利保护范围时,德国法院不承认现有技术抗辩,通常不考虑专利审查档案。

除了按照字面解释确定专利保护范围外,德国法院承认超越专利权利要求字面含义的等同实施方式也属于专利的保护范围。认定等同的标准是,从一个普通技术人员的角度,根据专利说明书和附图以及该技术人员的专门知识,看在专利申请日(优先权日)他是否可以从权利要求中得出被控侵权物具有相同效果的解决手段的结论。在按照等同理论确定专利保护范围时,被告可以提出现有技术抗辩。捐献规则可以限制等同原则的适用。如果在说明书中没有明确的放弃、限定的记载,原则上不考虑专利申请经过。但是,如果专利权人在异议程序中进行了限制性的陈述,就不得在确定专利保护范围时对异议程序有关人提出与上述陈述矛盾的主张。以前曾适用的"部分组合"理论已经不再适用。

德国认可使用功能性权利要求,但必须是在通过直接知觉的特征在权利要求中表示是不可能的或者不能完全实质性地表示出来时,才能使用功能性权利要求。使用功能性权利要求时,必须提供有关的解决手段,不能只记载发明的课题。必须使本领域技术人员可以在涉及功能性权利要求的全部范围内将该技术特征一般化。在判断专利性时,将功能性权利要求一般化到全部范围进行判断。确定功能性权利要求的保护范围时,无论在专利权利要求书和说明书中有没有明示,只要实现了专利权利要求书中记载的功能,就在专利的保护范围之内。可以看出,德国对功能性权利要求的使用规定了严格的限制条件,但对于使用功能性权利要求的专利,给予了较宽范围的保护。

德国也认可使用以方法界定产品的权利要求,但是必须是在没有其他更适当的方法界定产品,并且使用这种方法界定产品使产品更具有唯一性时,作为例外使用以方法界定产品的权利要求。德国法院对于以方法界定产品的权利要求的专利也给予了较宽的保护。被控侵权产品无论是通过什么方法生产的,只要与权利要求中界定的物相同就属于专利的保护范围。

德国的间接侵权主要指帮助侵权。帮助侵权的行为的客体是"与发明的主要特征相联系的手段",行为是"提供或许诺提供",行为的对方是"无权使用专利发明的人",并且对方有将提供的手段用于侵权的意图,且行为人知道该意图。帮助侵权中的提供行为和客户使用行为都发生在德国境内。

第五章　日　本

第一节　日本有关法律规定

一、日本专利法中的有关规定

《日本专利法》[1]第70条的题目是“专利发明的技术范围”，该条规定：“(1)专利发明的技术范围，应当根据专利申请书附属的专利权利要求范围的记载确定。(2)在上述场合，在解释专利权利要求范围记载的用语的意义时，应参考专利申请书附属的说明书以及附图。(3)在上述两种场合，不应参考专利申请书附属的摘要记载。”[2]该条是关于“专利发明的技术范围”的规定。一般认为，专利的技术范围指的是体现在权利要求书中的技术思想。[3] 日本学者较多地使用“专利技术范围”这一术语，但同时也有人使用“专利权的范围”和“专利的保护范围”这两个术语。对于这三个术语之间的关系，日本学者有不同的观点。比较一致的观点认为，“专利的技术范围”与“专利权的范围”具有相同的含义。而对于“专利的技术范围”与“专利的保护范围”之间的关系，多数的观点认为专利的技术范围与专利的保护范围具有相同的含义，但也有学者认为二者含义并不相同。主张二者含义并不相同的学者又有不同的主张。例如，一种主张认为，专利的技术范围指专利权利要求所体现的技术思想，而专利的保护范围是指构成专利侵权的实际范围；另一种主张认为，专利的技术范围是由专利局决定的、描述在权利要求中的范围，而专利的

---

〔1〕 日本专利法律制度由《日本特许法》《日本实用新案法》和《日本意匠法》构成，其保护的对象分别相当于我国专利法中的发明、实用新型和外观设计。本书中所说的《日本专利法》指的是《日本特许法》。

〔2〕 《日本实用新案法》第26条也有相应的规定。在有关权利解释问题上，日本《特许法》和《实用新案法》有基本相同的规定。本书中的论述一般只引用日本《特许法》的规定，但结论对于《实用新案法》也是适用的。

〔3〕 参见[日]中山信弘：《工业所有权法上·专利法》(第2版增补版)，弘文堂2000年版。

保护范围是指法院承认的技术独占范围。[1] 有的学者指出,在间接侵权的情况下,以及专利期限延长时,专利权利要求具体化的技术范围与专利侵权的范围是不同的。[2] 有的学者认为,专利的技术范围就是专利禁止权所及的技术范围。[3] 由于通说认为这三个术语具有相同的含义,并且在实务上也不仔细区分三个术语的使用,本书将这三个术语作具有相同含义的概念使用。因此可以说,《日本专利法》第70条是关于专利保护范围及专利权利要求解释的基本规定。

《日本专利法》第36条规定了专利申请时应当提交的文件,其中第2款规定:“请求书必须附有说明书、权利要求书、必要的附图以及摘要。”第3款规定:说明书应当包括以下内容:发明的名称、附图的简单的说明、发明的详细说明。第4款规定了说明书中对发明的详细说明应当符合下列条件:记载应当明确且充分,使发明所属领域的有通常知识的人能够实施;记载所知道的与发明有关的现有技术文献的情况。第5款规定,权利要求各请求项可以进行区分,在各权利请求项中必须记载申请人认为将发明特定化所必需的所有事项,某一权利要求项指称的发明与另一权利要求项指称的发明是同一发明的记载,也是允许的。第6款规定,权利要求书的记载,必须符合下列条件:申请授予专利的发明是发明的详细说明中有记载的;申请授予专利的发明是明确的;权利要求项的记载是简洁的,经济产业省规定的其他要件等。

《日本专利法》第36条规定了对于说明书与权利要求书的撰写要求。第36条的规定与第70条相结合,构成解释权利要求和确定专利保护范围的法律依据。

二、日本专利法的有关规定的历史沿革与权利要求解释

1921年的日本专利法,没有与现行《专利法》第70条相对应的关于专利保护范围的规定,只是在《专利法实施条例》中规定了专利的权利要求范围只记载构成发明不可缺少的全部事项。当时的专利的保护范围,根据对说明书全部内容的综合评价来确定。[4] 日本最高法院在判决中也指出,虽然专利的要点应在权利要求中记载,但权利要求中的所有内容不一定都是专利所不可缺少的要点。当专利权利要求中记载的内容全部是发明要点还是一部分是发明要点时,应参考发明的性质、

---

〔1〕 参见[日]中山信弘编:《注解特许法》(第3版),青林书院2000年版,第780页。

〔2〕 参见[日]中山信弘:《特许法》(第2版),弘文堂2012年版,第422页。

〔3〕 参见[日]中山信弘、小泉直树编:《新注解特许法》,青林书院2011年版,第1057页[岩坪哲]。

〔4〕 [日]中山信弘、小泉直树:《新注解特许法》(上卷),青林书院2011年版,第1056页。

目的进行判定。[1]

日本现行专利法是1959年在旧法的基础上制订后颁布的。1959年的专利法增加了第70条第1款的规定:“专利发明的技术范围,应当根据专利申请书附属的说明书中的专利权利要求范围的记载确定。”增加上述规定的立法目的在于,“根据旧法,在确定专利发明的技术范围时,有一种意见认为技术范围应限于权利要求书的内容,而另一种意见认为技术范围应根据包含对发明的详细说明的说明书整体进行判断。后一种意见的最极端的说法是,专利权利要求的范围被称为只不过是发明的索引也不为过。对此,现行法明确专利发明的技术范围应根据权利要求书记载的范围确定。因而,即使在发明的详细说明中有记载,但没有记载在专利请求范围内的发明内容,也不包括在专利发明的技术范围之内。”[2]可见,在1959年前,由于日本专利法中没有规定专利保护范围如何确定,出现了根据说明书和根据权利要求书确定专利保护范围的不同做法。日本1959年专利法的修改,明确了专利的保护范围根据权利要求书的记载确定,抛弃了根据说明书确定专利保护范围的做法,将确定专利保护范围的方法进行了统一。

1959年的修改增加了《日本专利法》第70条第1款的规定后,对于专利技术范围完全根据权利要求的记载确定还是可以根据说明书进行解释,仍存在不一致的意见。也就是说,在确定专利保护范围时,对于除了专利权利要求书之外,是否还应当借鉴其他材料,还存在争议。1990年专利法修改时增加了第3款(当时是第2款),增加该款规定的原因是当时专利法增加了关于提交说明书摘要的要求,因为摘要只是为了便利检索而增加的,因此专利法第70条专门规定了摘要不能用于解释权利要求。

1994年专利法修改时增加了第2款的规定:“在前款的情况下,在解释专利权利要求范围记载用语的意义时,应参考专利申请书附属的说明书以及附图。”根据上述规定,确定专利的技术范围不能离开专利权利要求书,当专利权利要求书记载的范围和说明书记载的范围有差异时,应当根据权利要求书的记载确定,同时,权利要求中术语的含义应当参考说明书、附图和对附图的简要说明进行解释。[3] 其实在此之前,参考说明书和附图解释权利要求的做法已经被普遍认可,并且在很多的判决中已经被采纳。为避免混乱,《日本专利法》第70条第2款的规定将解释权

---

[1] 日本最高法院大正10年4月18日判决,《大审院民事判决录》27辑803页。

[2] 日本特许厅编:《工业所有权法逐条解说》(第19版),日本发明推进协会2012年版,第238页。

[3] 参见[日]中山信弘:《工业所有权法上·专利法》(第2版增补版),弘文堂2000年版。

利要求应参考说明书以及附图的做法成文化。[1]

2002 年日本专利法修改时,将权利要求书从说明书中分离出来。相应地,专利法第 70 条第 1 款删除了“说明书中的”这几个字,即将原来“专利申请书附属的说明书中的专利权利要求范围”修改为“专利申请书附属的专利权利要求范围。”

《日本专利法》第 36 条的规定和第 70 条的规定,是日本关于专利权利要求解释的基本依据。专利法第 36 条规定了对专利申请书撰写的要求,特别是其中关于权利要求书的规定,不但是当事人撰写的根据,还是专利局审查和授权的依据。当事人违反有关规定可能得不到授权或者认定为无效。另外,专利法第 36 条的规定还是法院解释权利要求确定专利保护范围的依据。因为专利法第 36 条规定了专利申请书的撰写要求,法院就应当假定纠纷中涉及的专利是符合专利法第 36 条的规定的。专利法第 70 条的规定,为确定专利保护范围确立了准则,那就是确定专利保护范围的依据主要是权利要求,同时可以参考说明书和附图。

第二节 日本对权利要求的字面解释

《日本专利法》第 70 条规定的规则,是确定专利技术范围的规则,也是专利权利要求解释的规则。根据权利要求的字面含义确定专利权利要求的范围,即权利要求的字面解释,本书简称为专利权利要求解释。

一、专利侵权认定与专利权利要求解释

在日本的专利侵权诉讼中,并不严格区分专利权利要求解释与侵权对比。侵权认定的第一步往往是确定被控侵权物。在确定被控侵权物时,要求专利权人就被控侵权产品与专利权利要求进行对比,说明被控侵权产品落入专利的保护范围。专利权人一般就被控侵权产品与专利权利要求列表进行对比,说明被侵犯的权利要求的所有技术特征在被控侵权产品中都有体现。[2] 第二步是确定被控侵权物是否落入专利权人所主张的权利要求的技术范围。在这一步中,法院解释权利要求的用语,并根据权利要求的用语确定被控侵权物的技术特征。在确定被控侵权产

---

〔1〕 [日]中山信弘、小泉直树编:《新注解特许法》(上卷),青林书院 2011 年版,第 1057 页[岩坪哲]。

〔2〕 Toshiko Takenaka et al., *Patent Enforcement in the US, Germany and Japan*, Oxford, Oxford University Press, 2014, p. 144.

品是否落入专利保护范围时,法院确定权利要求与被控侵权物中的所有相对应的技术是否相同或等同。如果任何一个技术特征与被控侵权物中的相应技术特征不同,则法院认定不构成字面侵权。然后再按照等同原则的要件分析是否构成等同侵权。[1]

在上述步骤中,判断是否构成字面侵权和是否构成等同侵权是两个独立的阶段。法院在认定被控侵权物是否构成字面侵权时,需要确定权利要求用语的含义以便作出对比。法院确定权利要求字面含义的过程,就是对权利要求进行解释的过程。由于日本法院在进行侵权判断时采取全部技术特征逐一对比的方法,而对等同原则的适用一直采取比较慎重的态度,因此专利权利要求解释在侵权认定中就起着特别重要的作用。前面已经介绍,根据日本现行专利法的规定,在解释专利权利要求时,可以参考说明书和附图。因此,说明书和附图是解释权利要求的主要参考依据。除了说明书和附图外,有时还考虑其他因素来确定权利要求中术语的含义。例如参照字典等专业书籍、考虑到专利申请时的现有技术、参考专利的申请过程等。

二、权利要求解释的指导思想

在确定专利保护范围时,日本曾存在周边限定义和中心限定主义的不同观点。1959 年《日本专利法》第 70 条的规定,确立了日本采用周边限定主义的立场。[2]

日本学者认为,解释专利权利要求应坚持以下指导思想:[3]

专利权对发明的保护,是在发明人创造、认识和公开的技术思想的范围内,在申请人申请保护的请求范围内给予的。这种技术思想的公开和授予专利的申请,是通过提出说明书来进行的。专利权利要求的解释是对撰写和提出专利权利要求这一表示行为的客观的澄清,不是探求当事人内心可能隐藏的意思。专利权利要求是申请人要求授予专利的意思表示,应当对这一意思表示的全部内容进行合理、统一的理解。

一方面,不能忽视权利要求的解释承担着以下任务:向第三人公示专利权的效力及客观范围。因此,不能离开权利要求中记载的文字确定专利发明的技术范围。说明书是向第三人公示发明内容的技术文献。在专利侵权诉讼的过程中,应当重

---

〔1〕 Toshiko Takenaka etc. , *Patent Enforcement in the US*, *Germany and Japan*, Oxford, Oxford University Press, 2014, p. 144.

〔2〕 [日]中山信弘、小泉直树编:《新注解特许法》(上卷),青林书院 2011 年版,第 1057 页。

〔3〕 [日]牧野利秋:《知的财产权诉讼寸考》,东京布井出版社 2002 年版,第 158 ~ 160 页。

视专利的技术范围。主张解释超出权利要求文字记载范围以外的内容,需要对技术范围的确定进行主观的解释,这会损害法的安定性,违反专利法第70条的立法目的。

另一方面,在解释权利要求时,专利发明的技术范围的确定应当与专利发明的实质价值对应起来。也就是说,作为一定的技术课题的解决手段而创造的专利发明,与在先技术相比具有一定的创造性。从这一点上进行考察,应当对这一发明值得保护的程度进行实质的评价,以确定专利的技术范围。例如,如果专利发明的全体就是现有技术,或者通过文字解释发现权利要求包含现有技术,专利权的效力不及于现有技术。现有技术本来是人人可用的,如果将现有技术包括在专利权下,会违反专利法的目的。

解释权利要求,应当非常注意专利权技术方面的特殊性。另外,专利权是私权,不能忘记对其他私权的解释规则同样适用于对专利权利要求的解释。

三、权利要求中学术用语的普通含义

权利要求解释的对象是权利要求中的用语。对于权利要求中的学术用语,一般情况下,通过解释确定该用语的普通含义,即根据发明所属技术领域普通技术人员的理解,确定用语的含义。〔1〕 东京地方法院在2006年3月24日判决的“闪存”案件中也明确提出了这一解释方法:“专利发明的技术范围,应当根据专利申请书附属的专利权利要求范围的记载确定。专利权利要求中用语的含义,应参考说明书和附图进行解释。在说明书对于权利要求中的用语没有特别说明或定义的情况下,应当根据本领域技术人员的理解确定其通常含义进行解释。”〔2〕专利权利要求记载中的用语在没有特别定义的情况下,使用的是其通常的含义。因此,在解释权利要求中用语的含义时,如果专利权人在说明书中没有对用语进行特别的定义,就推定该用语的含义为其通常的含义。日本学者指出,在确定专利发明的技术范围的过程中,重视用语的通常含义,不损害第三者的预测可能性,并且也能使专利权人达到保护其权利的目的。〔3〕

实务中,法院往往参照辞典中的解释,确定权利要求用语的含义。例如,在“胶囊售卖机”案件中,知识产权高等法院根据《广辞苑》对“近旁”的解释,认为权利要

---

〔1〕 [日]中山信弘、小泉直树:《新注解特许法》(上卷),青林书院2011年版,第1060页。

〔2〕 东京地方法院2006年(平成18年)3月24日判决,判例タイムズ1223号267页。

〔3〕 [日]森义之:《专利发明技术范围的确定》,载牧野利秋、饭村敏明编:《裁判实务大系·知识产权关系诉讼法》,青林书院2001年版,第158页。

求中“后壁近旁的牙科手术车”的意思就是“牙科手术车靠近后壁”。[1] 在“远红外线放射体”案件中,对于权利要求中“セラミックス(英语 Ceramic)”的含义,法院认为《广辞苑》的定义是“(1)陶瓷器类。(2)经过定型、烧制工艺得到的非金属无机材料的总称。”案中的发明,以“セラミックス”远红外线放射材料的粉末与放射性矿物独居石的粉末的混合物为主要原料,经过烧制而成。权利要求中“セラミックス”的通常含义为陶瓷器类或者经过定型、烧制工艺得到的非金属无机材料。[2]

在“电镀装置”案件中,法院将辞典中的含义与说明书进行了对照。权利要求中有“沿悬挂衣架的轨道并设”的用语。对于其中的“并设”,《广辞苑》中的解释是“安装在一起,一起设置”。因此,法院认为,并设的含义就是将两件以上的物品设置在一起,而这种解释与说明书和附图是吻合的。因此,专利权利要求保护的技术方案是,除了悬挂衣架的轨道外,还有另外的移送手段。[3]

即使说明书对于权利要求中的用语没有特别说明或定义,参照辞典解释权利要求用语的含义,并不是可以无条件适用的方法。说明书中的用语是写给本领域技术人员来看的。专利申请人在撰写权利要求书和说明书时,按照要求应使用学术用语的普通含义。如果学术用语的含义随时代变迁发生变化,这时应采用申请日的普通含义进行解释。原因在于,专利制度就是以公开申请时的新技术为对价取得独占权。如果在申请后权利要求用语的含义发生变化,被控侵权的使用变化后的内容仍落入专利保护范围的话,违反了先申请主义原则。但是,将变化后的内容一律排除到专利的保护范围之外,对专利权人又过于严厉,这需要使用等同原则给予保护。[4]

四、权利要求书用于解释权利要求

权利要求是被解释的对象,又是用于解释其他权利要求的参考。在解释权利要求中某一用语的含义时,需要结合该用语在权利要求中的用法,有时还有参考其他权利要求中的相同或类似用语。也就是说,在解释权利要求用语的含义时,会使用争议的权利要求,有时也会使用该权利要求之外的其他权利要求。

使用争议的权利要求本身解释有争议用语的含义,也就是结合上下文理解权利要求中用语的含义,其法律依据是《日本专利法》第 70 条第 1 款的规定:“专利发

---

〔1〕 知识产权高等法院 2008 年(平成 20 年)9 月 29 日判决,平 19(ネ) 10098 号。
〔2〕 知识产权高等法院 2009 年(平成 21 年)3 月 8 日判决,平 20(ネ)10013 号。
〔3〕 东京地方法院 2009 年(平成 21 年)11 月 11 日判决,平 20(ワ)7635 号。
〔4〕 [日]中山信弘、小泉直树编:《新注解特许法》(上卷),青林书院 2011 年版,第 1062 页。

明的技术范围,应当根据专利申请书附属的专利权利要求范围的记载确定”。在知识产权高等法院2011年9月7日判决的“白糖年糕”案件中,涉及权利要求中“載置底面又は平坦上面ではなく(可直译为:不是载置底面以及平坦顶面)”的解释,该句的后面还有“有切入的沟槽”。

专利说明书中的附图一和附图二如下:

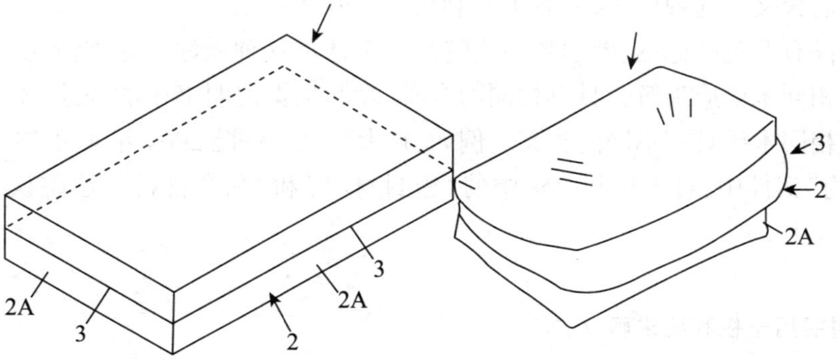

被控侵权产品的示意图如下:

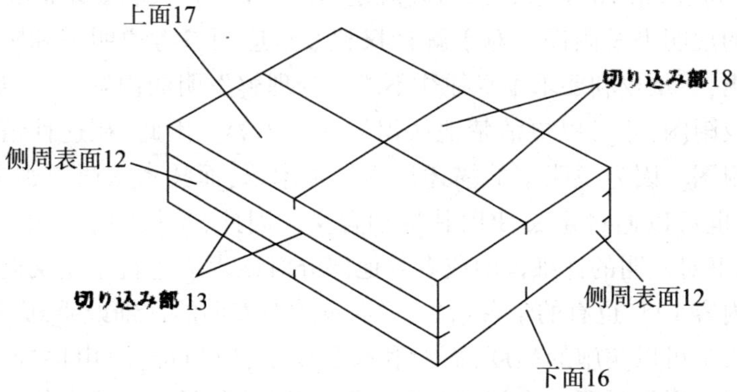

对于权利要求书中的上述用语,存在两种不同的解释。被告主张,该权利要求的含义是在年糕的侧面有切入的沟槽,而上下面没有沟槽;专利权人认为,该权利要求的含义是不仅在侧面有切入的沟槽,也不排除在上下面也有沟槽。被告的产品在上下表面有切入的沟槽。因此,按照被告的解释,被告的产品没有落入专利的保护范围。东京地方法院支持了被告的解释,认定不构成侵权。案件上诉到知识产权高等法院后,知识产权高等法院在解释这一有争议的用语的含义时,首先根据权利要求的上下文进行解释,然后参照说明书和专利审查过程进行了解释,并得出同意专利权人解释的结论。在对权利要求的上下文解释时,法院认为,从权利要求的用语看,“載置底面又は平坦上面ではなく”后面并没有使用标点符号,而是与“这一小片年糕的上侧表面的直立侧面的侧周表面,在直立侧面的圆周方向有一个或多个切入的沟槽”。因此,它是用来修饰后面的“侧周表面”的,并没有上面表面没有沟槽的意思。[1]

除了案件涉及的权利要求外,同一专利中的其他权利要求也可以用来解释有争议的用语的含义。这种做法在《日本专利法》第70条中没有明确规定,日本法院的判例中也没有明确的标准,但学者和法院判决都认可这种做法。通常情况下,权利要求中的相同术语应理解为具有相同的含义,除非根据说明书中的描述,不同权利要求中的相同术语具有不同的含义。例如,在大阪高等法院2004年4月28日判决“阶梯结构”案件中,对于权利要求中的“密封材料”和“黏合材料”,法院认为具有不同的含义。[2]

五、说明书用于权利要求解释

1. 说明书用于解释权利要求的原因

《日本专利法》第70条第2款明确规定,在解释专利权利要求时,应参考专利申请书附属的说明书及附图。对于解释权利要求应当参考说明书和附图的理由,日本学者指出,只从权利要求本身往往不能充分理解发明的内容,还要通过参考专利的说明书及附图,才可以更清楚地认识发明的内容。因此,在这种情况下,会参考说明书和附图。因为说明书的描述使用技术术语,而技术术语原则上使用其通常含义,同时也可以通过定义使用其特别含义。因此,当权利要求中的术语不清楚,或者说明书对发明的详细说明或者其他部分对该术语进行了定义时,就应当参考说明书的内容。[3] 也有的学者指出,说明书中对发明的详细说明,应达到使本领域普通技术人员可以实施的程度,而专利权利要求,应当符合“申请授予专利的发明是在对说明的详细说明中有记载的”要求。因此,专利权利要求的记载,必须以说明书中对发明的详细说明为基础,说明书中对发明的详细说明以及附图应当成为解释权利要求中记载的用语含义的考虑因素。[4] 也有的学者从专利制度的原则出发进行解释,发明人以将发明公开作为对价,取得一定期限内对发明创造的独占

---

[1] 知识产权高等法院2011年(平成23年)9月7日中间判决,平23(ネ)10002号。

[2] 大阪高等法院2004年(平成16年)7月30日判决,平15(ネ)3657号。

[3] [日]中山信弘:《工业所有权法上·专利法》(第2版增补版),弘文堂2000年版。

[4] [日]森义之:《专利发明技术范围的确定》,载牧野利秋、饭村敏明编:《裁判实务大系·知识产权关系诉讼法》,青林书院2001年版,第158页。

权。确定其独占权范围的依据是权利要求书的记载,而起到将发明创造公开作用的材料就是说明书。[1]

权利要求书中的用语常常会没有唯一明确的含义,这就需要综合考虑说明书中记载的现有技术及其缺陷,发明的目的及解决的技术问题,实施例的构成,发明的作用效果等技术信息,以确定权利要求用语的含义或范围。实际上,仅仅通过权利要求书的抽象文字记载来把握专利保护的范围是很困难的,必然需要参考说明书中对发明的详细说明进行理解。[2]

2. 使用说明书解释权利要求的条件

对于什么情况下需要参考说明书解释权利要求,以及在行政诉讼中和侵权诉讼中使用说明书解释权利要求的条件是否相同,日本法院在几个案件中进行了说明。

1991 年 3 月 8 日,日本最高法院对 lipase 案件作出判决。该案是一起审决取消诉讼案件,[3]案中涉及权利要求中术语的解释。本案涉及使用 Ra lipase 诊断高脂血的方法,专利权利要求中使用了 lipase,但专利说明书中只提及了 Ra lipase。专利审查员和复审审查员拒绝授予专利。东京高等法院撤销了特许厅的决定,认为根据说明书的描述可以确认权利要求中的 lipase 指的就是 Ra lipase。最高法院判决撤销东京高等法院的判决,并将案件发回重审。最高法院在判决中指出:"发明要点应当根据专利权利要求的记载确定,除非有特殊的情况。同样,专利说明书中的详细描述,也只有在特殊情况下才可以给予考虑,例如,权利要求的记载不能通过单一且清楚的方式理解,或者与专利说明书中的描述相比,一眼看上去权利要求的记载有明显的错误。……本案中专利权利要求中记载的是使用 lipase 作为酶对甘油三酯进行皂化,由于没有特殊的情形,权利要求中的 lipase 不能通过解释限定为 Ra lipase。"[4]可见,日本最高法院在行政诉讼案件中对参考说明书和附图进行权利要求解释的条件进行了限定,提出了参考说明书的条件,即在一般情况下,并不考虑说明书,只有在特殊情况下才参考说明书。受该案的影响,东京高等法院在 1991 年 9 月 17 日判决的"风帆"案件中指出:"专利发明的技术范围,划定了专利权的对世的绝对的效力范围,应根据权利要求书记载的范围来确定。只有在仅仅通

---

[1] [日]中山信弘、小泉直树编:《新注解特许法》(上卷),青林书院 2011 年版,第 1063 页。

[2] 同上。

[3] 审决取消诉讼指当事人不服特许厅审判部就专利效力所作的审判决定,而向法院提起的行政诉讼。

[4] 日本最高法院 1991 年(平成 3 年)3 月 8 日判决,昭 62(行ツ)3 号。

过权利要求书的记载无法明确理解技术的含义等特殊情形下,才可以参酌说明书中说明的详细说明以及附图。”[1]

虽然1994年日本增加了《日本专利法》第70条第2款的规定,但日本最高法院的上述判决仍影响着下级法院判决。即使在侵权诉讼中,法院有时也先看权利要求中的用语是否有“明确的唯一含义”,如果没有明确的唯一含义,才结合说明书进行解释。例如,东京地方法院在1999年12月14日判决的“导尿器械用导线”案件中,涉及其中权利要求中用语“超弹性”的解释。法院判决中认为,“超弹性”的用语本来在学术上没有统一的含义,因此,对于“超弹性金属”的用语的含义,应当参酌说明书权利要求范围以外的记载进行解释。[2] 大阪地方法院在2000年6月8日判决的“中通竿”案件中,涉及其中权利要求中用语“断台面形状的上边角部为有钓丝支持突条的弧状部”的解释。法院判决认为,从发明权利要求的记载来看,丝条支持突条的具体的形状、丝条内面的配置范围如何,都没有明确的记载。因此,从这一点来看,应当考虑说明书中专利权利要求范围之外的记载以及附图。[3] 大阪地方法院在2001年5月31日判决的“地震监测装置及其解除方法”案件中,涉及权利要求中“弹性手段”的解释,法院判决中指出,因为“弹性手段”没有明确的唯一的含义,因此,有必要结合说明书中对发明的详细说明和附图进行探讨。[4]

但是,也有的法院判决并不考虑是否有“明确的唯一含义”的问题,而是直接引用《日本专利法》第70条第1款和第2款的规定,参考说明书对权利要求进行解释。例如,东京地方法院在1999年9月30日判决的“酸性糖蛋白质”案件中指出,专利发明的技术范围应当根据权利要求的记载确定,这时为了解释权利要求中用语的含义,应当考虑说明书中其他部分的记载。[5]

因此,虽然这时日本专利法明确规定了解释权利要求时参考说明书和附图,但当时法院对于在什么情况下参考说明书和附图权利要求并没有明确的意见。而法院的判决多数仍按照日本最高法院判决中的观点,只有权利要求书中的用语没有明确含义时才能参考说明书和附图。但在民事案件中参考说明书和附图解释权利要求的条件是否与行政案件相同,民事案件中是否限制参考说明书和附图解释权利要求的条件,日本学者经历了一段时间的争议。

---

〔1〕 东京高等法院1991年(平成3年)9月17日判决,裁判所時報1398号111頁。

〔2〕 东京地方法院平8(ワ)19970号。

〔3〕 大阪地方法院平10(ワ)4498号。

〔4〕 大阪地方法院平11(ワ)10596号。

〔5〕 东京地方法院平9(ワ)8955号。

日本知识产权高等法院2006年9月28日判决的“游戏男孩超级游戏机”案件对这个问题提出了明确的意见。专利权人认为,专利权利要求范围的记载,可以作出唯一含义的正确理解。因此,在解释权利要求时,不需要参考说明书。法院指出,对专利发明的技术范围的解释,不管专利权利要求记载的范围是否具有唯一明确含义,都应当考虑说明书中对发明的详细说明。专利权人的主张,不符合《专利法》第70条第1款和第2款的规定,本身是不适当的。最高法院在lipase案中的判决,针对的是在专利申请过程中确定发明的要点,适用于审决取消诉讼,对于侵权诉讼没有约束力。《专利法》第70条第2款的规定,就是为了防止最高法院的上述判决影响到侵权诉讼而增加的。在专利侵权诉讼中,不管权利要求的用语是否有明确的唯一含义,都应参考说明书和附图进行解释。[1]

知识产权高等法院的上述判决得到了日本学者赞同。学者认为,由于《日本专利法》第70条对于参考说明书解释权利要求做了明确的规定,在侵权诉讼中不允许参考说明书是错误的。在专利审查过程中,申请人的独占的意思记载在权利要求中,并在专利授权后通过专利公报向第三人公示。专利申请人对于权利要求的记载有修改的机会。在判断专利申请是否符合授权条件时,需要确定发明要点,而发明要点的确定必须基于权利要求的记载。专利权利要求一旦获得授权,即使有瑕疵也难以在侵权诉讼中进行修改和订正。如果将与说明书不一致的内容包括在权利要求书中,又不参考说明书进行解释,有可能不适当地扩大专利权人的权利范围,损害第三人的利益。为了使结论更合理,有的情况下需要参考说明书对权利要求中有明确唯一含义的用语进行限制性解释。因此,对于是否有必要参考说明书解释权利要求,在专利授权确权中和在侵权诉讼中是有区别的。[2]

可见,虽然日本最高法院在lipase案中提出,只有在特殊情况下才应该参考说明书对权利要求进行解释,但因为该判决是在《日本专利法》增加第70条第2款的规定前作出的,并且日本最高法院的判决是针对行政案件作出的,它只对行政诉讼案件具有约束力,对侵权诉讼没有约束力。因此,日本对于参考说明书解释权利要求,在行政诉讼和侵权诉讼中有不同的做法。在行政诉讼中,只有权利要求中的用语没有明确唯一含义时,才参考说明书进行解释。而在侵权诉讼中,法院参考说明书和附图解释权利要求中的术语,并没有特定的条件,法院在解释权利要求时在任何情况下都可以参考说明书和附图进行解释。

---

〔1〕 日本知识产权高等法院2006年(ネ)10007号。

〔2〕 中山信弘、小泉直树编:《新注解特许法》(上卷),青林书院2011年版,第1065页[岩坪哲]。

3. 说明书整体用于解释权利要求

很多情况下,法院会综合考虑说明书中的全部内容,对解释权利要求中有争议的用语作出解释。例如在知识产权高等法院判决的“施工面铺块”案件中,涉及对权利要求中“铺块”的解释。被控侵权产品使用的是天然石块,双方对是否属于权利要求中的铺块产生了争议。法院认定权利要求中铺块仅限于人工材料,不包括天然石块。法院作出上述认定的主要理由是:(1)“铺块”的含义在说明书中并没有明确的说明,因此应到日语辞典中寻找其含义。日语辞典中的含义是“混凝土砌块”。(2)说明书中记载的“产业上应用的领域”是“本发明涉及施工面上覆盖混凝土砌块时铺设的铺块”。(3)实施例中有使用人工材料制成成品的说明,但说明书及附图都没有记载铺块包括天然石块,也没有给出这种启示。(4)发明的效果中记载了在广阔的施工面上施工时使用铺块非常容易和迅速,说明书中所述的加工方法只能用于人工材料而不能用于天然石块。(5)从当时与铺块有关的发明和实用新型专利来看,其技术方案是否适用于天然石块多数有明确的说明,如果适用于天然石块和混凝土砌块也都有明确记载。〔1〕

4. 说明书中记载的作用效果用于对权利要求的解释

说明书中的重要内容是对发明作用效果的描述。日本重视说明书中的作用效果的描述,在解释权利要求中有争议的用语时,往往参考说明书中描述的作用效果。例如,在日本最高法院 1998 年 4 月 28 日判决的“单独型煤气燃烧窑熏瓦的制造方法”案件中,涉及权利要求中“1000 ~ 900℃附近”一词的解释。权利要求中的相关内容是:在 1000 ~ 900℃附近的窑温度和烧成瓦基体的催化作用下,上述的未燃烧液化石油气进行热分解,并转移分离的碳石墨,在瓦基底表面上形成沉积。而被控侵权方法中的温度是熏化开始时的温度为上段 880℃,下段 870℃,熏化结束时的窑内温度上段 850℃,下段 820℃。原审法院认为,说明书中并没有将熏化开始时的温度与结束时的窑内温度进行区分,应当认为开始时的温度在 1000℃附近,结束时的温度在 900℃附近,附近的范围是约 100℃。因此,被控侵权方法不在权利要求保护的范围之内。日本最高法院将案件发回重审,其理由是原审法院并没有参考发明的作用效果对权利要求进行解释。最高法院认为,本发明的作用效果,在转窑内进行烃的热分解,分离的碳石墨在熏瓦表面沉积进行着色,达到比在先技术更好的着色效果。这样的作用效果,明显是与窑内温度有关系的。因此,在解释权利要求中“1000 ~ 900℃附近”的含义时,应参考在专利申请时本领域技术人员和技术水

〔1〕 知识产权高等法院 2005 年(平成 17 年)12 月 28 日判决,平 17(ネ)10107 号。

平,判断什么样的温度可以实现这种的作用效果,从而对权利要求解释作出解释。由于原审法院在解释权利要求时,未考虑说明书中描述的作用效果,因此将案件发回重审。[1]

使用说明书中发明的作用效果解释权利要求的一种方法是,在判断是否构成字面侵权时,如果被控侵权物不具备说明书中描述的作用效果,使用该作用效果对权利要求进行限制性解释,认定不构成字面侵权。[2]

东京高等法院判决的"船桨"案件,虽然是一件在1994年日本专利法修改前的实用新型案件,但是是使用说明书中描述的作用效果解释权利要求的典型案件。权利要求中记载有"合成树脂制成的空室1"。说明书中描述是,现有技术中的船桨的重量在生产和销售时就已经固定,不能因人而调整,有的使用者抱怨船桨太重。而本发明可以有通过透孔往空室1中注入水和沙子,从而根据使用者调整船桨的重量。而被控侵权产品有空室1,但没有透孔。东京高等法院认为,从说明书记载的作用效果来看,只有空室具有透孔才能实现,因此,权利要求中的空室应解释为与外部相通。被控侵权产品不具备该技术特征。[3]

在前述知识产权高等法院2011年9月7日判决的"白糖年糕"案中,对于"載置底面又は平坦上面ではなく"是否具有年糕的上面两面没有切槽的意思,知识产权法院在解释时参考了说明书中的技术效果。原审法院认为,说明书中描述的作用效果是:在年糕的侧面沿圆周方向设置切槽,可以抑制在年糕烧制过程中因膨胀而喷出,从而使年糕更美观。在年糕上下两面是否设置切槽,会影响到发明的作用效果,被控侵权产品未落入专利的保护范围。知识产权法院同意一审法院概括的发明的作用效果,但认为这并不能说在年糕上下两面设置切槽,就会影响到发明的作用效果,从而将上下两面设置切槽的方案排除在专利保护范围之外。因此,从说明书中发明的作用效果来看,并没有排除上下两面设置切槽的方案。[4]

由于是否构成侵权的举证责任在于原告,因此有人认为当被控侵权产品是否具有专利说明书中所述的作用效果无法查清时,应当由专利权人承担败诉的后果。但也有学者认为,专利技术方案具备说明书中记载的作用效果是专利授权的前提。如果具备权利要求中记载的全部技术特征,应推定可以实现说明书描述的作用效果。而在侵权诉讼中,专利权人只需要证明被控侵权产品具备权利要求中技术特

---

〔1〕 日本最高法院平6(オ)2378号。

〔2〕 [日]中山信弘、小泉直树编:《新注解特许法》(上卷),青林书院2011年版,第1070页[岩坪哲]。

〔3〕 东京高等法院1974年(昭和49年)9月18日判决,《金融、商事判例》466号4頁。

〔4〕 知识产权高等法院2011年(平成23年)9月7日中间判决,平23(ネ)10002号。

征就可以,不需要证明实现说明书中描述的作用效果。原告一般不会使用说明书中的作用效果对权利要求进行限制性解释。因此,最好由被控侵权人对使用说明书中的作用效果对权利要求进行限制性解释提出主张并举证证明。[1] 大阪地方法院在“气溶胶”案件中指出,当被控侵权产品具备权利要求中所记载的技术特征时,对于因不具备说明书中描述的作用效果而不落入专利保护范围的主张,应对被控侵权物不具备该作用效果进行举证。被控侵权产品具备权利要求中的技术特征,则推定具有相同的作用效果,在侵权诉讼中由被告承担举证责任推翻上述推定。[2]

即使被控侵权产品具备了权利要求中的技术特征,但被控侵权人证明被控侵权产品因其他特征阻碍了产生权利要求中的作用效果,法院可以做出不落入专利保护范围的结论。例如,在东京地方法院 2004 年 2 月 25 日判决的“电气连接用铜基合金”案件中,专利权利要求的技术特征 A 为:“实质上包括以下成分:镍:2 ~ 4.8%,硅:0.2 ~ 1.4%,锰:0.05 ~ 0.45%,铜:其他含量(以上数字均为重量%)。”被控侵权产品具备上述成分,但同时还含有亚铅和锡,改变了合金的特性,韧性增强而电传导性降低,因此与权利要求中技术特征 A 不相同。[3]

5. 说明书中实施例用于解释权利要求

日本学者将说明书中用于解释权利要求的内容分为三类:第一类是对权利要求内容的描述,如发明解决的技术问题、解决技术问题的手段、发明的作用效果等;第二类是发明实施例中的技术内容;第三类是专利申请时公知的内容。当第一类内容对于权利要求中的用语没有明确的说明时,就使用第二类内容即实施例来解释权利要求。[4]

在东京地方法院 1984 年判决的“人造金刚石制造装置”案件中,权利要求中有如下内容:“协作的尖细冲头安装置于锥形压穿台装置,并且进一步通过该冲头装置引入了应该该穿台装置中形成的反应室,并且在该前端细冲头装置与该穿台装置的该前端细壁部分之间插有密封垫片装置。”对于其中的“协作”“锥形压穿台”以及“前端细冲头”的含义双方产生了争议。法院认为,对于专利发明的构成,说明书对于发明的详细说明中并没有一般性描述。对发明的说明始终体现在实施例和附图中。而根据法律法规的规定,说明书的必须记载发明的构成,实施例和附图只不过是用来帮助理解发明的。当说明书中对于发明的构成没有一般性说明只有实

---

〔1〕 [日]中山信弘、小泉直树编:《新注解特许法》(上卷),青林书院 2011 年版,第 1070 ~ 1072 页[岩坪哲]。

〔2〕 大阪地方法院 2001 年(平成 13 年)10 月 30 日判决,判例タイムズ1102 号 270 頁。

〔3〕 东京地方法院 2004 年(平成 16 年)2 月 25 日判决,平 14(ワ)16268 号。

〔4〕 参见[日]高瀬彌平:《特許権侵害訴訟判決ガイド》,パテント2003,vol56。

施例和附图的情况下,只能将实施例和附图作为发明构成的一般性说明,用于解释权利要求中用语的含义。最后,法院根据实施例和附图解释对争议的用语作出了解释,并认定被控侵权不属于专利的保护范围。[1]

在上述案例中,法院使用实施例和附图解释权利要求是有条件的,只有在说明书对于发明的构成没有一般性说明时,才参考实施例和附图对权利要求进行解释。一般情况下,实施例不能用来限定专利的保护范围。即使被控侵权产品与实施例不同,但落入权利要求的用语的范围之内,并实现了发明的作用效果,如果专利权人没有将专利的保护范围限定在实施例的范围之内,仍应认为落入专利保护范围。例如,在东京地方法院1985年判决的"患者移动机"案件中,专利涉及将在医院不能行走的患者从床上抬起并运送的装置。发明的主要内容是担架上侧环形带与下侧环形带在支撑装置的支撑下抽出,从而抬起和运送患者。权利要求中记载的一个技术特征是:"各环形带各自的支承装置能够以旋转的方式支撑。"说明书中的实施例是支撑装置由床自体直接驱动(A形态),但被控侵权物中的支撑装置并不是由床自体直接驱动(B形态)。对于被控侵权物是否具备权利要求记载的技术特征,双方产生了争议。法院在判决中指出:"希望获得专利的申请人,期望得到最大范围的保护是自然合理的。如果说申请人有意识地对专利技术范围进行限定,说明书及其他申请文件中应当有明确限定的意思。一般情况下,实施例只不过是发明思想实际应用的具体示例。即使实施例中没有记载B形态,但也不能说将B形成有意识地排除在外。"最后,法院认定,专利说明书并没有将保护范围有意识地限定为其中的实施例,因此被控侵权物仍属于专利保护范围。[2]

6. 参考说明书解释权利要求的原则

学者认为,日本法院在确定专利保护范围时,说明书比权利要求书更重要。说明书不能用于扩大权利要求书限定的范围,但可以用于缩小权利要求中保护的范围。如果法院发现专利违反了授权的条件,可以使用说明书缩小专利保护范围。例如,如果法院认为某种技术方案在说明书中没有充分披露,或者没有达以能使本领域技术人员实施的程度,法院可以认为该技术方案不在专利的保护范围之内,即使这样做将说明书的限制读入了权利要求。[3]

虽然参考说明书解释权利要求曾经专门用于对权利要求进行限制性解释,但

---

[1] 东京地方法院1984年(昭和59年)判决,昭55(ワ)429号。

[2] 东京地方法院1985年(昭和60年)判决,昭58(ワ)1689号。

[3] Toshiko Takanaka, *Patent Enforcement in the US, Germany and Japan*, Oxford, Oxford University Press, 2014, p. 153.

至少从《日本专利法》第 70 条第 2 款的条文来看,其体现的是价值中立的立场。根据说明书解释权利要求用语的含义,专利的技术范围不限于实施例,在说明书中有记载但权利要求中没有记载的内容,不能解释在专利的保护范围之内。[1]

日本学者根据日本的有关判例,列举了如下参考说明书和附图确定专利技术范围的原则:[2]

(1)专利说明书中的记载比专利权利要求的记载范围大时,专利说明书中有记载而专利权利要求中没有记载的发明内容,不在专利的保护范围之内。

(2)专利说明书中记载的实施例,根本目的是为了作为实施发明例示,不能对专利发明的技术范围起限制作用。但是,根据对权利要求解释的结果,应当得出实施例中记载的内容在专利发明的技术范围之内的结论。

(3)发明是实现特有作用效果的物或方法,如果某物或方法不能达到发明详细说明中记载的作用效果,即使全部具备权利要求中记载的构成要件,也不属于专利发明的技术范围之内。另外,即使达到了发明详细说明中记载的作用效果,但没有全部具备权利要求中记载的构成要件,也不属于专利发明的技术之内。

(4)权利要求中的记载比专利详细说明中记载的范围大时,因为专利的详细说明是确定本领域技术人员所可能实施范围的基础,专利说明书的记载应当对专利权利要求的范围起限定作用。

六、辞典等用于解释权利要求

虽然《日本专利法》第 70 条的规定中并没有规定辞典用于解释权利要求,但如前所述,日本法院在确定权利要求用语的通常含义时,往往参考辞典中的解释。参考辞典解释权利要求的前提是说明书对该用语没有特别的界定。根据日本专利厅的规定,专利说明书,应当按照样式第 29 做成。样式第 29 的"备考"部分记载了对说明书中用语的要求。"7. 技术用语,使用学术用语。8. 用语应当使用其普通含义,并且在说明书中从头到尾应当使用统一的含义。但是,如果对用语的含义进行了特别的定义,并且使用该特定含义的,不在此限。"根据上述规定,权利要求中的术语应根据其通常含义进行解释,除非说明书给出了不同的含义。这意味着:如果术语为技术术语,应根据其技术含义进行解释;如果说明书对术语的含义进行了界

---

〔1〕 日本特许厅编:《工业所有权法逐条解说》(第 19 版),日本发明推进协议 2012 年版,第 238 页。

〔2〕 [日]森义之:《专利发明技术范围的确定》,载[日]牧野利秋、饭村敏明编:《裁判实务大系 · 知识产权关系诉讼法》,青林书院 2001 年版,第 158 页。

定,应按说明书界定的含义进行解释;如果术语不是技术术语,而说明书中又没有特别界定,应按通常含义进行解释。在东京地方法院 2000 年 3 月 27 日判决的“水泥砂浆或混凝土的湿喷快凝剂”案件中指出:权利要求中术语的含义,除非有特别的界定,应当采用本领域普通技术人员所理解的通常含义。[1]

由于学术用语的含义有时不同于日语中的通常含义,对于学术用语,应按照学术用语的通常含义进行解释,也就是本领域技术人员的通常理解进行解释,而不受日语辞典中解释的约束。在这种情况下,法院更多地参考《科技用语辞典》或《JIS 工业用语大辞典》等的解释。例如,在“手机”案件中,对于权利要求中“标识符”[2]的含义,法院根据《JIS 工业用语大辞典》的解释,认定其含义是“为了识别对象的唯一性而使用的标识符号”。[3]

在专利侵权诉讼的过程中,为了证明权利要求中用语的通常含义,当事人常常将日语词典、专门领域的用语词典、技术文献等作为证据提交。法院也往往将这些材料作为确定权利要求中用语的含义的依据。从日本有关法院的判决来看,法院一般是先利用词典等文献确定权利要求中用语的含义,然后再看说明书中对该用语是否有特别的定义,如果没有特别的定义,则按照词典等文献的解释确定权利要求中用语的含义。

例如,在大阪地方法院 2000 年 2 月 22 日判决的“碎纸机用刀片”案件中,权利要求中的一个词语是“嵌着”。法院在判决中指出,根据日本工业新闻社出版的《专利技术用语集》的解释,“嵌着”的含义是“抓住嵌入的材料”的意思。从该专利公报中权利要求以外部分的记载以及附图来看,看不出有将“嵌着”作为与通常含义不同的用语使用的内容。因此,法院按照《专利技术用语集》的解释确定了“嵌着”的含义。[4]

在大阪地方法院 2000 年 2 月 24 日判决的“洗米及其包装方法”一案中,权利要求中的一个词语是“洗涤”。法院判决中指出,根据岩波书店《广辞苑》的解释,“洗涤”与“洗净”同义,是“进行洗涮”的意思。在专利权利要求以及说明书中专利权利要求范围以外的部分,也没有给出与通常白米洗涤不同的意思,因此,应当按照通常的意思理解“洗涤”的含义。[5]

在东京高等法院 2001 年 4 月 17 日判决的“电话卡”案件中,权利要求中的一

---

〔1〕 东京地方法院平 9(ワ)27611 号。

〔2〕 日语中为“识别子”。

〔3〕 东京地方法院 2008 年(平成 20 年)5 月 30 日判决,平 18(ワ)23787 号。

〔4〕 大阪地方法院平 10(ワ)12235 号

〔5〕 大阪地方法院平 9(ワ)9063 号。

个词语是“押形部”。法院判决中指出,根据《广辞苑》的解释,“押形部”指的是“对材料施加压力形成的器具”,因此,“在卡本体一部形成的押形部”指的就是“对卡本体的一部分施加压力形成的部分”的意思。[1]

日本没有在解释权利要求时内部证据和外部证据之分,没有出现辞典和说明书哪个优先的争论。在上述判决中,法院都是首先按照词典等材料确定权利要求中术语的普通含义,然后看专利说明书对该术语有没有界定其他的含义。上述判决中,专利说明书都没有对争议的术语界定其他含义,因此,法院按照词典等材料上使用的该术语的普通含义进行解释。

除了辞典之外,日本法院很少使用科技论文和其他资料用于理解权利要求中的技术术语。这是因为东京、大阪地方法院和知识产权高等法院都有技术调查官帮助法官理解技术内容。另外,日本法院也很少使用当事人提供的专家证人和证言,因为法官认为这些证人不如技术调查官可信。[2]

七、审查档案用于解释权利要求

审查档案在日本一般称为专利审查经过。专利审查经过对于解释专利权利要求具有重要意义。日本学者指出,在从专利申请到授权的过程中,申请人与审查员之间经常发生多次意见交换。有时,在申请人进行了澄清限制了专利的技术范围,或者使专利的技术范围变得清晰后,才授予了专利权。在专利审查过程中提交的材料是可以公开查阅的,这对于确定专利的技术范围具有重要意义。在专利侵权诉讼中,查阅这些材料是一个非常重要的程序。对于申请人来说,这具有“审查经过禁止反悔”的重要意义,他不能否定在专利审查过程中的主张。[3] 日本一般将专利申请过程在权利要求解释中的适用称为包袋禁止反悔[4]。所谓“包袋”,是指专利申请人在专利申请过程中出具的修改、意见陈述、专利异议答辩书,在专利分案申请的情况下原申请中的材料,以及专利权人针对专利无效宣告请求向专利局和法院所出具的答辩书和意见书等书面材料。从日本学者的论述和法院的判决看,其所称的“申请经过”,包括了在专利局从申请到授权的全过程,以及无效程序中专利局的审查和决定过程,以及法院审决取消诉讼的过程。

---

〔1〕 东京高等法院平12(ネ)4209号。

〔2〕 Toshiko Takanaka, *Patent Enforcement in the US, Germany and Japan*, Oxford, Oxford University Press, 2014, p. 152.

〔3〕 [日]中山信弘:《工业所有权法上 · 专利法》(第2版增补版),弘文堂2000年版。

〔4〕 本书中译为审查经过禁止反悔。

(一)审查经过禁止反悔的目的

适用审查经过禁止反悔的根据,日本学者最常用的是"诚实信用原则"。在专利授权过程中一旦作出某种主张,如果在专利侵权诉讼中再提出相反的主张,就违反了诚实信用原则。有的学者指出,单纯诚实信用原则不足以解释专利权利要求解释中的审查经过禁止反悔,还应当从专利授权的审查制度方面进行考虑。在经过专家审查员的审查后,才授予具有安定性的权利。因此,在专利审查过程中所提出的主张,在一定条件下不允许再提出矛盾的主张。[1] 由于专利审查机关(特许厅)和专利权行使的判断机关(法院)不是同一机构,适用审查经过禁止反悔可以防止专利申请人(专利权人)在不同的机关提出矛盾的主张。[2]

(二)是否适用审查经过禁止反悔的不同学说

曾有学说主张应当重视权利要求的保护范围功能(公示功能),否认审查经过禁止反悔,或者虽承认审查经过禁止反悔,但将其适用限制在极小的范围之内。例如,有人提出:

> 作为认定技术范围的资料,在起辅助作用的情况下,对发明的详细说明以及附图可以作为参考。但是,对于考虑到通过专利申请过程表示出来的申请人的意图以及专利局在授予专利过程中的意思解释,认定专利的技术范围,从公众审查主义的关系看,是存在很大疑问的。因为,一般来说,这些事项是公众所不知道的。这与只有相对效力的合同意思解释不能同一而论。我认为,在专利申请公告后,专利局内不论何人的申请文件以及附属物件,都不对我的意见产生影响。[3]

也有人指出,"将申请人的意图和专利局的见解作为解释专利请求范围的补充资料,是与专利申请公告制度即公众审查主义相违背的。公告专利申请的专利公报中的记载,应当作为第一基准。在这个意义上,专利是以表示主义为基础的"。[4]

但是,在实践中上述学说并没有被日本法院所采纳,在理论上也很快被赞同审查经过禁止反悔的学说所取代。赞同审查经过禁止反悔的学说很快被普遍接受。

---

[1] 参见[日]吉田广志:《从最近的法院判例看禁止反悔的研究(1)》,载《知财管理》2002年第2期。

[2] [日]中山信弘、小泉直树编:《新注解特许法》(上卷),青林书院2011年版,第1075页[岩坪哲]。

[3] [日]三宅正雄:《专利法第70条的注意点》,载《专利判例百选》(1966)。转引自吉田广志:《从最近的法院判例看禁止反悔的研究(1)》,载《知财管理》2002年第2期。

[4] [日]光石士郎:《新订专利法详说》(1972年,帝国地方行政学会),第238页。

日本学者指出,应当采用审查经过禁止反悔的主要理由是:第一,随着技术的进步,专利审查变得越来越困难和专业化。专利申请的数量激增,并且申请人要求迅速授权。在这种环境中,有时需要进行补正的情况下,通过限定解释审查员避免再次发出拒绝理由通知,就授予了专利权。例如,审查员提出权利要求中的"酸"需要补正,但申请人提出这里的"酸"指的是"质子酸"而不包括"Lewis 酸"。本来审查员应该再次发出拒绝理由通知,让申请人将"酸"改正为"质子酸"。但是,再次拒绝理由通知不可避免地带来审查迟延。这种情况下,审查员可能听从申请人的意见,按"质子酸"进行审查,并且认为因为可以适用审查经过禁止反悔,不对"质子酸"之外的酸进行审查也不会产生问题。第二,虽然权利要求解释根据说明书的记载进行,但是权利要求效力的判断不能离开专利申请过程的材料。在涉及优先权的情况下,享受优先权利益的范围应根据前一申请的材料确定。不通过查阅材料确认前一申请的内容,就无法对权利要求的有效性作出判断。另外,专利申请中补正的内容无法通过专利公报反映出来,判断补正的有效性也需要查阅审查经过的材料。再有,在分案申请的情况下,不查阅原申请的材料就不能确定分案出来的专利的范围。再者,对于第三人无法得到申请人的主张和审查官的理解的担心是没有必要的,因为专利法规定了任何人都可以在规定的时间内查阅专利申请文献。〔1〕

(三)审查经过禁止反悔在权利要求解释中的适用

在专利申请过程中申请人的典型行为,是根据审查员的拒绝理由通知书所作出的应答行为。这种应答行为可以是对专利申请书进行补正,也可以是不进行补正而提出意见书。

对于什么情况下可以将申请人的意见书作为禁止反悔的对象,也就是什么情况下参考专利申请过程进行权利要求解释,日本学者曾有不同的主张,判例中也有不同的意见。其主要不同意见围绕以下几个问题而产生。

1. 是否只有针对专利性的修改或意见陈述可导致禁止反悔

对此,一种观点认为,专利申请人的陈述或补正只有在针对专利发明的新颖性和创造性等专利的实体要件作出时,才适用申请过程禁止反悔。除了专利实体要件以外的陈述或者补正,并不产生禁止反悔的效力。例如,大阪地方法院 1996 年 9 月 26 日判决的"青果物包装体"案件,法院在判决中指出:"申请人在专利权利要求记载的含义所做的陈述,对于诸如专利异议申请人所提出的现有技术等欠缺新颖性和创造性的异议的排除并无必要,属于不必要地对专利的范围进行限定的场合,

---

〔1〕 参见[日]吉田广志:《从最近的法院判例看禁止反悔的研究(1)》,载《知财管理》2002 年第 2 期。

第三人对于申请人的陈述的信赖，很难被评价为必须保护的合理信赖，不能适用审查经过禁止反悔的法理。"[1]

对于上述观点，有的学者提出了反对意见，作为禁止反悔对象的申请人的陈述，不只限于对缺乏新颖性和创造性的拒绝通知书的应对理由，在专利申请书记载不完备、不符合专利单一性的形式要求等情况下，申请人的陈述也是禁止反悔的对象。[2]

采用第二种观点的案件如大阪地方法院1991年5月27日判决的"二轴强制混合机"案件。法院在判决中指出："有时，在说明书的记载中有多种可能的解释时，本领域技术人员即使参考自己所知道的技术事项也不能确定专利的技术范围，这时必须参考专利申请过程中申请人表示出的意见等材料。但本案不属于这种情况，本案中从说明书本身就可以确定专利的技术范围……申请人在异议请求答辩书中对专利权利要求记载的文字进行了有关的陈述，这些意见被专利局审查官接受，驳回了异议请求，并决定授予专利。在这样的情况下，基于该专利权提起的专利侵权诉讼中，专利权人提出与上述陈述矛盾的主张，并主张侵权成立，按照诚实信用原则和禁止反悔原则是不能允许的。"[3]

采用第一种观点的案件如大阪地方法院2001年10月9日判决的"电动式导管弯曲装置"案。权利要求中的一个技术特征涉及"管架"，被告的被控侵权制品中含有该技术特征。但被告认为，原告在专利申请过程中，对"管架"进行了"配置上改良""自由回转的构造"以及"直线结构"等限制，被控侵权产品不具有这些特征，因此，不属于专利的保护范围。法院在判决中首先指出："参考专利说明书权利要求以外的部分以及附图的记载后，权利要求中的用语仍有多种含义时，或者含义仍不明确的情况下，对权利要求解释时，应当说允许参考申请过程中申请人表示的认识和意见。进一步说，专利申请人在专利申请手续中对专利权利要求的范围进行有意识地排除等，除了专利权人一方明确表示不属于专利发明的技术范围的情况以外，申请过程中手续补正书以及意见书、专利异议答辩书以及针对审查员的拒绝理由以及专利异议申请所作出的对专利权利要求范围具有限定意义的陈述等，被审查员以及法院接受，并因此撤销了拒绝理由或异议理由，使专利得以授权或得以维持的情况下，在基于该专利权提起的侵权诉讼中，专利权人提出与上述陈述矛盾的主张，按照诚实信用原则和禁止反悔的一般原则，不能被允许。"然后法院对该案中

---

[1] 大阪地方法院1996年(平成8年)9月26日判决，判例タイムズ942号238頁。

[2] 参见[日]吉田广志：《从最近的法院判例看禁止反悔的研究(1)》，载《知财管理》2002年第2期。

[3] 大阪地方法院昭58(ワ)1371号。

专利的申请和无效宣告过程进行了考察,认为原告在申请经过中对于“管架”所作的陈述,是对拒绝理由通知和拒绝授权通知中所引用的现有技术进行的对比。“不管有没有与‘管架’有关的变更,本件发明都符合授予专利的条件。因此,在专利申请过程中专利申请人对‘管架’所做的陈述,不能认为是针对专利局审查员的拒绝理由和专利异议理由,而对专利权利要求范围所进行的有限定意义的陈述,并且被专利局审查员或法院接受,最后被授予了专利权。因此,被告根据禁止反悔原则提出的限制解释的主张不被采用。”〔1〕

总的来说,第一种观点是较窄地适用禁止反悔原则,只有针对专利授权的实体要件而提出意见陈述或对权利要求进行补正,才考虑适用禁止反悔原则。第二种观点是宽泛地适用禁止反悔原则,无论申请人是针对什么理由提出的意见书,只要申请人作出了陈述并被审查员采纳,就适用禁止反悔原则。最近的判例采用的是第一种观点,即只有针对专利授权的实体要件所做的陈述或修改,才可以用于禁止反悔。例如,日本知识产权高等法院在 2014 年 1 月 29 日判决的“家具的脚安装结构案件”中,对于涉案权利要求中“紧密地插嵌”一词的解释,因专利权人在审查过程中为了答复专利缺乏创造性的审查意见,进行了限制性的解释,法院限制性地解释了该用语的含义,认定被告不构成侵权。〔2〕 在东京地方法院 2007 年 2 月 15 日判决的“一次性尿布案件”中,对于权利要求中“热熔胶膜”,被告提出应根据专利审查经过解释为具有不透水性,因为申请人在异议答辩书中描述本发明与对比文件 3 的区别,强调了本发明的热熔胶膜的不透水性,但是,法院未支持此主张。法院的理由是,专利申请人的上述意见,是为了说明实施例 2 与其他记载的矛盾。另外,异议决定并没有涉及对比文件 3,专利权人在异议答辩中的陈述并没有作为作出异议决定的理由,而专利权人关于与对比文件 3 的区别点的陈述,与说明书中的内容是矛盾的,不能用于对专利权的保护范围进行限定解释。〔3〕

2. 是否专利权利要求中的用语没有明确的唯一含义时才参考专利审查经过

对此,日本学者也有不同的观点。一种观点认为,只有当权利要求书中的用语没有唯一含义时,才可以将专利申请人的意见书作为解释的辅助资料。例如,有的日本律师认为:“专利权是根据专利审查和设定登录而独立确定的权利,是与专利申请人的最初的主观意图分离而客观存在的。专利技术的范围,应当客观地确定。但是,说明书的记载中有可能产生多种含义的解释,确定专利技术范围有困难的时

〔1〕 大阪地方法院平 10(ワ)12899 号。

〔2〕 知识产权高等法院平 25(ネ)10072 号。

〔3〕 东京地方法院平 17(ワ)6346 号。

候,该专利申请的经过可以作为补充材料供参考,这与前面所说的并不矛盾。"[1]

另一种观点认为,专利授权的过程,是评价发明到底是什么以及对该发明给予何种保护的形成过程,因此,申请人与审查员之间不是对立关系,而是协办工作确定如何对发明给予保护的关系。通过这一过程最终授予专利权后,判断该专利的技术范围时,必须考虑申请的全部经过。另外,在发明内容确定的过程中,申请时的技术水平给予了充分的考虑,而最能反映发明与现有技术对比的材料,就是专利审查经过。因此,即使申请人的意见书没有影响专利授权,在所有的案件中也当然应当参考申请经过,不只是在专利权利要求中的用语有多种含义时才参考。

从日本法院的判决来看,法院有时在权利要求中用语没有明确的唯一含义时参考专利申请经过进行权利要求解释。例如,大阪地方法院 1991 年 5 月 27 日判决的"二轴强制混合机"案件中,虽然该案本身并不涉及申请人的意见陈述是否在权利要求中用语没有唯一含义时才作为参考的问题,但是法院在判决中的论述涉及到这一问题,"有时,在说明书的记载中有多种可能的解释时,本领域技术人员即使参考自己所知道的技术事项也不能确定专利的技术范围,这时必须参考专利申请过程中申请人表示出的意见等材料。"[2]

但法院有时参考专利申请经过并不以权利要求中的用语没有明确的唯一含义为条件,例如,东京地方法院 2001 年 1 月 31 日判决的"落石防止工法"案件,[3]东京高等法院 2001 年 4 月 17 日判决的"电话卡"案件[4]。总的来看,虽然在前一类型的案件中,虽然法院提出在权利要求中用语没有明确的唯一含义时参考专利申请经过进行权利要求解释,但同时没有否认除此之外不能参考专利申请过程进行权利要求解释。因此,从法院判决的情况来看,应当说法院并没有把权利要求中的用语没有明确唯一的含义作为参考专利申请经过的条件。

3. 无效审判和订正审判中的陈述是否可以用于禁止反悔

一般所说的审查经过是授权的过程,对于审查过程中的陈述可以用于禁止反悔,东京地方法院 2001 年 3 月 30 日的判决的"连续墙体的施工方法"案件中指出,虽然无效审判与专利授权程序表面上看有区别,但不允许当事人在审查和侵权程序中提出不同的主张的诚实信用原则和禁止反悔原则,同样适用于当事人在无效

---

〔1〕 市川正巳:《专利发明的技术范围与申请经过》,载[日]牧野利秋、饭村敏明编:《裁判实务大系·知识产权关系诉讼法》,青林书院 2001 年版,第 168 页。

〔2〕 大阪地方法院昭 58(ワ)1371 号。

〔3〕 东京地方法院平 12(ワ)992 号。

〔4〕 东京高等法院平 12(ネ)4696 号。

审判程序中的陈述。根据上述原则,当事人在无效审判程序中的意见,无论是否被采纳,都可以用于解释权利要求的内容。[1] 大阪地方法院在“书写工具的墨管”案件判决中指出,专利权人在订正审判中的意见陈述,也可以作为禁止反悔的对象。[2]

4. 是否考虑专利权人的意见有没有被审查员采纳

如果专利权人在审查过程中的意见没有被审查员采纳,是否仍可以作为禁止反悔的理由,日本法院在判决中的意见并不完全一致。在前述大阪地方法院1996年9月26日判决的“青果物包装体”案件中,法院认为,专利权人对于专利权的不必要限制,并没有保护第三人合理信赖的必要,不应适用禁止反悔原则。但前述“连续墙体的施工方法”案件中,法院认为,当事人的意见无论是否被采纳,都应当作为禁止反悔的依据。日本学者倾向于只考虑被审查员采纳的意见。原因在于,专利权人在申请过程中,可能会提出主要理由和次要理由,如果所有的主张无论是否被采纳都在为禁止反悔的依据,则增加了专利权人的负担。而对第三人而言,将与专利授权没有关系的主张用来限制专利权的范围,对第三人保护过度。从禁止反悔的法理来看,虽然其功能具有防止专利权人在不同的阶段提出矛盾的主张,但其目的在于防止在不同的阶段出现不同的结果,因此与授权没有因果关系的主张不应考虑。[3] 还有的学者指出,字面解释中参考审查经过与适用等同原则时不同。适用等同原则扩大专利权的字面含义的范围,因此采用禁止反悔原则限制等同原则的适用。但字面解释中参考审查经过并不是扩大专利权字面含义,如果将专利权人的所有陈述都作为限制保护范围的依据,就过于严厉了。[4] 在前述“一次性尿布”案件中,法院也将专利权人的意见并不是作出异议决定的理由,作为不导致禁止反悔的原因。

5. 是否可以参考其他专利的申请经过

是否可以把其他专利的申请经过用于解释本专利的权利要求,日本东京地方法院在2003年判决的“电话卡”案件中,认定母专利的申请经过可以用于分案专利的权利要求解释时的限制因素。[5] 大阪地方法院在2007年4月19日判决的“护

---

〔1〕 东京地方法院平12(ワ)8204号。

〔2〕 大阪地方法院平6(ム)7116号。

〔3〕 [日]村林隆一等编:『特許・実用新案の法律相談』、青林书院、2009、頁98。

〔4〕 [日]中山信弘、小泉直树编:《新注解特许法》(上卷),青林书院2011年版,第1078页[岩坪哲]。

〔5〕 东京地方法院平14(ワ)23687号。

目镜”案件中也做了相同的认定。[1] 东京地方法院在2005年12月27日判决的“图形显示装置及方法”案件中认为，针对同一申请人使用同一实施例在同日申请的多个专利，专利申请人在其他专利申请中作出的实施例与现有技术关系认识的说明，对本案权利要求的解释具有限定作用。[2]

6. 是否考虑申请人修改权利要求的主观意图

在大阪地方法院2009年4月7日判决“导热硅橡胶组合物案件”中，专利权人针对审查意见通知，修改了权利要求，增加了“导热无机填料是导热硅氧烷橡胶，体积占组合物的40%～80%。”针对被告提出的审查经过禁止反悔的主张，专利权人主张当时增加上述内容的目的并不是限定导热无机填料在组合物中的体积比重。大阪地方法院认为，在参考专利审查经过时，不考虑专利权人当时的主观意思，而只看其修改所表现出来的含义。专利权人在申请过程中的修改，看起来具有限定导热无机填料在组合物中的体积比重的意思。如果以专利权人不具有此意思而否定禁止反悔原则的适用，会损害相信其外在含义的第三人的利益，不利于法的稳定性，是与禁止反悔原则相抵触的。[3]

7. 提出后又撤回的修改是否导致禁止反悔

在前面提到的知识产权高等法院2011年9月7日判决的“白糖年糕”案件中，专利权人曾针对审查员提出的拒绝修改权利要求理由，将权利要求修改为年糕的侧面有切入的沟槽，而上下面没有沟槽。但审查员又提出专利申请缺乏新颖性的理由后，专利申请人撤回了上述修改。关于撤回的修改是否导致禁止反悔，一二审法院有不同的意见。一审法院认为，专利申请人的上述修改，是专利申请人主动提出的意见，可以限制对权利要求的解释。二审法院认为，由于专利申请人的修改已经撤回，不能通过禁止反悔用于对权利要求的限制解释。

(四)参考专利审查经过认定不侵权的案例

日本法院在权利要求解释过程中，参考专利申请经过认定专利的技术范围，最后判定不侵权的案例很多。除了前面涉及的案件外，下面再介绍几个具有代表性的案例。

(1)因避开现有技术而修改权利要求导致禁止反悔。例如，东京地方法院1996年9月30日判决的“包装材料热封装置”案件。案中权利要求中一个技术特征是“有基本矩形的平先端面的突条”，而被控侵权物中有“基本圆弧形先端面的突条”。

---

[1] 大阪地方法院平17(ワ)12207号。

[2] 东京地方法院平成15(ワ)23079号。

[3] 大阪地方法院平18(ワ)11429号。

权利要求中的这一技术特征,在专利申请过程中,从申请之初的“基本线状突起的突条”,变为“有平的平面上的突条”,最后成为“有基本矩形的平先端面的突条”。补正的理由是为了避开“有外力V状作用面的突条”的现有技术。法院判决中指出,参考专利申请过程,专利权利要求中这一技术特征的突条只能包含基本矩形的平先端面,扩大解释到除此之外的其他形状是不能允许的。据此,法院驳回了原告的诉讼请求。

(2)针对审查员的审查意见,专利申请人的意见陈述导致的禁止反悔。例如,大阪地方法院1980年2月29日判决的“中子成形机”案件。案中权利要求中的一个技术特征是“吹管活塞”。针对审查员认为不具有新颖性的意见,申请人强调该活塞上的金型押出装置具有新颖性。法院认为,在确定专利的技术范围时,不能无视专利申请经过中申请人的主张。因此,本件发明技术范围不能只从权利要求文字上的解释确定,要通过专利申请经过对权利要求中的上位概念进行合目的的限制解释。权利要求中的“吹管活塞”应当具有金型押出装置的押压机能。被告的装置中没有这一装置,不属于专利发明的技术范围。[1]

(3)综合权利要求的修改和意见陈述,认定构成禁止反悔。例如,大阪地方法院1982年10月5日判决的“石油燃烧器具用芯”案件。案中专利权利要求中的一个技术特征是“圆筒状下部芯体”。法院认为,从专利申请经过中的手续补正书、对专利公告异议的专利权人的答辩内容以及对不予授权审判中的补正内容等全面考察,本案实用新案的请求范围中的“圆筒状下部芯体”指的是没有切眼的“圆筒状下部芯体”,被告制品中有切眼的“圆筒状下部芯体”不属于该实用新案的技术范围。

八、现有技术与专利权利要求解释

(一)现有技术与专利侵权诉讼

根据《日本专利法》第29条1款的规定,专利授权的条件之一是发明与申请时的现有技术或从现有技术中容易推考的技术(一般统称为申请时的技术水准)并不相同。因此,专利与申请时的技术水准有密切的关系。但是,这种关系作为专利的要件之一,是专利局审查、审判以及法院进行行政审判时应当考虑的事由。在专利侵权诉讼中,是否还应当考虑专利与申请时技术水准的关系,是日本法院经常遇到的问题。最初,在侵权诉讼中,日本法院的判决一概不涉及专利无效原因的问题。

---

[1] 大阪地方法院1980年(昭和55年)判决,昭53(ム)952号。

后来,日本法院向着越来越广泛地对专利权的瑕疵进行审理的方向发展。这一变化的最明显例证就是,在确定专利权利要求的技术范围时参考申请时的技术水准。[1] 而日本最高法院在2000年判决的"Kilby案"以及之后《日本专利法》2004年增加的第104条第3款的规定,又在现有技术抗辩基础上增加了专利无效抗辩。

(二)2004年前的做法

在2004年《日本专利法》明确规定专利无效抗辩之前,在专利侵权诉讼中涉及现有技术的问题,一般是将现有技术作为解释权利要求的参考因素。通过解释权利要求,将现有技术排除在专利保护范围之外。

1. 参考现有技术解释权利要求的起源

日本专利法中并没有关于参考现有技术解释权利要求的规定。在专利侵权诉讼中参考现有技术的一般原则,是日本最高法院通过两个判决认可的。

第一个判决是日本最高法院1962年12月7日作出"炭车防脱轨装置"案件。在判决中,日本最高法院指出:"与专利无效审判不同,确认权利范围的审判是以专利权有效为前提的,因此,在这样的诉讼中不能讨论专利的内容是否公知的问题。为了界定授予专利权的发明的保护范围,必须考虑申请时的技术水准。实际上,专利权只授予具有新颖性的工业发明,发明中包含的当时已经公知的技术不是新颖性的发明,不属于专利权的范围。"据此法院认定,在专利申请时的炭车防脱轨装置就已有车轴插入车身的活动孔中,车轴和车身不固定的方案,这种构造属于申请时的现有技术,不在专利的保护范围之内。[2]

第二个判决是日本最高法院1964年8月4日作出"液体燃料燃烧装置"案件。案中被告是实用新型专利权人,原告生产的产品与实用新型权利要求中的记载的技术方案相同。现有技术中已经公开的液体燃料燃烧装置中的燃料排出口和引导盘都是弯曲的,被控侵权产品的燃料排出口和引导盘也是弯曲的,而涉案实用的说明书和实施例中描述的燃料排出口和引导盘是直的,但权利要求书中并没有限定其燃料排出口和引导盘是直的。原告按当时的法律规定请求特许厅确认其产品未落入专利的保护范围。特许厅做出了认定原告产品未落入专利保护范围的审决。东京高等法院判决撤销了特许厅的审决,其理由是:虽然本案中的实用新型具有新颖性方面的问题,但本案审理的不是无效的问题,因此不考虑权利要求中的方案是

---

[1] 参见[日]中山信弘编:《注解特许法》(第3版),青林书院2000年版,第747页。

[2] 日本最高法院1962年(昭和37年)12月7日判决,《最高裁判所(または大審院)民事判例集》16卷12号2321頁。

否具有新颖性和是否公知的问题。[1] 案件上诉到日本最高法院后,日本最高法院指出,"在确定实用新型的权利范围时,为了认定发明的要点,不能拘泥于权利要求中记载的文字,还必须考察该发明的性质、目的以及说明书和附图。……如果实用新型中包含有申请时公知公用的技术,应将上述公知公用的部分排除在具有新颖性的方案之外。"[2]因此,日本最高法院认为,涉案专利保护的只是说明书中描述的燃料排出口和引导盘是直的的技术方案,原告的产品未落入专利的保护范围。

日本学者认为,虽然这两个判决是根据日本1921年的专利法作出的,但在今天仍具有意义。[3] 这两个判决的共同之处是,在任何一个案件中,只是从权利要求范围的文字与被控侵权物进行对比,都得出被控侵权物属于权利范围的结论。尽管如此,参考现有技术作为限制解释的资料,仍得出被控侵权物不属于权利范围的结论。[4] 这两个案件的区别在于其限制解释的限度不同。第一个判决只是对权利要求中的文字进行限制性解释。第二个判决还考虑到权利要求书文字之外的说明书中的技术信息,其结果是对权利要求的文字施加了其他限制。[5]

可见,日本最高法院的上述两个判决,确立了在确定专利保护范围时应当将现有技术排除在外的原则,这样在专利侵权诉讼中解释权利要求时应当考虑现有技术。

2. 专利发明与现有技术相同时的处理

如果原告的专利发明与专利申请时的现有技术相同,结论是驳回原告的诉讼请求。在这一点上并没有不同的意见,但得出这一结论的理论构成是不同的,主要有以下见解:[6]

第一,以实施例限定技术保护范围的见解。这是以前最常用的以现有技术限定技术范围的解释理论,具有针对原告的侵权主张,被告以消极理由否认的性质。有很多判决是按照这一见解作出的。例如,东京地方法院1972年9月29日的"施工手套"案判决指出:"应当认为本件实用新型的构成要件都是公知的。但是,本件实用新型权已经作为权利成立,不能认为这一权利没有内容,或者说登记的权利是实质无效的。因此,应当对本件实用新型公报中记载的文字的内容进行最狭义的

---

[1] 东京高等法院1962年(昭和37年)4月26日判决,行政事件裁判例集13卷4号638頁。

[2] 日本最高法院1964年(昭和39年)8月4日判决,《最高裁判所(または大審院)民事判例集》18卷7号1319頁。

[3] [日]松本重敏:《专利发明的保护范围》,有斐阁2000年版,第197页。

[4] 同上书,第202页。

[5] 同上。

[6] 参见[日]中山信弘:《注解特许法》(第3版),青林书院2000年版,第748~754页。

解释。”[1]再如,大阪高等法院1976年2月10日“金属网篮”判决中指出:“在没有无效判决认定的情况下,法院必须按照实用新型权有效的原则处理。也就是说,为了使实用新型的保护与产业发展进行协调,应当对实用新型公报中记载的文字的内容进行最狭义的解释。即实用新型的技术范围限于与实施例相同的对象,不允许扩大到等同物的变换,以此最狭义限定其范围。”[2]

第二,技术范围不能确定说。这一见解认为,在法院对侵权诉讼审理终结阶段,如果发现专利与现有技术相同,因为将来也不知道通过无效审判等程序专利会发生什么变化,在这一阶段无法确定专利的技术范围。这样,根据范围不明确的权利提起的诉讼请求不能成立。这种见解只是有的法官曾经提出过,实践中并没有根据这一见解作出的判决。

第三,权利滥用说。这一理论认为,行使有无效原因的权利,是权利滥用行为。日本的法院判决中适用这一理论已有很长的时间。例如,名古屋地方法院在1976年11月26日判决的“玻璃容器制造方法”案件中指出,专利申请时的现有技术,是任何人都可以自由使用的,是不能授予专利权的。这种技术申请专利后即使偶然获得了专利权,如果不允许专利权人以外的人使用该技术,会使专利权人以外的人承受不当的损害。在该案中,专利审查过程中被以缺乏新颖性为由提出异议,但异议人与专利申请人达成专利共有的协议撤回了异议,异议人成为专利权人。专利权人对于其方法缺乏新颖性是知道的。而被告所使用的方法,与作为异议理由的出版物上公开的方法类似,基于该专利权提出的禁令请求,属于不当行使权利,因权利滥用而不能支持。[3] 在名古屋地方法院1991年7月31日的“薄形玉货机”案件判决中,法院认定被告有先用权驳回了原告的诉讼请求。同时,法院作为旁论,提出了在专利缺乏新颖性的情况下按照权利滥用处理的理论。并且这一判决最引人注目的一点是,它是对当时占法院判决主流的实施例限定说的否定。2000年4月11日,日本最高法院在“半导体”案件的判决中指出:“即使是在专利的无效审决生效之前,也应该理解成审理专利侵权的法院是可以对专利的无效理由的存在是否明显而进行判断的。审理的结果,当认为专利存在明显的无效理由时,那么基于该专利权所提起的停止侵权,赔偿损失等诉讼请求,只要没有极其特殊的情况,则属于权利的滥用而不能允许。”可见,日本最高法院的上述判决,明确肯定了专利为

---

〔1〕 东京地方法院昭45(ワ)12843号。

〔2〕 大阪高等法院1976年(昭和51年)2月10日判决,無体財産権関係民事・行政裁判例集8卷1号85頁。

〔3〕 名古屋地主法院1976年(昭和51年)11月26日判决,裁判所時報852号95頁。

现有技术时的权利滥用说。

第四,自由技术抗辩说。自由技术抗辩说认为,即不界定专利的保护范围,而是以现有技术可以自由使用认定不侵权。如果被告实施的技术是现有技术,则不管该技术是否属于专利发明的技术范围,都不构成对该专利权的侵害。例如,大阪地方法院1970年4月17日作出的上述"金属网篮"案件的一审判决中:"申请时公知的技术属于公众共有的财产,根据私权应当服从公共利益的大原则,即使对公众共有的财产加上实用新型的名义,也没有禁止他人实施而由特定申请人独占行使的理由。"[1]

第五,专利无效抗辩说。上述四种学说,都是以法院在专利侵权诉讼中不能宣告专利无效为前提的。而专利无效抗辩说对这一前提提出质疑,认为法院在专利侵权诉讼中可以宣告专利无效。很长时间以来这一学说只存在于理论探讨中,2000年4月11日,日本最高法院在"Kilby"案件的判决中首次肯定了这一学说,并最终形成了日本专利法中的规定。

以上五种理论学说,第一种学说曾经被法院广泛认可和适用,但随着权利滥用说和自由技术抗辩说逐渐被认可,特别是日本最高法院在"Kilby"案件中明确承认了专利无效抗辩后,被告一般只提出专利无效的抗辩,而不主张对专利权利要求进行限制性解释。

3. 专利发明部分为现有技术时的处理

专利发明部分为现有技术指的是专利权利要求的文字使用的是上位概念,而根据该上位概念的具体实施方式包括了现有技术。在这种情况下,专利很可能是无效的。被告可能提出专利无效权利滥用的抗辩。法院认定专利存在无效理由时,可以以权利滥用为由驳回原告诉讼请求。但是,有时法院可能认定专利并不无效,或者被告并没有提出专利无效权利滥用的主张,法院就应当对权利要求进行限制性解释,使专利的技术范围中不包括现有技术。[2]

专利发明部分为现有技术与专利发明中的某一技术特征为现有技术不同,当专利发明中的某一技术特征为现有技术时,原则上不影响专利技术范围的确定。例如,大阪地方法院1975年1月24日的判决指出:"各技术特征并不是独立存在于权利要求中,各技术特征组合在一起构成具有新颖性的发明。即使其中的技术特征有一个或者几个在申请时是公知的,也不能将这些技术特征排除在专利发明

---

〔1〕 大阪地方法院昭42(ワ)412号。

〔2〕 参见日本东京地方法院法官饭村敏明2004年3月16日在日本特许厅的演讲:"关于东京地方法院的产业财产权侵权诉讼。"

之外。”

4. 侵权诉讼中参考现有技术的程度

在侵权诉讼中，在什么程度上参考现有技术进行权利要求解释，日本法院曾有不同的做法。一种做法是法院只参考与现有技术完全相同的技术。例如，东京地方法院1980年5月9日判决的“生检针案件”中就提出只参考与现有技术完全相同的技术。[1] 另一种做法是法院参考与现有技术相比没有创造性的技术。例如，东京地方法院在1981年判决的“包装容器案件”中，就参考从两件现有技术中容易推知的技术，对权利要求的技术范围作了限制性解释。日本最高法院在1998年的“无限折动用滚珠花键轴承”案判决中肯定了第二种做法。在该案以后，可以说法院开始积极地对专利技术的创造性进行判断。[2]

(三)2004年以后的做法

如前所述，在2004年之前，在参考现有技术解释权利要求时，其中，一种理论是权利滥用说，另一种理论是无效抗辩说。2000年4月11日，日本最高法院在“Kilby”案件的判决，实质上将权利滥用说与无效抗辩说相结合，明确肯定了专利为现有技术时专利权人行使专利权就是权利滥用，被控侵权人可以提出无效抗辩。[3]

日本在2004年的专利法修改中，在第104条增加了第3款的规定“在专利权或独占实施权的侵权诉讼中，该专利应该依专利无效审判被认定无效的，专利权人或独占实施权人不能向对方行使权利。”根据上述规定，受理侵权案件的法院可以对专利的有效性进行判断，并在此基础上决定专利权人是否可以行使权利。从日本法院的判决来看，在侵权诉讼中认定专利无效其中一项理由是缺乏新颖性。例如，东京地方法院2005年4月19日判决的“树脂”案件，[4]大阪地方法院2005年9月5日判决的“防盗箱”案件，[5]东京地方法院2006年12月26日判决的“胶卷附着方法”案件，[6]大阪地方法院2007年11月8日判决的“过滤模块”案件，[7]知识产权高等法院2010年10月20日判决的“循环自动通信布线系统”案件，[8]知识产权

---

[1] 东京地方法院昭52(ワ)7998号。

[2] [日]中山信弘编:《注解特许法》(第3版)，青林书院2000年版，第757页。

[3] 日本最高法院2000年(平成12年)4月11日判决，《最高裁判所(または大審院)民事判例集》54卷4号1368頁。

[4] 东京地方法院2005年(平成17年)4月19日判决，平16(ワ)20828号。

[5] 大阪地方法院2005年(平成17年)9月5日判决，平16(ワ)10153号。

[6] 东京地方法院2006年(平成18年)12月26日判决，判例タイムズ1277号406頁。

[7] 大阪地方法院2007年(平成19年)11月8日判决，平18(ワ)9352号。

[8] 知识产权高等法院2010年(平成22年)10月20日判决，平19(ネ)10027号。

高等法院2010年4月27日判决的“书写工具夹具安装装置实用新型”案件[1]等。

2004年之后,当专利权利要求涉及现有技术时,被控侵权人往往提出专利无效抗辩。在该规定实施之初,有学者认为,在权利要求解释时,参考现有技术用实施例限定保护范围的做法应该结束了。[2] 有的学者认为,权利滥用抗辩和现有技术除外的解释方法是有区别的,二者可以并存。[3] 理解专利申请的范围和发明的详细说明书中使用的术语(技术用语)和公开的发明的内容时,参考现有技术或申请时的技术水平做法,并没有被权利滥用抗辩的做法所取代。[4] 这是因为,专利说明书是给本领域技术人员看的,而本领域技术人员在理解说明书时,离不开申请专利时的技术水准。因此,在确定专利权利要求中术语的含义时,应当参考专利申请时的现有技术。[5]

尽管参考现有技术解释权利要求的做法仍然有效,但在相同侵权的情况下很少有适用的机会。现有技术与专利相同,实质上专利存在无效的理由。这时被告一般只提出专利无效的抗辩,而不主张对专利权利要求进行限制性解释。即使被告同时主张无效抗辩和参考现有技术解释权利要求,法院关于无效抗辩的结论与参考现有技术解释权利要求的结果往往是相同的。例如,在知识产权高等法院2009年3月11日判决的“印章材料及其制造方法”案件中,被告提出原告的专利相对于现有技术专利文件10和12没有创造性,即使有效也应参考专利文件10限制性解释权利要求的内容。法院经过分析后认为,专利权利要求1并不是从两份现有技术容易想到的技术,因此专利无效的主张不成立。同时,法院也认为,由于被控侵权产品与对比文件10并不相同,也不是从对比文件10容易推导出的,因此,现有技术抗辩的主张也不成立。[6] 因此,在专利技术为现有技术时以实施例限定技术保护范围的做法,已很少见到在对专利权利要求进行字面解释时适用。

---

〔1〕 知识产权高等法院2010年(平成22年)4月27日判决,平21(ネ)10023号。

〔2〕 [日]大渕哲也:《权利要求解释与专利无效相关问题的考察——现有技术除外的探讨》,载日本专利代理人协会中央知识产权研究所编:《权利要求解释》,第15頁。

〔3〕 [日]牧野利秋:『特許権侵害訴訟における差止請求及び損害賠觴請求の件事実』、牧野二飯村編·同大系、2002年版,78頁。

〔4〕 [日]中山信弘、小泉直树编:《新注解特许法》(上卷),青林书院2011年版,第1085页[岩坪哲]。

〔5〕 同上。

〔6〕 知识产权高等法院平19(ネ)10025号。

第三节 等同原则

一、日本等同原则的含义及法律依据

(一)日本等同原则的含义

等同原则(日语中的汉字为“均等论”),指的是认为专利的技术范围既包括从专利权利要求的字面解释推导出的发明,又包括被认为是与上述发明等同的发明的思想,是以对发明的实质价值提供适当保护为目的的理论。[1] 等同原则作为专利权利要求解释的方法,认为可以以专利权利要求为基础,对专利权利要求在一定程度上进行弹性解释。[2]

对于等同原则的意义,日本学者指出:专利发明的技术范围,应当根据专利权利要求的记载确定,因此,权利要求的字面含义是最重要的。说明书中记载权利要求的主要理由,就是权利要求具有向第三者明确权利范围的公示功能。如果重视这一点,专利的技术范围就应当只限于权利要求的字面含义。但是,在确定专利的技术范围时,如果严格地限于权利要求的字面含义,有时会出现不合理的结果。在专利申请时预想到侵害形态并记载在权利要求中是困难的,特别是将申请时并不存在的具有相同效果的材料的置换记载在权利要求中几乎是不可能的。因此,如果严格地按字面意思解释权利要求,专利权经常会被轻松地迂回,专利取得和技术开发的动力会减弱,这会违反专利法规定的提高社会技术水准、促进产业发展的目标。专利的技术范围应当与权利要求的范围同一。这种“同一”不只是纯技术或文字上的同一,还包括从法的观点看权利要求能够扩张到的范围的同一。等同原则就是进行上述同一性判断的道具概念。等同原则的目的就是在考虑到不损害第三人利益的情况下,对专利权利要求中的文字含义进行扩张解释,对专利发明提供适当的保护。[3]

(二)日本等同原则的法律依据

日本专利法中并没有等同原则的规定,其法律依据是《日本专利法》第70条的规定。《日本专利法》第70条第(1)项规定了“专利发明的技术范围,应当根据专利

〔1〕[日]牧野利秋:《知的财产权诉讼寸考》,东京布井出版社2002年版,第167、221页。

〔2〕[日]岛田康男:《关于等同原则的考察》,载中山信弘等编:《知识产权的现代课题》,信山社1995年版,第91页。

〔3〕参见[日]中山信弘:《工业所有权法上·专利法》(第2版增补版),弘文堂2000年版,第393页。

申请书附属的专利权利要求范围的记载确定。”对于本领域的技术人员而言，专利保护的范围应当及于其认为明显与权利要求实质同一的范围，以及其从权利要求出发容易想到的范围。按照这样的思路确定专利发明的技术范围，不会不合理地损害第三人的利益，并且符合《专利法》第70条的规定。[1]

1994年日本专利法修改时，曾讨论增加等同原则的规定。但工业产权审议会认为在专利法中增加等同原则的规定会带来一些问题，因此没有将等同原则成文化。但该审议会同时认为，《专利法》第70条的规定并没有排除等同原则的适用，等同原则的适用应根据个案情况而定。[2]

二、日本早期对等同原则的态度和适用情况

这里所说的“早期”是指从1960年到1998年这一段时间。1960年以前，日本的专利法中并没有现行法第70条第(1)项的规定，专利的保护范围不必根据权利要求的记载确定。这时可以根据说明书对发明的详细说明确定专利保护范围，没有适用等同原则的必要性。1998年日本最高法院对等同原则的适用提出了明确的意见(将在后面详述)。因此，这里先介绍日本从1960年到1998年对等同原则的态度和适用情况。

(一)日本早期对等同原则的态度

对于在确定专利保护范围时是否应当适用等同原则，日本早期存在肯定说和否定说的不同主张。肯定适用等同原则的主要理由主要有：第一，即使从形式上看没有记载在权利要求范围中，但本领域普通技术人员能够从说明书的记载中当然想到的技术，可以认为与专利说明实质上属于同一技术思想，应当视为与权利要求中记载的技术相同，这样才能确保法的安定性，且不会损害第三人的利益。第二，在专利申请时，为了防止所有的模仿行为，而全部在权利要求书中体现，即使对于专利发明的专业人员来说实际上也是不容易的。他人利用权利要求中的不足，在专利说明同一技术思想的基础上进行变换，对于同是本领域技术人员的竞争者而言是很容易的。第三，如果不将与专利发明实质上同一技术思想的技术认定为属于专利发明的技术范围，对专利权的保护会不充分，违反专利法保护和奖励发明的目的。[3] 当时日本学说上采用的等同原则认为，将其他技术特征与专利权利要求

---

〔1〕参见牧野利秋：《知的财产权诉讼寸考》，东京布井出版社2002年版，第222页。

〔2〕日本特许厅编：《工业所有权法逐条解说》(第19版)，日本发明推进协议2012年出版，第239页。

〔3〕参见[日]岛田康男：《关于等同原则的考察》，载[日]中山信弘等编：《知识产权的现代课题》，信山社1995年版，第91页。

中的某一技术特征进行替换，如果其目的和作用效果仍与专利发明相同，并且这种替换对于本领域技术人员而言在申请时是能够从专利发明的技术构成中容易想到的，这一技术就是与专利发明等同的技术，使用这一技术有可能构成专利侵权。〔1〕

而否定适用等同原则的观点主要有两个：第一种观点是，根据专利法第70条的规定，专利发明的技术范围，应当根据专利申请书附属的专利权利要求范围的记载确定。因此，应当通过严格权利要求的字面含义，来确定专利的技术范围。按这种观点，等同原则应当被完全否定。第二种观点是，从利益衡量的角度来看，不应当适用等同原则。例如，原东京高等法院法官牧野利秋认为：

> 等同原则的本质，是专利权人与第三人之间利益衡量的思想。如果是这样，等同原则需要讨论的问题在于，是对出具有缺陷的权利要求书的专利权人按专利的实质价值进行保护，还是对按照权利要求书的内容认识专利技术范围的第三人进行保护。一般来说，在判断是否构成侵权时，"如果某一产品或方法，与专利发明具有相同的技术思想，而不同的技术特征置换以后仍能产生相同的作用、效果，并且这种置换在专利申请时对于本领域普通技术人员来说是容易的"就是等同物或等同方法。但是，这种对权利人的保护是没有实质根据的。因为，如果这种置换在专利申请时是容易推考的，作为专业人员的申请人在申请时当然应当把该技术记载在权利要求的范围中。即使在申请后到申请公告决定送达前，专利申请人仍可以进行补正。按照上述标准认定侵权，专利权人虽有怠慢行为其权利仍得到扩张保护，这在一般私法理论上是不能被认可的。上述标准在学说和实践中被接受的原因在于，在先申请原则下，要求急于申请的发明人对权利要求书起草得非常完备过于严格。另外，对于模仿者而言，以说明书的开示为基础，他可以容易地利用专利发明的技术思想进行模仿。但是，申请专利的发明与现有技术相比需要较高的技术水准，即使按照先申请原则，也没有其他人申请同样发明的危险，申请人仍有时间准备一份较全面的说明书。日本目前的现状是，技术开发竞争特别激烈，迟一步申请时被开发相同技术的他人抢先申请的可能性很大。即使如此，申请人仍可以选择花少量时间完成说明书从而确保先申请人的位置，还是冒迟于他人申请的危险做成较全面的说明书。如果申请人选择了前者，即使说明书不完备，由此带

〔1〕参见［日］竹田稔：《我国有关等同原则判决的动向》，载日本知识产权研究所编：《与专利权利要求解释有关的调查研究报告书》（2003），第37页。

> 来的损害也应当由申请人自己承担。如果因为说明书的不完备使本来可以到十分的技术范围只到了七分,其余的三分就属于公众了。具有同等技术开发能力的人可以使用其余的三分,可以说是技术开发竞争结果的均衡分配。对使用专利发明的等同手段的模仿者给予否定的评价,从我国技术开发竞争的现实来看,是不应该的。另外,那些不是技术开发的竞争者,在技术公开以后才开始利用专利发明的等同手段的人应该如何评价呢?从专利法第70条的立法目的看,应当认为,通过公示的专利权利要求的记载认识专利的技术范围,避开这个范围中的技术而采用等同的技术手段是允许的。[1]

可见,这一主张从专利申请人可以起草完备的说明书出发,认为专利权利要求书的范围太小是因为申请人的失误或申请人自愿承担风险所致。为了均衡申请人与第三人的利益,不应当适用等同原则将专利的保护范围扩大到专利权利要求的字面含义之外。

(二)日本早期对等同原则的适用情况

日本法院首次承认等同原则的案件是1961年5月4日大阪地方法院在"发泡性 polystyrol"案件。法院判决中指出:

> 等同物和等同方法是指,从发明的技术思想中可以看出来的物质或者方法,与发明的技术要素具有相同的功能,置换后仍能产生相同的作用效果,也就是说具有置换可能性,并且这种置换在专利申请时具有平均技术水平的技术人员是容易推考出来的。在符合上述条件的情况下,可以认为与专利发明具有同一性。

从此之后到1998年日本最高法院就"无限折动用滚珠花键轴承"案作出判决前,日本法院涉及等同的判决有不少。从这些判决来看,虽然没有直接否定等同原则的,但将等同原则适用于具体案件时,绝大多数案件的判决结果是认定不构成等同。[2] 但是,1994年2月3日东京高等法院就"无限折动用滚珠花键轴承"案作出

---

〔1〕[日]牧野利秋:《确定专利发明技术范围的基本思路》,载《裁判实务大系第9卷工业所有权诉讼法》,青林书院1985年版,第91~106页。

〔2〕参见[日]竹田稔:《我国有关等同原则判决的动向》,载日本知识产权研究所编:《与专利权利要求解释有关的调查研究报告书》(2003),第37页。

的判决[1]和1996年3月29日大阪高等法院就“重组人体组织血浆酶原催化剂”案件作出的判决[2],都认定了等同成立。这反映了日本法院出现了积极地承认等同原则并将它适用于解释专利权技术范围的趋势。[3]

对于日本法院早期消极地适用等同原则的原因,日本学者认为,“这部分是由于当时的时代背景。在技术水平总体较低的阶段,有更愿意较窄地确定专利保护范围的要求。这不只是等同原则的问题,对于所有的知识产权,总体上都不要求给予强保护。另外,在化学物质不受专利法保护的时代(1975年以前),对化学物质取得方法专利者,可能援用等同原则不合理地主张扩张解释。再有,在单一专利要求的体制下,存在很多密集的独立的专利,在这种情况下适用等同原则很可能会产生权利冲突等不便。”[4]

对于日本法院在20世纪90年代后积极地承认和适用等同原则的原因,日本学者认为有以下几个:第一,随着日本技术水平的提高和重视取得基本专利的倾向的加强,学说上肯定等同原则的声音越来越强。[5] 第二,随着重视知识产权的意见越来越强,日本议会的工业所有权审议会讨论了对等同原则立法的问题,这给法院内外重新审查专利技术范围的解释问题带来了机会。[6] 第三,美国在20世纪80年代推行了亲专利政策,等同原则问题受到关注。世界知识产权组织在《专利法条约》中也讨论了等同原则的问题,出现了承认等同原则的国际趋势。[7]

三、日本最高法院在“无限折动用滚珠花键轴承”案中确立的适用等同原则的要件

1998年日本最高法院在“无限折动用滚珠花键轴承”案中明确承认了等同原则,并提出了适用等同原则的要件,成为此后日本法院适用等同原则的准则。下面介绍此案判决前的社会背景以及案情、判决。

---

[1] 东京高等法院1994年(平成6年)2月3日判决,裁判所時報1499卷110号。

[2] 大阪高等法院1996年(平成8年)3月29日判决,《知的財産権関係民事·行政裁判例集》28卷1号77页。

[3] 参见[日]竹田稔:《我国有关等同原则判决的动向》,载日本知识产权研究所编:《与专利权利要求解释有关的调查研究报告书》(2003),第37页。

[4] [日]中山信弘:《工业所有权法上·专利法》(第2版增补版),弘文堂2000年版,第393页。

[5] 同上。

[6] 参见[日]竹田稔:《我国有关等同原则判决的动向》,载日本知识产权研究所编:《与专利权利要求解释有关的调查研究报告书》(2003),第37~38页。

[7] [日]中山信弘:《工业所有权法上·专利法》(第2版增补版),弘文堂2000年版,第393页。

(一)判决前的社会背景

1998年2月日本最高法院就"无限折动用滚珠花键轴承"案作出判决时,日本的社会背景如下:第一,在此之前,企业利用专利提高竞争力的意识淡薄。到了1998年,企业对于积极运用专利提高企业竞争力的意识明显增强。到了开始重视"亲专利"思想的时代。第二,以前,与外国相比,日本的技术能力在某些领域处于劣势。强化专利权的效力,对日本的产业来说是不可取的。而到了1998年,从日本的技术水平来看,强化专利权的效力已经成为共识。第三,在日本的专利实务中,在"允许宽泛的权利要求"和"弹性解释权利要求"方面,与外国(特别是美国)之间有很大的差距,被批评为专利权保护不充分。日本的专利实务开始进行国际协调,采用了改善的多项权利要求制,专利的环境发生了很大变化。第四,对于等同原则,理论和实务界均存在不同的意见。对于肯定等同原则的主张,主要反对意见是,第三人信赖专利权利要求的字面含义制造和销售类似产品时,可以发生专利侵权的风险。另外,当时专利侵权诉讼实务中,对于专利权的技术范围,存在非常狭义地解释的倾向,使优良的发明得不到适当的保护。[1]

(二)案情及一、二审判决

原告于1971年申请了"无限折动用滚珠花键轴承"专利,并于1980年获得授权。专利说明书中的权利要求书为:"一种无限折动用滚珠花键轴承(技术特征E),其特征是,圆筒内壁U字形截面的扭矩传动用负荷滚珠导向沟与比该沟稍深的扭矩传动用无负荷导向沟,沿轴的方向交错排列,在两端与前述深沟深度相同圆周方向沟形成外筒(技术特征A),有一保持器,使外筒内壁沿轴方向形成扭矩传动用负荷滚珠导向沟与扭矩传动用无负荷导向沟一致形成厚的部分和薄的部分,厚的部分和薄的部分与外壁形成贯通孔,厚的部分与形成滚珠可以沿无负荷滚珠沟平稳移动的无轨道沟(技术特征B),该保持器与前面所说的外筒间装入滚珠,这样沿轴的方向多个凸部和凹部形成花键轴(技术特征C),上述部分嵌插组合在一起(技术特征D)。"专利中的两个附图如下:

被告从1983年到1988年10月制造和销售名为"精密滚珠花键"的被控侵权产品,该产品具备专利权利要求中的技术特征C、D和E。相对于技术特征A,被控侵权产品的不同之处在于:专利权利要求中为"U字形截面",被控侵权产品为"半圆形截面";专利权利要求中为"圆周方向沟",被控侵权产品中为"圆筒状"。相对于技术特征B,被控侵权产品的不同之处在于:专利技术中的保持器为一体构造,保持

---

〔1〕 参见[日]飯村敏明:《特許権の均等侵害の成否に関する2,3の論点》,パテント2014,Vol.67 No.3。

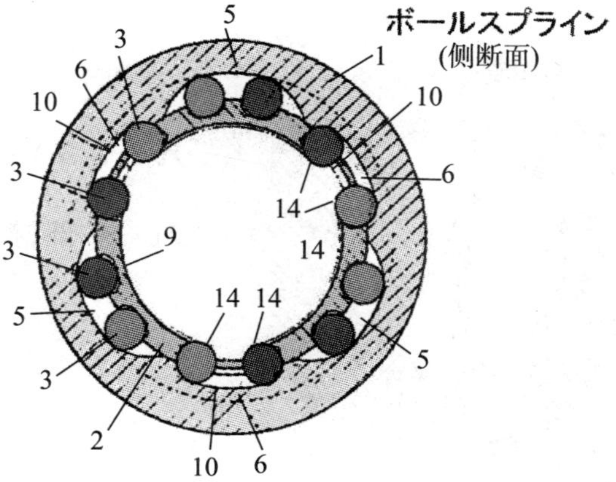

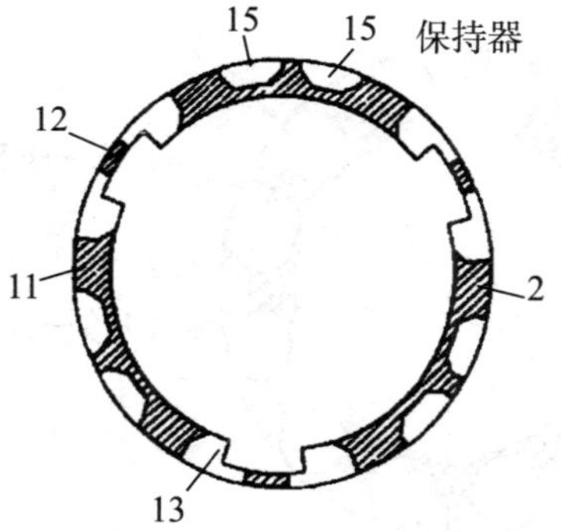

器本身具有引导滚珠无限循环,在花键轴移动时保持滚珠稳定以及形成引导沟以引导轴凸部的功能,而被控侵权产品的外筒负荷滚珠引导沟间有突出的上端部,与盘状部分及回转盖三部分共同发挥作用,实现专利技术的上述功能。

被控侵权产品的图如下:[1]

原告于1983年对被告向东京地方法院提起诉讼,主张被告制造和销售被控侵权产品侵犯了其专利权。1991年4月19日,东京地方法院对该案作出了一审判决。东京地方法院认为,被控侵权产品与专利技术不相同,即使按照等同原则,被控侵权产品也不属于专利的技术范围。因此,驳回了原告的诉讼请求。[2]

原告上诉到东京高等法院。东京高等法院于1994年2月3日作出了二审判

〔1〕 图来源参见飯村敏明:《特許権の均等侵害の成否に関する2,3の論点》,パテント2014,Vol. 67 No. 3。

〔2〕 东京地方法院1991年(平成3年)4月19日判决,昭58(ワ)12677号。

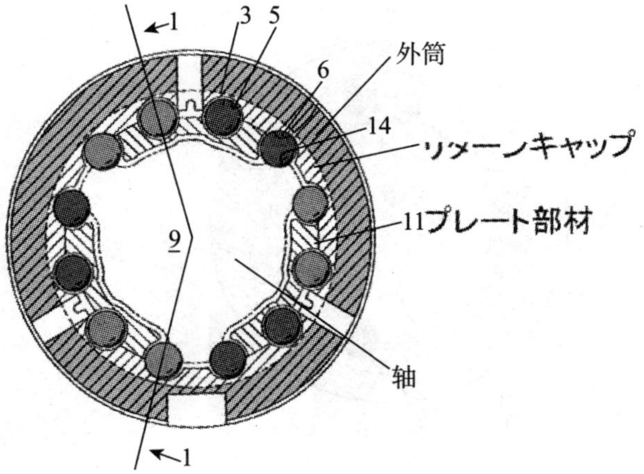

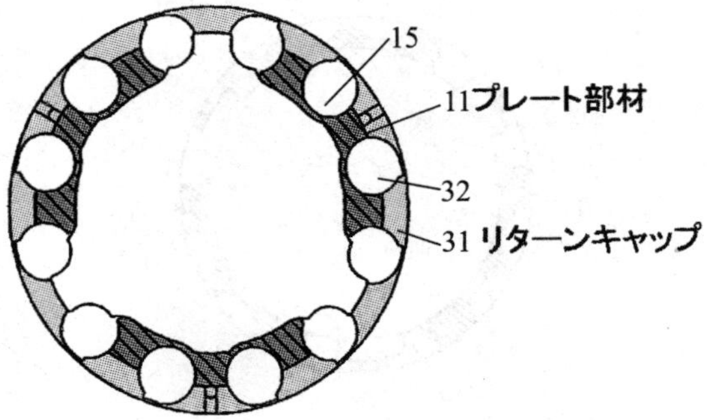

决。在判决书中东京高等法院阐述了对等同原则的意见:[1]

在判断被控侵权物是否属于专利的技术范围时,从法的安定性方面来看,原则上应当按照记载构成专利发明所必需的技术特征的权利要求进行。例如,当专利发明为产品发明时,如果被控侵权物与专利的构成存在部分差异时,应当说被控侵权物不属于专利发明的技术范围。但是,在解决的技术课题以及作为解决技术课题基础的技术思想上,如果被控侵权物与专利技术相同,并且,被控侵权物具备全部专利发明的核心作用效果,其结构上的区别没有导致显著的技术意义上的差异。并且,从该专利申请时的技术水准来看,上述构成中差异部分的置换是可能的,并且是容易的。那么,应当作为例外,认定被

〔1〕 东京高等法院 1994 年(平成 6 年)2 月 3 日判决,裁判所時報 1499 卷 110 号。

控侵权物属于专利发明的技术范围，从而构成侵权。如果不这样解释，专利权人以向社会公开新技术而换来的专利权就会很容易地变得没有意义，这与建立专利制度的目的是矛盾的。本来，在保护专利权的同时应十分注意针对第三人的法的稳定性，在上述情况下进行被控侵权物是否属于专利技术范围的判断，可以说十分注意了法的稳定性要求。

根据上述理论，法院认为：

本案中，在解决的技术课题以及解决技术课题基础的技术思想以及各技术特征实现的效果上，被控侵权物与本件发明相比没有变化。就技术特征B而言，应当认为被控侵权物与专利技术的差别具有置换可能性和置换容易性。至于其他技术特征上的差异，也就是U字形截面沟与半圆形截面沟的区别、圆周方向沟与圆筒状沟的区别，也难以看出对被控侵权物具有特别的技术意义。因此，应当认为被控侵权物属于发明的技术范围。

最后，东京高等法院判决撤销一审判决，认定被告构成侵权，并判令赔偿原告损失2200多万日元。

（三）日本最高法院的判决

被告上诉到日本最高法院。日本最高法院于1998年2月24日作出了三审判决。判决中日本最高法院指出：[1]

在专利侵权诉讼中，在判断被告生产的产品以及使用的方法（以下统称为被控侵权物）是否属于专利发明的技术范围时，应当根据专利申请书附属的专利权利要求范围的记载确定专利发明的技术范围。当被控侵权物与专利权利要求范围中记载的技术特征存在差异时，不能说被控侵权物属于专利的技术范围。但是，即使被控侵权物与专利权利要求范围记载的技术特征存在差异，在满足下列条件的情况下，被控侵权物作为专利权利要求范围记载构成的等同物，仍属于专利发明的技术范围：(1)不同的部分不是专利发明的本质部分；(2)即使将被控侵权物中的不同部分与专利发明中的相应部分进行替换，也能产生相同的作用效果、实现发明的目的；(3)上述替换对本领域普通技术人员

---

〔1〕 日本最高法院1998年（平成10年）判决，平6（オ）1083号。

来讲在被控侵权产品制造时是容易想到的;(4)被控侵权制品与专利发明申请时的现有技术或者本领域普通技术人员能够在专利申请日从现有技术容易推导出的技术并不相同;(5)没有诸如在专利申请过程中将被控侵权产品从专利权利要求中有意识地排除之类的特别事由。因为:(一)在专利申请时预想到将来所有的侵害形态并记载在专利权利要求书中是极其困难的,如果他人用专利申请后知悉的物质、技术等将专利权利要求中的部分技术特征置换,从而使专利权人要求他人停止侵权等权利无法行使,这将会极大地挫伤公众的发明欲望,违反专利法通过保护和奖励发明实现产业发展的目的,而且会产生违反社会正义和衡平理念的结果。(二)考虑到上述问题,专利发明的实质价值应当及于第三人从专利权利要求记载的技术特征中容易想到的与专利发明实质相同的技术,应当认为这是第三人应该预想到的。(三)另一方面,在专利发明申请时公知的技术以及本领域技术人员在申请日容易从现有技术推导出的技术,本来是任何人都不能对此取得专利权的,因此不能认为属于专利的技术范围。(四)另外,在专利申请过程中,申请人从专利权利要求范围中有意识地排除的内容等,一旦专利权人承认它不属于专利发明的技术范围,或者从表面上看专利权人的行为可以被认为具有上述意思,专利权人其后再提出与此不同的主张,按照禁止反悔原则是不能被允许的。

根据上述认识,日本最高法院对该案有关证据分析后认为,被控侵权产品中的分案构成保持器以及外筒负荷滚珠引导沟间的突出设计,是本件专利申请日前已经公知的滚珠花键轴承设计。最后法院认为"无负荷滚珠圆周方向循环以及具有多个有角结构的滚珠花键轴承,在本件发明的申请前就是公知的技术。原审认定保护器的构成不因滚珠的接触构成而产生根本的差异,因此,被控侵权制品,只不过是把公知的无负荷滚珠圆周方向循环以及具有多个有角结构的滚珠花键轴承与也是公知的分案结构保持器组合在一起。这种组合,如果对于本领域的普通技术人员而言是不用等待本件发明的开示就容易想到的,被控侵权制品就应当认为是在本件发明申请前的现有技术中在申请日容易推考出来的,不能说与本件发明权利要求书中的记载是等同的,因此不能说属于本件发明的技术范围。综上所述,被控侵权产品与本件发明权利要求书中记载的技术特征存在差异,原审只是专门对上述差异部分与被控侵权产品构成间是否具有置换可能性和置换容易性进行了分析,没有对被控侵权产品与专利申请时的现有技术是什么关系进行分析,就作出了被控侵权产品与本件权利要求书中记载的技术构成等同,属于本件发明的技术范围的判断。原审的上述判断,因为没有对置换可能性和置换容易性之外的其他要件进行判断,不能不说是对专利法的错误解释和适用。”最后,日本最高法院第三小法庭的五位法官一致认为,原审解释和适用法律错误,而且具有审理不全面、理由不充分等违法事由,这很明显地影响了原审的结论。因此判决撤销原判,发回东京高等法院重审。

(四)日本最高法院“无限折动用滚珠花键轴承”案的意义

日本最高法院“无限折动用滚珠花键轴承”案对于日本等同原则的适用具有非常重要的意义。其意义主要表现在两个方面:

一是它明确肯定了等同原则。从前面的介绍中可以知道,虽然日本法院在20世纪90年代积极承认和适用等同原则,但毕竟在学说上对于是否适用等同原则还没有一致的意见,并且立法上没有关于等同原则的任何规定。在这种情况下,日本最高法院的判决,宣告了日本对等同原则的明确肯定。从此以后,学说上的讨论不再围绕是否应当适用等同原则,而是围绕应当如何适用等同原则。

二是它明确了适用等同原则的要件。在以前的学说和下级法院的判决中,认定等同的主要要件是置换可能性和置换容易性,并且置换容易性的判断时间是申请日。日本最高法院在“无限折动用滚珠花键轴承”案判决中提出了适用等同原则的五个要件。在这五个要件中,除了置换可能性和置换容易性外,还有其他三个要件,并且置换容易性的判断时间为侵权日。可见,虽然当时等同原则已经被基本接受,日本最高法院在判断中提出的适用等同原则的要件与以前学说和法院适用的等同原则要件有较大差别。这些差别会直接导致适用结果的不同。在“无限折动用滚珠花键轴承”案中,东京高等法院按照传统的等同原则要件认定构成等同,但日本最高法院按照上述五个要件分析,得出的结论是不等同。此案以后,这五个要件成为日本法院适用等同原则的准则。

四、1998年以后日本法院适用等同原则的概况及各要件分析

如上所述,日本最高法院在1998年的“无限折动用滚珠花键轴承”案中提出了适用等同原则的五个要件:非本质部分、置换可能性、置换容易性、非现有技术和特别事由(禁止反悔)。自此以后,日本法院都按照这五个要件适用等同原则。下面将分析日本法院从最高法院判决后适用等同原则的情况,并对这五个要件的意义和法院在判决中的适用进行分析。

(一)1998年以后日本法院适用等同原则的概况

日本学者统计,自1998年2月24日日本最高法院作出上述判决以后,到

2002 年 5 月 30 日,下级法院涉及等同的案件,地方法院有 73 件,高等法院有 43 件(其中 25 件是地方法院上述 73 件案件中的上诉审)。在这些案件中,认定了等同的案件,地方法院的有 6 件,高等法院有 3 件(其中 2 件是上述地方法院认定等同案件的上诉审)。在认定等同的地方法院的案件中,东京地方法院和大阪地方法院各有一件是就同一专利权提起的诉讼。因此,只从专利权方面来看,认定等同的合计为 6 件,只占全部案件的不足 7%。在上述没有被认定等同的案件中,不满足第一要件的有 67 件,不满足第二要件的有 26 件,不满足第三要件的有 18 件,不满足第四要件的有 2 件,不满足第五要件的有 28 件。日本学者统计了 2005 年 4 月 1 日至 2013 年 8 月 31 日,日本知识产权高等法院审理涉及等同原则的案件 35 件,其中认定构成等同的为 5 件,没有认定等同的案件中不满足第一要件的有 19 件,不满足第 5 要件的有 9 件,不满足第二要件的有 8 件,不满足第三、第四要件的各 3 件。[1]

还有的学者将日本适用等同原则的案件情况分为两个时间段,分别是 1998 年 2 月 24 日 ~2006 年 9 月 25 日(前期)和 2006 年 9 月 25 日 ~2014 年 3 月 31 日(后期),涉及等同原则的案件情况如下:[2]

时间段	案件总数	平均每年件数	认定等同的数量和比例	不符合第一要件	不符合第二要件	不符合第三要件	不符合第四要件	不符合第五要件
前期	128	14.9	14(8.9%)	69.4%		14.6%	2.8%	34.7%
后期	74	9.9	10(13%)	56.7%		9%	11.9%	35.8%

从上述两个时间段的统计可以看出,日本认定等同的比例总体比较低,没有认定等同的最大障碍是第一要件,其次是第五要件,然后是第二要件,涉及第三、第四要件的相对较少。

(二)认定等同的第一要件:非本质部分

1."非本质部分"作为认定等同要件的意义

日本最高法院在"无限折动用滚珠花键轴承"案中提出适用等同原则的第一个要

---

〔1〕 [日]麻生纪明:《知识产权高等法院等同判决的动向》,载 http://www.arco.chuo.kobe.jp/Japan_ARCO/japanese/arco_news/news_siryou/2014news/2014_07_aso-IPR_2013_11.pdf。需要说明的是,在上述没有认定等同的案件中,有些不满足两个或两个以上的要件。

〔2〕 [日]饭田圭:《均等論に関する近年の裁判例の動向と課題について》,载日本工业产权法学会编:《均等論,覚醒か死か》,有斐阁 2014 年版,第 75 页。由于同一案件中可能因不满足两个或两个以上的要件而认定不构成等同,因此,各要件的占比总和起过 100%。

件是“不同的部分不是专利发明的本质部分”。人们一般把这一要件称为“非本质部分”。在此前日本的学说和判例中，一般认为“置换可能性”和“置换容易性”是认定等同的主要要件。在“无限折动用滚珠花键轴承”案的二审判决中，东京高等法院将“技术思想的同一”作为认定等同的前提，日本最高法院在三审判决中明确了“非本质部分”是认定等同的要件。自从日本最高法院确定了等同的五要件后，因不满足这一要件不能认定等同的占一半以上。[1] 从前面两个时间段统计的日本法院适用等同原则的情况来看，在没有认定等同的案件中，因不符合“非本质部分”要件而认定不构成等同的比例占一半以上，这一要件是日本法院认定等同的最大障碍。

对于将“非本质部分”作为认定等同的要件的理由，在“无限折动用滚珠花键轴承”案判决作出时担任最高法院调查官的三村量一法官对此的解释：

> 如果将侵害发生时作为判断等同的基准时，只以置换可能性和置换容易性作为要件，等同成立的范围会很广泛。在被控侵权物不具备产生专利发明特有的作用效果的本质部分时，这种被控侵权物与专利发明的技术思想不同，不能说是与专利发明的构成实质同一。正是考虑到这一点，最高法院的判决明确了，在判断是否构成等同时，应当考虑专利发明与被控侵权物的不同部分所起的作用。[2]

有的学者指出，将“非本质部分”作为认定等同的要件，主要是为了保证法的稳定性。专利法规定专利的技术范围根据权利要求的记载确定，专利权利要求对于第三人来说具有公示专利技术范围的作用。但是，专利侵权的典型形态是，在专利发明的技术特征中，模仿发明之所在的本质部分，而将本领域技术人员容易想到的构成替换成不重要的部分。这种非本质部分的替换对于模仿者本人而言，也是认为非常危险的。因此，最高法院在判决中指出，专利发明的实质价值应当及于第三人从专利权利要求记载的技术特征中容易想到的与专利发明实质相同的技术，应当认为这是第三人应该预想到的。因此，将非本质部分替换认定为等同不会损害法的稳定性。[3]

---

〔1〕 参见[日]中山信弘、小泉直树编：《新注解特许法》(上卷)，青林书院2011年版，第1091页[岩坪哲]。

〔2〕 [日]三村量一：《时代判例》，JURIST 1134号(1998年6月1日号)。

〔3〕 [日]小谷悦司：《最高法院滚珠花键案提出的等同原则适用要件(1)和(2)的意义以及今后的课题》，载[日]村林隆一、小谷悦司编：《专利审判中的等同原则——日美欧的比较》，经济产业调查会2003年版，第15页。

因此,将非本质部分作为认定等同的要件,主要是从专利权利要求所具有的公示作用出发,在以侵权时为时间点判断置换容易性的情况下,为了保护人们对专利保护范围的合理预期,只将非本质部分替换的情况认定为等同,而将本质部分替换的情况排除在认定等同的范围之外。这样就限制认定等同的范围,不至于使认定等同的范围过大。"非本质部分"这一要件是日本法院认定等同的最大障碍,说明这一要件在限制认定等同方面起着非常重要的作用。

2."非本质部分"的含义

日本最高法院在"无限折动用滚珠花键轴承"案中,没有具体明确"非本质部分"的含义。因此,日本的学说的法院的判决就"非本质部分"的含义进行了阐释。从学说和法院判决来看,对于"非本质部分"的含义,主要有"技术特征说"和"技术思想说"两种理解。

技术特征说认为,专利权利要求中的技术特征分为本质技术特征和非本质技术特征,非本质部分指的就是非本质的技术特征。例如,有人指出,日本最高法院在提出"非本质部分"这一要件时,指出,"即使被控侵权物与专利权利要求范围记载的技术特征存在差异……不同的部分不是专利发明的本质部分",因此,这里所说的不同部分就是针对技术特征而言的,非本质部分也指的是某一技术特征。[1]在日本法院的判决中,有的判决就是按照这种理解认定专利的本质部分的。例如,东京高等法院在2001年2月27日判决的"盒式录音机磁带装入装置"案件中,认为在磁带仓盒上面,吊板在长沟中自由活动的设计是涉案发明的本质部分,被告的装置中缺少这一技术特征,不能认定为等同。[2] 东京高等法院在2002年9月30日判决的"扩大观察用照明装置"案件中,认为权利要求中的技术特征2"偏光性光源和非偏光性光源,将形成环状的光源分为多个区"是专利发明的本质部分,被控侵权产品中没有非偏光性光源,因此不能认定等同。[3]

技术思想说认为,"非本质部分"并不是针对具体的技术特征而言的,而是指专利发明中解决特定技术课题的技术思想。例如,牧野利秋认为,"所谓不同部分不是专利发明的本质部分,是指被控侵权物虽与专利发明有不同的部分,但仍在专利发明的技术思想之内,可以认为被控侵权物与专利发明的技术思想实质相同。发明是解决特定技术课题的技术思想创作活动,专利发明的本质部分就是专利发明

---

〔1〕 [日]本间崇:《等同原则杂感》,载[日]村林隆一、小谷悦司编:《专利审判中的等同原则——日美欧的比较》,经济产业调查会2003年版,第693页。

〔2〕 东京高等法院平11(ネ)855号。

〔3〕 东京高等法院平13(ネ)6457号。

采用的特定技术手段有机结合表现出来的解决技术课题的思想,这是专利发明的实际价值。”[1]设乐隆一认为,“对于‘不同部分不是发明的本质部分’这一要件,不能理解为‘被控侵权产品与专利权利要求不同的技术特征,不是专利发明的本质部分’,或者‘对于专利发明中本质部分的技术特征,不能适用等同原则’……应当理解为‘被控侵权产品与专利权利要求存在的不同部分,也就是两者的差异,不是专利发明的本质部分’,或者‘被控侵权产品与专利发明构成上的差异,不是专利发明的本质部分’。换言之,被控侵权产品在专利发明的技术思想的范围之内,或者说被控侵权物采用了与专利发明的课题解决原理相同的原理。”[2]日本专利代理人协会中央知识产权研究所的研究报告《等同原则》也指出:“本质部分的含义,并不是指专利发明中技术特征的一部分。本质的部分虽然少,但却是发明成为专利所必需的技术思想,其本身应作为解决现有技术中课题的技术思想来考虑。”[3]

按照技术思想说认定专利发明的非本质部分的日本法院判决较多。例如,东京地方法院1999年1月28日的“缓释双氯芬酸制剂”案件的判决指出,专利发明的本质部分是指:

> 在专利发明范围记载的专利发明的构成中,成为该专利发明特有课题解决手段的基础的特征部分。也就是说,如果这一部分被其他构成要件替换,从整体上看,将与该专利发明的技术思想不同……并且,考虑到发明是通过各构成要件的有机结合才产生特定作用效果这一事实,在判断被控侵权物的不同部分是否是专利发明的本质部分时,不能从形式上将专利权利要求书中记载的一部分取出来,而是将专利发明与在先技术进行对比,以确定专利发明中课题解决手段的特征性原理,从被控侵权物的解决手段与专利发明的解决手段的原理实质上属于同一原理还是不同的原理考虑,进行判断。[4]

---

[1] [日]牧野利秋:《关于专利发明的本质部分》,载[日]牧野利秋著:《知的财产权诉讼寸考》,东京布井出版社2002年版,第256页。

[2] [日]设乐隆一:《最高法院滚珠花键案判决中的等同原则及今后的诸问题》,载《牧野利秋法官退官纪念·知识产权法与现代社会》,第303页。2004年12月17日,笔者在东京高等法院与设乐隆一先生座谈时,设乐隆一先生专门对这一要件的含义进行了解释,指出:对于最高法院提出的“非本质部分”要件,有“技术特征”和“技术思想”两种理解。最高法院判决的本意,“非本质部分”是就专利发明的技术思想而言的,而不是指某一具体的技术特征,法院在判决中也大多是从技术思想是否相同来认定不同的部分是否是专利发明的“非本质部分”。

[3] 《关于最高法院判决中“非本质部分”要件的报告》,载日本专利代理人协会中央知识产权研究所研究报告第11号《等同原则》(2002年12月31日)。

[4] 东京地方法院1999年(平成11年)1月28日判决,裁判所時報1664号109頁。

东京地方法院2000年3月23日的“生海苔异物分离除去装置事件”判决是肯定“非本质部分”要件的代表性判决。该判决首先对明确认定专利本质部分的标准和理由进行了详细阐述。

> 前面所说的专利发明的本质部分,是指专利发明的构成中,成为该专利发明特有课题解决手段的基础的特征部分。也就是说,如果这一部分被其他构成要件替换,从整体上看,将与该专利发明的技术思想不同。专利法对发明进行保护的实际价值在于,把以解决在先技术中尚未解决的技术课题为目的,以在先技术中没有的特有技术思想为基础的解决手段和具体构成向社会公示。应当认为,在专利权利要求记载的构成中,作为专利发明的特有解决手段的基础的技术思想中心的特征部分,就是专利发明的本质部分。被控侵权物如果与这一本质部分有差异,则是专利发明的实质价值所涵盖不了的,应当说不能认为与专利发明的构成相等同。

在上述认为的基础上,判决对本案中发明的本质部分进行了认定:

> 从专利申请时的技术水平来看,从生海苔混合液中除去垃圾、虾、网丝等异物,是在先技术中还没有完全解决的技术问题。本件专利发明1采用了下列方案:在容器底部设计了运用驱动手段使之回转的回转板,利用离心力使比海苔比重大的异物集结在容器底部一角,生海苔从回转板与环状组织板之间的圆周状空隙中排出容器,这一解决问题的手段是特有的、在先技术中未见的。因此,本件专利发明1的中心的特征部分是,在容器底部设计的运用驱动手段使之回转的回转板与环状组织板之间有一定的间距。在构成要件B中,环状组织板的“内周边缘”“内嵌”回转板。环状组织板与回转板的具体位置关系(即与被告制品不同的部分)不应认为是本质的部分,即如果被替换,作为整体将构成与本件发明1的技术思想不同的部分。[1]

因此,法院认定被控侵权物虽与专利发明有不同之处,但是不同之处不是专利发明的本质部分。

---

〔1〕 东京地方法院2000年(平成12年)3月23日判决,裁判所時報1738号100頁。

大阪地方法院在2003年3月13日判决的"筋状魔芋的制作方法及制作装置"案中,也根据专利发明的本质部分是技术思想的意见,作出了认定等同的判断。法院判决中认为,作为对魔芋进行改良的筋状魔芋制作装置,本件发明中由带孔的器皿中吐出的丝状魔芋糊,在压力放开后膨胀,为了使压出后的魔芋糊在没有外力的情况下成为一体,压出孔的间隙在3mm以下,压出装置设有多个倾斜的间隔3mm以下的喷嘴。本件发明的本质部分,是压出孔及压出孔之间的间隙。被控侵权装置压出孔的间隙在1mm,并且也有使压出后的魔芋糊在没有外力的情况下成为一体的装置,但没有喷嘴,这差异的部分不是发明的本质部分。[1]

日本知识产权高等法院在判决中一般采纳技术思想说。知识产权高等法院2009年6月28日判决的"中空高尔夫球杆球头"案件中,一、二审法院对于"非本质部分"的认定有不同意见。东京地方法院在一审判决中对专利权利要求中"缝合材料"这一技术特征的解释是,"在本发明中的缝合材料,将金属外壳材料和纤维强化塑料外壳材料结合,是解决本发明课题的特征性部分。这样的缝合材料,形成本发明的本质部分。"而被控侵权物使用的是"碳纤维组成的短小碎片"使球棒面和杆头相结合,是对发明本质部分的替换。知识产权高等法院认为,从说明书上看,本件发明的目的和效果在于提高金属外壳和纤维强化塑料外壳的连接强度。本件发明中在金属外壳上设置了贯通孔,纤维强化塑料材料穿过该贯通孔,实现了发明的目的。因此,本发明中解决技术问题的重要部分是使用贯通孔将金属外壳和纤维强化塑料外壳连接起来。从技术的观点来看,"缝合材料"的意思是金属外壳中两件以上的构成部分有通过贯通孔,并且至少有两处以上与纤维强化塑料外壳材料相连接。在该要件中,"有两个以上而不是一个贯通孔"和"至少两处连接点"是本发明特征的重要组成部分,缝合材料并不是本发明的本质部分,因此推翻了一审判决。[2] 再如,在2013年判决的"洗衣机用水准器"案件中,日本知识产权法院也从技术思想出发,认定争议的技术特征不是本质特征。[3]

从日本法院的有关判决可以看出,对于"发明的本质部分"的含义,尽管存在"技术特征说"和"技术思想说"等不同的主张,但在绝大多数案件中法院都引用了如下的论述,"专利发明的本质部分,是指专利发明的构成中,成为该专利发明特有课题解决手段的基础的特征部分。也就是说,如果这一部分被其他构成要件替换,从整体上看,将与该专利发明的技术思想不同。"这就是说,"技术思想说"已成为占绝对优势的学说。

---

〔1〕 大阪地方法院平12(ム)6570号。

〔2〕 知识产权高等法院平21(ネ)10006号。

〔3〕 知识产权高等法院平23(ワ)22692号。

技术思想说和技术特征说本身并不矛盾,有时适用不同的学说得出的结论并无差异,但有时也会导致认定等同范围的不同。这是因为,技术思想要通过一定的技术特征表现出来,有时某一技术特征正好是技术思想的体现,而有时技术思想要通过几个技术特征来体现,还有时某一技术特征的特定部分是技术思想的体现。虽然技术思想说以技术思想是否相同来分析专利发明的特征部分,但最后总是要通过专利发明的构成要件来认定专利发明的本质部分。当某一技术特征正好是技术思想的体现时,适用技术思想说和技术特征说的结果是一样的。但是,当技术思想通过几个技术特征表现时,如果按技术特征说只把一个技术特征认定为本质部分,可能比按技术思想说认定等同的范围要大;而当技术特征中的特定部分是技术思想的体现时,如果按技术特征说把整个技术特征认定为发明的本质部分,可能比按技术思想说认定等同的范围要小。

前面已经论述,将“非本质部分”作为认定等同的要件的目的,在于保护第三人的合理预期,限制等同原则的适用。从该目的来看,技术思想说能更好地服务于这一目的。因为,第三人基于与专利发明相同的技术思想进行的设计,一般会认为属于专利的保护范围之内,而根据与专利不同的技术思想作出的设计,也认定为属于专利的技术范围则会损害第三人的合理预期。

3. 本质部分的认定

认定被控侵权物与专利发明不同的部分是否是专利发明的本质部分,首先要认定专利发明的本质部分。如上所述,按照日本通说的“技术思想说”,专利发明的本质部分指的是专利发明特有课题解决手段的基础的特征部分。因此,在认定专利发明的本质部分时,一般先把握作为专利发明课题解决手段的特征部分,然后对被控侵权物中对应部分的技术思想是否与专利发明相同进行判断。在把握专利发明的特征部分时,以专利说明书的记载为基础,审查现有技术并参考专利审查经过等。[1] 从日本法院的判决来看,法院在认定专利发明的本质部分时,一般采用以下方法:

第一,以说明书的记载和现有技术为基础进行判断。认定专利发明的本质部分,不能只从权利要求的字面进行分析,必须以说明书的记载和现有技术为基础进行判断。这里,说明书不再是“参考”的对象,而是判断的依据。说明书中记载的发明的作用效果,对于判断发明的本质部分具有重要意义。例如,在大阪地方法院

---

〔1〕 参见日本知识产权协会专利第 2 委员会第 1 小委员会:“对等同 5 要件相关论点的分析及关注点”,载《知财管理》2001 年第 8 期。

2006年6月13日判决的“汽车轮胎内部材料及汽车轮胎”案件中，专利权人主张说明书中描述的起作用效果的部分不是本质的部分，没有被法院采纳。[1] 说明书中最重要的内容是现有技术，当然现有技术还包括除了说明书以外的其他证据所证明的内容。在每一件涉及认定专利发明的本质部分的案件中，法院都将说明书的记载作为认定的基础。东京地方法院2000年3月23日的“生海苔异物分离除去装置事件”判决中就指出：

在对被控侵权物与专利发明不同的部分是不是专利发明的本质部分进行判断时，不能只是形式性地从专利权利要求书的记载中抽取一部分作为专利发明的本质部分。而必须将专利发明与在先技术进行对比，以确定课题解决手段的特征性原理，看被控侵权物的解决手段与专利发明的解决手段是属于实质相同的原理，还是属于不同的原理，这样进行判断。[2]

从日本法院的判决来看，法院在认定专利发明的本质部分时都将说明书作为最主要依据。除了说明书中记载的现有技术外，其他现有技术也可以作为参考。例如，在知识产权高等法院2010年3月30日判决的“便携式通信工具及其使用方法”案中，在认定发明的本质部分时，就使用了证据乙5中的现有技术。[3]

第二，参考专利申请经过。有些情况下，除了以说明书的记载和现有技术为基础外，法院还参考专利申请经过确定专利发明的本质部分。例如，在东京地方法院1999年5月31日判决的“挖泥船移动方法”案件中，就参考了专利申请经过认定专利发明的本质部分。在专利申请过程中，原告在针对拒绝理由通知的意见书中称，“为了固定挖泥作业时的正确性和安定性，本申请中使固定用支点与移动用支点的间隔最大化。固定用支点与起重机最近，这样才能将挖泥般的功能充分发挥出来。固定用支点有特别的意义，为了连续作业不出差错，支点的数量应不少于3个。这种挖泥船用吊桶与3个支点组合代替全旋转起重机和锚。固定用支点在本发明中意义很大，其位置和数量都具有很重要的意义。”在不服拒绝授权的审判过程中，原告曾提出，“这种三个支点(船尾两个，船体中央一个)的相对关系，是最好的设计，也是本发明的核心。”根据上述审查经过，法院认为，“本发明的特点在于两个移动用的支点和船体中央的固定用支点，这样不会妨碍挖泥作业，达到有效固定船体的

---

〔1〕 大阪地方法院平17(ワ)11037号。

〔2〕 东京地方法院2000年(平成12年)3月23日判决，裁判所時報1738号100頁。

〔3〕 东京高等法院平21(ネ)10055号。

效果。因此,船体中央的固定用支点设计,是本件发明课题解决基础的特征部分。被告的装置中与发明的上述部分不同,不能说被控侵权产品与专利发明的不同部分不是专利发明的本质部分。"

第三,参考其他证据。除了专利申请经过外,法院还参考其他的证据认定专利发明的本质部分。例如,东京地方法院在2000年3月27日判决的"新型芳香羧酸纱窗诱导体制作方法"案件中,参考其他证据认定了专利发明的本质部分。原告专利方法将含有桂皮酸的芳香羧酸和氨基安息香酸作为主要原料,而被告的方法中将桂皮酸和"无水イサト酸"作为主要原料。法院参考了被告所提供的其产品反应过程的证据,最后认定"本件方法发明与被告的方法,本来所使用的原料就是不同的两种物质,而被告方法的反应经过中又没有原告主张的反应经过。在这种情况下,不能说被告的方法与本件发明不同的部分是非本质部分。"[1]但是,在知识产权高等法院2007年3月27日判决的"干燥装置"案件中,原告提交了试验数据用于说明发明的本质部分,但没有被法院采纳。[2]

(三)认定等同的第二要件:置换可能性

1. 置换可能性的意义

日本最高法院在"无限折动用滚珠花键轴承"案中提出适用等同原则的第一个要件是"即使将被控侵权物中的不同部分与专利发明中的相应部分进行替换,也能产生相同的作用效果,实现发明的目的"。人们一般把这一要件称为"置换可能性"。

对于置换可能性的意义,日本学者指出,"发明就是解决问题的手段,解决问题是有目的的,发明的有用性在于发明的效果。发明的效果是解决手段的直接结果,解决手段与效果的结合不明确就没有发明……因此,在授予专利的情况下,法所保护的是发明采用的解决手段,而不是发明的效果。'作用效果'就是'作用'与'效果',作用是就发明构成要素在发明全体中的关联性而言的,效果是就发明所得到的解决目的的结果而言的。"[3]

2. 置换可能性的认定

置换可能性的认定,涉及以下几个问题:

第一,置换可能性的比较对象。从日本最高法院的论述来看,置换可能性所比较的对象是"作用效果"和"目的"。其中,对于"目的",最高法院已经明确它指的

---

〔1〕 东京地方法院平9(ワ)27611号。

〔2〕 知识产权高等法院平18(ネ)10052号。

〔3〕 [日]松本重敏:《专利发明的保护范围》,有斐阁2000年版,第298页。

是“发明的目的”。而对于“作用效果”,指的是发明的作用效果,还是权利要求中被替换的技术特征的作用效果,日本最高法院的用语中并不太明确。从整个句子来看,这里的“作用效果”指的应当是发明的作用效果,而不是某一技术特征的作用效果。从日本法院的判决看,基本所有的判决都是按“发明的作用效果”进行对比认定的。也就是说,如果被控侵权物用其他技术特征替换了专利权利要求中的某一技术特征时,看是否具有置换可能性是看该被控侵权物是否与专利发明具有相同的作用效果,是否能够实现发明的目的。而不是看被控侵权物中使用的替换技术特征是否能够产生与专利权利要求中的相应技术特征相同的作用效果。例如,在名古屋地方法院 1999 年 3 月 10 日判决的“合成树脂制竹织物”案件中,法院认为专利发明的一个效果是使合成树脂制竹织物的连接简单容易,连接起来后更美观。而被控侵权制品将权利要求中的一个技术特征替换后,将达不到上述效果。因此,法院最后认定本案不符合置换可能性的要件,并以此为由否定了原告请求认定等同的要求。在大阪地方法院 2004 年 10 月 21 日判决的“析氧阳极及其制造方法”案中,法院认为,本件发明的目的是使氧气发生用不溶性阳极的寿命延长,应当认为,本件发明权利要求技术特征 5 中的中间层厚度上限值设定,可以减少结构性金属钽的使用量,具有提高经济性的效果。将技术特征 5 中的厚度替换后,增加了高价钽的使用量,不具有上述的经济性,达不到使氧气发生用不溶性阳极的寿命经济地延长的目的。法院认为,中间层厚度超过 3 微米的物品,达不到发明的目的,与发明不具有相同的作用效果。因此,法院认为,本案不符合置换可能性的要件。〔1〕但是在个别判决中,法院有时也比较技术特征的作用效果而不是专利发明的技术效果。例如,在名古屋高等法院在 2005 年 4 月 27 日判决的“液压缸”案件中,法院认为,专利权利要求的第一个技术特征的“固定带”具有密封狭缝、从而将桶内的液体密封的作用效果,被控侵权物中的树脂带,也能产生相同的作用效果,因此,可以认定具有置换可能性。〔2〕从后来日本知识产权高等法院适用这一要件的情况来看,主要还是针对发明的效果进行比较,而不是就技术特征的效果进行比较。例如,在 2012 年 3 月 14 日判决的“载置鞋用架子板案件”中,日本知识产权高等法院认为,本发明的技术效果是鞋从架子板上容易取出,而被控侵权物的效果与此不同,因此不符合等同原则的第二要件。〔3〕

第二,如何确定发明的作用效果。判决是否具有置换可能性的问题,首先要确

---

〔1〕 大阪地方法院平 14(ワ)10511 号。

〔2〕 名古屋地方法院平 15(ネ)277 号。

〔3〕 知识产权高等法院平 23(ネ)10035 号。

定专利发明的目的及作用效果,然后看被控侵权物是否具有专利发明的作用效果,是否能够实现发明的目的。确定发明的作用效果的主要依据权利说明书的记载。日本学者指出,在确定是否具有置换可能性时,应当考虑从说明书的记载中看到的发明的思想以及作用效果,而不能考虑与发明者思想中的发明是否相同。[1] 从日本法院的有关判决看,专利发明的作用效果基本都是根据说明书确定的。同时,日本有的学者还提出了从严认定专利发明的作用效果的建议。例如,原东京高等法院法官牧野利秋指出:

> 置换可能性,就是对与专利发明的目的和作用效果是否相同的判断。在对作用效果是否相同进行判断时,有必要看说明书中记载的作用效果是否存在于实际上构成专利说明的技术手段所具有的特定的作用效果中。现在的说明书中,有的没有记载上述特有的作用效果,只记载了即使使用其他技术手段也可以达到的抽象的作用效果,实际上不少情况下记载的作用效果是在先技术也可以实现的。按照上述记载的作用效果为基础进行作用效果是否相同的认定,会不恰当地扩大等同的范围,这是不能被允许的。我国现在没有规定在说明书中必须开示在先技术的义务,这一点应当注意。[2]

根据上述意见,当专利说明书中记载的作用效果过于宽泛时,应当根据专利发明特有的作用效果作为判断置换可能性的依据,否则就会造成不当扩大认定等同的范围。虽然笔者没有见到适用上述意见的日本法院判决,但上述意见是颇具合理性的。

第三,判断置换可能性是否考虑判断基准时。对于这个问题,日本理论和实务界都认为不必考虑判断的基准时。例如,中山信弘教授指出,申请中的发明可以通过补正进行变更,但补正的效力可以溯及申请日。说明书中记载的发明,在申请时就已经确定了,其内容并不随着时间而变化。因此,讨论置换可能性的判断时间是没有实际意义的。[3] 饭村敏明法官指出,在判断置换可能性时不必确定基准时,因为这一要件是根据专利发明的技术思想以及原理和原则进行判断的,没有考虑时

---

〔1〕 参见[日]中山信弘:《特许法》(第2版),弘文堂2012年版,第435页。

〔2〕 [日]牧野利秋:《裁判实务大系27》,第447~448页。转引自[日]小谷悦司:《最高法院滚珠花键案提出的等同原则适用要件(1)和(2)的意义以及今后的课题》,载[日]村林隆一、小谷悦司编:《专利审判中的等同原则——日美欧的比较》,经济产业调查会2003年版,第24页。

〔3〕 参见[日]中山信弘:《特许法》(第2版),弘文堂2012年版,第436页。

间问题的余地。[1]

第四,被控侵权物还有附加的技术效果是否影响置换可能性的判断。当被控侵权物把专利发明的某一技术特征进行了置换,仍达到了发明的目的,实现了发明的作用效果,并且还有其他的技术效果时,是否可以认定为具有置换可能性,日本法院的判决认定,被控侵权物的附加技术效果不影响置换可能性的认定。例如,东京地方法院在2000年3月23日判决的"生海苔异物分离除去装置"案中认为,虽然被控侵权物"实现了本件发明1权利要求书中所记载的技术构成所不能产生的作用效果,但由于它实现了本件专利发明1的作用效果,应当说这只不过是附加的东西,不能成为妨碍认定被控侵权物与本件专利发明1的作用效果相同的理由。"大阪地方法院在1998年8月27日判决的"玉子烧等食品加工调理机器"案件中认定,原告的专利发明具有液延装置沿机台往返运动的效果,被控侵权物也具有液延装置沿机台往返运动的效果,除此之外,被控侵权物在安全和卫生方面都具有优于专利发明的效果,尽管如此,不能说不具有置换可能性。对于附加技术效果是否影响置换可能性的问题,日本专利代理人协会的研究报告认为,即使附加的作用效果非常大、非常显著,仍可以满足置换可能性这一要件。对于有附加效果的情况,一般只就专利发明的核心作用效果进行对比。[2]

第五,作用效果相同的判断是定性的还是定量的判断。日本最高法院在"无限折动用滚珠花键轴承"案中把作用效果"相同"作为认定等同的条件,但没有明确如何进行作用效果是否相同的认定。被控侵权物与专利发明的作用效果完全相同的情况是基本不存在的,因此,法院也不可能把被控侵权物与专利发明完全相同作为认定置换可能性的条件。在判断作用效果是否相同时,是进行定性的分析还是定量的分析是日本学说和法院审判中一个有争议的问题。

在日本最高法院就"无限折动用滚珠花键轴承"案作出判决以前,日本的法院就涉及这一问题。例如,1969年大阪地方法院判决的"尼龙带扣拉链"案就涉及这一问题。案中在涉案专利之前,专利权人在瑞士专利公报中就披露了钩与钩、蘑菇状小片与蘑菇状小片相同系合的拉链。这种设计中钩与钩虽拉合容易,但也容易剥离,蘑菇状小片间的交合存在位置不对应的问题。因此,在本案专利申请前,专利权人并没有具有实用性的拉链问世。专利权人用一边是钩另一边是圈的设计替

---

〔1〕 参见[日]饭村敏明:《专利侵权诉讼中权利要求解释及最近审理的变化》,载《民事法情报》第195期(2002年12月)。

〔2〕《关于最高法院判决中"置换可能性、置换容易性"要件的报告》,载日本专利代理人协会中央知识产权研究所研究报告第11号《等同原则》(2002年12月31日)。

换了钩与钩的设计,这样系合的机会增加,并且具有一定的抗剥离性。因此,本件发明的技术课题就是,两个既容易系合又具有抗剥离性的支持体,形成能够结合在一起又能分离开的拉链。在被控侵权物中,一面的支持体是蘑菇状小片,另一面的支持体是与发明相同的圈。被控侵权物也具有系合容易且抗剥离的特点。大阪地方法院认为,被控侵权物使用蘑菇状小片代替了专利中的钩,而钩和蘑菇状小片都是专利权人在瑞士专利公报中开示的内容,钩与蘑菇状小片的置换对于本领域技术人员来说是容易的。并且,钩与蘑菇状小片置换后,与另一支持体圈形成的设计,在功能和作用效果上是一样的。因此,法院认为,被控侵权物将钩置换为蘑菇状小片,这种置换具有置换可能性和置换容易性,符合认定等同的条件。可见,在本案中,法院主要考虑了定性的作用效果,也就是将钩替换为蘑菇状小片后系合容易且抗剥离的特点并未改变。但是在本案的二审中,被告方提供了针对原被告双方产品的抗剥离性试验报告。报告结果显示,使用蘑菇状小片的被控侵权产品的抗剥离性比使用专利发明方法的原告产品高六七倍。大阪高等法院认为,被控侵权物与专利发明的抗剥离性有显著差异,因此,两者的作用效果不同,不能认定为等同。可见,大阪高等法院所说的作用效果并不是指拉链中使用了圈后所产生的质的作用效果,而是指抗剥离性的量的程度方面的作用效果。也就是说,是定量的作用效果,而非定性的作用效果。

在大阪地方法院2000年5月23日判决的"固定门窗用折叶"案件中,被告提出其产品的厚度与专利发明不同,这种变化带来的结果是安装门窗和调整门窗位置时所用的力不同,因此,二者的作用效果是不同的。法院认为,从说明书上看,本件发明与在先技术相比并不是对在门窗安装和移动位置时需要的力的大小进行量的改善,应当认为专利的作用效果与门窗安装和移动时需要的力无关。因此,大阪地方法院认为,应当只从门窗安装后仍能上下位置调整并能保持其位置这一定性的作用效果进行比较,而不管安装及位置移动时需要多大的力,被控侵权物与专利发明具有相同的作用效果。[1]

对于作用效果相同的判断是定性还是定量的问题,日本专利代理人小谷悦司指出,如果发明是开拓性的,则应注重定性的作用效果;如果发明是改进性的,则应注重定量的作用效果。也就是说,对于以质的作用效果为本质的发明,则以定性的作用效果为尺度进行置换可能性的判断;对于以量的作用效果为本质的发明,则以

〔1〕 大阪地方法院平7(ワ)1110号。

定量的作用效果为尺度进行置换可能性的判断。[1] 我们认为上述主张是非常合理的,也符合“大发明大保护、小发明小保护”的专利法保护原则。

(四)认定等同的第三要件:置换容易性

1. 置换容易性的意义

日本最高法院在“无限折动用滚珠花键轴承”案的判决中,提出适用等同原则的第三个要件是“上述替换对本领域普通技术人员来讲在制造被控侵权产品时是容易想到的”,一般这一要件被称为“置换容易性”。日本最高法院还指出,将置换容易性规定为适用等同原则的要件的原因在于,“专利发明的实质价值应当及于第三人从专利权利要求记载的技术特征中容易想到的与专利发明实质相同的技术,应当认为这是第三人应该预想到的”。置换容易性与置换可能性是密切相关的。置换可能性主要是从客观上看,用某一技术特征将专利发明中的技术特征替换后,被控侵权物是否与专利发明具有相同的作用效果,是否能够实现发明的目的。而置换容易性主要是从主观方面看这种替换对于本领域技术人员来讲是不是容易做到的。日本有学者认为,置换容易性这一要件是所有等同要件中最难以判断的要件。[2]

2. 置换容易性的程度

置换容易性的程度也就是容易想到的范围,或容易想到的射程距离。对此,日本最高法院在“无限折动用滚珠花键轴承”案的判决中并没有明确。

对于置换容易性的程度,日本学者有不同的观点。第一种观点可以称为“创造性同一说”,该观点认为,最高法院判决中的“容易想到”与创造性的容易性的范围相同;第二种观点可以称为“发明同一说”,该观点认为,容易想到的范围就是本领域技术人员当然认为与发明具有同一性的范围;第三种观点可以称为“中间说”,该观点认为置换容易性的范围介于上述两种观点所认定范围的中间,它小于创造性的范围,是本领域普通技术人员不经过特别努力就能够想到的范围。[3] 创造性是相对于现有技术的距离而言的,而置换容易性是相对于专利发明而言的,两者的方向是相反的。日本专利法第29条第(2)项规定,在专利申请前该发明所属领域的

---

〔1〕 参见[日]小谷悦司:《最高法院滚珠花键案提出的等同原则适用要件(1)和(2)的意义以及今后的课题》,载[日]村林隆一、小谷悦司编:《专利审判中的等同原则——日美欧的比较》,经济产业调查会2003年版,第15页。

〔2〕 [日]小松阳一郎:《关于等同原则适用要件(3)“置换容易性”》,载[日]村林隆一、小谷悦司编:《专利审判中的等同原则——日美欧的比较》,经济产业调查会2003年版,第35页。

〔3〕 同上。

普通技术人员以没有新颖性的技术(日本国内外公知的、公开实施的或出版物上公开出版的,以及国内可能通过电信等手段公众可以利用的发明)为基础,能够容易作出的发明,不能授予专利权。在上述三种观点中,“创造性同一说”的范围最大,它认为只要达不到创造性的标准,就可以认定具有置换容易性;而“发明同一说”的保护范围最小,它认为只有很明显与发明相同的技术具有置换容易性;“中间说”居于上述两种观点中间,置换容易性的范围比创造性的范围小,但又比发明同一范围大。

东京地方法院 1998 年 10 月 7 日判决的“装载设备”案件就涉及置换容易性的标准。专利权利要求中有“电阻器的主电极为底部贯通的圆柱形基部电极”。被控侵权产品圆柱形基部电极的底部和上部都由覆盖绝缘给水管支持固定,但两部分是分开的,同时给水管与主电极电源接通具有导电功能。原告主张,主电极的这种构造是从 1908 年的英国专利所公开的内容中可以容易想到的技术。法院没有支持这种主张。法院认为,“容易想到的程度,比专利法第 29 条 2 款所规定的、以公知的发明为基础‘可以容易地做出的发明’不同,它指的是对于本领域任何技术人员来说,可以容易地认为与专利权利要求明示记载的内容相同。”[1]法院还指出,判断专利发明与被控侵权产品是否等同时,应针对被控侵权产品的具体构成进行判断,而不是针对从被控侵权产品抽象的上位概念进行判断。本案中的被控侵权产品不能抽象成圆柱形电极上有支持固定部件,而是给水管作为支持固定部件且给水管具有导电功能。不能认为英国专利说明书公开了这种构造,因此,原告的主张不能支持。

在大阪地方法院 2000 年 2 月 22 日判决的“碎纸机刀片”案件中,也采用了上述案件中的“发明同一说”的标准。[2] 在其他的判决中,法院很少提到置换容易性的具体标准。从法院对置换容易性的判决来看,法院都明确否定了创造性同一说标准。但具体适用的是“发明同一性”标准还是“中间说”标准,因为这两种标准之间本来就没有明确的界限,法院在判决中也没有明确。

因此,对于置换容易性的程度,在学说上有三种观点,在法院的判决中否定了范围较宽的“创造性同一说”标准,而采用了使置换容易性的范围更窄的标准。而日本学者认为,置换容易性的程度因案而异,很难确定抽象的标准。[3]

---

〔1〕 东京地方法院 1998 年(平成 10 年)10 月 7 日判决,裁判所時報 1657 号 122 頁。

〔2〕 大阪地方法院平 10(ワ)12235 号。

〔3〕 [日]中山信弘、小泉直树编:《新注解特许法》(上卷),青林书院 2011 年版,第 1101 页[岩坪哲]。

3. 置换容易性的判断主体

日本最高法院在“无限折动用滚珠花键轴承”案中提出的置换容易性的判断主体是“发明所属领域普通技术人员(当业者)”,而对于“发明所属领域普通技术人员”所具有的知识水平,日本最高法院并没有明确。

《日本专利法》第29条关于专利“创造性”的规定,也使用了“发明所属领域的普通技术人员”的术语,日本很多学者认为作为置换容易性判断主体的“发明所属领域普通技术人员”与《专利法》第29条“创造性”判断主体的“发明所属领域的普通技术人员”的范围是一致的,指的是制造部门具有平均水平的技术人员。[1] 中山信弘教授对置换容易性判断主体“发明所属领域普通技术人员”的含义进行了仔细的分析。他指出:“发明所属领域普通技术人员应当具有什么技术水平?在变化剧烈的领域如生物技术领域,最前沿的科学家与制造部门的工程师的技术水平会有巨大的差距。另外,专利侵权不只是发生在制造环节,销售等也可能构成侵权。在这种情况下,就会产生一个问题,专利所属领域普通技术人员是否就是包括销售者在内的平均水平的人。假设等同原则只是为了排除高度恶意者,就可以解释为专利所属领域的普通技术人员因每个具体侵权案件而不同。也就是说,即使侵害形态是相同的,因侵害者是诺贝尔资金获得者或街道作坊的不同而得出不同的结论。但是,根据每个案件中被控侵权人的特殊状况而确定专利侵权是否成立并不合适。将专利制品的销售者、使用者都考虑在内,从法的稳定性的观点来看,应当为专利制度设计一个一致的判断标准,而最适当的标准应是普通工程师的水平。因此,即使对于技术水平较低的销售者,也应当适用普通工程师的标准。有时可能按照等同原则认定销售者的行为构成侵权,这种标准对于销售者来说比较严厉。这种情况下,销售者不能避免停止侵权的责任,但在根据《专利法》第102条第(4)项规定根据过失确定赔偿额时,法院可以对损害赔偿额进行适当调整。”[2]

可见,等同原则中置换容易性的判断主体“发明所属领域普通技术人员”与专利法“创造性”判断中的“发明所属领域的普通技术人员”的范围是一致的,指的是发明所属领域制造部门的普通工程师(技术人员)。不管被控侵权人是生产者还是销售者、使用者,在判断置换可能性时所适用的判断主体标准是相同的。虽然有学者提出在适用等同原则认定销售者构成侵权时,可以因其过错程度较轻而调整赔偿数额,但笔者没有见到根据这种意见作出的法院判决。

---

〔1〕 日本知识产权协会专利第2委员会第1小委员会:《与等同五要件有关的论点的分析与留意点》,载《知财管理》(第51卷)2001年第8期。

〔2〕 [日]中山信弘:《特许法》(第2版),弘文堂2012年版,第438页。

4. 置换容易性的判断基准

置换容易性的判断基准时,日本以前的学说和判决一般以申请时为准。但是,日本最高法院在"无限折动用滚珠花键轴承"案中将"被控侵权产品制造等时"作为认定等同的时间点。这是日本适用等同原则的重大变化。在该案以后日本下级法院的判断中,绝大部分都是以"被控侵权产品制造时"作为认定置换容易性的基准时。

日本最高法院提到的"被控侵权产品制造等时"中的"等"字是什么含义,日本最高法院在判断中并没有详细说明。设乐隆一法官仔细分析了"制造等时间"的不同情况,并提出了认定置换容易性的基准时间。他指出,就侵害时说而言,被控侵权制品存在开发设计的不同阶段。具体而言,有设计图完成时、试制品完成时、批量生产开始时、批量生产结束时等不同的基准时间。应当以制造行为开始时(正确地说应当是试制品完成时)作为判断置换容易性的基准时间。在被控侵权制品试制品完成时到批量生产时还有一定的时间差,从将置换容易性的判断时间确定为侵权时的目的看,日本最高法院判决中提到的"被控侵权产品制造等时",不是指的批量生产时间,而是被控侵权制品试制品完成、开始制造的时间。即开发完成时点,完成的试制品(与被控侵权制品相同的产品)超过1个以上,就是作为营业的制造行为,这时就是"制造等时"。[1] 上述观点,被日本学者普遍接受。另外,在被告就被控侵权产品申请专利的情况下,一般来说,被告经历了开发、申请专利、专利公开、专利授权等不同的阶段,被告一般申请专利后才开始制造行为。这种情况下,被控侵权产品制造时晚于被告申请专利时,被告自己的行为使置换容易性的射程距离延长,置换容易性的范围扩大。作为"丧失置换非容易性的例外",被告自己开发实施并将该技术申请专利的情况下,将被告制造被控侵权产品时作为认定置换容易性的基准时是不合理的,应当以被告申请专利的时间作为认定置换容易性的基准时。[2] 东京高等法院在1999年9月30日判决的"绿内障局部治疗用组成物"案件中就采用了上述观点,法院在判决中指出,"被控侵权人就被控侵权物申请了专利的情况下,应当将该专利的申请日(优先权日)作为置换容易性判断的基准时。"[3]可见,日本最高法院将"被控侵权产品制造等"时间作为置换容易性的判断基准时,指的是一般情况下以被控侵权产品制造的时间作为判断基准时,但在特殊

---

〔1〕 [日]设乐隆一:《滚珠花键轴承案最高法院判决中的等同原则及今后的诸问题》,载[日]村林隆一、小谷悦司编:《特許裁判における均等論》,经济产业调查会2003年编印。

〔2〕 日本知识产权协会专利第2委员会第1小委员会:《与等同五要件有关的论点的分析与留意点》,载《知财管理》(第51卷)2001年第8期。

〔3〕 东京高等法院平11(ネ)169号。

情况下，应以早于制造时的时间（如被控侵权产品试制完成日、被控侵权产品专利申请日）作为判断置换容易性的基准时。

对于"被控侵权产品制造等时"作为判断置换容易性的基准时的原因，日本最高法院在判决中提出：

> 在专利申请时预想到将来所有的侵害形态并记载在专利权利要求书中是极其困难的，如果他人用专利申请后知悉的物质、技术等将专利权利要求中的部分技术特征置换，从而使专利权人要求停止他人侵权等权利无法行使，这将会极大地挫伤公众的发明欲望，违反专利法通过保护和奖励发明实现产业发展的目的，而且会产生违反社会正义和衡平理念的结果。

中山信弘教授分析了将"侵害时"作为置换容易性的判断基准时的影响和理由。他认为，将"侵害时"作为置换容易性的判断基准时，随着技术的进步本领域普通术人员的知识范围会增加，置换容易性的范围随着时间而扩大，其结果是等同的范围变大。对此，有一种批评意见认为，将"侵害时"作为置换容易性的判断基准时，会使当初不包括在专利权人发明中的内容，因后来他人的发明而纳入专利权人的独占范围。然而，即使重视专利权利要求的公示功能，侵权人在侵权时也可以根据当时的各种具体情形作出是否实施被控侵权技术的判断，也就是说以侵害时作为置换容易性的判断基准并无不便。考虑到国际趋势，以侵害时作为置换容易性的判断基准时更合适。[1]

5. 用申请时已经存在的技术进行置换的问题

日本最高法院确定用等同原则是以"用专利申请后知悉的物质、技术等将专利权利要求中的部分技术特征置换"的形态作为依据的，但实际上，很多情况下进行置换的技术并不是专利申请后知悉的，而是专利申请时已经存在的。这时，有可能存在两种情况：一种情况是在专利申请时这种置换就是容易的；另一种情况是在专利申请时置换是不容易的，但因为专利申请后第三人的技术革新等原因，使这种置换变得容易。将"侵害时"作为置换容易性的判断基准时，更容易得出肯定置换容易性的结论。对于上述两种情形，使用"侵害时"作为判断基准时，都会得出置换容易的结论。但在第一种情况下，虽然可以满足置换容易性的要件，但不能满足第四要件"非公知技术"和第五要件"意识除外"的可能性较大。

---

〔1〕［日］中山信弘：《特许法》（第2版），弘文堂2012年版，第439页。

(五)认定等同的第四要件:非公知技术

1. 非公知技术的意义

日本最高法院在"无限折动用滚珠花键轴承"案的判决中,提出适用等同原则的第四个要件是"被控侵权制品与专利发明申请时的公知技术或者本领域普通技术人员能够在专利申请日从公知技术容易推导出的技术并不相同",一般这一要件被称为"非公知技术"。日本最高法院将"非公知技术"确定为适用等同原则的要件的原因在于,"在专利发明申请时公知的技术以及本领域技术人员在申请日容易从公知技术推导出的技术,本来是任何人都不能对此取得专利权的,因此不能认为属于专利的技术范围"。可见,"非公知技术"这一要件主要是将公知技术和从公知技术中容易推导出的技术排除在等同的范围之外。

2. "容易推导"的判断基准

"非公知技术"这一要件要排除的是"公知技术"和"本领域普通技术人员能够在专利申请日从公知技术容易推导出的技术",这里存在如何把握"本领域普通技术人员能够在专利申请日从公知技术容易推导出的技术"的问题,也就是"容易推导"的判断基准是什么。

对于"容易推导"的判断基准,主要是它与专利申请时创造性是否相当的问题。日本学者普遍接受的观点是,"从公知技术中容易推导出"的判断标准,与《专利法》第29条第(2)项规定的创造性的标准是相当的。也就是说,"容易推导"与《专利法》第29条第2项规定的"可以容易地做出的发明"的程度是相同的。这是因为,从申请前公知的技术中容易推导出的技术,因缺乏创造性这一授权的拒绝理由,本来就是不能授予专利权的,而要件四的目的就在于防止以等同原则的名义对专利技术进行不恰当的扩大解释。[1]

3. 是否容易推导的判断对象

是否能够从公知技术中容易推导的判断对象,是置换部分还是被控侵权物的全体,这是适用"非公知技术"这一要件的重要问题。从日本法院适用这一要件的有关判决看,容易推导的判断对象是被控侵权物的全体,而不是置换部分。例如,在大阪地方法院2000年5月30日判决的"软冰激淋状食品用容器"案件中,法院认定,"应当认为,被控侵权物的构成,是本件专利申请时本领域普通技术人员特别容易推导出的。"[2]东京地方法院2003年8月28日判决的"暗渠形成装置"案件判

---

[1] [日]小谷悦司:《等同原则的动向——滚珠花键轴承案最高法院的判断及今后的课题》,载[日]村林隆一、小谷悦司编:《特許裁判における均等論》,经济产业调查会2003年编印,第599页。

[2] 大阪地方法院平11(ワ)5526号。

决中指出:“应当说,被告的装置是本领域普通技术人员在本件发明申请日的公知技术的基础上容易推导出的。”〔1〕在大阪地方法院2014年判决的“虹吸式排水装置”案件中,法院指出:“在判断是否从公知技术中容易推导出时,不只是判断被被控侵权物中置换部分是否容易从公知技术中推导出来,而是将被控侵权物作为一个整体,判断是否从专利申请时的公知技术中容易推导出来。”〔2〕当然,所谓被控侵权物作为一个整体,并不是指被控侵权物的所有技术特征,而是与专利权利要求相对应的特征。日本有学者认为,容易推导的判断对象是与权利要求的相应技术特征对应的部分,而不包括无关的部分,否则因无关的部分左右等同的认定是不合理的。例如,如果专利权利要求为“A + B + C”,而被控侵权产品为“A + B + C’ + D”,不能只对比C和C’,也不能对比全部“A + B + C’ + D”,而是对比“A + B + C’”。〔3〕

4.“非公知技术”与现有技术抗辩、专利无效抗辩

现有技术抗辩是被告对抗专利权人侵权指控的一种抗辩主张,一旦认定被告所实施的技术是现有技术,则无论该技术是否属于专利发明的技术范围,都不构成对该专利权的侵害。因此,无论专利权人提出的是相同侵权的主张,还是等同侵权的主张,被告都可以提出现有技术抗辩。而日本最高法院提出的“非公知技术”这一要件,实质上就是现有技术抗辩在等同原则下的适用。

《日本专利法》2004年修改时新增加的第104条第3款的规定,使被控侵权人可以提出专利无效的抗辩。如果被控侵权人证明专利存在无效的理由,则也可以认定不侵权。这为被控侵权人又提供了一条抗辩的理由。在某些情况下,被控侵权人会选择采用专利无效抗辩。这样也导致等同中“非公知技术”要件适用的减少。

专利无效抗辩并没有取代现有技术抗辩。在相同侵权和等同侵权的情形下,被控侵权人都可以不选择无效抗辩而提出现有技术抗辩。日本有学者认为,在相同和等同侵权的情况下,专利权人的主张责任是不同的。在专利权人主张专利发明与被控侵权物相同的情况下,因为专利有效是前提,被控侵权物不是现有技术也成为前提,专利权人没有必要主张被控侵权物不是现有技术;而在专利权人主张专利发明与被控侵权物等同的情况下,虽然专利有效是前提,但得不出被控侵权物不是现有技术的结论,专利权人有必要提出被控侵权物不是现有技术的主张。〔4〕但

〔1〕东京地方法院平14(ワ)1574号。
〔2〕大阪地方法院平24(ワ)7887号。
〔3〕[日]中山信弘、小泉直树编:《新注解特许法》(上卷),青林书院2011年版,第1101页[岩坪哲]。
〔4〕[日]松本悟:《与等同原则有关的考察(二)》,载《知财管理》(第53卷)2003年第2期。

从日本法院适用“非公知技术”这一要件的情况来看,专利权人即使提出等同侵权的主张,也没有必要同时提出被控侵权物不是现有技术。也就是说,如果被告不提出其所使用的技术是现有技术或从现有技术中容易推导出的技术的主张并加以证明,法院就可以认定不妨碍“非公知技术”这一要件的成立。例如,在大阪地方法院2000年5月23日判决的“固定门窗用折叶”案件中,法院以“没有证据证明,被控侵权物与本实用新型申请时的现有技术或本领域普通技术人员从现有技术中容易推导出的技术相同”为由,认定符合“非公知技术”这一要件。[1]

(六)认定等同的第五要件:特别事由

1.“特别事由”的意义

日本最高法院在“无限折动用滚珠花键轴承”案的判决中,提出适用等同原则的第五个要件是“没有诸如在专利申请过程中将被控侵权产品从专利权利要求中有意识地排除之类的特别事由”。一般这一要件被称为“特别事由”“意识除外”或“禁止反悔”。

日本最高法院在这一要件中强调“在专利申请过程中将被控侵权产品从专利权利要求中有意识地排除”,也就是一般所说的“禁止反悔”。本书前面已经介绍了禁止反悔在相同侵权时的解释作用,相同的原则也适用于等同侵权时。在专利权人主张等同侵权的情况下,禁止反悔成为限制等同的一个要件。

日本最高法院并没有将第五要件局限于“禁止反悔”。“禁止反悔”只是日本最高法院列举的第五要件的一种情形。除了这种情形之外,应该还有类似的“特别事由”,但具体哪些事由可以归入这一要件的“特别事由”,日本最高法院在“无限折动用滚珠花键轴承”案中并没有明确。日本法院在适用这一要件时也只涉及“禁止反悔”的问题,还没有法院判断把“禁止反悔”之外的其他事由认定为这一要件的“特别事由”。

日本最高法院提出的适用第五要件的理由也是针对“禁止反悔”而提出的,“在专利申请过程中,申请人从专利权利要求范围中有意识地排除的内容等,一旦专利权人承认它不属于专利发明的技术范围,或者从表面上看专利权人的行为可以被认为具有上述意思,专利权人其后再提出与此不同的主张,按照禁止反悔原则是不能被允许的”。

在日本法院没有认定等同的案件中,第五要件仅次于第一要件是认定等同的第二大障碍。

---

〔1〕 大阪地方法院平7(ワ)1110号。

2. 等同侵权中的"禁止反悔"与字面侵权中的"禁止反悔"

在字面侵权和等同侵权时都有可能适用"禁止反悔"，两种侵权状态下"禁止反悔"的产生和适用都基本相同，不只是专利权人对权利要求书和说明书的补正可以产生"禁止反悔"，专利权人在申请过程以及专利无效过程中的意见书和答辩书等都可以成为"禁止反悔"的根据。但日本有学者认为两者也存在不同之处。例如，有的学者认为，在字面解释的情况下，通过"禁止反悔"对权利行使进行限制时，权利人对缩减部分权利放弃的意思必须是明确的；但在认定等同时，只要在外表上看起来具有对权利要求限制的意思，就可以认为满足适用等同原则的第五个要件。[1]这是因为，在字面侵权的情况下，对客观存在的专利权利要求附加限制条件必须有正当的理由，作为附加要件的主观因素是必需的；但在等同侵权的情况下，本来就是超越权利要求的范围行使权利，出于重视第三人预测可能性的考虑，无论是否具有主观因素都应当对权利的行使进行限制。[2]

按照上述主张，"禁止反悔"的范围在等同侵权中比字面侵权中更广。在字面侵权的情况下，只有专利权人主观上具有限制专利权利范围的意思，才能成为"禁止反悔"的理由。而在等同侵权的情况下，无论权利人是否具有限制专利权利范围的意思，只要从表面看具有这种意思，就可以成为"禁止反悔"的理由。上述观点具有合理性，并且也与日本最高法院的有关论述相吻合。日本最高法院在阐述等同原则第五要件的理由时，特别指出"从表面上看专利权人的行为可以被认为具有上述意思"是"禁止反悔"的一种情形。然而，从日本法院适用"禁止反悔"原则的情况看，看不出在字面侵权情况下适用"禁止反悔"比在等同侵权情况下更严格，因为在绝大多数案件中并没有涉及专利权人是否具有限制专利范围的主观意思。

3. 权利要求书的修改与禁止反悔

在专利申请过程中专利申请人对权利要求书的修改与禁止反悔的适用有着密切的关系。专利申请人对权利要求书的修改有两种情况：一种情况是为了回避驳回理由而进行的修改；另一种情况是回避驳回理由以外的原因而导致的修改。

针对专利局的驳回理由通知及撤销理由通知等，为了避免专利申请被驳回或者专利被撤销或者无效，专利权人对专利权利要求的范围进行了缩减性修改的情况下，通常要对专利权利要求的范围进行限定解释，如果权利要求的文字字面含义

---

〔1〕［日］高林龙：《专利侵权诉讼中的信义原则以及权利滥用》，载《法曹时报》（第53卷第3号）（2001年）。

〔2〕《关于最高法院判决中"非公知技术和意识除外"要件的报告》，载日本专利代理人协会中央知识产权研究所研究报告第11号《等同原则》（2002年12月31日）。

不包括被控侵权物,就应当认为被控侵权物属于专利申请过程中从专利权利要求的范围中有意识地排除的。这时,应当认定不符合等同原则的第五个要件。为了回避驳回理由进行修改而导致禁止反悔的案件较多。多数案件是为了区别于驳回理由通知中的现有技术而做的修改。例如,在名古屋地方法院 2000 年 8 月 9 日判决的"车椅子"案件中,专利权利要求中最初为"前下端为能够锁定椅子本体的支持装置",后来为了回避专利局的驳回理由,专利申请人将其修改为:"前下端为孔与插入孔中镙栓相结合能够锁定椅子本体的支持装置",法院认为,专利权利要求中的支持装置只限于"孔与插入孔中镙栓相结合"的装置,而把大头针状棒形材料的支持装置排除在外。被控侵权物的支持装置为大头针状棒形材料。因此,本案不满足认定等同的第五个要件。[1] 再如,在日本知识产权高等法院 2013 年 11 月 27 日判决的"一次性尿布"案件中,原申请书中权利要求的内容为腰下部的弹性材料沿圆周方向连接设置,针对驳回通知修改为"弹性材料分布在除腰中部外的左右两侧",而被控侵权中的弹性材料分布在沿腰部一周。法院认为,也因为专利权人在申请过程中在权利要求中排除了"腰下部的中央部"而认定不满足等同原则的第五要件。[2] 在知识产权高等法院 2009 年判决的"切削方法"案件中,原来的权利要求 3 并没有限定切削的对象,在针对驳回决定的审判中,专利申请人删除了权利要求 3,将权利要求 4 变更为权利要求 3,权利要求 4 中将切削对象限定为半导体晶片。法院认为,专利的保护范围限于切削半导体晶片,被告切削半导体晶片之外的产品,因不符合等同原则的第五个要件,不属于等同的范围。[3] 在东京地方法院 2012 年 9 月 13 日判决的"治疗和预防宠物寄生虫的药物"案件中,涉及在宠物局部用药药效扩散到宠物全身的杀虫剂。权利要求中界定的药物由 4 种成分组成(4 个技术特征),其中一种成分是结晶化抑制剂。权利要求中只使用了"结晶化抑制剂"而没有限定具体的化合物。专利说明书中记载了多种结晶化抑制剂,但没有记载克罗米通。在审查过程中,审查员认为说明书中记载的结晶化抑制剂有一些已经公开,缺乏新颖性和创造性,从而作出了驳回通知。专利申请人对权利要求中的结晶化抑制剂进行了修改,限定为三种化合物之一:"在聚乙烯吡咯烷酮、乙酸乙烯酯和乙烯基吡咯烷酮共聚物、聚氧乙烯化的脱水山梨糖醇酯和它们的混合物中选择的结晶化抑制剂"。对于被控侵权物中的克罗米通是否与权利要求中记载的三种结晶化抑制剂等同,法院作出不能认定等同的结论,理由是不符合第一、三、五三个

---

〔1〕 名古屋地方法院平 10(ワ)4108 号。

〔2〕 知识产权高等法院平 25(行ネ)10001 号。

〔3〕 知识产权高等法院平 20(ネ)10068 号,裁判所時報 2059 号 125 頁。

要件。对于第五个要件,法院认为,在申请时的说明书中没有克罗米通,原告在修改时将结晶化抑制剂限定为其中的三种。结合案件事实来看,原告方已经承认使用克罗米通的被控侵权产品不在专利的保护范围之内。因此,原告提出的等同的主张不符合等同原则的第五个要件。[1] 在上述案件中,原来权利要求中抽象的记载修改为具体的限定,具体限定之外而说明书中也没有记载的内容,法院认为属于意识限定,不符合等同原则的第五个要件。对于该案中法院的做法,有的日本学者提出了批评意见,认为适用第五要件过于严格。[2]

除了针对现有技术进行修改外,如果针对驳回理由通知中的其他理由所做的修改,例如针对权利要求不清楚的驳回理由所做的修改,有时将实施例中的限制加入到权利要求书中,法院也认为放弃的抽象部分不属于专利的保护范围。例如,在大阪高等法院 1996 年 8 月 29 日判决的"t - PA"案件中,法院认为如果权利要求的修改超过了缺乏新颖性、创造性要件的范围,对于超出部分仍属于专利保护范围的主张不能支持。为界定发明的构成而将明确权利要求时,对于原来权利要求的内容仍属于专利保护范围主张不能支持。[3]

专利权人非为回避驳回理由而对权利要求进行的修改,一般称为申请过程中的过度限缩。这时,是否产生禁止反悔的问题,日本学说和判决中的存在两种意见。第一种意见是过度限缩并不导致禁止反悔。在大阪地方法院 1999 年 5 月 27 日判决的"注射液调制方法及注射装置"案件中,法院认为不是为了回避驳回理由而进行的修改,并不导致禁止反悔。案中权利要求书中"保持几乎垂直状态"的技术特征,法院认为该技术特征虽然是在专利申请过程中针对专利局的驳回理由而修改的,但修改内容重点在于安瓿内的后侧的可移动装置,而"保持几乎垂直状态"只是常规手段的记载,并不是为了回避驳回理由而增加的。因此,虽然被控侵权物不具备这一技术特征,也不能认为被控侵权物是在专利申请过程中从专利权利要求范围中有意识排除的。最后,法院认定等同侵权成立。[4] 大阪地方法院在 2000 年 5 月 23 日判决的"铰链门实用新型"案中,法院认为权利要求中的修改,不是为了区别现有技术而做的,因此不导致禁止反悔。[5]

另一种意见是,修改的目的并不影响禁止反悔的适用。例如,在东京地方法院

---

〔1〕 东京地方法院平 21(ワ)45432 号。

〔2〕 川田篤《審査経過に基づく禁反言》パテント2014, Vol. 67, No. 14。

〔3〕 大阪高等法院平成 8 年 3 月 29 日判决,知的財産権関係民事・行政裁判例集 28 卷 1 号 77 頁。

〔4〕 大阪地方法院平 8(ワ)12220 号。

〔5〕 大阪地方法院平 7(ワ)1110 号。

1999年6月30日判决的“交流电源装置”案件中,原权利要求中的用语是“高频开关电路与低频开关电路之间连接波形整形去噪电路”。审查员认为低频形状电路的构造不清楚,发出了驳回理由通知。申请人针对审查意见,将权利要求书进行了修改,将说明书中一个实施例的内容加入到权利要求书中,对高频开关电路和低频开关电路的具体结构都进行了限定。而被控侵权产品的高频开关电路与修改后的权利要求不同。法院认为,由于在原权利要求书中并没有限定具体的构造,专利权人通过修改将被控侵权产品的构成排除在外,因此不构成等同。[1] 东京高等法院在2000年2月29日的“支持真柱建筑法”案件和大阪地方法院1998年9月17日的“缓释性双氯芬酸钠制剂”案件中,都将专利权人的过度限缩修改作为禁止反悔的理由,从而认定不符合等同原则的第五个要件。

上述不同意见涉及修改的目的是否影响禁止反悔原则适用的问题。第一种意见受到很多批评,批评意见认为,对与审查手续无关的第三人来说,不可能知道申请人修改的真正目的。与字面解释中的禁止反悔的法理不同,等同原则的法理使专利的保护突破了权利要求界定专利保护范围的功能,这种情况下更应强调对于第三人的保护。受益于等同原则的人(专利权人),无论出于什么理由对权利要求的范围进行了限缩,都不能再主张限缩的部分按照等同原则仍属于专利的保护范围。[2]

从日本法院近年来涉及等同第五要件的判决来看,很少涉及修改目的的问题。这可能是法院在适用禁止反悔时不再考虑修改目的的表现。

除了审查过程中的修改外,日本法院还认为,订正审判中的修改也可以导致禁止反悔。在东京地方法院1999年6月29日判决的“腋下吸汗垫实用新型”案件中,原告订正审判中将权利要求中的“曲率小”改为“曲率半径小”,并使用订正后的权利要求提起了侵权诉讼。在诉讼中,原告主张“曲率小”属于等同的范围。法院认为,申请人申请了实用新型专利后,对于承认了哪些不属于其保护范围的情况下,包括虽然其内心并不具有该意思但其行为表面看起来有这种意思的情况下,不允许实用新型权利人其后再提出相反的主张。[3]

4. 专利权人审查过程中的陈述与禁止反悔

除了对权利要求的修改之外,专利权人在审查过程中针对审查意见的陈述,也可以作为禁止反悔的事由。例如,在知识产权高等法院2012年判决的“移动通信

〔1〕 东京地方法院1999年(平成11年)6月30日判决,裁判所時報1696号149頁。
〔2〕 [日]中山信弘、小泉直树编:《新注解特许法》(上卷),青林书院2011年版,第1106页[岩坪哲]。
〔3〕 东京地方法院1999年(平成11年)6月29日判决,裁判所時報1686号111頁。

发射接收装置”案件中,法院认为,专利权人在审查过程中意见陈述构成禁止反悔。在专利审查过程中,针对审查员认为专利不具有创造性的审查意见通知,专利权人主张,其发明的移动通信装置外部没有天线,而是内置于内部的通信模块中,这与现有技术存在明显的区别。而被控侵权产品的外部有天线。因此,法院认为原告主张的等同因不符合第五个要件,不能成立。[1]

5. 专利申请时的意识限定

专利说明书中记载的技术方案,但没有写入权利要求中,能否通过等同原则认为属于专利的保护范围?学者认为,如果他人模仿了记载在专利说明书中但没有写入权利要求的技术方案,有一种想法是模仿者没有保护的必要。但是,专利权利要求具有公示禁止权范围的功能,应当重视第三人对于这种公示功能的信赖。公开了多种技术方案但只在权利要求中要求保护一部分,也将不可避免地被理解为从专利保护的范围中有意识地排除了。[2]

如果专利申请时本领域普通技术人员知道某一技术方案可以与专利发明中的技术进行置换,在专利申请时将该技术形态包括在专利权利要求的范围中是很容易的,但专利申请人并没有将它包括在专利权利要求的范围之内,这种情况下是否以不满足第五要件为由适用限制等同原则是日本适用等同原则时所遇到的问题之一。对此,日本学者的意见是,因为专利权人在专利申请时从现有技术中选择了特定的技术构成,将专利权人没有选择的技术认定为意识除外的内容是妥当的。[3]也有人认为,在这个问题上,不应当只考虑置换是否容易的问题,还应当从权利要求书撰写的实务方面考虑。如果从实务上考虑,认为期待专利权人将包含变换物质、技术的内容包括在权利要求的范围内是合理的,则可以包含变换物质、技术的内容属于专利权人意识除外的部分。在具体判断时,不考虑申请人个人的能力问题,而是以该领域平均技术人员的能力为基准进行判断。[4] 从日本法院的有关判决来看,东京地方法院 1998 年 5 月 31 日判决的“挖泥船移动方法”案件、大阪高等法院 1998 年 9 月 4 日判决的“按扣”案件、东京高等法院 1999 年 6 月 24 日判决的“带针头的唱片盒”案件都认定申请时的意识限定属于意识除外。但后来大阪地方

---

〔1〕 知识产权高等法院平 24(ネ)10002 号。

〔2〕 [日]中山信弘、小泉直树编:《新注解特许法》(上卷),青林书院 2011 年版,第 1108 页。

〔3〕 日本知识产权协会专利第 2 委员会第 1 小委员会:《与等同五要件有关的论点的分析与留意点》,载《知财管理》(第 51 卷),2001 年第 8 期。

〔4〕 《关于最高法院判决中“非现有技术和意识除外”要件的报告》,载日本专利代理人协会中央知识产权研究所研究报告第 11 号《等同原则》(2002 年 12 月 31 日)。

法院2000年5月23日判决的“固定门窗用折叶”案件中做出了相反的认定。知识产权高等法院在2006年9月25日判决的“按摩椅”案件中的意见是不属于特意排除:被控侵权产品属于专利审查过程中有意识地排除在专利保护范围之外,指的是专利权人在专利申请过程中自认该技术方案不属于专利的保护范围,或通过修改、订正将其排除在专利保护范围之外。从表面上看,上述行为是在专利权人对于被控侵权产品的技术方案有明确认识的情况下作出的,才能认为将它排除在专利保护范围之外。在申请时,对照现有技术很容易地想到被控侵权的技术方案,但并没有写在权利要求中,这本身并不能认为是将该技术方案有意识地排除在专利保护范围之外。[1] 而知识产权高等法院在2012年9月26日判决的“医疗用可视照片的制作方法”案件中,则认为意识限定属于特意排除,不属于等同的范围。该案说明书中称现有技术中对于立体像素等数据进行“间断”运算,而专利的技术方案是将平面坐标上的每个点的色度和不透明度彼此在每个视轴相乘进行“全部”运算。被控侵权物并不属于“全部”运算,而属于“不间断运算”。法院认为,“间断”运算的反义词是“不间断”运算,专利权人很容易地把权利要求写为“不间断运算”,但专利权人写的是“全部”运算。说明书中公开了候补的其他技术方案时,专利权人将该技术方案写在权利要求中是很容易的,但专利权人只在权利要求中记载了特定的技术方案。当专利权人主张候补的技术方案属于等同的范围时,应认为不符合等同原则的第五个要件而不能支持。[2]

可见,对于申请时没有将容易想到的技术方案写在权利要求中,是否属于专利申请人的意识限定,日本法院的做法并不一致。如果客观地看申请人应当已经想到的技术方案,成为说明书中“候补的技术方案”,则没有将其写在权利要求书中可以认定为意识限定;但专利权人没有想到的技术方案,即使本领域技术人员能够很容易想到,也不能认为是申请人的意识限定。

6 关联专利申请与禁止反悔

禁止反悔一般产生于专利权人在涉案专利申请及无效审查过程中的行为。但是,当某一个专利与涉案专利有关联关系时,专利权人在关联专利的申请及无效审查中的行为,是否产生针对涉案专利的禁止反悔效力,是适用等同原则第五要件中的一个问题。这一问题产生于以下三种情况:一是分案申请时;二是专利权人就相似技术在国内申请其他专利时;三是专利权人就相同技术在国外申请专利时。

---

〔1〕 知识产权高等法院2006年(平成18年)9月25日判决,平17(ネ)10047号。

〔2〕 知识产权高等法院平24(ネ)10035号。

在分案申请的情况下,所产生的问题是,母申请的审查过程是否构成子申请的禁止反悔,也就是说,专利权人在母申请中的修改和意见陈述,是否对从该申请中分离出去的子申请构成禁止反悔的依据。日本法院在最高法院“无限折动用滚珠花键轴承”案判决前的几个案件中,[1]都认定母申请的审查过程构成对子申请的禁止反悔。

在专利权人就类似技术在国内申请其他专利的情况下,所产生的问题是,确定专利保护范围时是否应当考虑其他专利的申请经过。也就是说,专利权利要求中使用的术语,在同一专利权人就类似技术申请专利的过程中存在修改的情况下,是否应当考虑这种修改以确定是否认定等同。对此,日本学者的意见是,虽然是类似的技术,但两个专利申请是独立的,并没有直接的关系,除了特殊情形外,不能直接适用其他相关专利申请经过以确定是否认定等同。同时,在极特别的情况下,考虑同一专利权人就类似技术申请专利的经过排除等同的认定,也并非没有可能。[2]

在专利权人就相同技术在国外申请专利的情况下,如果专利权人在外国申请过程中通过意见书对权利要求中的用语进行了限定性的陈述,是否应当考虑该申请经过。对此,日本学者的意见是,虽然在外国申请的专利是针对同一技术,但因是在不同的国家申请,适用的法律不同,判断创造性和专利性的标准也不同,第三人不会对在外国专利申请中的材料产生信赖。因此,在判断是否等同时,不必考虑专利权人就相同技术在外国申请专利的经过。[3]

五、日本的不完全利用论

不完全利用论又称为改劣实施。如果被控侵权物与专利权利要求记载的部分技术特征不同,但是如果可以认定这种不同并没有表现出与原告专利发明的技术思想的差异,只是为了避免承担侵犯专利权的责任而进行的改变,可以使用不完全利用或者改劣实施的概念得出被控侵权物属于专利技术范围的结论。[4] 根据不完全利用论或改劣实施理论,如果被控侵权物缺少了权利要求中的技术特征,而这是

---

〔1〕 例如,东京地方法院 1982 年 5 月 31 日判决的“汽油机”案件、东京地方法院 1982 年 11 月 29 日判决的“涂料供给装置”案件、东京地方法院 1995 年 3 月 24 日判决的“选别机”案件等。

〔2〕 《关于最高法院判决中“非现有技术和意识除外”要件的报告》,载日本专利代理人协会中央知识产权研究所研究报告第 11 号《等同原则》(2002 年 12 月 31 日)。

〔3〕 [日]末吉亙:《所谓功能权利要求的解释》,载牧野利秋、饭村敏明编:《新裁判实务大系 · 知识产权关系诉讼法》,青林书院 2001 年版。

〔4〕 参见[日]中山信弘编:《注解特许法》(第 3 版),第 728 页。

由于被控侵权人为了回避侵权责任而故意省略的,这种省略导致了被控侵权物作用效果劣于专利发明,但仍然使用了专利的发明思想,被告仍构成侵权。

从日本法院的判决来看,有的判决承认不完全利用论,并根据该理论作出了认定侵权的判决。例如,大阪地方法院在1968年5月17日判决的“积木玩具事件”判决中指出,“第三者为了免除专利侵权责任,省略了实用新案权利要求中重要性较小的技术特征,制造的被控侵权物除了作用效果更低下外没有产生其他的作用效果。这种行为除了利用了实用新案的技术思想外又增加了有害的技术特征,应当理解为落入了实用新案的保护范围”。[1] 一般认为,上述判决是日本承认不完全利用论并认定侵权的第一个判决。

有的判决认可不完全利用论,但最后认定的结果是不构成侵权。福岛地方法院在1984年4月26日判决的“无孔质纤维断热材事件”判决中,对不完全利用的条件进行了详细的说明。

> 第三人的制品如果符合以下条件,就应当认为属于专利发明的技术范围:第一,与登录的实用新案技术发明基于相同的技术思想,但将权利要求中一个重要性程度较低的技术特征省略或者用其他要件替换;第二,本领域技术人员根据实用新案的技术方案,可以非常容易地想到上述替换或者省略;第三,这种替换或者省略没有导致特别的效果,只是比实用新案的效果明显更差,因此这种替换和省略不是为了取得完全的技术效果,而是为了避免侵权责任而采用了更劣的技术手段;第四,这种改劣实施实现了作为实用新案发明目的的特有作用效果。[2]

另外,在大阪地方法院1994年8月30日判决的案件中也认可了不完全利用理论,但由于被控侵权物缺少了权利要求中的一个重要技术特征,从而与专利的技术思想不同。因此法院认定不构成侵权。上述两个案件都是认可了不完全利用论但认定不构成侵权的案件。

但是,也有的法院判决不承认不完全利用论。例如,大阪地方法院1980年7月25日判决的“分型边窗口框砂浆框架”案判决,[3]东京地方法院1983年5月25日

---

〔1〕 大阪地方法院1969年(昭和43年)5月17日判决,下級裁判所民事裁判例集19卷5、6号303頁。

〔2〕 福岛地方法院1984年(昭和59年)4月26日判决,《特许管理》35卷9号1043页。

〔3〕 大阪地方法院1980年(昭和55年)7月25日判决,《無体財産権関係民事・行政裁判例集》12卷2号399頁。

的“门铰链”案判决[1],明确提出在现行法中不应当采用不完全利用理论。东京地方法院在上述判决中指出,原告所提出的主张,属于省略发明论或改劣发明论(有的也称为不完全利用论、不完全实施论、改劣实施论)。但是,专利权利要求中只记载说明书中所述发明的不可缺少的要件,否则就构成不能授权或无效的理由。发明的不可缺少的要件是由申请人自己来确定的,在审查过程中可以增减,但经过审查获得授权后,专利申请人根据特许厅的公告获得专利保护。其保护范围根据权利要求来确定,并且在无效、订正等程序中都不得扩大专利的保护范围。在专利侵权诉讼中,被控侵权物应具备权利要求的全部技术特征,才能认定构成侵权。主张实施权利要求中的部分技术特征仍构成侵权,违反了专利法的宗旨。因此,不管省略的技术特征是否重要,不管是否可以容易得到该技术特征可以省略的结论,也不管被控侵权人省略该技术特征是不是为了避免侵权,省略发明论或改劣发明论在现行法上都不能采用。

日本学者对是否采纳不完全利用论的论述并不多。有的日本学者提出了有条件地适用不完全利用论的主张。中山信弘先生提出,应当认为缺少专利权利要求中部分构成要件的技术不构成侵权。但是,如果这一技术实际上满足了等同的要件,就没有必要专门区别是对专利权利要求中的某一要件进行了替换还是缺少这一构成要件。考虑到等同原则适用的目的,不完全利用理论也应当被认为是等同原则的一种。并不是所有的不完全利用都构成侵权,只是那些满足等同原则构成要件的不完全利用才构成侵权。[2] 虽然日本学者认为,“自从最高法院提出等同原则的要件以来,可以说不完全利用、迂回等法理的使命已经结束了。”[3]但从日本法院后来审理的案件来看,当事人仍会提出不完全利用的主张,法院一般将它作为等同原则适用的一种情形对待,并按照等同原则的要件进行判断。例如,在大阪高等法院在1998年9月4日判决的“气体检测元件”案件中,就按照等同原则的要件对迂回发明进行了判断。[4] 在大阪地方法院2003年审理的“照片贴纸销售方法和照片贴纸自动售货机”案件中,原告提出了改劣实施和迂回技术的主张。法院认为,原则上被控侵权产品落入权利要求的字面的范围,才能认为属于专利的保护范围。例外的情况下,符合等同原则的要件也可以认为属于专利的保护范围。原告提出

---

〔1〕 东京地方法院1983年(昭和58年)5月25日判决,《無体財産権関係民事・行政裁判例集》15卷2号396頁。

〔2〕 [日]中山信弘:《工业所有权法上特许法》(第2版增补版),弘文堂2000年4版,第393页。

〔3〕 [日]中山信弘、小泉直树:《新注解特许法》(上卷),青林书院2011年版,第1112页[岩坪哲]。

〔4〕 大阪高等法院平成10年9月4日,判例工業所有権法〔第2期版〕第223頁。

的改劣实施和迂回技术的主张,即使有承认的余地,也限于满足等同的要件并作为适用等同原则的一种情形。原告等同侵权的主张不能成立,改劣实施和迂回技术的主张也不能成立。[1] 在知识产权高等法院2012年6月28日判决的"地基改良机"案件中,原告提出被告在施工中加入了无用的或有害的步骤,属于迂回发明,仍落入专利的保护范围。法院认为,判断是否侵权,要看被控侵权产品是否落入专利的保护范围,即是否落入权利字面含义的范围,以及是否属于专利发明等同的范围。在没有落入权利字面含义的范围时,单纯以迂回发明主张侵权,这种主张本身就是不适当的。[2] 在知识产权高等法院2012年10月11日判决的"使用软乙烯基制成的大型可活动的人形骨骼结构"案中,原告专利权利要求中记载,在腰椎骨骼下端连接部的"嵌合孔"中插入"第一嵌入杆",使该嵌入杆可以转动。被控侵权产品的嵌入杆与腰椎骨骼直接连接,不能转动。法院认为,腰部可以转动是本发明的本质部分,因此不构成等同。原告还提出,被告是为了避免侵权,将腰部变成不能活动的结构,按不完全利用论仍构成侵权。法院认为,在专利侵权诉讼中,对方制造的专利产品缺少专利权利要求中的一部分时,从字面上不具备专利权利要求的全部技术特征。如果该缺少的一部分不是发明的本质部分,且符合等同原则的其他要件,仍可以认为构成侵权。但是本案中的变更属于本质部分的变更,原告不完全利用的主张不能支持。[3]

但是,日本法院在有的判决中对不完全利用论仍持肯定的态度。例如,知识产权高等法院在2005年7月12日的"绿化土壤固化剂"案件中,专利权利要求的技术特征B为"硫酸钙1%~20%(重量)"。被控侵权产品中硫酸钙的含量为23.8%。原告主张被告的产品只是泥浆的固化速度延迟,但仍能实现发明的目的,因此构成等同,同时也属于对专利发明的不完全利用。法院在认定被控侵权产品不满足权利要求中的技术特征B后,对于是构成不完全利用进行了讨论。法院指出,在专利侵权诉讼中,即使被控侵权物与专利权利要求中的技术特征存在差异时,在符合一定条件时,可以认定被控侵权物是对专利发明不完全利用,还有可能属于专利的保护范围。但本案中,技术特征B是专利的本质部分,被控侵权产品与该技术特征不同,不属于专利发明的不完全利用,因此不落入专利的保护范围。[4] 可见,法院虽然没有认定不完全利用,但还是承认不完全利用论的,但对于是否按

[1] 大阪地方法院平14(ワ)5107号。

[2] 知识产权高等法院平23(ネ)10060号。

[3] 知识产权高等法院平24(ネ)10018号。

[4] 知识产权高等法院平17(ネ)10056号。

等同原则的要件进行判决,法院的判决中并没有明确说明。

日本并没有明确区分不完全利用、省略发明、迂回发明、改劣实施,其实这些行为的共同点是被侵权人主观上为了避免侵权而实施了与专利技术不完全相同的技术方案,但客观上有的是替换了专利权利要求中的技术特征,有的是减少了专利权利要求中的技术特征。日本的理论和实务界并没有将减少技术特征和替换技术特征区别对待。现在的基本态度是不将它作为认定侵权的单独理由,而是按照等同原则的要件进行判断。

第四节 功能性限定权利要求和以方法界定产品的权利要求的解释

一、功能性限定权利要求的解释

(一)日本专利法和专利审查中的功能性限定权利要求

日本专利法中并没有关于功能性权利要求的专门规定,但日本理论和实务界受美国有关规定和法院判例的影响,也使用特殊的规则对功能性权利要求进行解释。

1994 年前的日本专利法第 36 条规定,专利权利要求"只记载构成专利发明所不可缺少的内容"。只记载某一技术特征的功能的功能性权利要求很难达到上述要求。随着电子、通信和信息等与信息产业相关的技术的发展,对这些部门的物的发明所不可缺少的构成要件的描述,比起使用构造等物理的具体化的手段而言,在很多情况下通过功能作用的记载来定义发明更合适。[1] 在这种情况下,1994 年日本专利法修改时对第 36 条的上述内容进行了修改。修改后的第 36 条规定,专利权利要求应当记载专利申请人认为将发明特定化所必要的全部事项,并且专利权利要求应当明确和简洁。上述修改后,功能性权利要求被更广泛地接受。

日本专利局专利审查基准第 2.2.2.1 条规定的"违反《专利法》第 36 条(6)(Ⅱ)的典型情形"包括:"通过功能或特点来定义产品的使发明的范围变得不明确。"日本专利局审查基准室编的实用指南指出,"当专利权利要求中包含通过功能界定物的记载时,本领域普通技术人员通过参考专利权利要求以外的说明书、附图以及申请时技术常识,该权利要求有关的发明的外延仍不明确的情况下,也就是

〔1〕 [日]中山信弘:《工业所有权法上·特许法》(第 2 版增补版),弘文堂 2000 年版,第 393 页。

说,对于该权利要求的外延是否包括某一具体的物(限于申请时本领域技术人员可以明确理解的物)无法作出判断时,这一权利要求就违反了专利法第36条第6项之2"。[1] 可见,在专利授权过程中,日本专利局虽然不禁止功能性权利要求的使用,但对于功能性权利要求采取了限制的方法。

(二)功能性权利要求的解释

《日本专利法》中并没有关于功能性权利要求解释的规定,其第70条的规定适用于功能性权利要求的解释。在具体解释功能性权利要求的过程中,日本法院一般通过参考专利权利要求范围以外的说明书及附图的记载、专利申请经过以及专利申请时的技术常识和技术水准,根据专利说明书所开示的具体构成的技术思想为基础,确定专利技术的范围,并在此基础上进行侵权与否的判断。[2]

东京高等法院在1978年12月20日判决的"部件自动选别及组装装置"案,是涉及功能性权利要求解释的较早的典型案件。案中权利要求中使用了"供给手段""计测手段""计测手段与组装手段相结合"等用语。法院在判决中指出:

> 即使功能性的、抽象的技术特征的技术意义和内容不能通过说明书的记载和技术常识加以明确,说明书和附图中也会开示发明的,因此,基于该具体结构和功能所指示的技术思想,发明应当被解释为具有明确内容的结构……上诉人主张其发明是开拓性的,其权利要求中"计测手段与组装手段相结合"不应当被解释为限于说明书中具体结构。然而,由于权利要求是通过特别功能性的、抽象的语言表述的,其技术含义和内容并不能通过说明书的记载和技术常识加以明确,其含义应当通过说明书中记载的实施例所示的技术思想来确定。虽然将发明限于某一实施例中的具体结构和作用是不适当的,但是很明显,以功能性的、抽象的权利要求为幌子,将说明书中没有开示到使本领域普通技术人员可以容易实施的程度的技术思想包含在专利发明的范围内,也是不对的。[3]

东京地方法院1998年12月22日判决的"磁气媒体阅读机"案,是涉及功能性权利要求解释的较新的案件。案中实用新案权利要求中使用了"回动规制手段"的

[1] 转引自[日]末吉亙:《所谓功能权利要求的解释》,载[日]牧野利秋、饭村敏明编:《新裁判实务大系·知识产权关系诉讼法》,青林书院2001年版,第86页。

[2] 同上。

[3] 东京高等法院昭和53年12月20日判决,判例タイムズ381号165頁。

用语。法院在判决中指出:

> 当实用新案中专利申请中记载的技术方案是通过功能性的、抽象的语言描述时,如果解释为可以实现所述功能和作用效果的所有方案都在专利发明的技术范围之内,实用新案的技术范围将包括属于说明书中没有开示的技术思想的技术方案,这将会产生实用新案的保护范围扩大到申请人技术方案之外的情形。但是,这种结果将违反实用新案法的理念,即基于实用新案权的独占权是根据发明人对社会公示的其技术方案而被授予的。因此,确定功能性的、抽象的权利要求的发明的技术范围,不能只依据权利要求书,而是还要参考说明书的详细记载,以说明书开示的具体构成所示的技术思想为基础来确定。但是,这时专利的技术范围不能限于说明书记载的具体实施例。尽管实施条例中没有记载,专利所属领域普通技术人员从说明书开示的与发明有关的内容可以实施的技术方案,也应当属于专利的技术范围。[1]

日本知识产权高等法院2013年判决的“电脑等器具的防盗连接装置”案件,是对功能性限定权利要求的解释的最新案例。涉案专利的权利要求中有“主板和辅助板之间有沿狭缝的插入方向滑动接触并使主板和辅助板保持不分离的装置”的用语,在说明书中披露的具体实施方式是狭缝的方向为垂直方向,滑动的方式是直线滑动。而被控侵权产品的构造是,辅助部件以主板下部为圆心进行圆弧形滑动。日本知识产权法院认为,“滑动接触”和“保护不分离”的装置,属于功能性限定的技术特征。对于其含义,不能包括无法实现所述功能的装置,也不能包括虽能实现所述功能,但并没有利用说明书中披露的技术思想的方式。如果将专利的保护范围扩大到不属于披露的技术思想的内容,违反了专利制度“以公开换独占”的宗旨。对于功能限定的权利要求,应当参考权利要求和说明书对发明的详细说明的记载,以披露的具体结构所示的技术思想为基础,确定专利的保护范围。除了说明书的实施例以外,本领域技术人员从说明书披露的与发明有关的内容,可以实施的技术方案,也属于专利的保护范围。专利的说明书中只披露了沿狭缝方向开设长孔,并使用销柱连接的方案。本领域技术人员通过上述记载,无法实施被控侵权产品的方案。因此,被控侵权产品未落入专利权利的字面含义的范围。[2]

---

〔1〕 东京地方法院1998年(平成10年)12月22日判决,判例タイムズ991号231页,平8(ワ)第22124号。

〔2〕 知识产权高等法院平24(ネ)10094号。

上述三个判决对于功能性权利要求的解释具有代表性,且对于功能性权利要求解释的方法是基本一致的,即功能性权利求的保护范围并不包括所有实现所述功能的具体结构,但也不限于说明书中的实施例,而是包括与说明书披露的技术方案的技术思想相同,且以本领域普通技术人员通过阅读说明书等专利文件能够实施的范围。

(三)等同原则下的功能性限定权利要求解释

虽然日本还没有适用等同原则对功能性权利要求进行解释的判例,但理论上认为,如果符合最高法院在"无限折动用滚珠花键轴承"案中确立的适用等同原则的五个要件,没有可以否定适用等同原则的理由,应当承认等同原则可以适用于功能性权利要求的解释。[1]

对于如何在解释功能性权利要求时适用等同原则,日本学者进行了一些探讨。例如,有的学者认为,在专利权利要求中的技术特征通过功能性的、抽象的表达来描述,并且其技术的意义和内容通过说明书的记载和技术常识仍不能明确的情况下,不能通过字面解释确定专利的保护范围。如果这时承认等同原则的适用,从预测可能性的观点来看会产生问题。因此,在解释功能性权利要求时适用等同原则,应当十分慎重。应当只在用专利申请时不存在的技术进行置换的情况下,才适用等同原则对功能性权利要求进行解释。[2] 有的学者指出,如果专利功能性技术特征是本质部分,而被控侵权物与专利说明书中实施例描述的结构有不同之处,但与这一功能性技术特征从字面上看完全相同。这是不是"本质部分差异"将成为一个完全无法预测的问题。[3]

在前述"电脑等器具的防盗连接装置"案中,被控侵权人提出等同原则不适用于功能性限定权利要求的主张。日本知识产权法院指出,当被控侵权物与权利要求的文字记载的发明存在差异时,在符合一定条件下可以作为例外通过等同原则的分析认定其属于等同侵权的范围。这一理论,并不因功能性限定权利要求而改变。因此,对于功能性限定技术特征,在认定其不属于权利要求文字记载的发明的基础上,应当进行等同原则的分析。在该案中,法院在认定被控侵权物中的相应技术特征并不属于发明所披露的技术思想的基础上,又按照最高法院确立的等同原则的要件,对被控侵权物是否与专利说明书中披露的具体结构等同进行了分析,最

---

〔1〕［日］大野圣二:《对几个国家功能性权利要求、以方法界定产品的权利要求解释的比较》,载日本知识产权研究所编:《关于专利权利要求调查报告书(2)》(2004)。

〔2〕同上。

〔3〕［日］大野敬史:《关于美国的功能性专利权利要求的解释》,日本知识产权研究所编(2003年)。

后认定因为不符合第一要件(非本质部分)和第三要件(置换容易性),不能认定为等同。特别需要注意的是,在"置换容易性"的分析中,日本知识产权高等法院仍按照日本最高法院提出的"侵权日"作为判断的基准时间。由于法院在认定功能限定权利要求的字面含义的保护范围时,并没有使用"等同"的概念的分析方法,而是使用了"本领域技术人员可以实施的范围",这给适用等同原则留下了余地。但是,"本领域技术人员可以实施的范围"和等同的范围有什么区别,还需要学者或法院进一步阐释。

二、以方法界定产品的权利要求

(一)以方法界定产品的权利要求的审查

针对当时《专利法》第36条关于专利权利要求"只记载构成专利发明所不可缺少的内容"的规定,日本1979年的专利审查基准规定:"对于物的发明,可以用方法的形式表现技术手段。"因此,当时允许用方法的形式界定物的发明。对于化学物质,1975年的专利法允许就化学物质本身获得物的发明专利。对此,当时的《与物质发明有关的审查基准》规定:

> 必须对化学物质进行特定化记载。对化学物质进行特定时,原则上以化学物的名称或者化学结构表达式来表示……另外,只通过化学物的名称或化学结构表达式或其性质不能充分特定化时,如果加上制造方法能更好地特定化,可以将制造方法作为特定手段的一部分来表示。但是,不能只通过制造方法进行特定化。

可见,即使对于化学物质,使用方法来界定产品也受到一定的限制,产品的制造方法只能作为界定产品的一部分来使用,不能仅通过制造方法来界定产品。1993年修改的专利审查基准仍保留了上述规定。

针对1994年《专利法》第36条的修改,日本专利局1995年公布的专利申请实用指南规定,对于"物的发明",在满足《专利法》第36条第4项和第6项规定的前提下,可以用方法对专利发明进行特定化。如果用制造方法对专利发明的生产物进行特定化,原则上,不管制造方法如何,只看最终的产品是什么。更进一步说,如果专利权利要求中包含用制造方法对物进行特定的记载,确定这种产品的自身构成是极其困难的,对该产品与引用发明进行严格的相同点和不同点的对比也无法进行,如果审查员存在二者是同一物的合理怀疑时,在没有其他不同点的情况下,可以以没有新颖性做出拒绝通知。[1] 2000年公布的《专利和实用新案审查基准》继续使用上述方法。[2] 可见,在专利审查过程中,对于以方法界定产品的专利权利要求,不管制造方法如何,只看最终的产品是什么。更进一步说,如果专利权利要求中包含用制造方法对物进行特定的记载,确定这种产品的自身构成是极其困难的,对该产品与现有技术进行严格的相同点和不同点的对比也无法进行,如果审查员存在二者是同一物的合理怀疑时,在没有其他不同点的情况下,可以以没有新颖性或创造性作出拒绝通知。[3]

在针对因专利局驳回通知提起的专利行政诉讼中,法院也采用同样的解释标准。例如,在日本最高法院1997年9月9日判决的“转写印刷纸”案件中,权利要求中界定的纸是通过脱膜性纸A、印刷层B、印刷层C和保护纸四层的加工顺序制成的。法院认为,该权利要求属于以方法界定产品的权利要求。该权利要求保护的是物的发明,不管采用什么方法制作,该发明保护的是最终形成的物。权利要求中记载的制作方法,只是将专利发明特定化的手段,并不是专利发明的构成要件。发明保护的是由脱膜性纸A、印刷层B、印刷层C和保护纸四层构成的纸。现有技术中的纸虽然加工过程与专利权利要求中描述的顺序不同,但最终形成的产品也是由这四层构成,因此专利申请不具有新颖性。[4]

(二)2015年以前解释方法界定产品权利要求的不同意见

对于如何解释以方法界定产品的权利要求,日本曾经有三种不同的意见和做法:第一种做法是采用“物同一说”,这种做法不考虑权利要求中记载的制备方法,只要被控侵权物与使用权利要求中的方法生产的产品相同,就认定构成侵权。第二种做法是,以“物同一说”为原则,参考专利申请过程对制造方法进行限定解释,并以制造方法不同为由作出不侵权判决。第三种做法“制造方法限定说”,只有被控侵权产品的制备方法与专利权利要求中记载的方法相同,才能认定构成侵权。[5]

1. 采用“物同一说”作出的判决

在上述三种做法中,按第一种做法作出的判决最多,也就是说,大多数判决是按照“物同一说”而作出的。按这一学说作出的判决主要有:

---

〔1〕［日］浅见节子:《以方法界定产品的权利要求解释的日美比较》,载日本知识产权研究所编:《关于专利权利要求调查报告书(2)》(2004)。

〔2〕同上。

〔3〕日本《专利和实用新案审查指南》第Ⅱ部第2章第3节的规定。

〔4〕日本最高法院平9(行ツ)120号。

〔5〕［日］大野圣二:《对几个国家功能性权利要求、以方法界定产品的权利要求解释的比较》,载日本知识产权研究所编:《关于专利权利要求调查报告书(2)》(2004年)。

日本最高法院1998年11月10日判决的“领高可换的衣领”案件。本案中的发明是通过特定的作图法得到的领高可换的衣领。原告提出不管被告作图法如何,其领角从一定角度看是相同的,因此属于专利的技术范围。而被告主张专利的作图法是必需的要件,而被告的制品没有使用专利的作图法。日本最高法院的判决指出:

> 在物的发明的权利要求中,为使该物的形状特定化而对作图法进行了记载的情况下,要认定被控侵权物属于专利发明的技术范围,具备与通过上述作图法得到的形状相同的形状是必需的要件,而通过上述作图法制造并不是必需的要件。本案中,对于被告制造销售的物品与上述作图法得到的物品的形状相同,并没有提出主张和进行举证,原告法院判决被告制造销售有关的制品的行为不侵犯本案中的专利权,该判决应予维持。[1]

可见,该法的判决采用了“物同一说”的学说,因为被控侵权物与发明中的物不具有同一性,法院作出了不侵权的判决。

东京高等法院1997年7月17日判决的“干扰素”案件。本案中专利权利要求中记载了“人体白血球干扰素”,法院认为其含义是“作为产生人体白血球细胞的干扰素”的意思,是一种以方法界定产品的权利要求。争议的焦点在于“作为产生人体白血球以外的细胞的干扰素是否当然不属于本件发明的技术范围”。法院采用了“物同一说”,以“从本件专利发明权利要求中记载的氨基糖的含量来看,不满足本件发明构成要件的文字记载”为由,作出了不侵权的结论。[2]

东京地方法院1998年9月11日判决的“聚乙烯延伸纤丝”案件。案中法院认为,“如果要认定被告制品具备技术特征(一),必须先认定被告制品与根据构成要件(一)的制造方法进行特定化的物具有同一性。为此,必须要证明:第一,是否可以认定被告制品是使用构成要件(一)中的制造方法制造出来的;第二,被告制品是否具有通过构成要件(一)的制造方法制造出来的物品的构造和特性”。最后,法院认定,“关于被告制品是否具有通过构成要件(一)的制造方法制造出来的物品的构成和特性,上述判断前提的‘通过构成要件(一)的制造方法制造出来的物品的构成和特性’的具体内容,原告的主张中根本没有明确,从本件说明书的记载以及其他

---

〔1〕 日本最高法院平10(オ)1579号。

〔2〕 东京高等法院1997年(平成9年)7月17日判决,裁判所时报1628号101页。

相关证据综合考虑仍不能明确。因此,本案中必然无法认定被告制品具有'通过构成要件(一)的制造方法制造出来的物品的构成和特性'"。[1]

知识产权高等法院在2009年3月11日判决的"印鉴材料"案件中指出,本件发明属于产品发明,虽然权利要求中采用了方法限定,在不能认为权利要求的记载有别的意思的情况下,应作为产品权利要求进行解释而不受其他因素的影响。[2]

2. 作为特别理由通过制造方法进行限定解释的判决

这种做法仍以"物同一说"作为原则,但在对权利要求进行解释时通过制造方法进行限定解释。采用这种做法的判决有:

东京地方法院1997年11月28日判决的"抗真菌外用剂"案件。案中技术特征1为化合物(1),技术特征2将上述化合物(1)与薄荷油、水杨酸甲基等四种物质中的一种或者两种以上制成溶液。技术特征3为用外用基剂将上述溶液制剂化。被控侵权物是在化合物(1)中加入外用基剂,然后再加上水杨酸甲基等。法院判决认为,本件发明为了防止以前外用制剂制作中结晶析出的问题,在将化合物(1)与外用基剂混合前,首先与水杨酸甲基等溶解制成溶液,然后再加上外用基剂制成制剂。上述过程,是发明在性质上所不可缺少的。在说明书对发明的详细记载以及实施例中,都明确地记载了首先将化合物(1)与水杨酸甲基等制成溶液,然后再加上外用基剂制成制剂。从本件发明的说明书和专利申请经过看,化合物(1)与水杨酸甲基等制成溶液再加上外用基剂也是本发明的创造性所在。原告提出相反的主张,按照"禁止反悔"的原则是不能允许的。如果按照原告的主张确定专利的技术范围,会违反《专利法》第70条的规定,给予专利权人比其期待的范围更广的保护,而使本领域的其他人员受到预测不到的损害。因此,法院没有支持原告物的同一说的主张,对以方法界定的产品权利要求中的方法所得到的产品进行了限定解释,因被告制品与专利权利要求中的方法不同,所以其产品也不同,被告不构成侵权。[3]

2000年9月29日东京地方法院判决的"癌胚抗原"案件。案中,原告主张其发明有两个特点:从杂种细胞中产生和对抗原决定基有一定的反应特性。而被告主张,本案中发明的对象是从公知物质中用特定的选择手段挑选出来的,用本件发明的权利要求记载以外的方法得到的物,不属于专利发明的技术范围之内。法

〔1〕 东京地方法院平1(ワ)5663号。

〔2〕 知识产权高等法院平19(ネ)10025号。

〔3〕 东京地方法院平7(ワ)23005号。

院认为：

> 一般情况下，虽然在专利权利要求中有用制造方法特定化的物，专利发明的对象始终是通过制造方法特定化的物，不一定必须用制造方法对专利的对象进行限定性解释。但是，在有些情况下存在用制造方法进行限定解释的事由，应当说也存在用制造方法对专利对象进行限定的情形。[1]

法院对本案的专利申请经过进行考察后认为，专利权人强调其发明与现有技术的不同点在于，是“用这种制造方法得到的物质”。另外，原《专利法》第36条第5项规定，专利权利要求范围中“只记载构成专利发明所不可缺少的内容”，而原告主张只要具备“物的性质的记载部分”就可以认定属于专利的技术范围，这样就使权利要求中“无性繁殖抗体的选别过程”成为没有任何意义的记载，这与《专利法》第36条第5项的规定不符。因此，专利权利要求中“物的制造方法的记载部分”中“无性繁殖抗体的选别过程”是用具体的制造方法对“物的性质的记载部分”进行特定化。这种理解也是与专利申请经过相适合的。因此，本案中，应当说存在用制造方法进行限定性解释的事由。然而，由于对被告制品的制造方法是否满足“无性繁殖抗体的选别过程”并没有举证证明，不能说被告制品属于本件发明的技术范围。

3. 采用“制造方法限定说”作出的判决

采用这种做法的主要是2002年1月28日东京地方法院判决的“卡锁”案件。案中权利要求中的技术特征F是“前述弹性体从前述外刹体的孔中穿过，并从前述外刹体的内部导入”。原告主张该技术特征并不是通过制造方法对物进行限定，即使通过制造方法对物进行限定，也没有限定什么时间将弹性体放入外刹体，在外刹体形成前将弹性体放入也属于这里描述的情形。而被告主张技术特征F是对制造方法的过程的记载。从专利审查过程中原告向专利局提出的意见书来看，技术特征F中弹性体的装入时间只限于在外刹体形成之后，外刹体形成前及形成时装入都被排除在外。对此，法院认为原告的主张不能被采纳，主要理由：

> 专利发明的技术范围，应当根据专利权利要求的记载进行解释。对专利权利要求进行解释时，在没有特别事由的情况下，不能作出权利要求中的某项记载不起作用的解释。确实，就物的发明来说，不能通过物的构造、性质对发

〔1〕 东京地方法院平11(ワ)8435号。

明目的物进行特定化时,也存在通过附加记载物的制造方法对发明进行特定化的情况。这样,在专利权利要求中,当存在记载了作为将发明目的物特定化的附加要素的制造方法这种特别事由时,对该专利技术范围的解释,通过专利权利要求范围中记载的制造方法对制造物进行限定,有时未必是不合适的。就本案中的发明而言,第一,本件发明的目的物是卡锁,即使不通过记载制造方法也可以将该物进行特定化。因此,可以说技术特征F并不是将发明目的物进行特定化的附加因素。第二,在本件专利申请过程中……针对拒绝理由通知,原告在手续补正书中提出并进行了补正,从而追加了技术特征F。显然技术特征F是为了对物进行限定而追加到权利要求书中的。因此,应当说,在本件发明的技术范围中,技术特征F所记载的制造方法具有对制造物进行限定的作用。[1]

最后,法院以被告的制品中不含有技术特征F为由,认定被告制品不属于本件发明的技术范围。

东京地方法院2010年3月31日判决的"PBNa"案件中,专利权利要求1中的第5个技术特征,包含了制作方法,纯普伐他汀钠与小于0.5%(重量)的普伐他汀内酯以及小于0.2% Epipuraba混合,制成普伐他汀钠溶液。被告产品在制作过程中普伐他汀内酯和Epipuraba的加入量与专利权利要求中的数量不同。专利权人主张以被告产品的最后检测得到的数值与专利权利要求进行对比,仍落入专利的保护范围。东京地方法院在判决中指出:作为产品发明,权利要求中包含制造方法的限定时,原则上不能把权利要求中记载的制造方法排除在外。专利的保护范围应当是使用该制造方法制造的产品。只有当通过构成来界定产品存在困难,除了使用制造方法界定外无法界定产品时,才可以认定使用与专利权利要求中的制造方法不同的方法生产的产品仍属于专利的保护范围。该案中产品,并不是除了制造方法外无法通过其他方式界定,因此制造方法具有限定作用。[2]

日本学者认为,上述判决以"制造方法限定说"为原则,只有在不能通过物的构造、性质对发明目的物进行特定化而将制造方法作为附加因素进行特定化的情况下,才采用"物同一说"。而对于以方法界定产品的权利要求而言,这种情形不是很

〔1〕 东京地方法院2002年(平成14年)1月28日判决,裁判所时报1784号133页。
〔2〕 东京地方法院平19(ワ)35244号。

多吗?[1] 只有通过制造方法才能将发明物特定化的情况下才采用“物同一说”,而在采用其他手段也可以将发明物特定化的情况下采用“制造方法限定说”,权利要求的解释因是否存在其他手段而不同。这种解释方法也会产生问题,一般来说是否存在其他手段在很多情况下是难以判断的,这种解释方法可能带来权利要求解释的不稳定。[2]

(三)2015 年日本最高法院确立的解释标准

2012 年,日本知识产权高等法院分别做出了两件涉及方法界定产品权利要求的判决。[3] 两件判决是同一原告,同一专利,只是被告不同。而在两件判决中,日本知识产权高等法院的认定也是相同的。

案中专利要求 1 保护的是一种涉及降脂药普伐他汀钠,该权利要求采用通过 a 到 e 的步骤制造的产品,再加入一定的其他成分,界定了该产品。被告生产普伐他汀钠盐片,但被告产品的制造方法不具备 a 这一步骤。日本知识产权高等法院采用了“制造方法限定说”解释涉案权利要求,认为,专利权利要求保护的是物的发明,但采用了制造方法进行界定,该专利的保护范围应限定在使用所述制造方法制造的产品,将专利的保护范围采用这种方法制造的产品,是不能允许的。

针对上述两项判决,专利权人向日本最高法院提出上诉。日本最高法院受理了这两个案件,并于 2015 年 6 月 5 日同时对这两个案件作出了判决。[4] 日本最高法院撤销了日本知识产权高等法院的判决,将案件发回重审。日本最高法院认为,对于物的发明来说,其专利权的效力应及于与该物构造、特性同一的物,而不考虑采用什么方法制造的。即使物的发明的权利要求中采用了制造方法界定的方式,该发明也应当解释为与采用该方法制造的物的构造、特性相同的物。可见,日本最高法院最终采纳了“物同一说”的解释方法。对于这一方法是否会影响第三人利益的问题,法院指出,只适用于符合日本专利法第 36 条第 2 款规定的“明确发明”的要件,并且使用结构或特性进行界定不可能或不实际时,才可以使用以方法界定产品的权利要求。对于某些新的产品,其结构、特征无法进行界定,但又必须立即申请专利,因此允许申请人通过制造方法进行限定。这时,将专利的保护范围界定为

---

〔1〕 [日]大野圣二:《对几个国家功能性权利要求、以方法界定产品的权利要求解释的比较》,载日本知识产权研究所编:《关于专利权利要求调查报告书(2)》(2004)。

〔2〕 同上。

〔3〕 分别是 2012 年(平成 24 年)1 月 27 日作出的平 22(ネ)10043 号和 8 月 9 日作出的平 23(ネ)10057 号。

〔4〕 日本最高法院平 24(受)1204 号和平 24(受)2658 号。

与该制造方法制造的产品相同的结构和特征的产品,并不会不当地侵害第三人的利益。

根据日本最高法院的上述判决,日本特许厅修改了《专利和实用新案审查基准》中方法界定产品权利要求的明确性标准。只有在申请时不能用结构或性质直接界定的产品,用结构或性质直接界定产品不切实际时,才可以使用方法界定。[1]否则,因不符合明确性要件而不能授权。

第五节　日本的专利间接侵权

一、日本专利法中的规定及历史沿革

1921 年的日本专利法中并没有间接侵权的规定。为了给专利权人提供更充分的保护,在 1959 年日本专利法修改时增加了间接侵权的规定。在立法过程中,立法机关提出了以下建议:"以侵害专利权为目的,或者知道主要用于侵犯专利权,而制造、销售、传播、进口专利产品的组成部件或制造专利产品的材料、机械、设备或用于实施专利方法的材料、机械或装置,构成侵犯专利权。"但在最后的条文中删除了"目的""知道"等主观要件,但客观要件严格化,条款如下:"专利为产品的发明时,以经营活动为目的,仅能用于该产品的生产之产品的生产、转让、进口、许诺转让等行为;专利为方法发明时,以经营活动为目的,仅能用于该方法的使用之产品的生产、转让、进口、许诺转让等行为。"上述内容分别为现行日本专利法第 101 条第 1 和第 4 款的内容。上述规定中使用了"仅能用于"的用语,而实践中对于这一用语被严格解释,使间接侵权适用的空间很小。

1997 年日本承认软件可以授予专利后,由于软件部件的适用性广,很难认定某部件"仅能用于"某一软件,使专利规定的专利间接侵权很难适用于软件专利。2002 年日本专利法修改时增加了下列规定:"专利为产品的发明时,当该产品的生产所用之产品(在日本国内广泛且普遍地流通的除外)对解决该发明的课题必不可少时,明知该发明是专利发明且明知该产品用于实施该项发明,却仍以经营活动为目的,生产、转让、进口、许诺转让等行为;专利为方法发明时,当该方法使用所用之产品(在日本国内广泛且普遍地流通的除外)对解决该发明的课题必不可少时,明知该发明是专利发明且明知该产品用于该项发明,却以经营活动为目的,生产、转

---

〔1〕 日本特许厅《专利和实用新案审查指南》第二部分第 2 章第 3 节的规定。

让、进口、许诺转让等行为。”上述内容分别是现行日本专利法第101条第2款和第5款的规定。

随着日本周边国家技术的发展，除了商标侵权外，产品模仿的情形也增加。另外，由于侵权行为的组织化和巧妙化，制止在市场上侵权产品的销售非常困难。如果不制止组织化的侵权行为，无法给权利人提供充分的保护。借鉴商标法中关于持有侵权产品也属于商标侵权的规定，日本2006年专利法修改时增加了《日本专利法》第101条第3和第6款的规定：“专利为产品发明时，以经营活动为目的，为了转让等或者出口而持有该产品的行为”，“专利为生产产品的方法时，以经营活动为目的，为了转让等或者出口而持有以该产品生产的产品的行为。”

日本习惯上称上述规定为“间接侵权”。实质上，上述规定仅仅包括帮助侵权，不包括引诱侵权。上述规定中的间接侵权的规则可以分为两种情况，第一种情况是第1款和第4款的规定，属于“客观间接侵权”，只要所涉及的物品是“仅能用于”制造专利产品或用于专利方法，不要求行为人具有主观的过错，行为人客观上从事了制造、转让或进口等行为，就构成间接侵权。第二种情况是第2款和第5款的规定，属于“主观的间接侵权”，提供者具有“明知”的主观侵权故意的情况下，制造、销售非专用品的行为，构成间接侵权。

二、间接侵权的构成要件

（一）客观间接侵权的构成要件

1.“仅能用于”的要件

《日本专利法》第101条第1、4款规定的客观间接侵权行为，所适用的对象是“仅能用于该产品的生产”或“仅能用于该方法的使用”，一般称为“专用品”。

对于“仅能用于”的理解，日本判例中曾有以下三种观点：第一种观点是“唯一用途说”。大阪地方法院在1972年的“管垫”案件中指出，对于“仅能用于该实用新型产品的生产”应从严理解，其意义是只能用于生产实用新型产品，从客观上看在主张侵权时并没有其他已知的用途。[1] 第二种观点是“没有经济的、商业的、实用的其他用途说”。东京地方法院在1981年判决的“单反相机可更换镜头”案件中指出，被控侵权物具有生产专利产品之外的其他用途，并不是说只要理论上或试验性地能够使用就符合条件。只有按照社会的通常认为具有经济的、商业的、实用的用

〔1〕 大阪地方法院1972年(昭和47年)1月31日判决，判例タイムズ276号360页。

途,才不能认定属于间接侵权。[1] 第三种观点是"经济的、商业的、实用的用途实际使用说"。东京地方法院在1994年判决的"混水精米方法"案件中,被告提出其方法可以用于其他用途。法院认为,被告所说的其他用途效率低,被告并没有证明现实中有使用的例子。由于该用途没有商业的、实用的意义,并不影响被控侵权物仅能用于实施专利发明的认定。[2]

第一种观点适用的条件最为严格,第二种观点和第三种观点实质上没有大的差别,其差别主要体现在证据方面。第二种和第三种观点,现在被日本普遍接受和适用。例如,在大阪地方法院2000年判决的"面包机"案件中,权利要求中记载的制作面包的方法是,把水、面粉、油脂等面包材料与酵母按顺序放入面包容器中,避免和酵母直接接触,放置一定时间后,由定时器控制混捏、发酵、烧烤制成面包。被告制造的面包机有放入水和面包材料以及酵母的构造,然后由定时器控制混捏和发酵等。被告向消费者销售面包机的说明书中写明,在面包容器中,先加入水,再依次加入面粉、油脂等面包材料,最后加入酵母。说明书中还载明,在不使用定时器时,面包机也可以用来制作山形面包;在不使用烧烤功能时,可以用于制作羊角面包的胚料。原告主张被告的产品仅能用于实施专利方法,被告构成间接侵权。被告提出其产品可以不使用定时器,因此具有其他用途,不属于仅能用于实施专利方法。法院在判决中指出,对于"仅能用于"实施专利方法的产品,其诱发侵权的可能性极高,对生产和销售这种产品的行为进行规制,不能认为是专利权的不适当扩张。因此,产品仅能用于实施专利发明,应没有经济的、商业的、实用的其他用途。在判断时,应看诱发侵权行为的可能性是否极高,以及该产品是否有经济的、商业的、实用的其他用途。对于有实施专利的功能,又有非实施专利的功能的产品而言,虽然存在非实施专利功能,但一直使用非实施专利的功能,根本不使用实施专利的功能的使用形态,不能认为该产品是经济的、商业的、实用的使用形态。这种产品诱发侵权行为的可能性极高,并没有因具有其他功能而改变。因此,应当属于"仅能用于"实施专利的产品。本案中的被控侵权产品,定时器和烧烤功能是重要的功能。消费者在购买时,定时器功能和烧烤功能是影响其购买的重要因素。在购买了具有定时器和烧烤功能的被控侵权产品后,不能说会一直不使用定时器或不使用烧烤功能,实施专利发明的概率非常高。因此,被控侵权产品属于仅能用于

---

〔1〕 东京地方法院1981年(昭和56年)2月25日判决,无体财产権関係民事・行政裁判例集13卷1号139页。

〔2〕 东京地方法院1994年(平成6年)7月29日判决,裁判所时报1513号155页。

实施专利的产品。[1] 日本知识产权高等法院2011年判决的“食品包装成形方法及其装置”案件中指出,专利法将间接侵权的物限于“仅能用于”实施专利的物,是因为这种情况下诱发侵权的可能性极高,不至于使专利的效力不正当地扩张。这样的观点来考虑的话,“仅能用于”实施专利方法的物,应理解为没有经济的、商业的、实用的其他用途。[2]

关于“仅能用于”的判断时间,日本学者认为,间接侵权应严格适用,只要在法庭辩论终结前发现有其他用途,就不能认定间接侵权。[3]

2.“生产”的含义

《日本专利法》第101条第1款中规定的“仅能用于该产品的生产”中的“生产”的含义,东京地方法院在2002年的“刮刀”案件中进行了解释。案中原告拥有向连续纸张上均匀涂抹涂层的刮刀专利,被告制造销售的刀片的陶瓷层的厚度为0.525~0.313毫米,不满足专利中陶瓷层的厚度最高0.25毫米的要件。购买者在使用一段时间后,陶瓷层的厚度减少,满足了专利权利要求书中的最高0.25毫米的要件。专利权人主张被告构成间接侵权。法院认为,专利法规定的间接侵权针对的是“仅能用于该产品的生产”,而不是“仅能用于该产品的生产和使用”。由此看来,“生产”指的是以购入的“不满足专利构成要件的物”为材料,新作成“满足专利构成要件的物”的行为。行为的形态不限于加工、修理和组装等,但必须要进行一定的行为。如果只是按照材料本来的用途使用,不能认为是“生产”。[4]

3.举证责任

“仅能用于”实施专利的举证责任由专利权人承担。但是,存在其他用途属于消极事项证明,是非常困难的。因此,如果被告提出存在其他用途具有一定的合理性,由专利权人承担该用途不存在的证明责任。[5] 例如,东京地方法院在1992年的“局部假发”案件中指出,专利侵权诉讼中,专利权人主张《专利法》第101条第1款的间接侵权时,有必要承担不存在其他用途的举证责任。当对方提出的涉案产品具有其他用途的主张有一定的合理性时,这种举证责任更为明显。[6]

---

〔1〕 大阪地裁平成12年10月24日判决,平8(ワ)12109号,判例タイムズ1081号241页。

〔2〕 知识产权高等法院平22(ネ)10089号。

〔3〕 [日]中山信弘、小泉直树编:《新注解特许法》,青林书院2011年版,第1487页[岩坪哲]。

〔4〕 东京地方法院2002年(平成14年)5月15日判决,裁判所时报1794号125页。

〔5〕 牧野利秋编《工业所有權诉讼法J(裁判实务大系(9))》,青林书院1985年版,第268页〔松尾和子〕。

〔6〕 东京地方法院1992年(平成4年)11月18日判决,裁判所时报1450号128页。

4. 间接侵权行为

客观间接侵权所针对的行为,限于"生产、转让、进口、许诺转让等行为",不包括出口行为和使用行为。[1] 但是,《日本专利法》第101条第3、6款规定了出口行为属于侵权行为,因此有日本学者认为第1、4款没有包括出口行为并不属于立法的漏洞。[2] 另外,间接侵权行为不包括对专用品的"使用"行为,因为使用行为构成直接侵权。

(二)主观间接侵权的构成要件

1. 主观间接侵权与客观间接侵权的关系

《日本专利法》第101条第2、5款的规定,适用的对象不是专用品,但也不是广泛且普遍地流通的商品,而是解决该发明的课题必不可少的产品。由于第1、4款规定的"仅能用于"被严格解释使其适用范围很窄,第2、5款的规定扩大了适用对象的范围,但同时增加了主观要件。

2. 客观要件

第2、5款规定的间接侵权的间接侵权的客观要件是,所涉及的产品是"解决该发明的课题必不可少的"。这时,需要从发明出发认定哪些部件是解决课题所必不可少的,解决课题所必不可少的部件与专利的技术特征有不同之处。即使不属于专利的技术特征,但仍可能构成解决发明课题所必不可少的产品,在专利的技术特征之外,还包括产品的生产方法所用的工具、原料等。反过来说,即使是专利技术特征,并不一定属于解决发明课题所必不可少的产品。[3] "必不可少"将与发明无关的部件排除在外,应解释为发明的特征部分。东京地方法院在2004年4月23日判决的"基板夹具用夹子"案件的判决中指出,解决该发明的课题必不可少指的是"作为解决现有技术中问题点的方法,该专利中披露的、现有技术中所不存在的作为特征的技术手段。该技术手段可以直接是特征部分的特有构成或成分,也可以是特征的部件、原料和生产工具等。做这样的理解是合适的。但是,即使是专利权利要求中记载的部件、成分,如果不属于为了解决发明课题并在先新公开的直接形成特征部分解决手段,也不能认为是解决课题所必不可少的。"[4]

第2、5款的规定,还明确了"在日本国内广泛且普遍地流通的除外"。广泛且普遍地流通,指的是有关商品不是特别订货的商品,而是在市场上一般就可以买到

〔1〕[日]中山信弘、小泉直树编:《新注解特许法》,青林书院2011年版,第1489页[岩坪哲]。

〔2〕同上。

〔3〕日本特许厅总务部总务科制度改正审议室编:《平成14年改正/产业财产权法的解说》,发明协会2002年版,第27页。

〔4〕东京地方法院平14(ワ)6035号。

的规格品、普通品。[1] 将这种商品限于日本国内的理由是,专利权的效力只限于日本国内,因此该商品在国外销售的情况不予考虑。例如,即使在国外广泛普及的商品,如果在日本国内不是广泛且普遍地流通的,从防止侵权的角度也应当属于可能导致间接侵权的产品。[2]

知识产权高等法院2005年9月30日判决的"一太郎"案件,是涉及主观间接侵权的客观要件的典型案件。原告专利权人拥有一件信息处理系统(发明1、2)和与该系统对应的信息处理方法的发明(发明3),信息处理系统的特征是,在点击了画面上的第一个图标后,再点击第二个图标时,显示第二个图标的功能。发明解决的是现有技术中的课题:不使用键盘输入就无法显示功能。被告制造和销售文字处理软件,点击画面中的帮助按钮后,再点击信息处理按钮就会显示其功能。原告主张被告构成对其三个发明的间接侵权。一审法院东京地方法院认定构成间接侵权。上诉到知识产权高等法院后,知识产权高等法院认定被告对于发明1、2构成间接侵权,但对发明3不构成间接侵权。法院认为,将被告的产品安装到个人电脑上,就符合了发明1、2的构成要件。被告的产品就是为了在电脑上使用而制造的,安排到个人电脑上后,实现了本发明解决的课题。因此,被告的产品属于"解决该发明的课题必不可少的",并且也不是"在日本国内广泛且普遍地流通的"。"在日本国内广泛且普遍地流通的"产品,典型的如螺丝、钉子、灯泡、晶体管等日本国内普及的一般商品,应当解释为非特别订购品,可以用于其他用途,在市场上一般就可以买到的规格品、普及品。被告的产品具有专门用于发明1、2的部分,不属于"在日本国内广泛且普遍地流通的"产品。而对于发明3而言,被告的产品安装到个人电脑上以后,使用者在按了"一太郎"键和"花子"键后,因此符合了发明3的构成要件。安装了被告产品后的个人电脑,虽然还有使用专利方法之外的用途,但可以说是"该方法所使用的产品对解决该发明的课题必不可少",如果生产、转让或许诺转让该电脑,则属于专利法规定的间接侵权行为。根据日本专利法第101条第5款的规定,如果使用某一产品本身可能实施他人的方法专利,则生产、转让该产品的行为构成专利侵权。但是,生产、转让用于上述产品的行为,并不构成专利侵权。因此,被告的行为并不构成对原告发明3的侵犯。[3] 在上述案件中,法院对"间接的间接侵权"持否定的态度。

---

〔1〕 日本特许厅总务部总务科制度改正审议室编:《平成14年改正/产业财产权法的解说》,发明协会2002年版,第28页。

〔2〕 [日]中山信弘、小泉直树编:《新注解特许法》,青林书院2011年版,第1493页。

〔3〕 知识产权高等法院2005年(平成17年)9月30日判决(平17(ネ)10040号,判时1904号47页。

3. 主观要件

《日本专利法》第2、5款的规定与第1、4款的规定相比,删除了“仅能用于”的要件,使行为的对象包括了与侵权用途没有关系的其他用途的产品。在这种情况下,如果在提供这种产品的人不知道接受者用于侵权用途时,仍然认定其构成间接侵权,则责任过重。因此,第2、5款增加了主观要件,“明知该发明是专利发明且明知该产品用于实施该项发明”,这两个方面必须都是明知的。对于明知发明是专利发明,指的是行为人知道有关技术已经获得了专利,虽然不必知道专利号,但因过失(严重过失在内)而没有知道则不包括在内。日本专利法必须知道专利权存在这一主观要件,目的是防止间接侵权的规定妨碍交易安全。[1]

主观要件的证明是不容易的,需要积极提供间接的事实用以证明。实务中,专利权人可以主张已经将载明专利号的警告函送达给制造销售零部件的被控侵权人,收到之时主观要件就满足了。对于停止侵权的诉讼请求而言,判断主观要件是否具备的时间点是事实审法庭辩论终结时。[2] 由于此时被告已经收到了原告的起诉状,就不能以不具备该主观要件对抗停止侵权的诉讼请求。

4. 间接侵权行为

主观间接侵权行为针对的是“以经营活动为目的,生产、转让、进口、许诺转让等行为”。在前述“一太郎”案件中,法院认为安装了软件后的电脑是实施发明的产品,记载软件的载体是“该产品的生产所用之产品”,将软件安装到电脑的行为就是生产行为。在该案中还涉及“以经营活动为目的”的认定。法院认为,虽然被告的产品由个人或家庭使用的比较很大,但并没有限定于个人或家庭使用,也有法人以经营活动为目的在电脑中安排使用的,因此符合“以经营活动为目的”的要件。[3]

(三)持有侵权产品的间接侵权

《日本商标法》第37条第2款规定,为了转让、交付或出口目的而持有侵犯商标权的物品,属于商标侵权行为。日本专利法2006年修改时参照商标法的规定增加了《日本专利法》第101条第3、6款的规定。这两款中规定的“持有”,指人对物在事实上有支配关系。是否有支配关系,应基于社会的通常认识进行判断。[4] 这

---

〔1〕 日本特许厅总务部总务科制度改正审议室编:《平成14年改正/产业财产权法的解说》,发明协会2002年版,第30页。

〔2〕 知识产权高等法院平17(ネ)10040号。

〔3〕 知识产权高等法院平17(ネ)10040号。

〔4〕 [日]竹田稔:《知的财产権侵害要论(特许·意匠·商标编)》,发明协会2007年版,第274页。

两款所针对的行为,不包括使用行为。其原因在于,转让及出口行为,会导致侵权产品的扩散,扩散后再采取防止侵权的措施将非常困难。而对使用行为而言,使用与持有行为的状态是重复的,且使用行为导致侵权产品扩散的危险性较低。[1]

三、间接侵权与直接侵权的关系

(一)独立说与从属说

对于间接侵权的成立是否以直接侵权存在为要件,日本存在两种不同的观点,即独立说和从属说。独立说认为,间接侵权的成立不以直接侵权行为发生为前提,不管有没有直接侵权,都可以成立间接侵权。独立说的依据是《日本专利法》第 101 条的规定,从法律性质上说,间接侵权属于专利权效力之外的附加效力。[2] 而从属说认为,只有存在直接侵权行为时,间接侵权才成立。从属说的根据是,从专利权保护的立法目的看,如果没有直接侵权行为就认定专利间接侵权,系对专利权效力的不当扩张。从法律性质上说,间接侵权并不是对专利权保护范围本身的扩张,而是属于专利权本身的效力。[3] 从日本法院的判决来看,判决本身并没有明确说明采用哪种观点,但学者认为大阪地方法院在 1989 年判决的“制沙机”案件[4]采用的是从属说;而东京地方法院在 1981 年判决的“单反相机可更换镜头”案件[5]中采用的是独立说。[6]

两种学说本身是对立的观点,但很多学者试图在具体的案件中从权利人和行为人的利益衡量出发对上述学说进行修正适用。例如,学者认为,所谓的独立说和从属说,从 101 条规定的适用来看并没有明显的界限。间接侵权本来就属于专利权具有的权能和实质的对价范围之内。[7]

(二)特定情形下的间接侵权

除了上述从总体上论述间接侵权与直接侵权的关系外,日本学者更多地就特定的情形讨论间接侵权是否成立。主要涉及以下四种情形。

---

[1] 特许厅总务部总务科制度改正审议室编:《平成 18 年意匠法等の一部改正/产攻正/产业财产権法の解说》,发明协会 2006 年版,第 120 页。

[2] [日]吉藤幸朔[熊谷健一补订]:《特许法概说》(第 13 版),有斐阁 1998 年版,第 457 页。

[3] [日]中山信弘:《特许法》,弘文堂 2010 年版,第 324 页。

[4] 大阪地方法院平成元年 4 月 24 日判决,无体财产権関係民事・行政裁判例集 21 卷 1 号 279 页。

[5] 东京地方法院 1981 年(昭和 56 年)2 月 25 日判决,无体财产権関係民事・行政裁判例集 13 卷 1 号 139 页。

[6] 参见[日]中山信弘、小泉直树编:《新注解特许法》,青林书院 2011 年版,第 1477 页。

[7] [日]吉井参也:《特许権侵害诉讼大要》,发明协会 1990 年版,第 91 页。

1. 直接行为人系为个人、家庭而使用

根据《日本专利法》第 68 条的规定,非为经营活动目的,为个人或家庭而实施专利,不构成直接侵权。如果被控间接侵权人所提供的产品供他人为个人、家庭而使用,间接侵权是否成立,独立说和从属说有不同的解释。独立说认为,这种情况下构成间接侵权。[1] 而从属说有的认为不构成间接侵权,[2]但大部分从属说仍认为构成间接侵权。其理由在于,个人、家庭使用与后面所述的几种情形不同,后面的情形下的制造和销售行为,不对产业产生直接影响,因此可以限制专利权的效力。但向个人消费者销售间接侵权产品,可能带来大量直接实施专利的行为,可以说利用他人侵犯了专利权。从保护专利权的角度来说,有必要制止间接实施人的行为。[3] 从日本法院的判决来看,多数的判决都认定在个人、家庭使用的场合,不管直接侵权是否成立,间接侵权成立。例如,东京地方法院 1981 年判决的"单反相机可更换镜头" 案、大阪地方法院 1999 年的"注射装置"案,[4]日本知识产权高等法院 2005 年的"一太郎"案[5]等。

2. 直接行为人系为试验研究而使用

根据《日本专利法》第 69 条的规定,为试验研究而使用专利,不构成侵权。如果行为人将实施专利的部件销售给他人进行试验研究,是否构成间接侵权? 从属说认为不构成间接侵权;[6]而独立说的主流观点也认为不构成间接侵权。例如,有学者认为,为试验和研究而实施专利,专利法为了鼓励这种行为而规定为不侵犯专利权,为上述实施行为制造和销售部件的行为,也不应当认定为间接侵权。[7] 提供实施专利的与上述主流观点相对,也有的学者指出,对于方法专利而言,在这种情况下是否认定间接侵权应有别于产品专利。例如筛选方法,向试验研究者提供筛选的装置、软件的人,不能当然免除间接侵权的责任。[8]

3. 直接行为人是有权实施专利的人

如果直接行为人是有权实施专利的人,如专利被许可人,其实施行为不构成侵

---

〔1〕 [日]吉藤幸朔〔熊谷健一补订〕:《特许法概说》(第 13 版),有斐阁 1998 年版,第 457、461 页。

〔2〕 [日]高林龙:《标准特许法》(第 3 版),有斐阁 2008 年版,第 165 页。

〔3〕 [日]牧野利秋编:《工业所有権诉讼法 J(裁判実务大系(9))》,青林书院 1985 年版,第 270 页〔松尾和子〕。

〔4〕 大阪地方法院 1999 年(平成 11 年)5 月 27 日判决,裁判所时报 1685 号 103 页。

〔5〕 知识产权高等法院平 17(ネ)10040 号。

〔6〕 [日]高林龙:《标准特许法》(第 3 版),有斐阁 2008 年版,第 157 页。

〔7〕 [日]田村善之:《知的财产法 》(第 5 版),有斐阁 2010 年版,第 260 页。

〔8〕 参见[日]中山信弘、小泉直树编:《新注解特许法》,青林书院 2011 年版,第 1478 页。

权。但向其提供实施专利的部件的行为是否构成专利间接侵权,独立说和从属说有不同的意见。独立说认为,向有权实施专利的人提供实施专利的零部件,仍构成间接侵权。而从属说有不同的意见。一种意见认为,制造销售该零部件并不是直接实施专利,专利权人许可他人实施的也是专利产品而不是专利产品的部件。因此,为了向有权实施专利的提供制造零部件而制造该零部件的人,并不构成间接侵权。[1] 而另一种意见认为,直接行为人系有权实施专利的人,还要根据专利许可合同进行解释,在不允许被许可人从第三人处购入零部件的情况下,原则上成立间接侵权。但如果该约定因违反反垄断法而认为不正当行为,提供零部件的人不构成间接侵权。[2]

4. 直接实施行为发生在国外

在国外制造专利产品的行为不属于实施专利,出口也不属于实施专利。因此,从属说认为,出口间接侵权品的行为不属于间接侵权行为。独立说也认为,在国外生产专利产品或使用专利方法,并不属于实施专利法中规定的实施专利的行为,因此间接侵权也不成立。[3] 可见,如果直接实施行为发生在国外,独立说和从属说均认为不构成间接侵权。在前述大阪地方法院 2000 年 10 月 24 日判决的"面包机"案件中,也涉及将间接侵权品出口的行为。案中的间接侵权品,既有生产于日本并销售于日本的,也是生产于日本而出口到美国的,还是生产于中国经过日本销售到美国的。对于后面两种情况下是否成立间接侵权,法院认为,日本的专利权只在日本主权所及的日本国内有效,因此专利法第 2 条第 3 款规定的"实施",应理解为日本国内的行为。在国外的实施发明的行为,本来就是日本专利权人利益范围之外的。如果将国外使用行为认为属于专利法中规定的"仅能用于实施发明的物",则意味着专利权人可以在国外实施并获得利益,不当地扩张了专利权的效力。因此,"仅能用于实施发明的物"中的实施,仅限于日本国内的行为。出口实施发明的零部件,并不构成间接侵权。[4] 上述判决,日本大部分学者持肯定的态度,但也有的学者提出了反对意见,认为在全球化背景下日本专利权的效力失去了一部分。具体来说,以经营活动为目的将专用口出口的行为,是属于日本主权所及范围内的,专利权人责令停止以经营活动为目的的生产、转让、进口、许诺转让专用品的行为,

---

〔1〕［日］牧野利秋编:《工业所有権诉讼法 J(裁判实务大系(9))》,青林书院 1985 年版,第 277 页〔松尾和子〕。

〔2〕［日］田村善之:《知的财产法》〔第 5 版〕,有斐阁 2010 年版,第 260 页。

〔3〕［日］小山总三郎:《间接侵害》,载中山信弘编著:《工业所有権法の基础》,青林书院 1980 年版,第 158 页。

〔4〕大阪地方法院平 8(ワ)12109 号。

并不违反专利权属地主义的原则。[1] 对于行为人制造了全部零部件出口到国外组装的“全件散装(knock down)”模式,根据《美国专利法》第271条(f)款的规定有可能构成侵权,但日本专利法中没有明确的规定。日本学者认为,如果在日本组装试运行后再拆分后出口,实质上是在日本制造的行为,属于直接侵权行为。[2] 也有的学者认为,如果在日本组装后出口,可以说是侵犯日本的专利权。但以零部件的形式运输到国外后组装,就不侵犯日本专利权的结论,不能无条件地赞同。特别是对于哪些必须在现场组装的产品,最好认定实质上构成直接侵权。[3]

四、间接侵权的救济措施

(一)停止侵权

在认定生产、销售零部件构成间接侵权的情况下,与直接侵权的情况下一样,权利人可以请求停止侵权、销毁侵权产品。间接侵权的成立,并不要求直接侵权行为开始或完成。即使直接侵权行为还没有完成,也可以要求停止间接侵权行为。[4] 如果间接侵权行为是直接侵权行为的准备行为,下一步直接行为人就会生产专利产品或使用专利方法,权利人还可以根据《日本专利法》第101条第1款的规定,要求预防侵权的发生。[5]

如果间接侵权所涉及的产品系《日本专利法》第101条第1、4款规定的专用品,因该产品无其他用途,可以全面禁止其生产、销售。例如,在大阪地方法院1996年的“青果物包装体”案件中,法院就支持权利人要求停止生产、销售和销毁库存产品的请求。[6]

如果间接侵权所涉及的产品系《日本专利法》第101条第2、5款规定的零部件,由于它还有其他用途,学者提出不应全面禁止其生产和销售。有学者认为,间接侵权物可以用于非实施专利的用途时,不能支持对该物停止生产、销售或销毁的请求。[7] 也有学者提出要根据购买者用于生产的最终产品的情况,有必要细化禁

---

〔1〕［日］仁木弘明:《特许法101条に规定された専用品の输出と间接侵害》,ぷりずむ3卷36号,第103页。

〔2〕［日］吉藤幸朔〔熊谷健一补订〕:《特许法概说》(第13版),有斐阁1998年版,第460页。

〔3〕［日］岩坪哲:《国外生産のための基幹部品の輸出》,知财管理58卷2号,215页高林·特許(第3版)。

〔4〕高林龙:《标准特许法》(第3版),有斐阁2008年版,第166页。

〔5〕［日］中山信弘、小泉直树编:《新注解特许法》,青林书院2011年版,第1498页〔渡辺光〕。

〔6〕大阪地方法院1996年(平成8年)9月26日判决,裁判所时报1602号115页。

〔7〕［日］重富贵光:《特许法101条2号·5号〈多机能型间接侵害规定〉ついて》,中央知的财产研究所研究报告22号(平20),15页。

令的范围,不能禁止其向非实施专利的人销售产品。[1] 也有的学者认为在判决中不能抽象地列出禁令的范围,而是应具体列明案中的产品不得销售给哪些人。[2] 在前述大阪地方法院2000年10月24日判决的“面包机”案件中,法院认定被告向在日本国内销售构成间接侵权,但出口不构成侵权。对于原告停止侵权的请求,法院判决:“就附件中所列的面包机,被告不得在日本国内销售以及为在日本国内销售而制造、进口。”而对于原告销毁间接侵权物品的请求,法院判决:“被告销毁附件中所列的面包机及半成品。”[3]

(二)赔偿损失

在间接侵权给权利要求造成损害时,与直接侵权相同,权利人可以要求损害赔偿。但对于《日本专利法》第102条规定的损害额推定以及103条规定的过失推定是否适用于间接侵权,日本存在不同的观点。

有观点认为,102条的规定是以直接侵权为前提的,适用于间接侵权缺乏根据。[4] 但多数说认为可以适用于间接侵权。[5] 东京地方法院在1998年12月18日判决的“热封装置”案件中,就适用102条第1款和第2款的规定,计算了间接侵权的赔偿数额。[6]

第102条第1款和第2款的适用,是以权利人实施专利为前提的,在间接侵权的情况下,是否需要权利要求制造该间接侵权品,也有不同的意见。一种意见认为,不需要权利人制造间接侵权品,只要权利人实施专利就可以适用该条的规定。[7] 而反对意见认为,如果专利权人不制造间接侵权品,只能要求赔偿相当于专利许可费的数额。[8] 大阪地方法院在1989年4月24日判决的“制砂机锤”案件中,以及东京地方法院在1994年3月31日判决的“位置设置方法”案件中,都按相当于许可费的数额确定了间接侵权的赔偿。

---

〔1〕 [日]潮海久雄:《複数主体によ态に関す许法上の规整の意义と机能一间接侵害规定を中心として一》知财研フォーラム55卷8页。

〔2〕 吉田広志:《多机能型间接侵害についての问题提起一最近の裁判例を题材に》,知的财产法政策学研究8号,173页。

〔3〕 大阪地方法院2000年(平成12年)10月24日判决,判例タイムズ1081号241页。

〔4〕 [日]中山信弘编:《注解特许法上》(第3版),第970页〔松本、安田〕。

〔5〕 [日]高林龙:《标准特许法》(第3版),有斐阁2008年版,第167页。

〔6〕 东京地方法院1998年(平成10年)12月18日判决,裁判所时报1676号116页。

〔7〕 [日]高林龙:《标准特许法》(第3版),有斐阁2008年版,第167页。

〔8〕 [日]角田政芳:《特许権の间接侵害に基づく损害赔偿》,纹谷畅男教授还暦记念《知的财产権法の现代的课题》,发明协会1998年版,第92页。

五、多人共同行为与间接侵权

对于方法专利而言,如果多人共同参与,每人执行其中部分步骤共同实施了专利权利要求书中的技术,但任何人都没有单独实施发明,是否构成间接侵权的问题,日本学者进行了探讨。日本学者有不同的观点,法院的判决也体现了不同的观点。

1. 共同直接侵权

持这种观点的学者认为,多人相互关联客观上实施了同一专利发明时,作为专利法中固有的请求权,权利人可以要求所有共同直接侵权行为的人停止侵权。[1]持这种观点的人中,虽然有人认为只要客观上共同实施了专利发明就可以,不需要主观上的共同意思,但能说认为各主体对于知道自己所做的工作,有共同实施发明的意思。[2]大阪地方法院在1961年5月4日判决的"スチロピーズ"案中指出,某人实施了专利方法中的一部分,与其他人的行为整体构成实施专利方法的情形,例如一部分工程由他人完成,和自己实施的工程结合起来完成了全部工程。数人约定分担其中一部分工程共同实施整个工程,与自己实施整个工程没有区别,全部构成侵犯专利权。[3]按上述判决,共同意思是共同直接侵权的要件。

2. 工具理论

数人分担实施方法专利发明的情况下,如果一人对其他人有支配管理的关系,则可以认为是全部实施行为的实质主体。受支配管理的人只不过是工具或被利用者,其责任由从事支配管理的人承担。这一理论被称为工具理论。例如,在1969年的"地球仪形晶体管收音机外观设计"案中,日本最高法院认为先用权人委托他人加工的行为仍视为先用权人的行为。[4]在东京地方法院2001年9月20日判决的"电子图像的形成方法"案件中,被告实施了最终步骤之外的其他步骤,而购买者实施了最后的步骤实施了发明。法院认为,被告不过是将购买者作为工具而实施专利,应视同其自己实施全部专利,应承担专利侵权责任。[5]当然,有学者认为,该判

---

〔1〕［日］尾崎英男:《コンピュータプログラムと特许侵害诉讼の诸问题》,载青永利亮、设乐隆一编:《现代裁判法大系(26)知的财产権》,228页。

〔2〕［日］中山信弘、小泉直树编:《新注解特许法》,青林书院2011年版,第1500页〔渡边光〕。

〔3〕大阪地方法院1961年(昭和36年)5月4日判决,判例タイムズ119号41页。

〔4〕日本最高法院1969年(昭和44年)10月17日判决,最高裁判所(または大審院)民事判例集,23卷10号1777页。

〔5〕东京地方法院2001年(平成13年)9月20日判决,裁判所时报1764号112页。

决中的情形应属于间接侵权。[1]

3. 停止教唆、帮助行为

日本专利法中规定的间接侵权并不包括帮助侵权,且专利法中并没有针对帮助侵权的规定。东京地方法院曾在 2004 年 8 月 17 日的判决否定了针对教唆、帮助人的禁令请求。法院指出,日本专利法第 100 条规定的停止侵权或预防侵权的请求,针对的是侵犯专利权或可能侵犯专利权的人,并不包括除此之外的教唆、帮助人。[2] 但对此有的学者有不同意见,认为专利权是绝对权,对共同不法行为对专利权的分割,权利人要求停止侵权的请求应予支持。[3]

本章小结

1959 年前的日本专利法中,没有关于专利保护范围的规定。实践中出现了根据说明书和根据权利要求书确定专利保护范围的不同做法。1959 年日本专利法修改时增加了现行《专利法》第 70 条第(1)项"专利发明的技术范围,应当根据专利申请书附属的专利权利要求范围的记载确定"的规定。为了澄清解释权利要求时是否应当参考说明书和附图等其他材料,1994 年专利法修改时增加了现行《专利法》第 70 条第(2)项的规定:"在上述场合,在解释专利权利要求范围记载的用语的意义时,应参考专利申请书附属的说明书以及附图。"

《日本专利法》第 70 条的规定,成为解释专利权利要求的最基本依据。该规定确立了日本采用周边限定主义的立场。在解释权利要求时,除了说明书和附图外,有时还考虑其他因素来确定权利要求中术语的含义。例如,参照字典等专业书籍、考虑到专利申请时的现有技术、参考专利的申请过程等。

在解释权利要求中用语的含义时,法院一般根据该用语的上下文确定其普通含义。如果专利权人在说明书中没有对用语进行特别的定义,就推定该用语的含义为其通常的含义,也就是字典中的一般含义。法院一般是先利用词典等文献确定权利要求中用语的含义,然后再看说明书中对该用语是否有特别的定义,如果没有特别的定义,则按照词典等文献的解释确定权利要求中用语的含义。

---

〔1〕 [日]松尾和子:《方法の工程の二部が被告以外のの者により行われた场合に,工具理论により,特许権侵害を认めた事例》,判例评论 521 号(平 14)197 页。

〔2〕 东京地方法院 2004 年(平成 16 年)8 月 17 日判决,裁判所时报 1873 号 153 页。

〔3〕 [日]松本重敏:《专利权的保护范围》,有斐阁 1981 年版,第 252 页。

虽然日本专利法明确规定了解释权利要求时应当参考说明书和附图,但对于什么情况下应当参考说明书和附图并没有明确的规定。日本对于参考说明书解释权利要求,在行政诉讼和侵权诉讼中有不同的做法。在行政诉讼中,只有权利要求中的用语没有明确唯一含义时,才参考说明书进行解释。而在侵权诉讼中,法院参考说明书和附图解释权利要求中的术语,并没有特定的条件,法院在解释权利要求时在任何情况下都可以参考说明书和附图进行解释。日本重视说明书中的作用效果的描述,如果被控侵权物不具备说明书中描述的作用效果,使用该作用效果对权利要求进行限制性解释,认定不构成字面侵权。法院使用实施例和附图解释权利要求是有条件的,只有在说明书对于发明的构成没有一般性说明时,才参考实施例和附图对权利要求进行解释。

专利申请的经过对于专利权利要求的解释也具有重要的意义。对于是否只有专利缺乏实体要件时才能参考专利申请过程,日本有两种不同的观点。第一种观点是较窄地适用"禁止反悔"的原则,只有在专利不符合实体授权要件时才考虑适用"禁止反悔"原则。第二种观点是宽泛地适用"禁止反悔"原则,不管专利是不是符合实体授权要件,也不管申请人是针对什么理由提出的意见书,只要申请人作出了陈述并被审查员采纳,就适用"禁止反悔"原则。日本法院一般采用第一种观点。对于是否专利权利要求中的用语没有明确的唯一含义时才参考专利申请过程,日本也有不同的观点。一种观点认为,只有当权利要求书中的用语没有唯一含义时,才可以将专利申请人的意见书作为解释的辅助资料。另一种观点认为,判断该专利的技术范围时,必须考虑申请的全部经过。从法院判决的情况看,应当说法院并没有把权利要求中的用语没有明确唯一的含义作为参考专利申请经过的条件。无效审判和订正审判中的陈述是否可以用于禁止反悔。如果专利权人在审查过程中的意见没有被审查员采纳,是否仍可以作为禁止反悔的理由,日本法院在判决中的意见并不完全一致。最新的判例是只考虑被审查员采纳的意见。母专利的申请经过可以用于分案专利的权利要求解释时的限制因素。在参考专利审查经过时,不考虑专利权人当时的主观意思。专利申请人的修改撤回后,不能通过禁止反悔用于对权利要求的限制解释。

在2004年日本专利法明确规定专利无效抗辩之前,在专利侵权诉讼中涉及现有技术的问题,一般是将现有技术作为解释权利要求的参考因素。通过解释权利要求,将现有技术排除在专利保护范围之外。2000年4月11日,日本最高法院在"Kilby"案件的判决中首次肯定了专利无效,并在2004年成为日本专利法中的规定。2004年之后,当专利权利要求涉及现有技术时,被控侵权人往往提出专利无效抗辩。尽管参考现有技术解释权利要求的做法仍然有效,但在相同侵权的情况下很少有适用的机会。

1960 年以前,专利的保护范围不必根据权利要求的记载确定,没有适用等同原则的必要性。1960 年到 1998 年,最初日本法院消极地适用等同原则,虽然没有直接否定等同原则的,但将等同原则适用于具体案件时,绝大多数案件的判决结果是认定不构成等同。20 世纪 80 年代以后,日本法院出现了积极地承认等同原则并将它适用于专利权技术范围解释的趋势。

1998 年 2 月,日本最高法院在"无限折动用滚珠花键轴承"案中明确肯定了等同原则,并提出了适用等同原则的要件。日本最高法院提出的适用等同原则的要件主要有以下五个:(1)非本质部分,指的是"不同的部分不是专利发明的本质部分"。这一要件是日本法院认定等同的最大障碍。对于非本质部分的含义,日本学说和法院判决大部分采纳"技术思想说"的观点。在认定非本质部分时,日本法院一般以说明书的记载和现有技术为基础,并参考专利申请经过和其他材料进行认定。(2)置换可能性,指的是"即使将被控侵权物中的不同部分将专利发明中的相应部分进行替换,也能产生相同的作用效果,实现发明的目的"。这里所说的"作用效果"指的是发明的作用效果,而不是替换技术特征的作用效果。日本法院的判决认定,被控侵权物的附加技术效果不影响置换可能性的认定。关于作用效果是否相同的判断,对于以质的作用效果为本质的发明,则以定质的作用效果为尺度进行置换可能性的判断;对于以量的作用效果为本质的发明,则以定量的作用效果为尺度进行置换可能性的判断。(3)置换容易性,指的是"上述替换对本领域普通技术人员来讲在制造被控侵权产品时是容易想到的"。对于置换容易性的程度,在学说上有三种观点,在法院的判决中否定了范围较宽的"创造性同一说"标准,而采用了使置换容易性的范围更窄的标准。置换容易性的判断主体是"发明所属领域的普通技术人员",判断基准时是"被控侵权产品制造等时"。即使用申请时已经存在的技术进行置换,也不影响置换容易性的判断。(4)非现有技术,指的是"被控侵权制品与专利发明申请时的现有技术或者本领域普通技术人员能够在专利申请日从现有技术容易推导出的技术并不相同。""从现有技术中容易推导出"的判断标准,与《专利法》第 29 条第(2)项规定的创造性的标准是相当的。容易推导的判断对象是被控侵权物的全体,而不是置换部分。(5)特别事由,指的是"没有诸如在专利申请过程中将被控侵权产品从专利权利要求中有意识地排除之类的特别事由"。这一要件是日本法院认定等同的第二大障碍。日本法院近年来涉及等同第五要件的判决很少涉及补正的目的问题,说明法院在适用"禁止反悔"时不再考虑补正目的。

对于申请时没有将容易想到的技术方案写在权利要求中,是否属于专利申请人的意识限定,日本法院的做法并不一致。

日本法院一般通过参考专利权利要求范围以外的说明书及附图的记载、专利申请经过以及专利申请时的技术常识和技术水准,根据专利说明书所开示的具体构成的技术思想为基础,确定专利技术的范围,并在此基础上进行侵权与否的判断。功能性权利要求的保护范围以本领域普通技术人员通过阅读说明书等专利文件能够实施的范围为基准。等同原则在功能性权利要求解释中的适用时,应当采取严格的立场。

对于以方法界定产品的权利要求的解释,日本学说和法院判决中曾有“物同一说”、以“物同一说”为原则同时参考专利申请经过用制造方法进行限定解释和“制造方法限定说”等不同的观点和做法。日本最高法院在2015年的判决中确立了“物同一说”的标准。

为了给专利权人提供更充分的保护,在1959年日本专利法修改时增加了客观间接侵权的规定,2002年增加了主观间接侵权的规定,2006年又增加了出口和转让的间接侵权的规定。客观间接侵权行为,所适用的对象是“专用品”。主观间接侵权的对象包括了与侵权用途没有关系的其他用途的产品,但以行为人明知为主观要件。对于间接侵权的成立是否以直接侵权存在为要件,日本存在独立说和从属说。直接行为人系为个人、家庭而使用时,独立说认为不构成间接侵权。而从属说有的认为不构成间接侵权。从日本法院的判决来看,多数的判决都认定在个人、家庭使用的场合,不管直接侵权是否成立,间接侵权成立。直接行为人系为试验研究而使用时,独立说和从属说一般都认为不构成间接侵权。直接行为人是有权实施专利的人时,独立说认为仍构成间接侵权,而从属说有不同的意见。直接实施行为发生在国外,独立说和从属说都认为不构成间接侵权。

第六章　中　　国

第一节　我国法律和司法解释关于专利保护范围的规定

一、我国《专利法》的有关规定

《中华人民共和国专利法》(以下简称《专利法》)颁布于1984年,自1985年4月1日开始实施。关于专利保护范围的规定在第59条第1款:“发明或者实用新型专利权的保护范围以其权利要求的内容为准,说明书及附图可以用于解释权利要求。”1992年专利法第一次修改时,上述规定未被涉及;2000年专利法第二次修改时,上述内容成为第56条第1款;2008年专利法第三次修改时,上述内容成为第59条第1款,内容稍有改变:“发明或者实用新型专利权的保护范围以其权利要求的内容为准,说明书及附图可以用于解释权利要求的内容。”与最初的1984年的专利法相比,现行专利法的规定增加了的内容,并无实质性的修改。上述规定明确地确定了我国发明和实用新型专利权保护范围的原则。

我国专利法制订时就借鉴了其他国家已经成熟的做法,采用了通过权利要求书界定专利保护范围的通行做法,并且对权利要求采用了“折中解释”的原则。一般认为,专利法的上述规定,使中国在解释权利要求和确定专利保护范围时采用了“折中解释”的原则,而不是“周边限定”和“中心限定”的原则。这种解释原则的含义是,应当以权利要求记载的技术内容为准,根据说明书及附图、现有技术、专利对现有技术所做的贡献等因素合理确定专利权保护范围;既不能将专利权保护范围拘泥于权利要求书的字面含义,也不能将专利权保护范围扩展到所属技术领域的普通技术人员在专利申请日前通过阅读说明书及附图后需要经过创造性劳动才能联想到的内容。[1]

《专利法》第62条规定:“在专利侵权纠纷中,被控侵权人有证据证明其实施的技术或者设计属于现有技术或者现有设计的,不构成侵犯专利权。”这是关于现有技术抗辩的规定,与专利权保护范围有一定的关系。

二、我国《专利法实施细则》中的有关规定

《中华人民共和国专利法实施细则》(以下简称《专利法实施细则》)[2]中规定了对专利说明书和权利要求书的撰写要求。这些规定是专利申请人起草专利申请文件的规则和依据,也是解释权利要求的参考。

我国《专利法实施细则》第19条规定:“权利要求书应当记载发明或者实用新型的技术特征……权利要求书中使用的科技术语应当与说明书中使用的科技术语一致……权利要求中的技术特征可以引用说明书附图中相应的标记,该标记应当放在相应的技术特征后并置于括号内,便于理解权利要求。附图标记不得解释为对权利要求的限制。”

《专利法实施细则》第20条规定:“权利要求书应当有独立权利要求,也可以有从属权利要求。独立权利要求应当从整体上反映发明或者实用新型的技术方案,记载解决技术问题的必要技术特征。从属权利要求应当用附加的技术特征,对引用的权利要求作进一步限定。”上述规定是对独立权利要求和从属权利要求撰写规范的规定。根据上述规定,独立权利要求通过“必要技术特征”,从整体上反映发明或者实用新型的技术方案。而从属权利要求除了引用其他权利要求外,还记载附加技术特征。

---

〔1〕 北京市高级人民法院制定的《专利侵权判定指南(2017)》明确规定“折中原则”为权利要求解释的原则:“折中原则。释权利要求时,应当以权利要求记载的技术内容为准,根据说明书及附图、现有技术、专利对现有技术所做的贡献等因素合理确定专利权的保护范围。既不能将专利权的保护范围拘泥于权利要求书的字面含义,也不能将专利权的保护范围扩展到本领域普通技术人员在专利申请日前通过阅读说明书及附图后需要经过创造性劳动才能联想到的内容。”《最高人民法院关于审理侵犯专利权纠纷案件应用法律若干问题的解释》虽然没有使用折中原则的术语,但起草者认为,“在借鉴国外立法例的基础上,对我国专利审判实践一直坚持的折中解释原则予以明确”。参见孔祥俊、王永昌、李剑:《最高院关于专利权纠纷案件司法解释的理解与适用》,载《人民司法》2010年第3期。

〔2〕 如有特别说明,本书中引用的《中华人民共和国专利法实施细则》指2001年6月15日中华人民共和国国务院令第306号公布根据2002年12月28日《国务院关于修改〈中华人民共和国专利法实施细则〉的决定》第一次修订 根据2010年1月9日《国务院关于修改〈中华人民共和国专利法实施细则〉的决定》第二次修订的文本。

三、我国司法解释中的有关规定

2001 年 6 月最高人民法院制定的《关于审理专利纠纷案件适用法律问题的若干规定》第 17 条规定：

> 专利法第十六条第一款所称的“发明或者实用新型专利权的保护范围以其权利要求的内容为准，说明书及附图可以用于解释权利要求”，是指专利权的保护范围应当以权利要求书中明确记载的必要技术特征所确定的范围为准，也包括与该必要技术特征相等同的特征所确定的范围。等同特征是指与所记载的技术特征以基本相同的手段，实现基本相同的功能，达到基本相同的效果，并且本领域的普通技术人员无须经过创造性劳动就能够联想到的特征。

上述规定，第一次以司法解释的形式将等同原则明确为专利侵权判定的一项司法原则。这样规定的目的是，使专利权人的合法权益得到全面、切实的保护，使人民法院运用等同原则判定专利侵权时有明确的依据。[1]

2009 年 12 月最高人民法院公布了《关于审理侵犯专利权纠纷案件应用法律若干问题的解释》（以下简称《专利侵权司法解释（一）》），[2] 自 2010 年 1 月 1 日起实施。《专利侵权司法解释（一）》有很多涉及专利保护范围的内容。

《专利侵权司法解释（一）》第 2 条确立了解释权利要求的原则：“人民法院应当根据权利要求的记载，结合本领域普通技术人员阅读说明书及附图后对权利要求的理解，确定专利法第五十九条第一款规定的权利要求的内容。”根据上述规定，专利权的保护范围，应当界定在本领域普通技术人员在阅读说明书及附图后对权利要求记载的理解范围内。这就意味着，法官在确定专利权的保护范围时，应当从本领域普通技术人员的角度来理解和解释权利要求。

《专利侵权司法解释（一）》第 3 条规定了用于解释权利要求的资料：“人民法院对于权利要求，可以运用说明书及附图、权利要求书中的相关权利要求、专利审查档案进行解释。说明书对权利要求用语有特别界定的，从其特别界定。上述方法仍不能明确权利要求含义的，可以结合工具书、教科书等公知文献以及本领域普通

---

〔1〕 最高人民法院民三庭：《如何理解最高人民法院关于专利法（2001）法释字第 21 号司法解释（17）》，载 http://www.chinaiprlaw.cn/file/200205121258.html，最后访问日期：2004 年 12 月 6 日。

〔2〕 法释〔2009〕21 号。

技术人员的通常理解进行解释。”说明书及附图、权利要求书的相关权利要求都是专利授权文件的组成部分,其与权利要求的关系最为密切,通常是澄清争议用语的最佳指南。此外,专利审查档案虽然不是专利授权文件的组成部分,但公众可以查阅,且权利要求用语在专利审查过程中和侵权诉讼中应当具有相同的含义,因此,专利审查档案对于权利要求也具有重要的解释作用。相对于上述“内部证据”,工具书、教科书等因不存在于专利局有关专利文件及档案中,有的称为“外部证据”。外部证据一般只有在内部证据不足以解释清楚时才使用。当然,这并不意味着,权利要求的解释必须一一运用上述全部的解释手段。若运用说明书即可明确权利要求的含义,则无需再借助其他的解释手段。[1]

《专利侵权司法解释(一)》第4条规定了功能性权利要求的保护范围:“对于权利要求中以功能或者效果表述的技术特征,人民法院应当结合说明书和附图描述的该功能或者效果的具体实施方式及其等同的实施方式,确定该技术特征的内容。”

《专利侵权司法解释(一)》第5条规定了捐献规则:“对于仅在说明书或者附图中描述而在权利要求中未记载的技术方案,权利人在侵犯专利权纠纷案件中将其纳入专利权保护范围的,人民法院不予支持。”

《专利侵权司法解释(一)》第6条规定了禁止反悔原则:“专利申请人、专利权人在专利授权或者无效宣告程序中,通过对权利要求、说明书的修改或者意见陈述而放弃的技术方案,权利人在侵犯专利权纠纷案件中又将其纳入专利权保护范围的,人民法院不予支持。”

《专利侵权司法解释(一)》第7条规定了全部技术特征规则:“人民法院判定被诉侵权技术方案是否落入专利权的保护范围,应当审查权利人主张的权利要求所记载的全部技术特征。被诉侵权技术方案包含与权利要求记载的全部技术特征相同或者等同的技术特征的,人民法院应当认定其落入专利权的保护范围;被诉侵权技术方案的技术特征与权利要求记载的全部技术特征相比,缺少权利要求记载的一个以上的技术特征,或者有一个以上技术特征不相同也不等同的,人民法院应当认定其没有落入专利权的保护范围。”

2016年3月最高人民法院公布了《最高人民法院关于审理侵犯专利权纠纷案件应用法律若干问题的解释(二)》(以下简称《专利侵权司法解释(二)》),自2016

---

〔1〕 参见孔祥俊、王永昌、李剑:《最高院关于专利权纠纷案件司法解释的理解与适用》,载《人民司法》2010年第3期。

年4月1日起施行。《专利侵权司法解释(二)》进一步细化了确定专利权保护范围的规则。

《专利侵权司法解释(二)》第4条规定了权利要求有歧义时如何理解权利要求的情形:"权利要求书、说明书及附图中的语法、文字、标点、图形、符号等存有歧义,但本领域普通技术人员通过阅读权利要求书、说明书及附图可以得出唯一理解的,人民法院应当根据该唯一理解予以认定。"

《专利侵权司法解释(二)》第6条规定了审查档案禁止反悔中"审查档案"的范围:"人民法院可以运用与涉案专利存在分案申请关系的其他专利及其专利审查档案、生效的专利授权确权裁判文书解释涉案专利的权利要求。专利审查档案,包括专利审查、复审、无效程序中专利申请人或者专利权人提交的书面材料,国务院专利行政部门及其专利复审委员会制作的审查意见通知书、会晤记录、口头审理记录、生效的专利复审请求审查决定书和专利权无效宣告请求审查决定书等。"

《专利侵权司法解释(二)》第8条进一步明确了功能性技术特征的认定和保护范围:"功能性特征,是指对于结构、组分、步骤、条件或其之间的关系等,通过其在发明创造中所起的功能或者效果进行限定的技术特征,但本领域普通技术人员仅通过阅读权利要求即可直接、明确地确定实现上述功能或者效果的具体实施方式的除外。与说明书及附图记载的实现前款所称功能或者效果不可缺少的技术特征相比,被诉侵权技术方案的相应技术特征是以基本相同的手段,实现相同的功能,达到相同的效果,且本领域普通技术人员在被诉侵权行为发生时无须经过创造性劳动就能够联想到的,人民法院应当认定该相应技术特征与功能性特征相同或者等同。"

《专利侵权司法解释(二)》第10条规定了"方法界定产品权利要求"的保护范围:"对于权利要求中以制备方法界定产品的技术特征,被诉侵权产品的制备方法与其不相同也不等同的,人民法院应当认定被诉侵权技术方案未落入专利权的保护范围。"

《专利侵权司法解释(二)》第12条规定了适用等同原则时的"特意排除规则":"权利要求采用'至少''不超过'等用语对数值特征进行界定,且本领域普通技术人员阅读权利要求书、说明书及附图后认为专利技术方案特别强调该用语对技术特征的限定作用,权利人主张与其不相同的数值特征属于等同特征的,人民法院不予支持。"

《专利侵权司法解释(二)》第13条对禁止反悔原则的适用进行了限制:"权利

人证明专利申请人、专利权人在专利授权确权程序中对权利要求书、说明书及附图的限缩性修改或者陈述被明确否定的,人民法院应当认定该修改或者陈述未导致技术方案的放弃。”

《专利侵权司法解释(二)》第21条第一次明确了间接侵权的规则:“明知有关产品系专门用于实施专利的材料、设备、零部件、中间物等,未经专利权人许可,为生产经营目的将该产品提供给他人实施了侵犯专利权的行为,权利人主张该提供者的行为属于侵权责任法第九条规定的帮助他人实施侵权行为的,人民法院应予支持。明知有关产品、方法被授予专利权,未经专利权人许可,为生产经营目的积极诱导他人实施了侵犯专利权的行为,权利人主张该诱导者的行为属于侵权责任法第九条规定的教唆他人实施侵权行为的,人民法院应予支持。”

可以看出,我国关于专利保护范围的规则,是在专利法规定的基础上,主要通过专利法司法解释确立的。另外,近十几年来,最高人民法院审理了大量涉及专利保护范围的案件,为确定专利保护范围提供了指导。

第二节　中国的权利要求解释

从前面介绍我国的法律规定和司法解释可以看出,我国关于权利要求解释的法律规定是非常有限的。在这种情况下,法院审理案件的过程逐渐探索总结出权利要求解释的规则。从某种程度上来说,《专利侵权司法解释(一)》和《专利侵权司法解释(二)》中关于权利要求解释的规定,是将法院总结的规则成文化,同时也统一了尚有争议的做法。下面结合法律法规和司法解释、最高人民法院和其他法院的判决以及学者的论述,介绍我国权利要求解释的现状。

一、对权利要求进行解释的前提条件

我国专利法明确规定专利的保护范围“以其权利要求的内容为准”。因此,权利要求书是确定专利保护范围的主要依据。在确定专利保护范围时,首先需要明确权利要求中的用语的含义。而针对权利要求中的用语,在什么情况下需要对其进行解释,曾有不同的意见。

有一种意见认为只有权利要求书不清楚时,才能通过说明书和附图解释权利要求。最高人民法院在2002年判决的“机芯奏鸣装置音板的成键方法及其设备”

发明专利侵权纠纷案[1]的判决中指出："在确定专利权的保护范围时，既不能将专利权保护范围仅限于权利要求书严格的字面含义上，也不能将权利要求书作为一种可以随意发挥的技术指导。确定专利权的保护范围，应当以权利要求书的实质内容为基准，在权利要求书不清楚时，可以借助说明书和附图予以澄清。""说明书和附图只有在权利要求书记载的内容不清楚时，才能用来澄清权利要求书中模糊不清的地方，说明书和附图不能用来限制权利要求书中已经明确无误记载的权利要求的范围。"从该判决的内容看，最高人民法院限制了对权利要求中用语进行解释的条件，如果权利要求书中记载的内容是清楚的，就不能使用说明书和附图来限制权利要求的含义，当然也更不能使用其他材料来限制权利要求的含义。因为说明书和附图是法律规定的可以用于解释权利要求的材料，在不能使用说明书和附图来解释权利要求时，更不能使用其他材料来解释权利要求。只有当权利要求书记载的内容不清楚时才能使用说明书和附图来解释权利要求。

但是，也有人认为参考说明书和附图不是消极的、被动的，而是积极的、主动的。[2] 有学者指出："为了搞清楚权利要求所表示技术方案的确切内容，应当参考和研究说明书、附图，了解发明或者实用新型的目的、作用和效果，以确定权利要求的确切内容。"[3]"语境主义的认识论要求我们在理解权利要求的技术方案时，应当结合权利要求的上下文、说明书、附图、专利审查历史档案及同族专利文件等语境资料，确定权利要求的含义。权利要求的解释，不应当限定时机，任何时候语境都应当具有限定作用。但是，在专利授权程序、无效程序及侵权程序中，语境的限定作用应当根据专利申请人（专利权人）对权利要求的修改自由的大小而有所不同。"[4]

最高人民法院在后来的判决中明确了权利要求解释并不需要以权利要求不清楚为条件。最高人民法院在无锡市隆盛电缆材料厂、上海锡盛电缆材料有限公司与西安秦邦电信材料有限责任公司、古河电工（西安）光通信有限公司侵犯专利权纠纷案[5]中指出：

"权利要求内容的确定，应当根据权利要求的记载，结合本领域普通技术人员

---

[1] 宁波市东方机芯总厂诉江阴金铃五金制品有限公司，最高人民法院(2001)民三提字第1号民事判决。

[2] 参见汤宗舜：《专利法教程》（第3版），法律出版社2003年版，第226页。

[3] 程永顺：《中国专利诉讼》，知识产权出版社2005年版，第229页。

[4] 刘庆辉：《基于语境主义的专利权利要求解释》，载《电子知识产权》2016年第7期。

[5] 最高人民法院(2012)民提字第3号判决。

阅读说明书及附图后对权利要求的理解进行。但是,当本领域普通技术人员对权利要求相关表述的含义可以清楚确定,且说明书又未对权利要求的术语含义作特别界定时,应当以本领域普通技术人员对权利要求自身内容的理解为准,而不应当以说明书记载的内容否定权利要求的记载,从而达到实质修改权利要求的结果,并使得专利侵权诉讼程序对权利要求的解释成为专利权人额外获得的修改权利要求的机会。否则,权利要求对专利保护范围的公示和划界作用就会受到损害,专利权人因此不当获得了权利要求本不应该涵盖的保护范围。当然,如果本领域普通技术人员阅读说明书及附图后可以立即获知,权利要求特定用语的表述存在明显错误,并能够根据说明书和附图的相应记载明确、直接、毫无疑义地修正权利要求的该特定用语的含义的,可以根据说明书或附图修正权利要求用语的明显错误。"

此判决明确了以下几点:第一,当本领域普通技术人员对权利要求相关表述的含义可以清楚确定,说明书对权利要求的术语含义作特别界定时,应以说明书的界定为准。这就是说,不管权利要求本身是否清楚,都可以结合说明书和附图解释权利要求。第二,说明书未对权利要求的术语含义作特别界定时,应当以本领域普通技术人员对权利要求自身内容的理解为准。第三,个别情况下可以对权利要求的用语的明显错误进行修正,其条件是本领域普通技术人员阅读说明书及附图后可以立即获知,权利要求特定用语的表述存在明显错误,并能够根据说明书和附图的相应记载明确、直接、毫无疑义地修正权利要求的该特定用语的含义的,可以根据说明书或附图修正权利要求用语的明显错误。

最高人民法院在专利无效行政诉讼中,同样否定了权利要求时机论的主张。在郑亚俐与精工爱普生株式会社墨盒案判决中,[1]再审申请人主张,"只有在权利要求的术语存在说明书中明确解释的特定含义、说明书明确放弃某些技术方案、权利要求所包含的某些技术方案无法实现,或者权利要求的术语存在多种含义等情况下,对于权利要求加以解释。本案中,'存储装置'对于所属领域技术人员存在明确的含义,并且在说明书中并未加以特定解释。在这种情况下,二审判决对该权利要求的解释不符合对权利要求保护范围加以解释的时机要求。"对此意见,最高人民法院在判决中虽然没有直接评述和否定,但仍结合说明书对权利要求中的"存储装置"进行了限定解释,从而否定了权利要求解释以不清楚为条件的主张。

---

〔1〕 最高人民法院(2010)知行字第53号判决。

二、权利要求解释的原则

根据《专利侵权司法解释(一)》第2条的规定,权利要求的内容,应当根据权利要求的记载,结合本领域普通技术人员阅读说明书及附图后对权利要求的理解。这一规定确定了我国解释权利要求的原则:根据本领域普通技术人员在阅读说明书及附图后对权利要求记载的理解,解释权利要求。这一原则贯穿权利要求解释的始终。不管使用什么资料解释权利要求,都要考虑本领域普通技术人员的理解。

该司法解释的起草者指出:第2条在借鉴国外立法例的基础上,对我国专利审判实践一直坚持的折中解释原则予以明确。亦即,权利要求的解释,应当既合理地保护专利权人的利益,又使社会公众能够比较清楚地确定专利权的边界。其实,等同原则的适用及其限制,都是源于该解释原则。[1]

对于其中"本领域普通技术人员"的含义以及为什么使用这个概念,司法解释的起草者认为:第2条所称的"本领域普通技术人员",是法律拟制人,是一个抽象的概念,是指具有侵权行为发生时该专利所属技术领域平均知识水平的技术人员,既不是该领域的技术专家,也不是不懂技术的人。之所以引入"本领域普通技术人员"的概念,是因为,根据《专利法》第26条第3款规定,说明书应当对发明或者实用新型作出清楚、完整的说明,以所属技术领域的技术人员能够实现为准。亦即,权利要求书中每一项权利要求所要保护的技术方案,应当是所属技术领域的技术人员能够从说明书及附图直接得到或者概括得出的。所以,专利权的保护范围,应当界定在本领域普通技术人员在阅读说明书及附图后对权利要求记载的范围理解内。这就意味着,法官在确定专利权的保护范围时,应当从本领域普通技术人员的角度来理解和解释权利要求。[2]

最高人民法院在青岛太平货柜有限公司、中国国际海运集装箱(集团)股份有限公司等与青岛太平货柜有限公司、中国国际海运集装箱(集团)股份有限公司等侵害发明专利权纠纷案中的认定,对如何确定本领域技术人员的普通理解进行了详细的阐述:

> 权利要求1和10均包含关于底角件的如下特征:"一对底角件,设置在横

---

〔1〕 参见孔祥俊、王永昌、李剑:《最高院关于专利权纠纷案件司法解释的理解与适用》,载《人民司法》2010年第3期。

〔2〕 同上。

梁的下部,其中心距与iso标准集装箱宽度方向上的角件中心距相适应”。本案中,各方当事人争议的另一核心是关于该底角件特征的解释。对此,本院分析如下:

第一,本案专利说明书未对底角件作特别界定。在专利说明书对相关术语的含义未作明确限定的情况下,该术语的解释应采本领域普通技术人员在阅读说明书及附图后对权利要求术语的通常理解,相关工具书、教科书等公知文献均可以作为确定该术语通常含义的重要参考。本案专利权利要求书和说明书仅界定了底角件的位置,并未对底角件本身的结构和功能作特别限定。在此情况下,对于底角件的结构特征的解释,应当采用本领域普通技术人员的通常理解。

第二,本领域普通技术人员对底角件特征的通常理解。确定本领域技术人员的通常理解,首先应明确本发明的技术领域。发明的技术领域是指发明创造的技术方案所属或者直接应用的具体技术领域,既不是发明创造的上位或者相邻的技术领域,又不是发明创造本身。在解释权利要求时,应注重专利所属或者直接应用具体技术领域普通技术人员的理解,上位或者相邻技术领域普通技术人员的理解原则上仅具有有限的参考作用,不应以该上位或者相邻技术领域普通技术人员的理解作为确定权利要求所用术语含义的决定性依据。本案专利说明书记载,本发明涉及物流领域中用于堆码定位的器具,具体涉及一种用于非标准集装箱运输的运输平台以及运输单元,其要解决的技术问题在于提供一种运输平台,使得非标准集装箱能够利用该运输平台在标准集装箱上以及标准集装箱的运输设备上实现堆码。可见,本案发明所直接应用的领域是集装箱运输领域,特别涉及非标准集装箱的运输,故所属技术领域应为集装箱运输领域。集装箱领域仅是本案发明所属技术领域的相邻领域,集装箱领域普通技术人员的通常理解对于解释本案专利权利要求的参考作用非常有限。其次,公知文献对权利要求所用术语的解释作用需要具体分析。利用公知文献解释权利要求用语的含义时,需要综合考虑该公知文献的时间性、广泛性、权威性等因素。对于技术标准类公知文献,还要考虑其属于强制性标准还是推荐性标准。一般而言,推荐性标准的存在就意味着在该领域存在不同技术标准、规格和要求,该推荐性标准所确定的某个术语的含义难以成为本领域普通技术人员的通常理解。本案中,《中华人民共和国国家标准系列1集装箱·分类、尺寸和额定质量》和《中华人民共和国国家标准集装箱角件的技术条件》均为集装箱及其角件的技术标准,是本案发明相邻技术领域的标准,同时也均为本案专利申请日前我国的推荐性标准。该两个标准的上述属性决定了其对本案专利权利要求解释的参考价值比较有限。最后,集装箱运输领域普通技术人员对底角件特征的通常理解。本案中,由于缺乏对本案专利所属的集装箱运输领域的公知文献,因而只能依靠相邻的集装箱尤其是非标准集装箱技术领域普通技术人员的理解作为解释底角件特征的含义的有限参考。本案现有证据表明,即使在集装箱领域,特别是在非标准集装箱技术领域,因功能、用途的不同,角件有不同的形状、结构和技术要求,并无统一限定。一般而言,只要在边角处使用,可以起到支撑、固定或者连接等功能的部件,均属角件。因此,对于本案专利权利要求中的底角件特征的含义,应当理解为集装箱运输领域普通技术人员在阅读权利要求书、说明书及其附图后的较为宽泛的含义,即设置在横梁下部、能够与标准集装箱宽度方向的角件相配合的部件。因此,太平货柜公司关于本案专利底角件应理解为"设置在运输平台的底端、具有吊配孔等连接孔以及与其相通的内腔、用于通过插装转锁而与船甲板、车底盘上设置的角件固定座(或下层集装箱上的顶角件)进行连接固定的中空方形构件"的主张不能成立。

综上,太平货柜公司关于本案专利底角件特征解释的主张不能成立,本院不予支持。

三、解释权利要求的资料

《专利侵权司法解释(一)》第3条列举了用于解释权利要求的资料:说明书及附图、权利要求书中的相关权利要求、专利审查档案、工具书、教科书等公知文献以及本领域普通技术人员的通常理解。使用上述资料并不是强制性的,也不是穷尽式的。法院在解释权利要求时,不一定全部使用这些列举的资料,也可以使用列举资料以外的资料。

(一)说明书

1. 说明书用于解释权利要求的原因

我国《专利法》第59条第1款规定了说明书可以用于解释权利要求。这是说明书具有解释作用的法律依据。而说明书可以用于解释权利要求的事实依据在于权利要求书与说明书之间的密切关系。我国《专利法》第26条第3款规定:"说明书应当对发明或者实用新型作出清楚、完整的说明,以所属技术领域的技术人员能够实现为准。"第4款规定:"权利要求书应当以说明书为依据,清楚简要限定要求专利保护的范围。"我国《专利法实施细则》第19条第3款规定:"权利要求中使用的科技术语应当与说明书中使用的科技术语一致。”可见,说明书是本领域技术人员理解和实施专利的最主要文件,“当专利权利要求的内容与说明书的内容有差异,不能准确地或者不能清楚地反映专利权利要求的内容时,则要依据说明书及附图对权利要求的内容予以解释、修正,使其合理、清楚地反映出专利要求保护的内容”。[1] 说明书成为解释权利要求的最主要资料。

2. 使用说明书解释权利要求的情形

从法院的判决来看,在专利侵权诉讼中,使用说明书解释专利权利要求的情形至少有以下三种:

第一种情形是使用说明书解释权利要求中无普通含义的用语的含义。由于权利要求书中的科技术语与说明书中的同一术语具有相同的含义,权利要求中用语的含义可以通过审查该用语在说明书中的含义而得知,从这个意义上说,说明书常常被称为权利要求书的“辞典”。“专利撰写人是专利申请文件用语的创作者,其可以选择本领域的通常用语,也可以根据实际需要创造自己认为合适的用语。确定专利撰写人创造的用语的含义,应该从本领域技术人员的角度出发,结合本领域技术人员在阅读权利要求书、说明书和附图后所理解的特殊含义进行,而不能简单地以该术语不属于本领域的通常用语为由,以本领域的通常用语取代专利撰写人的特殊用语”。当权利要求书中使用用语没有普通含义时,需要借助说明书确定其含义。例如,在莫文彩与勤隆(湖南)房地产开发有限公司等侵害发明专利权纠纷案[2]中,权利要求中使用了“限流器”一词,最高人民法院认为,专利权人并未证明或者说明本领域普通技术人员对“限流器”有普遍接受的理解,二审法院根据说明书中“限流器的电阻远远大于金属导体电路上其余部分的电阻”“限流器限制放电电流的规模使电流强度保持在毫安级或安培级之内”等的描述,认定“具有远远大于金属导体电阻值的电阻是限流器发挥限流作用的重要条件”并无不当。在福建多棱钢业集团有限公司与被申请人启东市八菱钢丸有限公司侵犯发明专利权纠纷案[3]中,法院认为权利要求中的“两级破碎”在相关行业领域并没有明确的定义,涉案专利说明书中的记载指明了“两级破碎”具有的特定的含义,并且该界定明确了涉案专利权利要求1的保护范围,所以应当以说明书的界定理解权利要求用语的含义。

第二种情形是权利要求的内容有两种以上可能的理解时,通过说明书确定哪

[1] 程永顺:《中国专利诉讼》,知识产权出版社2005年版,第230页。

[2] 最高人民法院(2014)民申字第1030号民事裁定。

[3] 最高人民法院(2010)民申字第979号民事裁定。

种理解是正确的。例如,在台山先驱建材有限公司与被申请人广州新绿环阻燃装饰材料有限公司、付志洪侵犯实用新型专利权纠纷案[1]中,权利要求中的一句话是:“由镁质胶凝竹、木、植物纤维复合层和玻纤网格布层或竹编网增强层组成。”对于其中竹、木、植物纤维复合层三者到底是择一还是全部具体,有两种不同的理解。法院认为,如果对权利要求的表述内容产生不同理解,导致对权利要求保护范围产生争议,说明书及其附图可以用于解释权利要求。仅从本专利权利要求1对“竹、木、植物纤维”三者关系的文字表述看,很难判断三者是“和”的关系还是“或”的关系,应当结合说明书记载的相关内容进行解释。根据专利说明书实施例的记载:“镁质胶凝植物纤维层是由氯化镁、氧化镁和竹纤维或木糠或植物纤维制成的混合物。”由此可见,专利权利要求1对“竹、木、植物纤维”三者关系的表述,其含义应当包括选择关系,即三者具备其中之一即可,而非竹、木及植物纤维三者必须同时具备。再如,OBE—工厂·翁玛赫特与鲍姆盖特纳有限公司诉浙江康华眼镜有限公司侵犯发明专利权纠纷案[2]中,使用了含义模糊的技术术语“大致与铰接件外形一致的区域”,导致双方当事人对该技术特征的解释产生争议。法院认为,在权利要求中出现了含义模糊的技术术语时,可以从本领域普通技术人员的角度出发,根据说明书及附图对该技术术语进行解释,以清楚地确定专利权的保护范围。说明书附图17、附图18以及说明书第13页分别记载了铰接件实施例以及装配实施例,根据说明书及附图中记载的有关技术内容,本领域普通技术人员所理解的“切割出大致与铰接件外形一致的区域”的具体含义是:通过切割金属带,在金属带上形成用于进一步加工成铰接件的区域,该区域是金属带的一部分,并且形状与铰接件的外形接近。

第三种情形是特定情况下改变权利要求用语的普通含义。一般情况下,权利要求中的用语应当理解为相关技术领域通常具有的含义。在特定情况下,如果说明书指明了某用语具有特定的含义,并且权利要求的保护范围因说明书对该用语的说明而被限定得足够清楚,则应当以该特别界定作为权利要求用语的含义。[3]如果权利要求中的用语在表面上具有较宽的含义,但说明书中没有对该用语的全部含义进行披露时,本领域技术人员在阅读了说明书后,有可能认为权利要求中用语的含义是说明书中使用的部分含义,而非权利要求书普通的较广的含义。例如,

---

〔1〕 最高人民法院(2010)民申字第871号民事裁定。

〔2〕 最高人民法院(2008)民申字第980号民事裁定。

〔3〕 参见孔祥俊、王永昌、李剑:《最高院关于专利权纠纷案件司法解释的理解与适用》,载《人民司法》2010年第3期。

福建省伟志兴体育用品有限公司与泰山体育产业集团有限公司等侵犯实用新型专利权纠纷案中,专利权利要求1中一句话为"粘接在缓冲层上的地毯层"。最高人民法院认为,"粘接"是胶粘剂工业领域的专业词汇,通常是指借助胶粘剂在固体表面上所产生的粘合力,将同种或不同种材料牢固地连接在一起的方法。但是,本案专利涉及一种武术地毯,应该从体育用品领域普通技术人员角度出发进行解释,而不宜将粘接限定为胶粘剂工业领域普通技术人员的理解。从体育用品领域普通技术人员角度出发,"粘接"应该理解为地毯各层之间的表面密切结合在一起的状态,而且粘接点应该能够传递结构应力。只要在武术地毯各层之间存在密切结合能够传递结构应力的粘接点,能够防止其在承受剧烈运动时各层之间产生较大的相对侧向位移,即属于"粘接"所涵盖的范围。无论是利用化学力、物理力还是利用物理力和化学力的组合来实现这种"粘接",都可以实现防止在承受剧烈运动时各层之间产生较大的相对侧向位移的发明目的。被申请人关于粘接应该理解为用化学制剂将两层物质紧密结合在一起的主张,过分限制了"粘接"的含义,本院不予支持。当然,如果武术地毯各层的表面之间不存在粘接点或者粘接点不传递结构应力,就无法起到防止各层之间在承受运动员剧烈的武术动作时所产生的较大相对侧向位移,也就无法解决本案专利要解决的技术问题,不能实现发明目的。因此,专利权利要求1中"粘接在缓冲层上的地毯层",应该理解为缓冲层与其上的地毯层表面之间存在利用化学力、物理力或者两者兼有的力密切结合且存在能够传递结构应力的粘接点的状态。[1] 在个别情况下,如果权利要求书中的用语存在明显错误,也可以通过说明书进行修正。例如,在叶冠东诉广东阳江虹阳食品工业有限公司专利权纠纷案中,权利要求中的一句话是:"一滤网,装设于桶体内部,相对胶质出口上方处",专利权人主张其中的"上方"应为"下方"。法院认为,本案所涉及技术方案中的滤网的位置,所属领域技术人员通过阅读权利要求书和说明书及附图后综合判断,应当可以得出滤网只能在桶体底部胶质出口之上的理解。因此,应当确认"一滤网,装设于桶体内部,相对胶质出口上方处"是本案专利的必要技术特征。该专利权利要求书中将"上方"写为"下方",属明显的笔误。

3. 实施例的解释作用

在专利说明书中,实施例或具体实施方式是说明书重要的组成部分。对实施例或者实施方式的说明,可以使权利要求的每个技术特征具体化,从而使发明的实

---

〔1〕 最高人民法院(2012)民提字第4号民事判决。

施具体化,使发明或者实用新型的可实施性得到充分支持。因此,实施例作为说明书的一部分,对确定专利的保护范围有重要意义。[1] 一般情况下,实施例不能限定权利要求书的内容。但是由于实施例是专利技术方案的具体化,实施例应当属于专利保护范围之内的内容,这样,在有些情况下实施例可以用于解释权利要求。在“酸角饮料的制备方法”专利侵权纠纷案中,就涉及使用实施例解释权利要求的问题。权利要求中有一句话为“以上述制得的酸角原汁、浓缩汁为主,配以酒石酸、柠檬酸、醋酸、糖等辅助成分配制成饮料”。被控侵权人在制造相似的饮料时,没有同时加入酒石酸、柠檬酸、醋酸三种酸。双方对专利技术是否必须同时加入三种酸产生了争议。云南省高级人民法院就该案权利要求的解释问题向最高人民法院经济庭请示。1996 年 7 月 8 日最高人民法院经济庭以法经(1996)218 号函答复称:“依照专利法第 59 条的规定,应当以权利要求书记载的技术方案的实质内容,并结合专利说明书对技术方案的解释来确定专利权的保护范围。专利说明书在确定专利的保护范围中发挥解释和澄清的重要作用,即可以对权利要求作出适当扩大或缩小解释,或者对模糊的概念加以澄清……该专利独立权利要求中记载的三种酸,结合专利说明书(包括实施例)分析,可以认为这三种酸作为辅助成分是并列关系,并非在饮料中必须同时添加三种酸才能完成其专利的发明目的。在专利说明书的实施例中,不仅没有同时加入三种酸的实例,还明确可以只加一种酸,也可以不加酸(酒石酸 0 ~ 0.25 克)。据此,认定灵泉厂使用相同技术时,虽未同时添加三种酸仍然构成侵权是正确的。”可见,最高人民法院主要依据实施例对权利要求中三种酸的关系进行了认定。在说明书的四个实施例中,实施例一仅用了一种酸,实施例四未用酸,据此,法院认定权利要求书中的三种酸是并列关系,并不要求同时加入三种酸。再如,在 OBE—工厂 · 翁玛赫特与鲍姆盖特纳有限公司诉浙江康华眼镜有限公司侵犯发明专利权纠纷案[2]中,对于“大致与铰接件外形一致的区域”,法院在解释时也参考了说明书中的实施例。在湖北午时药业股份有限公司与澳诺(中国)制药有限公司、王军社侵犯发明专利权纠纷案中,关于权利要求 1 中记载的“活性钙”是否包含了“葡萄糖酸钙”的问题。法院认为,涉案专利申请公开文本说明书实施例 1 记载了以葡萄糖酸钙作为原料的技术方案,实施例 2 记载了以活性钙作为原料的技术方案,进一步说明了葡萄糖酸钙与活性钙是并列的特定钙原料,葡萄糖酸钙并非活性钙的一种。[3]

---

[1] 参见程永顺:《中国专利诉讼》,知识产权出版社 2005 年版,第 231 页。

[2] 最高人民法院(2008)民申字第 980 号民事裁定。

[3] 最高人民法院(2009)民提字第 20 号民事判决。

4. 发明目的与权利要求解释

根据我国《专利法实施细则》第 17 条的规定,说明书中应记载发明内容,“写明发明或者实用新型所要解决的技术问题以及解决其技术问题采用的技术方案,并对照现有技术写明发明或者实用新型的有益效果”。发明内容是说明书中最重要的内容。而“解决的技术问题”和“有益效果”是发明内容中必须记载的内容。“解决的技术问题”和“有益效果”体现了发明的目的。“解决的技术问题”是发明目的的起点,“有益效果”是发明目的的终点。原则上说,当事人申请专利的发明创造,应是实现了其发明目的的技术方案。这样,发明目的对于权利要求解释具有指导作用。如果有两种解释:一种可以实现发明目的,而另一种不能实现发明目的,原则上应采纳可以实现发明目的的解释。因此,在权利要求解释时,应做符合发明目的的解释。

在福建省伟志兴体育用品有限公司与泰山体育产业集团有限公司、国家体育总局武术运动管理中心、福建体育职业技术学院侵犯实用新型专利权纠纷再审案[1]中,最高人民法院就将发明目的作为解释的参考。案中争议的是权利要求中的“粘接在缓冲层上的地毯层”的解释。最高人民法院在判决中指出:“应当注意专利的发明目的对权利要求解释的作用,权利要求的解释应该符合专利的发明目的,不应把具有专利所要克服的现有技术缺陷或者不足的技术方案纳入保护范围。”对于争议术语的解释,法院认定了发明的目的:“根据专利说明书的记载,本专利所要解决的技术问题是,现有武术地毯由于其单层结构而带来的滑而不稳、缺乏弹性、安全性差等缺陷。本专利解决该技术问题的技术方案是,将武术地毯由单层结构改为多层结构,即由下而上分别是弹力层、多层板层、缓冲层、地毯层,层与层之间均采用粘接方式连接,其达到的技术效果是弹性适中,具有良好阻燃、防滑作用。”对于其中“粘接”的具体解释,最高人民法院结合本专利的发明目的,由弹力层、多层板层、缓冲层、地毯层四层结构组成的武术地毯应该具有防滑作用,从而保证运动员在地毯上进行剧烈运动时的安全性。参考上述发明目的,最高人民法院对权利要求进行了解释:

> 从体育用品领域普通技术人员角度出发,“粘接”应该理解为地毯各层之间的表面密切结合在一起的状态,而且粘接点应该能够传递结构应力。只要在武术地毯各层之间存在密切结合能够传递结构应力的粘接点,能够防止其

---

〔1〕 最高人民法院(2012)民提字第 4 号民事判决。

在承受剧烈运动时各层之间产生较大的相对侧向位移,即属于"粘接"所涵盖的范围。无论是利用化学力、物理力还是利用物理力和化学力的组合来实现这种"粘接",都可以实现防止在承受剧烈运动时各层之间产生较大的相对侧向位移的发明目的。被申请人关于粘接应该理解为用化学制剂将两层物质紧密结合在一起的主张,过分限制了"粘接"的含义,本院不予支持。当然,如果武术地毯各层的表面之间不存在粘接点或者粘接点不传递结构应力,就无法起到防止各层之间在承受运动员剧烈的武术动作时所产生的较大相对侧向位移,也就无法解决本案专利要解决的技术问题,不能实现发明目的。因此,专利权利要求1中"粘接在缓冲层上的地毯层",应该理解为缓冲层与其上的地毯层表面之间存在利用化学力、物理力或者两者兼有的力密切结合且存在能够传递结构应力的粘接点的状态。

其他人民法院在审理专利侵权案件时,也采取了同样的做法。例如,在辽宁金立电力电器有限公司与江苏道盛科技股份有限公司侵害发明专利权纠纷案中,江苏省高级人民法院在判决书中指出:"在进行专利权利要求解释时,对于权利要求中的所使用的词语,不能脱离具体的技术背景而作抽象理解,而应当结合发明目的、发明所要解决的技术问题来准确界定其含义。"[1] 在 Sandra Lucia Junkers 与上海钻诺工贸有限公司侵害发明专利权纠纷案中,江苏省高级人民法院指出:"在进行权利要求解释和确定专利权保护范围时,应当结合涉案专利的发明目的、发明所要解决的技术问题来解释专利权利要求中相关技术特征的含义,以准确界定专利权的保护范围,不能实现发明目的的技术方案不应纳入权利要求的保护范围。"[2]

5. 使用说明书解释权利要求的限制

使用说明书解释权利要求时,经常会出现的一种错误就是把记载在说明书中的限制条件作为对权利要求的限制,也就是常说的把说明书读入权利要求。使用说明书解释权利要求时,不能将说明书中的限制读入权利要求。例如,在徐永伟与被申请人宁波市华拓太阳能科技有限公司侵犯发明专利权纠纷案中,最高人民法院指出,实施例只是发明的例示,因为专利法不要求也不可能要求说明书列举实施发明的所有具体方式。因此,运用说明书及附图解释权利要求时,不应当以说明书及附图的例示性描述限制专利权的保护范围。否则,就会不合理地限制专利权的

[1] 江苏省高级人民法院(2015)苏知民终字第00237号民事判决。

[2] 江苏省高级人民法院(2016)苏民终字第693号民事判决。

保护范围,有违鼓励发明创造的立法本意。本案中,对于电筒"后端盖",专利权利要求书并未记载,仅是在说明书的实施例部分及附图部分有所提及。如上所述,将"后端盖"作为界定本案专利权保护范围的依据之一,是不正确的。[1]

再如,在华为技术有限公司与中兴通讯股份有限公司侵害发明专利权纠纷申请再审案中[2],说明书及附图说明中有"开启 DHCP 中继"的描述,但权利要求书并没有记载这一内容。对于权利要求是否包含这一限制,双方当事人存在争议。对此,最高人民法院在判决中首先认为不能以说明书及附图的例示性描述限制专利权的保护范围:"由于专利法不要求、也不可能要求说明书列举实施发明的所有实施方式,因此,运用说明书及附图解释权利要求时,不应当以说明书及附图的例示性描述限制专利权的保护范围,否则,就会不合理地限制专利权的保护范围。……根据该权利要求 1 文字描述的内容来看,首先,涉案专利权利要求 1 并未记载'DHCP 中继是否开启',且各特征均未隐含要求交换机开启 DHCP 中继,故权利要求 1 文字描述的内容并没有将防止 IP 地址欺骗的实施方法限定为交换机'开启 DHCP 中继'这一种情形。其次,根据涉案专利说明书记载的背景技术和掌握的现有技术来看,在使用 DHCP 服务器进行动态地址分配过程中,对于'是否开启 DHCP 中继'均是可能出现的情形,取决于 DHCP 服务器与用户终端是否处于同一网段。因此,涉案权利要求 1 并没有明确排除'未开启 DHCP 中继'的情况,且组网方式也可能存在未开启 DHCP 中继的情形,将涉案专利权的保护范围理解为说明书及附图中例示性描述的'开启 DHCP 中继'方式,将不合理地限制专利权的保护范围。"但是,最高人民法院又肯定了通过解释将说明书中的描述限制权利要求含义的做法:"涉案专利虽未将专利方法的具体网络应用环境作为技术特征写入权利要求 1,但专利方法的实施不能与之相分离。因为涉案专利方法正是为了防止在动态 IP 地址的申请和分配过程中所可能发生的 IP 地址欺骗行为,其间必然涉及 DHCP 服务器与用户终端之间的通信,具体运行时也就存在 DHCP 服务器与用户终端是否处于同一网段的两种情形。就涉案专利而言,首先,就权利要求作体系化解读,从属权利要求所涉的用户终端在动态 IP 地址的申请和分配过程中与 DHCP 服务器之间的通信均通过 DHCP 中继进行,并通过交换机的转发处理,将分配给用户的 IP 地址和 MAC 地址写入合法用户地址表,这也意味着权利要求书是在开启 DHCP 中继的情形下,给出了如何完成权利要求 1 所描述的防止 IP 地址欺骗的第

---

〔1〕 最高人民法院(2011)民提字第 64 号民事判决。

〔2〕 最高人民法院(2015)民申字第 2720 号民事裁定。

一个步骤‘在合法用户地址表中增加用户终端MAC地址、源IP地址信息’的相关启示。其次,根据涉案专利的说明书记载,‘DHCP动态分配是通过服务器和用户终端之间的DHCP报文交互完成的,而DHCP报文是广播报文,不能跨越网段,这样DHCP服务器只能为本网段的用户终端提供服务。但由于资源限制,不可能为每个网段都配置一台DHCP服务器,而且出于安全性考虑,DHCP服务器通常都是处于一个单独的网段。这样就需要DHCP服务器可以为不在其网段的用户终端提供服务。而DHCP中继为DHCP广播报文提供网段间的转发功能,使DHCP服务器实现为不在其网段的用户终端提供服务’。从说明书记载的该段文字来看,涉案专利即为了解决在上述跨网段的实际网络应用环境下可能出现的IP地址欺骗问题而提出,具有较强的针对性,涉案专利亦主张基于网络安全考量,将DHCP服务器设置于单独网段,与用户终端作跨网段设置。再者,涉案专利的附图说明明确记载‘图1为本发明的网络应用环境示意图’,亦即涉案专利方法的实际组网应用情况,而该图1正是将DHCP客户端与DHCP服务器分置于两个子网,通过‘具备DHCP中继功能的三层交换机’相连接。故综合上述内容,依据本领域普通技术人员的通常理解,应确认开启DHCP中继使得DHCP服务器实现为不在其网段的用户终端提供服务应是实施涉案专利方法最为合理、最为常见和普遍的运行环境和操作模式,也是华为公司作为专利权人所预设的涉案专利方法理想的网络应用环境。”

(二)附图

严格说来,附图是说明书的一部分。[1]《专利法》第59条为了强调附图的作用,特别将附图与说明书并列,将其作为解释权利要求的资料。附图是对专利发明的直观、特定的表现,相对于专利权利要求而言,附图只是反映了权利要求中的一个具体实施方案。因此,不能将权利要求解释为限于附图的内容。[2]但是,当权利要求中用语的含义不清楚时,附图可以用于解释该用语的含义。

例如,在孙守辉与被申请人青岛肯德基有限公司、上海柏礼贸易有限公司、百胜(中国)投资有限公司侵犯实用新型专利权纠纷案中,最高人民法院指出,从专利说明书和附图对框架体的相关描述来看,说明书中称“其结构为一具有梯形断面的

---

[1] 我国《专利法》第26条第1款规定:“申请发明或者实用新型专利的,应当提交请求书、说明书及其摘要和权利要求书等文件。”第3款规定:“说明书应当对发明或者实用新型作出清楚、完整的说明,以所属技术领域的技术人员能够实现为准;必要的时候,应当有附图。”可见,附图并不是独立于说明书的单独的文件,而是属于说明书的一部分。

[2] 《中华人民共和国专利法实施细则》第19条第4款规定:“权利要求书中的技术特征可以引用说明书附图中相应的标记,该标记应当放在相应的技术特征后并置于括号内,便于理解权利要求。附图标记不得解释为对权利要求的限制。”

框架2”,按通常理解,此处的“2”即附图1标记2,因被置于“框架”一词之后,所以是指代“框架”,而不是指代“断面”或“端面”。结合说明书和附图,也应当认为孙守辉专利权利要求1保护的产品是一具有梯形横截面的框架体。[1]

使用附图解释权利要求时,通过对说明书附图进行测量得到的尺寸参数不能限定权利要求的技术特征。在深圳盛凌电子股份有限公司与被申请人安费诺东亚电子科技(深圳)有限公司侵犯实用新型专利权纠纷案中,最高人民法院指出:虽然本案专利说明书附图中所示的定位槽的宽度略等于梯形槽框架左端部的厚度,但是,通过对说明书附图进行测量得到的尺寸参数不能限定权利要求的技术特征。其原因是发明或者实用新型专利权的保护范围以其权利要求书的内容为准,说明书是权利要求书的依据,而权利要求是在说明书的基础上,用构成发明或者实用新型技术方案的技术特征来表明要求专利保护的范围。只有记载在权利要求书中的技术特征才会对该权利要求的保护范围产生限定作用,在说明书中予以描述而没有在权利要求书中予以记载的技术特征,是不能用来限定权利要求保护范围的。[2]

(三)相关权利要求

申请人撰写不同权利要求的目的,尤其是在独立权利要求的基础上撰写从属权利要求,是为了限定出不同层次的保护范围,使得专利权的保护范围更为明确和立体。因此,通常应当推定不同的权利具有不同的保护范围。这一原则就是区别技术特征原则。利用该原则,专利中的其他权利要求可以用于解释有争议的权利要求用语的含义。例如,在OBE—工厂·翁玛赫特与鲍姆盖特纳有限公司诉浙江康华眼镜有限公司侵犯发明专利权纠纷案[3]中,涉案专利的权利要求1为独立权利要求,权利要求3、4均为间接引用权利要求1的从属权利要求,虽然权利要求3、4的附加技术特征并未记载在权利要求1中,不应对权利要求1的保护范围产生限定作用,但是,基于独立权利要求与从属权利要求之间的逻辑关系,所述从属权利要求的附加技术特征有助于澄清权利要求1中技术术语的含义,准确确定权利要求1的保护范围。如果将权利要求1解释为包括金属带与所述区域完全分离的技术方案,那么在确定权利要求3、4的保护范围时,将出现权利要求3、4的附加技术特征中的“仍与金属带连接时”“将铰接件从金属带上切下”与权利要求1的保护范围相矛盾的情形,这也从反面说明,权利要求1中“大致与铰接件外形一致的区域”应当是金属带的一部分。但是,区别技术特征的适用并不是绝对的。“语言文字本

[1] 最高人民法院(2009)民申字第1622号民事裁定。

[2] 最高人民法院(2011)民申字第1318号民事裁定。

[3] 最高人民法院(2008)民申字第980号民事裁定。

身存在一词多义,也可能存在多词同义的情形,加之申请人在撰写技巧、主观认识等方面的偏差,对于同一技术方案,有可能使用不同的技术术语,以不同的表述方式进行限定,从而出现不同权利要求的保护范围相同或者实质相同的情形。在此情形下,机械地进行区别技术特征解释,无疑是悖于客观事实的。"[1]

另外,不同权利要求中采用的相同技术术语应当解释为具有相同的含义,这是权利要求解释中的一项基本原则。在孙守辉与被申请人青岛肯德基有限公司、上海柏礼贸易有限公司、百胜(中国)投资有限公司侵犯实用新型专利权纠纷案中,最高人民法院就使用了这一原则,从孙守辉专利两项权利要求对"梯形"这一术语的使用来看,权利要求 2 所述"梯形端面框架"中的"梯形"显然是用于限定框架体横截面为梯形,根据不同权利要求中采用的相同技术术语应当解释为具有相同含义的基本原则,权利要求 1 中的"梯形"也应当被解释为是对框架体的限定。[2]

但是,区别技术特征的原则并不是不能突破的规则。当适用这一原则的结果与本领域普通技术人员对权利要求的理解存在差异时,应以本领域普通技术人员的理解为准,而不是机械地适用区别技术特征的原则。例如,在自由位移公司与被申请人英才公司、健达公司侵害发明专利权纠纷案中,[3]权利要求 1 使用了"一个绳索"而权利要求 2 的附加技术特征为"绳索实质上由单根绳索组成"。专利权人提出应当对权利要求 1、2 进行区别解释,将权利要求 1 中的"一个"解释为单个或者多个。对此,最高人民法院在判决中指出:

> 尽管我国现行的法律、法规以及司法解释中,尚未对权利要求的区别解释作出明确规定。但对不同权利要求进行区别解释,将不同的权利要求解释为具有不同的保护范围,在通常情形下是必要和合理的。实施细则第二十条规定,权利要求书应当有独立权利要求,也可以有从属权利要求。考虑到权利人撰写不同权利要求的目的,尤其是在独立权利要求的基础上撰写从属权利要求,是为了限定出不同层次的保护范围,使得专利权的保护范围更为明确和立体。因此,通常情况下,应当推定不同的权利要求具有不同的保护范围。
>
> 然而,语言文字本身存在一词多义,也可能存在多词同义的情形。加之申请人在撰写技巧、主观认识等方面的偏差,对于同一技术方案,有可能使用不同的技术术语,以不同的表述方式进行限定,从而出现不同的权利要求的保护

[1] 最高人民法院(2014)民申字第 497 号民事裁定。

[2] 最高人民法院(2009)民申字第 1622 号民事裁定。

[3] 最高人民法院(2014)民申字第 497 号民事裁定。

范围相同,或者实质相同的情形。在此种情形下,机械地进行区别解释,无疑是有悖于客观事实的。本案中,对于本领域技术人员而言,权利要求1中的“一个绳索”与权利要求2中的“单根绳索”并无实质性的区别,二者仅仅是表述方式不同而已。因此,对于自由位移公司有关根据权利要求的区别解释原则,应当将权利要求1中的“一个”解释为一个或者多个的申请再审理由,本院不予支持。

(四)专利审查档案

专利审查档案在权利要求中的作用,我国一般称为“禁止反悔原则”。禁止反悔原则在等同侵权时的适用,我国一直未有争议。而对于其在权利要求解释或字面侵权时的适用,曾有不同的意见。有的专家指出,只有当相同侵权不成立,进而依据等同原则来判断等同侵权时,才需要考虑适用禁止反悔原则的问题。[1] 也有的专家认为,专利审查档案可以用于限制权利要求的字面含义。[2] 实践中,我国法院在适用禁止反悔原则时并不区分字面侵权和等同侵权,实际上认可了专利审查档案可以限制权利要求的字面含义。《专利侵权司法解释(一)》明确了权利要求解释时可以参考专利审查档案。

在OBE—工厂·翁玛赫特与鲍姆盖特纳有限公司诉浙江康华眼镜有限公司侵犯发明专利权纠纷案中,最高人民法院认为,根据申请再审人在涉案专利实质审查程序中提交的意见陈述书,申请再审人曾就“权利要求1的方案是完整的”陈述了如下意见:“在铰接件尚与金属带连接并从而设置在一个预定的位置上时,通过对铰接件进行冲压或变形,以及通过将弹簧件安装在铰接件上,就可以改进装配弹簧铰接部件的方法。”上述意见表明,申请再审人在实质审查程序中明确主张应当在铰接件尚与金属带连接时对铰接件进行加工,以及在铰接件尚与金属带连接时安装弹簧件,并且所述技术特征已足以使得权利要求1构成一个完整的技术方案。因此,根据涉案专利的审查档案,亦可认定权利要求1中“大致与铰接件外形一致的区域”仍然是金属带的一部分,该区域未与金属带分离。[3]

在孙守辉与被申请人青岛肯德基有限公司、上海柏礼贸易有限公司、百胜(中国)投资有限公司侵犯实用新型专利权纠纷案中,最高人民法院也使用了专利审查

---

〔1〕 参见尹新天:《专利权的保护》(第2版),知识产权出版社2005年版,第450页。

〔2〕 参见程永顺、罗李华:《专利侵权判定——中美法条和案例比较研究》,专利文献出版社1998年版,第212页。

〔3〕 最高人民法院(2008)民申字第980号民事裁定。

档案。法院认为,从专利权人孙守辉在其专利无效宣告程序中的意见陈述来看,孙守辉是将“这种梯形端面设计可以最大限度地节约材料”作为其专利相对于专利无效宣告程序中的证据1具有创造性的理由,专利复审委员会也正是基于上述理由认定孙守辉专利具有创造性,并决定维持孙守辉专利权有效。孙守辉在无效宣告程序中的上述意见陈述在本案中具有约束力,应当将孙守辉专利权利要求1中的“包括一梯形端面的框架体”认定为该专利保护的简易牙膏挤出器本身为一具有梯形横截面的框架体,否则孙守辉专利相对于无效宣告程序中的证据1就不具有创造性。

在沈其衡与上海盛懋交通设施工程有限公司申请侵犯实用新型专利权纠纷再审案中,针对权利要求中“活动桩设有供锁具插入的孔”,法院参考了专利审查档案:根据第37号行政判决以及第8127号决定中有关涉案专利新颖性、创造性的认定,涉案专利与现有技术的区别在于,涉案专利的锁具在锁定时是整体插入到活动桩上的孔中,开启时是整体从活动桩上的孔中拔出,不需要其他的紧固件将锁具与活动桩或者底座连接;而现有技术仅有锁舌插入锁板上设置的孔中,并且需要有紧固件将车位锁固定。由于存在上述区别,第8127号决定认定现有技术没有公开权利要求1中的“活动桩设有供锁具插入的孔”,也没有给出这样的技术启示,因此,涉案专利相对于现有技术具有新颖性和创造性,涉案专利权被维持有效。结合涉案专利相对于现有技术的上述区别以及申请再审人在专利行政诉讼程序中对权利要求所做的解释,权利要求1中的“活动桩设有供锁具插入的孔”应当解释为:地桩锁的锁具不是永久固定在活动桩的孔中,锁具锁定时,锁具整体位于活动桩上的孔中,锁具开启时,可将锁具从活动桩的孔中整体取出。涉案专利由于将锁具整体插入或者取出,使锁具独立于活动桩以及底座,具有不需要其他紧固件将锁具与活动桩或者底座连接,易于更换锁具的技术效果。[1]

在邱则有与被申请人山东鲁班建设集团总公司侵犯专利权纠纷案中,涉案发明专利的母案专利申请公开说明书中未公开涉案发明专利说明书的一部分内容,对此,最高人民法院认为:分案申请要受到母案申请文件的约束,对于分案申请而言,母案申请构成其特殊的专利审查档案,母案中未公开的内容不能作为权利人基于分案申请主张权利的依据。[2]

从有关判决来看,我国法院承认的具有限制作用的专利权人陈述,只是在涉案专

---

〔1〕 最高人民法院(2009)民申字第239号民事裁定。

〔2〕 最高人民法院(2011)民申字第1309号民事裁定。

利申请和无效审查过程中提出的,并且被审查员信赖从而做出授权或维持专利有效的陈述。但有关判决并没有强调审查员接受和信赖是用于权利要求解释的条件。

(五)辞典等公知文献

《专利侵权司法解释(一)》规定了"工具书、教科书等公知文献"可以用于解释权利要求,并将其限定在"以上述方法仍不能明确权利要求含义"时使用。这是因为,说明书及附图、权利要求书的相关权利要求都是专利授权文件的组成部分,其与权利要求的关系最为密切,通常是澄清争议用语的最佳指南。此外,专利审查档案虽然不是专利授权文件的组成部分,但公众可以查阅,且权利要求用语在专利审查过程中和侵权诉讼中应当具有相同的含义,因此,专利审查档案对于权利要求也具有重要的解释作用。相对于上述"内部证据",工具书、教科书等因不存在于专利局有关专利文件及档案中,有的称为"外部证据"。外部证据一般只是在内部证据不足以解释清楚时才使用。当然,这并不意味着,权利要求的解释必须一一运用上述全部的解释手段。若运用说明书即可明确权利要求的含义,则无须再借助其他的解释手段。[1]

在无锡市隆盛电缆材料厂、上海锡盛电缆材料有限公司与西安秦邦电信材料有限责任公司、西古光纤光缆有限公司侵犯专利权纠纷案中,对于"目数为40目-85目的粗糙面细目钢辊"的含义。法院参考《粉末冶金原理》《电线电缆用铝塑复合带的研制》《塑料机械的使用与维护》等资料,认为"目数为40目-85目的粗糙面细目钢辊"是指利用40目到85目粒度的砂粒或者丸粒喷射处理过的毛面辊。[2]

在深圳市蓝鹰五金塑胶制品厂与罗士中侵犯实用新型专利权纠纷案中,对于涉案专利权利要求的技术特征"垂直大孔的两侧设有贯穿其中心的纵向孔",法院认为,"贯穿"不是一个专业技术术语,在涉案专利说明书中也没有对其含义作出特别界定,因此,应根据其通常含义对其进行解释。《现代汉语词典》(第5版)载明,"贯"的意思是"穿、贯通、连贯","贯穿"的意思是"穿过、连通"。也就是说,"垂直大孔的两侧设有贯穿其中心的纵向孔"的字面含义为两侧的纵向孔连通并且穿过垂直大孔中心。[3]

除了这些公知文献外,在权利要求解释中也可能使用其他资料。例如,在OBE—工厂·翁玛赫特与鲍姆盖特纳有限公司诉浙江康华眼镜有限公司侵犯发明

[1] 参见孔祥俊、王永昌、李剑:《最高院关于专利权纠纷案件司法解释的理解与适用》,载《人民司法》2010年第3期。

[2] 最高人民法院(2008)民申字第1395号民事裁定。

[3] 最高人民法院(2011)民提字第248号民事判决。

专利权纠纷案中，申请再审人先后提交了两份不同的《发明人海因茨·莫斯尼出具的声明》以及一份《关于本专利的背景技术介绍》，法院认为，上述文件中详细描述了涉案专利的背景技术、背景技术存在的技术缺陷以及涉案专利取得的有益效果，虽然多数内容并未记载在涉案专利的说明书中，不应用于限定涉案专利权的保护范围，但通过参考上述文件，有助于理解涉案专利的背景技术以及涉案专利相对于背景技术所作的改进，正确地确定涉案专利权的保护范围。[1]

（六）本领域技术人员的通常理解

《专利侵权司法解释（二）》将“本领域普通技术人员的通常理解”作为解释权利要求的参考之一，并且是在“运用说明书及附图、权利要求书中的相关权利要求、专利审查档案进行解释”仍不能明确权利要求含义时使用。本领域普通技术人员的理解，是权利要求解释过程中考虑的因素，并且是检验权利要求解释结论的标准之一。但是，在实践中，并不一定在最后才考虑本领域普通技术人员的理解，而法院往往在权利要求解释过程中一直考虑本领域普通技术人员的理解，甚至有时首先看本领域普通技术人员的理解。

青岛太平货柜有限公司与中国国际海运集装箱（集团）股份有限公司等侵害发明专利权纠纷申请再审案，[2]说明了本领域普通技术人员的理解在权利要求解释中的作用。案中涉及权利要求1中“一对底角件”的解释。最高人民法院认为：

> 第一，本案专利说明书未对底角件作特别界定。在专利说明书对相关术语的含义未作明确限定的情况下，该术语的解释应采本领域普通技术人员在阅读说明书及附图后对权利要求术语的通常理解，相关工具书、教科书等公知文献均可以作为确定该术语通常含义的重要参考。本案专利权利要求书和说明书仅界定了底角件的位置，并未对底角件本身的结构和功能作特别限定。在此情况下，对于底角件的结构特征的解释，应当采用本领域普通技术人员的通常理解。
>
> 第二，本领域普通技术人员对底角件特征的通常理解。确定本领域技术人员的通常理解，首先应明确本发明的技术领域。发明的技术领域是指发明创造的技术方案所属或者直接应用的具体技术领域，既不是发明创造的上位或者相邻的技术领域，又不是发明创造本身。在解释权利要求时，应注重专利

---

〔1〕 最高人民法院（2008）民申字第980号民事裁定。

〔2〕 最高人民法院（2014）民提字第40号民事判决。

所属或者直接应用具体技术领域普通技术人员的理解,上位或者相邻技术领域普通技术人员的理解原则上仅具有有限的参考作用,不应以该上位或者相邻技术领域普通技术人员的理解作为确定权利要求所用术语含义的决定性依据。本案专利说明书记载,本发明涉及物流领域中用于堆码定位的器具,具体涉及一种用于非标准集装箱运输的运输平台以及运输单元,其要解决的技术问题在于提供一种运输平台,使得非标准集装箱能够利用该运输平台在标准集装箱上以及标准集装箱的运输设备上实现堆码。可见,本案发明所直接应用的领域是集装箱运输领域,特别涉及非标准集装箱的运输,故所属技术领域应为集装箱运输领域。集装箱领域仅是本案发明所属技术领域的相邻领域,集装箱领域普通技术人员的通常理解对于解释本案专利权利要求的参考作用非常有限。其次,公知文献对权利要求所用术语的解释作用需要具体分析。利用公知文献解释权利要求用语的含义时,需要综合考虑该公知文献的时间性、广泛性、权威性等因素。对于技术标准类公知文献,还要考虑其属于强制性标准还是推荐性标准。一般而言,推荐性标准的存在就意味着在该领域存在不同技术标准、规格和要求,该推荐性标准所确定的某个术语的含义难以成为本领域普通技术人员的通常理解。本案中,《中华人民共和国国家标准系列1集装箱·分类、尺寸和额定质量》和《中华人民共和国国家标准集装箱角件的技术条件》均为集装箱及其角件的技术标准,是本案发明相邻技术领域的标准,同时也均为本案专利申请日前我国的推荐性标准。该两个标准的上述属性决定了其对本案专利权利要求解释的参考价值比较有限。最后,集装箱运输领域普通技术人员对底角件特征的通常理解。本案中,由于缺乏对本案专利所属的集装箱运输领域的公知文献,因而只能依靠相邻的集装箱尤其是非标准集装箱技术领域普通技术人员的理解作为解释底角件特征的含义的有限参考。本案现有证据表明,即使在集装箱领域,特别是在非标准集装箱技术领域,因功能、用途的不同,角件有不同的形状、结构和技术要求,并无统一限定。一般而言,只要在边角处使用,可以起到支撑、固定或者连接等功能的部件,均属角件。因此,对于本案专利权利要求中的底角件特征的含义,应当理解为集装箱运输领域普通技术人员在阅读权利要求书、说明书及其附图后的较为宽泛的含义,即设置在横梁下部、能够与标准集装箱宽度方向的角件相配合的部件。

四、权利要求书各部分的解释

(一)权利要求书的组成部分

我国《专利法实施细则》第21条规定了独立权利要求的组成部分:

> 发明或者实用新型的独立权利要求应当包括前序部分和特征部分,按照下列规定撰写:
>
> (一)前序部分:写明要求保护的发明或者实用新型技术方案的主题名称和发明或者实用新型主题与最接近的现有技术共有的必要技术特征;
>
> (二)特征部分:使用"其特征是……"或者类似的用语,写明发明或者实用新型区别于最接近的现有技术的技术特征。这些特征和前序部分写明的特征合在一起,限定发明或者实用新型要求保护的范围。
>
> 发明或者实用新型的性质不适于用前款方式表达的,独立权利要求可以用其他方式撰写。
>
> 一项发明或者实用新型应当只有一个独立权利要求,并写在同一发明或者实用新型的从属权利要求之前。

可见,独立权利要求主要包括两部分:前序部分和特征部分。其中前序部分包括发明主题和现有技术中的技术特征。

我国《专利法实施细则》第22条规定了从属权利要求的内容:

> 发明或者实用新型的从属权利要求应当包括引用部分和限定部分,按照下列规定撰写:
>
> (一)引用部分:写明引用的权利要求的编号及其主题名称;
>
> (二)限定部分:写明发明或者实用新型附加的技术特征。
>
> 从属权利要求只能引用在前的权利要求。引用两项以上权利要求的多项从属权利要求,只能以择一方式引用在前的权利要求,并不得作为另一项多项从属权利要求的基础。

可见,从属权利要求也包括两部分:引用部分和限定部分。

(二)前序部分和特征部分的解释

在独立权利要求中,前序部分和特征部分的区别在于前序部分是现有技术中的技术特征,而特征部分是发明创造区别于现有技术的特征。这两部分内容虽然写法不同,但在限定专利保护范围时的作用是相同的。因此在解释这两部分的内容时,应采用相同的解释规则。

《专利侵权司法解释(二)》第5条规定:"在人民法院确定专利权的保护范围时,独立权利要求的前序部分、特征部分以及从属权利要求的引用部分、限定部分记载的技术特征均有限定作用。"上述规定确定了前序部分和特征部分具有相同的限定作用,同时也包括了应适用相同的解释规则。

(三)权利要求中的主题名称的解释

主题名称是权利要求中前序部分的内容。在专利审查过程中,对于主题名称是否具有限定作用,我国《专利审查指南》的规定是:[1]

对于主题名称中含有用途限定的产品权利要求,其中的用途限定在确定该产品权利要求的保护范围时应当予以考虑,但其实际的限定作用取决于对所要求保护的产品本身带来何种影响。例如,主题名称为"用于钢水浇铸的模具"的权利要求,其中"用于钢水浇铸"的用途对主题"模具"具有限定作用;对于"一种用于冰块成型的塑料模盒",因其熔点远低于"用于钢水浇铸的模具"的熔点,不可能用于钢水浇铸,故不在上述权利要求的保护范围内。然而,如果"用于……"的限定对所要求保护的产品或设备本身没有带来影响,只是对产品或设备的用途或使用方式的描述,则其对产品或设备例如是否具有新颖性、创造性的判断不起作用。例如,"用于……的化合物X",如果其中"用于……"对化合物X本身没有带来任何影响,则在判断该化合物X是否具有新颖性、创造性时,其中的用途限定不起作用。

可见,在审查过程中,对于发明主题是否具有限定作用,应视情况而定。在侵权诉讼中,主题名称是否具有限定作用成为一个需要解决的问题。法院在审理侵权纠纷案件的过程中,有的法院将主题名称作为一个技术特征,这无疑使主题名称具有限定作用;也有的法院对于主题名称根本不予考虑。

最高人民法院审理的哈尔滨工业大学星河实业有限公司与江苏润德管业有限公司侵犯发明专利权纠纷申请再审案涉及主题名称的限定作用。独立权利要求1主题名称为"一种钢带增强塑料复合排水管道",独立权利要求2主题名称为"一种制造权利要求1所述的钢带增强塑料排水管道的方法"。一审法院认为主题名称不起限定作用,并据此认定被控侵权技术方案落入权利要求2的保护范围,二审法院则肯定了主题名称的限定作用,鉴于权利要求2主题名称中包含了权利要求1

[1] 《专利审查指南2010》第二部分第二章第3.1.1条的规定。

的全部技术特征，解读是不应忽略后者，故作出了不侵权的认定结论。也就是说，权利要求 2 主题名称中包含了技术方案不可缺少的元素，其限定作用是“明显可见”的。专利权人向最高人民法院申请再审，其中一项理由是：《专利侵权司法解释(一)》和《专利法实施细则》对主题名称与技术特征用不同的法律名词予以明确区分，并强调专利权的保护范围由技术特征限定。因此，二审判决认定“主题名称作为权利要求的必要内容，对其保护范围有限定作用”没有法律依据。最高人民法院驳回了上述申请再审的申请，理由是：“通常情况下，在确定权利要求的保护范围时，权利要求中记载的主题名称应当予以考虑，而实际的限定作用应当取决于该主题名称对权利要求所要保护的主题本身产生了何种影响。本案中，确定权利权利要求 2 和权利要求 6 的保护范围时，均应当考虑其主题名称对其所要求保护的主题本身实际上所起的限定作用。”[1]

最高人民法院的司法解释没有明确提及主题名称的限定作用问题。但 2016 年颁布的《专利侵权司法解释(二)》第 5 条规定：“在人民法院确定专利权的保护范围时，独立权利要求的前序部分、特征部分以及从属权利要求的引用部分、限定部分记载的技术特征均有限定作用。”这一规定，肯定了权利要求的前序部分的限定作用。作为前序部分内容之一的主题名称，当然也可以具有限定作用。

其他法院审理的案件中，也肯定了主题名称的限定作用。例如，在广东省高级人民法院审理的广东美的制冷设备有限公司与珠海格力电器股份有限公司侵害实用新型专利权纠纷案中，法院判决指出：“涉案专利的主题名称是‘可拆装式空调室内机管路安装挡板’，根据《审查指南》有关‘主题名称’的规定，权利要求的主题名称应当与权利要求的技术内容相适应；主题名称在专利授权程序中可以修改，使权利要求符合新颖性和创造性，但在专利无效宣告程序中不得修改。因此，专利的主题名称所限定的技术特征应纳入专利权利要求的保护范围。本案中，根据专利复审委员会的无效宣告请求审查决定，涉案专利得以维持有效的创新点就是‘实现挡板的可拆装’。因此，涉案专利‘可拆装’这一功能性技术特征，在进行侵权判断时不能忽略。”[2]

在吉林市福瑞欧医疗器材有限责任公司与赛班科技(北京)有限公司侵害发明专利权纠纷案中，北京第二中级法院认为，就所述区别 1 而言，因“一种便携式冷却袋子”为涉案专利权利要求 1 的主题名称，虽然主题名称对权利要求 1 的保护范围

---

〔1〕 最高人民法院(2013)民申字第 790 号民事裁定。

〔2〕 广东省高级人民法院(2013)粤高法民三终字第 615 号民事判决。

也具有限定作用,但主题名称中的技术术语是对权利要求所记载的技术方案的简要概括,当对主题名称中的技术术语的理解产生争议时,应当根据权利要求所记载的整体技术方案确定被诉侵权产品是否与权利要求的主题名称相同及是否落入权利要求的保护范围。上述认定被北京市高级人民法院维持。[1]

可见,对于主题名称的限定作用,我国法院所采取的态度与国家知识产权局在专利审查中的态度是一致的:原则上具有限定作用,但具体的限定作用应结合权利要求书的其他内容确定。

(四)权利要求中使用环境特征的解释

如何解释权利要求中的使用环境特征,是近年来我国法院在专利侵权案件中遇到的问题之一。使用环境特征指权利要求中描述发明所使用的背景或条件的特征。对于使用环境特征的限定作用,《专利侵权司法解释(二)》第9条规定:“被诉侵权技术方案不能适用于权利要求中使用环境特征所限定的使用环境的,人民法院应当认定被诉侵权技术方案未落入专利权的保护范围。”

在青岛太平货柜有限公司与中国国际海运集装箱(集团)股份有限公司等侵害发明专利权纠纷申请再审案中,[2]最高人民法院对于使用环境特征的限定作用进行了详细的论述:

> 本案中,中集集团公司、青岛中集公司依据本案专利的权利要求4、6、8和12-16主张权利。本案专利权利要求4、6和8均直接或者间接引用权利要求1,权利要求12-16均直接或者间接引用权利要求10。权利要求1和10均包含如下特征:“一种运输平台,用于堆码非标准集装箱”“该每个横梁包含至少一个顶角件,设置在该横梁的上部,用于与非标准集装箱的底角件相配合。”前述两个特征实际上分别描述的是作为本案发明的运输平台及特定顶角件所使用的背景或者条件,属于使用环境特征。本案中,各方当事人争议的核心之一是本案专利权利要求中上述使用环境特征的解释。对此分析如下:
>
> 第一,需要明确使用环境特征对于保护范围的限定作用及其限定程度。已经写入权利要求的使用环境特征属于权利要求的必要技术特征,对于权利要求的保护范围具有限定作用。使用环境特征对于权利要求保护范围的限定程度即限定作用的大小,需要根据个案情况具体确定。一般情况下,使用环境

[1] 北京市高级人民法院(2013)高民终字第2087号民事判决。
[2] 最高人民法院(2014)民提字第40号民事判决。

特征应该理解为要求被保护的主题对象可以使用于该种使用环境即可,不要求被保护的主题对象必须用于该种使用环境。但是,如果本领域普通技术人员在阅读专利权利要求书、说明书以及专利审查档案后可以明确而合理地得知被保护对象必须用于该种使用环境,那么该使用环境特征应被理解为要求被保护对象必须使用于该特定环境。

第二,本案权利要求中运输平台和特定顶角件的使用环境特征的具体含义。根据《中华人民共和国专利法》第五十六条的规定,发明或者实用新型专利权的保护范围以其权利要求的内容为准,说明书及附图可以用于解释权利要求。因此,权利要求内容的确定,应当根据权利要求的记载,结合本领域普通技术人员阅读说明书及附图后对权利要求的理解进行。首先,本案专利权利要求的使用环境特征的通常含义。本案中,专利权利要求对运输平台和特定顶角件的使用环境的文字描述为:"一种运输平台,用于堆码非标准集装箱""至少一个顶角件……用于与非标准集装箱的底角件相配合"。根据本领域普通技术人员的理解,此处的"用于"的通常含义是指"可以用于"或者"能够用于",而不是"只能用于"或者"必须用于"。即该运输平台可以用于堆码非标准集装箱,该顶角件可以与非标准集装箱的底角件相配合。其次,本案专利说明书的记载。本案专利说明书并未对运输平台和特定顶角件的使用环境作明确的限制或者排除。相反,本案专利说明书有多处关于运输平台既可以相互堆码,又可以与标准集装箱进行堆码的记载。这至少表明,本案专利说明书已经明确所要求保护的运输平台可以用于与标准集装箱进行堆码。因此,至少对于本案运输平台的使用环境特征而言,不能解释为该运输平台必须用于堆码非标准集装箱。最后,根据文本解释的一般原则,通常应当认为权利要求中使用的同一术语具有相同含义,不同术语具有不同含义。本案专利权利要求对运输平台和特定顶角件的使用环境特征均使用了"用于"的表述,在说明书未作特殊限定的情况下,同一权利要求中使用的同一术语应认为具有相同的含义。由于本案运输平台使用环境特征中的"用于"已经不能解释为"必须用于",对于上述特定顶角件使用环境特征亦不能作此解释。太平货柜公司关于本案专利运输平台的使用环境特征应解释为只能上连非标准集装箱的主张不能成立。

第三,除上述使用环境特征外,本案专利权利要求并不存在其他使用环境特征。本案专利权利要求仅对运输平台及特定顶角件的使用环境作了限定,除此之外,本案专利权利要求对该运输平台所使用的环境或者条件未作其他任何限定。虽然本案直接或者间接引用权利要求2和权利要求4、7、8以及直接或者间接引用权利要求11的权利要求12~16中包含"该横梁和纵梁的长度分别与iso标准集装箱的宽度和长度相适应"的特征,但是上述特征仅是对横梁和纵梁长度的限定,而不是对运输平台下连的使用环境的限定。太平货柜公司关于"该横梁和纵梁的长度分别与iso标准集装箱的宽度和长度相适应"的特征系对专利运输平台使用环境的限定的主张不能成立。

综上,本院认为,本案权利要求仅对运输平台和特定顶角件的使用环境作了限定,该使用环境特征只能解释为可以或者能够用于堆码非标准集装箱。太平货柜公司关于本案专利运输平台使用环境特征的主张均不能成立,本院不予支持。

上述论述,明确了如何解释权利要求中的使用环境特征的方法,也提供了解释使用环境特征的案例。

五、关于权利要求解释的典型案例

近几年来,最高人民法院审理的专利案件中很多涉及权利要求解释,其中多起案件中的分析具有典型意义。前面在某些方面提及了这些案件,下面再完整地介绍几起案件中权利要求解释的过程。

(一)OBE—工厂·翁玛赫特与鲍姆盖特纳有限公司诉浙江康华眼镜有限公司侵犯发明专利权纠纷申请再审案[1]

该案中,权利要求中的一个技术特征是"切割出大致与铰接件外形一致的区域",由于其中使用了含义模糊的技术术语"大致与铰接件外形一致的区域",导致双方当事人对该技术特征的解释产生争议,双方当事人所争议的是否应当以"铰接件同金属带料不分离"对权利要求1的保护范围进行限定。最高人民法院对于这一有争议的技术特征进行了解释:

首先,《中华人民共和国专利法》第五十六条规定:"发明或者实用新型专利权的保护范围以其权利要求的内容为准,说明书及附图可以用于解释权利要求。"根据上述规定,在权利要求中出现了含义模糊的技术术语时,可以从本领域普通技术人员的角度出发,根据说明书及附图对该技术术语进行解释,以

[1] 最高人民法院(2008)民申字第980号民事裁定。

清楚地确定专利权的保护范围。根据说明书的记载,涉案专利的发明目的在于提供一种弹簧铰链的经济制作方法,并改进零件的组装和搬运,产生良好的经济效益。说明书附图17、18以及说明书第13页分别记载了铰接件实施例以及装配实施例,其中在铰接件实施例中,与技术特征"切割出大致与铰接件外形一致的区域"相对应的描述是:"首先切割铰接件的基本形状,并形成凸肩9的基本形状和连接在凸肩9上并在以后具有铰接孔范围497的至少一部分。亦即铰接件11用这个范围497和凸肩9的一端固定在金属条481上。当然,切割的阴影区也可扩向金属条边沿,这样切割的铰接件就只有一边与金属条481连接。"在装配实施例中,根据附图17、18以及说明书记载的"第Ⅰ步和第Ⅱ步用金属带加工铰接件11,其方法已结合图17详细说明。第Ⅱ步,首先用冲压模501将横截面为矩形的凸肩9加工成圆形",亦表明在制造铰接件以及装配弹簧铰链的过程中,用于形成铰接件的区域以及制成的铰接件始终属于金属带的一部分,直至将锁紧件、弹簧件、套环等安装在制成的铰接件上之后,才将铰接件从金属条481上切掉。除上述实施例外,说明书及附图中并没有记载将用于制造铰接件的区域从金属带上完全切割下来,对独立于金属带的"区域"或者单个的铰接件毛坯进行加工的技术内容,也没有给出相关的技术启示。因此,根据说明书及附图中记载的有关技术内容,本领域普通技术人员所理解的"切割出大致与铰接件外形一致的区域"的具体含义是:通过切割金属带,在金属带上形成用于进一步加工成铰接件的区域,该区域是金属带的一部分,并且形状与铰接件的外形接近。由此,涉案专利避免了使用昂贵的切削加工方法,取消了铰接件的找正,亦有利于弹簧件、锁紧件的装配以及零件搬运,实现了弹簧铰链的经济加工。

其次,根据权利要求书中的其他权利要求,亦能印证对"切割出大致与铰接件外形一致的区域"所做的上述解释。涉案专利的权利要求1为独立权利要求,权利要求3、4均为间接引用权利要求1的从属权利要求,虽然权利要求3、4的附加技术特征并未记载在权利要求1中,不应对权利要求1的保护范围产生限定作用,但是,基于独立权利要求与从属权利要求之间的逻辑关系,所述从属权利要求的附加技术特征有助于澄清权利要求1中技术术语的含义,准确确定权利要求1的保护范围。第一,权利要求3的附加技术特征为"还包括在铰接件仍与金属带连接时把弹簧件装在铰接件上形成一个装配单元的步骤",所述特征对在铰接件上安装弹簧件的时机进行了限定,并不涉及铰接件的制造,其中的时间状语"在铰接件仍与金属带连接时"限定了应当在铰接件尚未从金属带上分离时将弹簧件安装在铰接件上,由此说明,在制造铰接件的过程中,用于制造铰接件的区域以及制成的铰接件应当属于金属带的一部分,没有从金属带上分离。第二,权利要求4的附加技术特征为“还包括在装配单元完全装配完毕后将铰接件从金属带上切下的步骤”,该特征也不涉及铰接件的制造,但是该特征也进一步证明,铰接件在装配单元尚未完全装配完毕之前仍与金属带相连,由此亦可说明在制造铰接件的过程中,用于制造铰接件的区域以及制成的铰接件应当属于金属带的一部分。第三,如果将权利要求1解释为包括金属带与所述区域完全分离的技术方案,那么在确定权利要求3、4的保护范围时,将出现权利要求3、4的附加技术特征中的“仍与金属带连接时”“将铰接件从金属带上切下”与权利要求1的保护范围相矛盾的情形,这也从反面说明,权利要求1中“大致与铰接件外形一致的区域”应当是金属带的一部分。

再次,根据申请再审人在涉案专利实质审查程序中提交的意见陈述书,申请再审人曾就“权利要求1的方案是完整的”陈述了如下意见:“在铰接件尚与金属带连接并从而设置在一个预定的位置上时,通过对铰接件进行冲压或变形,以及通过将弹簧件安装在铰接件上,就可以改进装配弹簧铰接部件的方法。”上述意见表明,申请再审人在实质审查程序中明确主张应当在铰接件尚与金属带连接时对铰接件进行加工,以及在铰接件尚与金属带连接时安装弹簧件,并且所述技术特征已足以使得权利要求1构成一个完整的技术方案。因此,根据涉案专利的审查档案,亦可认定权利要求1中“大致与铰接件外形一致的区域”仍然是金属带的一部分,该区域未与金属带分离。申请再审人在侵权诉讼中,不应无视其在审查过程中的意见陈述,将铰接件与金属带完全分离的技术方案纳入涉案专利权的保护范围。

最后,在本案审理过程中,申请再审人先后提交了两份不同的《发明人海因茨·莫斯尼出具的声明》以及一份《关于本专利的背景技术介绍》,申请再审人在上述文件中详细描述了涉案专利的背景技术、背景技术存在的技术缺陷以及涉案专利取得的有益效果,虽然多数内容并未记载在涉案专利的说明书中,不应用于限定涉案专利权的保护范围,但通过参考上述文件,有助于理解涉案专利的背景技术以及涉案专利相对于背景技术所作的改进,正确地确定涉案专利权的保护范围。根据发明人海因茨·莫斯尼出具的两份声明以及《关于涉案专利的背景技术的介绍》,涉案专利的背景技术系使用型材作为制作铰接件的原料,从型材上锯下铰接件毛坯后,再对每个铰接件毛坯单独进行铣削加工和加工铰接孔，在此过程中，需要专门的工件夹紧装置固定单个的铰接件毛坯。而涉案专利使用条带金属材料，在这个条带金属材料上切削，冲印，冲压等，无须将单个元件从条状部件上分离下来单独加工，制造时也不需要特别固定的工序，只要把弹簧铰链最后一步才从金属带上切下来就行了，克服了背景技术存在的材料昂贵、加工工艺复杂、对元件单独加工、需要成本昂贵的特别固定工序等技术缺陷。因此，要实现弹簧铰链的经济制作的发明目的，不仅需在原料上进行改进，使用易于加工的金属带材代替型材，还需在生产工艺上进行改进，即在金属带上进行切割、冲印冲压等，以避免对单个的铰接件毛坯进行复杂的切削加工以及特别的固定工序，只有将上述两方面的改进有机结合在一起，才能构成完整的解决方案，仅仅使用金属带材代替型材，尚不能完全实现涉案专利的发明目的。因此，海因茨·莫斯尼出具的两份声明以及《关于涉案专利的背景技术的介绍》也足以证明，权利要求 1 中的“大致与铰接件外形一致的区域”仍然是金属带的一部分，该区域未与金属带分离。

综上所述，根据涉案专利说明书及附图、权利要求书中记载的其他权利要求、申请再审人在实质审查程序中提交的意见陈述书以及申请再审人在侵权诉讼中提交的有关书面意见陈述，均表明涉案专利方法在制造铰接件的过程中，权利要求 1 中“大致与铰接件外形一致的区域”是金属带的一部分，未与金属带分离。将被控侵权方法与涉案专利权利要求 1 相比，被控侵权方法虽同样使用金属带材作为制作铰接件的原料，但是被控侵权方法系使用冲压机将铰接件毛坯从金属带材上完全冲落下来，后续的砸圆、打孔等工序均是针对单个的铰接件毛坯进行，每次仅能加工一个铰接件，并且在后续的工序中始终需要人工固定单个的铰接件毛坯，不仅工艺复杂效率低，亦不便于弹簧等其他零部件的装配以及零件的搬运。因此，尽管使用的原料相同，但是被控侵权方法相对于权利要求 1 仍然是一种落后的生产工艺，二者采取的技术手段具有实质性的差异，实现的功能亦有不同，被控侵权方法也不能实现权利要求 1 所具有的实现弹簧铰链的经济加工、取消铰接件的找正、改进零件的组装和搬运等有益效果，故被控侵权方法不具有与权利要求 1 中的“切割出大致与铰接件外形一致的区域”相同或等同的技术特征，被控侵权方法没有落入涉案专利权的保护范围。

(二) 孙守辉与青岛肯德基有限公司侵害实用新型专利权纠纷案[1]

该案中,双方对于权利要求中"包括一梯形端面的框架体"产生争议,最高人民法院在裁定中对此进行了分析:

首先,从权利要求1的字面内容来看,权利要求1中的"包括一梯形端面的框架体",按通常理解,其中的"一"是用于修饰和限定"框架体"的,而并非修饰"梯形端面",不是对"梯形端面"数量的限定。因此,"包括一梯形端面的框架体"的实际含义就是"一具有梯形横截面的框架体",其端面本身为平面形状,即梯形,这也符合梯形通常是指平面图形的含义。与牙膏袋相适应的应当是框架体,即一具有梯形横截面的立体结构,而非端面。因此,二审法院认定孙守辉专利权利要求1第1项技术特征为"梯形端面的框架体"符合通常理解。其次,从专利说明书和附图对框架体的相关描述来看,说明书中称"其结构为一具有梯形断面的框架2",按通常理解,此处的"2"即附图1标记2,因被置于"框架"一词之后,所以是指代"框架",而不是指代"断面"或"端面"。结合说明书和附图,也应当认为孙守辉专利权利要求1保护的产品是一具有梯形横截面的框架体。再次,从孙守辉专利两项权利要求对"梯形"这一术语的使用来看,权利要求2所述"梯形端面框架"中的"梯形"显然是用于限定框架体横截面为梯形,根据不同权利要求中采用的相同技术术语应当解释为具有相同的含义的基本原则,权利要求1中的"梯形"也应当被解释为是对框架体的限定。另外,从专利权人孙守辉在其专利无效宣告程序中的意见陈述来看,孙守辉是将"这种梯形端面设计可以最大限度地节约材料"作为其专利相对于专利无效宣告程序中的证据1具有创造性的理由,专利复审委员会也正是基于上述理由认定孙守辉专利具有创造性,并决定维持孙守辉专利权有效。孙守辉在无效宣告程序中的上述意见陈述在本案中具有约束力,应当将孙守辉专利权利要求1中的"包括一梯形端面的框架体"认定为该专利保护的简易牙膏挤出器本身为一具有梯形横截面的框架体,否则孙守辉专利相对于无效宣告程序中的证据1就不具有创造性。一、二审法院均认为应对孙守辉专利权利要求1第1项技术特征即"梯形端面的框架体"做严格解释,并无不妥。综上,一、二审法院对孙守辉专利独立权利要求1保护范围的确定和对"端面"的认定并无不妥,孙守辉的相应申请再审理由不能成立。

---

[1] 最高人民法院(2009)民申字第1622号民事裁定。

(三)湖南广义科技有限公司、长沙深湘通用机器有限公司与湖南广义科技有限公司、长沙深湘通用机器有限公司等侵害发明专利权纠纷申请再审案[1]

案中涉及如何理解涉案专利权利要求1"在磨盘上方通过支架活动装有磨辊"这一技术特征限定的"上方"。最高人民法院在判决中指出:

> 首先,从涉案专利说明书实施例及其附图确定"上方"一词的含义。根据专利法的相关规定,发明或者实用新型专利权的保护范围以其权利要求的内容为准,说明书及附图可以用于解释权利要求。根据专利权利要求与说明书之间的法律关系,说明书应该充分公开专利的技术方案,以使本领域技术人员能够实施该专利技术方案,应当对权利要求提供支持,对请求保护的范围作出清楚完整的说明;权利要求书是对说明书公开的技术方案的概括,应清楚、简要地限定专利权的保护范围。因此,权利要求保护的技术方案是从说明书公开的具体实施方式中得到或概括得出的技术方案。一般情况下,权利要求的保护范围覆盖说明书中公开的与其所要求保护的技术方案相适应的具体实施方式。涉案专利权利要求1限定了"磨盘位于下机壳内,在磨盘上方通过支架活动装有磨辊",在涉案专利的说明书实施例及其附图中,明确公开了磨辊位于磨盘斜侧上方的具体实施方式。因此,涉案专利权利要求1的保护范围包括了说明书实施例及其附图所公开的磨辊位于磨盘斜侧上方的技术方案。
>
> 其次,从涉案专利各项权利要求之间限定的技术方案理解"上方"的含义。根据专利法及其实施细则的相关规定,从属权利要求应当用要求保护的附加技术特征,对引用的权利要求作进一步的限定。即如果一项权利要求包含了另一项同类型权利要求中的所有技术特征,且对该另一项权利要求的技术方案作了进一步的限定,则该权利要求为从属权利要求。本案中,涉案专利权利要求1为独立权利要求,权利要求2为引用权利要求1的从属权利要求,其请求保护的范围是:"根据权利要求1所述的辊式磨机,其特征是磨盘的环形磨面为锥形,与倾斜的磨辊构成斜置的间隙式磨合面。"权利要求2用附加的技术特征对权利要求1做了进一步的限定,其保护范围落在其所引用的权利要求1的保护范围之内。即涉案专利权利要求1的保护范围应当包括其从属权利要求2的技术方案。由于权利要求2明确限定了磨盘的环形磨面为锥形,与

[1] 最高人民法院(2013)民提字第127号民事判决。

倾斜的磨辊构成斜置的间隙式磨合面,因此该技术方案保护的范围是磨辊位于磨盘的斜侧上方。作为被权利要求2所引用的权利要求1的技术方案,其保护范围当然包括权利要求2的技术方案,即磨辊位于磨盘的斜侧上方也是权利要求1的保护范围。

综上,本院认为,涉案专利权利要求1"磨盘上方通过支架活动装有磨辊"这一特征中"上方"应理解为,既包括磨辊位于磨盘正上方的技术方案,也包括磨辊位于磨盘斜侧上方的技术方案。

通过以上案例可以看出,权利要求解释在专利侵权诉讼中具有决定性的作用。权利要求解释一般是在与被控侵权产品对比时产生争议而进行的。对于权利要求解释的争议,往往是一种解释能够包括被控侵权产品,而另一种争议则不能包括。因此,法院对权利要求做出了解释,实质上是就对是否构成专利侵权做出了判断。法院在对权利要求解释的过程中,一般会对"说明书及附图、权利要求书中的相关权利要求、专利审查档案"这些内部证据进行全面考虑。当然,专利审查档案只有在当事人提交证据后才给予考虑。法院在考虑这些资料时,有时所有的资料都对解释争议的权利要求有帮助,有时某些因素并不起作用。在上述案例中,法院考虑所有因素后所得到的结论是一致的,这是解释权利要求的理想结果。"工具书、教科书等公知文献"在权利要求中使用的并不多,这并不是说这些资料不重要,而是在多数案件中并没有可以用于解释的类似资料。

第三节　我国的等同原则

一、我国等同原则的历史考察

(一)2001年前的等同原则

我国《专利法》及《专利法实施细则》中一直没有等同原则的规定。2001年最高人民法院《关于审理专利纠纷案件适用法律问题的若干规定》第一次以司法解释的形式明确承认了等同原则。但是,在此之前,我国理论界早已承认了等同原则,并且我国法院已经适用等同原则审理了大量专利侵权纠纷案件。

例如,早在1992年,我国就有学者指出:"根据对我国专利法第59条的理解,既然专利的保护范围以其权利要求的内容为准,那就是说,除了权利要求的文字表达对象之外,还应包括那些不同于权利要求文字所表述,而在技术功能上等效于权利要求中特征的'等同物'。"[1]科技部 1992 年 8 月发布的《中国的知识产权制度》(中国科学技术蓝皮书第 7 号)指出:"我国专利制度在确认争议技术是否属于专利技术保护范围时,按照世界通行的作法,采用等同原则。"虽然当时法院审理的专利侵权案件并不多,但已经出现了适用等同原则的判决。例如,在 1992 年的"充氧动态发酵机"一案[2]中,一审法院就适用等同原则认定了侵权,二审法院虽然撤销了一审判决,但仍然承认了等同原则,只是在适用等同原则的方法上与一审法院有所不同。

自从专利法实施以来,理论界没有人反对在专利侵权判断中适用等同原则,法院的判决中也没有一例否认等同原则的判决。可以说,自从专利法实施以来,等同原则在我国就已经得到了承认。

在 2001 年司法解释制定前,法院虽然在侵权诉讼中承认和适用等同原则,但适用的标准并不统一。从法院的判决看,适用等同的标准可以归纳为以下几种:

第一种认定等同的标准是,被控侵权物与发明的目的和效果相同。例如,在前面所说的"充氧动态发酵机"一案中,一审法院将被控侵权物与专利发明进行了整体对比,以被控侵权物与发明的发明目的和技术效果相同,就认定了侵权。在摩托车无级变速皮带轮实用新型专利侵权纠纷案[3]中,一审法院认为被控侵权物与专利技术方案的功能效果基本相同,被控侵权物虽然改变了该项专利权利要求中滚销与孔相配合的技术特征,但这种变更与专利要求保护的技术无实质性区别,因此,认定侵权成立。

第二种认定等同的标准是,被控侵权物的技术特征与专利权利要求中的相应技术特征在功能、方式、效果的相同或基本相同。"充氧动态发酵机"一案中,二审法院将被控侵权物的技术特征与专利发明的相应技术特征进行了对比,认为某些不同的技术特征在方式和手段上不同,因此撤销了一审法院认定等同侵权的判决。

第三种认定等同的标准是,被控侵权物的技术特征与专利权利要求中的相应技术特征在功能和效果上相同或基本相同,并且本领域普通技术人员无须经过创造性劳动就能够联想到被控侵权物与专利发明之间的变换。例如,在"人体频谱匹

---

[1] 王晓京:《论我国专利权的保护范围》,载《专利法研究》(1992 年卷),专利文献出版社 1992 年版,第 96 页。

[2] 北京市高级人民法院(1992)高经终字第 16 号案。参见程永顺、罗李华:《专利侵权判定——中美法条和案例比较研究》,专利文献出版社 1998 年版,第 163 页。

[3] 祁天德诉瑞安市罗南摩托车配件厂,参见杨金琪编著:《专利、商标、技术合同疑难案例评析》,中国物资出版社 1995 年版,第 119 页。

配效应场治疗装置”发明专利侵权纠纷案〔1〕案中,专利权利要求中列举了频谱发生层中的14种元素及其含量,被控侵权物的频谱发生层也有这14种元素,但有4种元素的含量与权利要求中列明的含量不同。法院认为,在功能和技术效果上,被控侵权产品和专利权利要求所限定的发明相同或者大致相同。二者在频谱发生层的某些化学成分含量上的区别不是实质性的区别。所属领域里的普通技术人员不需要经过创造性的劳动就可以联想到这种变换。所以,被控侵权产品的频谱发生层和原告专利权利要求的频谱发生层属于等同替换,专利侵权成立。再如,在“全自动家用豆浆机”实用新型专利侵权案〔2〕中,法院认为被告生产的家用自动豆浆机上液位控制装置的触点结构和安装位置虽与原告专利技术方案不同,但对于豆浆加热过程中的豆浆防溢所采用的控制方法及作用、效果实质上是相同的,且又不具有非显而易见性。因此,被告的产品与原告的专利技术方案等同。对于该判决,最高人民法院经济审判庭以法经〔1995〕50号函指出,“吴中倬的实用新型专利,是一种将大豆经过粉碎、过滤(分离)、加热至产出可直接饮用的豆浆的电器产品专利。在同类产品中,为防止豆浆加热过程中溢出,都必须有液位控制手段,起同一作用,实现同样效果,因此在确定液位控制装置技术特征的专利保护范围时,应当严格限定在该装置的具体结构、控制方式上,不应把结构、方式都不同但实现相同效果的技术手段认定为等同”。可见,最高人民法院在上述函中否定了第三种认定标准,认为在认定等同的条件中再增加“结构、方式”相同这一要件。

第四种认定等同的标准是,被控侵权物与专利发明相比,以实质上相同的方式,采用了实质上相同的手段,达到了实质相同的效果,而该技术手段对本领域普通技术人员来说是显而易见的。例如,在“复合硅酸盐绝热型材及其生产方法专利”专利侵权案〔3〕中,法院在判决书中指出:“如果被控侵权产品、方法的技术特征虽然不具备专利权利要求里的一项或几项技术特征,但其采取了实质上相同的技术手段,达到了实质上相同的技术效果,而该技术手段对于本领域普通技术人员来说又显而易见时,也仍然应当认定侵犯专利权。”据此,法院认为本案中被控侵权物与专利发明相比,组分物质完全相同、绝大部分组分物质的含量完全落入专利权利要求所载明的用量范围的前提下,仅以加大海泡石的用量并改变水的用量来替代

---

〔1〕 周林诉北京奥美光机电联合开发公司、北京华奥电子医疗仪器有限公司,北京市中级人民法院(1993)中经知初字第704号判决、北京市高级人民法院(1995)高知终字第22号判决。

〔2〕 吴中倬诉上海水仙电器实业股份有限公司,上海市高级人民法院(1993)沪高经终字第13号案。

〔3〕 重庆市龙腾工贸公司诉重庆市垫江保温材料厂,重庆市高级人民法院(2000)渝高法知终字第10号案。

权利要求中相应组分的用量。被控侵权物以实质上相同的方式,实现实质上相同的功能和效果,并且该领域的普通技术人员能够很容易地想到这种替代手段。因此,等同侵权成立。

可见,在2001年司法解释前,我国法院在适用等同原则时,一般都考虑被控侵权物与专利发明在功能和手段方面是否相似,但是否还需要考虑其他要件,比如方式是否相同或相似,发明目的是否相同,被控侵权物与专利发明之间的变换是否属于本领域普通技术人员不经过创造性劳动就能够联想到的,法院的做法还不统一。另外,在对被控侵权物与专利发明进行对比时,是就被控侵权物的整体与专利发明进行对比,还是就被控侵权物的技术特征与专利权利要求中的相应技术特征进行对比,法院的做法也不一样。

(二)2001年司法解释中规定的等同原则标准

2001年6月最高人民法院制定的《关于审理专利纠纷案件适用法律问题的若干规定》第一次以司法解释的形式将等同原则明确为专利侵权判定的一项司法原则。司法解释的规定,明确了以下三个问题:

一是明确了适用等同原则是专利侵权判断中的一项原则。“等同原则扩大的不是权利要求的范围,而是专利权的保护范围。专利的权利要求并不因为人民法院适用了等同原则而有所改变。”[1]这样,法院在进行侵权判定时,不但要考虑被控侵权物是不是落入专利权利要求的字面含义范围,还要考虑按照等同原则是不是构成侵权。

二是明确了等同原则指的是技术特征的等同,而不是专利技术的整体等同。上述规定使用了“等同的特征”这一术语,说明等同原则必须落实到权利要求的各项具体技术特征上,而不能适用于发明创造的整体。“专利权保护范围的扩大不宜笼统地以该权利要求的等同物来确定,而须根据权利要求书中明确记载的必要技术特征的等同特征进行确定”。[2]

三是明确了认定等同特征的条件。从司法解释的规定看,认定等同特征的条件主要有两个:第一个条件是被控侵权物中的技术特征与权利要求记载的技术特征以基本相同的手段,实现基本相同的功能,达到基本相同的效果。这一条件可以分为三个方面,即手段、功能和效果,这三个方面都是针对技术特征而言的,并且这三个方面缺一不可,只要一个方面不“基本相同”,就足以否定等同的成立。第二个

---

〔1〕 最高人民法院民三庭:《如何理解最高人民法院关于专利法(2001)法释字第21号司法解释(17)》。

〔2〕 同上。

条件是被控侵权物中的不同特征是本领域的普通技术人员无须经过创造性劳动就能够联想到的特征。对于本领域普通技术人员的含义,最高人民法院的解释是"所谓普通技术人员,是一个抽象的概念,应当以侵权发生期间该专利所属领域的平均知识水平为标准衡量,是指具有该技术领域中的一般知识和能力的技术人员,既不是该领域的技术专家,也不是不懂技术的人"。[1] 对于"无须经过创造性劳动就能够联想到"的具体含义,司法解释中没有进一步明确。但一般认为,"本领域的普通技术人员无须经过创造性劳动就能够联想到,或者说对本领域的普通技术人员是显而易见的。这是认定构成等同的主观标准"。[2] 可见,"无须经过创造性劳动就能够联想到"的含义与"显而易见"的含义相同,但是否与专利审查中否定"创造性"的标准相同,理论和实务界都没有做进一步探讨。

2001年司法解释实施后,法院认定等同原则有了法律依据,法院处理了大量认定等同的案件。但同时也出现了等同原则适用过宽的问题。最高人民法院在判决中指出:"2001年6月22日发布的《最高人民法院关于审理专利纠纷案件适用法律问题的若干规定》确立了专利侵权判定中的等同原则。等同原则的适用克服了专利权利要求在表达上的局限性,弥补了字面侵权的不足,实现了对专利权人的保护,但在实践中出现了等同原则适用过宽的倾向,不适当地扩张了专利权保护范围。"[3]

(三)2009年后的等同原则

2009年,最高人民法院颁布《专利侵权司法解释(一)》中关于等同原则的规定都是限制等同原则的适用,例如,第6条规定了禁止反悔原则,第5条规定的捐献规则,第7条规定的全面覆盖原则等。2016年最高人民法院颁布的《专利侵权司法解释(二)第6条和第13条关于禁止反悔原则的规定进一步细化了禁止反悔原则,第12条规定的"特意排除规则"则起到限定等同原则适用的作用。

与此同时,近几年来,最高人民法院一直在强调从严把握认定等同的标准。最高人民法院2009年发布的《关于当前经济形势下知识产权审判服务大局若干问题的意见》指出:"严格等同侵权的适用条件,探索完善等同侵权的适用规则,防止不适当地扩张保护范围。"[4] 最高人民法院原副院长奚晓明2010年在全国法院知识

[1] 《最高人民法院〈关于审理专利纠纷案件适用法律问题的若干规定〉条文释义》,载曹建明主编:《新专利法司法解释精解》,人民法院出版社2002年版,第136页。

[2] 同上。

[3] 最高人民法院(2015)民申字第740号民事裁定。

[4] 参见 http://www.court.gov.cn/qwfb/sfwj/yj/201002/t20100224_1916.htm。

产权审判工作座谈会上的讲话中指出:“要准确把握司法解释有关等同侵权规则的适用精神,既要以等同原则克服字面侵权的局限,又要适度从严把握等同侵权的适用条件,防止等同原则适用过宽过滥,避免以认定等同侵权的方式不适当地扩张专利权保护范围,压缩创新空间和损害公共利益。”〔1〕最高人民法院 2012 年发布的《关于充分发挥审判职能作用为深化科技体制改革和加快国家创新体系建设提供司法保障的意见》指出:“适度从严把握等同侵权的适用条件,避免不适当地扩张专利权保护范围,防止压缩创新空间和损害公共利益,促进集成创新、引进消化吸收再创新能力大幅增强。”〔2〕在这一背景下,我国专利等同原则的适用呈下降趋势。〔3〕

二、认定等同的标准及其适用

(一)认定等同的要件

2001 年司法解释规定了认定等同的条件,认定等同的积极条件主要是手段、功能、效果基本相同并且本领域的普通技术人员无须经过创造性劳动就能够联想到的特征。

1. 手段基本相同

2001 年司法解释规定的等同特征的第一个条件“以基本相同的手段,实现基本相同的功能,达到基本相同的效果”,即手段、功能、效果基本相同,而“基本相同的手段”排在认定标准的最前面。从司法解释的条文看,“基本相同的手段”指的是被控侵权物的某一技术特征在实现专利相应技术特征的功能、效果时,所采用的手段基本相同。因此“基本相同的手段”是针对技术特征而言的,而不是针对整个技术方案而言的。法院在司法中一般也只考虑被控侵权物中的不同技术特征与专利发明的相应技术特征相比,其手段是否相同。例如,在严培义与宁波市北仑新港冶金机械有限公司侵犯发明专利权纠纷再审案中,最高人民法院就是从技术特征的功能分析其实现手段的,“从实现功能的手段来看,两者存在较大差异。本案专利的技术方案是通过气缸拉动摆块进行转动,实现摆块的复位;而被诉侵权产品采用压簧、推杆、摆块之间联动的方式,即在推杆与横臂之间安装压簧,推杆与摆块连接,利用压簧的回复力带动推杆,推杆再带动摆块转动,实现摆块复位。”〔4〕再如,在江

---

〔1〕 参见 http://www.court.gov.cn/zscq/dcyj/201205/t20120509_176766.html。

〔2〕 参见 http://www.court.gov.cn/qwfb/sfwj/yj/201212/t20121225_181310.htm。

〔3〕 参见高莉:《专利等同原则的发展困境》,载《苏州大学学报》2013 年第 5 期。

〔4〕 最高人民法院(2012)民申字第 198 号民事裁定。

苏阳山硅材料科技有限公司与常州天龙光源材料科技有限公司等发明专利临时保护期使用费纠纷、侵害发明专利权纠纷案中,最高人民法院认定:“涉案专利是通过水淬的方式,实现石英砂中所含有的气液包裹体爆裂溢出的功能,从而达到进一步提纯的效果;而太平洋公司是以常温水喷淋石英管外壁的手段,实现提高石英砂散热效率的功能,从而达到迅速降低石英砂温度的效果,两者手段不同,实现的功能及效果存在明显区别,不构成等同技术特征。”〔1〕再如,在耿玉顺与杭州市知识产权局专利权侵权纠纷再审案中,法院认定被控侵权产品与专利相比不属于采用基本相同的手段:“本案被控侵权产品采用的加密式真空集热管,是利用阳光直接照射真空集热管集热的方式,无须利用反光板的反光来集热;本专利采用的反光板+真空集热管的集热方式,同时利用了阳光直接照射和反光板的反光来集热,二者并不属于基本相同的手段,不论其功能和效果包括采光面积是否属于相同或者基本相同,均不构成等同特征。”〔2〕而在张会杰与桦甸市公吉乡段二播种器厂侵害实用新型专利权纠纷案中,最高人民法院认为,“本案专利通过弹簧孔、导电片等结构的设置,实现了导电片通过导线与报警器连接,报警器通过导线与电池连接,电池通过导线与弹簧连接,利用触摸片的上下运动使弹簧与导电片接触,形成闭合回路开关,并最终完成漏播报警的技术效果。而被诉侵权产品是通过在机器内壳外侧安装独立开关替代弹簧与触摸片的开关结构,实现补籽和报警双重功能”。〔3〕据此,法院认定二者的技术手段不同。

但是,有时法院会对整体技术方案的“手段”进行比较。例如,宁波市东方机芯总厂诉江阴金铃五金制品有限公司侵犯专利权纠纷案中,最高人民法院指出,“被控侵权的产品和方法与专利相比,在工作原理、方法上是一样的,导向板和防震限位板这两个重要零件的主要工作面的结构形状是相似的;二者技术特征的不同之处,对于具有机械专业知识的普通技术人员而言,无须经过创造性的劳动就能实现。据此,可以认定二者在技术手段上基本相同”。〔4〕

对于“基本相同的手段”的含义,最高人民法院的司法解释没有做出更详细的规定。在法院认定等同的案件中,很少有判决对认定“基本相同手段”的理由进行分析。例如,在薛胜国与赵相民、赵章仁实用新型专利侵权纠纷案中,最高人民法院认定,虽然两者均具有通过支撑架支撑揉面锤,动力驱动装置通过曲柄连杆机构

〔1〕 最高人民法院(2014)民申字第2号民事裁定。
〔2〕 最高人民法院(2010)知行字第24号裁定。
〔3〕 最高人民法院(2016)民申字第860号民事裁定。
〔4〕 最高人民法院(2001)民三提字第1号民事判决。

带动揉面锤的支撑架上下运动的基本功能，但从二者揉面锤的工作原理和运动方式来看，显然属于采用了不同的技术手段，不应认为是采取了基本相同的手段。[1]而在刘少宏与梁均培侵犯实用新型专利权纠纷再审案[2]中，最高人民法院在认定争议技术特征的手段时只有一句话："但是二者运用的手段不同。"在礼来公司与常州华生制药有限公司侵害发明专利权纠纷上诉案[3]中，被控侵权方法与专利方法的区别在于反应步骤不同，关键中间体不同。最高人民法院认为二者不属于基本相同的手段，理由是："尽管对所述三环还原物中的胺基进行苄基保护以减少副反应是化学合成领域的公知常识，但是这种改变是实质性的，加苄基保护的三环还原物中间体的反应特性发生了改变，增加反应步骤也使收率下降。而且加苄基保护为公知常识仅说明华生公司的奥氮平制备工艺相对于涉案专利方法改进有限，但并不意味着两者所采用的技术手段是基本相同的。"

而在有些判决中，法院在认定技术手段时，有时与具体技术内容没有进行仔细区分。例如，在宁波悦祥机械制造有限公司与上海昶意机械制造有限公司侵害发明专利权纠纷案中，最高人民法院认定，"在实现'控制前车架和后车架间夹角变化'时，被诉侵权产品所采用的技术手段是，在气弹簧的通孔部分增加了一个可以从外部控制通孔导通和截止的气流阀门，从而通过对气流阀的开合来控制活塞杆的位置，进而控制气弹簧的总体长度。由于被诉侵权产品通过气流阀控制拉伸，所采用的技术手段相对于涉案专利公开的限定插销与插销孔以及伸缩杆与伸缩套管结构的配合关系来实现拉伸的锁定装置相比，二者采用的手段既不相同，也不等同"。[4]沈其衡与上海盛懋交通设施工程有限公司申请侵犯实用新型专利权纠纷再审案[5]中，最高人民法院认定："被控侵权产品中活动杆上的孔不能供锁具整体插入或取出，并且被控侵权产品中锁具被固定在底座上，也无法实现易于更换锁具的有益效果，因此，被控侵权产品与涉案专利采取的技术手段具有实质性的区别。"

从近些年的判决看，不管是最高人民法院的判决还是下级人民法院的判决，因"手段基本相同"这一要件不成立从而不能认定等同的案件明显增多。但是，对于如何认定"手段基本相同"，法院还没有明确的标准。在有的案件中，法院将技术内容不同认定为手段不同。北京市高级人民法院制订的《专利侵权判定指南（2017）》

---

[1] 最高人民法院（2009）民申字第1562号民事裁定。

[2] 最高人民法院（2011）民申字第438号民事裁定。

[3] 最高人民法院（2015）民三终字第1号民事判决。

[4] 最高人民法院（2013）民申字第366号民事裁定。

[5] 最高人民法院（2009）民申字第239号民事裁定。

第46条也规定:“基本相同的手段,是指被诉侵权技术方案中的技术特征与权利要求对应技术特征在技术内容上并无实质性差异。”笔者认为,将技术内容的对比作为技术手段的对比是不合适的,这样的做法或者使等同原则名存实亡,或者使技术手段的判断代替了等同的判断。因为只有针对不相同的技术特征,才需要分析是否等同。如果将二者技术内容不同认定为手段不同,实质上所有需要分析等同的特征都存在不同的技术内容,也就得出二者技术手段不同的结论。如果认为在二者的技术内容“无实质差异”才属于手段基本相同,就可以只凭这一点认定是否构成等同了。因此,如何界定“手段”的含义,如何把握“手段基本相同”这一要件,是我国等同认定中的一个重要问题。笔者认为,我们应当从“技术内容”这一现象看“技术原理”的本质,技术手段的对比不只是技术内容这一现象的对比,而更多的是技术原理的对比。

2. 功能基本相同

基本相同的功能,是指被诉侵权技术方案中的技术特征与权利要求对应技术特征在各自技术方案中所起的作用基本相同。[1] 在等同判定中,对于争议的技术特征是否能起到相同的作用,一般比较容易判断。例如,最高人民法院在邱则有与被申请人山东鲁班建设集团总公司侵犯专利权纠纷案[2]中,对于被诉侵权产品侧框板之间的连接杆与涉案发明专利的“加强杆”这一技术特征是否相同或等同,就分别分析了二者的作用:“涉案发明专利中分块模壳板为包括部分上底和部分侧壁的成型件,截面呈‘「’或‘冖’形结构,加强杆用于支撑分块模壳板,从力学原理看,不可能处于侧壁角部,否则将起不到支撑分块模壳板的作用。而被诉侵权产品叠合箱中连接杆位于被诉侵权产品叠合箱中相邻两块侧框板夹角处,其接触侧框板的位置为直角结构,作用在于连接、固定侧框板,不具有支撑侧框板的功能,更不可能支撑顶盒和底盒。因此,被诉侵权产品侧框板之间的连接杆与涉案发明专利‘加强杆’实现的功能不同。”

在有的案件中,被控侵权物中某一技术特征与专利权利要求中的相应技术特征功能差距甚远,而专利权人仍主张这是等同特征。这时,法院可以按照等同的判断标准认定二者不构成等同,也可以直接认定被控侵权产品缺少专利权利要求中的这一技术特征。例如,在李朝建与贵州正合铝业有限责任公司等侵害专利权纠纷申请案[3]中,权利要求1有一项技术特征为“在装饰管内套装有防盗筋,防盗筋

---

〔1〕 北京市高级人民法院《专利侵权判定指南》(2017年版)第47条。

〔2〕 最高人民法院(2011)民申字第1309号民事裁定。

〔3〕 最高人民法院(2013)民申字第724号民事裁定。

的两端与防盗网固定座紧固连接配合”。被诉侵权产品未在装饰管内套装防盗筋，但在装饰管内壁上嵌有三条纵向分布的加强筋。专利权人主张二者是等同特征。最高人民法院并没有按照等同的标准判断二者是否构成等同，而是认为被控侵权产品缺少这一技术特征。“装饰管与防盗筋是两个各自独立的部件，防盗筋套装在装饰管内部。本案被诉侵权产品带防盗网的铝合金气密窗的装饰管内有凸起的加强筋，但是该加强筋是装饰管的组成部分，与装饰管不存在套装关系，并非独立的防盗筋。因此，该被诉侵权产品缺少本案实用新型专利权利要求1关于‘在装饰管内套装有防盗筋’的技术特征。”[1]在上述案件中，如果不是认定缺少技术特征，而是根据等同的标准进行判断，二者的功能也是不同的，也可以得出不侵权的结论。

3. 效果基本相同

基本相同的效果，一般是指被诉侵权技术方案中的替换手段所达到的效果与权利要求对应技术特征的技术效果无实质性差异。在认定效果是否基本相同时，法院一般也是就技术特征在技术方案中的效果进行对比。例如，在付淑苹等与孙俊义侵犯实用新型专利权纠纷再审案[2]中，最高人民法院认为，将被控侵权产品的技术特征与涉案专利权利要求记载的技术特征相比，不同之处在于被控侵权产品的进水套上表面呈平面，而涉案专利权利要求1中进水套的上表面呈锥面。由于上表面形状的不同，势必造成进水套与浮球的接触存在点和线的区别。但是，进水套的上表面无论是呈平面，还是呈锥面，都是为了实现进水套的上表面与浮球相接触，从而使浮球不与壳底接触，不产生腐蚀，防止腐蚀造成的锈块粘连，进水套与浮球形成的是点接触还是线接触，均不影响该技术效果的实现。再如，在薛胜国与被赵相民、赵章仁实用新型专利侵权纠纷案[3]中，最高人民法院认为，被控侵权产品利用杠杆原理使两个揉面锤反向上下往复运动也避免了专利的两个揉面锤共用一个支撑架时同向向上运动时所作的无用功，由此可见，二者在技术效果上亦有明显不同。再如，在深圳市喜德盛自行车有限公司与深圳市松吉电动自行车有限公司侵害实用新型专利权纠纷申请案[4]中，最高人民法院认为，“被诉侵权产品的提手虽为U形，但是并不具有涉案专利弯折两次的结构，其有限的弹性仅限于将两端嵌入U形凹槽，在提手嵌入和提起时，不能使其顶端分别插入和脱离电池仓，只是达到提放电池盒的功能和效果，不具备涉案专利U形张力弹性件的技术特征和使

---

[1] 最高人民法院(2013)民申字第724号民事裁定。

[2] 最高人民法院(2009)民申字第157号民事裁定。

[3] 最高人民法院(2009)民申字第1562号民事裁定。

[4] 最高人民法院(2013)民申字第1208号民事裁定。

提手获得快速、可靠地安放和摘取的技术效果,被诉侵权产品的提手与涉案专利的U形张力弹性件既不相同也不等同。”

而在有的判决中,法院会考虑有关技术特征在实现发明目的中的作用和效果。例如,在北京市捷瑞特弹性阻尼体技术研究中心与北京金自天和缓冲技术有限公司、王菡夏侵害实用新型专利权纠纷申请再审案[1]中,被诉侵权产品的单向限流装置安装方式与涉案专利权利要求1的安装方式相反。对于二者是否等同,最高人民法院认为,从涉案专利说明书的记载来看,涉案专利的发明目的是提供一种快进慢出型的弹性阻尼体缓冲器。为实现这一发明目的,涉案专利在单向限流装置上采取了压缩行程时打开,回复行程时关闭的安装方式,以达到承撞头快进慢出的效果。对此,涉案专利权利要求1对单向限流装置的安装方式也作出了明确的限定。而本案被诉侵权产品在单向限流装置上采取的是压缩行程时关闭,回复行程时打开的安装方式,实现的是承撞头慢进快出的效果。因此,本案被诉侵权产品在单向限流装置的安装方式上与涉案专利权利要求1限定的安装方式既不相同,也不等同,没有落入涉案专利权的保护范围。

在认定技术效果时,是否考虑发明目的,是一个值得探讨的问题。我们认为,虽然最高人民法院的司法解释只规定了技术特征的效果,但在进行对比时离不开发明目的。甚至某些情况下,不仅仅看有争议的技术特征所产生的效果,而是看整体技术方案的效果。例如,最高人民法院的(2001)民三提字第1号案中,认定被控侵权物的防震限位板与专利技术导向板所要实现的功能基本相同,被控侵权物与专利技术所达到的技术效果也基本相同。

在增加了新的技术效果时,如果这一技术效果是本领域普通技术人员预料到的,仍认定构成等同。例如,在济南一把手有限公司与修昌珉侵害发明专利权纠纷案中,最高人民法院认定,被诉侵权产品由于在固定套上端增设凸台,导致护套长度变短,产生节省材料的效果,但是这种效果是本领域普通技术人员在进行上述技术手段选择时通常可以预料到的。因此,被诉侵权产品采用的上述技术手段及其功能和效果对于本领域普通技术人员来说是无须付出创造性劳动就可以联想到的。[2]

但是,在某些情况下,被侵权物新增加的功能会影响到某一技术特征功能、效果是否基本相同的认定。例如,在刘少宏与梁均培侵犯实用新型专利权纠纷案中,最高人民法院认定,由于被控侵权产品中的“导电橡胶条”兼具信号输入和输出功

[1] 最高人民法院(2013)民申字第1146号民事裁定。

[2] 最高人民法院(2012)民申字第1339号民事裁定。

能,因而和本案专利相比,被控侵权产品减少了部件,简化了结构,信号的输入输出更加稳定可靠,达到的技术效果与本案专利也不相同。因此,被控侵权产品未落入本案专利的等同保护范围。[1] 在陕西竞业玻璃钢有限公司与被申请人永昌积水复合材料有限公司侵犯实用新型专利权纠纷案中,最高人民法院认定,由于被诉侵权产品中的插口管外径呈不规则台阶状,一方面导致插口管外径与钢套环之间并不能紧密配合,无法实现增强管道连接密封性的功能和效果;另一方面能够在管外径与钢套环之间形成供减阻砂浆通过的环形空间,使从注浆孔中注入的减阻砂浆可以经由该环形空间均匀分布在管道周围,形成润滑套,实现间少管道外壁与土壤间的摩擦阻力,提高管道顶进效率的有益功能和效果。因此,被诉侵权产品中技术特征"插口管外径呈不规则台阶状"所实现的功能和效果,与权利要求1中"管头和管尾管径一致"所实现的功能和效果具有实质性的差异,二者不属于等同的技术特征,被诉侵权产品没有落入涉案专利权的保护范围。[2]

4. 容易想到

最高人民法院2001年司法解释规定的等同特征的要件之一是,等同特征是"本领域的普通技术人员无须经过创造性劳动就能够联想到的特征"。

对于本领域普通技术人员的含义,最高人民法院的解释是"所谓普通技术人员,是一个抽象的概念,应当以侵权发生期间该专利所属领域的平均知识水平为标准衡量,是指具有该技术领域中的一般知识和能力的技术人员,既不是该领域的技术专家,也不是不懂技术的人"。[3] 对于"无须经过创造性劳动就能够联想到"的具体含义,最高人民法院在有关的判决中并没有做进一步阐释。应当认为,这里"创造性"的含义与专利授权条件中的"创造性"含义应是一致的。简单地说,如果被控侵权物的相应技术特征对于本领域普通技术人员而言,相对于专利权利要求中的技术特征是显而易见的,则认为是"无须经过创造性劳动就能够联想到"。

从法院的判决看,在认定构成等同特征的案件中,法院一般主要分析手段、功能、效果的基本相同,在认定三者基本相同的基础上,"且本领域技术人员不经过创造性劳动就能联想到"。例如,在高岩与王本园侵害实用新型专利权纠纷案中,最高人民法院认定:"被诉侵权产品在其他技术特征与涉案专利权利要求1中的技术特征相同的情况下,其在工作过程中通过分布在筒壁上的孔及筒底与筒壁间的缝

---

〔1〕 最高人民法院(2011)民申字第438号民事裁定。

〔2〕 最高人民法院(2010)民申字第181号民事裁定。

〔3〕《最高人民法院〈关于审理专利纠纷案件适用法律问题的若干规定〉条文释义》,载曹建明主编:《新专利法司法解释精解》,人民法院出版社2002年版,第213页。

隙漏油的技术特征与涉案专利权利要求1中记载的通过筒底上的漏孔漏油的技术特征在实施方式、功能及效果上基本相同,属于以基本相同的手段,实现基本相同的功能,达到基本相同的效果,并且本领域普通技术人员在被诉侵权行为发生时无须经过创造性劳动就能够联想到的特征,构成等同。"[1] 对于为什么认定本领域普通技术人员不经过创造性劳动就能联想到,法院一般都没有论述。而在认定不构成等同特征的案件中,一般都是因为手段、功能、效果中的一个或一个以上不符合"基本相同"的条件,有时法院会加上"本领域普通技术人员不经过创造性劳动无法联想到",但一般也未进行论述。例如,在薛胜国与赵相民、赵章仁实用新型专利侵权纠纷案中,法院的认定非常简单:"被控侵权产品的这种变换手段,对于本领域的普通技术人员而言,也并非无须经过创造性劳动就能够联想到的特征。"[2]

(二)"手段、功能、效果"与"容易想到"之间的关系

对于"手段、功能、效果"基本相同与"容易想到"之间的关系,2001年司法解释用了"并且"二字,说明两个方面必须具备,才能认定为等同特征。最高人民法院还在判决中强调了二个方面之间的关系。"在判断被诉侵权产品的技术特征与专利技术特征是否等同时,不仅要考虑被诉侵权产品的技术特征是否属于本领域的普通技术人员无须经过创造性劳动就能够联想到的技术特征,还要考虑被诉侵权产品的技术特征与专利技术特征相比,是否属于基本相同的技术手段,实现基本相同的功能,达到基本相同的效果,只有以上两个方面的条件同时具备,才能够认定二者属于等同的技术特征。"[3]

在实践中,法院一般先考虑手段、功能、效果是否基本相同,再考虑本领域的普通技术人员是否无须经过创造性劳动就能够想到。如果法院认定手段、功能、效果不基本相同,则不再考虑第是"容易想到"。如果法院认定手段、功能、效果基本相同,法院就一般得出"容易想到"的结论。笔者没有发现一起在认定手段、功能、效果基本相同,又因为不符合"容易想到"而不能认定等同的案件。甚至有的案件中法院在认定第一个条件成立后,直接认定构成等同。[4] 当然,也有个别案件中,法院首先认定"容易想到",然后再认定不符合"手段、功能、效果"基本相同的条件,从

---

〔1〕 最高人民法院(2009)民申字第1562号民事裁定。

〔2〕 最高人民法院(2015)民申字第2866号民事裁定。

〔3〕 陕西竞业玻璃钢有限公司与被申请人永昌积水复合材料有限公司侵犯实用新型专利权纠纷案,最高人民法院(2010)民申字第181号。

〔4〕 例如,最高人民法院在(2013)民申字第406号民事裁定书中,在认定技术特征F是否等同时称:"二者形状基本相同,都实现了撤叉心与钢轨吻合的功能,都实现了跟端导向段与钢轨连接稳固的技术效果,二者属于等同的技术特征。"

而不能认定构成侵权。[1] 但在这种情况下,认定"容易想到"其实是多余的。

总的来说,"容易想到"这一要件在实践中所起的作用非常小。这一要件如何离开"手段、功能、效果"基本相同的要件而起作用,是一个值得研究的问题。

三、妨碍等同认定的情形

(一)禁止反悔

1. 2009 年前的禁止反悔原则

2009 年的《专利侵权司法解释(一)》明确规定了禁止反悔原则。其实在此之前,我国法院就一直承认禁止反悔原则。最高人民法院在 2002 年判决的宁波市东方机芯总厂与江阴金铃五金制品有限公司侵犯专利权纠纷申诉案中就指出:"本院还查阅了机芯总厂专利的申请文档,证实该专利独立权利要求 1 和 9 中记载的盲板固定在防震限位装置上这一必要技术特征,并不是专利权人为了获得专利授权而在审查员的建议下特别进行修改的,故也不属于禁止反悔的情况。"[2]

总的来看,这时法院对于禁止反悔原则的标准是:专利申请人、专利权人客观上所作的限制性修改或者意见陈述,不管是在专利审查过程中还是无效过程中,都导致禁止反悔原则的适用。至于该修改或者陈述的动因、与专利授权条件是否有因果关系以及是否被审查员采信,均不影响该原则的适用。例如,在"一种防治钙质缺损的药物及其制备方法"专利侵权案中,最高人民法院在适用禁止反悔时并未考虑修改的原因。案中专利在审查过程中,针对国家知识产权局认为涉案专利申请公开文本权利要求中"可溶性钙剂"保护范围过宽,在实质上得不到说明书支持的审查意见,专利申请人将"可溶性钙剂"修改为"活性钙",将葡萄糖酸钙排除在外。原审法院以"为了使专利授权机关认定其申请专利具有新颖性或创造性而进行的修改或意见陈述,才产生禁止反悔的效果"为由,认定构成等同。最高人民法院认定提审后以禁止反悔为由认定不构成等同。[3]

2.《专利侵权司法解释(一)》中的禁止反悔原则

《专利侵权司法解释(一)》第 6 条规定:"专利申请人、专利权人在专利授权或者无效宣告程序中,通过对权利要求、说明书的修改或者意见陈述而放弃的技术方

---

〔1〕 例如,前述陕西竞业玻璃钢有限公司与被申请人永昌积水复合材料有限公司侵犯实用新型专利权纠纷案,最高人民法院(2010)民申字第 181 号。

〔2〕 最高人民法院(2001)民三提字第 1 号民事判决。

〔3〕 澳诺(中国)制药有限公司与湖北午时药业股份有限公司专利侵权纠纷案,最高人民法院(2009)民提字第 20 号。

案,权利人在侵犯专利权纠纷案件中又将其纳入专利权保护范围的,人民法院不予支持。”司法解释起草者对上述规定的解释是:“禁止反悔规则,是指当一方当事人已经作出某种行为,且被他人所信赖,该当事人以后就不能再否认该行为。《解释》第 6 条规定的是专利法理论上的禁止反悔规则,也是对等同原则适用的一种限制。专利权人对其在授权或无效宣告程序中已放弃的内容,不能通过等同原则的适用再纳入专利权的保护范围。为增强可操作性,该条强调的是,专利申请人、专利权人客观上所作的限制性修改或者意见陈述。该修改或者陈述是权利人主动还是应审查员要求所为,与专利授权条件是否具有法律上的因果关系以及是否被审查员最终采信,均不影响该规则的适用。”[1]上述规定,实质上是将以前法院已经施行的禁止反悔原则成文化,对法院适用禁止反悔原则的影响并不大。

最高人民法院在判决中对采用禁止反悔原则的理由进行了阐述:[2]

> 诚实信用原则作为民法基本原则之一,要求民事主体信守承诺,不得损害善意第三人对其的合理信赖或正当期待,以衡平权利自由行使所可能带来的失衡。在专利授权实践中,专利申请人往往通过对权利要求或说明书的限缩以便快速获得授权,但在侵权诉讼中又试图通过等同侵权将已放弃的技术方案重新纳入专利权的保护范围。为确保专利权保护范围的安定性,维护社会公众的信赖利益,专利制度通过禁止反悔原则防止专利权人上述“两头得利”情形的发生。故此,专利权人在专利授权或者无效宣告程序中,通过对权利要求、说明书的修改或者意见陈述而放弃的技术方案,权利人在侵犯专利权纠纷案件中又将其纳入专利权保护范围的,人民法院不应支持。

禁止反悔原则适用于专利权人“放弃”的技术方案。对于如何认定专利权人的“放弃”,最高人民法院在中誉电子(上海)有限公司与上海九鹰电子科技有限公司专利侵权纠纷案[3]中进行了论述。该案中,原告的专利在无效程序中权利要求 1 和权利要求 2 被认定无效,而权利要求 3 增加了附加技术特征“银膜”而被认定有效。原审法院认为,“银膜”之外的内容(权利要求 1 和权利要求 2 的内容)都被专

---

〔1〕 参见孔祥俊、王永昌、李剑:《最高院关于专利权纠纷案件司法解释的理解与适用》,载《人民司法》2010 年第 3 期。

〔2〕 中誉电子(上海)有限公司与上海九鹰电子科技有限公司专利侵权纠纷案,最高人民法院(2011)民提字第 306 号民事判决。

〔3〕 最高人民法院(2011)民提字第 306 号民事判决。

利权人放弃，因此不能适用等同原则。最高人民法院认为：

……

其次，禁止反悔原则的适用条件。一般情况下，只有权利要求、说明书修改或者意见陈述两种形式，才有可能产生技术方案的放弃，进而导致禁止反悔原则的适用。本案中，独立权利要求1及其从属权利要求2均被宣告无效，在权利要求2的从属权利要求3的基础上维持涉案专利有效。问题是，权利要求3是否仅仅因此构成对其所从属的权利要求1～2的限制性修改。独立权利要求被宣告无效，在其从属权利要求的基础上维持专利权有效，该从属权利要求即实际取代了原独立权利要求的地位。但是，该从属权利要求的内容或者所确定的保护范围并没有因为原独立权利要求的无效而改变。因为，每一项权利要求都是单独的、完整的技术方案，每一项权利要求都应准确、完整地概括申请人在原始申请中各自要求的保护范围，而不论其是否以独立权利要求的形式出现。正基于此，每一项权利要求可以被单独地维持有效或宣告无效。每一项权利要求的效力应当被推定为独立于其他权利要求项的效力。即使从属权利要求所从属的权利要求被宣告无效，该从属权利要求并不能因此被认为无效。所以，不应当以从属权利要求所从属的权利要求被无效而简单地认为该从属权利要求所确定的保护范围即受到限制。本案原二审判决认为，从属权利要求3被维持有效的原因在于，在权利要求1中增加了从属权利要求2以及从属权利要求3记载的附加技术特征，这实质上就是修改权利要求1，该认定有所不当。

再次，放弃的认定标准。专利权保护范围是由权利要求包含的技术特征所限定的，故专利权保护范围的变化，亦体现为权利要求中技术特征的变化。在专利授权或无效宣告程序中，专利权人主动或应审查员的要求，可以通过增加技术特征对某权利要求所确定的保护范围进行限制，也可以通过意见陈述对某权利要求进行限缩性解释。禁止反悔原则适用于导致专利权保护范围缩小的修改或者陈述。亦即，由此所放弃的技术方案。该放弃，通常是专利权人通过修改或意见陈述进行的自我放弃。但是，若专利复审委员会认定独立权利要求无效、在其从属权利要求的基础上维持专利权有效，且专利权人未曾作上述自我放弃，则在判断是否构成禁止反悔原则中的“放弃”时，应充分注意专利权人未自我放弃的情形，严格把握放弃的认定条件。如果该从属权利要求中的附加技术特征未被该独立权利要求所概括，则因该附加技术特征没有原始的参照，故不能推定该附加技术特征之外的技术方案已被全部放弃。本案

> 中,九鹰公司称,因为权利要求1~2被宣告无效,而权利要求3是对其进一步限定,故权利要求1~2与权利要求3之间的“领地”被推定已放弃。本院认为,权利要求3中的“银膜”并没有被权利要求1~2所提及,而且,中誉公司在专利授权和无效宣告程序中没有修改权利要求和说明书,在意见陈述中也没有放弃除“银膜”外其他导电材料作为导流条的技术方案。因此,不应当基于权利要求1~2被宣告无效,而认为权利要求3的附加技术特征“银膜”不能再适用等同原则。

上述论述,明确了构成禁止反悔的“放弃”应是“专利权人通过修改或意见陈述进行的自我放弃”,不能将被无效的权利要求视为专利权人的放弃。

3.《专利侵权司法解释(二)》中的禁止反悔原则

2016年颁布的《专利侵权司法解释(二)》第6条是关于“审查档案”用于解释权利要求的规定,明确了审查档案的范围:“专利审查档案,包括专利审查、复审、无效程序中专利申请人或者专利权人提交的书面材料,国务院专利行政部门及其专利复审委员会制作的审查意见通知书、会晤记录、口头审理记录、生效的专利复审请求审查决定书和专利权无效宣告请求审查决定书等。”

在认定专利权人放弃的内容时,对于考虑专利权人的主张是否被采纳,曾有不同的意见。如前所述,在《专利侵权司法解释(一)》中虽然对此没有规定,但法院的意见是不考虑权利人的主张主动是否被采纳的问题。最高人民法院在四川隆盛药业有限责任公司与淮南市杰明生物医药研究所、北京同仁堂合肥药店有限责任公司侵犯发明专利权纠纷再审案中也认为不考虑专利权人的主张是否被采纳:[1]

> 专利权人在无效审查程序中对70℃下的负压浓缩与未限定温度的负压浓缩做了进一步的陈述,主张涉案专利“减压到70℃下进行蒸发浓缩”与证据7中记载的“经减压蒸发浓缩后,即可分装于瓶中,供出售服用”两者有实质性的区别。虽然第9836号无效决定没有采纳该主张,而是认为负压浓缩是本领域公知的常规浓缩技术,其具体的适宜浓缩温度的获得并不需要创造性劳动,该区别技术特征不能为权利要求1带来突出的实质性特点和显著的进步。但从专利法意义上讲,专利权人已经认为负压浓缩与未限定温度的负压浓缩以及常压浓缩存在着实质性差异,常压浓缩应当是专利权人已放弃了的技术方案,

---

〔1〕 最高人民法院(2010)民提字第149号民事判决。

不应当以其与权利要求1中记载的“滤液在70℃下负压浓缩至25～30公斤”等同而纳入到专利权的保护范围。因此,E与e是既不相同也不等同的技术特征。

《专利侵权司法解释(二)》第13条否定了上述观点:“权利人证明专利申请人、专利权人在专利授权确权程序中对权利要求书、说明书及附图的限缩性修改或者陈述被明确否定的,人民法院应当认定该修改或者陈述未导致技术方案的放弃。”按照上述司法解释的规定,如果专利权人对权利要求的修改或者陈述被明确否定,则不产生禁止反悔的效果。司法解释并不要求专利权人的修改或意见陈述被采纳才产生禁止反悔的效果。即使未被采纳,只要没有被明确否定,仍可以用于禁止反悔。实质上,权利人的意见陈述有可能被审查员明确否定,而修改不存在被明确否定的问题,因为如果被明确否定就不会出现在授权的专利中,从而也不会产生争议。

4. 修改原因与禁止反悔的范围

在《专利侵权司法解释(一)》和《专利侵权司法解释(二)》中,均未对专利权人修改权利要求的原因与禁止反悔原则适用作出规定。最高人民法院的有关判决中也没有涉及这个问题。从司法解释起草者的解释看,“该修改或者陈述是权利人主动还是应审查员要求所为,与专利授权条件是否具有法律上的因果关系”都不是适用禁止反悔原则时考虑的因素。最高人民法院在判决中也对这些因素给予考虑。这说明,我国法院在适用禁止反悔原则时,并不考虑专利权人对权利要求进行限缩性修改的原因,只要客观上对权利要求的保护范围进行了限缩,则可能适用禁止反悔原则。

北京市高级人民法院在《专利侵权判定指南(2017)》中的观点与此稍有不同。该指南第62条规定:“专利申请人或专利权人限制或者部分放弃的保护范围,应当是基于克服缺乏新颖性或创造性、缺少必要技术特征和权利要求得不到说明书的支持以及说明书未充分公开等不能获得授权的实质性缺陷的需要。权利人不能说明专利申请人或专利权人修改专利文件原因的,可以推定其修改是为克服不能获得授权的实质性缺陷。”这一规定,为不适用禁止反悔原则的修改留了一定的余地。如果权利人能够证明其修改不是为了克服不能获得授权的实质性缺陷,则有可能不适用禁止反悔原则。

5. 法院是否主动适用禁止反悔原则

对于是否主动考虑禁止反悔的情形,曾存在不同的意见。一种观点认为,法院不应主动考虑禁止反悔。例如,北京市高级人民法院2001年制定的《专利侵权判定若干问题的意见(试行)》第46条规定:"禁止反悔原则的适用应当以被告提出请求为前提,并由被告提供原告反悔的相应证据。"〔1〕

最高人民法院在判决中指出,法院可以主动适用禁止反悔原则:〔2〕

> 在禁止反悔原则是对认定等同侵权的限制。现行法律以及司法解释对人民法院是否可以主动适用等同原则未作规定,为了维持专利权人与被控侵权人以及社会公众之间的利益平衡,亦不应对人民法院主动适用禁止反悔原则予以限制。因此,在认定是否构成等同侵权时,即使被控侵权人没有主张适用禁止反悔原则,人民法院也可以根据业已查明的事实,通过适用禁止反悔原则对等同范围予以必要的限制,以合理地确定专利权的保护范围。

北京市高级人民法院颁布的《专利侵权判定指南(2017)》第64条规定:"禁止反悔的适用以被诉侵权人提出请求为前提,并由被诉侵权人提供专利申请人或专利权人反悔的相应证据。在已经取得记载有专利申请人或专利权人反悔的证据的情况下,可以根据业已查明的事实,通过适用禁止反悔对权利要求的保护范围予以必要的限制,合理确定专利权的保护范围。"北京市高级人民法院的规定,与最高人民法院的判决并不矛盾,也是目前法院普遍采纳的做法,即一般情况下如果当事人没有提出证据和主张,法院不主动审查禁止反悔的问题。但如果法院已经发现了禁止反悔的材料,即使当事人不提出来,法院也可以主动适用。

(二)捐献规则

捐献规则(dedication rule)源自美国,其基本含义是,对于说明书描述而权利要求未记载的技术方案,视为专利权人将其捐献给社会公众,不得在专利侵权诉讼中主张上述已捐献的内容属于等同特征所确定的范围。《专利侵权司法解释(一)》第5条明确规定了捐献规则。捐献规则构成对等同范围的限制。

在"布塑热水袋的加工方法"专利侵权案中,最高人民法院认为,说明书明确记载了第10、11步骤可以调换,但这一调换后的步骤并未体现在权利要求中,因此调

---

〔1〕 2001年该意见颁布后,曾作为北京市法院审理专利案件的参考。后来,随着专利法的修改和最高法院新的司法解释的出现,该意见不再适用。

〔2〕 沈其衡与上海盛懋交通设施工程有限公司专利侵权案,最高人民法院(2009)民申字第239号裁定。

换后的步骤不能纳入专利权的保护范围。[1] 同时,在判决中,最高人民法院还对捐献规则的含义和目的进行了阐释:“准确确定专利权的保护范围不仅是为专利权人提供有效法律保护的需要,也是尊重权利要求的公示和划界作用,维护社会公众信赖利益的需要。在权利要求解释中确立捐献原则,就是对专利的保护公示功能进行利益衡量的产物。该规则的含义是,对于在专利说明书中记载而未反映在权利要求中的技术方案,不能包括在权利要求的保护范围之内。对于在说明书中披露而未写入权利要求的技术方案,如果不适用捐献原则,虽然对专利权人的保护是较为充分的,但这一方面会给专利申请人规避对较宽范围的权利要求的审查提供便利,另一方面会降低权利要求的划界作用,使专利权保护范围的确定成为一件过于灵活和不确定的事情,增加公众预测专利权保护范围的难度,不利于专利公示作用的发挥以及公众利益的维护。”[2]

对于如何界定说明书“描述”的技术方案,涉及捐献规则适用的范围,对此还缺乏相关的案例。对于2009司法解释第5条规定的“描述”,一种理解为只要提及技术方案的上位概念,就认为已经在说明书中描述了包括在上位概念中的所有技术方案;另一种理解是将“描述”解释为说明书中描述的具体方案或附图中记载的技术方案。按照第一种理解,捐献规则适用的范围较大,对专利权人的要求也较高,可能会导致专利权人在撰写说明书中畏手畏脚,妨碍专利权人对技术内容的充分公开。并且,按这种理解,要求专利权人将能想到的所有技术方案都包括在权利要求中,否则就得不到保护。而这是难以做到的,等同原则正是为了克服这种困难而产生的。按照这种理解适用捐献规则,将使等同原则大打折扣。按照第二种理解,对于专利权人和社会公众来说,都是公平的。因此,笔者认为,捐献规则中“捐献”的技术方案,应当是专利权人在说明书或附图披露的具体技术方案。

青岛汉尚电器有限公司上诉图们惠人电子有限公司等侵害发明专利权纠纷一案中,北京市高级人民法院认为,“而本案涉案专利权利要求1中的‘导向爪’和说明书中的‘圆形导向爪’是上位概念和下位概念的关系,后者是对前者的具体化,并不存在捐献原则所涉及的情况”。[3] 似乎采纳的是上述第二种理解。

(三)特意排除规则

在专利侵权案件中,有时专利权利要求对某一技术特征做了严格的限定。能否适用等同原则突破这一严格限定,成为能否认定侵权的关键。针对这种情形,美

---

[1] 陈顺弟与浙江乐雪儿家居用品有限公司专利侵权案,最高人民法院(2013)民提字第225号判决。

[2] 同上。

[3] 北京市高级人民法院(2016)京民终237号民事判决。

国法院创立了“特意排除”规则,英国、日本等国家也有类似的规则。按照这一规则,从专利权利要求的范围中被特意排除的技术方案,专利权人不能再主张属于等同。

其实,我国法院在审理专利侵权案件的过程中,有时也采纳了“特意排除规则”。在“混凝土薄壁筒体构件”实用新型专利侵权纠纷案〔1〕中,专利权利要求的一个技术特征是“筒底以至少两层以上的玻璃纤维布叠合而成,各层玻璃纤维布之间由一层硫铝酸盐水泥无机胶凝材料或铁铝酸盐水泥无机胶凝材料相粘接”。而被控侵权物筒底材料为水泥和沙石,不含玻璃纤维。专利权人主张筒底不是必要技术特征,即使是必要技术特征,被告的筒底也与之等同。法院判决认为,“该权利要求书中有关筒底由至少两层以上玻璃纤维布叠合、叠套组成表述,是相对于公知技术的重要区别特征,而且专利权利要求书中采用的是‘至少’这样的严格限定词语,故不能作扩大解释,更不能予以忽略,否则就会损害专利法律制度的稳定性和社会公众利益”。〔2〕 针对相同的权利要求,最高人民法院判决书中也作出了类似的认定:“明确使用了‘至少二层以上’这种界线非常清楚的限定词,说明书亦明确记载玻璃纤维布筒的套叠层‘可以少到仅两层’,故在解释权利要求时,不应突破这一明确的限定条件。”〔3〕

再如,在莫文彩诉海南荣德实业开发有限公司等专利侵权纠纷一案中〔4〕,法院再次做了类似的认定。案中权利要求涉及的一个术语是“灭雷锥……数量不少于4枚,不超过40枚”。被控侵权物的金属球体只有1枚竖直向上的锥体。法院认为,权利要求书在叙述方位灭雷针数量时,明确使用“数量不少于4枚,不超过40枚”的限定词。对于这一限定,应当认定该领域的普通技术人员通过阅读权利要求书和说明书,无法联想到方位灭雷锥的数量少于4枚,多于40枚仍然可以实现发明目的,否则就等于权利要求书中对方位灭雷锥的数量没有4~40枚的限制,从而导致专利权利保护范围不合理扩大。

《专利侵权司法解释(二)》第12条明确规定了“特意排除规则”:

---

〔1〕 青岛坚固建筑材料有限公司诉山东金富房地产开发有限公司、青岛建设集团置业有限公司等,山东省青岛市中级人民法院(2004)青民三初字第307号案(一审),山东省高级人民法院(2005)鲁民三终字第8号案(二审)。

〔2〕 山东省青岛市中级人民法院(2004)青民三初字第307号民事判决。

〔3〕 最高人民法院(2005)民三提字第1号民事判决。

〔4〕 莫文彩诉海南荣德实业开发有限公司等,海南省高级人民法院(2008)琼民二终字第31号民事判决。

权利要求采用“至少”“不超过”等用语对数值特征进行界定，且本领域普通技术人员阅读权利要求书、说明书及附图后认为专利技术方案特别强调该用语对技术特征的限定作用，权利人主张与其不相同的数值特征属于等同特征的，人民法院不予支持。

根据上述规定，适用“特意排除规则”的条件是本领域普通技术人员认为权利要求特别强调有关用语对技术特征的限定作用。因此，产生特意排除效果是因为本领域普通技术人员对权利要求的理解，而不是因为专利权人的主观意思。本领域普通技术人员对权利要求的理解，并不会凭空认定专利技术方案的特意排除，而是因为权利要求中使用了“至少”“不超过”等用语对数值特征进行界定。

（四）损坏权利要求原则

损坏权利要求原则是美国法院在审理专利侵权案件中的一种做法。根据这一原则，如果适用等同原则会对权利要求的限定特征产生损害，则不应当适用等同原则。

我国法院并没有明确提出损坏权利要求原则。但有时在判决中实际使用了这一原则。例如在孙俊义与任丘市博成水暖器材有限公司等侵害实用新型专利权纠纷申请再审案中，最高人民法院指出：[1]

等同原则既是专利权保护中一项不可或缺的重要原则和制度，但同时又必须对等同原则的适用施加必要限制，兼顾专利权人和社会公众的利益，既要保护专利权人在现有技术基础上作出的技术贡献，又促进科学技术的进步。其次，等同原则的适用须考虑专利申请与专利侵权时技术的发展水平，防止对专利技术方案中某些技术特征以专利申请日后新出现的技术进行简单替换而规避侵权的情况，合理界定专利权的保护范围。本案中，涉案ZL200320112523.2“防粘连自动排气阀”实用新型专利权利要求1和说明书均记载：进水套的上表面呈锥面。这表明，孙俊义在申请涉案专利时将其要求保护的技术方案限定为进水套的上表面呈锥面，不是平面，而锥面或平面均是涉案专利申请时，该领域普通技术人员普遍知晓的技术方案，因此，专利权人将权利要求中该技术特征限定为锥面是将平面排除在涉案专利权的保护范围之外。鉴于此，在侵权判定时，不能将技术特征“锥面”扩张到“平面”予以保护，否则将有损社会公众对专

〔1〕 最高人民法院（2015）民申字第740号民事裁定。

利权保护范围确定性和可预见性的信赖,从而损害社会公众的利益,动摇专利制度的基石。故本案中,被诉侵权产品的技术特征与涉案专利权利要求记载的技术特征相比,并未构成等同的技术特征,被诉侵权产品未落入涉案专利权保护范围。孙俊义该项申请再审理由不成立,本院不予支持。

在上述案件中,法院并没有按照等同原则的标准审查被控侵权产品中的"平面"是否与权利要求中的"锥面"在手段、功能、效果方面是否相同,而是直接以"有损社会公众对专利权保护范围确定性和可预见性的信赖,从而损害社会公众的利益"为由,否定了专利权人等同的主张。这实质上是采用了损坏权利要求原则。

四、等同原则适用时已经摒弃的做法

经过二十多年的实践,以前在适用等同原则时的一些做法,经过讨论和澄清,最终被摒弃。这些做法主要有以下三种。

(一)整体等同

所谓整体等同,是指在认定是否构成侵权时,被控侵权物即使缺少专利权利要求中的一个技术特征,如果从整体上看被控侵权物符合认定等同的要件,仍可以认定被控侵权物与专利技术等同。

在2001年前,有的法院曾使用整体等同的认定标准。例如,在摩托车无级变速皮带轮实用新型专利侵权纠纷案[1]中,一审法院认为被控侵权物与专利技术方案的功能效果基本相同,被控侵权物虽然改变了该项专利权利要求中滚销与孔相配合的技术特征,但这种变更与专利要求保护的技术无实质性区别,因此,认定侵权成立。

2001年司法解释明确了等同原则指的是技术特征的等同,而不是专利权利要求的整体等同。上述规定使用了"等同的特征"这一术语,说明等同原则必须落实到权利要求的各项具体技术特征上,而不能适用于发明创造的整体。从此以后,法院在判定是否构成等同时,都就技术特征进行对比,而不再就技术方案进行整体对比。最高人民法院在2009年的判决中指出:"等同是指具体的技术特征等同而不是发明创造的整体等同,进行侵权判定时,应当仅就被控侵权产品的技术特征与权利要求记载的相应的技术特征是否等同进行判定,而不是对被控侵权产品与专利

---

〔1〕 祁天德诉瑞安市罗南摩托车配件厂,参见杨金琪编著:《专利、商标、技术合同疑难案例评析》,中国物资出版社1995年版,第119页。

技术方案的整体是否等同进行判定。"[1]2013 年的一个裁定再次明确了这一原则："所谓等同，是指被诉侵权技术方案中的技术特征与专利权利要求中记载的对应技术特征之间的等同，而不是指被诉侵权技术方案与专利权利要求所要求保护的技术方案之间的整体等同。"[2]

(二) 多余指定原则

多余指定原则又称"排除非必要技术特征原则"，其基本含义是，当专利独立权利要求中记载了与完成发明目的无关的技术特征时，可以将该技术特征认定为附加技术特征或非必要技术特征，不是专利技术的构成部分。如果被告在被控侵权物中未实现该附加技术特征或非必要技术特征，仍可以认定被告构成侵权。[3]

1995 年北京市中级人民法院和北京市高级人民法院审理的"人体频谱匹配效应场治疗装置"案件[4]中，法院首次使用多余指定原则。在该案中，法院认定，虽然"立体声放音系统及音乐电流穴位刺激器及其控制电路装置"被写入独立权利要求书，并在专利无效审理中被认为具有实质性特点，但结合该专利说明书中的阐述，就该专利整体技术方案的实质来看，该技术特征不产生实质性的必不可少的功能和作用，显系申请人理解上的错误及撰写申请文件缺乏经验误写所致，故应视其为附加技术特征。虽然被控侵权物缺少"立体声放音系统及音乐电流穴位刺激器及其控制电路装置"，最后法院仍认定构成侵权。

2005 年 8 月，最高人民法院"混凝土薄壁筒体构件"专利侵权案中首次否定了多余指定原则的适用，法院在判决中指出："凡是专利权人写入独立权利要求的技术特征，都是必要技术特征，都不应当被忽略，而均应纳入技术特征对比之列。本院不赞成轻率地借鉴适用所谓的'多余指定原则'。"[5]

2009 年的《专利侵权司法解释(一)》明确否定了多余指定原则，该司法解释第 7 条规定：

---

[1] 山东龙口特种胶管有限公司与景县祥天胶管经销处专利侵权纠纷案，最高人民法院(2006)民三监字第 45-1 号裁定。

[2] 赵彦杰与郑传周专利侵权案，最高人民法院(2013)民申字第 1199 号民事裁定。

[3] 参见程永顺：《专利侵权判断中几个主要原则的运用》，载程永顺主编：《专利侵权判定实务》，法律出版社 2002 年版，第 49 页。

[4] 北京市中级人民法院(1993)中经知初字第 704 号案，北京市高级人民法院(1995)高知终字第 22 号案。

[5] 最高人民法院(2005)民三提字第 1 号民事判决。

人民法院判定被诉侵权技术方案是否落入专利权的保护范围,应当审查权利人主张的权利要求所记载的全部技术特征。

被诉侵权技术方案包含与权利要求记载的全部技术特征相同或者等同的技术特征的,人民法院应当认定其落入专利权的保护范围;被诉侵权技术方案的技术特征与权利要求记载的全部技术特征相比,缺少权利要求记载的一个以上的技术特征,或者有一个以上技术特征不相同也不等同的,人民法院应当认定其没有落入专利权的保护范围。

上述规定明确了我国侵权认定中采用全面覆盖原则,如果被控侵权技术缺少一个特征,则不落入专利的保护范围。司法解释起草者对此的解释是:“针对争议较多的应否适用多余指定原则的问题,《解释》第7条第1款明确规定,应当审查权利人主张的权利要求所记载的全部技术特征,从而否定了所谓的‘多余指定原则’。之所以如此规定,是出于以下考虑:权利要求书的作用是确定专利权的保护范围。即通过向公众表明构成发明或者实用新型的技术方案所包括的全部技术特征,使公众能够清楚地知道实施何种行为不会侵犯专利权。只有对权利要求书所记载的全部技术特征给予全面、充分的尊重,社会公众才不会因权利要求内容不可预见的变动而无所适从,从而保障法律权利的确定性。”[1]上述规定中并没有使用“必要技术特征”的概念,因此在侵权认定时无须区分某一技术特征是否是必要技术特征。虽然最高人民法院在2012年12月13日做出的王好兵与濮阳市豫能房地产开发有限公司侵犯发明专利权纠纷案[2]中仍认定被控侵权技术所缺少的“套管”属于专利权利要求中的必要技术特征,随后在2012年12月20日做出胡小泉与山西振东泰盛制药有限公司、山东特利尔营销策划有限公司医药分公司侵犯发明专利权纠纷案中否定了区分必要技术特征与非必要技术特征的做法:[3]

胡小泉另辩称,根据专利法实施细则和《审查指南》关于必要技术特征的规定以及涉案专利要解决的技术问题,辅料可以由公知常识通过简单实验确定,不属于必要技术特征,因此不必写入权利要求中。首先,2001年修订的专利法实施细则第二十一条第二款规定,“独立权利要求应当从整体上反映发明

[1] 孔祥俊、王永昌、李剑:《最高院关于专利权纠纷案件司法解释的理解与适用》,载《人民司法》2010年第3期。

[2] 最高人民法院(2012)民申字第1329号民事裁定。

[3] 最高人民法院(2012)民提字第10号民事判决。

或者实用新型的技术方案,记载解决技术问题的必要技术特征。"2001 年版《审查指南》第二部分第二章第 3.1.2 节规定:"必要技术特征是指,发明或者实用新型为解决其技术问题所不可缺少的技术特征,其总和足以构成发明或者实用新型的技术方案,使之区别于背景技术中所述的其他技术方案"。根据上述规定可知,必要技术特征的要求是为了保证独立权利要求能够完整地反映发明或者实用新型的技术方案而提出的,是对权利要求需要具备的技术特征提出的最低限度的要求。此外,辅料是否属于必要技术特征,还需要根据辅料的具体类型、含有该辅料的技术方案或者由该辅料和其他组分组成的技术方案及其背景技术作出具体分析和判断。最后,根据《最高人民法院关于审理侵犯专利权纠纷案件应用法律若干问题的解释》第七条的规定,人民法院判定被诉侵权技术方案是否落入专利权的保护范围,应当审查权利人主张的权利要求所记载的全部技术特征。可见,我国专利侵权判定采用全面覆盖原则,无须区分必要技术特征与非必要技术特征。最为关键的是,专利申请人在遵循专利法实施细则第二十一条第二款的要求下,即撰写的权利要求不缺少必要技术特征的情况下,还应当遵循《审查指南》关于权利要求撰写的明确规定。因此,胡小泉关于辅料属于非必要技术特征、不必写入权利要求的辩称理由不能成立。

胡小泉辩称,被诉侵权产品添加了无关紧要的辅料,与涉案专利构成等同。根据《最高人民法院关于审理侵犯专利权纠纷案件应用法律若干问题的解释》第七条和《最高人民法院关于审理专利纠纷案件适用法律问题的若干规定》第十七条的规定,被诉侵权技术方案包含与权利要求记载的全部技术特征相同或者等同的技术特征的,人民法院应当认定其落入专利权的保护范围;等同特征是指与所记载的技术特征以基本相同的手段,实现基本相同的功能,达到基本相同的效果,并且本领域的普通技术人员无须经过创造性劳动就能够联想到的特征。根据上述规定,所谓等同,是指被诉侵权技术方案中的技术特征与专利权利要求中记载的对应技术特征之间的等同,而不是指被诉侵权技术方案与专利权利要求所要求保护的技术方案之间的整体等同;同时,等同原则的适用不允许忽略专利权利要求中记载的任何技术特征。之所以在专利侵权判定中发展出等同原则,是考虑到事实上不可能要求专利权人在撰写权利要求时能够预见到侵权者以后可能采取的所有侵权方式,因此对权利要求的文字所表达的保护范围作出适度扩展,将仅仅针对专利技术方案作出非实质性变动的情况认定为构成侵权,以保护专利权人的合法权益,维护整个专利制度的作用。然而,在权利要求中采用"由……组成"的封闭式表达方式,本身意味着专利权人通过其撰写,限定了专利权的保护范围,明确将其他未被限定的结构组成部分或者方法步骤排除在专利权保护范围之外。本案中,涉案专利权利要求2属于封闭式权利要求,其本身使用的措词已经将三磷酸腺苷二钠和氯化镁之外的组分排除在专利权保护范围之外。如果通过等同原则,将专利权人明确排除的结构组成部分或者方法步骤重新纳入封闭式权利要求的保护范围,认定被诉侵权产品与权利要求2构成整体等同,既不符合适用等同原则的基本目的,亦不符合司法解释中有关技术特征等同的规定。因此,对于胡小泉关于等同的相关主张,本院不予支持。

上述案件涉及封闭式权利要求的保护范围。对此,《专利侵权司法解释(二)》第七条明确规定:"被诉侵权技术方案在包含封闭式组合物权利要求全部技术特征的基础上增加其他技术特征的,人民法院应当认定被诉侵权技术方案未落入专利权的保护范围,但该增加的技术特征属于不可避免的常规数量杂质的除外。"其实,司法解释的上述规定,就是该案的总结。即使没有司法解释的规定,按照全面覆盖原则和等同认定的标准,也可以得出上述结论。

2005年之前,中国大陆法院对多余指定原则多数持肯定的态度,但真正适用该原则认定侵权的案件并不多。2005年之后,法院基本已不再适用多余指定原则。虽然当事人在有些案件中仍提出适用多余指定原则的主张,但法院一般以无法律依据为由予以明确否定。例如,在杜国强、刘绍增、天津亿达津德健身器材销售有限公司、特而康(天津)科技有限公司专利侵权纠纷案中,天津市高级人民法院在判决中指出:"上述法律和司法解释的规定,明确排除了'多余指定',上诉人主张适用'多余指定',没有法律依据。"[1]但也有个别法院在判决中未否定多余指定原则,但认定多余指定的主张不成立。例如,在成都市珍奥核酸营销有限公司与颜怀玮专利侵权案中,专利权人提出在解释多核苷酸营养素产品独立权利要求1和确定该项专利保护范围时,对核苷酸的原料来源限定、核苷酸复合物和脱氧核苷酸复合物中的各单核苷酸原料组份重量比的限定应适用多余指定原则。法院未支持这一主张,未支持的理由并不是没有法律依据,而是"专利在权利要求1中对核酸来源提出以酵母和植物花粉作为限定的技术特征不属于是可以被略去的附加技术特

[1] 天津市高级人民法院(2012)津高民三终字第0038号民事判决。

征,而是实现专利发明目的和达到发明效果的必要技术特征。”[1]

(三)改劣实施论

改劣实施论认为,如果被控侵权人故意改变或减少权利要求中的一个技术特征,使被控侵权物在性能和效果上明显劣于专利技术,仍应当认定为构成侵权。

在“机芯奏鸣装置音板的成键方法及其设备”专利侵权案中,最高人民法院提及改劣实施的问题:“被控侵权的产品和方法的效果比专利效果稍差的情形,则属于改劣的实施,改劣实施也是等同物替换的表现形式之一。”[2]但在上述判决中,最高人民法院并没有指出在“改劣”的情况下,是不是还适用等同的认定标准。之后,其他法院也出现了认定“变劣实施”属于等同的判决。[3] 但与此同时,学者多持反对意见。[4]

最高人民法院在2009年判决的“高层供暖回水缓冲排气装置”专利侵权案判决中指出“人民法院在判断被控侵权技术方案是否落入专利权保护范围时,应当将被诉侵权技术方案的技术特征与专利权利要求记载的全部技术特征进行对比。如果被控侵权技术方案缺少权利要求记载的一个或者一个以上的技术特征,或者被控侵权技术方案有一个或者一个以上的技术特征与权利要求记载的相应技术特征不相同也不等同,人民法院应当认定被控侵权技术方案没有落入专利权的保护范围。被控侵权技术方案是否因缺少某专利技术特征而导致技术功能或效果的变劣,不应考虑。”[5]上述判决,确立了法院在认定等同侵权时,不考虑是否改劣的问题,从而否定了改劣实施论。在赵彦杰与郑传周侵害实用新型专利权纠纷案[6]中,最高人民法院又对此进行了进一步说明:“所谓等同,是指被诉侵权技术方案中的技术特征与专利权利要求中记载的对应技术特征之间的等同,而不是指被诉侵权技术方案与专利权利要求所要求保护的技术方案之间的整体等同。赵彦杰将被诉侵权产品技术方案与涉案专利权利要求1技术方案2进行比较,以前者比后者劣等为由主张适用等同原则认定前者落入后者专利权保护范围,该主张违反了等同

---

〔1〕 四川省高级人民法院(2005)川民终字第495号民事判决。

〔2〕 最高人民法院(2001)民三提字第1号民事判决。

〔3〕 例如,北京市高级人民法院2003年4月判决的(2003)高民终字第108号案中,认定被侵权物用普遍注射器代替专利技术中的“血肿粉碎器”,虽然优于专利申请前的已有技术,但其技术效果明显低于专利技术。因此,应当适用等同原则。

〔4〕 参见贺迎国:《质疑“变劣技术方案侵权”说》,载2003年7月8日《中国知识产权报》;闫文军:《专利权的保护范围》,法律出版社2007年版,第511页。

〔5〕 沈阳直连高层供暖技术有限公司诉张建华,最高人民法院(2009)民提字第83民事判决。

〔6〕 最高人民法院(2013)民申字第1199号民事裁定。

原则是指技术特征之间的等同这一要求,其相应申请再审理由不能成立。"[1]

对于当事人提出的改劣实施构成侵权的主张,法院一般按等同原则的要件分析其是否构成等同,而不将改劣的问题作为单独的考虑因素。[2] 在其他法院的判决中,个别法院仍适用改劣实施论。例如,在陈荣辉与泉州特锐鞋业机械有限公司侵犯发明专利权纠纷案中,一审法院泉州市中级人民法院(2010)泉民初字第556号民事判决认为:"被告所述产品实际上就是为了避开本专利权利要求8的保护范围而故意省略本专利权利要求8的一个必要技术特征(第一鼓风机)的改劣产品,属于一种改劣发明,应当适用等同原则,应认定被告所诉产品落入了本专利的权利要求8的保护范围。"[3]但上述观点被二审法院否定:"原审以被控侵权产品系故意省略一个必要技术特征,属于改劣产品而适用等同原则判定构成侵权不当,应予以纠正。"[4]

五、等同原则适用中的其他问题

(一)法院是否主动适用等同原则

对于法院是否主动适用等同原则,相关的司法解释并没有明确的规定。但根据2001年《最高人民法院关于审理专利纠纷案件适用法律问题的若干规定》的规定,专利权的保护范围包括与专利权利要求的必要技术特征相等同的特征所确定的范围。这就是说,在确定专利保护范围时,不但应根据权利要求的必要技术特征,还要根据相应的等同技术特征。因此,不管专利权人是否提出了等同侵权的主张,只有将等同侵权考虑了,才能做出被控侵权产品是否落入专利保护范围的结论。

在实践中,法院一般在认定被控侵权物与专利权利要求的必要技术特征存在不同之处时,分析不同之处是否是等同技术特征,只有在认定被控侵权技术与专利技术既不相同也不等同之后,才认定侵权不成立。北京市高级人民法院2013年颁布的《专利侵权判定指南》也认为法院应主动适用等同原则,该指南第41条规定:"在专利侵权判定中,在相同侵权不成立的情况下,应当判断是否构成等同侵权。"

---

[1] 最高人民法院(2013)民申字第1199号民事裁定。

[2] 例如,江苏省高级人民法院在(2014)苏知民终字第0135号判决中指出:"鼎峰公司认为被控侵权产品改劣实施了涉案专利技术,实质上是主张等同。"

[3] 泉州市中级人民法院(2010)泉民初字第556号民事判决。

[4] 福建省高级人民法院(2011)闽民终字第495号民事判决。

广东省高级人民法院在判决中明确认定主动适用等同原则不违反法律规定：[1]

> 关于原审中凯驰公司未主张等同侵权而原审法院主动适用等同原则是否程序违法的问题。本院认为，《最高人民法院关于审理侵犯专利权纠纷案件应用法律若干问题的解释》第七条规定，人民法院判定被诉侵权技术方案是否落入专利权的保护范围，应当审查权利人主张的权利要求所记载的全部技术特征。被诉侵权技术方案包含与权利要求记载的全部技术特征相同或者等同的技术特征的，人民法院应当认定其落入专利权的保护范围。根据上述规定，落入专利权保护范围的方式包含了字面侵权和等同侵权，落入专利权保护范围是后二者的上位概念。本案凯驰公司主张的是被诉侵权产品落入本案专利保护范围，并未进一步明确其仅主张字面侵权，不主张等同侵权。显然字面侵权和等同侵权都囊括在其诉讼主张中。人民法院应当围绕凯驰公司该诉讼请求进行审理，判定是否构成字面侵权或者等同侵权。需要指出的是，是否构成侵权，是构成字面侵权还是构成等同侵权，主要是一个法律判断的问题，属于人民法院在认定事实基础上适用法律的过程。汇隆公司上诉提出凯驰公司未主张等同侵权，原审法院主动适用等同原则程序违法无据，本院不予支持。

（二）等同判断的基准时间

对于判断等同的时间，学术界有申请日（包括优先权日）、公开日和侵权日等不同的主张。[2] 2001年最高人民法院颁布的《关于审理专利纠纷案件适用法律问题的若干规定》规定了等同原则，但没有规定判断等同的时间点。其中第17条关于等同特征的规定是："等同特征是指与所记载的技术特征以基本相同的手段，实现基本相同的功能，达到基本相同的效果，并且本领域的普通技术人员无须经过创造性劳动就能够联想到的特征。"最高人民法院在解释其中的"普通技术人员"的含义时认为，"所谓普通技术人员，是一个抽象的概念，应当以侵权发生期间该专利所属领域的平均知识水平为标准衡量，是指具有该技术领域中的一般知识和能力的技

---

〔1〕 广东省高级人民法院（2014）粤高法民三终字第339号民事判决。

〔2〕 参见刘惠明：《试论确定专利保护范围的等同原则》，载《外国法译评》1999年第4期；曲三强：《专利侵权的等同原则研究》，载《现代财经》2002年第9期；张泽吾：《专利侵权诉讼中判断等同的标准和时间》，载《湖北省社会主义学院学报》2003年第5期。

术人员,既不是该领域的技术专家,也不是不懂技术的人。"[1]这说明,最高人民法院认为应当将侵权日作为判断等同的时间。

北京市高级人民法院的《专利侵权判定指南》也以侵权日作为等同判断的时间点,其第52条规定:"判定被诉侵权技术方案的技术特征与权利要求的技术特征是否等同的时间点,应当以被诉侵权行为发生日为界限。"从法院涉及等同的判决看,大部分都没有明确是以什么时间标准判断是否等同的。个别案件中法院明确了判断等同的时间为侵权日。例如,在"电脑电疗仪"发明专利侵权纠纷案[2]中,一、二审法院都以侵权行为发生时作为判断是否构成等同的时间界限,并在此基础上认定构成等同侵权。虽然其他大部分案件都没有指明判断等同的时间点,但实质上都是将侵权日作为时间点。

最高人民法院在孙俊义与任丘市博成水暖器材有限公司侵害实用新型专利权纠纷案中指出:"等同原则的适用须考虑专利申请与专利侵权时的技术发展水平,防止对专利技术方案中的某些技术特征,以申请日后新出现的技术进行简单替换而规避侵权的发生。"[3]上述论述中虽然没有明确提及判断等同的时间,但其内容已经包含了应以侵权日作为等同判断时间点的意思,否则就无法防止"以申请日后新出现的技术进行简单替换而规避侵权的发生"。

2015年,最高人民法院对《关于审理专利纠纷案件适用法律问题的若干规定》进行了修改,其中第17条的等同特征修改为:"等同特征,是指与所记载的技术特征以基本相同的手段,实现基本相同的功能,达到基本相同的效果,并且本领域普通技术人员在被诉侵权行为发生时无须经过创造性劳动就能够联想到的特征。"上述规定,增加了"在被诉侵权行为发生时",明确了等同判断的时间是侵权日。

(三)是否可以委托鉴定机构就是否构成等同进行司法鉴定

司法鉴定,是指在诉讼过程中,为查明案件事实,人民法院依据职权,或者应当事人及其他诉讼参与人的申请,指派或委托具有专门知识人,对专门性问题进行检验、鉴别和评定的活动。[4]法院在审理专利侵权纠纷案件的过程中,有时会委托鉴定机构鉴定被诉侵权的产品或者方法的技术特征是否与专利的必要技术特征相同或者其对应的不同技术特征是否等同。虽然法院一般不将是否构成侵权等法律判

---

〔1〕《最高人民法院〈关于审理专利纠纷案件适用法律问题的若干规定〉条文释义》,载曹建明主编:《新专利法司法解释精解》,人民法院出版社2002年版,第125页。

〔2〕空军总医院诉北京市海淀区达轮科技公司,北京市中级人民法院(1993)中经知初字第390号案。

〔3〕最高人民法院(2015)民申字第740号民事裁定。

〔4〕最高人民法院《人民法院司法鉴定工作暂行规定》第2条。

断纳入鉴定范围,[1]但等同的判断是认定侵权的核心,一旦就是否等同做出认定后,是否侵权其实也就有结论了。

等同判断的性质是技术问题还是法律问题一直存在不同意见。在"机芯奏鸣装置音板的成键方法及其设备"专利侵犯案中,当事人江阴五金公司认为,等同替换的判断应属于人民法院的职权范围,不应通过技术鉴定来解决。最高人民法院审理认为,等同替代应属技术事实问题,人民法院在认定二者是否属于等同物替换时,有时需要借助本领域专业技术人员的判断。[2]实践中,如果法院委托鉴定机构进行鉴定,则法院再对鉴定机构的结论进行审核。最高人民法院曾指出,法院在鉴定判断被控侵权产品与原告权利要求中的技术特征是否构成等同时,如果委托有关技术鉴定单位进行比较鉴定或者请相关技术领域专家发表意见,则应当考虑鉴定结论或者专家意见是否从普通技术人员的角度出发作出的。[3]

技术特征是否等同的判断,主要是技术问题,但其中也包括了法律问题。例如,在认定功能效果是否基本相同时,要对权利要求进行解释,在功能、效果对比时还要考虑现有技术的状况。在认定"本领域的普通技术人员无须经过创造性劳动就能够联想到"以及判断是否因存在禁止反悔的事由不能认定等同时,都要进行法律的判断。在委托鉴定机构对是否构成等同进行鉴定时,如何避免由鉴定机构行使审判权,是需要探讨和考虑的问题。近年来,法院一般对鉴定机构作出的结论从程序和实体上重新进行审查,如发现错误则做出不采信鉴定结论的判决。例如,在"平滑型金属屏蔽复合带的制作方法"发明专利侵权案中,最高人民法院以鉴定意见对权利要求的解释错误等为由,决定不采信鉴定结论。[4] 在成都优他制药有限责任公司诉江苏万高药业有限公司、四川科伦医药贸易有限公司侵犯发明专利权纠纷再审案案中,法院认定鉴定机构作出的认定等同的结

〔1〕 如上海市高级人民法院《关于知识产权民事诉讼中涉及司法鉴定若干问题的解答》规定第 13 条指出:"法院委托技术鉴定的,应该在鉴定委托书中提出具体、明确的鉴定事项,如被诉侵权的产品或者方法的技术特征是否与专利的必要技术特征相同或者其对应的不同技术特征是否等同,不得将是否构成侵权等法律判断纳入鉴定范围。"

〔2〕 最高人民法院(2001)民三提字第 1 号民事判决。

〔3〕 最高人民法院民三庭:《如何理解最高人民法院关于专利法(2001)法释字第 21 号司法解释(三)》,载 http://www.civillaw.com.cn/article/default.asp? id = 10186,最后访问日期:2015 年 4 月 3 日。

〔4〕 上海锡盛电缆材料有限公司与无锡市隆盛电缆材料厂专利侵权案,最高人民法院(2012)民提字第 3 号。

论错误。[1]

第四节 功能性权利要求和以方法界定产品的权利要求的解释

一、功能性权利要求的解释

(一)我国对功能性权利要求的审查

我国《专利法》和《专利法实施细则》未对功能性权利要求作出规定,国家知识产权局《专利审查指南2010》对功能性权利要求的审查作出了规定。

该指南第二部分第二章第3.2.1条首先对功能性权利要求的使用作了规定:

> 通常,对产品权利要求来说,应当尽量避免使用功能或者效果特征来限定发明。只有在某一技术特征无法用结构特征来限定,或者技术特征用结构特征限定不如用功能或效果特征来限定更为恰当,而且该功能或者效果能通过说明书中规定的实验或者操作或者所属技术领域的惯用手段直接和肯定地验证的情况下,使用功能或者效果特征来限定发明才可能是允许的……此外,如果说明书中仅以含糊的方式描述了其他替代方式也可能适用,但对所属技术领域的技术人员来说,并不清楚这些替代方式是什么或者怎样应用这些替代方式,则权利要求中的功能性限定也是不允许的。另外,纯功能性的权利要求得不到说明书的支持,因而也是不允许的。

可见,在我国专利审查过程中,对使用功能性权利要求的限制是较严的。这主要体现在以下几个方面:一是总的原则是"应当尽量避免使用功能或者效果特征来限定发明"。这说明,我国虽然允许使用功能性权利要求,但并不鼓励使用这种权利要求。二是使用功能性权利要求的条件受到严格限制。只有在某一技术特征无法用结构特征来限定,或者技术特征用结构特征限定不如用功能或效果特征来限定更为清楚,而且该功能或者效果能通过说明书中充分规定的实验或者操作直接和肯定地验证的情况下,使用功能或者效果特征来限定发明才是允许的。三是某些情况下不允许使用功能性权利要求。不允许出现纯功能性的

---

〔1〕 最高人民法院(2010)民提字第158号民事判决。

权利要求。[1]

在专利审查过程中,审查员往往要求申请人删去功能限定的方式,申请人也往往尽量避免在权利要求书中使用“功能限定”的方法。[2] “在以下场合采用功能限定,即可充分保护发明内容,又能使所述限定方式容易为审查员许可。(1)功能限定的手段名称其本身已为本领域技术人员所公知,或,该手段的具体结构已为本领域技术人员所公知。(2)上述功能限定的手段名称其本身虽不为本领域技术人员所公知,或,该手段的具体结构虽不为本领域技术人员所公知,但此时,实现上述功能的具体手段、结构得到说明书实施例的支持。(3)上述功能限定的手段名称其本身虽不为本领域技术人员所公知,或,该手段的具体结构虽不为本领域技术人员所公知,但此时,实现上述功能的具体手段、结构得到说明书多个实施例的支持;且,说明书中载有可将该多个具体手段或结构特征(2 个以上的技术方案)归纳为一个技术方案或构思的叙述。”[3] 从我国的专利实践看,在化学领域和机械领域,较少采用功能性权利要求,采用功能性权利要求最为频繁的是电学领域。[4]

根据《专利审查指南 2010》的规定,对功能性权利要求进行审查时,“对于权利要求中所包含的功能性限定的技术特征,应当理解为覆盖了所有能够实现所述功能的实施方式。对于含有功能性限定的特征的权利要求,应当审查该功能性限定是否得到说明书的支持。如果权利要求中限定的功能是以说明书实施例中记载的特定方式完成的,并且所属技术领域的技术人员不能明了此功能还可以采用说明书中未提到的其他替代方式来完成,或者所属技术领域的技术人员有理由怀疑该功能性限定所包含的一种或几种方式不能解决发明或者实用新型所要解决的技术问题,并达到相同的技术效果,则权利要求中不得采用覆盖了上述其他替代方式或者不能解决发明或实用新型技术问题的方式的功能性限定”。

这意味着,在审查专利的新颖性和创造性时,审查员不只是看专利说明书所披露的实施方式是否具有符合专利的授权条件,还要看“所有能够实现所述功能的实施方式”是否符合专利的授权条件。一旦审查员认为能够实现所述功能的一种实

[1] 所谓纯功能性权利要求,是指整个权利要求仅仅写出了整个发明的发明目的或者所产生的效果,完全没有记载为获得所述效果而必须采用的技术手段。参见尹新天:《专利权的保护》(第 2 版),知识产权出版社 2005 年版,第 324 页。

[2] 刘立平:《功能限定及其代理》,载 www. sipo. gov. cn/sipo/ztxx/ zlscydlywlwj/t20031223_22758. htm,最后访问日期:2015 年 8 月 7 日。

[3] 刘立平:《“功能限定”与“手段加功能”——从几个代理实例和美国判例看中美“功能限定”的差别》,载《专利法研究》(2003 年卷),知识产权出版社 2003 年版,第 262 页。

[4] 参见尹新天:《专利权的保护》(第 2 版),知识产权出版社 2005 年版,第 322 ~ 323 页。

施方式不具有新颖性或创造性,就可以认定专利申请不符合授权的条件。

一般情况下,专利局和专利复审委员会按照上述标准对功能性限定的权利要求进行审查。在其后的专利行政诉讼中,法院对功能性特征进行解释,做法也并不统一。据我们研究,北京市高级人民法院就有三种不同的解释。第一种是解释为实现权利要求书中所述功能的所有方式。在美的集团有限公司与国家知识产权局专利复审委员会实用新型专利权无效行政纠纷上诉案〔1〕中,北京市高级人民法院认为,本专利中的过渡支架,属于功能性限定的技术特征,对于权利要求中所包含的功能性限定的技术特征,本专利中的过渡支架"只要能起到过渡和支架两个作用就可以"。第二种是解释为根据说明书和附图中所描述的功能的所有方式。例如,在河南省德耀节能科技有限公司诉宜宾市永宁机械有限责任公司等实用新型专利权无效行政纠纷案〔2〕中,北京市高级人民法院认为:本专利权利要求1中限定的"挡料~扬料装置",属于功能性特征,结合说明书及附图公开的内容,其功能是能够挡料扬料,改变物料下落方向,延长物料下落时间及下落路径,使干燥效果更好。对于"挡料~扬料装置"应当理解为所有能够实现挡料扬料功能、改变物料下落方向、延长物料下落时间及下落路径的长度、使干燥效果更好的装置。第三种是解释为根据说明书能够实现该功能的具体实施方式及其等同方式。例如,在专利复审委员会等与回波检测公司发明专利权无效行政纠纷上诉案〔3〕中,北京市高级人民法院认为:"包括一个对超声波和低频波均透明的弹性中间介质(18)"属于功能性限定特征,对该功能性技术特征的理解应当根据说明书中能够实施该特征的具体实施方式及其等同方式进行理解。对于法院应当采用哪种解释方式,我们将在后面进行分析。

(二)侵权诉讼中对功能性权利要求的解释

1. 司法解释的规定

最高人民法院2009年颁布的《专利侵权司法解释(一)》第4条规定:"对于权利要求中以功能或者效果表述的技术特征,人民法院应当结合说明书和附图描述的该功能或者效果的具体实施方式及其等同的实施方式,确定该技术特征的内容。"上述规定,明确了我国法院在侵权诉讼中解释功能性特征的规则。在解释功能性特征时,首先要识别某一技术特征是不是功能性限定的技术特征。

最高人民法院2016年颁布的《专利侵权司法解释(二)》第8条规定:

---

〔1〕 北京市高级人民法院(2012)高行终字第502号行政判决。

〔2〕 北京市高级人民法院(2014)高行(知)终字第2489号行政判决。

〔3〕 北京市高级人民法院(2014)高行终字第1293行政判决。

功能性特征,是指对于结构、组分、步骤、条件或其之间的关系等,通过其在发明创造中所起的功能或者效果进行限定的技术特征,但本领域普通技术人员仅通过阅读权利要求即可直接、明确地确定实现上述功能或者效果的具体实施方式的除外。

与说明书及附图记载的实现前款所称功能或者效果不可缺少的技术特征相比,被诉侵权技术方案的相应技术特征是以基本相同的手段,实现相同的功能,达到相同的效果,且本领域普通技术人员在被诉侵权行为发生时无须经过创造性劳动就能够联想到的,人民法院应当认定该相应技术特征与功能性特征相同或者等同。

上述规定,对于什么是功能性特征进行了界定,便于法院认定功能性特征。同时,这一规定还明确了功能性特征的保护范围以“诉侵权行为发生时”的等同范围为准。这一范围,比“专利申请时”的等同范围更宽,如果说专利申请时等同的范围是相同侵权的范围,则专利申请时至侵权行为时等同的范围就是等同侵权的范围。

2. 功能性特征的认定

解释功能性特征的前提是识别功能性特征。对于如何认定功能性特征,最高人民法院的司法解释规定的是“通过其在发明创造中所起的功能或者效果进行限定的技术特征”,但本领域普通技术人员仅通过阅读权利要求即可直接、明确地确定实现上述功能或者效果的具体实施方式的除外。这种除外的情形主要有以下两种情况:

第一种情况是使用了功能性用语的词,但该词已经形成习惯性用法,有其固定的含义,这时就不应认定为功能性特征。最高人民法院曾指出,并不是所有以功能或者效果表述的技术特征均属于功能性特征,因为在同一技术领域中有很多已成熟技术的既定概念也使用了功能性的表述,如“变压器”“放大镜”“发动机”等,本领域技术人员能够明了这些概念所指的技术是如何实现的,其基本的结构如何。[1]再如,在深圳盛凌电子股份有限公司与安费诺东亚电子科技(深圳)有限公司侵犯实用新型专利权纠纷案[2]中,最高人民法院认定,权利要求1记载的“定位槽”是将插接本体之梯形槽框架端固定到定位的槽形结构。“定位槽”是本领域普遍知

[1] 参见最高人民法院(2009)民监字第567号民事裁定。

[2] 最高人民法院(2011)民申字第1318号民事裁定。

悉、约定俗成的概念,并非功能性技术特征。对于是否属于约定俗成的概念,应当由专利权人进行举证证明。在日精 ASB 机械株式会社与柳州市精业机器有限公司侵害发明专利权纠纷上诉案[1]中,北京市高级人民法院认定,日精 ASB 株式会社虽然主张“注射成型部”和“拉伸吹塑成型部”属于本领域普通技术人员普遍知晓的技术特征,不宜被认定为功能性技术特征,但日精 ASB 株式会社并未就此提供证据加以证明,因此,对日精 ASB 株式会社的该项主张本院不予支持。

第二种情况是使用功能性或效果性语言表述,但同时也用相应的结构、材料、步骤等特征进行描述的技术特征。功能性特征指的是通过功能进行限定的特征,而不是通过具体结构、材料、步骤限定的特征,如果既有功能性描述,又有具体的结构、材料、步骤等,则起限定作用的还是具体的结构、材料、步骤等,这类技术特征就不能认定为功能性特征。

3. 是否落入功能性权利要求保护范围的认定

江苏省高级人民法院曾总结了功能性特征侵权判断的步骤:对于功能性技术特征进行侵权判断时,首先,应确定被控侵权产品是否能实现涉案专利权利要求中所表述的功能或效果;其次,确定被控侵权产品中实现相同功能或效果的具体实施方式;最后,比较被控侵权产品实现该功能的方式是否与专利权利要求中经确定的功能性技术特征的内容相同或等同。如果被控侵权产品实现了与专利相同的功能,而且实现该功能的方式与专利权利要求中经确定的功能性技术特征的内容相同或等同,则被控侵权产品落入专利权的保护范围。[2] 但是,上述方式中存在一个问题,在第三步中将被控侵权产品的实施方式与功能性特征的内容相比,实质上是很难对比的。

最高人民法院在关于陈顺弟与浙江乐雪儿家居用品有限公司、何建华及第三人温士丹侵害发明专利权纠纷案[3]中的对比具有一定的典型意义。首先,法院认定权利要求中的保温层属于功能性限定的技术特征。法院没有对这一技术特征的功能进行分析,可能是由于其功能就是“保温”,不用专门分析。其次,法院就专利说明书和附图中描述的具体实施方式进行了界定。“依照涉案专利方法所生产的热水袋共计有三层,即内层、外层和保温层。根据涉案专利说明书中关于保温层的描述及附图中公开的内容来看,该保温层由人造保温棉等各种有关材料制作,位于内层和外层之间,将内层、外层完全覆盖并隔离开,可以达到如下技术效果:提高保

[1] 北京市高级人民法院(2013)高民终字第 4408 号民事判决。

[2] 江苏省高级人民法院(2011)苏知民终字第 0139 号民事判决。

[3] 最高人民法院(2013)民提字第 225 号民事判决。

温性能，慢慢散热降温，延长使用时间；克服灌入热水开始过烫现象。”最后，法院对被诉侵权产品中的相应技术特征是否与专利说明书中披露的具体实施方式相同或等同进行了分析。“被诉侵权产品中的空心棉软垫，在宽度上与内层、外层同宽，并与内层、外层左右两侧边缘相连接；在长度上相当于内层、外层的一半。乐雪儿公司主张半块空心棉软垫的设置是为了增强手持热水袋的手感，不具有涉案专利保温层的功能和效果。本院认为，保温的主要原理是物理隔离减弱热对流和热传导。涉案专利设置保温层的目的就是通过控制内外层之间空气的热对流，阻断内外层之间因物理接触而产生的热传导来实现保温和防烫的效果。被诉侵权产品所设置的半块空心棉软垫在材质上与涉案专利保温层相同，在结构上也设置于内层和外层之间，在大小上虽然没有完全覆盖内层和外层，但其设置方式实质上起到了减弱热对流和热传导的作用，也能够实现保温和防烫的技术效果。虽然半块空心棉的保温和防烫效果与整块空心棉的效果会稍有差异，但本领域技术人员基于对保温原理的认识，能够判断二者的差异是非实质性的，因此‘空心棉软垫’与‘保温层’构成等同。”

最高人民法院在宁波悦祥机械制造有限公司与上海昶意机械制造有限公司侵害发明专利权纠纷再审案[1]中，使用相同的方法认定被诉侵权产品中的气弹簧与涉案专利权利要求1中的锁定装置不是相等同的技术特征。

在上述案件中，最高人民法院并没有明确认定等同的基准时间。一般情况下，在没有指明基准时间时，应指的是侵权时。而北京市高级人民法院在湖南千山制药机械股份有限公司与山东新华医疗器械股份有限公司等侵害发明专利权纠纷上诉案[2]中，则明确使用“申请日”作为认定是否与说明书中描述的具体实施方式相等同的时间点。

(三)等同原则对功能性权利要求的适用

根据我国司法解释的规定，功能性特征的内容指的是说明书和附图描述的该功能或者效果的具体实施方式及其等同的实施方式。这一范围是功能性的字面范围。

对于等同原则是否适用于功能性特征，曾有不同的意见。最高人民法院2016年颁布的《专利侵权司法解释(二)》第8条的规定，使用了“与功能性特征相同或者等同”的用语，说明功能性特征也有相同侵权和等同侵权。而等同侵权就是适用等

---

〔1〕 最高人民法院(2013)民申字第366号民事裁定。

〔2〕 北京市高级人民法院(2014)高民终字第723号民事判决。

同原则的表现。

但等同原则适用于功能性特征与适用于其他技术特征有不同的地方。根据《专利侵权司法解释(二)》第8条的规定,功能性特征认定等同的条件是"以基本相同的手段,实现相同的功能,达到相同的效果"。这就要求功能、效果完全相同才能认定等同,而不是"基本相同"就可以认定等同。

可见,对于功能性特征而言,相同侵权和等同侵权的区别在于"本领域普通技术人员无需经过创造性劳动就能够联想到"的时间。如果是在申请日就能联想到,则属于相同侵权;如果在申请日不能联想到,但在被诉侵权行为发生时可以联想到,则属于等同侵权。实践中,实际上是很难区分是在申请日还是侵权日能够联想到的。因此司法解释只规定了"被诉侵权行为发生时",这时能够联想到的内容,包括了在申请日能够联想到的内容。只要在"被诉侵权行为发生时"能够联想到,就属于功能性特征的范围,不再区别相同还是等同。

二、以方法界定产品的权利要求的解释

(一)以方法界定产品的权利要求的审查

对于以方法界定产品的权利要求,在我国的《专利法》及《专利法实施细则》中都没有专门的规定。在《专利审查指南2010》中,没有关于对"以方法界定产品权利要求"的概括规定。但在新颖性的审查部分以及对于化学产品专利中以方法界定产品的权利要求有专门的规定。

1. 包含产品制备方法特征的产品权利要求的新颖性

《专利审查指南2010》第二部分第三章第3.2.5(3)规定:

> 包含制备方法特征的产品权利要求:对于这类权利要求,应当考虑该制备方法是否导致产品具有某种特定的结构和/或组成。如果所属技术领域的技术人员可以断定该方法必然使产品具有不同于对比文件产品的特定结构和/或组成,则该权利要求具备新颖性;相反,如果申请的权利要求所限定的产品与对比文件产品相比,尽管所述方法不同,但产品的结构和组成相同,则该权利要求不具备新颖性,除非申请人能够根据申请文件或现有技术证明该方法导致产品在结构和/或组成上与对比文件产品不同,或者该方法给产品带来了不同于对比文件产品的性能从而表明其结构和/或组成已发生改变。例如,专利申请的权利要求为用X方法制得的玻璃杯,对比文件公开的是用Y方法制得的玻璃杯,如果两个方法制得的玻璃杯的结构、形状和构成材料相同,则申

请的权利要求不具备新颖性。相反,如果上述X方法包含了对比文件中没有记载的在特定温度下退火的步骤,使用该方法制得的玻璃杯在耐碎性上比对比文件的玻璃杯有明显的提高,则表明要求保护的玻璃杯因制备方法的不同而导致了微观结构的变化,具有了不同于对比文件产品的内部结构,该权利要求具备新颖性。

以上规定是在审查新颖性时对于包含产品制备方法特征的产品权利要求的审查准则。根据上述规定,在新颖性判断时只考虑物本身的特性,而不考虑制备方法本身。

2.《专利审查指南2010》中关于化学产品中以方法界定产品的规定

《专利审查指南2010》第二部分第十章第4.3(2)条规定:

允许用制备方法来表征化学产品权利要求的情况是:用制备方法之外的其他特征不能充分表征的化学产品。

《专利审查指南2010》第二部分第十章第5.3(2)条规定:

对于用制备方法表征的化学产品权利要求,其新颖性审查应针对该产品本身进行,而不是仅仅比较其中的制备方法是否与对比文件公开的方法相同。制备方法不同并不一定导致产品本身不同。

如果申请没有公开可与对比文件公开的产品进行比较的参数以证明该产品的不同之处,而仅仅是制备方法不同,也没有表明由于制备方法上的区别为产品带来任何功能、性质上的改变,则推定该方法表征的产品权利要求不具备专利法第二十二条第二款所述的新颖性。

以上规定针对的是化学领域的专利申请。对于化学产品,只有用制备方法之外的其他特征不能充分表征的,才可以使用制备方法界定产品。对这类权利要求进行审查时,和前面所说的标准是一样的,即只就权利要求所界定的“产品”是否具有新颖性进行审查,不仅仅因为制备方法的不同而使发明具有新颖性。

(二)以方法界定产品的权利要求的解释

在实践中,我国法院一般认为产品专利中的方法特征对于专利保护范围具有限定作用。例如,在北京望族净化技术开发有限责任公司诉陕西四维高科滤材股份有限公司等侵犯发明专利权纠纷案中,涉案专利权利要求1为:“一种由于汽、柴油机润滑油净化的全流式深度润滑油净化器滤芯,其特征在于:它是由木屑(9~36目)、植物纤维(8~12毫米)及其辅助材料制成的……”北京市第一中级人民法院认为,由于本专利的权利要求1所采用的是以方法限定产品的撰写方式,特征部分所限定的实际上是制备产品的原始材料及配比,制作产品的原始材料和配比与最终制成的产品中所含的材料和配比能否完全吻合,仅根据现有证据尚无法确定。原告未能举证证明两被控侵权产品就是按照本专利权利要求1中所限定的原始材料和配比方式所制造的。因此,判令驳回原告的诉讼请求。[1]

最高人民法院审理的成都优他制药诉江苏万高药业专利侵权案[2]涉及以方法界定产品的权利要求。案中的权利要求为:“1. 一种独一味的软胶囊制剂,其特征在于该软胶囊由如下重量份的原料药组成:独一味提取物20~30重量份,植物油25~36重量份,助悬剂1~5重量份;其中独一味提取物由下面四种提取方法中任意一种制备:Ⅰ. 取独一味药材,粉碎成最粗粉,加水煎煮二次,第一次加10~30倍量的水,煎煮1~2小时,第二次加10~20倍量水,煎煮0.5~1.5小时,合并药液,滤过,滤液浓缩成稠膏,减压干燥,粉碎成细粉,过200目筛,备用……”被控侵权物涉及上述Ⅰ中的提取方法,但与该方法不同的是,被控侵权物的提取方法是“取独一味药材1000g,粉碎;加10倍量水煎煮3次,每次1小时;合并煎液,滤过,滤液浓缩成相对密度为1.30的清膏;在80℃以下干燥,研成细粉备用。”案件的争议焦点在于被告使用的方法与原告专利权利要求中的方法是否相同或等同。最高人民法院认定:由于被诉侵权产品缺少涉案专利“过200目筛”技术特征,且被诉侵权产品中“煎煮3次”不构成专利“煎煮2次”的等同特征,因此,被诉侵权产品没有落入涉案专利权的保护范围。虽然最高人民法院并没有在该案中提出以方法界定产品权利要求的解释方法,但在判决中已经认定了方法特征的限定作用。其实,虽然三级法院得出的结论并不相同,但都认定权利要求中的方法特征对于专利保护范围具有限定作用。

在济南昌林气囊容器厂有限公司与孙菊香专利侵权纠纷案中,涉案发明专利权利要求1记载:“一种高强度橡胶尼龙气囊容器,其特征是挂上生胶的各种帘线及其织物或帘线钢丝混合织物缠绕后硫化而成。”最高人民法院认为:“该权利要求是以方法限定的产品权利要求,在进行侵权判定时,应当考虑被诉侵权技术方案是

---

〔1〕 北京市第一中级人民法院(2006)一中民初字第9998号民事判决。

〔2〕 最高人民法院(2010)民提字第158号民事判决。

否使用该方法特征。”[1]

最高人民法院2016年发布的《专利侵权司法解释(二)》明确规定方法特征具有限定作用,其第10条规定:“对于权利要求中以制备方法界定产品的技术特征,被诉侵权产品的制备方法与其不相同也不等同的,人民法院应当认定被诉侵权技术方案未落入专利权的保护范围。”这一规定,将法院的做法成文化。

(三)实用新型专利中的方法特征及其解释

我国实用新型保护的是产品,但专利申请人在撰写实用新型的权利要求时,有可能写入方法特征。对于这种情形的审查,《专利审查指南2010》第一部分第二章第6.1条规定:

> 一项发明创造可能既包括对产品形状、构造的改进,也包括对生产该产品的专用方法、工艺或构成该产品的材料本身等方面的改进。但是实用新型专利仅保护针对产品形状、构造提出的改进技术方案。应当注意的是:(1)权利要求中可以使用已知方法的名称限定产品的形状、构造,但不得包含方法的步骤、工艺条件等。例如,以焊接、铆接等已知方法名称限定各部件连接关系的,不属于对方法本身提出的改进。(2)如果权利要求中既包含形状、构造特征,又包含对方法本身提出的改进,例如含有对产品制造方法、使用方法或计算机程序进行限定的技术特征,则不属于实用新型专利保护的客体。例如,一种木质牙签,主体形状为圆柱形,端部为圆锥形,其特征在于:木质牙签加工成形后,浸泡于医用杀菌剂中5~20分钟,然后取出晾干。由于该权利要求包含了对方法本身提出的改进,因而不属于实用新型专利保护的客体。

另外,《专利审查指南2010》第四部分第六章第4条规定:“在实用新型专利创造性的审查中,应当考虑其技术方案中的所有技术特征,包括材料特征和方法特征。”

可见,对于实用新型专利权利要求中以方法界定产品的使用,《专利审查指南2010》作出了如下的规定:可以使用已知方法的名称限定产品的形状、构造,但不能对方法本身提出技术方案,不能使用产品的制造方法来限定技术特征。如果权利要求中既包含形状、构造特征,又包含对方法本身提出的改进,则不属于实用新型专利保护的客体。对于实用新型专利权利要求中以方法界定产品的权利要求的审

[1] 最高人民法院(2011)民申字第1047号民事裁定。

查,审查指南规定的原则是应当考虑该方法特征。

如果实用新型专利具有方法等非实用新型特征,如何确定其对于专利范围的影响,一般认为应当认定该特征对于实用新型专利的保护范围具有限定作用。例如,北京市高级人民法院《专利侵权判定指南(2017)》第22条规定:"实用新型专利权利要求中包含非形状、非构造技术特征的,该技术特征对确定专利权的保护范围具有限定作用。非形状、非构造技术特征,是指实用新型专利权利要求中记载的不属于产品的形状、构造或者其结合等的技术特征,如用途、制造工艺、使用方法、材料成分(组分、配比)等。"这里虽然没有提及"以方法界定产品的权利要求",但这里的"非形状、非构造技术特征"包括了"以方法界定产品的技术特征"。其实,早在北京市高级人民法院2001年制定《专利侵权判定若干问题的意见(试行)》中,就有内容基本相同的规定。有关专家对上述规定的解释是:由于我国对实用新型专利只实行形式审查,专利法在权利要求撰写方面并没有把发明与实用新型严格区别,必须会出现有些不属于实用新型专利保护的内容。相当多的实用新型权利要求中含有用途、制造工艺(加工方法)、使用方法、材料成分等,形成混合型权利要求。与以混合型权利要求为依托的实用新型专利权人与他人发生专利侵权争议时,这种混合型权利要求应当比同样内容的实用新型专利的权利要求处于不利地位。一般来说,实用新型专利权利要求中的非实用新型技术特征在侵权诉讼中,原则上都要予以考虑。不能允许实用新型专利权人以专利中的某些特征是非实用新型技术特征为由,要求法院在限定其专利保护范围时不予考虑。如果允许实用新型专利权人在专利侵权诉讼中删去非实用新型技术特征,等于不仅将不该保护的实用新型专利权给予了保护,而且又扩大了专利的保护范围,对公众是不利的。[1]

法院在审理案件过程中,也是按上述意见进行审理的。例如,在"药浸柳枝接骨外固定架"实用新型专利侵权案[2]中,法院就认为不能忽略以方法界定的技术特征。案中专利的独立权利要求为:"一种药浸柳枝接骨外固定架,其特征在于用药浸草柳枝条经纬方向编织成一个固定架,在固定架的外侧至少置有一对搭扣。"被控侵权物用的柳条没有经过药浸处理。上海市高级人民法院认为,实用新型专利技术方案并非只能由形状、构成或者其结合方面的技术特征构成。实用新型专利技术方案中既可以有形状、构成或者其结合方面的技术特征,也可以有非形状、

---

〔1〕 参见程永顺:《对专利侵权如何判定——关于执行〈专利侵权判定若干问题的意见(试行)〉几个问题的说明》,载程永顺主编:《专利侵权判定实务》,法律出版社2002年版,第3页。

〔2〕 潘懿莉与上海高宇医疗器材厂,上海市第一中级人民法院(2003)沪一中民五(知)初字第248号案(一审),上海市高级人民法院(2004)沪高民三(知)终字第94号案(二审)。

构成或者其结合方面的技术特征，只要这些技术特征所共同限定的技术方案是具有确定形状或者构成的产品，这种产品就可以成为实用新型专利所保护的客体。涉案实用新型专利是由经“药浸”处理的柳枝条编织成的接骨外固定架，药浸是非形状、构造或者其结合方面的技术特征，该技术特征不会引起涉案实用新型专利在形状、构造或者其结合方面发生变化。但“药浸”仍是涉案实用新型的一项必要技术特征，并与其他技术特征一起共同构成了涉案实用新型专利技术方案，共同限定了涉案实用新型专利权保护的范围。在该案中，对柳条的药浸处理是一种加工工艺，应当属于方法特征。专利权利要求中使用“药浸”对柳条进行限定，属于以方法限定产品的权利要求。法院认为对柳条的药侵处理并不是形状、构造或者其结合方面的技术特征，并且也不会引起专利在形状、构造或者其结合方面发生变化。但是，法院仍认定“药侵”是专利的一项必要技术特征，对专利的保护范围具有限定作用，不具有这一技术特征的被控侵权物并不构成侵权。

第五节　专利间接侵权

一、我国的有关规定

我国《专利法》中没有间接侵权或帮助侵权的规定，第 11 条规定的构成专利侵权的行为类型，都是直接侵权。虽然专利法中没有关于间接侵权的规定，但我国其他法律法规和司法解释中有关于帮助侵权的规定。《民法通则》第 130 条规定：“二人以上共同侵权造成他人损害的，应当承担连带责任。”最高人民法院《关于贯彻执行〈民法通则〉若干问题的意见（试行）》第 148 条规定：“教唆、帮助他人实施侵权行为的人，为共同侵权人，应当承担连带民事责任。”《侵权责任法》第 9 条第 1 款也做了类似的规定：“教唆、帮助他人实施侵权行为的，应当与行为人承担连带责任。”上述规定，使法院可以按照共同侵权追究教唆、帮助侵权人的责任。事实上，我国法院依据这些规定审理了多起专利间接侵权案件。但由于上述规定的原则性和模糊性，法院在追究共同侵权责任时所掌握的标准存在一定的差距。

在我国专利法第二次修改和第三次修改的过程中，都曾讨论增加关于间接侵权的规定。在第二次修改时，考虑到 TRIPS 协议中没有关于专利间接侵权的规定，我国《专利法》不宜提供超出 TRIPS 协议标准的保护力度，关于间接侵权的建议被删除。在《专利法》第三次修改时，由于“专利法中规定专利间接侵权的时机尚不成熟”等原因，专利间接侵权制度仍未被纳入到我国的专利法律制度中。在 2009 年最高人民法院制订专利侵权的司法解释时,征求意见稿中也提出了间接侵权的意见。[1] 但在正式司法解释中,仍然取消了关于间接侵权的规定。

最高人民法院在2014年8月公布的《关于审理侵犯专利权纠纷案件应用法律若干问题的解释(二)(公开征求意见稿)》中提出了增加专利帮助侵权的意见,并最终规定在2016年颁布的《专利侵权司法解释(二)》中:

> 明知有关产品系专门用于实施专利的材料、设备、零部件、中间物等,未经专利权人许可,为生产经营目的将该产品提供给他人实施了侵犯专利权的行为,权利人主张该提供者的行为属于侵权责任法第九条规定的帮助他人实施侵权行为的,人民法院应予支持。
>
> 明知有关产品、方法被授予专利权,未经专利权人许可,为生产经营目的积极诱导他人实施了侵犯专利权的行为,权利人主张该诱导者的行为属于侵权责任法第九条规定的教唆他人实施侵权行为的,人民法院应予支持。

原来征求意见稿中的“将该产品提供给无权实施该专利的人或者依法不承担侵权责任的人实施”在司法解释中变更为“将该产品提供给他人实施了侵犯专利权的行为”。可以看出,司法解释适用的范围比原来的征求意见稿更小。

二、司法解释公布前我国法院审理的涉及帮助侵权或间接侵权案件的情况

尽管最高人民法院直到2016年才颁布了关于专利间接侵权的司法解释,但其实在此之前我国法院已经审理了大量涉及间接侵权的判决。

1. 概况

笔者曾通过网络和出版物等多种途径,对我国法院审理的涉及间接侵权的判决进行了整理。[2] 共收集36个案件的文书,包括18个生效的一审判决和18个二审判决(调解书)。这36个案件,审理的时间最早1993年,最晚2012年。涉及北

---

[1] 最高人民法院2009年公布的《关于审理侵犯专利权纠纷案件应用法律若干问题的解释》(征求意见稿)第16条规定:“行为人知道有关产品系只能用于实施特定发明或者实用新型专利的原材料、中间产品、零部件、设备等,仍然将其提供给第三人以实施侵犯专利权的行为,权利人主张该行为人和第三人承担连带民事责任的,人民法院应当支持;该第三人的实施不是为生产经营目的,权利人主张该行为人承担民事责任的,人民法院应当支持。”

[2] 截止时间为2012年年底。在有的判决中,法院并没有使用“间接侵权”这一用语,但审理的行为属于本文中所说的间接侵权,也作为间接侵权的判决收录在内。

京、湖南、广东、广西、上海、陕西、四川、江苏、福建、天津、河南、山东、重庆、山西、浙江、吉林、黑龙江等17个省市自治区的法院。在36件案件中,有24个案件认定构成间接侵权、共同侵权或帮助侵权,有12个案件认定没有构成侵权。

在24个认定侵权的案件中,18个认定构成"间接侵权",其中8个案件只认定构成间接侵权,没有提及共同侵权,另外10个案件既认定为间接侵权,同时也认为是共同侵权。18个案件以外,有5个认定为共同侵权或"帮助侵权",没有使用"间接侵权"的用语。〔1〕而另外一个案件当事人双方对是否构成间接侵权有争议,而法院既没有使用间接侵权,也没有使用共同侵权,而是认为被控侵权产品虽缺少权利要求中的配套动力,但没有配套动力就无法工作,因此认定构成侵权。〔2〕

在没有认定侵权的12个案件中,只有一件直接否定了间接侵权的主张,"李国栓称李铁成部分侵权、间接侵权,并请求李铁成承担侵权责任的主张不符合专利侵权认定的原则,故李国栓的该项主张不能成立"。〔3〕在一个案件中,当事人提出了间接侵权的主张,但法院只以缺少必要技术特征认定不侵权,而对间接侵权没有评论。〔4〕其余案件中,一个案件是因为生产零部件的被告不知道被控侵权产品使用在侵犯专利权的产品上,没有共同故意,因此不构成侵权;〔5〕1件是因为专利被宣告无效;2件是证据不足;3件是因为直接侵权不成立,所以间接侵权也不成立;〔6〕2

〔1〕兰州铁路局科学技术研究所、北京市海淀区海龙水处理设备厂诉北京跃特环保设备厂侵犯发明专利权纠纷案,北京市第一中级人民法院(1998)一中知初字第47号;李沫然诉广州市威鼎电子有限公司等侵犯外观设计专利权纠纷案,广州市中级人民法院(2009)穗中法民三初字第173号;江苏金光芒灯饰工程有限公司与宁波燎原工业股份有限公司及扬州市英莱特灯饰制造有限公司、丹阳市明珑灯饰厂侵犯专利权纠纷一案,江苏省高级人民法院(2010)苏知民终字第0070号;浙江省东阳市冠科建筑智能工程有限公司与深圳市捷顺科技实业股份有限公司侵犯外观设计专利权纠纷案,江苏省高级人民法院(2010)苏知民终字第0125号;张委三与约克广州空调冷冻设备有限公司等专利侵权纠纷案,北京市高级人民法院(2007)高民终字第1259号。

〔2〕东丰县电机厂诉公主岭市国家农业科技园区科研设备厂专利侵权纠纷案,长春市中级人民法院(2005)长民三初字第70号。

〔3〕李国栓、郑州市曙光尼龙配件厂因专利侵权纠纷上诉案,河南省高级人民法院(2000)豫经一终字第375号。

〔4〕广州金鹏实业有限公司与何建辉侵害商业信誉纠纷及确认不侵权纠纷上诉案,广东省高级人民法院(2005)粤高法民三终字第387号。

〔5〕佛山市利宝来玩具厂诉顺德市勒流富裕塑料玩具厂、顺德市凯德塑料模具厂、顺德市新得模具塑料有限公司外观设计专利侵权纠纷案,佛山市中级人民法院(1999)佛中法知初字第27号。

〔6〕凯能高科技工程(上海)有限公司与阜宁澳洋科技有限责任公司等专利侵权案,(2010)盐知民初字第91号;宋智海诉山东省信鸽协会实用新型专利侵权纠纷案,济南市中级人民法院(2003)济民三初字第41号;刘雪华与济南开发区鑫环能锅炉研究所等实用新型专利侵权纠纷上诉案,山东省高级人民法院(2001)鲁民三终字第2号。

件因为产品具有非侵权实质用途。1 件是因为没有侵权故意和帮助侵权行为。[1]

从对上述判决的分析可以看出:第一,间接侵权的理论在我国法院得到广泛的认可。除了认定构成间接侵权的 18 件案件外,还有 8 件案件明确提出了“间接侵权”的问题,但因其他原因没有认定侵权。因此,在 36 个案件中,有 26 个使用了“间接侵权”的用语。第二,个别法院只承认共同侵权,而不提间接侵权的理论。在认定侵权的判决中,有 5 件判决只承认共同侵权,没有使用间接侵权的用语。第三,个别法院否定间接侵权的理论。在没有认定侵权的判决中,一件判决认为间接侵权的主张不符合专利侵权认定的原则。

2. 法律依据

在认定构成间接侵权的 18 个案件中,引用了《民法通则》第 130 条规定或最高人民法院《关于贯彻执行〈民法通则〉若干问题的意见(试行)》第 148 条规定的有判决有 9 个,没有引用《侵权责任法》的判决。其余的 9 个判决,没有引用相关法律条文,就直接作出了间接侵权的认定。

可见,虽然我国法律和司法解释中并没有间接侵权的规定,但大部分法院都已经接受并适用了间接侵权的概念。有的法院是将共同侵权的规定作为认定间接侵权的法律依据,但也有很多法院直接适用了间接侵权的理论认定间接侵权。我们认为,虽然在研究中可以使用间接侵权的用语,但在法律和司法解释没有规定的情况下,法院在判决中直接认定构成间接侵权法律依据不足。如果追究间接侵权人的责任,只能依据《民法通则》中共同侵权的理论和用语。北京高级人民法院的 2001 年发布的《专利侵权判定若干问题的意见(试行)》中曾使用间接侵权的概念,而在 2013 年发布的《专利侵权判定指南》中则使用了共同侵权的概念。这也反映了北京高级人民法院在间接侵权问题上用语和适用法律的变化。

3. 间接侵权与直接侵权的关系

从我们收集的 36 个案件来看,在认定侵权的判决中,都是以最终产品落入专利保护范围为前提的。虽然在很多案件中,专利权人并没有起诉直接侵权人,但法院认定由于被告的产品只能用于实施专利的行为,因此,最终产品落入专利保护范围仍是认定间接侵权的前提。

但是,在认定间接侵权成立的判决中,对于实际上是否已经有他人制造了落入专利保护范围的最终产品,在 14 个案件中并没有涉及。在没有认定侵权的判决中,

---

〔1〕 于庆文与中国移动通信集团黑龙江有限公司等专利侵权纠纷案,黑龙江省高级人民法院(2008)黑知终字第 16 号。

有的判决以是最终产品不会落入专利保护范围而判决不构成侵权的。[1] 有1个案件是以没有证明第三人已经实施了专利,而认定不构成间接侵权的。[2] 可见,在这一层次上,我国法院的观点是,最终产品会落入专利的保护范围,是认定间接侵权的前提,但是多数案件并不要求实际上已经有直接侵权发生。

其次,对于最终产品的生产、销售者是否构成侵权,才能认定间接侵权。对此,从司法实践看,有以下几种不同的观点。第一种观点是,即使最终产品的生产销售者在国外、或者个人非生产经营行为或者根据专利法的规定属于不侵犯专利的行为,提供教唆、帮助的人仍构成间接侵权。[3] 第二种观点是,被控间接侵权行为人的相关行为必须在与他人的行为构成共同侵权的情况下,才可能构成间接侵权。[4]

4. 是否必须将直接侵权人作为共同被告

在专利权人起诉间接侵权的案件中,有时只起诉间接侵权人,有时将直接侵权人作为共同被告。在认定间接侵权的18个案件中,有13个案件只起诉间接侵权人,法院认定间接侵权成立。这些案件反映的法院的观点是,间接侵权诉讼不是必要共同诉讼,在不起诉直接侵权人的情况下,仍可以只对间接侵权人提起诉讼,并认定构成间接侵权。[5] 有5个案件同时起诉了直接侵权人和间接侵权人,法院认定共同承担侵权责任。而在没有认定侵权的案件中,有3个案件以没有直接侵权所以就不构成间接侵权。这些案件反映的法院的观点是,如果不起诉直接侵权人,就无法认定间接侵权。[6]

---

〔1〕 刘雪华与济南开发区鑫环能锅炉研究所等实用新型专利侵权纠纷上诉案,山东省高级人民法院(2001)鲁民三终字第2号;凯能高科技工程(上海)有限公司与阜宁澳洋科技有限责任公司等专利侵权案,(2010)盐知民初字第91号。

〔2〕 胡荣良诉四川省绵阳市华意达化工有限公司专利侵权纠纷案,四川省成都市中级人民法院(2004)成民初字第942号。

〔3〕 北京市高级人民法院2001年发布的《关于专利侵权判定若干问题的意见(试行)》就持这种观点,而北京高院2013年9月发布的《专利侵权判定指南》已经不持这种观点。另外,判决中持这种观点的有:太原重型机器厂诉太原电子系统工程公司、阳泉煤矿电子设备二厂专利侵权纠纷案,山西省高级人民法院(1993)晋经终字第152号;佛山市南海区罗村联和联兴轻钢龙骨厂等与广州金鹏实业有限公司侵犯发明专利权纠纷上诉案,广西高级人民法院(2005)桂民三终字第5号。

〔4〕 持这种观点的判决如刘雪华与济南开发区鑫环能锅炉研究所等实用新型专利侵权纠纷上诉案,山东省高级人民法院(2001)鲁民三终字第2号。

〔5〕 昆山晶丰电子有限公司与WAC数据服务有限公司(WAC DATASERVICE)侵犯专利权纠纷上诉案(天津市高级人民法院(2008)津高民三终字第003号)中,法院在判决中明确提出了这种观点。在其他件案件中,法院没有明确提出这种观点,但实质上也是承认这种观点的。

〔6〕 虽然在这三个案件中法院并没有明确提出这种观点,但法院以没有直接侵权为由否定间接侵权的主张,实质上要求专利权人将直接侵权人列为共同被告。

可以看出,在是否将直接侵权人列为共同被告的问题上,法院存在两种做法。大多数法院的做法是专利权人可以只起诉间接侵权人,而少数法院的做法是在不起诉直接侵权人时,认定不构成间接侵权。

三、2016年司法解释实施后的专利间接侵权

2016年司法解释明确规定了间接侵权后,法院审理涉及专利间接侵权的案件有了明确的依据。由于司法解释实施的时间还较短,法院审理的涉及专利间接侵权的案件还比较少。

按照《专利侵权司法解释(二)》的规定,只有"为生产经营目的将该产品提供给他人实施了侵犯专利权的行为",才可能构成间接侵权。如果专利权人只起诉间接侵权人,又没有证明他人实施了侵犯专利权的行为,这时能否认定间接侵权,是一个值得探讨的问题。对此,法院有不同的做法。

在南京特能电子有限公司与南京西普尔科技实业有限公司侵害实用新型专利权纠纷案[1]中,专利权人只起诉了一个被告。一审法院认为被诉产品缺少涉案专利权利要求记载的"蓄电池"这一技术特征,其未落入涉案专利权的保护范围。二审法院依据《专利侵权司法解释(二)》的规定,认为虽然被诉产品本身并不具备涉案专利的全部技术特征,但该产品的唯一用途致使其一旦使用则必然落入涉案专利的保护范围,而对此西普尔公司亦属明知。故西普尔公司的相应行为符合认定专利间接侵权的上述法律规定。但由于现有技术抗辩成立,二审法院维持了不侵权的判决。但在在武义升特车业有限公司与温岭市永清电动车配件厂侵害发明专利权纠纷案中,专利权人也只起诉了一个被控侵权人,被诉侵权产品缺少电动动力装置、前车轮和后车轮。原告主张根据涉案产品的结构特征、预留的电池安装位置、充电接口及车轮的挡泥板,可以根据常理推断涉案产品的完整构造必然包含动力装置及前后车轮,因此可以推定被告系明知涉案产品专门用于实施本案发明专利的中间物,属于帮助他人实施侵权行为的间接侵权。台州市中级法院认为,原告并未提供证据证明存在他人利用涉案产品实施了侵犯原告发明专利权的行为,故被告生产未落入涉案专利保护范围的产品的行为亦不能被单独认定为属于帮助他人实施侵权行为的间接侵权。

如果权利人既起诉直接侵权人又起诉间接侵权人,法院比较容易认定侵权。例如,在刘建华与叶文君、深圳优威派克科技股份有限公司侵害实用新型专利权纠

---

〔1〕 江苏省高级人民法院(2016)苏民终168号民事判决。

纷案[1]中,原告指控叶文君是直接侵权人,深圳优威派克科技股份有限公司等两被告是间接侵权人。法院认定叶文君的产品落入原告本案请求保护的权利范围。另外二被告生产了显示器及与显示器尺寸相配的机箱(含安装腔和后盖在内的箱体框架,以下简称侵权零部件)提供给叶文君,由叶文君添置主板、电源、硬盘等核心电脑配件并组装成侵权产品整机出售。对于是否构成间接侵权,法院认为:“箱体的框架结构决定了金属板状的安装腔只能设置于显示器背面,生产者通过螺丝开孔预设的安装腔上的安装位和后盖的凸起部的一体设计共同决定了主板、电源和硬盘等电脑配件的安装位置,用户遵从安装指引配置必要配件后获得的电脑成品必然是实施了他人专利的侵权产品,否则该电脑一体机无法正常使用。上述结果属于侵权零部件的生产者即两被告公司可合理预见的范围,然而两被告公司明知自己产品面向的不是终端消费者而是中间商,却仍以经营为目的提供侵权零部件,教唆他人实施侵权行为,依法应承担相应的侵权责任。”对于赔偿责任,法院认为,原告仅指控叶文君实施了销售侵权产品的行为,而本院认定两被告公司帮助叶文君实施了侵权行为,故依照《中华人民共和国侵权责任法》第 9 条的规定,两被告公司应对叶文君因销售侵权产品所应负的赔偿责任承担连带责任。

本章小结

根据我国专利法的规定,发明或者实用新型专利权的保护范围以其权利要求的内容为准,说明书及附图可以用于解释权利要求。对于借助说明书和附图解释权利要求,有积极适用和消极适用两种意见和做法。消极适用者主张只有在权利要求书记载的内容不清楚时才借助说明书和附图解释权利要求,积极适用者主张借助于说明书和附图来解释权利要求不需要上述前提条件。最高人民法院最近的意见是支持积极适用。

我国解释权利要求的原则是,根据本领域普通技术人员在阅读说明书及附图后对权利要求记载的理解解释权利要求。用于解释权利要求的资料主要包括:说明书及附图、权利要求书中的相关权利要求、专利审查档案、工具书、教科书等公知文献以及本领域普通技术人员的通常理解等。独立权利要求的前序部分、特征部分以及从属权利要求的引用部分、限定部分记载的技术特征均有限定作用。

---

[1] 广州知识产权法院(2015)粤知法专民初字第 1402 号判决。

自从专利法实施以来,等同原则在我国就已经得到了承认。2001 年最高人民法院在《关于审理专利纠纷案件适用法律问题的若干规定》、2009 年《关于审理侵犯专利权纠纷案件若干问题的解释》以及 2016 年的《关于审理侵犯专利权纠纷案件若干问题的解释(二)》完善了我国法院适用等同原则的标准。2001 年的司法解释将等同规定为技术特征之间的等同,认定等同的条件是手段、功能和效果基本相同和本领域的普通技术人员无须经过创造性劳动就能够联想到。2009 年和 2016 年的司法解释规定了禁止反悔原则、全面覆盖原则、捐献规则、特意排除规则等,限制等同原则的适用。法院在司法中否定了之前曾使用的整体等同标准、多余指定原则、改劣实施论等。

我国承认功能性权利要求,但对使用功能性权利要求设定了严格的限制条件。在对功能性权利要求进行审查时,审查员认为该权利要求覆盖了所有能够实现所述功能的实施方式。而在专利侵权诉讼中的解释,结合说明书和附图描述的该功能或者效果的具体实施方式及其等同的实施方式。

以方法界定产品的权利要求,只有在用制备方法之外的其他特征不能充分定义权利要求,并且制备方法给予了该化学产品新的特征时,可以使用制备方法界定产品。对这类权利要求进行审查时,就权利要求所界定的“产品”是否具有新颖性进行审查,不仅仅因为制备方法的不同而使发明具有新颖性。在侵权诉讼中,我国采用了方法限定说,只有被诉侵权产品的制备方法与专利权利要求中的方法相同或等同时,才可以认定构成侵权。

虽然我国《专利法》中并没有专利间接侵权的规定,但很长时间以来,我国法院审理了很多认定构成间接侵权的案件。直到 2016 年,最高人民法院才在司法解释中明确规定了帮助侵权和引诱侵权,该司法解释中规定的帮助侵权和引诱侵权以“他人实施了侵犯专利权的行为”为构成要件。

第七章　专利保护范围比较与研究

前面五章中分别介绍了美国、德国、英国、日本和我国关于专利保护范围的法律规定和做法。本章将分专题对上述国家的做法进行比较，并对完善我国专利保护范围规则提出自己的意见。

第一节　总体比较——专利权利要求解释再认识

一、专利权利要求的历史和作用

（一）专利权利要求在专利法中的历史

从各国专利法的历史发展看，早期专利法中并没有关于专利权利要求的规定，专利权利要求也不是专利文件中的必备内容。但为了适应准确界定专利保护范围的需要，实践中首先开始了撰写权利要求的做法，后来成为法律的强制要求。各国专利法先后都对专利权利要求作出了规定。美国1836年专利法第一次提到了权利要求。英国1883年专利法第一次提出了撰写权利要求书的要求。德国1891年专利法提出了撰写权利要求书的要求。日本1921年专利法的实施条例中，对专利权利要求作了规定。我国专利法制定于1984年，直接借鉴了其他国家使用权利要求界定专利保护范围的做法，对发明和实用新型专利提出了撰写权利要求书的要求。

虽然专利制度从17世纪就已经开始，但很长时间以来各国都没有采用通过权利要求来界定专利发明的做法。从19世纪到20世纪初，各国专利法陆续采用了权利要求制度，使专利权利要求书成为专利文件中的重要内容，成为确定专利保护范围的重要依据。

（二）专利权利要求的作用

美国1952年《专利法》规定："权利要求应当特别指明和清楚地界定申请人认为是其发明的标的。"英国1977年《专利法》规定："对于已经申请专利或者已经授予专利权的发明，应当根据专利权利要求的描述进行界定。"德国《专利法实施细则》规定:“专利权利要求应当包括被专利保护的客体。”《日本专利法》规定:“必须记载申请人认为将发明特定化所必须的所有事项。”我国《专利法》规定:“权利要求书应当以说明书为依据,说明要求专利保护的范围。”可见,对于专利权利要求的作用,不同国家的规定虽然不尽相同,但其性质是相同的。专利申请人通过专利权利要求对其发明进行界定,并请求给予保护。

英国、德国的专利法中都有以下规定:专利的保护范围根据专利权利要求确定,说明书和附图可以用于解释权利要求。我国和日本的专利法虽然使用了不同的表达方式,但其含义与上述规定基本相同。美国专利法中没有上述规定,但美国法院在实践中的做法与上述规定没有差别。可见,在专利被授权后,专利权利要求就成为确定专利保护范围的最主要依据。

二、专利权利要求解释与专利保护范围

(一)专利权利要求解释的方式

对于专利权利要求解释的方式,理论界将世界上不同国家的做法总结为三种:中心限定原则、周边限定原则和折中原则(又称主题内容限定原则)。[1]

按照中心限定的解释方式,专利制度所保护的是某一发明创造或技术创意,权利要求书仅仅是该发明创造的一个体现或一个事例。因此,法庭在解释权利要求书时,不应拘泥于权利要求的文字,专利的保护范围可以扩大到以权利要求为中心,本领域技术人员在仔细阅读了说明书和附图后认为可以包括的范围。德国从20世纪初到70年代的扩张解释理论就是中心限定原则的典型代表。在德国1976年专利法实施前,中心限定原则为德国权利要求解释的准则。

按照周边限定的解释方式,专利申请人已经在权利要求书中划定了受保护的发明创造的周边范围,专利的保护范围仅限于权利要求中的文字描述,法庭的作用就是将其中模糊不清的地方解释清楚。英国传统的专利解释方法就是周边限定原则的典型代表。在英国1977年专利法实施前,周边限定原则是英国权利要求解释的准则。

按照折中主义的解释方式,专利的保护程度应根据权利要求来确定,而说明书和附图等可以解释权利要求。折中主义原则是《欧洲专利公约》所确立的专利权利要求解释方式,它将德国的中心限定主义与英国的周边限定主义进行了折中。自从《欧洲专利公约》生效后,德国改变了原来的中心限定主义原则,在解释权利要求

---

〔1〕 参见李明德:《美国知识产权法》,法律出版社2003年版,第90页。

时采取了折中主义的解释方式。英国也改变了传统的周边限定主义原则，创立了与折中主义原则相适应的目的解释理论。《欧洲专利公约》所倡导的折中主义原则，不但被欧洲专利公约成员国所遵循，也成为其他国家解释权利要求的指南。日本的专利法和我国的专利法都作了与《欧洲专利公约》第 69 条基本相同的规定，使折中解释原则成为日本和我国的专利解释准则。美国在历史上曾经采用中心限定原则。但从 19 世纪末到 20 世纪初逐步过渡到了周边限定原则。由于重视专利说明书对于专利权利要求解释的作用，以及强调等同原则的适用，美国权利要求解释的方法已与折中主义原则没有实质性的差别。我国专利法中关于专利保护范围的规定，借鉴了《欧洲专利公约》，从一开始就实行折中主义的解释方式。《专利侵权司法解释（一）》第 2 条的规定，对中国专利审判实践中一直坚持的折中解释原则予以明确。

中心限定原则虽然有利于保护专利权人，但忽略了权利要求书的公示作用，不利于确切理解和把握专利的保护范围。周边限定原则有利于公众较为清楚地了解权利要求的范围，但对专利权人的保护要比中心限定原则逊色得多。折中主义原则就是考虑到上述两个原则的缺陷而产生的。正像《欧洲专利公约第 69 条解释议定书》所规定的那样，折中解释综合了对专利权人的公平保护和使第三方有合理的确定性。从理论上说，折中解释原则因为具有“折中”和“平衡”的性质，更符合专利法的性质和目的。[1] 这也是该原则被大多数国家采纳的原因。在具体适用该原则时，各国的做法不尽相同。本书不再对三种解释原则进行比较和权衡，而是着重于对如何适用折中主义原则进行对比和探讨。

（二）专利局与法院的职责划分

研究专利局与法院的职责划分有助于澄清权利要求解释中的有关问题。就专利法的实施来说，专利局的基本职责是进行专利审查和授权，法院的基本职责是进行专利保护。专利局在进行专利审查的过程中，确定专利申请是否符合授权的条件。法院在进行专利保护的过程中，通过解释权利要求确定专利的保护范围。上述做法是各国的通行做法。

但是就专利的无效审查而言，各国在专利局和法院之间的职责划分有不同的做法。美国和英国的做法是，当事人可以向专利局的复审机构申请宣告专利无效，

---

〔1〕 例如，我国《专利法》第 1 条规定，“为了保护专利权人的合法权益，鼓励发明创造，推动发明创造的应用，提高创新能力，促进科学技术进步和经济社会发展，制定本法”。可见，鼓励发明创造，推动发明创造的应用，提高创新能力，促进科学技术进步和经济社会发展，都是我国专利法的目的。从理论上说折中主义的解释方法可以实现上述目的。

也可以在民事诉讼过程中直接向法院提出专利无效的主张,法院可以作出认定专利无效的判决。德国的做法是由当事人向专利法院申请宣告专利无效。日本的无效审查由日本特许厅审查部进行。对该审查决定不服的,可以向日本知识产权高等法院上诉。[1] 他人不能直接向法院申请宣告专利无效。2004 年以前,也不能在专利侵权诉讼中提起专利无效的反诉。但是,日本最高法院在 2000 年 4 月 11 日“Kilby 案”的判决中确立了权利滥用抗辩说,认为审理专利侵权的法院可以对是否明显存在专利的无效理由进行判断。如果法院认为存在明显的专利无效理由,可以以权利滥用为由驳回专利侵权指控。2004 年的专利法修改中,在第 104 条增加了第 3 款的规定。根据上述规定,受理侵权案件的法院可以对专利的有效性进行判断,并在此基础上决定专利权人是否可以行使权利。我国的无效审查由国家知识产权局专利复审委员会进行。对专利复审委员会的决定不服的,可以向北京知识产权法院起诉。在专利侵权诉讼中,被控侵权人不能以专利无效作为抗辩。

法院在解释专利权利要求过程中往往也涉及专利局与法院的职责划分问题。这主要出现在以下两种情形下:

第一种情形是法院能否在专利侵权诉讼中实质上认定专利无效。在美国和英国等国家,法院在专利侵权诉讼中可以审查效力问题,法院可以直接作出认定专利无效的判决。但在我国和德国等国家,法院在侵权诉讼中不能作出认定专利无效的判决。日本则从德国和我国的模式向美国和英国的模式转变。在我国和德国等“双轨制”的国家,法院在侵权诉讼中不对专利效力进行审查。但是当法院认为被控侵权人使用的是现有技术,而专利又与现有技术相同时,如果法院认为被告不侵权,实质上认定了专利不符合专利授权的条件。这时,法院实质上行使了审查专利效力的权利。这样做是否违反了专利局与法院之间的职责划分规则,是需要考虑的问题。

第二种情形是法院在将权利要求进行扩大解释时的界限在哪里?凡在专利保护范围内的内容都应当是符合专利授权要件的。专利局在对专利进行审查时,一般只审查其权利要求字面含义之内的内容是否符合专利的授权要件。专利局在认定专利权利要求字面含义的内容符合专利的授权要件后,决定授予专利权。但在法院对专利权利要求进行审查的过程中,如果法院突破权利要求的字面含义内容确定专利的保护范围,实质上将专利的保护范围扩大到了专利局授权的范围之外。

---

[1] 参见闫文军:《日本知识产权审判情况概要》,载《电子知识产权》2005 年第 3 期。

例如,在适用等同原则时,法院将专利的保护范围扩大到专利权利要求的字面含义之外,但专利局并没有对字面含义之外的内容是否符合专利的授权要件进行审查。再如,如果法院认定专利权利要求中的某一技术特征不是必要技术特征,或者虽然认定其为必要技术特征仍认为省略该技术特征也属于专利的保护范围,这相当于取消了专利权利要求中的一个限定条件,实质上对专利的保护范围进行了重新认定。法院这样做是否超越了自己的职责。如果法院必须这样做,其界限在哪里。这也是进行权利要求解释时需要考虑的问题。

本书在下面对专利权利要求解释和等同原则进行专题研究时,将对上面的问题进行探讨。

(三)专利审查、权利要求解释与专利保护范围确定之间的关系

当专利权利要求成为界定发明和确定专利保护范围的最主要依据后,我们需要特别注意专利审查、专利权利要求解释与专利保护范围确定之间的关系。本书通过下图说明三者之间的关系。

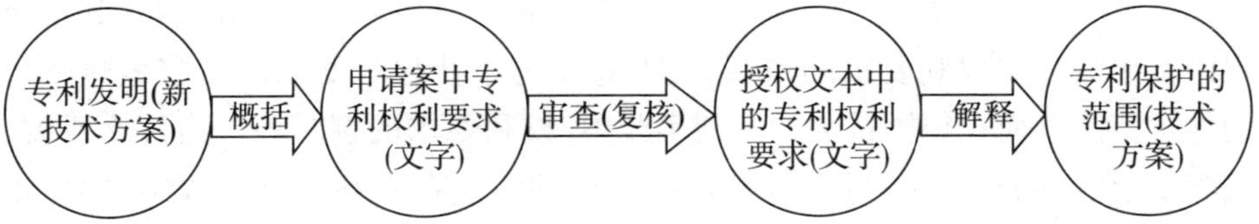

当发明人设计了一个发明构思或新的技术方案后,在申请专利时应当按照专利法的有关规定撰写权利要求书。在撰写权利要求书的过程中,专利申请人将具体化的技术方案概括为文字化的权利要求。

对于专利申请人提出的专利申请,由专利局的审查员进行审查。专利审查的重点是对专利权利要求的审查。审查员在对专利权利要求进行审查时,需要审查权利要求是否可以得到说明书的支持等,并审查专利权利要求限定的技术方案是否符合专利授权的实质要件。经过审查后,如果审查员认为专利申请符合授权条件,或者专利权利要求经过修改后符合了专利授权的条件,专利局就授予专利权。这时,专利申请案中的权利要求就成为授权专利文本中的权利要求。我国专利法中的实用新型及日本的实用新案不经过实质审查,审查员在对专利申请进行形式审查后就授予专利权。授权后的实用新型和实用新案的权利要求虽然没有经过实质审查,但他人可以请求专利复审委员会宣告其无效,无效的过程就是对专利是否符合授权的实质要件进行审查的过程。因此,从一定意义上说,专利无效也属于专利审查的内容。专利授权后,专利权人可以自己行使专利权,也可以禁止他人未经许可实施其专利。当专利权人认为他人实施了其专利后,可以要求法院(在我国还

包括专利行政管理机关)制止他人的专利侵权行为。法院首先要判断被控侵权物或方法是否落入了专利的保护范围。这时法院要根据专利权利要求书中的文字描述确定专利的保护范围。在确定专利保护范围的过程中,法院需要对权利要求进行解释。

(四)专利保护范围与权利要求撰写的关系

通过上面的分析可以看出,专利保护范围是通过专利权利要求解释形成的。因此,专利权利要求解释的方式直接影响专利的保护范围。正如前面所介绍的,中心限定原则的解释方式使专利的保护范围可以扩大到专利权利要求之外,而周边限定原则的解释方式使专利的保护范围限制在权利要求的字面含义之内。从表面上来看,这两种解释原则会造成专利保护范围大小明显悬殊。

但是,实际情况并非如此。这是因为,一项专利权提供的法律保护的有效程度是由权利要求解释的方式和权利要求撰写和审查原则这两个方面的因素决定的。专利权的授予是专利保护的"龙头",要想提供有效而又合理的专利保护,就不能忽视这一环节。[1] 在英国过去的实践中,专利申请人在准备申请文件和专利审批的过程中都十分重视权利要求的撰写方式,总是力争让权利要求的文字表达尽可能宽的保护范围。而在德国过去的专利实践中,权利要求的撰写就没有那么重要,只要权利要求能够表达一项具有专利性的发明即可。在专利审批过程中,即使审查员提出较为严格的限制要求,申请人也往往不太计较,因为他可以指望法院以后在专利侵权诉讼的审理中扩大权利要求的文字所表达的保护范围。这样,针对同样的发明创造,过去在英国获得的可能是以"上位"方式撰写的权利要求,而在德国获得的却是一项以"具体"方式撰写的权利要求,亦即较为如实地记载了发明的实施方案的权利要求。授权之外,英国的法院在专利侵权诉讼中一般相当严格地遵循权利要求的文字内容;而德国的法院却可以作更为灵活的解释,将其保护范围扩大到所谓的"总的发明构思"。[2]

专利权利要求撰写、审查与解释的关系通过下图表示出来:

---

〔1〕 参见尹新天:《专利权的保护》(第2版),知识产权出版社2005年版,第260页;Ray D. Weston, Jr., "A Comparative Analysis of the Doctrine of Equivalents: Can European Approaches Solve an American Dilemma?" 39 *IDEA: The Journal of Law and Technology* 35, 1998。

〔2〕 同上书,第260~261页。

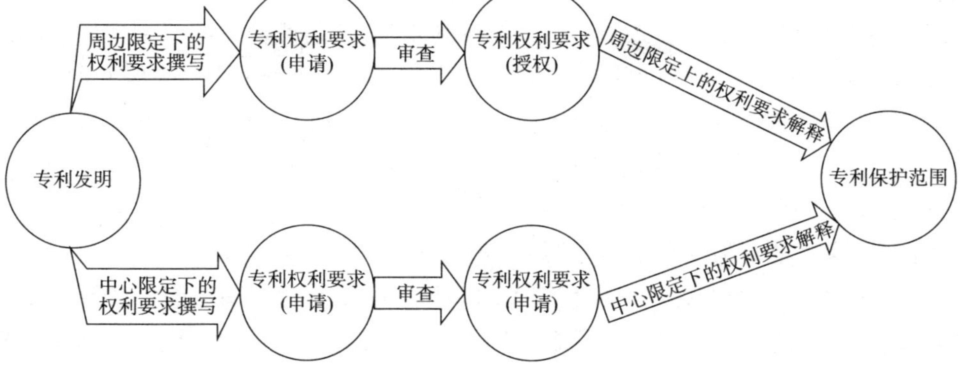

上图是笔者所理解的权利要求撰写、审查与解释规则的示意图。其基本含义是,权利要求撰写、审查与解释原则应当具有一致性,在三者具有一致性的前提下,同样的发明创造所得到的保护范围是相同的。

在周边限定的解释原则下,专利申请人总是尽可能地扩大权利要求文字含义的范围。这样,在经过审查后授权的专利文件中,专利权利要求可能已经完全反映了发明的内容。于是,在解释专利权利要求的过程中,只是将专利保护范围限定在权利要求的文字含义范围内,就可以给专利权人提供比较充分的保护。这时,专利权利要求解释的对象是覆盖面较宽的权利要求,没有必要再对权利要求进行扩大解释。

在中心限定的解释原则下,专利申请人可以只是在专利权利要求中记载反映其发明构思的实施方式。这样,在经过审查后授权的专利文件中,专利权利要求只反映了发明的一种或几种实施方式。于是,在解释权利要求的过程中,如果只是将专利保护范围限定在权利要求的文字含义范围内,就不能给专利权人提供充分的保护。这时,专利权利要求解释的对象是覆盖面较窄的权利要求,必须对权利要求进行扩大解释。

专利权利要求解释与专利权利要求的撰写和审查是互动的。一种限制性的解释方式(比如周边限定解释方式)可能使专利申请人尽量撰写覆盖面较宽的权利要求,从而使授权的专利文件中大部分都是覆盖面较宽的权利要求。例如,由于英国传统上采取限制专利保护范围的解释方法,专利起草人往往使用更概括性的语言起草范围较宽的权利要求,专利局也通常允许使用这种权利要求。[1] 而面对这种

〔1〕 Karl Bruchhausen,“The Extent of Protection of the European Patent”,5 *I. I. C.* 253,258,1974.

权利要求,必须采取限制性的解释方式。一种扩展性的解释方式(如中心限定解释方式)可能使专利申请人不必撰写较宽的权利要求,从而使授权的专利文件中的大部分都是覆盖面较窄的权利要求。例如,由于德国法院传统上按"一般发明思想"确定专利保护范围,这种较宽确定专利保护范围的做法导致了狭窄地撰写权利要求的做法。[1] 而面对这种权利要求,必须采取扩展性的解释方式,才能使专利权人得到充分的保护。

但是,这只是专利权利要求撰写、审查与解释的理想状态。事实上,专利申请人撰写权利要求书的能力和习惯有较大的差异。即使在适用周边限定解释方式的国家,经验不足的专利申请人也可能起草了保护范围较窄的权利要求;在适用中心限定解释方式的国家,有的专利申请人也可能起草了保护范围较宽的权利要求。这样,在适用周边限定解释方式的国家,专利权利要求可能大部分是保护范围较宽的,但也有一部分保护范围较窄;在适用中心限定解释方式的国家,专利权利要求可能大部分是保护范围较窄,但也有一部分保护范围较宽的。这就是说,虽然权利要求解释方式影响权利要求的撰写和审查,但权利要求解释方式并不会导致专利权利要求的撰写方式整齐划一。无论适用什么样的解释方式,所面对的权利要求都是复杂多样的。面对复杂多样的权利要求,不能机械地适用权利要求解释的规则。解释权利要求的规则必须足够灵活,这样可以针对不同的权利要求适用不同的解释规则。

折中解释的方式从本质上来说类似于周边限定的解释方式。因为从原则上来说,折中解释将专利保护的范围限定在专利权利要求的范围之内。但是同时,折中解释允许借助于说明书和附图的解释,将专利的保护范围适当扩大到专利权利要求的字面含义之外。对于专利申请人而言,在折中解释的原则下,专利申请时应当尽量扩大专利的保护范围,尽量使权利要求全面覆盖发明的内容。但是,如果权利要求没有全面覆盖发明的内容,法院也可以通过解释权利要求确定恰当的保护范围。可以看出,折中解释方式具有一定的合理性。这也是多数国家都采用了折中解释原则的原因。

虽然采用了折中解释原则,但由于各国专利权利要求解释的传统方式存在差别,各国专利申请人的一些传统还一时不可能从根本上改变。传统上适用中心限定解释方式的国家,专利申请人习惯上使用保护范围较小的权利要求;而在传统上

---

〔1〕 Edward Armitage,"Drafting and Interpretation of Claims Under New European Patent Laws: A Review of the Benescience Conference in May 1981",12 *I. I. C.* 627,629 – 634,1981.

适用周边限定解释方式的国家，专利申请人习惯上使用保护范围较大的权利要求。因为面对的权利要求存在差异，各国的权利要求解释方法不可能完全统一。随着时间的推移，权利要求解释方式对于专利权利要求撰写的影响会越来越大，各国专利申请人撰写权利要求的方式也会越来越趋向统一。在这个前提下，专利权利要求解释方式的统一才具备基础。

可见，专利权利要求解释与专利权利要求撰写之间存在相互影响的关系。专利权利要求的解释方式影响着权利要求的撰写方式；而权利要求的撰写方式又反过来影响专利解释方式的适用。解释权利要求时，应当根据专利权利要求撰写方式的差异采取不同的解释规则。

（五）侵权判断时的专利权利要求解释与专利审查时的权利要求解释

1. 不同阶段的权利要求解释

在侵权诉讼中，专利权利要求解释的对象是经过专利审查后的权利要求。[1]这是我们一般意义上所说的权利要求解释。除了侵权诉讼中的权利要求解释外，在专利审查过程中，审查员需要确定权利要求用语的含义。确定了该用语的含义后，审查员才能审查权利要求是否符合法律规定的授权条件。在专利审查过程中，也存在对权利要求的解释。审查员在专利审查过程中对权利要求的解释，只是为了确定权利要求中的用语含义所进行的字面解释。法院在侵权诉讼中，也需要确定权利要求中用语的含义。因此，审查和侵权诉讼中，都要对权利要求进行解释。这两个阶段的权利要求解释是否采用相同的规则和方法，是一个值得探讨的问题。

2. 美国专利审查中的“最宽合理解释”

美国《专利审查指南》（*Manual of Patent Examining Procedure*）第 2111 节规定了专利审查中的最宽合理解释方法。根据美国专利审查指南的规定，在专利审查过程中，待审专利权利要求应给出与说明书一致的最宽合理解释。专利商标局确定申请中专利权利要求的范围时，不只是看权利要求的用语，还基于本领域普通技术人员根据说明书所给出的最宽合理解释。例如，在 In re Yamamoto[2]、In re Zletz[3]案和 In re Crish[4]中，法院指出，在专利审查过程中，待审专利的权利要求

---

〔1〕 在我国，实用新型不经过实质审查就授予专利权。可以说，最初授权的实用新型专利权利要求是没有经过实质审查的。但是，当他人对实用新型专利提起无效宣告请求时，专利复审委员会会按照专利审查的标准对实用新型专利进行审查。如果经过复审后仍维持了专利权有效，这时的实用新型专利类似于经过了实质审查。

〔2〕 740 F. 2d 1569, 1571 (Fed. Cir. 1984).

〔3〕 893 F. 2d 319, 321 (Fed. Cir. 1989).

〔4〕 393 F. 3d 1253 (Fed. Cir. 2004).

应尽量解释得在可能的范围内越宽越好。在 In re Prater 案中[1],权利要求保护的是对气体进行质谱分析所得出的数据进行分析的方法,这种方法包括通过将数据进行数学变换选择进行分析的数据的步骤,审查员驳回了申请,认为使用笔和纸做记号的手工方法使这种方法没有新颖性。法院支持了这种意见,认为权利要求并没有限于机器的方式,权利要求的范围包括了使用笔和纸做记号的手工方法。

另外,最宽合理解释应与本领域普通技术人员所可能得出的解释一致。否则,就是不“合理”的。例如,In re Cortright 案中,[2]权利要求中有一用中“restore hair growth”(恢复头发生长),专利申诉和抵触委员会[3]按照最宽合理解释,将其理解为恢复到原来的状态。而联邦巡回上诉法院认为,上述解释是不合理的,说明书只是要求头发有一些增长,但不必长到满头头发的状态。

在审查过程中,美国专利商标局采用最宽合理解释方法。在复审程序中,审查员仍采用这样的标准。如果对审查决定不服,上诉到联邦巡回上诉法院,法院仍采用这一标准。[4] 联邦巡回上诉法院对专利商标局解释的“合理性”进行审查。美国最高法院在 2016 年的 Cuozzo 案[5]中分析了最宽合理解释是否适用于授权后的双方复审程序。专利权人提出在双方复审程序中不适用最宽合理解释,而应和侵权案件一样适用普通含义解释。理由之一是在审查过程中可以修改,而复审程序中不能修改,对专利权人是不公平的。最高法院认为这一理由不正确,至少在复审程序中仍有修改的机会。

在提及最宽合理解释方法的大多数案件中,美国联邦巡回上诉法院的意见与专利商标局的意见是相同的,即大部分案件都维持了专利商标局对权利要求所做的最宽解释。例如,在 In re Paulsen[6]案中,专利商标局和联邦巡回上诉法院都认为,权利要求中的“电脑”指的是其普通含义。说明书只是描述了笔记本电脑的某些特点和性能。这种描述,与确立特别的界定,从而限制发明的范围,使之具有与

---

〔1〕 415 F.2d 1393,1404–05,162 USPQ 541,550–51 (CCPA 1969).

〔2〕 165 F.3d 1353,1359,49 USPQ2d 1464,1468 (Fed. Cir. 1999).

〔3〕 Board of Patent Appeals and Interferences,BPAI. 2012 年 9 月更名为专利审判与申诉委员会(Patent Trial and Appeal Board,PTAB)。

〔4〕 Lauren Drake,“Rebooting California:Initiatives,Conventions and Government Reform:Note:Preventing Inequity:Extending Issue Preclusion to Claim Construction During Reexamination of Previously Litigated Patents”, 44 *Loy. L. A. L. Rev*. 749,2011.

〔5〕 579 US _ (2016).

〔6〕 30 F.3d 1475,1479–80 (Fed. Cir. 1994).

通常电脑不同的特点和性能的还离得很远。在 In Re Avid Identification Systems, Inc.[1]案中,美国专利申诉和抵触委员会员会认为,由于专利说明书没有明确定义不可改变的数据(unalterable data),这一术语应定义为"不容易改变的数据"。联邦巡回上诉法院认为,说明书本身在定义"不可改变的数据"时使用了不同的术语。说明书中描述"不可改变的数据"永远不需要改变的,有时描述为通常不能改编的,没有连续的、明确的定义,专利申诉和抵触委员会员会对"不可改变的数据"给出了与说明书一致的最宽合理解释,对权利要求的解释没有错误。在 In Re Michael C. Scroggie[2]案中,对于权利要求中的"个人电脑",专利商标局认为,根据字典的解释,个人电脑的平常和普通含义指的是基于中央处理器构建的供个人使用的电脑。说明书没有对个人电脑进行重新界定,权利要求中的含义就是其平常和普通含义。联邦巡回上诉法院认为,权利要求中只使用了个人电脑一词,说明书中没有进行界定,也没有解释其含义,在审查过程中也没有修订进行界定。虽然说明书中提到了使用网络和邮件,但没有将这些限制写在权利要求中。因此,不能将权利要求中的个人电脑理解为在网络环境中使用的电脑。在 In Re David T. Pelz[3]案中,涉案专利申请指向练习击球的高尔夫球训练垫,训练垫的击球表面上印有脚和球的位置标记。对比文件中的训练垫的击球表面有纵线和横线,形成网格,可以用来确定脚和球的位置。专利申诉和抵触委员会认为专利申请没有新颖性。联邦巡回上诉法院同意专利申诉和抵触委员会的认定,认为权利要求 1 并没有界定高尔夫训练垫上的标记实质上包括第一、第二、第三脚标记和球位标记,而权利要求 1 只是记载实质上包括"包括标记的表面",而标记包括第一、第二、第三脚标记和球位标记。权利要求使用这种开放式的用语,应解释为表面上除了列举的标记外,还可以有其他的。在 In Re Henry Gleizer[4]案中,涉案专利涉及电子付款和实物交易的自动交易系统和方法,包括 5 个步骤,但权利要求没有限定顺序。专利权人主张,对比文件没有披露 5 个步骤的顺序,而其交易系统是有顺序的。专利与商标局认为,权利要求应进行最宽合理解释,将说明书中的顺序读入权利要求是不正确的。联邦巡回上诉法院认为,步骤顺序除非实际引述或暗示是不可缺少的,否则通常不能解释为技术方案所必须。因此,联邦巡回上诉法院支持了专利与商标局的解释。在 In

[1] 2013 U. S. App. LEXIS 438.

[2] 442 Fed. Appx. 547; 2011 U. S. App. LEXIS 19169.

[3] 379 Fed. Appx. 975; 2010 U. S. App. LEXIS 9376.

[4] 356 Fed. Appx. 415; 2009 U. S. App. LEXIS 27379.

re Trans Tex. Holdings Corp〔1〕案中,涉案专利为“在通货膨胀时调整存贷款账目方法的投资管理系统”。争议的权利要求中一个术语“responsive to the rate of inflation”(响应通货膨胀率)。专利权人主张,专利要求存贷款数额“连续地”一对一地与通货膨胀率对应,指的是只要有通货膨胀率产生,就会做出相应的调整。专利商标局和联邦巡回上诉法院认为,权利要求只是要求“直接响应”,说明书和审查档案也没有要求,只要每次出现通货膨胀率,就立即做出调整。法院根据字典对“直接”解释,认为根据最宽的合理解释原则,它不限于在每次通货膨胀率报告就立即做出调整,还包括在通货膨胀率报告后“稍后”调整。在 In re Shoner〔2〕案中,争议专利涉及蜂窝轮胎内衬层和充气轮胎的气室系统。权利要求有一个术语“密封和增压的”(sealed and pressurized)。专利申请人主张,其专利申请中的气室与其他轮胎腔体是独立密封的,专利申诉和抵触委员会和联邦巡回上诉法院认为,说明书描述了有密封气室的发明,该密封气室在结构上独立于轮胎腔体的其他部分。但专利权利要求书并没有将发明限制为气室通过内胎或类似结构密封。权利要求书只是要求气室“密封和增压”。因此,法院认为权利要求中的用语没有限制“密封”为一特定结构,而说明书也没有明确限定气室为一特定结构。在 In re Pond〔3〕案中,权利要求书要求牙科冲洗头“单一的一块”(unitary one piece),联邦巡回上诉法院支持了专利商标局的认定,说明书并没有对“单一的一块”进行明确的界定。说明书没有给出用语的定义。说明书也没有使专利商标局的解释不合理。说明书一个实施例披露了夹物模压制造牙科冲洗头的方式。因此,按照最大范围的合理解释,包括通过夹物模压制造的产品也属于“单一的一块”。

在有些案件中,联邦巡回上诉法院认为专利商标局的解释太宽,是不合理的。例如,在 In re Suitco Surface, Inc.〔4〕案中,涉案专利涉及地板饰面材料,可以使用在运动场、保龄球道等使用木板、油毡、水磨石或混凝土制成的地板的表面。该发明实质上是通过帖粘层将薄塑料纸贴在地板表面。权利要求称这种材料为“装饰(finishing)地板顶表面的改进材料”。在双方复审程序中,专利申诉和抵触委员会认为,权利要求中的“装饰地板顶表面的材料”为在结构上适合放置在地板表面的材料。按照这种解释,“装饰地板顶表面的材料”可以指地板上的任何层,不管是不是最顶层或最后一层。联邦巡回上诉法院认为,权利要求中明示用语要求装饰地

〔1〕 498 F. 3d 1290 (August 2007).

〔2〕 2009 U. S. App. LEXIS 24828 (Fed. Cir. 2009).

〔3〕 Fed. Cir. Jan. 18, 2012.

〔4〕 603 F. 3d 1255, 1260 (Fed. Cir. 2010).

板顶表面的材料,除非是在表面的最后一层,否则不能装饰顶表面。如果按照专利商标局的解释,在木板、瓷砖、混凝土、薄塑料粘层等之上的地毯,都会使权利要求显而易见,因为塑料粘层是其中的一层。这种解释没有合理地反映专利的用语和披露的内容。确定最大范围的合理解释,"装饰地板顶表面的材料",指的是"在地板顶表面的清晰的、均匀的一层,是地板表面的最终处理部分或最终覆盖层。而不是中间层、临时层或过渡层。再如,In Re Abbott Diabetes Care Inc.[1]案中,专利保护的是使用电化学传感器提供血管中分析物含量信息的装置和方法。对于权利要求中的"电化学传感器"是否包括电线和电缆,专利申请人与专利商标局有不同意见。专利商标局认为,虽然说明书中批评了现有技术中的外部电线和电缆,说明书的实施例也不包括电线和电缆连接感应控制单元,但没有明确的限制性描述,说明现有技术中描述的电线和电缆也能实现权利要求中所说的电化学感应的功能。因此,专利申诉和抵触委员会对电化学传感器给予了最宽合理解释,认为包括电线和电缆。联邦巡回上诉法院认为,专利申诉和抵触委员会对电化学传感器的解释是不合理的,与权利要求书及说明书的用语不符。权利要求本身提示了不包括电线和电缆的连接性,说明书中提到的带有电缆和电线的传感器,是在批判现有技术时而发明的主要目的是提供"一种小巧、压缩的操控传感器的装置,可以提供信息给分析器,而不必实质性限制患者的活动或运动"。按照最宽合理解释的原则,电化学传感器应正确解释为指的是不使用电线和电缆连接传感器控制单元的分立式电化传感器。再如,在 In Re Ntp[2]案中,涉案专利涉及利用射频接收机等从原始处理器到目标处理器发送电子信息的系统。权利要求 1 描述了从电子信箱系统的原始处理器向多个目标处理器中的一个发送原始信息的系统。权利要求中涉及的用语包括电子邮件信息(electronic mail message)和电子邮件系统(electronic mail system)。专利申诉和抵触委员会将电子邮件信息解释为格式化的文本信息,只要具有收件地址以确定收件人、地址或信息指向的目标就可以。而专利权人主张,电子邮件除了收件地址外,还包括发件人的身份识别信息、邮件主题、正文。联邦巡回上诉法院认为,本领域普通技术人员会认为电子邮件信息必须能够识别发件人以及主题。虽然专利申诉和抵触委员会可以给出最宽合理解释,但这种解释不能与说明书和其他证据割裂。根据证据,对"电子邮件信息"的最宽合理解释是在地址、能进入信息内容、有来源标识、有主题的信息。因此,专利申诉和抵触委员会的

---

[1] 696 F. 3d 1142(Fed. Cir. 2012).

[2] 654 F. 3d 1279; 2011 U. S. App. LEXIS 15814; 99 U. S. P. Q. 2D (BNA) 1481.

解释宽得不合理。最后,撤销了专利申诉和抵触委员会的决定,发回重审。

还有个别的案件,虽然联邦巡回上诉法院的多数法官支持专利商标局的认定,但少数法官持不同意见。例如,在 In re Graves〔1〕案中,涉案专利是关于电子监测系统和方法的,其中权利要求涉及"同时监测选定的多个连接点"。专利申诉和抵触委员会员会认为,其含义是可以监测输入端和输出端,但并不必同时监测一个输入端和多个输出端。联邦巡回上诉法院多数法官同意这种解释,认为它是最宽合理解释,并且没有与专利披露内容不一致。而持不同意见的法官 Neis 提出了更窄一些的解释,认为争议的内容可以解释为"同时监测多个连接点或线中的每一个",否则"同时"就是多余的。按照这一解释,专利就是有效的。再如,在 In Re Robert Skvorecz〔2〕案中,涉案权利要求中要求保护的技术方案"包括""横向设置缩进的钢筋腿"等。尽管现有技术中的钢筋腿没有横向设置的缩进,专利商标局仍认为由于权利要求中使用"包括"一词,按照最宽合理解释就包括现有技术的方案。联邦巡回上诉法院认为,最宽合理解释的并不包括给出法律上不正确的解释。专利商标局的解释是不正确的。虽然权利要求中使用了"包括"一词,但权利要求已经记载钢筋腿具有横向设置的缩进,不能解释为包括没有缩进的钢筋腿。

还有个别案件中,合议庭成员多数改变了专利商标局的意见,但个别法官持不同意见。In re Buszard〔3〕案,案中专利涉及包含聚氨酯软泡的阻燃剂组合物。权利要求中使用了"柔性聚氨酯泡沫体的反应混合物。"现有技术披露了刚性聚氨酯泡沫。专利商标局按照最宽合理解释,认为"柔性聚氨酯泡沫体"包括"刚性聚氨酯泡沫"。联邦巡回上诉法院的多数人意见认为专利商标局的解释过宽,"柔性聚氨酯泡沫体"不包括"刚性聚氨酯泡沫"。但少数法官认为,多数人意见没有正确地适用最宽合理解释方法。专利申请人没有对"柔性聚氨酯泡沫体"作出定义,专利商标局的解释是宽的,并且也不是不合理的。

3. 我国专利审查中的权利要求解释

我国《专利审查指南》第二部分第二章 3. 2 条规定:"权利要求的保护范围应当根据其所用词语的含义来理解。一般情况下,权利要求中的用词应当理解为相关技术领域通常具有的含义。在特定情况下,如果说明书中指明了某词具有特定的含义,并且使用了该词的权利要求的保护范围由于说明书中对该词的说明而被限定得足够清楚,这种情况也是允许的。但此时也应要求申请人尽可能修改权利要

〔1〕 69 F. 3d 1147,1152,36 U. S. P. Q. 2d (BNA) 1697,1701 (Fed. Cir. 1995).

〔2〕 580 *F. 3d* 1262 (Fed. Cir. 2009).

〔3〕 504 F. 3d at 1364,84 U. S. P. Q. 2d (BNA).

求,使根据权利要求的表述即可明确其含义。”根据上述规定,只有说明书对权利要求中的用语“指明了某词具有特定的含义,并且使用了该词的权利要求的保护范围由于说明书中对该词的说明而被限定得足够清楚”时,才可以使用说明书中的限定确定权利要求用语的含义。这与侵权诉讼中“结合本领域普通技术人员阅读说明书及附图后对权利要求的理解”解释权利要求,还是有一定的区别的。

但是,很长时间以来,我国没有区分专利审查中的权利要求解释和侵权判断中的权利要求解释。因此,很多情况下,两个阶段采用相同的解释方法。在审查中,也采用侵权诉讼中的权利要求解释方法。从专利复审委员会的决定和法院的判决看,在专利审查和无效程序中以及后来的行政诉讼程序中,权利要求解释的方法与侵权案件中并没有明显的区别。例如,专利复审委员会曾在无效决定中指出,对于权利要求中的某一技术术语,如果说明书和权利要求书中没有对其进行特别定义或说明,则应当按照本领域通常的理解方式对其进行理解或解释。[1] 最高人民法院曾在专利行政判决中指出:利用说明书和附图解释权利要求时,应当以说明书为依据,使其保护范围与说明书公开的范围相适应。[2]

“具有宽视野的潜水面罩”实用新型专利无效案说明了法院和专利复审委员会在解释权利要求时的区别。涉案专利权利要求 1 的内容是:“一种具有宽视野的潜水面罩,其特征在于,其构成包括一副框、一镜面、一面罩及一主框:……镜面:是由正向镜片与两侧的侧向镜片以黏合方式结合而成;”对于其中的“镜面”,专利复审委员会的解释是:“镜片”既包括平面镜片也包括曲面镜片,权利要求 1 所保护的技术方案中的镜片并未限定为“平面”。但法院判决认为:通过阅读说明书及其附图可知,要实现本专利发明目的,克服背景技术中存在的缺陷,本专利必然要采取“平面镜面”的技术特征,曲面镜片所构成的技术方案不在本专利的保护范围之内。法院认为,第 3817 号无效决定中认定复审委员会仅根据权利要求字面记载的技术特征“镜片”,就认为“镜片”既包括平面镜片也包括曲面镜片,而没有引入说明书及其附图对权利要求进行解释,缺乏法律依据。[3] 专利复审委员会重审后,认为“已生效的一审判决和二审判决认定本专利权利要求 1 中所提及的镜片为平面镜片,受已生效的法院判决的约束,本案合议组根据已生效的一审判决和二审判决中的上述认定,认定本专利权利要求 1 中的镜片为平面镜片”。并据此做出了认定专利有

---

〔1〕 专利复审委员会 WX16504 号决定。

〔2〕 最高人民法院(2012)行提字第 29 号行政判决。

〔3〕 北京第一中级人民法院(2002 一中行初 523 号,北京市高级人民法院(2003)高行终字第 38 号。

效的无效决定。[1] 可见,在上述案件中,复审委对于权利要求中的“镜面”采用了较宽的解释,因为说明书并没有指明“镜面”仅指平面镜面。但法院在解释其含义时,则从发明目的理解,认定镜面仅指平面镜面。法院的解释方法,实质上采用了与侵权判断时相同的解释方法。

在“墨盒”专利案中,[2] 涉及对权利要求中“记忆装置”等的解释。最高人民法院在判决中明确提出专利审查中的权利要求解释不同于专利保护中的权利要求解释:

> 关于应如何理解专利授权确权程序中权利要求的解释时机与方法对此问题,本院分析如下:
>
> 第一,关于权利要求用语含义的解释时机。权利要求由语言文字表达形成,通过记载解决技术问题的必要技术特征的方式来描述和反映发明的技术方案,清楚、简要地表述请求保护的范围。任何语言只有置于特定语境中才能得到理解。同时,基于语言表达的局限性和文字篇幅的限制,权利要求不可能对发明所涉及的全部问题表述无遗,需要通过说明书对要求保护的技术方案的技术领域、背景技术、发明内容、附图及具体实施方式等加以说明。为此,专利法明确规定了权利要求书和说明书之间的关系,要求说明书应该充分公开发明的技术方案,使得所属技术领域的技术人员能够实现;权利要求书应当以说明书为依据,清楚、简要地限定要求专利保护的范围。在专利法的上述法定要求下,说明书记载的上述内容对于理解权利要求含义更是不可或缺,两者具有法律意义上的密切关联性。说明书的上述内容构成权利要求所处的语境或者上下文,只有结合说明书的记载,才能正确理解权利要求的含义。在这一意义上,说明书乃权利要求之母,不参考说明书及其附图,仅仅通过阅读权利要求书即可正确理解权利要求及其用语的含义,在通常情况下是不可能的。权利要求的解释就是理解和确定权利要求含义的过程。在这个过程中,必须结合说明书及其附图才能正确解释权利要求。专利复审委员会关于权利要求的解释应严格把握解释时机,以权利要求不清楚或者没有明确的唯一含义为前提的主张,既违背文本解释的逻辑,又不符合权利要求解释的实践,本院无法赞同。

---

〔1〕 专利复审委员会第7848号无效决定。

〔2〕 最高人民法院(2010)知行字第53－1号行政裁定。

第二,关于专利授权确权程序中权利要求用语含义的解释方法。精工爱普生主张,无论在专利侵权程序还是在授权确权程序中,对权利要求的解释标准应当是统一的;在专利授权确权程序中,专利审查档案中当事人的意见陈述可以用作解释权利要求的依据。专利复审委员会主张,在授权确权程序中解释权利要求用语的含义时,一般应当解释为申请日时所属技术领域中通常具有的含义;说明书、附图对该技术术语另有定义或者描述的,应当根据说明书、附图对该技术术语进行解释;说明书及其附图中没有定义或者描述的,不应根据当事人的意见陈述进行解释。郑亚俐则主张,专利申请过程中的意见陈述只起过程记录和提醒作用,不能作为授权确权程序中解释权利要求术语含义的依据。可见,各方争议的核心在于,在专利授权确权程序中,应当如何解释权利要求用语的含义以及能否利用当事人的意见陈述进行解释。对此分析如下:

首先,关于专利授权确权程序与专利民事侵权程序中权利要求解释方法的一致性与差异性。无论在专利授权确权程序还是在专利民事侵权程序中,客观上都需要明确权利要求的含义及其保护范围,因而需要对权利要求进行解释。在上述两个程序中,权利要求的解释方法既存在很强的一致性,又存在一定的差异性。其一致性至少体现在如下两个方面:一是权利要求的解释属于文本解释的一种,无论是专利授权确权程序还是专利民事侵权程序中对权利要求的解释,均需遵循文本解释的一般规则;二是无论是专利授权确权程序还是专利民事侵权程序中对权利要求的解释,均应遵循权利要求解释的一般规则。例如均应遵循专利说明书及附图、专利审查档案等内部证据优先、专利申请人自己的解释优先等解释规则。但是,由于专利授权确权程序与专利民事侵权程序中权利要求解释的目的不同,两者在特殊的个别场合又存在一定的差异。在专利授权确权程序中,解释权利要求的目的在于通过明确权利要求的含义及其保护范围,对专利权利要求是否符合专利授权条件或者其效力如何作出判断。基于此目的,在解释权利要求用语的含义时,必须顾及专利法关于说明书应该充分公开发明的技术方案、权利要求书应当得到说明书支持、专利申请文件的修改不得超出原说明书和权利要求书记载的范围等法定要求。若说明书对该用语的含义未作特别界定,原则上应采本领域普通技术人员在阅读权利要求书、说明书和附图之后对该术语所能理解的通常含义,尽量避免利用说明书或者审查档案对该术语作不适当的限制,以便对权利要求是否符合授权条件和效力问题作出更清晰的结论,从而促使申请人修改和完善专利申请文件,提高专利授权确权质量。在专利民事侵权程序中,解释权利要求的目的在于通过明确权利要求的含义及其保护范围,对被诉侵权技术方案是否落入专利保护范围作出认定。在这一程序中,如果专利保护范围字面含义界定过宽,出现权利要求得不到说明书支持、将现有技术包含在内或者专利审查档案对该术语的含义作出过限制解释因而可能导致适用禁止反悔原则等情形时,可以利用说明书、审查档案等对保护范围予以限制,从而对被诉侵权技术方案是否落入保护范围作出更客观公正的结论。因此,专利权利要求的解释方法在专利授权确权程序与专利民事侵权程序中既有根本的一致性,又在特殊场合下体现出一定的差异性。当然,这种差异仅仅局限于个别场合,在通常情况下其解释方法和结果是一致的。

其次,关于专利授权确权程序与专利民事侵权程序中权利要求解释方法的具体差异。前述两个程序中权利要求解释方法的差异突出体现在当事人意见陈述的作用上。在专利授权确权程序中,意见陈述书是申请人与专利审查机关进行意见交换的重要形式,是专利审查档案的重要内容之一。尽管如此,在专利授权确权程序中解释权利要求时,意见陈述书的作用在特定的场合下要受到专利法明文规定的限制。例如,我国专利法规定了说明书应当对发明作出清楚完整的说明、权利要求书应当得到说明书的支持、专利申请文件的修改不得超出原说明书和权利要求书记载的范围等法定要求。在审查某项专利或者专利申请是否符合上述法定要求时,当然应该以说明书或者原说明书和权利要求书为依据,当事人意见陈述不能也不应该起到决定作用。相反,如果将当事人的意见陈述作为判断某项专利或者专利申请是否符合上述法定要求的决定性依据,则无法促使专利申请人将相关内容尽量写入说明书,专利法关于说明书应当对发明作出清楚完整的说明、权利要求书应当得到说明书的支持、专利申请文件的修改不得超出原说明书和权利要求书记载的范围等法定要求也将无法得到实现。因此,在专利授权确权程序中,申请人在审查档案中的意见陈述在通常情况下只能作为理解说明书以及权利要求书含义的参考,而不是决定性依据。而在专利民事侵权程序中解释权利要求的保护范围时,只要当事人在专利申请或者授权程序中通过意见陈述放弃了某个技术方案,一般情况下应该根据当事人的意见陈述对专利保护范围进行限缩解释。

最后,关于判断专利申请文件的修改是否超出原说明书和权利要求书记载的范围时当事人意见陈述的作用。根据1992年修订的专利法第三十三条的规定,对发明和实用新型专利申请文件的修改不得超出原说明书和权利要求书记载的范围。判断专利申请文件的修改是否符合这一规定，其基本依据是原说明书和权利要求书记载的范围。前已述及，在判断专利申请文件的修改是否超出原说明书和权利要求书记载的范围时，当事人的意见陈述在通常情况下只能作为理解说明书以及权利要求书含义的参考，而不是决定性依据。至于其参考价值的大小，则取决于该意见陈述的具体内容及其与说明书和权利要求书的关系。尤其需要注意的是，如果当事人意见陈述的内容超出了原说明书和权利要求书中记载的范围，则该意见陈述将完全丧失参考作用，不能参考该意见陈述对说明书或者权利要求书进行解释。

在李晓乐与国家知识产权局专利复审委员会专利无效行政诉讼案〔1〕中，最高人民法院在判决中进一步对专利审查过程中的权利要求解释方法作了说明：

关于权利要求1中“全光纤电流互感器”的技术特征。第14794号决定认定权利要求1与对比文件证据1的区别技术特征有二，其一为：“权利要求1中限定的电流互感器是全光纤的，而证据1中没有相应的文字描述”，各方当事人对此均无异议。对于该区别技术特征，第14794号决定认为本专利说明书中记载了本专利以光纤端面镀反射膜为反射面，其相比于在光纤端面粘接反射镜的技术方案具有多种优点，据此认定“从本专利说明书的上述内容可以看出，本专利正是针对现有技术中使用与光纤端面粘接的反射镜作为反射体这种技术方案的缺陷进行的改进，因此应当认为本专利的技术方案明确排除了使用反射镜作为反射体的情况，本专利权利要求1中的‘全光纤’应当是在光纤电流感应单元中由光纤端面镀反射膜作为反射体而构成的全光纤结构，而证据1的相应部分是由光纤端部的镜子作为反射体，与本专利中所限定的上述全光纤结构并不相同。”即第14794号决定用说明书中关于“反射膜”的内容对权利要求1中“全光纤电流互感器”的含义进行解释。对此，本院认为，专利授权确权程序中，权利要求解释的目的在于通过明确权利要求的含义及其保护范围，对权利要求是否符合专利授权条件或者其效力如何作出判断。基于此目的，在解释权利要求用语的含义时，必须顾及专利法关于说明书应该充分公开发明的技术方案、权利要求书应当得到说明书支持、专利申请文件的修改不得超出原说明书和权利要求书记载的范围等法定要求。通常情况下，在专

〔1〕 最高人民法院(2014)行提字第17号行政判决书。

利授权确权程序中,对权利要求的解释采取最大合理解释原则,即基于权利要求的文字记载,结合对说明书的理解,对权利要求作出最广义的合理解释。如果说明书未对权利要求用语的含义作出特别界定,原则上应采取本领域普通技术人员在阅读权利要求书、说明书和附图之后对该术语所能理解的通常含义,尽量避免利用说明书或者审查档案对该术语作不适当的限制,以便对权利要求是否符合授权条件和效力问题作出更清晰的结论,从而促使申请人修改和完善专利申请文件,提高专利授权确权质量。本案中,本专利权利要求1中记载全光纤电流互感器至少由光电单元和光纤电流感应单元连接构成,并没有记载"反射膜"的技术特征,"反射膜"的技术特征出现在权利要求1的从属权利要求10的附加技术特征中。说明书中既没有将具有"反射膜"的技术方案作为背景技术描述,也没有用"反射膜"这一技术特征对权利要求1所述的"全光纤电流互感器"作出特别界定,说明书中的相关内容仅能说明本专利在对应于从属权利要求10的进一步的优选实施例中,采用了光纤端面镀反射膜的方式,并不是指本专利权利要求1中的"全光纤电流互感器"具有此处描述的特定含义。第14794号决定在对权利要求1中的"全光纤电流互感器"进行界定时,引入其从属权利要求的附加技术特征和说明书的内容对其进行限缩性解释,适用法律错误,本院予以纠正。

可见,在原则上应采本领域普通技术人员在阅读权利要求书、说明书和附图之后对该术语所能理解的通常含义,尽量避免利用说明书或者审查档案对该术语作不适当的限制,在上述判决中,最高人民法院提出了"最大合理解释原则"概念,要求"尽量避免利用说明书或者审查档案对该术语作不适当的限制",这使专利审查中的权利要求解释与侵权诉讼中的权利要求解释的区别进一步明确。

4. 对专利审查和侵权诉讼中不同解释方法的评价

美国专利审查中的最宽合理解释方法由来已久。联邦巡回上诉法院及其前身(关税与专利法院)以及专利与商标局一直使用这一方法对审查中的专利权利要求进行解释。[1] 关税与专利法院在1953年的判决中指出:通过长时间以来的一系列判决,以下的原则已经确立:在最初考虑专利是否应授权时,不管是专利商标局的合议组还是法院,都不能将说明书中没有明示的限制读入权利要求中。并且,同样

---

〔1〕 Dawn - Marie Bey and Christopher A. Cotropia, "The Unreasonableness of The Patent Office's 'Broadest Reasonable Interpretation' Standard", 37 *AIPLA Quarterly Journal*, 2009.

还确立了要给出权利要求的最宽解释。[1]

联邦巡回上诉法院认为,最宽合理解释方法,与地区法院审理专利侵权案件中对权利要求的解释(授权后的解释)是不同的、独特的解释方法。[2] 如果专利商标局适用侵权案件中的解释方法,将是无法逆转的错误。[3]

美国学者认为,采用最宽合理解释标准的主要理由是以下三个:

第一个理由是可以减少专利授权后做出更宽解释的可能,从而维护公共利益。在专利审查过程中采用最宽合理解释标准,可以将全部合理解释都考虑在内。这样,专利授权后,公众可以认为,地区法院或其他人对于权利要求所做的任何解释,专利商标局都已经审查过了。这种标准,可以帮助专利商标局避免错误地认为专利申请符合授权条件,但地区法院将权利要求的范围解释得更宽。因此,这一标准,可以避免专利局认为符合授权条件,但按照后来地区法院确定的专利保护范围,专利缺乏新颖性或创造性。[4]

第二个理由是在审查过程中可以修改权利要求,申请人的利益并没有受到损害。申请人并没有被排除通过明示的权利要求用语,得到适当的保护。[5] 申请人可以通过修改或说明有争议的权利要求,固定审查员的解释。联邦巡回上诉法院曾指出,最宽合理解释标准促进书面材料的改进,使专利保护的内容向公众提供更精确的书面告知。当权利要求可以修改时,模糊之处被确认,语言的范围和含义得到阐释,从而更清楚,从而使申请人得到与其实际贡献相当的专利保护。[6]

第三个理由是促进审查员与专利申请人在审查过程中的沟通。在专利审查过程中,并不像在专利侵权案件中那样假定专利是有效的。一旦审查员驳回了专利申请,申请人要证明其申请是值得授予专利的,就要对驳回作出答复,或修改专利申请文件澄清权利要求。因此,最宽合理解释标准促进了这种必要的沟通,在假定专利有效之前使公众注意到专利的保护范围。[7]

对于专利审查中采用与专利侵权诉讼中不同的最宽合理解释标准,美国学者也提出了一些批评意见。有的学者指出,最宽合理解释标准存在六个方面的不合

---

〔1〕 201 F. 2d at 954,96 U. S. P. Q. (BNA) at 414.

〔2〕 054,44 U. S. P. Q. 2d (BNA) at 1027 – 28.

〔3〕 In re Zletz,893 F. 2d 319,321 – 22,13 U. S. P. Q. 2d (BNA) 1320,1321 – 22 (Fed. Cir. 1989).

〔4〕 Dawn-Marie Bey and Christopher A. Cotropia, "The Unreasonableness of the Patent Office's 'Broadest Reasonable Interpretation' Standard", 37 *AIPLA Quarterly Journal*, 2009.

〔5〕 Ibid.

〔6〕 See In re Zletz,893 F. 2d 319,321 – 22,13 U. S. P. Q. 2d (BNA) 1320,1322 (Fed. Cir. 1989).

〔7〕 See Morris,127 F. 3d at 1054,44 U. S. P. Q. 2d (BNA) at 1027 – 28.

理性:第一,与专利法的规定不符。在整个专利法中,不管是关于专利性的规定,还是关于保护范围的规定,都使用了“发明”一词,其含义应是相同的。而适用不同的解释标准,意味着权利要求的范围是不同的。按照最宽合理解释,审查员所审查的发明的范围,比侵权诉讼中法院所保护的发明的范围更大。这种状况违背了专利法关于发明这个统一的概念。第二,与统一的上诉法院制度矛盾。国会设立联邦巡回上诉法院,就是为了解决专利商标局同各地区法院在适用专利法上的不一致。最宽合理解释打破了联邦巡回上诉法院目标要建立的基本公平。法院在处理专利商标局的案件和地区法院的案件时,适用了不同的标准。在不同的阶段,产生了不同的解释。在侵权和无效中,权利要求的含义是不同的。这违反了基本公平。第三,使审查员和法官回避了权利要求解释中的棘手问题。按照最宽合理解释的标准,审查员不需要确定正确的解释,只要确定“合理的”解释就可以了。审查员不需要解决是否将说明书中的限制读入权利要求的问题。因此,在审查过程中不会产生是否将说明书读入权利要求的争议,从而剥夺了公众对权利要求含义的讨论,而这种讨论对于其后的解释是有帮助的。第四,导致驳回专利申请的不当决定。适用最宽合理解释标准,比专利侵权诉讼时所保护的范围更大。二者相比存在灰色区域。如果现有技术或现有技术的变换物正好在灰色地域内,则专利不能授权或无效。而按照侵权诉讼中地区法院的解释,权利要求是有效的,因为没有将不能授予专利的客体包括在内。这种情况下,驳回专利申请或认定专利无效是不妥当的。第五,导致费时费力地修改权利要求。适用最宽合理解释标准,导致大量修改权利要求,从而产生人力和物力浪费,影响发明人的权利(因修改导致禁止反悔限制了专利的保护范围),增加了当事人的费用,也增加了专利商标局的费用。第六,标准本身是模糊的。审查指南描述了审查过程中权利要求解释的最宽合理解释标准,但对于如何适用这一标准的没有进一步明确的说明,没有给适用这一标准的审查员提供案例、标准和指导。[1]

美国最高法院在Cuozzo案中,认可了审查中最宽合理解释的合理性。美国最高法院认为,最宽合理解释有助保护社会公共利益,使审查员更有可能发现过宽的权利要求并驳回它,从而鼓励申请人撰写更窄的权利要求。这有助于避免宽泛的权利要求,使权利要求更精确,从而有助于防止专利捆绑太多的知识,同时帮助公众从公开的发明中获取有用的信息,并更好地了解权利要求的合法限制。[2]

---

〔1〕 Dawn-Marie Bey and Christopher A. Cotropia, “The Unreasonableness of the Patent Office's ‘Broadest Reasonable Interpretation’ Standard”, 37 *AIPLA Quarterly Journal*, 2009.

〔2〕 579 US _ (2016).

可见,虽然最宽合理解释存在一些问题,但也具有重要的意义。同时,在审查时对权利要求给予较宽的解释,是由审查员的立场和作用决定的。审查员就要代表社会公众检查权利要求,挑出权利要求的"毛病"。其中一方面的内容就是要使权利要求表述清晰,范围恰当。这要通过在专利审查过程中审查员和专利申请人之间的不断"交涉"来完成。而审查员进行交涉的起点就是较宽泛地解释权利要求,促使专利申请人通过解释或修改的方式将权利要求的范围进一步限定。因此,在专利审查过程中对权利要求给予较宽的解释,是审查员一种不自觉的选择,也是一种比较方便的做法。而这种做法必须要基于两个前提:第一个前提是解释必须是合理的。虽然在专利审查过程中审查员对权利要求进行宽泛的解释,但这种解释不能漫无边际、强词夺理,而是应当与说明书相符。虽然审查中的解释不一定达到实现发明目的的程度,但至少应从说明书中找到依据,或者与说明书中的内容不矛盾。第二个前提是专利申请人有机会通过修改或解释的方式维持其专利或专利申请的效力。如果对专利权利要求给予了较宽的解释,但专利申请人又没有机会修改或通过解释限制其权利要求的范围,将会导致专利无效或得到不授权的结果。而这种结果本来是可以通过较窄地解释权利要求避免的,则是对专利权申请人不公平的,也是不利于保护发明创造的。从这个意义上说,不能在所有涉及专利授权确权程序中都适用最宽合理解释。例如,在专利无效过程中,专利权人虽然有修改权利要求的机会,但其修改的范围很小,这时再适用最宽合理解释对于专利权人是不公平的。

三、专利权利要求解释的总体比较

(一)专利权利要求解释的总体比较

通过前面几章的介绍可以看出,我国及美国、英国、德国、日本等国解释权利要求的现行做法既有相同之处,又有各自的特点。

这几个国家解释权利要求的共同之处在于:专利保护范围根据专利权利要求确定,但同时又不拘泥于权利要求的字面含义。这些国家先后都采纳了折中解释原则,上述解释方式就是折中解释原则的基本要求。各国在坚持依据权利要求确定专利保护范围的同时,都结合说明书及附图等确定专利权利要求的含义,并且在特定情况下通过等同原则或其他解释方式将专利的保护范围扩大到权利要求的字面含义之外。

这几个国家解释权利要求的不同之处在于:第一,步骤不同。我国、美国、德国和日本都将权利要求解释分为字面解释和等同原则下的解释两个步骤。在进行了字面解释后再进行等同原则下的解释,等同原则下的解释将专利的保护范围扩大到权利要求的字面含义之外。而英国虽然也将专利的保护范围扩大到字面含义之外,但其并不区分字面解释和等同原则下的解释。从结果看,英国的目的解释包括了美国等国的字面解释和等同原则下的解释。可见,我国和美国、德国、日本等国的权利要求解释分为两个解释步骤,而英国的权利要求解释原来只有一个解释步骤,但在 Eli lilly 案中,英国最高法院也实质上认可字面解释和等同解释分开的做法。第二,方法不尽相同。美国法院在解释权利要求的过程中,创立了一系列的规则。这些规则后来经过修改和完善,成为美国法院确定专利保护范围的指南。美国的权利要求解释是通过这些规则来完成的。而英国法院所确立的目的解释论,强调根据一个接受表达的理性人所理解作者的意思进行解释。这应当说只是权利要求解释的指导原则,而不是具体规则。虽然“议定书问题”可以认为是适用这一指导原则的规则,但“议定书问题”仍具有一定的抽象性。英国法院创立的解释权利要求的规则较少。因此,英国法院不是依据具体的规则而是在目的解释的指导原则下进行权利要求解释。我国和德国、日本权利要求解释的方法界于美国和日本之间。具体而言,这些国家有解释权利要求的规则,但其规则不像美国的规则那样多,那样具体。第三,规则不尽相同。这些国家解释权利要求的规则在数量和详细程度上不同,大部分规则是相似的,但也存在不同的规则。

笔者认为,在指导原则下进行权利要求解释的方法在理论上具有合理性,在适用上具有灵活性。但这种方法的可操作性不强,对法官的要求较高。根据解释规则进行权利要求解释具有较强的可操作性,适用方便。但这种方法具有一定的僵化性,法院必须根据权利要求的不同决定是否适用某一规则,或适用哪一个规则,否则就会出现不公平的后果。我们应当把这两种方法结合起来,既要强调权利要求解释的指导原则,又要借鉴成熟的解释规则。

(二)权利要求解释中的技术性分析和价值性分析

尽管上述国家解释权利要求的步骤、方法和规则有不同之处,但从其解释权利要求的过程看,都存在技术性分析和价值性分析两个方面的内容。

在解释权利要求时,首先要根据权利要求书与专利文件中的其他材料如说明书、附图和专利审查档案之间的关系,确定权利要求的含义。这时的解释工作在很大程度上是一种“技术性”的工作。权利要求书与说明书、附图等之间的关系是法定的,根据说明书和附图等进行权利要求解释的目的是为了确定权利要求的真正含义。因此,从一定意义上说,这时所进行的权利要求解释是对权利要求的技术性分析。在对权利要求进行技术性分析时,不考虑专利法的目的等价值判断问题。

权利要求中的一些规则就是对技术性分析的总结。例如,美国权利要求解释中的区别权利要求原则,基本上就是根据独立权利要求与从属权利要求之间的关系对权利要求进行技术性分析的规则。

除了进行技术性分析外,在权利要求解释过程中还必须对专利法的不同价值给予考虑和衡量。专利法的价值之一是保护发明创造,[1]价值之二是促进发明的应用,[2]价值之三是促进科技进步。[3] 专利法的上述价值虽然从根本上是一致的,但也具有冲突性。保护发明创造的价值目标要求对专利权给予最充分的保护。但是,专利文件本身具有公示性,它应当向社会澄清专利的范围,使社会公众可以明确地知道专利的界限在哪里。这样,社会公众就可以充分使用专利保护范围之外的技术,并且利用专利的教导进行围绕专利设计,从而开发出新的技术。如果过分强调保护专利权,而忽视专利的公示作用,就会妨碍发明的应用,也会妨碍技术的开发和进步。因此,保护专利权和维持专利的公示作用是确定专利保护范围时两个冲突的价值目标。在权利要求解释过程中,除了进行前面所说的技术性分析外,还必须对专利法的价值目标进行平衡。考虑到专利法的价值目标所进行的权利要求解释,可以称为价值性分析。例如,等同原则就是为了对专利权给予充分的保护而创立的,而禁止反悔原则就是为了维持专利的公示作用而对等同原则的限制。

促进科技进步是专利法的价值目标之一。科技进步既可以指全球范围内的科技进步又可以指一个国家领域内的科技进步。专利法作为一个国家的国内法,其所称的科技进步一般指的是本国的科技进步。[4] 这样,在解释专利权利要求中考虑促进科技进步这一价值目标时,就要考虑到专利保护范围的宽窄对于本国科技进步的影响。从第五章对日本权利要求的介绍可以看出,当日本的技术相对落后时,日本法院相对窄地解释专利的保护范围。这样限制了对外国专利权人的保护范围,有利于日本技术的进步;随着日本技术水平的提高,日本法院开始较宽地解

---

〔1〕 例如,我国《专利法》第1条规定,"保护发明创造专利权"是专利法的目的之一。日本《专利法》第1条也将"保护发明"和"奖励发明"作为专利法的立法目的。

〔2〕 例如,我国《专利法》第1条规定,"有利于发明创造的推广应用"是专利法的目的之一。日本《专利法》第1条也将"为了发明的利用"作为专利法的立法目的。

〔3〕 例如,我国《专利法》第1条规定,"促进科学技术进步与创新"是专利法的目的之一。美国宪法授权国会制定专利法的目的是"促进科技和实用技术的进步"。日本《专利法》第1条也将"促进产业发达"作为专利法的立法目的。

〔4〕 日本《专利法》没有使用"科技进步"的用语,而是使用了"产业发达"的用语,更可以看出它是针对本国而不是针对全球而言的。

释权利要求的范围。

一般来说,对权利要求的字面解释以技术性分析为主,但也存在价值性分析。[1] 等同原则下的权利要求解释以价值性分析为主,但也存在技术性分析。[2] 技术性分析是专利法的内在要求。技术性分析优于价值性分析。在解释权利要求时,应先进行技术性分析,再进行价值性分析。

技术性分析的规则具有中立性,其他国家的技术性分析规则对我们具有直接借鉴意义。虽然其他国家的价值性分析规则对我们也具有借鉴意义,但我们要对其考虑的价值目标进行具体分析,在确定其价值性分析规则是否具有合理性以及是否符合我国的实际后,再考虑哪些规则可以借鉴。

第二节　权利要求字面解释的比较与分析

字面解释是对权利要求文字所具有的含义的解释。在我国及美国、德国、日本的权利要求解释中,字面解释是权利要求解释的第一步。英国传统的权利要求解释中将这种解释方法称为“文本解释”,但英国现行的目的解释论已经不承认“文本解释”。下面将对有关国家对权利要求的字面解释进行比较,并对完善我国的解释规则提出建议。

一、权利要求解释的基准主体和基准时间

(一)权利要求解释基准主体和基准时间的比较

所谓权利要求解释的基准主体指的是从谁的角度来解释权利要求。专利是向全社会公开的,但社会公众人数众多,不同人的知识、经历和理解能力悬殊,不同的人对于专利的权利要求可能会有不同的理解。在解释权利要求时,必须假定一个特殊的人,并将该人作为解释权利要求的基准主体。对权利要求要从该假定的人的角度去理解。

---

〔1〕 例如,美国联邦巡回上诉法院在 Athletic Alternatives, Inc. v. Prince Mfg., Inc.(73 F. 3d 1573, 37 USPQ2d 1365 Fed. Cir. 1996)案中指出:“当权利要求的含义存在更宽和更窄两种相同的选择,并且说明书的披露表明专利权人至少有权得到更窄的含义时,我们认为采纳更窄的含义可以更好地实现权利要求书的公示作用。”在这里,美国联邦巡回上诉法院在进行字面解释时就考虑了权利要求的公示作用。

〔2〕 例如,适用等同原则对现有技术抗辩的认定就是以技术性分析为主。现有技术不在专利保护的范围内是专利法的原则,此原则导致了在适用等同原则时将公知技术排除在专利等同的范围之外。

所谓权利要求解释的基准时间是指在从假定的人的角度去理解权利要求时，以该人什么时间的理解为准。随着时间的变化，人们的知识背景也会发生变化，这会导致对于权利要求的理解随着时间的变化而变化。解释权利要求必须确定一个时间点，以该时间点的基准时间解释权利要求。

美国从发明所属领域具有普通知识的技术人员的角度进行权利要求解释，并且以该领域普通技术人员在专利申请日的理解为准。英国在解释权利要求时，考虑的是本领域的技术人员对专利权人使用权利要求书中的语言是如何理解的，而本领域技术人员通常所具有的知识以专利申请日（优先权日）的知识为准。德国法院也按照本领域普通技术人员的理解进行权利要求解释，解释的基准时间也是专利申请日（优先权日）。[1] 日本的有关判决中确定的权利要求解释的主体是“发明所属技术领域普通技术人员”，解释的基准时间是专利申请日。我国司法解释规定的解释主体是“本领域普通技术人员”，但对于解释的时间没有明确的规定。

（二）权利要求解释基准主体和基准时间的研究

美国、英国、德国、日本和我国都以专利所属领域普通技术人员作为解释的基准主体。以专利所属领域普通技术人员作为权利要求解释的基准主体，是各国的一致做法。这种做法是由专利制度的性质决定的。专利制度通过授予专利权促使发明人将发明公开。公开的目的在于让社会公众了解和应用该技术，并利用该技术开发出新的技术。发明人撰写专利申请文件也是以本领域的技术人员为意定读者的。[2] 真正对专利进行仔细阅读并理解该技术的，是专利所属领域的技术人员。而专利所属领域技术人员的水平也有高低之分，居于中间的是具有中等水平的技术人员，而技术人员中人数最多的也是这些普通技术人员。所以，以专利所属领域的普通技术人员作为解释权利要求的基准主体，对于专利权人来说是适当的，对于专利文件的所有读者来说也是公平的。关于“所属领域普通技术人员”的含义，本书将在关于等同原则的认定标准部分进行讨论。

美国、英国、德国和日本都以专利申请日（优先权日）作为权利要求解释的基准时间。我国对此没有规定，但也没有相反的意见。可以说，将专利申请日（优先权

---

〔1〕 笔者没有发现对德国权利要求解释的基准时间的论述。但从第四章可以看出，德国认定等同的基准时间是专利申请日（优先权日），而认定等同是在权利要求解释的基础上进行的，认定等同的基准时间不可能早于权利要求解释的基准时间。因此，可以认定美国权利要求解释的基准时间是专利申请日（优先权日）。

〔2〕 我国《专利法》第 26 条第 3 款规定，说明书“以所属技术领域的技术人员能够实现为准”；美国专利法第 112 条也规定了说明书应达到使本领域技术人员能够实施发明的程度。这说明，专利法将专利所属领域的技术人员作为判断说明书公开程序的基准主体。为了实现这一要求，专利申请人也应当将所属领域技术人员作为意定读者起草有关专利文件。

日)作为权利要求解释的基准时间是比较一致的做法。笔者认为,这样做至少有以下两个方面的原因:第一,以专利申请日(优先权日)作为权利要求解释的基准时间使专利的保护范围具有确定性。权利要求解释基准时间的不同会导致专利保护范围的变化,同一个术语在不同的时间可能具有不同的含义。如果不确定权利要求解释的基准时间,可能就会因解释时间的不同使专利的保护范围不确定。专利权利要求的形成应当不迟于专利申请日。[1] 因无法确定专利权利要求的具体形成日期,就应当推定专利申请人提交该申请的时间为形成时间。解释权利要求首先是对专利申请人意思表示的解释,这种解释应当以意思表示形成日为时间基准。因此,应当将专利保护范围固定在专利申请日。第二,以专利申请日(优先权日)作为权利要求解释的基准时间具有公平性。专利权人是以当时的技术背景为基础撰写权利要求的,是按照专利申请日的含义来使用权利要求书中的有关用语的。因此,对于专利权人来说,以专利申请日(优先权日)作为权利要求解释的时间基准是公平的。本领域技术人员在阅读权利要求书等专利文件时,知道专利申请人是以专利申请日的技术背景撰写权利要求书的,本领域技术人员也应当以申请日的技术水平为准来理解权利要求。因此,对于社会公众来说,以专利申请日(优先权日)作为权利要求解释的时间基准也是公平的。我国也应当明确将专利申请日(优先权日)作为权利要求解释的基准时间。

二、解释权利要求的前提

(一)解释权利要求前提的比较

解释权利要求的前提指的是在什么情况下应当对权利要求进行解释,或者说解释权利要求有什么前置条件。

美国法院没有提出权利要求解释的前置条件,应当认为,只要当事人对权利要求的内容产生争议,法院就可以进行权利要求解释。德国法院在对权利要求进行解释时,权利要求的字面解释不拘泥于权利要求的字面含义。这说明,即使权利要求的字面含义具有明确的含义,法院也可以通过权利要求解释认定它具有其他的含义。英国法院认为没有任何言语是非语境的。因此,对所有的用语都应当通过使用的语境确定其含义。这就是说,对权利要求中用语的解释不需要任何条件。

---

〔1〕 专利申请人在专利审查过程中可能对权利要求进行了修改,最后公布的权利要求可能是专利申请日以后撰写的。但是,即使在这种情况下,最后的权利要求也是以最初的权利要求为基础而修改的,并且修改只能修改,不能扩大权利要求的范围。因此,可以说在专利申请日就形成了专利申请人要求保护其发明的意思,后来的修改只是改变了该意思的具体表达方式。

日本法院的做法并不统一，在有的案件中法院在认定了权利要求中的用语没有"明确的唯一含义"时才对该用语进行解释，而在有的案件中法院一开始就参考说明书和附图解释权利要求。而最新的法院判决认为，法院在解释权利要求时在任何情况下都可以参考说明书和附图进行解释。我国最高人民法院曾在判决中提出只有在权利要求书记载的内容不清楚时才对其进行解释，但最高人民法院在后来的判决中否定了权利要求解释以不清楚为条件的主张。

可见，美国、德国和英国都没有提出解释权利要求的前提条件问题，对权利要求进行解释是不需要前提的。我国和日本曾有两种做法：一种做法是只有在"权利要求的内容不清楚时"或者权利要求没有"明确的唯一含义"时才进行权利要求的解释；另一种做法是和美国、德国、英国的做法一样，在任何情况下都可以对权利要求进行解释。而最后我国和日本都采纳了后一种做法，即与其他国家相同的做法。

（二）对解释权利要求前提的分析

解释权利要求的前提所涉及的问题是，是否只有在权利要求的内容不清楚时才进行解释。对此，应当从权利要求书与其他专利申请文件的关系进行探讨。

权利要求书是专利权人说明其专利保护范围的文件。但权利要求书不是孤立的。我国专利法规定，权利要求书"应当以说明书为依据"，[1]美国专利法规定权利要求书是说明书的结语。[2] 专利申请人起草权利要求时，并不是凭空杜撰的，而是根据说明书等材料撰写的。在专利审查过程中，审查员并不只是对权利要求书进行审查，而将权利要求书与说明书等其他材料结合起来进行审查。专利所属领域的技术人员在理解专利的内容时，必须通过阅读说明书等进行理解，不可能只是就权利要求书理解受专利保护的内容。因此，专利权利要求书与说明书等其他材料是密不可分的。在撰写、审查和适用等阶段，权利要求书都离不开专利申请中的其他材料。如果只是在权利要求的内容不清楚时才对其进行解释，就会使权利要求书与专利的其他材料割裂开来。并且，有时权利要求的内容是否清楚，不通过阅读说明书等材料是无法得知的。因此，笔者认为，在任何时候理解权利要求书时都应当结合其他专利材料，对权利要求进行解释不需要任何前提条件。即使权利要求的内容表面上具有明确的含义，也可能通过解释使之具有其他含义。

---

〔1〕 我国《专利法》第26条第4款的规定。

〔2〕《美国专利法》第112条第2款的规定。

三、相关权利要求的解释作用

(一)比较

我国《专利法实施细则》第 20 条第 1 款规定,权利要求书应当有独立权利要求,也可以有从属权利要求。其他国家的专利法中也有类似的规定。另外,我国《专利法》第 31 条规定,“一件发明或者实用新型专利申请应当限于一项发明或者实用新型。属于一个总的发明构思的两项以上的发明或者实用新型,可以作为一件申请提出”。

专利权利要求书分为独立权利要求和从属权利要求,已经成为各国专利实践中的习惯用法。当同一件发明中有多个权利要求时,被诉侵犯的权利要求可能只有一项或者几项。在诉讼过程中,权利人应明确所主张的权利要求。法院在审判过程中需要对被诉侵犯的权利要求进行解释。[1] 在此过程中,法院可能会结合未被侵犯的权利要求进行解释。同一项权利要求中有多个技术特征,这些技术特征之间存在着联系。法院在解释其中的一个技术特征的内容时,可能会结合其他没有争议技术特征的内容,甚至同一个技术特征中的其他内容。因此,在解释权利要求时,涉及如何使用其他权利要求进行解释,以及如何使用权利要求中的其他内容进行解释的问题。

对于这个问题,美国法院在审判中探索了一些经验性做法。美国法院假定专利权人使用的语言具有连贯性。因此,在解释权利要求时,法院认为权利要求中使用的同一用语具有相同的含义,权利要求中的每一个用语都有其意义而不是多余的。在此基础上,美国法院创立了区别权利要求原则,一般情况下不同的权利要求具有不同的保护范围,独立权利要求通常不应当解释为包含从属权利要求中明确提出的限制条件。我国最高人民法院在司法解释中明确肯定了“相关权利要求”的解释作用。在司法实践中,我国法院也总结了与美国相同的规则。美国法院和我国法院总结的上述规则,都是在一般情况下适用。在特殊情况下,也可以根据其他证据推翻这些规则的适用。

(二)研究

使用相关权利要求对案件所涉及的权利要求进行解释,是由专利文件起草的

---

〔1〕《最高人民法院关于审理侵犯专利权纠纷案件应用法律若干问题的解释》第 1 条第 1 款规定:“人民法院应当根据权利人主张的权利要求,依据专利法第五十九条第一款的规定确定专利权的保护范围。权利人在一审法庭辩论终结前变更其主张的权利要求的,人民法院应当准许。”

习惯和专利法对权利要求的规定决定的。根据撰写书面文件的一般习惯,同一份文件中使用的相同用语具有相同的含义。专利申请人在撰写专利文件中的多个权利要求书时,推定专利申请人使用的语言具有连贯性是合理的。这样,当不同的权利要求中使用了相同的用语时,可以推定这些相同的用语具有相同的含义。如果专利权人对其中一项权利要求中的用语进行了说明,或者其中一项权利要求中的用语的含义比较明确,当另外的权利要求中也使用了这一术语时,就可以参照前一权利要求中的用法对该用语进行解释。在权利要求中通过限定条件对专利保护的范围进行界定时,专利权人总是使用尽量少的限定条件。如果专利权利要求中使用了不同的用语,应当认为这些不同的用语各自具有自己的含义,每一个用语都不是多余的。因此,认定权利要求中的每一个用语对于专利保护范围的确定都具有限定意义是合理的。

专利法将专利权利要求分为独立权利要求和从属权利要求,从属权利要求应当对独立权利要求进行进一步限定。如果从属权利要求没有对独立权利要求进行进一步限定,则从属权利要求就失去了意义。专利申请人在起草专利权利要求时,从属权利要求的目的,专利权人起草了独立权利要求和从属权利要求,说明专利申请人要求保护范围中,独立权利要求不同于从属权利要求。区别技术特征原则就是在独立权利要求与从属权利要求关系的基础上产生的。区别技术特征原则也反映了专利申请人的意思。

用相关权利要求解释权利要求的做法,基本属于权利要求解释中的“技术性分析”。这些做法是与专利法的规定相符的,具有合理性。但是,这些规则并不是僵化的规则。它只能适用于没有其他特别事由的“一般情况”,如果它与其他解释规则相冲突,一般适用其他解释规则,或者其他证据表明这些规则不能适用,则排除这些规则的适用。这是因为,一方面,专利权人在撰写权利要求时有时会出现失误。虽然正常的情况下专利申请人使用相同术语表达相同的含义,使用不同的权利要求界定不同的保护范围,但在出现失误的情况下有可能使用同一术语表达的含义不同,或者使用了不同权利要求但保护范围相同等。另一方面,即使专利申请人内心表述的是相同的术语具有相同含义,不同的术语具有不同的含义,不同的权利要求具有不同的保护范围,但有时对于本领域技术人员而言,根据专利文件所做出的理解不同于专利申请人想表达的意思。这时,应当以本领域技术人员的理解为基础进行解释,就需要推翻使用相关权利要求进行解释权利要求的一些规则。

四、说明书和附图对权利要求的解释作用

(一)说明书和附图对权利要求解释作用的比较

我国和英国、德国、日本的专利法中都明确规定了说明书和附图可以解释权利要求。说明书和附图是权利要求书的法定解释资料。美国专利法虽然没有对此作出明确规定,但美国法院历来重视说明书对于权利要求的解释作用,认为说明书是弄清权利要求书中争议术语含义的最佳指南。可见,这些国家都重视说明书和附图对于权利要求的解释作用。

美国法院一贯重视说明书在解释权利要求时的重要作用。美国联邦巡回上诉法院在 2005 年又重申,法院在对权利要求进行解释时严重依赖说明书是完全正确的。在解释权利要求时,美国法院既强调“不能将书面描述中的限制读入权利要求中去”,又强调“应当根据说明书来阅读权利要求书”。美国法院主张,应当将注意力集中到本领域技术人员如何理解权利要求术语上,这样就可以将根据说明书解释权利要求和将限制读入权利要求区分开。实施例中的限制不能读入权利要求中,权利要求不受优选实施例的限制,权利要求不能将优选实施例排除在外。

德国在传统上根据说明书确定专利的保护范围。1978 年新的专利法实施后,德国法院开始将权利要求书作为确定专利保护范围的依据。德国法院按照本领域普通技术人员根据专利说明书的全部内容并考虑到发明所涉及的问题及解决方案后的理解,对权利要求中的用语进行解释。如果权利要求中的用语在说明书中的意义不同于通常的含义,应以说明书的含义为准。用上述方式确定的专利权利要求的“实质含义”,可以比其字面含义的范围窄。

英国法院认为,专利文件的受意人是本领域的技术人员。本领域的技术人员对权利要求书中词语的理解不只是依据词典和语法书的规则,还要根据使用的具体环境。本领域的技术人员通过阅读说明书了解发明的目的,理解权利要求书的含义。因此,在解释权利要求时离不开说明书,应当结合说明书来解释权利要求。问题的关键一直是本领域的技术人员如何理解专利权人所用语言的含义。

日本最高法院曾在一起行政案件中提出只有在权利要求中的用语没有“明确的唯一含义”时才参考说明书和附图进行解释,但下级法院在大部分侵权案件中并没有遵守这一条件,而是不管权利要求书是否存在“有没有明确的唯一含义的问题”,直接参考说明书进行解释。当权利要求书的记载比说明书记载的范围大时,说明书的记载对于专利的保护范围具有限制作用。说明书中记载的作用效果对于专利的保护范围具有限制作用,不具有说明书中记载的作用效果的物或方法不在

专利的保护范围之内。法院使用实施例和附图解释权利要求是有条件的,只有在说明书对于发明的构成没有一般性说明时,才参考实施例和附图对权利要求进行解释。实施例对权利要求的内容没有限制作用,但权利要求解释的结果应当将实施例包括在内。

我国法院使用说明书解释专利权利要求的情形主要有以下三种:第一种情形是使用说明书解释权利要求中无普通含义的用语的含义;第二种情形是权利要求的内容有两种以上可能的理解时,通过说明书确定哪种理解是正确的;第三种情形是特定情况下改变权利要求用语的普通含义。实施例不能限定权利要求书的内容,但实施例应当属于专利保护范围之内。附图对于权利要求的内容不具有限制作用,但当权利要求中用语的含义不清楚时,附图可以用于解释该用语的含义。

可见,上述五个国家都认为说明书和附图是解释权利要求的重要资料。说明书既可以澄清权利要求中模糊不清的用语的含义,又可以限制甚至改变权利要求用语明确的表面含义。

(二)说明书和附图对权利要求解释作用的分析

1. 说明书和附图对解释权利要求的作用

我国及英国、德国、日本的专利法中都明确规定,说明书和附图可以用于解释权利要求。在这四个国家,说明书和附图是解释权利要求的法定资料。美国专利法中虽然没有关于说明书和附图解释作用的规定,但美国法院一贯重视说明书在解释权利要求中的作用,认为说明书是弄清争议术语含义的唯一最佳指南。可以说,在这五个国家,说明书和附图都是解释权利要求的最重要资料。

说明书和附图对于权利要求的重要性是由于说明书和附图的法定地位决定的。首先,说明书的性质决定了说明书是理解权利要求的最佳资料。我国《专利法》第26条第3、4款规定:“说明书应当对发明或者实用新型作出清楚、完整的说明,以所属技术领域的技术人员能够实现为准。权利要求书应当以说明书为依据,说明要求专利保护的范围。”《美国专利法》第112条第1款规定:“说明书应当包括书面描述,书面描述使用充分、清楚、简洁、精确的语言,对发明以及制造和使用发明的方法和步骤进行说明,以发明所属领域或密切相关领域的任何技术人员都可以制造或使用同样的发明。”《日本专利法》第(4)项规定了说明书中对发明的详细说明应当符合下列条件:记载应当明确且充分,使发明所属领域的有通常知识的人能够实施;记载所知道的与发明有关的公知技术文献的情况。从上述专利法的规定可以看出,说明书应对发明作出充分和详细的说明,说明书是本领域技术人员理解发明的唯一资料。因此,说明书也成为解释权利要求的最重要资料。其次,专利审查过程决定了说明书对于权利要求具有决定作用。我国《专利审查指南(2010)》第二部分第二章3.2.1条规定:“权利要求书应当以说明书为依据,是指权利要求应当得到说明书的支持。权利要求书中的每一项权利要求所要求保护的技术方案应当是所属技术领域的技术人员能够从说明书充分公开的内容中得到或概括得出的技术方案,并且不得超出说明书公开的范围。”美国专利局在确定专利申请的保护范围时,不只是依据权利要求的用语,还根据本领域普通技术人员对说明书的理解,对权利要求作出尽可能宽的解释。[1] 可见,在专利审查过程中,专利局根据说明书审查权利要求书。这样,在侵权诉讼中就应当借助说明书解释权利要求书。

2. 说明书中对发明描述的解释作用

专利说明书中的重要内容是对发明的描述,对权利要求解释起关键作用的就是对发明的描述。[2] 说明书中对发明描述的解释作用主要体现在以下情况:第一种情况是权利要求书中的用语模糊不清。这时如果从说明书对发明的描述中可以得出其明确的含义,就可以认定权利要求书中用语的含义是说明书中的含义。第二种情况是权利要求书中的用语是专利申请人自创的用语。这时该用语的含义应当从说明书中得出。这被称为专利申请人是自己辞典的编纂者。对于上述两种情况下说明书的解释作用,各国的做法都是一致的。第三种情况是权利要求书用语的含义并非模糊不清,而在说明书中该用语可能具有不同的含义。这种情况下如何解释权利要求,是各国权利要求解释中一个颇有争议的问题。美国法院认为,一方面不能将权利要求中的限制读入到权利要求中去;另一方面要根据说明书来理解权利要求。如果本领域的普通技术人员在阅读了说明书后,所理解的权利要求的含义与其表面的“清楚”含义不同,应当以本领域普通技术人员的理解对权利要求进行解释。英国法院也强调本领域普通技术人员根据专利上下文对权利要求的理解。德国法院认为对于权利要求中的用语,本领域技术人员根据说明书的全部内容所作出的理解具有决定性的意义。我国和日本的法院尽管存在不同的做法,但多数的做法仍是根据说明书中含义来解释权利要求中的用语。可见,有争议的用语在说明书中的含义优于权利要求书中的表面含义,这仍是各国的基本一致的做法。这种做法的合理性在于,权利要求书并不是脱离说明书而独立存在的,理解

---

[1] In re Am. Acad. of Sci. Tech. Ctr. ,367 F. 3d 1359,1364 (Fed. Cir. 2004).

[2] 我国《专利法》中并没有“对发明的描述”这一概念,但其他国家习惯使用这一概念,本书也使用这一概念。虽然我国专利法和实施细则中没有“对发明的描述”的规定,但我国《专利法实施细则》第18条规定了说明书应当包括的五个部分,其中一部分是“发明内容”,发明内容“写明发明或者实用新型所要解决的技术问题以及解决其技术问题采用的技术方案”,这就是本书中所说的“对发明的描述”。

权利要求书必须要借助说明书。本领域的普通技术人员在阅读了说明书后所理解的含义,就应当是权利要求中用语的真正含义,而不管该用语表面上是否具有其他含义。

3. 发明目的和发明的有益效果的解释作用

根据我国《专利法实施细则》第18条的规定,专利说明书中应当"对照现有技术写明发明或者实用新型的有益效果",《审查指南》中对"有益效果"的内容和作用作了明确的规定。[1] 可见,专利的"有益效果"是权利要求书中的必备。在专利审查过程中,说明书中关于"有益效果"的描述是审查的内容之一。

美国和日本承认说明书中关于"有益效果"的描述可以用于权利要求解释,对专利保护范围具有限制作用。我国法院往往参考发明目的对权利要求进行解释。我国有的学者认为,说明书中记载的有益效果可以用于权利要求解释,但权利要求中记载的技术方案对专利权保护范围的确定起主要作用,说明书中记载的有益效果一般说来不对专利权保护范围的确定产生决定性影响。[2] 如果被控侵权行为采用了权利要求所述的技术方案,仅仅在效果程度上有细小的差别,一般不应得出侵权行为不成立的结论。如果专利说明书中有关内容或者专利权人在审批过程中所作的意见陈述表明所述的有益效果是申请发明区别于现有技术的重要标志,能否产生专利权人所述的有益效果就会对侵权判断的结论产生较大的影响。[3]

笔者认为,说明书中关于发明有益效果的记载,并不是专利的技术特征之一。因此,发明的有益效果不是专利侵权判断的因素,不能说被控侵权物不能实现专利说明书中记载的效果就认定不构成侵权。但是,专利申请人在说明书中对专利有益效果的描述,是专利申请人将其发明创造与现有技术区别开来的重要特征,是专

---

〔1〕 我国《审查指南》第二部分第二章2.2.4(3)规定:"说明书应当清楚、客观地写明发明或者实用新型与现有技术相比所具有的有益效果。有益效果是指由构成发明或者实用新型的技术特征直接带来的,或者是由所述的技术特征必然产生的技术效果。有益效果是确定发明是否具有'显著的进步',实用新型是否具有'进步'的重要依据。通常,有益效果可以由产率、质量、精度和效率的提高,能耗、原材料、工序的节省,加工、操作、控制、使用的简便,环境污染的治理或者根治,以及有用性能的出现等方面反映出来。有益效果可以通过对发明或者实用新型结构特点的分析和理论说明相结合,或者通过列出实验数据的方式予以说明,不得只断言发明或者实用新型具有有益的效果。但是,无论用哪种方式说明有益效果,都应当与现有技术进行比较,指出发明或者实用新型与现有技术的区别。机械、电气领域中的发明或者实用新型的有益效果,在某些情况下,可以结合发明或者实用新型的结构特征和作用方式进行说明。但是,化学领域中的发明,在大多数情况下,不适于用这种方式说明发明的有益效果,而是借助于实验数据来说明。对于目前尚无可取的测量方法,而不得不依赖于人的感官判断的,例如味道、气味等,可以采用统计方法表示的实验结果来说明有益效果。在引用实验数据说明有益效果时,应当给出必要的实验条件和方法。"

〔2〕 参见尹新天,前引书,第314页。

〔3〕 同上书,第320~321页。

利获得授权的必要条件。在解释权利要求的过程中,应当考虑说明书中关于发明有益效果的描述。专利申请人既然认为其发明具有说明书中所描述的有益效果,其权利要求书所描述的就是能够实现该有益效果的技术方案。也就是说,专利申请人在选择权利要求中的用语时,认为这些用语包含着可以实现说明书中所述有益效果的含义。因此,在专利侵权诉讼过程中,如果双方当事人对权利要求中的含义产生争议,应当解释为权利要求的含义是能够实现说明书中所述的有益效果。因此,美国和日本那样认为发明中关于有益效果的描述可以用于权利要求解释的做法,是合理的。

在参照说明书中所述有益效果进行权利要求解释时,应当对说明书中所述的有益效果进行具体分析。有益效果是对照现有技术而言的,它可以是现有技术中没有而专利发明特有的效果,也可以是现有技术中虽然也有但专利发明在量上有明显提高的效果。前一种情况是“质”的效果,后一种情况是“量”的效果。如果专利说明书中记载的是“质”的效果,应当认为权利要求具有能够实现该“质”的效果的含义;如果专利说明书中记载的是“量”的效果,不一定说明权利要求的含义与说明书中记载的“量”的效果完全一致,但说明权利要求的含义与现有技术中“量”的效果不同。

4. 实施例的解释作用

我国《专利法实施细则》第 18 条第 1 款第(5)项规定,专利说明书应当包括“具体实施方式:详细写明申请人认为实现发明或者实用新型的优选方式;必要时,举例说明;有附图的,对照附图”。《美国专利法》第 112 条第 1 款规定,专利说明书“应当包括发明人所预想到的最佳实施例”。实施例是专利说明书的重要组成部分。各国法院都承认实施例对于权利要求的解释作用。对于如何使用实施例进行权利要求解释,我国与美国、日本的做法是基本相同的。实施例不能解释为对权利要求的限制,但实施例可以用于澄清权利要求的含义,在权利要求解释时应当将实施例包括在专利保护范围之内。

实施例是对发明创造的优选的具体实施方式的举例说明,它对于公开、理解和再现发明创造,支持和解释权利要求都是极为重要的。实施例描述了专利发明的实施方式,将专利技术方案具体化,便于人们对技术方案的理解。实施例只是专利技术方案的示例,而不是专利技术的全部内容。专利申请人把某一种实施方式作为实施例,说明专利申请人认为该实施方式是受专利保护的内容。因此,在解释权利要求时,法院可以通过实施例澄清权利要求中的模糊之处,但是法院一般情况下不能用实施例来限定权利要求的范围。如果权利要求可能有两种解释:一种解释将实施例包括在内；而另一种解释将实施例排除在权利要求的范围之外，法院应当采用将实施例包括在内的解释。

5. 附图的解释作用

我国专利法将附图作为说明书的一部分，而美国、德国、日本等国的专利法将附图独立于说明书。不管附图是不是说明书的组成部分，它都是专利文件中的重要内容，并且对于解释权利要求具有重要意义。从我国和美国、英国、德国、日本的有关判决看，使用附图对权利要求进行解释的情形并不是很多，法院使用附图进行权利要求解释主要是验证通过说明书解释的内容，或者澄清权利要求中的模糊不清之处。

我国《专利审查指南(2010)》第二部分第二章第2.3条规定："附图的作用在于用图形补充说明书文字部分的描述，使人能够直观地、形象化地理解发明或者实用新型的每个技术特征和整体技术方案。对于机械和电学技术领域中的专利申请，说明书附图的作用尤其明显。因此，说明书附图应该清楚地反映发明或者实用新型的内容。"可见，在专利审查过程中，附图对于理解发明创造具有重要作用，这也决定了在专利侵权诉讼中它对于解释权利要求也必须具有重要意义。附图所反映的只是专利发明技术方案的一种或几种实施方式。对于权利要求解释而言，它与实施例的作用相似。

五、专利审查档案的解释作用

(一)专利审查档案解释作用的比较

在专利审查过程中，审查员和专利申请人之间会进行意见交换，其中包括专利申请人对专利权利要求用语的解释或者修改。这些材料会保存在专利局，成为专利的审查档案。除了专利审查过程外，如果进行了复审以及其后的行政诉讼过程，专利申请人仍然会对权利要求进行解释。这时形成的材料，与在专利审查过程中的材料有相似之处。也可以说是广义上的专利审查档案。

美国将专利审查档案作为解释权利要求的内部证据，是解释权利要求的重要依据。审查档案一般用于限制权利要求的含义，但这并不是绝对的。但在个别案件中，专利权人也可以使用审查档案证明自己较宽的含义。专利审查档案还可以用于对权利要求用语的特别界定。在专利审查过程中，可以作为解释权利要求的审查档案不仅仅限于在答复驳回通知时的修改或意见陈述。实质上，发明人关于其发明以及现有技术的所有陈述，都是发明人关于其要求保护的范围的证据。权利要求的修改只有清晰无误地限制了权利要求用语的含义时，才能认为其限制了专利保护范围,如果修改不是针对权利要求本身进行的,则一般不产生限制权利要求含义的作用。如果专利权人的陈述未明确显示放弃某一内容,则不应作为限制专利范围的依据。在使用专利审查档案进行权利要求解释时,美国法院并不考虑专利申请人的陈述是否被审查员接受。只要申请人做出了陈述,就可以用来作为解释权利要求的证据。除了涉案专利的审查档案外,其他专利的审查档案也可能对涉案专利的权利要求解释具有帮助作用。

日本理论和实务界普遍接受了专利审查档案用于解释权利要求的观点,专利审查档案成为解释权利要求的重要资料。日本法院最近的判例较窄地适用专利审查档案,即只有针对专利授权的实体要件所做的陈述或修改,才可以用于禁止反悔。日本法院并没有把权利要求中的用语有明确唯一的含义作为参考专利申请经过的条件。除了专利审查过程中的陈述外,无效审判和订正审判中的陈述也可以用于解释权利要求。如果专利权人在审查过程中的意见没有被审查员采纳,是否仍可以作为禁止反悔的理由,日本法院在判决中的意见并不完全一致。除了涉案专利外,其他专利的申请经过也可以用于解释本专利的权利要求。在参考专利权利修改解释权利要求时,并不考虑申请人修改权利要求的主观意图。对于撤回的修改,日本法院认为不能通过禁止反悔用于对权利要求的限制解释。

我国司法解释明确规定了专利审查档案是解释权利要求的证据,并且其顺序优先于工具书、教科书等公知文献。从有关判决来看,我国法院承认的具有限制作用的专利权人陈述,只是在涉案专利申请和无效审查过程中提出的,并且被审查员信赖从而做出授权或维持专利有效的陈述。但有关判决中并没有强调审查员接受和信赖是用于权利要求解释的条件。

与上述国家不同,英国和德国则不重视审查档案的作用。英国法院在确定专利保护范围时传统上不考虑专利审查档案。近些年在解释权利要求时对于是否参考专利审查档案有一些争议,最终确定了在有限情形下参考专利审查档案的做法。德国法院一直坚持在权利要求解释时不使用审查档案。但并不是说审查档案对于权利要求解释没有任何影响。例如,专利申请人的意见陈述,可以为本领域普通技术人员在优先权日如何理解专利说明书中教导。另外,如果被控侵权人是以前的异议人,专利权人在异议过程中的主张,具有禁止反悔的效力。

(二)对审查档案解释作用的分析

在解释权利要求时考虑专利审查档案,最主要的理由是禁止专利申请人"两头获利",在专利审查过程中和侵权过程中提出有利于自己的但相互矛盾的主张。在专利审查过程中,专利申请人可以将专利的保护范围解释得非常窄,使专利保护范围与现有技术相区别,从而取得审查员的信任获得专利授权。而在侵权诉讼中专利权人可以提出另外的一种主张,将专利保护范围解释得非常宽,尽量将被控侵权物解释在专利的保护范围之内。如果在侵权诉讼中不考虑专利审查档案,只考虑其他的资料对权利要求进行解释,专利权人的解释有可能得到支持。而这带来的后果是专利申请人的不诚信的行为得到激励,从而使更多的申请人为了自己的目的随意解释权利要求且不用承担不利的后果。对于社会公从来说,这是一种不公正的行为,也是不公平的。

英国法院传统上不考虑审查档案的理由主要有以下两个方面:一是本领域技术人员并不总是阅读审查档案,而审查档案对最终权利要求解释问题产生影响的又非常有限。因此参考专利审查档案解释权利要求的价值有限;二是不考虑专利的档案就无法确定专利的保护范围,使确定专利保护范围的工作变得很复杂。去专利局调查审查档案是一项费时费力的工作,而准确确定哪一部分应被认为是通过修改而放弃的是一件困难的工作。但由于其他国家都采取参考审查档案的做法,而《欧洲专利公约2000》也允许参考审查档案,英国有条件地承认了审查档案在解释权利要求中的作用。

可以看出,考虑审查主要是基于公平的考虑,而不考虑审查档案主要是基于效率的考虑。英国和德国法院其实并不否认专利审查档案可能会对专利的保护范围产生影响,甚至在有的案件中也考虑了专利的审查档案。德国法院还针对被控侵权人和异议人是同一人的案件中适用了审查档案禁止反悔。但是,英国和德国法院并不想使考虑审查档案使权利要求变更特别复杂,使考虑审查档案成为一种规则。作者认为,考虑专利审查档案解释权利要求是专利制度的本质所决定的。专利局在审查专利中所认定的专利的保护范围,可以等于或大于侵权诉讼时的保护范围,但不能小于侵权诉讼时的保护范围。为了保证侵权时的保护范围不能大于审查中认定的保护范围,必须借助于专利审查档案。尽管把考虑专利审查档案会加大当事人和法院的工作量,影响专利诉讼的效率,但在专利的重要性日益凸显的情况下,当事人更关注的是公平,而不太关注考虑专利审查档案所增加的工作量。因此,为了效率而排除考虑审查档案的做法,并不可取。事实上,英国和德国的法院在近些年来不断尝试考虑专利审查档案。甚至出现了德国针对个别当事人考虑审查档案的做法,而这本身就是一件非常不合理的做法。专利的保护范围应是对世的,对所有人都是相同的。如果对个别当事人考虑审查档案,就会出现同一专利针对不同的当事人有不同保护范围的情形。德国和英国拒绝考虑审查档案,主要是由于其一直没有这种做法。但在确定专利保护范围时考虑审查档案,应是一种趋势。但同时我们也应看到,像美国那样在参考审查档案时越来越复杂的做法,确实使权利要求解释变得复杂且影响效率。英国最高法院提出的“持怀疑态度”,在有限情形下参考审查档案的做法,从某种意义上说兼顾了公平和效率。

六、辞典、专业论文等的解释作用

辞典、专业论文、百科全书、教科书等专业资料在解释权利要求中的作用具有相似之处,下面只对辞典的解释作用进行比较和研究。其结论适用于专业论文、百科全书等工具书。

(一)对辞典解释作用的比较

我国法院和美国、日本等国的法院都使用辞典解释权利要求。我国司法解释规定,在运用说明书及附图、权利要求书中的相关权利要求、专利审查档案进行解释后仍不能明确权利要求含义的,可以结合工具书、教科书等公知文献以及本领域普通技术人员的通常理解进行解释。日本法院一般认为,在解释权利要求中用语的含义时,如果专利权人在说明书中没有对用语进行特别的定义,就推定该用语的含义为其通常的含义。在审判过程中,法院往往先利用辞典等文献确定权利要求中用语的含义,然后再看说明书中对该用语是否有特别的定义,如果没有特别的定义,则按照词典等文献的解释确定权利要求中用语的含义。

美国法院对于如何使用辞典解释权利要求进行了比较深入的探讨。美国法院将辞典作为解释权利要求的外部证据,其解释作用不如说明书等内部证据。但从2002年以来出现了强调辞典解释作用的趋势。在这些案件中,法院先根据辞典确定权利要求中用语的普通和习惯含义,然后看权利要求中的含义是否与根据辞典确定的含义一致。如果发明人对该用语界定了明确的其他含义,或者发明人对权利要求的范围进行了明确的舍弃,则可以不采纳其辞典中的含义。美国联邦巡回上诉法院在2005年的Phillips v. AWH Corp.案中对上述做法提出了批评,认为这种做法不合理地扩大了辞典的作用,限制了说明书的作用。说明书的作用远大于辞典,不能将说明书只是作为检验辞典含义的工具。辞典和说明书都是解释权利要求的参考资料,其适用并没有固定的先后顺序。但是不能只是在专利权人是自己的辞典编纂者或者专利说明书清楚地反映出对专利保护范围进行了舍弃时,才使用说明书来限制辞典中的含义。

可见,虽然我国和美国、日本等都使用辞典解释权利要求,但具体做法有不同之处。美国在经历了短暂的重视辞典作用的阶段后,又回到重视说明书的时期。我国历来认为在解释权利要求时说明书的作用大于辞典,与美国现行的做法有相似之处。日本的做法与美国重视辞典作用时的做法相似。

（二）对辞典解释作用的分析

辞典是收集词汇按某种顺序排列并加以解释供人检查参考的工具书。辞典总是尽可能包括有关词语的所有可能含义。因此，从辞典中可以得出有关词语的普通含义。使用辞典进行权利要求解释，所得到的结论就是该词语的普通含义。因此，如何使用辞典进行权利要求解释，反映了权利要求中用语的普通含义与说明书中含义的关系。

专利申请人在权利要求书中使用某一用语，该用语就有了在权利要求书上下文中的特定含义。该特定含义可能与其普通含义是相同的，也可能是不同的。一般情况下，特定含义的含义比普通含义窄。但如果专利权人在说明书对权利要求中的用语进行了重新定义，权利要求书中的含义也可能比普通含义宽。解释权利要求时应当分清哪些情况下专利权人使用的是普通含义，哪些情况下专利权人使用的不是普通含义。

如果专利说明书中对某一用语进行了定义，或者明确指明了某一用语的含义，这时应当按照该用语在说明书中的含义进行解释，而不应当采用该用语在辞典中的含义。这种做法是得到广泛认可的，在理论和实务上都是不存在争议的。

但是，如果专利说明书中没有对权利要求书中的用语进行定义，或者未明确指明其含义，是不是就应当将该用语解释为其普通的含义？这是一个存在争议的问题。日本一般认为这时应当认为该用语的含义就是其普通含义。这是因为，日本对权利要求书撰写的要求是，用语应当使用其普通含义，除非对用语的含义进行了特别的定义。因此，如果在说明书中没有对权利要求中的用语进行特定的定义，就可以解释为其具有普通含义。美国法院在重视辞典的解释作用时认为，如果说明书明确排除、限制或舍弃了权利要求范围内的内容，也可以将权利要求解释为具有不同于普通含义的意义。也就是说，只有专利权人在说明书中明确地限定了某一用语的普通含义时，才能使用该特定含义，否则就认定该用语具有普通含义。对于上述做法，美国联邦巡回上诉法院在2005年的Phillips v. AWH Corp.案中提出了批评，认为即使说明书中没有明确限定某一用语的普通含义，但本领域普通技术人员在阅读了说明书后认为权利要求中的含义不是辞典中的普通含义，也应当以本领域技术人员的理解为准，而不是使用其在辞典中的含义。

日本的做法从理论上来看不存在任何问题。在专利起草时，如果专利申请人没有对用语的含义进行特定的定义，就认为使用的是其普通含义。在侵权判断时，也按同样的原则进行解释。但在实践中，专利申请人在说明书中对权利要求中的用语进行特别定义的情况是很少见的。这是因为,专利申请人在使用某一用语时,可能自己并没有认为其具有特别的含义,但在使用中不自觉地限定了其含义。这时,专利申请人不会在说明书中对该用语进行特别的定义。另外,一般情况下,对用语进行特别定义只会缩小该用语的含义范围,专利申请人也不愿意通过明确定义的方式限定其用语的范围。专利权申请人只有认为自己使用的用语的含义宽于其普通含义时,才会在说明书中给出特别的定义。由于专利申请人很少明确对权利要求中的用语进行特别定义,就出现了在很多情况下都采用辞典含义的做法。而这种情况下专利所属领域的普通技术人员在阅读了说明书后,可能认为权利要求中的某一用语不是其普通含义,而是受到限定的含义。[1] 可见,日本的做法表面上具有合理性,适用起来也比较方便,但可能会导致法院通过辞典的解释作用确定的专利保护范围,大于专利所属领域普通技术人员在阅读了说明书后所理解的范围。可以说,这种做法是一种有利于专利权人的做法。

美国法院重视辞典作用时的做法,与日本的做法有相似之处。美国联邦巡回上诉法院指出了上述解释方法的缺陷是容易导致过宽的权利要求解释,强调应当以本领域普通技术人员对说明书的理解为准进行权利要求解释,而不是将说明书作为检验辞典含义的工具。我国将辞典等公知文献的应用限定在“以上述方法仍不能明确权利要求含义”时。从表面上看是强调了这些资料应用的顺序,即先使用说明书等资料,后使用辞典等公知文献。但在实际应用中,可能不同的当事人主张的资料并不相同。例如,专利权人可能主张参考辞典进行解释,而被控侵权人可能主张参考说明书进行解释。这时,法院在审判过程中对两种解释资料的作用都要进行审理,判决中也都要进行考虑,很难从顺序上进行界定。其实,这时法院强调的不是二者的适用顺序,而是效力的大小,即说明书等资料的作用大于辞典等公知文献的作用。由此看来,我国的做法与美国的做法非常相近。

笔者认为,美国联邦巡回上诉法院的意见是符合通过说明书解释权利要求这一基本原则的。过分注重辞典的解释作用,会不适当地扩大专利的保护范围。对权利要求的解释,最终还是以所属领域普通技术人员通过说明书的理解为准。虽然过分注重辞典的解释作用有方便实用的优点,但不能为了方便而牺牲公平。

辞典仍然可以用于解释权利要求,并且可以首先借助辞典确定权利要求的含义,而不是首先阅读说明书。但是,当辞典的含义与专利所属领域普通技术人员通

---

〔1〕 一般情况下,专利所属领域的普通技术人员在阅读了说明书后,不可能得出权利要求书中的用语含义宽于其普通含义的结论。因为,如果专利申请人使用的含义宽于普通含义,专利申请人会在说明书中进行特别定义。专利申请人没有在说明书中进行特别定义的情形,一般只是用语含义窄于普通含义的情况。

过阅读说明书所理解的含义不一致时，不能采纳辞典的含义，而是以本领域技术人员的理解为准。

在使用辞典进行权利要求解释时，应当尽量采用专利技术辞典，而不是通用辞典。另外，用于解释权利要求的辞典的出版日期不应迟于专利申请日。

第三节　等同原则的比较与分析

一、关于等同原则的总体比较与分析

（一）关于等同原则的总体比较

美国实行专利制度以来一直承认和适用等同原则。在使用专利权利要求界定专利保护范围之前，法院认为认定侵权不一定要求被控侵权物与专利描述一一对应，从而将专利的保护范围扩大到专利的字面含义之外。专利法将专利权利要求作为确定专利保护范围的依据之后，美国产生了真正意义上的等同原则。使依据等同原则认定侵权成为与按照权利要求的字面含义认定侵权并列的概念，等同侵权成为字面侵权的补充。其后虽然曾有人主张不再适用等同原则，但美国最高法院在 Hilton 案中否定了这种主张，宣布等同原则仍具有生命力。从美国法院适用等同原则的情况看，自 1982 年美国联邦巡回上诉法院成立以来，该法院在适用等同原则时采取了比较宽松的立场。后来，美国最高法院又通过 Hilton 案和 Festo 案表明了严格适用等同原则的立场，限制了等同原则的适用。

英国在《1977 年专利法》实施前一直按周边限定原则进行权利要求解释，将专利的保护范围限定在专利权利要求的字面含义之内。这有时会导致专利实质上得不到保护，对专利权人来说是不公平的。为了克服上述缺陷，英国法院创立了"发明精髓原则"。根据发明精髓原则，如果被控侵权物包含全部必要技术特征，即使省略了非必要技术特征，或使用等同物替换了非必要技术特征，仍构成侵权。英国《1977 年专利法》按照《欧洲专利公约》的规定，对确定专利保护范围的方法作了规定。与此同时，英国法院创立了目的解释方法。根据目的解释方法，如果被控侵权物对专利权利要求描述的发明进行了变换，这种变换对于发明的实施方式没有实质的影响；在发明公开日对于本领域技术人员而言，这种变换对于发明的实施方式不具有实质影响是显而易见的；本领域技术人员认为专利权人没有将这种变换排除在专利保护范围之外的意思，则应当认为经过这种变换后的被控侵权物仍属于专利的保护范围。英国的目的解释虽可以实现与适用等同原则基本相同的结果，

但英国的目的解释方法本来是排斥等同原则的。但英国最高法院在 2017 年的 Eli Lilly 案中认可了等同原则,并按其他国家等同原则的要件修改了原来的目的解释方法。

德国在 1978 年实施新的专利法之前,确定专利保护范围时就存在等同理论。这时的等同分为明显的等同和非明显的等同。这段时间,德国采用比较宽松的标准认定等同。1978 年实施的新专利法按照《欧洲专利公约》对权利要求解释作了规定。按照新的专利法,德国法院仍然承认等同原则,认为超越专利权利要求字面含义的等同实施方式也属于专利的保护范围。

在 1998 年以前,日本理论和实务界对于是否适用等同原则存在争议。日本法院自 20 世纪 60 年代以来就认可并适用了等同原则。但很长时间以来,日本法院消极适用等同原则。自 80 年代以来,日本开始积极适用等同原则。1998 年日本最高法院明确认可了等同原则,并且规定了适用等同原则的要件。自 1998 年以来,日本法院一直按最高法院确立的标准适用等同原则。

我国自 1984 年专利制度实施以来就承认了等同原则。2001 年,最高人民法院在司法解释中第一次对等同原则作了规定,统一了适用等同原则的标准。2009 年和 2016 年,最高人民法院在司法解释中进一步细化了等同原则适用的规则。总体来看,很长时间以来,我国适用等同原则的条件比较宽松。2009 年以后,最高人民法院多次强调适度从严把握等同侵权的适用条件,等同原则的适用条件变得更加严格。

(二)关于等同原则的分析

从上述比较可以看出,我国及美国、德国和日本都承认和适用等同原则,英国也原则上认可了等同原则。适用等同原则的基本做法是相同的,在被控侵权物没有落入专利权利要求的字面含义之后,再根据等同原则判断被控侵权物是否仍属于专利的保护范围。也就是说,等同原则将专利的保护范围扩大到权利要求的字面含义之外,根据等同原则进行专利侵权判断是一个独立的判断过程。根据英国的目的解释方法,在被控侵权物与专利权利要求的描述有不同之处时,仍然可以认为被控侵权物属于专利的保护范围之内。目的解释方法在确定专利保护范围时只有一个解释过程,并不区分权利要求字面含义的解释和超越权利要求字面含义的解释。但在修改了三个议定书问题后,三个议定书问题的判断,实质上是就是等同原则的判断。

在是否适用"等同原则"这一概念上,英国曾反对"等同原则"这一概念,与我国、美国、德国、日本不同。但从最后的结果来看,英国的目的解释方法同样将专利的保护范围扩大到权利要求的字面含义之外。因此,目的解释方法与等同原则在确定专利保护范围上有相似之处,但在适用的过程和标准上也有不同之处。英国最高法院2017年的判决,虽没有明确承认等同原则的适用,但不再反对这一概念。因此,本书在对等同原则进行比较和分析时,也将英国的目的解释方法作为其中的内容。

总的来看,我国和美国、德国、日本、英国都适用等同原则将专利的保护范围扩大到专利权利要求的字面含义之外。

(三)是否应当适用等同原则的分析

是否适用等同原则的问题,主要涉及是否应当将专利的保护范围扩大到专利权利要求的字面含义之外的问题,也就是是否应当将根据权利要求的字面含义严格限定专利保护范围的问题。我国虽然在理论和实务界都没有否定适用等同原则的主张,但其他国家对于是否适用等同原则是有不同声音的。因此,我们有必要对是否适用等同原则进行分析。

从其他国家理论和实务界的意见看,反对适用等同原则的理由主要有以下几个:[1]一是专利法要求通过权利要求确定专利的保护范围,等同原则违反了专利法的要求,损害了权利要求的公示作用。二是等同原则增加了专利保护范围的不确定性,导致了社会成本的加大,社会成本超过了等同原则所带来的社会收益。三是专利权人可以通过采用上位概念、采用功能性权利要求等方法,尽量在起草权利要求时将专利的保护范围扩大。并且即使专利权人因失误起草的权利要求的范围过于狭窄,他还可以在专利授权后通过要求重新颁发专利的方式,再得到一个保护范围更大的专利。因此,申请人有能力在专利申请阶段使权利要求书全面覆盖其发明创造,法院在进行侵权判断时没有必要再适用等同原则。

赞同适用等同原则的理由主要有以下几个:一是由于语言表达的局限性,专利权人无法通过权利要求对其专利的保护范围进行准确的界定,以至于可以使专利权利要求的字面含义覆盖专利发明的全部内容。二是如果不适用等同原则,他人有可能可以轻易绕过专利权利要求,使专利得不到保护。这会导致专利的保护范围与专利权人对社会的贡献不相称,对专利权人是不公平的。

---

〔1〕 这里概括的反对适用等同原则的理由,根据的是第六章中关于日本有关主张的论述、美国最高法院在Hilton案中的论述和美国有关学者的论文,如 Timothy R. Holbrook, "Equivalency And Patent Law's Possession Paradox", 23 *Harv. J. Law & Tec* 1, 2009; Joshua D. Sarnoff, "Abolishing the Doctrine of Equivalents and Claiming the Future After Festo", 19 *Berkeley Technology Law Journal* 1157, 2004; James K. Folker, "A Legislative Proposal to Clarify and Simplify Patent Infringement Analysis Under the Doctrine of Equivalents", 6 *Federal Circuit Bar Journal* 211, 1996; M. Scott Boone, "Defining and Refining the Doctrine of Equivalents: Notice and Prior Art, Language and Fraud", 43 *IDEA: The Journal of Law and Technology* 645, 2003, 等。

是否适用等同原则的争议,归结起来是以下两个问题:一是专利权人是否有能力起草一份从字面上可以覆盖发明创造全部内容的权利要求书;二是如何处理专利权人利益与专利的公示作用之间的冲突。

第一个问题关系到等同原则的基础。如果对这个问题的回答是肯定的,就不存在适用等同原则的问题,也就没有必要考虑第二个问题。但是,现在主流的意见对第一个问题的回答是否定的,也就是专利权人起草的权利要求不可能覆盖发明创造的全部内容。美国最高法院在 Festo 案中重申了这一观点,并且把它作为适用等同原则的主要理由。我们认为,由于专利发明表现为一种技术构思,而专利权利要求书是一种文字,通过文字将技术构思充分表述出来是极其困难的。专利申请人很难预想到每一个技术特征的全部变换形式,并将它包括在权利要求的文字之中。虽然专利申请人可能使用上位概念和功能性权利要求等形式扩大专利权利要求的覆盖范围,但为了能够通过专利局的审查,以及为了尽早得到专利授权,专利申请人不可能将其专利权利要求的范围界定得太宽。因此,笔者对第一个问题的回答也是否定的。同时,笔者还认为,随着专利权利要求书撰写方式的改变和专利权利要求书撰写经验的增加,专利申请人起草的权利要求的字面含义范围会越来越大,越来越接近到可以覆盖发明创造的全部内容。这种情况下,适用等同原则的案件会减少,但不会到根本不需要适用等同原则的状态。

第二个问题涉及专利实施中的价值判断问题。一方面,专利权人的利益应当得到保护。专利权人将自己的发明创造通过申请专利向社会公开,社会从发明创造的公开中受益。专利权人应当得到其对社会贡献程度相当的专利独占范围。另一方面,专利权利要求的公示作用应当得到维护。作为界定专利保护范围的依据,专利权利要求对社会具有公示作用。第三人通过专利权利要求确定专利权人独占范围的界限,并以此为依据避免侵权或进行围绕专利设计。如果将专利的保护范围扩大到权利要求的字面含义之外,就会损害权利要求的公示作用所产生的确定性。在承认专利申请人不可起草可以覆盖专利发明的全部内容的权利要求后,就产生如何平衡专利权人和社会公众之间利益的问题。如果将专利保护范围限定在专利权利要求的字面含义之内,专利的公示作用得到维持,专利法的实施更具有确定性,但会损害专利权人的利益。并且这样还可能会损害专利法对发明创造的激励作用,会导致发明人更多地通过商业秘密而不是专利来保护其发明。因此,不适用等同原则可能会损害专利权人的利益,并妨碍专利法刺激创新、鼓励公开目的的实现。正是由于以上原因,我国和美国、英国、德国、日本都选择了将专利保护范围不局限于权利要求字面含义的做法。将专利的保护范围扩大到权利要求的字面含义之外,必然会损害权利要求的公示作用。为了将对权利要求公示作用的损害降到最小,有必要从维护权利要求的公示作用出发完善有关规则。因此,从平衡专利权人利益和社会公众利益的角度考虑,我们应当承认等同原则。在适用等同原则时,通过认定等同的标准和对认定等同的限制等规则,进一步平衡专利权人和社会公众的利益。如何在适用等同原则时进一步平衡专利权人和社会公众的利益,是本书下面要分析的问题。

二、认定等同标准的比较与分析

(一)对认定等同标准的总体比较

美国法院从创立等同原则以来,长期采用的是“功能—方式—效果”三一致的标准。最初,“三一致”是针对权利要求中的某一技术特征而言的。但在 Graver 案以后,美国法院开始将权利要求所覆盖的产品或方法与被控侵权产品或方法进行整体比较。在 Hilton 案中,美国联邦巡回上诉法院提出认定等同的根本标准是“非实质性差异”标准。美国最高法院认为采用什么标准应当根据具体案情来定。同时,美国最高法院强调了“功能—方式—效果”三一致的标准只能针对具体技术特征进行比较。“三一致”标准和“非实质性差异”标准是美国法院现行适用等同原则的标准。

英国法院适用目的解释的方法将专利保护范围扩大到与权利要求的记载有差异的变换物。英国法院认定变换物属于专利保护范围的标准与认定等同的标准有相似之处。因此,这里将英国的有关标准放在认定等同标准中进行比较。虽然用语不太准确,但为了比较方便,本书有时将英国认定变换物属于专利保护范围的标准称为“认定等同的标准”。根据英国最高法院 2017 年确定的标准,认定变换物属于专利保护范围的条件有三个:尽管不在专利相关权利要求的字面含义之内,该变换物以与发明(专利披露的发明概念)基本相同的手段实现基本相同的效果;本领域技术人员在专利优先权日阅读了专利之后,显而易见地知道变换物像发明一样以实质上相同的手段,实现了实质上相同的效果;本领域技术人员可以得出结论,专利权人本来的意思并非将严格遵循权利要求的字面含义作为发明的必要要件。

1978 年德国实施新专利法之前,法院将等同分为“明确的等同”和“非明显的等同”。明显的等同的认定条件是:被控侵权物中采用了与专利发明具有同一效果的技术解决手段,并且对于本领普通技术人员来说在专利申请时不需要经过特别考虑就可以看出这一点。非明显的等同的第一个认定条件与明显的等同相同,而

第二个条件是本领域普通技术人员经过发明努力不是不能想到的。1978 年德国实施新专利法后,法院不再区分明显的等同和非明显的等同,认定等同的要件主要有三个:第一,字面不相同的替代特征与权利要求中的相应特征相比,对于解决发明中的技术问题客观上具有同等的技术效果;第二,替代特征具有同等的技术效果在专利申请日或优先权日对本领域普通技术人员是显而易见的;第三,被控侵权物采用替代特征解决技术问题,源于本领域技术人员从涉案专利权利要求中得到的替代特征可以等同地解释技术问题教导。

1998 年日本最高法院对"无限折动用滚珠花键轴承"案作出判决之前,日本法院认定等同的要件是:被控侵权物的目的和作用效果仍与专利发明相同,这种替换对于本领域技术人员而言在申请时是能够从专利发明的技术构成中容易想到的。1998 年日本最高法院在"无限折动用滚珠花键轴承"案中提出了认定等同的五个要件:非本质部分、置换可能性、置换容易性、非公知技术和禁止反悔。其中前三个要件是认定等同的积极要件。

我国最高人民法院于 2001 年在司法解释中明确了认定等同的标准。认定等同特征的条件主要是两个:第一个条件是被控侵权物中的技术特征与权利要求记载的技术特征以基本相同的手段,实现基本相同的功能,达到基本相同的效果。第二个条件是被控侵权物中的不同特征是本领域的普通技术人员无须经过创造性劳动就能够联想到的特征。

从上述几个国家现行认定等同的标准看,都将被控侵权物的技术特征(或被控侵权物)与专利权利要求中的技术特征(或专利发明)具有基本相同的功能(作用)和效果作为认定等同的条件。这是各国认定等同标准中的共同点,这说明,"功能(作用)效果"的基本相同是认定等同的最基本要件。

除了"功能(作用)效果"基本相同这一基本要件外,各国在认定等同的标准上还有各自不同的要件。美国、英国和我国将"方式(手段)"的基本相同作为认定等同的要件;英国、德国、日本和我国都将"置换容易性"作为认定等同的要件;英国还将"本领域技术人员可以得出结论,专利权人本来的意思并非将严格遵循权利要求的字面含义作为发明的必要要件"作为认定等同的要件;日本还将"非本质部分"作为认定等同的要件。

从认定等同的要件来看,美国和德国认定等同的标准较宽松,英国和日本认定等同的标准较严格,我国认定等同的标准居中。除了"作用效果"基本相同这一基本要件外,美国的"三一致"标准只增加了一个要件,即"方式"的基本相同;德国的标准增加了两个要件,即"置换容易性"和技术教导;英国的标准增加了三个要件:

“手段”基本相同、“置换容易性”、本领域技术人员可以得出结论，专利权人本来的意思并非将严格遵循权利要求的字面含义作为发明的必要要件；日本的标准增加了两个要件：置换容易性和非本质部分；我国的标准也增加了两个要件：“手段”基本相同和置换容易性。

（二）我国认定等同标准与其他国家的比较

我国认定等同的标准与美国的“三一致”标准相比，我国认定等同标准的第一个要件与美国的“三一致”标准是完全相同的。除了第一个要件外，我国的标准还增加了“被控侵权物中的不同特征是本领域的普通技术人员无须经过创造性劳动就能够联想到的特征”这一要件。另外，美国除了“三一致”标准外，还有“非实质性差异”标准。也就是说，美国法院认为“三一致”标准并不是可以适用于所有案件的标准，在某些案件中可以不采用“三一致”的分析，而是看被控侵权物与专利技术之间是否存在非实质性差异。我国的等同标准适用于所有的案件。

我国认定等同的标准与英国的标准相比，英国标准中的第一个要件相当于我国标准中的第一个要件。英国标准中的第一个要件是“变换物以与发明（专利披露的发明概念）基本相同的手段实现基本相同的效果”。从英国法院进行权利要求解释的过程看，英国法院在考虑这一要件时，不但考虑变换物与权利要求中的相应技术特征工作的“手段”是否实质相同，还考虑变换物所起到的“效果”与权利要求中的相应技术特征是否相同。因此，英国适用这一要件所考虑的要素与我国认定等同的第一个要件基本相同。英国标准中的第二个要件相当于我国标准中的第二个要件。英国标准中的第二个要件是，本领域技术人员在专利优先权日阅读了专利之后，显而易见地知道变换物像发明一样以实质上相同的手段，实现了实质上相同的效果。我国标准中的第二个要件是被控侵权物中的不同特征是本领域的普通技术人员无须经过创造性劳动就能够联想到的特征。在这个要件上两国的措辞不同，但都是从本领域普通技术人员的角度对变换物与权利要求中的相应技术特征进行对比，看用变换技术特征替换权利要求中的相应技术特征是否“容易”。英国认定容易的标准是“显而易见地知道”，我国认定容易的标准是“无须经过创造性劳动就能够联想到”。英国这一要件比较的对象是看是否能看到变换物像发明一样以实质上相同的手段，实现了实质上相同的效果。我国这一要件的比较对象是看是否能够联想到被控侵权物中的不同技术特征。从表面上看，两国的比较对象是不同的。但从实际的比较过程看，这一要件认定的重点在于变换技术特征与权利要求中的技术特征之间的区别是不是实质性的。比较对象的不同并不起关键的作用。英国标准中的第三个要件是我国标准中所没有的，也是其他国家标准中没有的。这一要件关注的是本领域技术人员对专利权人意思的理解。这一要件是英国标准的重点,也是英国将其权利要求解释方法称为“目的解释”的原因所在。根据这一要件,专利权人的意思对于专利保护范围具有限定作用,如果从专利权利要求看,本领域技术人员认为专利权人的意思是只有与权利要求的表面含义完全一致才属于专利的保护范围,而不能将与权利要求的表面含义不完全一致的被控侵权物认为属于专利的保护范围。反之,如果本领域技术人员认为专利权人的意思不必与权利要求的表面含义完全一致就属于专利的保护范围,则可以将与权利要求的表面含义不完全一致的被控侵权物认为属于专利的保护范围。从第四章中介绍的英国上诉法院按照上述标准进行权利要求解释的情况看,在未认定侵权的案件中,因第三个要件而没有认定侵权的案件多于因第一个和第二个要件而没有认定等同的。可见,英国的第三个要件对于认定不构成侵权起着重要的作用。在我国的等同认定标准中并没有与英国的第三个要件相当的要件,因此,英国的标准严于我国的标准。

我国认定等同的标准与德国认定等同的标准相比,我国的第一个要件比德国的第一个严格。我国的第一个要件包括“手段、功能、效果”三方面的内容,并且这三方面内容的比较是就被控侵权物中的不同技术特征与专利要求中的相应技术特征进行对比。如果这三个方面都“基本相同”,就认定符合第一要件;如果一个方面不“基本相同”,就认定不构成等同。德国的第一要件包括“作用效果”两个方面的内容,缺少我国这一要件中的“方式”这一内容。德国标准中的第三个要件是“被控侵权物采用替代特征解决技术问题,源于本领域技术人员从涉案专利权利要求中得到的替代特征可以等同地解决技术问题教导”。这一要件看起来与我国等同原则的要求并没有关系。但就实质内容来说,如果替代特征的手段与专利权利要求中相应技术特征的手段相同,则就会满足这一要件。因此,这一要件是与我国等同原则要件中的第一要件中的“手段基本相同”有相似的作用。我国的第二个要件相当于德国的第二个要件基本相同。

我国认定等同的标准与日本认定等同的积极要件相比,我国的第一个要件与日本的第二个要件“置换可能性”具有相似之处。两个要件的共同之处是就“作用(功能)效果”进行比较,并且在比较时都不要求作用效果的完全一致。但日本强调发明目的的实现,因此,发明目的是否可以实现是认定等同的条件,作用效果的相同是就实现发明目的而言的;而我国强调技术特征之间的对比,作用效果的相同指的是技术特征的作用效果相同。另外,我国这一要件还包括“方式”的基本相同,而日本的这一要件中没有要求“方式”基本相同。我国的第二要件与日本的第三要件

“置换容易性”相比,参照判断的主体基本相同,置换容易性的程度在文字上稍有区别,我国使用的是“不经过创造性劳动就能够联想到的”,日本使用的是“容易想到的”,二者实质上并无区别。日本认定等同的第一要件“非本质部分”是我国有关标准中所没有的。日本的这一要件与我国第一要件中的“手段”基本相同有相通之处。我国第一要件中要求变换技术特征“以基本相同的手段”实现基本相同的功能和效果。如果变换技术特征的“手段”与专利技术特征不同,有可能是因为被控侵权物的技术思想与专利的技术思想不同。因此,在有些情况下,适用我国第一要件中的“手段”基本相同与适用日本第一要件“非本质部分”得到的结果可能是相同的。但是,“非本质部分”这一要件与我国第一要件中的“手段”基本相同是有根本区别的。“非本质部分”这一要件的目的是将未利用发明思想的被控侵权物排除在等同的范围之外,如果被控侵权物与专利权利要求的不同部分是反映发明的技术思想的部分,则不能认定等同。“手段基本相同”指的是被控侵权物的变换技术特征与专利权利要求中的相应技术特征采用了基本相同的手段。即使变换技术特征未利用发明的技术思想,对该技术特征也应当进行是否属于等同特征的认定。如果符合认定等同的两个要件,就可能被认定为等同特征。从日本和我国的法院实践来看,日本“非本质部分”这一要件是认定等同的最大障碍,而我国因不符合“手段基本相同”的条件而没有认定等同的案件则非常少见。总的来看,日本认定等同的标准比我国的标准严格。

(三)对等同认定标准的分析

等同的认定标准是适用等同原则的一个关键问题,等同的认定标准直接决定了等同范围的大小。从上述比较可以看出,我国和美国、英国、德国、日本认定等同的标准各不相同。下面对认定等同的各个要件进行分析,并对完善我国认定等同的标准提出自己的建议。

1.“功能(作用)效果基本相同”

将专利的保护范围扩大到专利权利要求的字面含义之外,主要是因为被控侵权技术具有与专利技术基本相同的作用效果,是与专利技术相竞争的技术,如果不适用等同原则,专利权人将会受到损害。如果被控侵权技术与专利技术在作用效果方面差距较大,或者被控侵权技术无法与专利技术竞争,或者被控侵权技术是一个新的发明,不适用等同原则也不会损害专利权人的利益。因此,“功能(作用)效果基本相同”是各国认定等同的共同要件。

“功能”和“效果”属于两个方面的内容。功能也就是作用,指的是某一技术特征所具有的基本机能。效果指的是某一技术特征在功能方面所达到的具体结果。

因此,在就“功能”和“效果”进行对比时,首先进行“功能”的对比。如果“功能”基本相同,再看“效果”是否基本相同。如果“功能”并不相同,则不必再进行“效果”的对比。在认定“效果”是否基本相同时,我们可以借鉴日本学者的看法,在对专利发明的“效果”进行分析的基础上进行认定。如果专利发明是“质的发明”,则认定“效果”是否相同时主要在“质”的方面考虑是否相同;如果专利发明是“量的改进”,则认定“效果”是否相同时主要在“量”的方面考虑是否相同。

2. “手段基本相同”

手段指的是实现某一功能和效果所采取的方式,因此,手段又称为方式。我国和美国、英国将“手段基本相同”作为认定等同的条件,但德国和日本则没有这一条件。如果不将“手段基本相同”作为认定等同的条件,则主要从结果——功能和效果方面进行对比。将“手段基本相同”作为认定等同的条件,则除了进行结果的对比外,还进行过程的对比。将“手段基本相同”作为认定等同的条件,使等同的范围缩小。

我们认为,如果不将“手段”作为认定等同的比较因素,只就最后的结果进行对比,有可能使差异很大的技术也属于等同的范围。为解决一个特定的技术问题,有可能多种技术方案都可以达到目的。如果只从结果方面进行分析,二者的功能和效果可能是基本相同的,但是二者的手段可能明显不同。这种情况下,二者应属于不同的技术。如果不将“手段”作为认定等同的比较因素,在上述情况下有可能将两个技术认定为等同。因此,我们认为应当将“手段基本相同”作为认定等同的条件。

手段通过技术内容表现出来,但不是技术内容本身。手段是在技术内容背后的技术原理。因此,在就手段是否相同进行对比时,不应局限在技术内容是否相同,而是看二者背后的技术原理是否相同。

3. 置换容易性

我国和英国、德国、日本的等同认定标准中都有“置换容易性”的要求。置换容易性,简言之,就是用被控侵权物中的替换特征将专利权利要求中的技术特征替换,对于本领域的普通技术人员来说是容易的。对置换容易性这一条件,各国有不同的表述。我国表述的等同特征是“本领域普通技术人员在被诉侵权行为发生时无需经过创造性劳动就能够联想到的特征”。德国的表述是“替代特征具有同等的技术效果在专利申请日或优先权日对本领域普通技术人员是显而易见的”。日本的表述是“上述替换对本领域普通技术人员来讲在制造被控侵权产品时是容易想到的”。英国的表述为“本领域技术人员在专利优先权日阅读了专利之后,显而易见地知道变换物像发明一样以实质上相同的手段,实现了实质上相同的效果”。可以看出,各国规定的共同之处是判断主体为本领域普通技术人员。但判断的对象有不同之处:我国和德国将变换技术特征或被控侵权技术方案作为对象;英国和日本将可以用变换技术特征替换专利权利要求中的技术特征作为对象。判断的程度的表述也不同:我国掌握的程度为“不经过创造性劳动就能够联想到的”,英国掌握的是“显而易见地知道”,德国掌握的是“是显而易见的”,日本掌握的是“容易想到”。

尽管存在上述不同之处,笔者仍将上述国家的这一要件统一称为“置换容易性”。这是因为,这一要件所关注的是被控侵权物中的变换特征与专利相应技术特征的差距大小。并从一个本领域普通技术人员的角度来界定可以认定等同的范围。如果被控侵权物的变换特征与专利相应技术特征存在较大的差异,以至于本领域普通技术人员不能容易地从专利技术中得出被控侵权技术,被控侵权技术就可能构成一个新的具有专利性的技术,将这一技术认定为等同技术是不合适的,也是违反专利法的原则的。因此,用“置换容易性”这一要件限制认定等同的范围,有其合理性。

“置换容易性”要件的判断涉及以下几个问题:一是判断主体。对于“本领域普通技术人员”的含义,我国一般认为这是一个抽象的人。使用抽象的人作为判断主体,在判断时容易难以把握。我们认为,日本学者的意见值得我们借鉴,即把本领域普通技术人员假设为专利所属制造领域具有普通水平的工程师。二是判断对象。我国司法解释将等同特征规定为“无须经过创造性劳动就能够联想到的特征”,在实践中造成判断对象不明确。我们认为,置换容易性判断对象应是将变换技术特征与专利权利要求中的相应技术特征进行对比,看本领域普通技术人员是否可以看出可以使用变换技术特征替换专利中的相应技术特征。也就是说,这种替换是否容易是判断的对象。三是置换容易性的程度。我国司法解释中规定的程度是“无须经过创造性劳动就能够联想到的”,这里使用了与专利审查中“创造性”相同的术语,但二者的含义是否相同,还缺乏权威的解释,有关的判决中也没有对此进行论述。英国的“显而易见地知道”和德国“是显而易见的”,从表述上看与创造性的标准是相同的。日本否定了置换容易性与专利审查中的“进步性”标准相同的观点,采用了比进步性更窄的标准,使等同的标准缩小。笔者认为,将专利审查中的“创造性”作为否定置换容易性的标准并无不妥。因为置换容易性要件的目的是限制认定等同的范围,将可能属于新的专利技术的技术排除在等同的范围之外。如果置换容易性的标准与“创造性”的标准不同,就会在两个专利技术之间出现一个中间地带,该地带中的技术既不属于旧专利中的等同范围,又因不符合专利的授权条件不能获得专利,也不在新专利的保护范围之内。这与技术发展的实际状况是不符的。因此,应当将置换容易性的标准与专利审查中的"创造性"标准对应起来,将符合创造性条件的技术认定为专利的等同范围之外。

置换容易性的判断,还涉及一个重要的问题就是判断时间的问题。从几个国家的情况看,在判断是否"容易想到"时,存在申请日(优先权日)、公开日和侵权日等不同的时间。由于本领域技术人员的知识和经验会随着时间的变化而增长,必然会影响到是否"容易想到"的判断。知识和经验的增加,更容易想到替换特征与本专利中的相应技术特征具有相似的作用和效果。因此,将判断时间定为专利侵权日,实质上认定满足"容易想到"要件更为容易。因此,"容易想到"的范围,从申请日(优先权日)、公开日和侵权日,是逐渐变大的。我国"容易想到"的判断,不同于其他国家。德国和英国将"容易想到"的时间限定在申请日或公开日,对于限定专利的保护范围有一定的意义。日本将"容易想到"的判断时间限定在侵权日,由于没有将"手段基本相同"作为认定等同的要件,虽仍有一定的意义。但我国一方面将"手段基本相同"作为认定等同的要件,又将侵权日"容易想到"作为并列的要件。实质上,就手段—功能—效果基本相同的替代特征而言,在专利申请日本领域普通技术人员有可能不"容易想到",而在侵权日没有理由不"容易想到"的。在手段—功能—效果基本相同的情况下,很难认定不满足"容易想到"要件,实质上使这一要件成为一个多余的要件。美国的等同要件与我国相似,以侵权日作为判断时间,并且以"功能—方式—效果"三一致作为最主要的标准。但美国在认定"功能—方式—效果"三一致后,不再考虑"容易想到"的问题。可见,置换容易性的判断时间加上是否还有"手段基本相同"的要件,决定了置换容易性要件发挥作用的程度。由于我国是在"手段基本相同"的基础上再判断置换容易性,并且将判断时间确定在侵权日,这一要件实质上很难单独起到作用。

4. 非本质部分

非本质部分是日本认定等同标准中的特有要件。这一要件与英国以前的"发明精髓原则"有相似之处。发明精髓原则认为,如果被控侵权物缺少了构成发明精髓的必要技术特征,就不构成侵权。而非本质部分这一要件适用的结果是,如果被控侵权物与专利发明的不同部分是发明的本质部分,则不能认定等同。但发明精髓指的是发明的技术特征,而本质部分是专利发明特有课题解决手段的基础的特征部分,一般认为它并不是指具体的技术特征。因此,这一要件与"发明精髓原则"是不同的。

是否将“非本质部分”作为认定等同的要件，对于认定等同的范围具有重要的影响。如果没有“非本质部分”这一要件，则对专利的所有部分都可以认定等同；而有了“非本质部分”这一要件，则只能对非本质部分认定等同。因此，“非本质部分”这一要件限制了等同的范围。从日本法院的司法实践看，“非本质部分”这一要件是法院认定等同的最大障碍。这说明了“非本质部分”对于认定等同的限制作用。

日本将“非本质部分”作为认定等同的要件与日本专利制度的历史有密切的联系。长期以来，日本通过实用新案制度等，弱化了对改进型技术的授权条件，使改进型技术可以轻易获得专利或实用新案授权。这样，就形成了这样一种观念，对专利技术本质部分的细小变更都可能形成一个新的受法律保护的技术。如果认定与专利本质部分不同的变换物仍属于等同的范围，就会使改进型技术不能获得法律授权，或者使已经授权的专利或实用新案无效。而将“非本质部分”作为认定等同的要件，是与以前日本的习惯做法相符合的。从日本学者对“非本质部分”这一要件的论述看，适用这一要件的主要原因是考虑到专利权利要求所具有的公示作用，这样可以限制等同的范围，使专利法更具有安定性。因此，适用“非本质部分”这一要件主要是出于价值上的考虑。在平衡专利权人和社会公众利益的过程中，使用这一要件使等同原则向有利于社会公众利益的方向倾斜。

对于我国是否应当将“非本质部分”作为认定等同的限制条件，以前曾有过不同的意见。例如，在最高人民法院在2003年起草《关于审理专利纠纷案件适用法律问题的若干规定》的过程中，最初的稿子中曾有这样的规定：“等同特征不应当属于发明创造发明点的技术特征。发明点的技术特征是指导致该发明创造区别于现有技术并使其具有创造性的技术特征。”而在正式稿中这一规定被删除了。[1] 这一规定实质上就是将“非本质部分”作为认定等同的限制条件。

笔者不主张将“非本质部分”作为认定等同的限制条件。等同原则是考虑到语言表达的局限性，为了对专利权人提供充分的保护而创立的。不管是专利的本质部分还是非本质部分，专利权人在起草权利要求书时都有可能使权利要求书无法覆盖专利发明的全部内容。这样，专利权利要求的字面含义可能反映不了发明的全部内容。如果只对“非本质部分”认定等同，则意味着专利权人对发明本质部分的概括已经全部覆盖了的本质部分。这是与等同原则创立的初衷相违背的。事实

---

〔1〕 参见程永顺：《专利侵权判定中几个主要原则的运用》，载程永顺主编：《专利侵权判定实务》，法律出版社2002年版，第49页。

上,发明的本质部分是新的内容,专利权人使用权利要求书对发明的本质部分进行描述时,更有可能使权利要求书的字面含义不能包括发明本质部分的全部内容。因此,将专利发明分为本质部分和非本质部分,并对本质部分不认定等同,是没有充分的理由的。即使考虑到专利权人利益与社会公共利益的平衡,也没有必要创立这一要件。

5. 本领域技术人员认为专利权人没有将变换物排除在专利保护范围之外的意思

(1)英国的"专利权人意思"规则

这一要件可以简称为"专利权人意思"要件,这是英国在解释权利要求时认定变换物侵权的要件之一。根据这一要件,专利权人的意思对于确定专利保护范围具有重要意义,如果专利权人在权利要求中表达了限制专利保护范围的意思,而本领域普通技术人员可以很清楚地看出专利权人将某一变换物排除在了专利权利要求的范围之外,这时就不能再认定这一变换物属于专利权利要求的范围,或者说该变换物属于等同的范围。

"专利权人意思"这一要件,是合同解释方法在权利要求解释中的应用。在合同解释理论中,有主观解释和客观解释等不同的解释理论。以第三人理解的意思对表示人的意思进行解释,是一种折中的解释理论。"专利权人意思"这一要件就是根据本领域普通人员所理解的专利权人的意思对权利要求进行解释。

(2)与其他国家相关做法的比较

表面看来,美国、日本和我国在等同原则适用时都没有明确将"专利权人意思"作为一个要件。但美国、日本和我国的有些做法与此是相关的。例如,美国的"特意排除"规则以及我国和日本所说的"意识限定"规则。

日本的做法可以称为"推定的特意排除"。因为,这种做法主要是从将变换技术特征写入权利要求是否容易作为出发点,并不是从权利要求所使用的语言出发。如果本领域技术人员认为将变换技术特征写入权利要求是非常容易的,而专利权人并没有这样做,就推定专利权人有意识地将变换技术特征排除在专利的保护范围之外,从而不能认定该变换技术特征为等同特征。

美国联邦巡回上诉法院的做法和我国法院的做法,可以称为"客观的特意排除"。因为,美国联邦巡回上诉法院和前面介绍的我国法院的"混凝土薄壁筒体构件"判决,主要是考虑从客观上看权利要求用语的含义,而不考虑本领域技术人员对专利权人意思的理解。只要从客观上看权利要求的用语明显将变换技术特征排除在外,该变换技术特征就不能再纳入专利的保护范围。

英国法院的做法,可以称为"主观的特意排除"。因为,它不是权利要求用语本身作为中心,而是主要看本领域技术人员对专利权人意思的理解。本领域技术人员的理解具有很强的主观性。如果本领域技术人员认为专利权人具有将变换技术特征排除在外的意思,则该变换技术特征就不属于专利的保护范围。

我国《专利侵权司法解释(二)》第12条的规定,与英国的做法非常相近,也可以说是"主观的特意排除"。

(3)特意排除规则的确立

等同原则的适用中有两个冲突的价值目标:一是要给予专利权人以充分的保护,允许将专利的保护范围扩大到权利要求的字面含义之外;二是要保护权利要求的公示作用,保护他人对权利要求理解的信赖。等同原则主要是从第一个价值目标出发而确立的。适用等同原则要兼顾这两个价值目标,特别是要注意对专利权利要求公示作用的保护。禁止反悔原则就是在平衡上述两个价值目标的基础上,主要从保护权利要求的公示作用出发而确立的。禁止反悔原则主要着眼于专利审批过程中专利申请人的意思表示,保护社会公众对该意思表示的信赖。在专利申请过程中,专利申请人的意思表示也会使社会公众产生信赖。专利申请人使用的语句可能使社会公众认为专利权人明确限定了专利的保护范围,从而在该范围之外实施有关技术或进行技术开发。如果不对社会公众的这种信赖给予保护,将损害专利的公示作用,有悖于专利法的宗旨。

推定的意识排除,将变换技术特征可以很容易地写入权利要求作为出发点。如果变换技术特征没有被写入权利要求,就推定专利权人已经将该技术特征排除出专利权人的范围。推定的意识排除,并不是保护权利要求的公示性所必需。并且它以推定的意思确定权利要求的范围,对于专利权人的保护是不利的。

客观的特意排除,比推定的特意排除更进了一步。它不是推定专利权人是否排除了变换技术特征,而是主要依据权利要求的含义看是不是特别排除了变换技术特征。只有权利要求的用语具有排除变换特征的含义时,才可以适用特意排除规则。相对于推定的特意排除规则而言,它更强调了权利要求的公示作用。但是,它的着眼点并不是本领域技术人员对权利要求的理解。有时,虽然权利要求的用语对专利的保护范围进行了明确的限制,但本领域技术人员可以看出专利权人并没有将专利的保护范围限定在权利要求用语的范围之内,这时适用客观的特意排除,也并不是保护专利的公示作用所必需,并且这会导致对等同范围的过度限制。正如美国学者所指出的,"如果将这一原则解释为,特定权利要求中的特定选择可以作为对等同原则范围的放弃,使权利要求的范围不包括某一特定物,等同原则的丧钟已经基本上敲响了"。[1] 主观的特意排除,比客观的特意排除更进了一步。它不只是看专利权利要求用语的含义,而主要是看本领域技术人员对专利权人所使用用语的意图的理解。它对于保护权利要求的公示作用是一致的。按照本领域技术人员的理解确定专利的保护范围,足以保护权利要求的公示作用。另一方面,它与充分保护专利权人也是一致的。对专利权的保护,只有专利权人想得到保护的部分都得到了保护,才可以说是充分的保护。如果本领域的普通技术人员可以看出专利权人具有将变换物排除在专利保护范围的意思,则说明权利要求向社会公示了其保护的范围不包括变换物。在这种情况下,再适用等同原则将专利保护范围扩大到变换物,损害了权利要求的公示作用,破坏了法的安定性。因此,主观的特意排除,在保护专利权人和保护专利的公示作用方面实现了平衡。

通过前面的比较,笔者的意见是赞同主观特意排除的规则。主观特意排除规则与客观特意排除规则、推定特意排除规则并不矛盾,并且绝大部分情况下都是一致的。本领域技术人员判断专利权人是否具有将变换技术特征排除在专利保护范围之外的意思,主要是根据权利要求书中所用的语言,以及说明书对发明的描述。

(4)"特意排除"规则的意义

在适用等同原则时确立"特意排除规则",具有重要的理论和现实意义。其意义体现在以下三个方面:

第一,特意排除规则实现了专利法价值目标的平衡。知识产权权益配置以保护权利人的利益为基础,同时合理兼顾社会公众利益,把两者有机协调起来。知识产权制度只有把利益权衡的平衡点定位在最合理的位置,才能最有效地促进科学技术进步和推动社会经济发展。[2] 专利法必须在保护专利权人和保护社会公众之间实现平衡。特意排除规则既体现了对专利权人利益的保护,又保护了公众对专利的合理信赖,实现了专利权人和社会公众利益之间的平衡。

第二,特意排除规则符合对等同原则进行限制的趋势。在科技进步的速度越来越快、发明创造的密集程度越来越高的今天,适用等同原则将专利的保护范围扩大到专利权利要求的字面含义之外的情形应当受到限制。从美国的情形看,近些年来,禁止反悔原则、全部技术特征规则以及从全部技术特征规则演化而来的"损坏权利要求原则"和特意排除规则,都是在朝着限制等同原则适用的方向发展。特意排除规则,也是限制等同原则适用的一个重要手段。

---

〔1〕 Thomas Fairhall, "Federal Circuit Further Limits Doctrine of Equivalents under 'Specific Exclusion' Principle",载 http://www.patentlyo.com/patent/2006/04/federal_circuit.html.

〔2〕 参见冯晓青主编:《知识产权法前沿问题研究》,中国人民公安大学出版社2004年版,第59页。

第三,特意排除规则可以解决专利侵权判断中的实际问题。在未适用特意排除规则时,有些争议必须借助于其他原则来解决。比如,有时需要判断某个技术特征是消失了还是被替换了,然后再判断在技术特征消失的情况下是否还可以认定侵权。例如,在前面的最高人民法院(2005)民三提字第1号民事判决中,就涉及多余指定原则、等同原则的适用等问题。如果适用特意排除规则,这些复杂的问题都可以简单化。

(5)"特意排除"规则的适用

同样是对等同原则的限制,但特意排除规则与禁止反悔原则的适用方法是不同的。禁止反悔原则一般是在认定了等同成立之后才适用,也就是先要对变换技术特征与专利技术特征在功能、效果、手段方面进行比较,在认定变换技术特征为等同特征的情况下再看有无导致禁止反悔的情形。而特意排除规则是从权利要求所使用的语言出发,考虑本领域技术人员对专利权人意思的理解,从而确定是否有适用等同原则的必要。如果符合特意排除规则的条件,则不能再适用等同原则,也就不必要对变换技术特征与专利技术特征在功能、效果、手段等方面进行对比,直接作出不构成等同的结论。可见,特意排除规则是适用等同原则的前置程序,适用特意排队规则可以简化等同原则适用的复杂性。

三、对认定等同基准时间的比较与分析

(一)对认定等同基准时间的比较

认定等同的基准时间,指的是在认定被控侵权物是否属于等同的范围时,以哪个时间点为准。美国以侵权日作为认定等同的基准时间。在英国的Catnic案和Improver案中,法院提出了"本领域技术人员在专利公开日是否可以明显地看到变换物对于发明起作用的方式没有实质影响"这一问题,说明将"专利公开日"作为认定等同的基准日。但在Kirin-Amgen案和Eli Lilly中,法院明确了以专利优先权日(申请日)对权利要求的理解为依据进行权利要求解释。这说明英国已经将认定等同的时间修改为专利申请日(包括优先权日,以下不再特别说明)。德国认定等同的基准时间是专利申请日。日本最初将专利申请日作为认定等同的基准时间,但1998年日本最高法院将认定等同的基准时间确定为侵权日。我国法院一般以侵权日作为认定等同的基准时间。

可见,从这五个国家现行做法来看,认定等同的基准时间主要有两种:一种是以申请日为准,代表国家是英国和德国;另一种是以侵权日为准,代表国家是美国和日本。另外,英国还曾以专利公开日为时间基准认定被控侵权物是否属于专利

权的保护范围。

(二)对认定等同基准时间的分析

对于认定等同的时间应当以申请日、公开日和侵权日中的哪个时间为准,中外理论和实务界都有分析和论述。下面将这三种主张分别称为"申请日说""公开日说"和"侵权日说",并结合理论和实务界的不同观点分别进行分析。

申请日说的主要理由是:第一,权利要求书具有公示作用,而等同原则的适用又使公众难以确切了解权利要求的范围。因此,为了最大限度地减轻二者之间的冲突,应当以专利申请日作为认定等同的基准时间,等同物的范围应限制在专利说明书的范围之内。[1] 第二,在通过解释权利要求确定专利的保护范围时,应当看本领域的技术人员对专利权人使用权利要求书中的语言是如何理解的。本领域技术人员在理解权利要求时,是以专利申请日的技术状况为背景来理解权利要求的。因此,认定被控侵权物是否属于专利的保护范围应以专利申请日为基准时间。[2] 第三,如果被控侵权物里的替代技术特征在专利申请日之前还没有出现,或者所属领域的普通技术人员当时还没有意识到这个替代技术特征和专利权利要求里相应的技术特征相等同,法院就不能够根据等同原则判定专利侵权成立。因此,不能以侵权日而应当以申请日作为认定等同的基准时间。[3]

"公开日说"的主要理由是:公开日是对申请日和侵权日的折中,兼顾了对专利权人的保护和专利要求书的公示作用。[4] 由于技术的日新月异,不同的时间其技术的等同物范围是不相同的,因而以侵权日作为侵权时间界限将会造成由于侵权日或早或晚,导致同一技术等同物范围的或小或大,从而破坏司法的稳定性,而采用"授权公告日"说,一方面它将有效地平衡专利权人与公众之间的利益,另一方面也有利于维护司法的稳定。[5]

"侵权日说"的主要理由是:第一,等同原则具有客观性,适用等同原则所考虑的主要是本领域技术人员对于权利要求中的技术特征与被控侵权物的技术特征具有可置换性的认识。被控侵权物在侵权日才出现,判断的时间也应当是侵权日而

---

〔1〕 这一理由是美国最高法院在 Hilton 案中所提到的上诉人的上诉主张。

〔2〕 英国上议院在 Kirin-Amgen 案中提出了上述意见。

〔3〕 参见程永顺、罗李华:《专利侵权判定——中美法条和案例比较研究》,专利文献出版社 1998 年版,第 186 页。

〔4〕 在美国联邦巡回上诉法院对持不同意见的法官提出了上述意见。

〔5〕 参见刘洪:《谈专利侵权诉讼中的等同原则》,载陈旭主编:《法官论知识产权》,法律出版社 1999 年版,第 147~148 页。

不是专利申请日或专利公开日。[1] 第二,专利权人在专利申请时预想到将来所有的侵害形态并记载在专利权利要求书中是极其困难的,并且专利权人不可能将申请日后的新技术包括在权利要求的范围之内。有时,他人可以很容易地利用专利申请后出现了新的技术对专利权利要求中的技术,如果不将被控侵权物包括在等同的范围之内,会挫伤公众的发明欲望,违反专利法通过保护和奖励发明实现产业发展的目的,而且会产生违反社会正义和衡平理念的结果。[2] 第三,虽然专利权利要求具有公示作用,侵权人在侵权时也可以根据当时的各种具体情形作出是否实施被控侵权技术的判断,也就是说以侵害时作为认定等同的基准时间并无不妥。[3]

反对"侵权日说"的理由是:第一,专利的保护范围应当是一个固定的范围,如果以侵权日作为认定等同的基准时间,则在每一次侵权时都要根据不同的时间认定专利的保护范围,其结果是专利的保护范围随着时间的推移而不断扩大,形成了如下图所示的保护范围。[4]

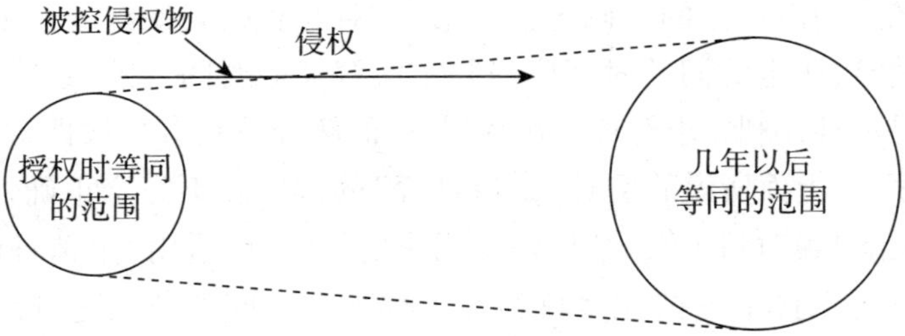

在这种情况下,被控侵权物最初不在等同的范围之内,但随着技术的发展,专利等同的范围逐渐扩大,后来被控侵权物落入了专利的保护范围。

第二,专利的保护范围与专利权人的意思不符。专利权人本来的意思并没有将被控侵权物纳入其专利的保护范围,但按照侵权日说的认定方法,将专利权人发明之外的内容也纳入等同的范围,实际上扩大了专利的保护范围。

从以上对不同认定时间的比较可以看出,"公开日说"只是将侵权日和申请日

---

〔1〕 美国最高法院在 Hilton 案的判决中提出了上述意见。

〔2〕 日本最高法院在"无限折动用滚珠花键轴承"案的判决中提出了上述意见。我国主张以侵权日作为认定等同基准时的学者也持这种理由。参见刘惠明:《试论确定专利保护范围的等同原则》,载《外国法译评》1999 年第 4 期;刘宇晖:《试论专利侵权认定中的'等同'原则》,载《电子知识产权》2002 年第 11 期。

〔3〕 参见第六章关于日本学者观点的介绍。

〔4〕 2002 年 11 月 19 日,华盛顿大学教授竹中俊子在东京举办了关于美国专利权利要求解释的专题报告会。该图是日本专利代理人 EGUCHI 在报告会提问中提出的。参见[日]知识产权研究所编:《专利权利要求解释调查研究报告书》(2003 年 3 月),第 113 页。

进行了折中,并没有有说明力的理由。有说服力且争议较大的是“申请日说”和“侵权日说”。“申请日说”的主要理由是专利权利要求具有公示作用,而等同原则的适用具有一定的不确定性。“申请日说”有利于维护权利要求的公示作用,减少等同原则的不确定性。反对“申请日说”的主要理由是,“申请日说”缩小了专利的保护范围,将使用申请日后出现的技术替代专利权利要求中技术特征的被控侵权物排除在等同的范围之外,不利于保护专利权人的利益。“侵权日说”的主要理由是,“侵权日说”可以将以申请日后新技术替换专利权利要求中技术特征的被控侵权物包括在等同的范围之内。而反对“侵权日说”的主要理由是“侵权日说”将导致专利保护范围的不确定。

笔者认为,从理论上说“申请日说”是比较合理的。这是因为,第一,专利的保护范围应该是一个确定的范围,这一范围在专利申请日就应该是固定的。“申请日说”将专利的保护范围固定在专利申请日,有利于实现权利要求的公示作用,消除因等同原则的适用而产生的不确定性。第二,对专利权利要求进行字面解释的基准时间是申请日,认定等同的时间应当与字面解释的时间一致。等同认定从某种意义上说也是一种权利要求解释工作,它与字面解释应具有衔接性,在时间上应保持一致性。第三,上面所说的反对“申请日说”的理由并不完全正确。英国和德国都是适用“申请日说”的国家。从这两个国家的做法看,适用“申请日说”并不会导致使用申请日后新技术的被控侵权物都被排除在等同的范围之外。英国法院认为,如果给予合适的解释,专利权利要求可以包括在使用权利要求撰写时未知技术的产品或方法。如果本领域的技术人员认为权利要求书的内容有充分的概括性,可以包括以后出现的新技术,也可以将使用新技术的被控侵权物解释为包括在专利的保护范围之内。德国法院认为,用专利申请时不存在的新技术将专利权利要求中的技术特征进行替换仍可能构成等同。虽然被控侵权物使用的新技术在申请日前是不存在的,但可以根据专利申请日的技术水准去对用新技术将专利权利要求中记载的技术特征置换进行判断。虽然两国的做法并不一致,但两国都可以将使用新技术的被控侵权物解释在专利保护范围之内。

而“侵权日说”操作起来更为简便可行。如果以申请日作为等同的判断基准时间,在进行等同判断时,需要以申请日本领域技术人员的知识和能力进行判断。这就要去除申请日后所增加的知识。这项工作是一项很繁杂的工作,并且在多数情况下并没有实际意义。从美国和日本的实践来看,其实适用侵权日作为判断时间与适用申请日作为判断时间,几乎都得到的是相同的结果。因此,从效率的角度看,适用侵权日更为高效和简便可行。同时,适用侵权日说也并不会带来不可弥补的缺陷。“侵权”日说的最大缺陷是专利保护范围不确定,随着时间的变化,专利保护范围会产生变化。虽然这与专利权人申请专利时的意思可能会有不一致的地方,但这更有利于保护专利权人。而对于被控侵权人而言,虽然按侵权日确定专利的保护范围有些苛刻,但其仍可以判断其行为是否构成侵权,也并非不公平。综合来看,我国现在实行的“侵权日说”是值得肯定的。

四、禁止反悔原则的比较与分析

(一)专利审查档案禁止反悔的比较

美国法院认为专利审查档案既适用于权利要求的字面解释,又适用于等同原则。在对权利要求进行字面解释时,专利审查档案是解释权利要求的内部证据,可以用于确定发明人赋予权利要求用语的含义。用于解释权利要求的专利审查档案应当是记载在专利局的书面记录,证人证言不能成为审查档案的一部分。用于解释权利要求的专利审查档案主要包括专利权人(或专利申请人)的陈述及其对权利要求书的修改。使用专利权人的陈述限制权利要求用语含义的条件是专利权人的陈述明确放弃某一内容,或提出其发明具有在先技术所不具备的特点,但并不考虑专利申请人的陈述是否被审查员接受。在专利审查过程中,如果审查员根据引用的在先技术拒绝了原来的权利要求,专利申请人在对权利要求进行修改后被授予专利权,则说明修改后的权利要求不包括引用的在先技术。

美国法院在适用等同原则时,专利审查档案禁止反悔是限制等同范围的重要因素。产生禁止反悔的情形主要有两种:一种是对权利要求作出的修改;另一种是为取得专利所做的陈述。对于因权利要求修改而导致的禁止反悔,美国法院的观点是:只要专利权人为了获得专利对权利要求进行了限制性修改,不管是否为了克服现有技术,也不管是否应审查员的要求而进行的,都导致禁止反悔的适用;当专利权人不能解释其修改的原因时,法院推定其修改是为了“专利性”,也就是为了获得专利;禁止反悔的适用,只是针对经过修改而放弃的内容,并不导致修改后的技术特征就完全不能再适用等同原则;当法院无法确定修改的原因时,就推定经过修改前和修改后之间的内容被排除在等同的范围之外,除非专利权人可以证明其修改并没有将特定的等同物排除在外,或者有其他特别的原因。对于因意见陈述导致的禁止反悔,美国法院的观点是:意见陈述中列举的几个区别特征不一定都分别产生禁止反悔;没有被审查员信赖的意见陈述可能不产生禁止反悔;只有意见陈述明确地对权利要求中的内容进行了放弃时才导致禁止反悔;其他专利中的意见陈述不导致诉讼中专利的禁止反悔。

日本法院也承认专利申请经过可以用于解释权利要求和限制等同的范围。用于解释权利要求的专利申请经过包括专利权人的陈述和对权利要求的修改。日本法院一般认为,只有针对专利授权实质要件所做的陈述或因此对权利要求的修改,才可以用于解释权利要求。但还存在另一种意见,认为不管专利权人的陈述或对权利要求的修改是因什么原因而作出的,都可以用于解释权利。对于什么情况下可以使用专利申请经过进行权利要求解释,日本法院的一种做法是只有在专利权利要求中的用语没有明确的唯一含义时才参考专利申请过程,另一种做法是不把权利要求中的用语没有明确唯一的含义作为参考专利申请经过的条件。

日本最高法院在"无限折动用滚珠花键轴承"案的判决中将禁止反悔作为认定等同限制条件。在适用等同原则时,导致禁止反悔的情形主要有权利要求书修改和意见陈述。关于因权利要求修改而导致的禁止反悔,日本法院的观点是:为了避免专利申请被拒绝或者专利被撤销或者无效,专利权人对专利权利要求的范围进行了减缩性修改的情况下,通常要对专利权利要求的范围进行限定解释。如果权利要求的文字字面含义不包括被控侵权物,就应当认为被控侵权物属于专利申请过程中从专利权利要求的范围中有意识地排除的。专利权人非为回避拒绝理由而对权利要求进行的修改的情形,多数判决认为构成禁止反悔,少数判决认为不构成禁止反悔。对于因意见陈述导致的禁止反悔,日本法院的观点是:不论专利权人出于什么目的作出意见陈述,只要其意见在外表上看起来具有对权利要求的限制的意思,就可能导致禁止反悔。另外,日本法院还认为,专利申请人在申请专利时对权利要求进行的有特意排除,也属于禁止反悔的一种特殊情形,可以导致对认定等同范围的限制。

英国法院在解释权利要求时多年来一直不参考专利申请档案。但近年来法院在是否参考专利审查档案上开始出现不同的做法。最终英国最高法院在2017年的Eli Lilly案中采纳了参考审查档案的做法。但严格限定了适用审查档案的情形:(1)只将自己局限于专利说明书和权利要求则所涉及的问题真的不清楚,而专利审查档案可以明确地解决了这一问题,或者(2)忽视专利审查档案将违反社会公共利益。

德国也是传统上不参考专利审查档案,但德国允许与异议程序有关的人主张禁止反悔。

我国法院承认在字面解释和适用等同原则时都适用禁止反悔原则。专利权人在专利申请和无效审查过程中所做的限制性陈述,可以限制权利要求的字面含义范围。从有关判决来看,我国法院承认的具有限制作用的专利权人陈述,只是在涉及专利申请和无效审查过程中提出的，并且被审查员信赖从而做出授权或维持专利有效的陈述。在适用等同原则时，导致禁止反悔的情形主要有两种：一种是权利要求书的修改，另一种是专利权人的意见陈述。产生禁止反悔的条件是：专利权人的修改或陈述限制了原来权利要求的范围，并且其修改或陈述与专利权获得授权或者维持专利有效有关。

（二）关于是否承认禁止反悔原则的分析

从上述比较可以看出，对于在权利要求解释中是否参考专利审查档案，不同的国家有不同的做法。总的来看，我国和美国、日本承认在对权利要求进行字面解释和适用等同原则时参考专利审查档案。而德国基本不参考专利审查档案，英国则将参考专利审查档案限定在有限的情形下。

我国和日本对禁止反悔原则的接受和适用，都受到了美国的影响。因此，我们有必要从美国的有关理论和判决来探讨为什么采用该原则。对于禁止反悔原则的理论基础，美国大致有以下几种不同的说法：一是合同法意义下的禁止反悔；二是专利权人对其权利的放弃；三是专利权人对行政救济机会的权利用尽；四是对抗侵权指控的抗辩；五是专利制度的特殊需要。但是直到现在，美国关于禁止反悔原则的理论基础仍然没有一个明确的定论。[1] 因此，我国学者认为，禁止反悔原则已经自成体系，形成了一种单独的法律概念。它的形成关键在于是否实际需要，其适用条件和方式是否合理。只要实践中存在需要，没有理论也可以创造出来。[2] 从美国的有关判决看，美国法院适用禁止反悔原则主要是为了对专利权人进行限制，以防止其"两头得利"，或者说"在一个苹果上咬两口"，即在专利审查阶段缩小专利的保护范围，而在侵权诉讼中扩大专利的保护范围。

反对适用等同理论的主要理由是：第一，在适用禁止反悔原则时，在对专利局的文件进行费时费力的调查前，专利保护的范围无法确定。另外，还必须准确确定哪一部分应被认为是通过修改而放弃的。因为适用禁止反悔原则，美国的专利诉讼付出了巨大的代价，而那并不比只是简单地读权利要求更公平或更有预见性。[3] 第二，专利权利要求是否修改直接决定是否适用禁止反悔原则。如果两项权利要求的内容相同，说明书相同，面对的现有技术也相同，如果一项权利要求是在审查过程中曾经进行过限制性修改才获得批准的，其等同的范围就受到禁止反悔原则的限制；而另一项没有经过修改就获得批准的权利要求的等同范围就不受到限制。

〔1〕 参见尹新天，前引书，第456页。

〔2〕 同上。

〔3〕 英国上议院在Kirin-Amgen案中提出了上述意见。

这就出现完全相同的专利只因审查过程的不同而导致保护范围不同的状况。而专利权利要求是否经过修改,与专利权人起草专利文件的水平,以及专利权人在起草专利文件时是否对现有技术进行了详细的检索有关。[1] 而不同的审查员在是否要求修改专利权利要求上的做法不同,这就导致因为审查员的不同而影响权利要求是否经过修改的状况。[2] 禁止反悔原则的适用具有投机性,其结果使专利制度形式重于内容。[3]

可见,反对适用禁止反悔原则的主要理由是,适用该原则增加了诉讼中当事人的负担,增加了专利保护范围的不确定性。而且禁止反悔原则的适用具有投机性。而主张适用禁止反悔原则的主要理由是,适用禁止反悔原则可以限制等同的范围,防止专利权人在专利审查和诉讼中"两头获利"。可以说,反对禁止反悔原则主要从"效率"方面考虑,而主张适用禁止反悔原则主要从"公平"方面考虑。在"公平"和"效率"之间如何平衡,影响着是否适用禁止反悔原则,以及如何适用禁止反悔原则。

笔者主张应当适用禁止反悔原则。禁止反悔原则与专利制度的运行机制是相符的。专利制度中的两个重要环节是专利审查和专利保护。在专利审查过程中,专利局对专利权人要求保护的范围是否符合专利授权条件进行的审查。在专利保护的过程中,法院确定专利保护的范围并对专利权人提供救济。在这两个过程中,专利权人要对其要求保护的范围提出自己的意见。在专利审查过程中,专利权人总是尽量对其保护范围进行限制,以缩小其要求保护的范围,使其专利顺利通过审查。而在专利保护过程中,专利权人总是尽量扩大其专利的保护范围。如果允许专利权人在专利审查和专利保护过程中提出不同的主张,则可能造成专利的审查范围与保护范围不一致,损害专利权利要求的公示作用。因此,有必要通过禁止反悔原则防止专利权人在专利审查和保护过程中提出不同的主张。虽然禁止反悔原则有损于专利诉讼的"效率",但应当把它作为确定专利保护范围公平的必要代价。另外,禁止反悔原则也可以产生一定的效率。由于禁止反悔原则的适用,会促使专利申请人在撰写权利要求时精心起草权利要求书,尽可能全面地检索现有技术,以避免专利权利要求在审查过程中修改。这可以促进专利申请质量的提高,简化专

---

〔1〕 Kirk M. Hartung,"The Doctrine of Equivalents:A Matter of Chance and Confusion",86 *Journal of the Patent and Trademark Office Society*,645,2004.

〔2〕 Douglas Lichtman,"Rethinking Prosecution History Estoppel",79 *University of Chicago Law Review* 151,2004.

〔3〕 Ibid. ,645.

利审查过程。另外,随着技术的发展,专利审查变得越来越困难和专业化。专利申请的数量激增,并且申请人要求迅速授权。如果承认禁止反悔原则,审查员有时可以不要求对权利要求进行修改而是依据专利申请人的限制性解释授予了专利权。如果不承认禁止反悔原则,专利申请人必须对权利要求进行修改。这会导致专利审查的繁杂和迟延。

禁止反悔原则的适用应当针对所有的人,不能像德国那样只是对异议程序有关的人适用。德国的做法可能在实践中具有一定的合理性,但它导致同一专利对不同的被控侵权人具有不同的保护范围。而专利权是对世权,它的权利范围针对所有人都应当是固定的。针对不同的人适用禁止反悔原则是不符合专利法的这一基本要求的。

在适用禁止反悔原则时我们也应看到,禁止反悔原则在适用中也带来了一些问题。如果不区分专利申请人修改的原因,不看是否被审查员采纳,只要客观上专利保护范围在审查过程中曾因修改而缩小,就一律适用等同原则,则对专利权人不公平,可能会不合理地限制专利的保护。因此,美国将禁止反悔原则从“完全障碍”变为“弹性障碍”,这就要考虑修改的原因、是否被审查员采纳等,又使等同原则的适用变得复杂且影响效率。我国的禁止反悔原则不考虑修改原因,比美国的标准相对简单,但会出现不合理地限制专利保护范围的现象。英国在决定参考专利审查档案的同时,提出了全新的适用禁止反悔原则的条件,只将禁止反悔限定在个别情形下,这不失为一种兼顾效率与公平的做法,但可能只适用于像英国这样传统上不参考专利审查档案的国家,像我国、美国和日本这些传统上参考专利审查档案的国家,转而采用英国的标准也不现实。

(三)对可能导致禁止反悔的专利审查档案的分析

在专利侵权诉讼中,被控侵权人可能提出涉案专利以外的审查档案,并主张作为禁止反悔的理由。这时就产生是不是非涉案专利的审查档案也可以作为禁止反悔依据的问题。如果可以将其他专利的审查档案作为禁止反悔的依据,对此应进行哪些限制。

美国认为其他专利的审查档案也可能对涉案专利的权利要求解释具有帮助作用。其他专利主要是指与涉案专利有关的专利,如涉案专利的母专利。将母专利申请的审查档案作为权利要求解释的证据是有条件的,那就是两个专利要求保护的对象应是一致的。但美国联邦巡回上诉法院曾在一起案件中将与涉案专利没有联系的专利审查档案作为禁止反悔的依据。

日本法院也认可其他专利的审查档案产生禁止反悔的效力。具体而言,母专利申请的审查档案构成对子专利禁止反悔的依据。在专利权人就类似技术在国内申请其他专利的情况下,除了特殊情形外,不能直接适用其他相关专利的审查档案作为禁止反悔的依据。专利权人就相同技术在外国申请专利的审查档案,不能作为国内专利禁止反悔的依据。

我国最高人民法院的《专利侵权司法解释(二)》第6条规定了审查档案禁止反悔中"审查档案"的范围包括"与涉案专利存在分案申请关系的其他专利及其专利审查档案"。

我国和美国、日本都承认其他专利的审查档案可以作为涉案专利禁止反悔的依据。其相同之处是,只有在分案申请的情况下,母专利的审查档案才有可能成为分出专利禁止反悔的依据。美国还对将保护对象的一致性作为这种情况下导致禁止反悔的限制条件。美国一般不承认与涉案专利没有联系的专利的审查档案导致禁止反悔。日本一般不承认专利权人就类似技术的申请相关专利的审查档案可以导致禁止反悔。

笔者认为,对于导致禁止反悔的审查档案,应当严格限制其条件。只有在涉案专利是从其他专利分案申请的情况下,才能将母专利的审查档案作为禁止反悔的依据。这是因为,涉案专利是分出专利的情况下,涉案专利所依据的是母专利的说明书,专利权人在母专利的审查过程中,可能对发明进行了限制性的解释。审查员在对分案申请进行审查时,依据了专利权人以前的解释。这样,专利权人在母专利申请中的陈述产生在分案申请中陈述相同的效果。依据母专利申请的审查档案作为禁止反悔的理由对专利权人来说并无不妥,对社会公众来说也是合理的。如果母专利申请与分出的专利保护对象不同,专利权人在母专利审查中的陈述不能限定分出专利权利要求的含义。对于与涉案专利无关的专利、专利权人就类似技术申请的其他专利、专利权人就相同技术在国外申请的专利,其审查过程与涉案专利没有必然的联系,其审查档案不应当作为涉案专利禁止反悔的依据。如果将这些专利的审查档案作为涉案专利禁止反悔的依据,对于专利权人来说是不公平的,对于社会公众也是不方便的。对于专利权人而言,如果将他人的陈述或者专利权人在其他专利中的陈述推定为专利权人限制其权利要求的意思,实质上向专利权人强加了其可能不存在的意思,也会导致专利权人在所有专利审查过程中都会过分谨小慎微。对于社会公众而言,社会公众在确定专利的保护范围时,不但要看涉案专利的审查档案是否有禁止反悔的事由,还要看到专利权人就类似技术申请的其他专利、专利权人就相同技术在国外申请的专利甚至与涉案专利无关的专利的审查档案中去看是否有导致禁止反悔的事由,这会增加社会公众的负担,导致专利保护范围的不确定性，并且也不会产生实际的意义。

（四）对适用禁止反悔原则的分析

1. 审查档案导致禁止反悔的情形

美国、日本和我国都承认在对权利要求进行字面解释和适用等同原则时都适用禁止反悔原则，并且导致禁止反悔的情形主要有专利权利要求的修改和专利权人的陈述。对此，没有不同的意见。

2. 审查档案的形式

美国法院认为，专利审查档案一般指的是记载在专利局中的书面文件，证人证言不能作为审查档案的一部分。我国的专利审查档案，包括专利审查、复审、无效程序中专利申请人或者专利权人提交的书面材料，国务院专利行政部门及其专利复审委员会制作的审查意见通知书、会晤记录、口头审理记录、生效的专利复审请求审查决定书和专利权无效宣告请求审查决定书。可见，审查档案应是已经形成的书面材料。审查档案之所以具有禁止反悔的作用，是因为社会公众可以从审查档案中看出专利权人曾对权利要求所做的限制性陈述。如果专利权人的陈述没有记载在专利局的材料中，而只是审查员曾口头听取了该陈述且没有记载下来，社会公众不会知道该陈述的存在，也不会据此确定专利的保护范围。

3. 字面解释时适用禁止反悔原则的限制条件

在对权利要求进行字面解释时，是否在专利权利要求中的用语没有明确的唯一含义时才适用禁止反悔原则，日本法院有不同的做法。多数情况下法院并没有把权利要求中的用语没有明确唯一的含义作为适用禁止反悔原则的条件。美国法院认为专利审查档案是权利要求解释的内部证据之一，参考专利审查档案进行字面解释没有限制条件，但专利审查档案对权利要求的解释作用不像说明书那样大。我国也没有将禁止反悔原则的适用限制在权利要求的用语没有明确唯一含义的情形。

笔者认为，对权利要求进行字面解释时，不应当将禁止反悔原则限制在权利要求的用语没有明确唯一含义的情况下。在专利审查过程中，专利权人可能对有明确唯一含义的用语作出限制性的解释，审查员可能根据这种解释作出授予专利权的决定。在专利侵权诉讼中对权利要求进行解释时，应当适用禁止反悔原则对权利要求的用语作出限制性的解释。

4. 适用禁止反悔原则时是否考虑专利权人修改权利要求的原因

当专利权人对权利要求进行修改的情况下，是否根据专利权人修改权利要求的原因确定是否适用禁止反悔原则。日本法院有两种不同的做法。在对权利要求进行字面解释时,日本法院最新的判决认为只有针对专利授权的实质要件所做的修改,才可以用于禁止反悔。而在适用等同原则时,法院很少考虑修改的原因。美国法院在进行字面解释时,没有对权利要求修改的原因进行深入探讨。而在适用等同原则时,只要专利权人为了获得专利对权利要求进行了限制性修改,不管是否为了克服现有技术,也不管是否应审查员的要求而进行的,都导致禁止反悔的适用;当专利权人不能解释其修改的原因时,法院推定其修改是为了"专利性",也就是为了获得专利。我国的司法解释和有关判例并没有明确适用禁止反悔原则时是否考虑专利权人修改权利要求的原因问题。

可见,适用禁止反悔原则时是否考虑权利要求修改的原因,是美国和日本法院在禁止反悔原则时都遇到的问题。笔者认为,从禁止反悔原则产生的依据看,禁止反悔原则的适用,目的是为了保持专利审查和侵权诉讼中专利保护范围的一致性。专利权人在专利审查过程中不是为了使专利符合授权的实质要件而对权利要求所做的修改,对于专利审查中确定保护范围不起作用。如果禁止反悔原则适用于将权利要求修改的所有情形,会造成过度限制专利的保护范围。因此,禁止反悔只应当适用于专利权人为了获得专利而对权利要求进行修改的情形。有些情况下,专利权人修改权利要求的原因并不明确,这时采用美国的做法是合适的。即在修改原因不明的情况下,推定专利权人修改权利要求的原因是为了获得专利。之所以做出这样的推定,是因为专利权人对专利权利要求进行修改,绝大多数情况下都是为了获得专利而进行的。如果修改权利要求的原因不是为了获得专利,专利权人应当举证证明。

5. 专利权利要求修改的情况下禁止反悔的范围

在专利权利要求修改的情况下,是不是对修改的权利要求就不能适用等同原则,也就是权利要求书的修改是等同原则适用的"完全障碍"还是"弹性障碍"的问题,是美国法院近几年来所争议的热点问题。美国最高法院最后否定了"完全障碍"的观点,确立了"弹性障碍"的规则:禁止反悔原则的适用,只是针对经过修改而放弃的内容,并不导致修改后的技术特征就完全不能再适用等同原则;当法院无法确定修改的原因时,就推定经过修改前和修改后之间的内容被排除在等同的范围之外,除非专利权人可以证明其修改并没有将特定的等同物排除在外,或者有其他特别的原因。

日本法院没有对这一问题进行探讨。我国学者一般不认为权利要求的修改是等同原则适用的完全障碍。但最高法院的司法解释关于禁止反悔原则的规定,并不区分修改的原因,实质上采纳的是"完全障碍"的做法。

笔者认为,美国最高法院的观点值得我们借鉴。禁止反悔原则的适用应当是将专利权人放弃的内容不能通过等同原则纳入专利的保护范围中。在专利权人对权利要求进行了修改的情况下,专利权人并没有将权利要求的范围限定在修改后的字面含义之内,并不能说字面含义之外的内容都已经被专利权人放弃。通常情况下,专利权利要求修改后比原来的保护范围进行了缩小,限缩部分的内容应当推定为专利权人放弃的内容,不能再通过适用等同原则认定为属于专利的保护范围。如果专利权人认为限缩部分的内容有一部分并不是其放弃的内容,应当举证证明。专利权利要求限缩部分之外的内容,以及专利权人可以证明虽在限缩部分但并没有放弃的内容,仍然可以认定为属于等同的范围。

6. 专利权人的陈述是否被审查员信赖才成为禁止反悔的事由

在进行字面解释时,对于是否只有专利权人的陈述被审查员信赖的情况下才适用禁止反悔原则,美国法院的做法不尽一致。在适用等同原则时,美国法院一般认为没有被审查员信赖的意见陈述构成禁止反悔的事由。日本法院一般认为只有被审查员信赖的陈述才构成禁止反悔。我国法院在将专利权人的陈述作为禁止反悔的理由时也将陈述被审查员信赖作为条件。我国最高人民法院的《专利侵权司法解释(二)》明确规定"限缩性修改或者陈述被明确否定的"未导致技术方案的放弃。但这一规定,与审查员信赖仍有一定的区别,适用的情形比审查员信赖更多。

可见,无论是字面解释时还是适用等同原则时,美国、日本的基本做法都是将被审查员信赖作为专利权人陈述构成禁止反悔的条件。我国基本也适用这一条件,但比这一条件稍宽。

笔者赞同将被审查员信赖作为专利权人陈述构成禁止反悔的条件。因为禁止反悔只是对按权利要求的普通含义或者适用等同原则的限制,这种限制的目的是防止专利审查和侵权中对专利保护范围作出不同的解释。如果专利权人的陈述没有被审查员信赖,说明在专利审查过程中仍然是按照权利要求的普通含义或者一般的等同原则进行专利审查的,在侵权判断中如果再适用禁止反悔原则将对专利审查时的保护范围做进一步限制,这对专利权人来说是不公平的。如果从专利授权过程看不出专利权人的陈述是否被审查员信赖,应当推定该陈述已经被审查员信赖,只有被明确否定的,才能认定其陈述或修改没有被审查员信赖。

五、现有技术抗辩的比较与分析

(一)现有技术抗辩的总体比较

美国在对权利要求进行字面解释的过程中,很少涉及现有技术抗辩的问题,主要原因可能是美国法院在审理专利侵权纠纷案件的过程中,被控侵权人可以提起专利无效的抗辩。如果被控侵权人认为自己使用的技术与专利技术相同,而自己使用的技术又与现有技术相同,或者与现有技术相似,被控侵权人往往提起专利无效的抗辩。因此,在字面侵权的情况下,被控侵权人一般不会以自己使用的技术是现有技术进行抗辩,美国法院也没有处理在字面侵权情况下现有技术抗辩的规则。在不构成字面侵权的情况下,美国法院认为不能通过等同原则将现有技术包括在专利的保护范围之内。美国法院将现有技术排除在专利等同范围之外的规则是"假想权利要求规则",这一规则的实质在于将被控侵权物与现有技术进行比较,如果被控侵权物与现有技术相比不符合专利的授权条件,则不能认定被控侵权物属于等同的范围;如果被控侵权物与现有技术相比符合专利的授权条件,则可以认定被控侵权物属于等同的范围。

德国法院在对专利权利要求进行字面解释时考虑现有技术。德国法院考虑的现有技术只限于说明书中提到的技术,或者说明书中虽没有提到但属于本领域技术人员普通知识的现有技术。在字面解释和相同侵权认定时不承认自由技术抗辩。如果被告认为专利无效,在被控侵权物属于专利权利要求的字面含义范围的情况下,只能向德国专利法院提起无效诉讼。在涉及等同侵权时,被告可以提出现有技术抗辩。现有技术抗辩被告既可以主张被控侵权物与公知技术相同或者被控侵权物是从公知技术中可以得知的,也可以主张被控侵权物与公知技术相比不具有专利性。如果法院认为被控侵权人的主张成立,法院可以作出认定不侵权的判决。

日本法院认为在对权利要求进行字面解释时,应当考虑现有技术,将现有技术排除在专利的保护范围之外。当专利技术与现有技术全部相同时,日本法院有不同的处理方法。现行的处理方法主要是权利滥用说和现有技术抗辩说。当专利技术与现有技术部分相同时,日本法院往往通过权利要求解释的方法,认定专利的保护范围不包括现有技术。将专利的保护范围确定为不包括现有技术。有时法院按照权利滥用说认定专利存在明显无效的理由,并驳回侵权指控。在适用等同原则时,日本法院将"非公知技术"作为认定等同的要件之一。只有被控侵权产品与专利发明申请时的现有技术或者本领域普通技术人员能够在专利申请日从公知技术容易推导出的技术并不相同,才可以将被控侵权技术认定为属于等同的范围。

我国专利法明确规定了现有技术抗辩。我国法院承认在相同侵权和等同侵权的情况下都适用现有技术抗辩。在适用现有技术抗辩时,被诉落入专利权保护范围的全部技术特征,与一项现有技术方案中的相应技术特征相同或者无实质性差异的,则认定现有技术抗辩成立,法院就可以做出不侵权的判决,而不再考虑专利权人提出的是相同侵权还是等同侵权的主张。

(二)现有技术抗辩与相同侵权和等同侵权的关系

现有技术抗辩,是被控侵权人提出的不侵权抗辩理由。针对现有技术抗辩,法院是将公知技术作为解释权利要求时考虑的因素,还是将现有技术抗辩独立于权利要求的解释,不同的国家有不同的做法。

美国没有现有技术抗辩这一术语,公知技术是美国法院在权利要求解释和适用等同原则进行考虑的因素。美国的"假想权利要求规则"就是将公知技术排除在等同范围之外的适用等同原则的规则。如果被控侵权技术与公知技术相同,或者被控侵权技术与专利技术相比没有创造性的进步,则法院认为被控侵权技术不属于专利技术等同的范围。

德国有现有技术抗辩这一术语,[1]但在相同侵权的情况下不考虑现有技术抗辩,因此,德国的现有技术抗辩只适用于等同侵权的情形。在适用等同原则时,德国法院认为现有技术抗辩是对适用等同原则的限制因素。如果被控侵权物与公知技术相同或者是从现有技术中可以得知的,则不能认定被控侵权物属于专利等同的范围。

日本也承认现有技术抗辩这一术语,但这一术语现在使用的场合已经不多。在字面侵权的情况下,日本法院越来越多地使用权利滥用原则。在等同侵权的情况下,"非公知技术"是认定等同的条件。

我国《专利法》明确规定了现有技术抗辩,并把它作为与相同侵权和等同侵权独立的原则。法院在认定现有技术抗辩时,并不考虑相同侵权和等同侵权的问题。

可见,在字面解释时,日本的一种做法是将现有技术抗辩独立于权利要求解释,但这种做法现在使用已经不是很多;德国不承认现有技术抗辩,而美国很少涉及这个问题。在适用等同原则时,美国、德国和日本都将公知技术作为认定等同的一个考虑因素,而不是将现有技术抗辩作为独立于等同原则适用的过程。但我国

---

〔1〕 德国和日本一般称为自由技术抗辩。其含义与现有技术抗辩基本相同。为了便于比较,本书都称为现有技术抗辩。

一般将现有技术抗辩独立于相同侵权和等同原则的适用。

笔者认为,现有技术既可以作为权利要求解释和等同原则适用时的考虑因素,又可以作为一项独立的抗辩原则。将现有技术抗辩作为一项独立的抗辩原则,主要是在侵权和无效双轨制的情况下,为了便于被控侵权人保护自己的合法权益,为其提供一种快捷的免除责任的途径。即使不将现有技术抗辩作为一项独立的原则,或者被控侵权人不选择现有技术抗辩的主张,只是主张在确定专利保护范围时考虑到现有技术,现在技术就可以作为确定专利保护范围时的考虑因素。专利技术是符合新颖性和创造性等专利授权要件而与公知技术相区别的技术,因此,不应当将公知技术包括在专利的保护范围之内。这样,在确定专利保护范围时,要考虑到公知技术,并采取将公知技术排除在专利保护范围之外的解释规则。在适用等同原则时,这是很容易做到的。等同原则将专利的保护范围扩大到专利权利要求的字面含义之外,但这种扩大是有限定的,公知技术就是限定等同范围的主要因素之一。因此,应当将使用公知技术的被控侵权物认定为不属于等同的范围,而不能既认定被控侵权物属于等同的范围,又因为被控侵权物使用的是公知技术而不构成侵权。在对权利要求进行字面解释时,如何考虑现有技术,后面将专门作为一个问题进行分析。

(三)现有技术抗辩的名称

关于使用现有技术作为专利侵权的抗辩,德国的正式提法是“自由技术水准抗辩”。日本判例中的提法是“自由技术水准的抗辩”和“自由技术抗辩”,日本多数学者也是在技术或技术水准之前冠有“自由”二字,但中山信弘先生则率先采用“公知技术抗辩”提法,然而又强调“公知技术抗辩”与德国“自由技术水准抗辩”同义。[1] 我国最初也曾有使用“公知技术抗辩”和“自由公知技术抗辩”的争议。2008年专利法修改后开始使用“现有技术抗辩”。

对于德国和日本所使用的“自由技术水准抗辩”和“自由技术抗辩”中“自由”的含义,我国学者认为,它并非指“可自由使用的公知技术”或“公有领域的公知技术”。而是包含所有的公知技术,抗辩人可引用任何属专利申请日之前的公知技术来进行抗辩。[2] 我国关于“自由公知技术抗辩”和“公知技术抗辩”的争议中,所说的“自由公知技术”指该技术上应不再设有任何权利,是任何人都可以自由使用的技术。可见,我国所说的“自由公知技术抗辩”中的“自由”与德国、日本所说的“自

〔1〕 参见杨志敏:《专利侵权诉讼中‘现有技术抗辩’适用之探讨——中、德、日三国判例、学说的比较研究》,载《专利法研究》(2003),知识产权出版社2003年版,第74页。

〔2〕 同上。

由技术水准抗辩”中的“自由”的含义并不相同。德国和日本虽然使用了“自由技术水准抗辩”的名称，但并不要求用以抗辩的技术是不设有任何权利的技术。使用“现有技术抗辩”这一名称，只关注这一技术是否公开的问题，可以避免用以抗辩的技术是否是可自由使用的技术的争议。

（四）相同侵权是否承认现有技术抗辩的分析

德国法院不承认在相同侵权的情况下可以适用现有技术抗辩。我国和日本法院承认在相同侵权情况下可以适用现有技术抗辩，同时日本还适用权利滥用原则。

赞同相同侵权成立时可以适用现有技术抗辩的理由主要是：第一，允许现有技术抗辩具有现实必要性。由于实用新型和外观设计专利不进行实质审查，我国很多专利权都是未经实质审查而授权的。即使经过实质审查的发明专利也不能完全保证授予的专利都具备新颖性和创造性。如果在相同侵权成立时不允许现有技术抗辩，被控侵权人只得提出无效宣告请求，导致专利诉讼旷日持久，浪费人力物力。第二，允许现有技术抗辩具有可行性。适用现有技术抗辩时，法院或者专利行政部门所要进行的判断是被控侵权技术与举证的公知技术是否相同或者十分接近，这与判断被控侵权技术是否与专利技术相同或者等同从判断的性质上看是相似的，对法官和行政执法人员来说没有什么特殊的困难。〔1〕除了上述理由外，还有公平方面的考虑。有时被控侵权人虽然向专利复审委员会申请宣告专利无效，但专利复审委员会维持专利有效，而法院认为被控侵权人使用的是公知技术，承认现有技术抗辩可能对被控侵权人更公平。〔2〕

但是，在相同侵权的情况下承认现有技术抗辩会产生以下问题：第一，损害专利的公信力。在相同侵权的情况下，被控侵权物包含了专利权利要求字面含义中的全部技术特征，这时如果被控侵权物与现有技术相同或者与现有技术相似，为了避免给人以法院在侵权诉讼中对专利效力进行评断的印象，法院一般以公众有权自由实施专利申请日之前的现有技术为由，直接作出认定侵权不成立的结论，在判断中不涉及专利权的有效性问题。因为法院判决中没有涉及专利权的有效性问题，专利仍是有效的。但即使使用与专利技术相同的技术，也不会构成侵权。这就是说，有的专利虽然有效，但并不能得到保护。面对这种状况，社会公众不知道在

---

〔1〕参见尹新天，前引书，第502～507页。

〔2〕其他学者并没有明确提出这一理由，但从法院判决看，有的法院在专利复审委员会维持专利有效的情况下，仍做出被控侵权技术虽与专利技术相同但因使用公知技术而不构成侵权的判断，说明法院在适用现有技术抗辩时对专利复审委员会的决定不信任的态度。参见第六章中提到的“一种工业输送管道用球阀”专利侵权案。

生产经营中应该避开该专利还是可以自由使用该专利。这会损害专利的公信力。第二,损害专利的确定性。在相同侵权中适用现有技术抗辩,受理侵权诉讼的法院认定被控侵权物是否与现有技术相同或者相似,实质上法院对专利技术与现有技术是否相同或相似进行了认定。如果法院认定现有技术抗辩成立,法院实际上认为专利不符合授权的条件。但我国受理侵权诉讼的法院并没有宣告专利无效的权力,这样有可能造成不同法院之间的认定以及法院与专利复审委员会的认定不一致的状况。[1] 一旦出现不一致的状况,社会公众就对专利的效力及保护范围产生迷惑,造成专利的不确定性。第三,缺乏效率。专利侵权的判决并不影响专利的效力,专利权人仍然可以使用该专利针对其他被控侵权人提起诉讼。在其他的专利侵权诉讼中,法院需要再次审查现有技术抗辩是否成立的问题。

因此,在相同侵权时适用现在技术抗辩,从理论上讲都是可行的,不存在正确还是错误的问题。从实践上讲,有利也有弊,也不存在采用哪种做法更好的问题。到底是否承认相同侵权时的现有技术抗辩,应根据实际情况来定。德国一直不承认相同侵权时的现有技术抗辩,使被控侵权人在相同侵权的情况下只能通过专利无效程序来解决。由于我国幅员辽阔,边远地区的人被控侵权人要宣告专利无效也要到北京。同时我国专利数量庞大,承认相同侵权时的现在技术抗辩会减少专利复审委员会的受理的专利无效数量。因此,我国选择了在专利相同侵权时也可以适用现有技术抗辩。

(五)等同侵权时适用现有技术抗辩的分析

1. 等同侵权时适用现有技术抗辩的必要性

我国和德国、日本都承认在等同侵权时的现有技术抗辩,美国法院也将现有技术排除在专利等同的范围之外。

等同侵权时考虑现有技术,是多数国家的通行做法。尽管德国在相同侵权时不考虑现有技术,在等同侵权时仍考虑现有技术。在等同侵权时考虑现有技术比相同侵权时考虑现有技术更容易被接受。当被控侵权物没有包含专利权利要求字面含义中的全部技术特征时,即使被控侵权物与公知技术相同或者相似,一般也不会影响专利的有效性。这时如果不承认现有技术抗辩,被控侵权人不能通过专利复审程序使专利被宣告无效,而这时按照等同原则的判断标准有可能将被控侵权

[1] 另外,由于我国专利行政部门还担负着处理专利侵权纠纷的职能,承认法院在相同侵权成立时可以适用现有技术抗辩,也意味着承认专利行政机关在相同侵权成立时可以适用现有技术抗辩。这样就会导致法院、专利行政部门和复审委员会都对专利与公知技术之间的相似性进行审查,得出冲突结论的可能性会更大。

物认定在专利等同的范围之内。专利法要求受专利保护的发明创造应当是与现有技术相比具有新颖性和创造性的技术,与现有技术相比没有新颖性和创造性的技术不能包括在专利的保护范围之内。不承认现有技术抗辩将使等同原则的适用与专利法的上述要求相冲突。因此,当被控侵权物与专利技术不相同时,有必要通过现有技术抗辩将公知技术排除在专利的保护范围之外。

2. 等同侵权时现有技术抗辩的比较对象和对比标准

当被控侵权技术与专利技术相同时,法院一般可以直接认定被控侵权人不构成侵权,这时不存在专利技术、被控侵权技术与公知技术之间的比较对象和对比标准问题。

当被控侵权技术与专利技术不相同时,专利技术、被控侵权技术与现有技术之间也不相同。这时就存在将这三个技术进行对比,以及在进行对比时达到什么标准可以认定被控侵权物不构成侵权的问题。

美国法院在适用等同原则涉及现有技术时,采用"假想权利要求规则",实质上将被控侵权技术与现有技术进行对比。如果被控侵权物与现有技术相比不符合专利的授权条件(主要是不符合创造性的要求),则认定被控侵权物不属于专利等同的范围。德国在适用等同原则中涉及现有技术抗辩时,将被控侵权技术与专利技术进行对比,看被控侵权技术与现有技术是否相同或者被控侵权技术是否是从现有技术中可以得知的。德国学者认为,这里考虑的是被控侵权物与现有技术之间的近似性,"近似性"与显而易见、容易推导性相当。"近似性"等于无创造性,其判断需要进行发明创造性判断。[1] 日本法院将"非公知技术"作为认定等同的一个消极要件。在认定"非公知技术"时,日本法院将被控侵权技术与现有技术进行对比,看被控侵权产品与专利发明申请时的现有技术或者本领域普通技术人员能够在专利申请日从公知技术容易推导出的技术是否相同。可见,美国、德国和英国法院在适用等同原则中涉及公知技术问题时,都是将被控侵权技术与现有技术进行对比,对比的标准是看被控侵权技术与专利技术之间的差异是否达到创造性的程度。

2008 年专利法修改之前,我国法院曾采取将被控侵权技术与现有技术、专利技术分别对比的方法,如果被控侵权技术与专利技术和公知技术都不相同,法院一般将被控侵权技术与专利技术和公知技术分别进行对比,如果被控侵权技术更接近于专利技术,则可以认定不构成侵权。2008 年我国《专利法》的修改明确规定了现

---

〔1〕 参见杨志敏,前引文,第 74 页。

有技术抗辩后,法院只将被控侵权技术与现有技术进行对比。最高人民法院《专利侵权司法解释(一)》明确规定了现有技术抗辩的对比对象是“被诉落入专利权保护范围的全部技术特征”与“与一项现有技术方案中的相应技术特征”,但现有技术抗辩成立的条件是“相同或者无实质性差异”。

可见,我国现有技术抗辩的对比对象与其他国家是相同的,即只对比被控侵权技术与现有技术。但关于现有技术抗辩成立的条件,我国规定的比较严格,只有“无实质性差异”时才可以认定不构成侵权。而美国、日本和德国则认为只要被控侵权技术与现有技术相比没有创造性,就可以认定不构成侵权。

笔者认为,将被控侵权技术与现有技术进行对比,并且将创造性标准作为认定现有技术抗辩成立的标准是由专利制度的本质所决定的。专利法规定了授予专利权的实质要件,其中最主要的要件就是三性:新颖性、创造性和实用性。[1] 其中新颖性关注的是发明创造与公知技术是否相同,创造性考虑的是与公知技术是否相似。由于创造性是专利授权的标准,不但与现有技术相同的技术不能获得专利授权,与现有技术相似缺乏创造性的技术也不能获得专利授权。专利法规定的专利授权实质要件表明,与现有技术相同和与现有技术相比缺乏创造性的技术都应当属于公有领域,任何人不能将它申请为专利,社会公众可以自由使用它。[2] 这样就决定了被控侵权人可以进行现有技术抗辩。只要被控侵权人证明自己使用的技术与现有技术是相同的,或者与现有技术相比是没有创造性的,被控侵权人就有权使用该技术。

3. 现有技术的范围

在适用现有技术抗辩时,首先需要认定哪些是现有技术。现有技术抗辩中的现有技术应当与专利审查中现有技术的含义相同。我国《专利法》第 22 条对专利授权条件中的“现有技术”进行了界定,[3] 同法第 62 条规定的“现有技术”应与 22

---

[1] 我国《专利法》第 22 条第 1 款规定,“授予专利权的发明和实用新型,应当具有新颖性、创造性和实用性”。对于专利授权的实质要件,各国所使用的名称及具体要求有不同之处。但是这些要件与我国专利法中所说的三性是相似的。

[2] 当然在有的情况下,现有技术是他人的专利技术,它并不属于公有领域。但这并不影响上述结论。因为上述结论只是针对涉案专利而提出的。假设作为现有技术被引用的为专利一,而涉案的专利为专利二。对于专利二来说,专利一属于现有技术,虽然专利一的专利权人有权制止他人使用该现有技术,但专利二的专利权人无权制止他人实施该技术。因此,对于专利二的专利权人而言,现有技术不管是否包含他人专利,该专利权人并没有权利制止。

[3] 我国《专利法》第 22 条第 5 款规定:“本法所称现有技术,是指申请日以前在国内外为公众所知的技术。”

条规定的现有技术的含义相同。因此,认定现有技术抗辩中的现有技术,也应当按上述标准认定。

(1)抵触申请抗辩

我国《专利法》第22条中的现有技术,并不包括抵触申请。因此,抵触申请是否可以作为现有技术抗辩中的现有技术,就成为一个值得研究的问题。对此,我国理论和实务界一般都认为抵触申请虽然不属于现有技术,但仍可以作为现有技术抗辩使用。但对于抵触申请作为现有技术抗辩时的认定标准与现有技术是否有区别,法院在判决中的认定还不一致。如在上海市高级人民法院2011年审结的邱则有与上海灵拓建材有限公司等侵害发明专利权纠纷上诉一案中,二审法院认为:"现有技术可以破坏专利的有效性(可用于评价新颖性与创造性),但由于专利有效性审理与专利侵权判断职权的分工,在专利侵权民事诉讼程序中,法院不能直接评判专利的有效性,但在被控侵权技术属于现有技术的情况下,如果因为不能评判专利的有效性,就直接认定侵权成立,则明显不合理,故才有了现有技术抗辩的制度设计。"二审法院还认为:"由于抵触申请也可以破坏专利的有效性,故依据现有技术可以用于不侵权抗辩的法理,抵触申请应可以类推适用现有技术抗辩。但抵触申请与现有技术相比,其破坏专利有效性的效力有限,抵触申请只能评价新颖性,而不能用于评价创造性,故抵触申请类推适用现有技术抗辩时,其抗辩的效力也应受到相应一致的限制。为此,抵触申请类推适用现有技术抗辩应限于在相同侵权中才能进行抗辩,且被控侵权技术方案与抵触申请中记载的技术方案相同时,不侵权抗辩才能成立。"[1]而最高人民法院在浙江乐雪儿家居用品有限公司专利侵权纠纷案中认为:"由于抵触申请能够破坏对比专利技术方案的新颖性,故在被诉侵权人以实施抵触申请中的技术方案主张其不构成专利侵权时,应该被允许,并可以参照现有技术抗辩的审查判断标准予以评判。"[2]上述两个判决都承认抵触申请可以用于现有技术抗辩,但上海高级人民法院认为只有被控侵权技术与抵触申请相同时,才认定现有技术抗辩成立。而最高人民法院认为抵触申请用于现有技术抗辩的标准,与一般现有技术并无区别。

最高人民法院在2015年作出的慈溪市博生塑料制品有限公司与陈剑侵害实用新型专利权纠纷申请再审案裁定中,进一步明确了抵触申请抗辩的适用:[3]

---

〔1〕 上海市高级人民法院(2011)沪高民三(知)终字第77号判决书。

〔2〕 最高人民法院(2013)民提字第225号判决书。

〔3〕 最高人民法院(2015)民申字第188号民事裁定。

关于被诉侵权人能否以其实施的技术属于抵触申请为由,主张不构成侵犯专利权,我国专利法及相关司法解释中并未明确规定。与之相关,我国专利法第六十二条规定:“在专利侵权纠纷中,被控侵权人有证据证明其实施的技术或者设计属于现有技术或者现有设计的,不构成侵犯专利权。”侵犯专利司法解释第十四条规定:“被诉落入专利权保护范围的全部技术特征,与一项现有技术方案中的相应技术特征相同或者无实质性差异的,人民法院应当认定被诉侵权人实施的技术属于专利法第六十二条规定的现有技术。”本院认为,专利法第六十二条规定现有技术抗辩的主要理由,在于专利权的保护范围不应覆盖现有技术,既包括被诉侵权技术方案与现有技术相同的情形,也包括被诉侵权技术方案相对于现有技术无实质性差异的情形。在这两种情形下,被诉侵权技术方案相对于现有技术不具有新颖性或者创造性,不应被授予专利权,自然也不应被纳入涉案专利权的保护范围。由于抵触申请与现有技术均可以用于评价涉案专利的新颖性。因此,如果被诉侵权技术方案已被抵触申请公开,则相较于抵触申请亦不应被授予专利权,相应地也不应被纳入涉案专利权的保护范围。因此,被诉侵权人以其实施的技术属于抵触申请为由,主张未侵犯涉案专利权的,人民法院可以参照适用专利法第六十二条、侵犯专利司法解释第十四条等有关现有技术抗辩的规定,对抵触申请抗辩进行认定。

需要指出的是,由于抵触申请与现有技术的含义和性质存在一定差异,故抵触申请抗辩的审查判断标准应与抵触申请的性质相适应,与现有技术抗辩的审查判断标准存在一定差异。根据专利法第二十二条第二款的规定,抵触申请的公开时间在涉案专利的申请日之后,不构成涉案专利的现有技术,故仅可以与涉案专利单独对比,评价其新颖性。与之不同的是,根据专利法第二十二条第二、三款的规定,现有技术既可以评价涉案专利权的新颖性,也可以与其他现有技术或者公知常识结合,评价涉案专利权的创造性。综上,抵触申请仅仅可以被用来单独评价涉案专利权的新颖性,既不可以与现有技术或者公知常识结合,更不可以用于评价涉案专利权的创造性。因此,只有在被诉侵权技术方案的各项技术特征均已被抵触申请单独、完整地公开,相对于抵触申请不具有新颖性时,才可以认定抵触申请抗辩成立。如果被诉侵权的技术方案相较于抵触申请存在差异并具有新颖性,或者被诉侵权人主张将抵触申请与现有技术或者公知常识结合后进行抗辩的,抵触申请抗辩均不能成立。

我们赞同抵触申请可以作为现有技术抗辩的做法。抵触申请与现有技术有相似之处。现有技术和抵触申请都不在涉案专利的保护范围之内。使用不在专利保护范围之内的技术,专利权人无权干涉。但就抵触申请作为现有技术抗辩时与一般现有技术抗辩的标准是否有区别,首先应看一般现有技术抗辩的标准。如果将"缺乏创造性"作为一般现有技术抗辩的标准,则抵触申请用作抗辩时应有所区别。抵触申请只能用于评判专利的新颖性。如果专利技术与抵触申请不相同,专利技术则符合专利授权的条件。如果将与抵触申请相比不具有创造性的技术都认为现有技术抗辩成立,则可能产生专利可以授权但因抵触申请抗辩成立而使该专利实质上得不到保护。这会与专利授权的标准产生矛盾。

(2)不丧失新颖性的公开

在现有技术抗辩中,还存在不丧失新颖性的公开是否可以作为用以抗辩的现有技术的问题。根据我国《专利法》第24条的规定,因某些特定情况下,发明创造虽然已经公开,但并不丧失新颖性,仍有可能获得专利。在专利侵权纠纷中,被控侵权人提出其实施的技术是申请日前就已经公开的技术是现有技术时,权利人可能会提出该技术虽然公开但是符合不丧失新颖性公开的条件。这就出现了一个问题,不丧失新颖性的公开是否可以作为现有技术抗辩中的现有技术?这时,我们建议应区别不同的情形分别处理。

第一种情形是,专利权人是可享受不丧失新颖性公开的宽限期的人,并且符合《专利法》第24条和《专利法实施细则》第30条的条件,从而获得专利。如果这时被控侵权人将专利权人在宽限期内的公开作为现有技术抗辩中的现有技术,我们认为这种抗辩不应当得到支持。虽然这时被控侵权人所使用技术符合"现有技术"的定义,但如果认为现有技术抗辩成立,会产生消极的后果。一方面,专利权人拥有一个有效的专利;另一方面,任何人都可以主张现有技术抗辩从而可以自由使用该技术。这本身就是矛盾的,将会使专利权人的专利毫无意义,违反专利法的宗旨。专利法的宗旨就是为了保护专利权人的合法权益,鼓励发明创造,推动发明创造的应用,提高创新能力,促进科学技术进步和经济社会发展。如果将不丧失新颖性的公开直接作为现有技术的话,会伤害到专利申请人的合法权益。同时,这也会使宽限期制度形同虚设。不丧失新颖性制度设置的本身就是要将这种公开作为一个例外,以此保护发明创造,鼓励申请人在国内国外进行技术交流,保护因他人的失约或欺诈给申请人造成的损害。如果承认现有技术抗辩成立,专利权人可以获得专利,但得不到保护。因此,虽然从定义上来说不丧失新颖性公开的技术属于现有技术,但如果申请人符合不丧失新颖性公开的条件并据此获得了专利,不丧失新颖性公开的技术就不属于现有技术抗辩中的现有技术。在专利侵权纠纷中,现有技术抗辩也不应得到法院的支持。

第二种情形是,专利权人是可享受不丧失新颖性公开的宽限期的人,并且履行了《专利法实施细则》第 30 条规定的程序,并获得了专利。但被控侵权人提出在先公开并不符合《专利法》第 24 条规定的实质条件,从而主张现有技术抗辩。不丧失新颖性的实质要件是《专利法》第 24 条的规定。如果不符合该条规定的条件,申请人不能享受宽限期,也不应当获得专利。如果申请人获得了专利,也因不具有新颖性而无效。但如果被控侵权人不申请宣告无效,而是主张专利权人不符合享受宽限期的实质条件,比如,专利权人在技术会议上的发表不符合《专利法》第 24 条第(二)项所称学术会议或者技术会议的条件,但专利局误认为其符合条件而授予了专利。被控侵权人主张,这种公开实质上成为现有技术,从而提出现有技术抗辩。被控侵权人的这种主张能否得到支持呢?我们认为,被控侵权人提出的这种主张,实质上是专利无效的主张,应当由专利复审委员会处理。如果审理侵权案件的法院认定不符合宽限期的实质条件,从而认定现有技术抗辩成立,实质上行使了专利复审委员会认定专利效力的权利,并且有可能会与专利复审委员会的认定冲突。因此,法院不应当考虑被控侵权人的现有技术抗辩。

第三种情形是,专利权人是可享受不丧失新颖性公开的宽限期的人,但在申请专利时未履行《专利法实施细则》第 30 条规定的手续,因专利局没有发现在先的公开而获得专利。专利申请人在享受不丧失新颖性的宽限期,除了满足实质条件外,还应当符合程序要件。程序要件为《专利法实施细则》第 30 条第 3 款的规定:"申请人应当在提出专利申请时声明,并自申请日起 2 个月内提交有关国际展览会或者学术会议、技术会议的组织单位出具的有关发明创造已经展出或者发表,以及展出或者发表日期的证明文件。"如果未满足程序要件的则根据《专利法实施细则》第 30 条第 5 款的规定"申请人未依照本条第 3 款的规定提出声明和提交证明文件的,或者未依照本条第四款的规定在指定期限内提交证明文件的,其申请不适用专利法第 24 条的规定。"实践中,如果申请人符合不丧失新颖性公开的实质要件,但没有履行相应程序,仍有可能因审查员没有发现在先公开而授权。在这种情况下,专利权实质上因不符合新颖性要件可以被宣告无效。但是,如果被控侵权人没有提出无效宣告,而是提出现有技术抗辩,而专利权人又主张该公开属于不丧失新颖性的公开,从而主张现有抗辩不成立。双方的主张哪种成立呢?我们认为,既然申请人没有履行《专利法实施细则》规定的程序,就不能享受《专利法实施细则》第 24 条规定的宽限期。在侵权诉讼中,专利权人也不能主张该公开属于不丧失新颖性的公开,被控侵权人现有技术抗辩成立。

第四种情形是,专利权人并不享有《专利法》第 24 条规定的宽限期,但由于专利局没有发现在先公开而授予了专利。《专利法》第 24 条规定的宽限期的效力,仅仅是把申请人(包括发明人)的某些公开,或者第三人从申请人或发明人那里以合法手段或者不合法手段得来的发明创造的某些公开,认为是不损害该专利申请新颖性和创造性的公开。从公开之日至提出申请的期间,如果第三人独立地作出了同样的发明创造,而且在申请人提出专利申请以前提出了专利申请,第三人的申请没有新颖性,也不能取得专利权。但是如果审查员没有发现在先公开而授予了专利,该专利是不符合授权条件的,应当被无效。在这种情况下,如果被控侵权人没有提出无效宣告而是提出现有技术抗辩,而专利权人主张该技术属于不丧失新颖性的公开,其主张也不应当提到支持。理由很简单,专利权人并不是享有宽限期的人,也不能主张宽限期所带来的利益。[1]

4. 现有技术抗辩是否成立的认定

现有技术抗辩中的一个重要问题,如何认定现有技术抗辩是否成立。这涉及对比的对象、方法和标准。

关于现有技术抗辩的对比对象,通常我们习惯上说将“被控侵权技术”与“现有技术”进行对比。但实质上,将两项技术的全部内容进行对比是不必要的。最高人民法院《专利侵权司法解释(一)》明确了对比的对象是“被诉落入专利权保护范围的全部技术特征”与“与一项现有技术方案中的相应技术特征”进行对比。这一规定,清楚界定的只就“被诉落入专利权保护范围的全部技术特征”进行对比,而不是将被控侵权技术的全部技术特征进行对比。现有技术中的相应技术特征,也并非现有技术方案的所有技术特征。现有技术方案的技术特征在数量上可以等于或者大于被诉落入专利权保护范围的技术特征。因此,在现有技术抗辩的技术对比中,虽然不将专利技术进行对比,但仍离不开专利技术,需要结合被控侵权技术与专利技术的对比,在此基础上再进行现有技术抗辩的技术对比。

关于对比的方法,涉及是否允许将几项技术组合在一起作为现有技术抗辩。对此,我国曾存在不同的意见,有人认为被控侵权人只能援引一项现有技术,有人认为被控侵权人可以将几项现有技术的组合作为现有技术抗辩,也有的人认为作为抗辩的现有技术应当是一项单独的技术方案,但该领域普通技术人员认为已有技术的显而易见的简单组合成的技术方案,也可以作为现有技术。最高人民法院

---

〔1〕 参见闫文军、张犹诚:《不丧失新颖性的公开是否可以作为现有技术抗辩中的现有技术?》,载《中国知识产权》2016 年第 5 期。

《专利侵权司法解释(一)》明确了用于对比的现有技术只能是“一项”技术,而不能是现有技术的组合。即使存在多个现有技术,也只能是将被控侵权技术与其进行一一对比。因此,在对比方法上,我国采取了比较严格的限定,只能每次使用一项现有技术进行现有技术抗辩的对比。

在现有技术抗辩的认定标准方面,学说上有“相同”“无创造性”“无实质差异”等不同的标准。

所谓被控侵权技术与现有技术相同,是指被控落入专利保护范围的技术特征与现有技术中的相应技术特征完全一致,即一份单独的现有技术完全反映了被控侵权技术。判断被控侵权技术与现有技术相同时的方法与专利审查中新颖性的标准相同。因此,当被控侵权人主张被控侵权技术与现有技术相同时,只能提交单独的一份现有技术或抵触申请中的技术。法院应当将被控侵权技术与该现有技术或抵触申请中的技术进行整体对比,如果二者技术领域、所要解决的技术问题和技术方案实质上相同、预期效果相同,可以认定被控侵权技术与现有技术相同。

所谓被控侵权技术属于与现有技术相比无创造性的技术是指,被控侵权技术与现有技术相比,不符合专利“创造性”的条件。在对专利的创造性进行审查时,审查的重点在于“实质性特点”和“进步”两个方面。[1] 在对实质性特点进行审查时,首先确定最接近的现有技术,然后确定专利申请的区别特征和其实际解决的技术问题,最后看专利申请对于本领域的技术人员来说是否显而易见。进行是否显而易见的判断时,主要看现有技术中是否给出将专利申请与最接近的现有技术的区别特征应用到最接近现有技术以解决其存在的技术问题的启示。[2] 在适用现有技术抗辩中审查被控侵权技术是否属于与现有技术相比没有创造性的技术时,也应当参照上述标准进行判断。这时的判断应主要就“实质性特点”进行审查。具体而言,针对被控侵权人提出的现有技术,找出与被控侵权技术最接近的技术,并比较被控侵权技术与最接近技术的不同特征,看现有技术中是否给出将上述区别特征应用到最接近的现有技术以解决其存在的技术问题的启示。

所谓被控侵权技术属于与现有技术相比无实质差异是指,被控侵权技术与现有技术相比,没有实质性差异。这是我国最高人民法院司法解释明确提出的标准,

---

〔1〕 我国专利法中的发明和实用新型专利的创造性审查标准是不同的。我国《专利法》第22条第3款规定:“创造性,是指同申请日以前已有的技术相比,该发明有突出的实质性特点和显著的进步,该实用新型有实质性特点和进步。”

〔2〕 参见我国《专利审查指南2010》第二部分第四章第3.2.1条的规定。

而根据司法解释制订者的解释，无实质性差异可以参照等同的标准掌握。[1]

可见，相同标准是最严的标准，而无创造性标准是最宽的标准，而无实质性差异标准是介于上述二者之间的标准。笔者认为，从理论上讲，无创造性标准是比较合适的标准，但这一标准容易造成与专利无效的冲突。我国最高人民法院将现有技术抗辩的认定标准界定为稍宽于相同标准的无实质性差异标准，适用起来比较简单，但也限制了现有技术抗辩的适用。随着法院适用现有技术抗辩的经验的增加以及在专利侵权、无效等案件中掌握的标准的统一，在条件具备时也可以改变为无创造性标准，从而进一步发挥现有技术抗辩制度的作用。

六、多余指定原则、省略发明论、改劣实施论的比较与分析

(一)多余指定原则与省略发明侵权的总体比较

多余指定原则与省略发明侵权都涉及被控侵权物缺少权利要求中的一个技术特征时能否认定侵权的问题，省略发明论与改劣实施论都涉及被控侵权物的效果劣于专利发明时能否认定侵权的问题。

美国将能否忽略权利要求中的技术特征认定侵权作为等同原则适用中的问题。美国法院在适用等同原则时，曾有“整体等同”和“全部技术特征等同”两种认定方法，按照整体等同的认定方法，被控侵权物即使缺少专利权利要求中的一个技术特征，如果从整体上看被控侵权物符合认定等同的要件，仍可以认定被控侵权物与专利技术等同。美国最高法院在 Hilton 案中否定了“整体等同”的认定方法，将“全部技术特征等同”作为认定等同的准则。按照“全部技术特征等同”的方法，专利权利要求中的每一个技术特征都是重要的，只有被控侵权物再现了专利权利要求中的第一个技术特征或者其等同物，才可以适用等同原则认定侵权。现在美国法院在适用“全部技术特征等同”的方法时，又创造了“损害权利要求原则”，采取了严格限制等同原则适用的立场。

英国为了克服严格按照权利要求的字面含义确定专利保护范围所带来的不公平，创立了发明精髓原则。根据发明精髓原则，专利权利要求中的技术特征分为本质特征和非本质特征，被控侵权物缺少非本质特征，或者用等同物将非本质特征替换，仍构成侵权。英国法院在适用时一般认为所有技术特征都是必要技术特征。1977 年欧洲专利公约生效后，英国法院创立了目的解释方法。目的解释方法否定

---

〔1〕 孔祥俊、王永昌、李剑：《最高院关于专利权纠纷案件司法解释的理解与适用》，载《人民司法》2010 年第 3 期。

了以前严格按照字面含义解释权利要求的做法,也否定了发明精髓原则。根据目的解释方法,应当按照本领域技术人员所理解的专利权人要求的范围确定保护范围。在符合一定条件的情况下,即使被控侵权物为变换物,仍然可以被认定为属于专利保护的范围。目的解释方法没有特别强调权利要求中的技术特征被忽略和被改变的区别,应当认为,即使被控侵权物缺少权利要求中的一个技术特征,仍然有可能被认定为属于专利的保护范围。但是,从英国严格解释权利要求的做法来看,这种情况是基本不可能出现的。

在1978年实施新的专利法之前,德国根据“一般发明思想”确定专利的保护范围。对一般发明思想的保护使专利的保护范围扩大到“部分组合”,也就是对权利要求中的一部分技术特征的组合进行保护。“部分组合”也称为改劣实施或不完全利用。根据这一理论,即使被控侵权产品缺少权利要求中的一个或一个以上的技术特征,如果该被控侵权物体现了“一般发明思想”,仍可以被认定为构成侵权。1978年新的专利法实施后,德国法院放弃了根据“一般发明思想”确定专利保护范围的做法。但是,德国法院仍然承认“部分组合”理论或者改劣实施理论,并在个别的案件中予以适用。“部分组合”理论将专利权利要求中的技术特征分为本质的、决定性的技术特征和不重要的技术特征,如果被控侵权物缺少不重要的技术特征,在符合认定等同的条件时,仍然可以认定构成侵权。

日本在专利侵权判断时有不完全利用论或改劣实施论。根据这一学说,如果被控侵权物与专利权利要求记载的部分技术特征不同,但是如果可以认定这种不同并没有表现出与原告专利发明的技术思想的差异,只是为了避免承担侵犯专利权的责任而进行的改变,可以使用不完全利用或者改劣实施的概念得出被控侵权物属于专利技术范围的结论。对于是否适用不完全利用论,日本理论和实务界还存在不同的意见。该学说在理论上还没有被完全放弃,实践中有时专利权人仍作为侵权的理由提出来,但法院虽然没有否定该理论的判决,但近些年也没有适用该理论的判决。

我国曾存在多余指定原则、省略发明论和改劣实施论。根据多余指定原则,专利独立权利要求中记载了与完成发明目的无关的技术特征时,可以将该技术特征认定为附加技术特征或非必要技术特征,不是专利技术的构成部分。如果被告在被控侵权物中未实现该附加技术特征或非必要技术特征,仍可以认定被告构成侵权。对于是否适用多余指定原则,我国理论和实务上存在不同的意见。最高人民法院在2005年判决的“混凝土薄壁筒体构件”案件中,对多余指定原则表示了基本否定的态度,但又没有从根本上否定它。最高人民法院2009年的《专利侵权司法解释(一)》以及后来的判决再次否定了多余指定原则。根据省略发明论,如果被控侵权人故意省略专利权利要求中个别必要技术特征,使其技术方案成为在性能和效果上均不如专利技术方案优越的变劣技术方案,而且这一变劣技术方案明显是由于省略该必要技术特征造成的,应当适用等同原则,可以认定构成侵犯专利权。对于是否采纳省略发明论,最高人民法院没有明确表示意见。根据改劣实施论,如果被控侵权人故意改变权利要求中的一个技术特征,使被控侵权物在性能和效果上明显劣于专利技术,仍应当认定为构成侵权。最高人民法院在"机芯奏鸣装置音板的成键方法及其设备"案中肯定了改劣实施论。最高人民法院在2009年判决的"高层供暖回水缓冲排气装置"专利侵权案和2013年判决的赵彦杰与郑传周侵害实用新型专利权纠纷案中,明确否定了改劣实施构成侵权的主张。

(二)我国多余指定原则、省略发明论、改劣实施论与其他国家有关做法的比较

美国关于"全部技术特征等同"与"整体等同"的争议,核心在于能否忽略权利要求中的技术特征认定等同。美国最高法院最后肯定了"全部技术特征等同",明确了在认定等同时不能忽略每一个技术特征。我国的多余指定原则和省略发明论认为在被控侵权物缺少权利要求中的技术特征时仍可以认定等同,与美国的"整体等同"认定方法有相似之处,但又有区别。美国的整体等同是认定等同的方法,其认定的标准是"三一致"标准或非实质差异标准。而我国的多余指定原则与等同原则无关,按多余指定原则认定的侵权属于字面侵权。我国的省略发明论是认定等同的方法,但省略发明论以被控侵权人故意和被控侵权物技术效果劣于专利发明为条件,它并不要求被控侵权物的效果与专利发明"基本相同"。美国不存在与我国改劣实施论类似的学说。总的来看,我国的多余指定原则、省略发明论和改劣实施论在美国现在都得不到认可。

英国的"发明精髓原则"与我国多余指定原则和省略发明论有相似之处。其相似之处在于,当被控侵权物缺少权利要求中的一个技术特征时,仍可认定构成侵权。在这一点上,发明精髓原则与多余指定原则非常相似,都认为以"必要技术特征"来确定专利的保护范围,非必要技术特征可以忽略。省略发明论与发明精髓原则在适用的标准和条件上有明显的不同。英国的目的解释论并没有明确否定被控侵权物缺少权利要求中的一个技术特征时可以构成侵权,但其方法和标准与我国的多余指定原则和省略发明有根本的不同。

德国的"部分组合"论与我国多余指定原则基本相似。但德国的"部分组合"属于等同侵权的范畴,而我国的多余指定原则并不属于等同原则的内容。德国将"部分组合"称为不完全利用或改劣实施,但它与我国的省略发明和改劣实施不同。德

国的部分组合并不考虑被控侵权人的主观状态,省略发明和改劣实施都将被控侵权人故意不完全实施专利技术方案作为条件。

日本的不完全利用论与我国多余指定原则的相同之处在于,被控侵权物缺少专利权利要求中的一个技术特征时仍可以认定为侵权。其不同之处在于,日本的不完全利用论以被控侵权人故意不完全实施专利技术方案为条件。日本的不完全利用论与我国省略发明和改劣实施非常相似,日本并没有区别省略权利要求中的技术特征和改变权利要求中的技术特征,我国将它分为省略发明和改劣实施。

(三)我国是否应当适用多余指定原则

1. 对是否应当适用多余指定原则的不同意见

在最高人民法院明确否定了多余指定原则之前,对于是否适用多余指定原则,我国曾存在不同的意见。

认为应当适用多余指定原则者多从充分保护专利权人的角度出发。例如,原北京市高级人民法院法官程永顺主张:

> 撰写专利权利要求是一项技术性和法律性都很强的工作。不熟悉权利要求书撰写方式的申请人,难免把对实现专利发明和效果无关紧要的技术特征,也就是非必要技术特征写进权利要求里去。由于增加了非必要的技术限定,专利保护范围就会缩小了。专利局授予专利权以后,其他人经过研究专利说明书和权利要求,发现了权利要求里存在弊病,很容易就可以通过省略掉这一项非必要的技术特征来钻法律的空子。在这种情况下,如果法律对于被控侵权产品或者方法缺少了权利要求的一项技术特征而判定专利侵权不成立的话,这样的结果显然对专利权人是不公平的。[1] 在司法实践中承认这一原则的出发点,是防止造成由于专利权人在撰写专利文件时,由于形式上的失误,掩盖侵权行为人实质上的侵权。也就是说,在进行侵权判断时,如果机械地拿被控侵权物的技术特征与专利保护范围中独立权利要求中的技术特征相比,缺少一项技术特征就认定不侵权,那么,由于权利要求书撰写的疏忽或者不严谨,就可能致使很多侵权行为被认定为不侵权,专利权人的合法权益将无法得到公正、有效、充分的保护。[2]

---

〔1〕 程永顺、罗李华:《专利侵权判定——中美法条与案例比较研究》,专利文献出版社 1998 年版,第 253 页。

〔2〕 程永顺:《中国专利诉讼》,知识产权出版社 2005 年版,第 255 页。

也有人从中国专利申请的现状出发，认为在某些特殊情况下法院或者专利行政部门可以忽略权利要求中的个别技术特征。例如，原国家知识产权局条法司司长尹新天认为：

> 我国实行专利制度只有二十年的时间，公众对专利制度尚不熟悉，一些专利代理人的水平还有待进一步提高，而且在我国还有相当比例的专利申请文件是申请人自己撰写的，因此出现权利要求撰写不当现象的可能性比发达国家大一些。[1]

支持适用多余指定原则的论述还有很多，但其理由无非是前面所述的两个。也就是说，支持适用多余指定原则的理由主要是：多余指定原则可以给专利权人有效和充分的保护，对专利权人更公平；中国专利申请文件的撰写水平还不高，权利要求撰写不当的可能性较大。

反对适用多余指定原则的理由主要有以下几个：(1)多余指定原则的法律依据不足。民法中的公平原则只是一个内容模糊的指导思想，其本身并不能授权法院改变专利权利要求书明示的专利技术的构成。《专利法实施细则》第21条第2款的规定只是专利申请人撰写专利申请文件的指导，法院不能依据这一规定为专利权人重新撰写权利要求书。(2)多余指定原则片面地强调了发明人的利益，威胁社会公众对法律的正常预期。多余指定原则使专利权人利益范围的扩大，意味着公众利益范围的缩小，这对社会公众是不公平的。社会公众依赖权利要求书中的限制条件来避免侵权，后续发明人研究专利文献寻求权利范围以外的技术方案的绕开设计。多余指定原则使专利的保护范围具有不确实性，社会公众无法对是否侵权进行正常预期，会影响社会经济生活的稳定性。[2] (3)多余指定原则有可能导致法院与专利局在专利授权标准上的冲突。按照中国专利法及有关法律法规的规定，专利授权之前的审查由国家知识产权局专利局进行，专利无效审查由国家知识产权局专利复审委员会进行。虽然对于专利复审委员会作出的复审决定和无效审查决定不服的上诉案件，由北京市第一中级人民法院和北京市高级人民法院进行审理，但法院在审理专利侵权案件中无权对专利的效力作出审查判断。适用多余指定原则，实质上是认可或者重新批准了一项新的具有更大保护范围的权利要求。

---

〔1〕 尹新天：《专利权的保护》（第2版），知识产权出版社2005年版，第431页。

〔2〕 参见刘孟斌：《多余指定原则的法律思考》，载 http://www.iplawyers.com.cn/article/print.php/385，最后访问日期：2017年4月28日。

这一权利要求有可能在专利局看来并不符合专利授权的条件,但法院已经根据该权利要求作出了侵权成立的认定。[1] (4)适用多余指定原则不利于提高专利申请人和专利代理人撰写专利申请文件的能力,不利于提高中国专利制度的整体水平。中国经济正在走向世界,中国的发明创造也必须寻求在其他国家获得专利保护。在此形势下,提高中国专利申请人和专利代理人的素质,使之具有与发达国家相应人员相当的水平极为重要。如果中国专利申请人和专利代理人习惯了在国内通过多余指定原则得以宽恕,即使撰写不当也有退路,因而不注重专利文件撰写能力的提高,今后走出国门是要吃亏的。[2] (5)适用多余原则,滞后于世界范围内日益强调权利要求确定性的发展趋势。现在国际上日益重视权利要求的确定性,绝大多数国家都不适用这一原则,适用这一原则与国际上专利侵权判断的趋势不符。[3]

2. 支持否定多余指定原则的理由

最高人民法院否定适用多余指定原则的意见,但到理论和实务界的一致认同。目前已经没有关于适用多余指定原则的主张。其实,从美国、德国和日本的经历看,这些国家都有过类似适用多余指定原则的历史。但最后都逐渐否定了这些做法。在专利制度实施的早期阶段,针对专利权人专利申请撰写水平不高的现状,为了给专利权人提供更充分的保护,忽略权利要求中的技术特征认定侵权是法院不得已的选择。但当专利制度运行一段时间以后,就不需要再对专利权人提供格外的关照,多余指定原则也就完成了历史的使命。2007 年本书第一版出版时,笔者就认为当时应当停止适用多余指定原则,当时阐述的理由如下:

第一,从多余指定原则的法律依据看,多余指定原则的法律依据不足。“公平原则”是多余指定原则产生的根据。但公平原则所要求的是兼顾不同利益的公平,而不只是对一种利益的公平。主张适用多余指定者所提出的公平原则,只是对专利权人一方的公平,忽视了对社会公众的不公平。多余指定原则产生的具体法律依据是《专利法实施细则》第 21 条第 2 款的规定。该款要求独立权利要求应当记载解决技术问题的必要技术特征。我们认为,该款的规定恰恰否定了多余指定原则。该款要求专利申请人只将必要技术特征记载在独立权利要求中,因此应当推定专利申请人是按照该规定撰写权利要求的,记载在独立权利要求中的技术特征都是必要技术特征。另外,专利审查和专利保护的职责分别由专利局和法院来承

[1] 参见刘国伟:《质疑多余指定原则》,载《专利法研究》(2002),知识产权出版社 2002 年版,第 132 页。

[2] 同上。

[3] 参见张泽吾:《多余指定原则之缺陷分析及司法对策》,载《行政与法》2004 年第 2 期。

担，这是各国专利制度的共同特点。在专利审查过程中，专利局按照专利权人撰写的权利要求进行审查并授权。而根据多余指定原则，法院在进行专利保护时又改写了权利要求，扩大了专利的保护范围。这样就造成了专利局和法院职责的冲突。

第二，从利益平衡的角度看，多余指定原则片面强调专利权人的利益，忽视了社会公众的利益。“在司法实践中承认这一原则的出发点，是防止造成由于专利权人在撰写专利文件时形式上的失误，掩盖侵权行为人实质上的侵权”。[1] 适用多余指定原则的前提是专利权人在撰写专利文件时存在失误，在这种情况下仍要对专利权提供充分、有效的保护，充分体现了对专利权人利益的重视。而被控侵权人可能是相信了专利保护范围根据权利要求确定，认为没有全部再现权利要求中的全部技术特征就不侵权后才从事被控侵权行为的。但遗憾的是，多余指定原则基本忽略了无过错的被控侵权人的利益。

第三，从效率的角度看，多余指定原则损害了专利的公示作用，造成了社会资源的浪费。专利权利要求是用以向社会公示专利保护范围的。社会公众根据专利权利要求的内容认定专利的保护范围，并在此基础上进行新技术开发或避专利设计。多余指定原则使社会公众不能完全依赖权利要求的公示作用。社会公众在进行新技术开发和避专利设计时，还必须分析专利权利要求中有没有“多余指定”的技术特征。这会使社会公众在确定专利的保护范围时花费更多的人力、物力。随着专利申请和授权量的增加，社会公众为“多余指定原则”而多花费的人力、物力也会越来越多。另外，在专利诉讼的过程中，为了查明专利权利要求中是否包含非必要技术特征，法院和当事人都有相当的投入。

第四，从我国的现状看，并没有适用多余指定原则的必要。我国专利申请人和专利代理人撰写专利文件的水平还不高，撰写不当权利要求的可能性较大，这确实是我国的现状。针对这一现状，我们并没有必要适用多余指定原则。因为，首先，正如前面反对适用等同原则者所提出的，适用多余指定原则不利于专利代理人撰写水平的提高。多余指定原则是对低水平专利代理人的姑息，这对于提高专利撰写水平没有提供任何动力。其次，专利权利要求撰写时可以避免将非必要技术特征写入独立权利要求。专利申请人在撰写专利权利要求时，对于每个技术特征在实现发明中所起的作用是清楚的，只将必要技术特征写入独立权利要求并不难。在专利侵权诉讼中，作为“外行”的法官可以认定非必要技术特征，作为专业技术人员撰写专利权利要求的人来说，避免将非必要技术特征写入独立权利要求绝非难

---

〔1〕 程永顺：《专利侵权判断中几个主要原则的运用》，载程永顺主编，前引书，第49页。

事。况且,即使专利申请人在最初撰写权利要求时存在失误,将非必要技术特征写入了独立权利要求,专利申请人也可以通过行使本国优先权的方式重新撰写权利要求。最后,从我国法院的司法实践看,虽然在大多数案件中法院都承认多余指定原则,但最后适用多余指定原则认定侵权的案件只是极个别的案件。这说明只有极个别的专利需要"多余指定原则"救济。我们没有必要为了这极个别的案件而创立一个带来很多问题的多余指定原则。

第五,从其他国家的做法看,多余指定原则并没有其他国家的成熟做法可供借鉴。通过前面的比较可以看出,美国、英国、德国和日本并没有与我国的多余指定原则完全一致的做法。多余指定原则的基本要点是法院在专利侵权诉讼中通过排除非必要技术特征重新确定专利的保护范围。其他国家虽然有的做法与此类似,但一般只是在认定等同时忽略权利要求中的技术特征,而不是明确认定专利权利要求中的某一技术特征不是界定专利发明所必需的必要技术特征。美国、英国、德国和日本的类似做法一般都是其以前的做法,现在各国都在限制这种做法。美国的"全部技术特征等同"排斥了多余指定原则适用的可能性。英国的目的解释论否定了"发明精髓原则"。德国虽没有明确否定"部分组合"说,但其适用的范围和频率已无法与以前相比。日本也已基本不适用不完全利用论。在这种情况下,我们没有必要再坚持与其他国家的做法根本不同的多余指定原则。

(四)我国是否应当适用省略发明论

省略发明论与多余指定原则非常相似。否定了多余指定原则,意味着在专利侵权判断时不能忽略专利权利要求中的技术特征。否定适用多余指定原则的理由也适用于省略发明论。这样,是否应当适用省略发明论只剩下一个问题,即当被控侵权人为了避免侵权而故意省略专利权利要求中的某个技术特征时,在认定等同时能否忽略该技术特征。

是否适用省略发明论,涉及在认定专利侵权时是否考虑被控侵权人主观因素的问题。笔者认为,在认定专利侵权时首先要通过解释权利要求确定专利的保护范围。专利保护范围应当是客观的、对世的,对于任何一个社会公众而言专利保护范围都应当是相同的。在确定了专利的保护范围后,需要看被控侵权物是否落入了专利字面和等同的范围之内。被控侵权物是客观的,专利的保护范围也是客观的,这就决定了被控侵权物是否落入专利保护范围的过程也是客观的,它不需要考虑被控侵权人的主观因素。因此,在认定被控侵权物是否落入专利保护范围时,法院一般不考虑被控侵权人的主观因素。被控侵权人的主观因素有可能影响侵权赔偿数额,但不会影响被控侵权物是否落入专利保护范围的判断。

另外,即使在认定侵权时考虑被控侵权人的主观因素,被控侵权人为了避免侵权而故意省略权利要求中技术特征的行为也不应当作为加重被控侵权人责任的理由。面对他人的专利技术,除了取得专利权人的许可而使用该技术外,社会公众可以选择不使用有可能侵权的技术,也可以选择明目张胆地侵权实施该技术,还可以对专利技术进行一定的变更从而以自己认为不侵权的方式使用该技术。就这三种形式相比,选择不使用有可能侵权的技术不利于新技术的推广和应用,明目张胆地侵权则是专利法明确禁止的行为。以自己认为不侵权的方式实施与专利有关的技术,是理性,也是有效率的自动选择,是应当提倡的行为。专利技术方案是由专利权利要求中的必要技术特征组成的,社会公众有理由相信缺少一个必要技术特征的技术不属于专利的保护范围。因此,被控侵权人为了避免侵权而故意省略权利要求中的一个技术特征,不但不应当受到谴责,反而应当受到鼓励。因此,被控侵权人故意省略权利要求中的一个技术特征的行为与被控侵权人无意中没有使用权利要求中的一个技术特征相比,对于其是否构成侵权的认为不应有影响。我们不应当适用省略发明论。

(五)我国是否应当适用改劣实施论

适用改劣实施论认定侵权与一般等同侵权相比,改劣实施论强调被控侵权人为了避免侵权而故意对权利要求中的一个技术特征进行变更的事实。而在认定等同时,即使被控侵权物所产生的效果明确劣于专利发明,也应当认定为等同。可见,是否适用改劣发明论,也是涉及在专利侵权判断时是否考虑被控侵权人主观因素的问题。

正如前面对省略发明论的分析一样,被控侵权人的主观因素,并不影响对专利侵权的认定。我国最高人民法院规定的等同技术特征的认定条件之一是“实现基本相同的功能,达到基本相同的效果”。即使被控侵权人故意对权利要求中的一个技术特征进行了变更,在认定是否构成等同时也应当按照上述标准进行认定。不能因为被控侵权人的主观故意而改变认定等同的标准,将不能“达到基本相同效果”的被控侵权技术认定为等同的范围。

另外,将明显改劣的被控侵权技术认定为属于专利的保护范围对于保护专利权并无必要。各国之所以都将“基本相同的效果”作为认定等同的要件,主要是因为达到“基本相同的效果”的被控侵权技术可以与专利技术形成竞争。否则,专利权就失去了意义。但是,当被控侵权物实现的效果明显劣于专利技术时,被控侵权技术不会与专利技术形成竞争,市场必然会淘汰被控侵权技术,没有必要将明显劣于专利技术的技术认定为属于专利的保护范围。

七、捐献规则与可预见规则

(一)捐献规则与可预见规则的比较

捐献规则与可预见规则是美国法院在适用等同原则时所提出的概念。根据捐献规则,专利说明书中披露但未要求保护的客体不能再属于等同的范围。但如果说明书只是披露了种概念,并不意味着种概念下所有属概念都捐献给社会,并且捐献规则只适用于专利权人将披露的客体作为专利技术特征的另一种方案进行特定化的情形。在捐献规则的基础上,美国法官提出了可预见规则。根据可预见规则,专利权人在申请专利时已经可以预见并且应当要求保护但未要求保护的内容,不能通过等同原则纳入专利的保护范围之内。捐献规则已经得到美国法院的认可,但可预见规则已经被法院否认。

英国并没有相应的捐献规则和可预见规则。但英国法院在对权利要求进行目的解释时会考虑到专利权人在说明书中披露了被控侵权技术方案这一事实。目的解释考虑社会公众对于专利权人意思的理解,如果专利权人在说明书中披露了可供选择的技术方案,但并没有在专利权利要求中要求保护这一方案,社会公众可能理解为专利权人的意思是只保护权利要求书中的内容,而放弃了对说明书中披露的技术方案的保护。社会公众在理解专利权人的意思时,不会考虑到专利权人应当预见到哪些技术方案。可见,英国法院虽然没有明确的捐献规则和可预见规则,但在解释权利要求时有时会考虑捐献规则的内容,但不会考虑可预见规则的内容。

日本虽然没有捐献规则和可预见规则这样的提法,但日本将专利权人的“意识限定”作为认定等同的第五个要件来考察,其结论是,一般情况下专利权人的“意识限定”作为“意识除外”成为认定等同的障碍。如果对于本领域普通技术人员来说,在专利申请时将包含某变换技术特征的技术包括在专利权要求中是容易做到的,专利申请人没有这样做,则属于专利申请人的“意识限定”,该变换技术特征不能认定为与专利技术特征等同。可见,日本将“意识限定”作为认定等同的障碍的做法,与美国的可预见性规则是一致的,它同时包含了捐献规则的内容。专利说明书中披露的但没有要求保护的技术,可以认定为是专利权人很容易地将它包括在专利权利要求中的技术。但“意识限定”并不限于专利说明书中披露的技术,只要本领域普通技术人员认为可以很容易地包括在专利权利要求中的技术,都可以认定为“意识限定”的内容。

我国司法解释明确规定了捐献规则。我国在适用等同原则时曾有一种意见与日本的“意识限定”相同,也与可预见规则相似,即认为专利权人在撰写权利要求书时有意识地对专利保护的范围进行限定，在以后的侵权诉讼中就不能将有意识地排除在专利保护范围外的内容纳入等同的范围。而最高人民法院的《专利侵权司法解释（二）》将“特意排除”限制在“权利要求采用‘至少’‘不超过’等用语对数值特征进行界定，且本领域普通技术人员阅读权利要求书、说明书及附图后认为专利技术方案特别强调该用语对技术特征的限定作用”的情形，从而否定了可预见规则的适用。

（二）对捐献规则分析

是否适用捐献规则，需要在专利权人利益和社会公众的利益之间进行平衡，也就是需要在专利的保护功能和公示功能之间进行衡量。美国法院在这个问题上的反复，反映了在衡量专利的保护功能时的不同意见。最后美国法院确立了捐献规则，说明美国法院对公众利益的保护和对专利公示作用的维护。如果不适用捐献规则，就应当按照一般认定等同的要件认定是否构成侵权。这里，专利说明书中披露的技术方案能否作为等同物处于不确定状态，会妨碍他人应用专利和进行避专利设计。

捐献规则限制了专利权的范围。如果专利权人在说明书中披露了某技术方案，但没有将它纳入专利的保护范围，而说明书中披露的技术方案，又是符合认定等同的标准的，如果不适用捐献规则，就应当将该技术方案认定为等同的技术，这对于专利权人的保护是较充分的。但是在法院认定侵权前，对于这种技术方案是否属于专利的保护范围是不确定的。由于这种不确定性，使社会公众不能预测专利的保护范围，不能充分实施专利技术或进行避专利设计。而如果适用捐献规则，在个案中对专利权人的保护是不严密的。但是专利权人可能会吸取教训，在以后撰写权利要求书时不再披露其他的技术方案，或者把说明书中披露的技术全部纳入专利的保护范围。对于社会公众而言，社会公众可以明确专利说明书中提到但没有要求保护的技术不属于专利保护的范围，社会公众可以自由使用。因此，美国学者指出，捐献规则使专利的保护范围更明确，避免了诉讼，并且结果更公平。[1]笔者认为，从适用捐献规则对专利权人和社会公众的影响而言，应当适用捐献规则。

（三）对可预见规则的分析

日本的意识限定规则，从结果上看，与可预见规则非常相似。从名称上看，可预见规则强调专利权人“可以预见”的客观性，而“意识限定”规则强调专利权人具

---

〔1〕 Ashita Doshi：“Patent：Dedication Rule”，18 *Berkeley Technology Law Journal* 209，2003.

有对专利保护范围进行限定的“意识”。但是,二者并没有本质的区别。“意识限定”规则所说的“意识”并不是指当事人的真正意识,而是推定的意识。只要本领域普通技术人员可以很容易地将变换物包括在专利权利要求中,而专利权人没有这样做,就可以推定专利权人具有将被控侵权物排除在专利保护范围之外的意识,这与可预见规则中“可以预见”的客观性是基本相同的。

可预见规则、特意排除规则与英国的目的解释方法具有密切的联系。目的解释方法强调本领域技术人员对专利权人所用语言的理解,可以说,专利权人的意思在确定专利权利要求的含义时具有重要的意义。这里专利权人的意思是他人理解的专利权人的客观意思,而不是推定的意思。而可预见规则和特意排除规则考虑本领域技术人员是否可以很容易地将等同物记载在专利权利要求中的客观事实。如果这种客观事实存在,就推定专利权人具有限定专利保护范围的意识,不能将专利的保护范围扩大到等同物。相比而言,可预见规则和特意排除规则比目的解释方法更严格地限定了等同原则的适用。可预见规则和特意排除规则不考虑专利权人是否具有限定专利保护范围的真正意思,而目的解释方法考虑专利权人的意思。

可预见规则与捐献规则相比具有相似之处,它们都用于限制等同的认定从而缩小等同的范围。相比而言,可预见规则比等同范围的限制更严格一些。捐献规则只将专利权人明确记载在说明书中的技术方案,认为是专利权人放弃的捐献给公众的内容。而可预见规则不但认为专利权人将明确记载在说明书中的技术方案捐献给公众,还认为专利权人可以很容易地将记载在权利要求中的所有技术方案都捐献给了公众。因此,可预见规则的适用范围远远大于捐献规则。可预见规则将明显地限制等同适用的范围,实质上将在专利申请日与权利要求明显相似的技术排除在等同的范围之外,使等同的范围只包括在申请日与专利权利差异较大的技术,以及专利申请日后出现的新技术。笔者认为,适用捐献规则是合理的,但将捐献规则扩大到可预见规则是不合理的。这是因为:第一,可预见规则与适用等同原则的根据发生冲突。等同原则之所以产生和得到广泛适用,是因为专利权人在描述其要求保护发明的范围时,由于语言的局限性而很可能使专利权利要求的字面含义范围不全面。适用等同原则并不只是针对专利申请日后出现的新技术。越是本领域技术人员认为与专利权利要求的描述相似的技术,就越应当属于专利的保护范围,否则他人可以轻易地绕过专利而实施类似技术。而可预见规则假定专利权人的认识水平与本领域普通技术人员的认识完全一致,并且专利权人可以使用语言充分地描述其专利的范围。这是不现实的,也是不可能的。第二,可预见规则是不公平的。根据专利权利要求的记载,他人可能很容易地想到与之非常相似的技术。或者面对专利权利要求的记载与被控侵权技术,他人可能在事后发现二者是如何相似,以至于认为专利权人很容易地就可以将被控侵权技术包括在专利权利要求之中。但是,在专利权人起草权利要求时,却不一定能够很容易地做到这一点。也就是说,专利权人并不具有限定专利保护范围的意思,只是由于没有认识到或者由于其他原因而没有将非常相似的技术记载在权利要求的范围之中。这时,如果推定专利权人具有限定专利保护范围的意思,将会严重限制专利的保护范围,使专利的价值受到明显削弱。这对专利权人来说是不公平的。第三,可预见规则是不必要的。可预见规则与捐献规则具有明显的不同。捐献规则所面对的问题是专利权人披露但没有要求保护的内容。如果不适用捐献规则,社会公众面对这一部分内容就会产生疑惑,为什么专利权人不将它包括在专利的保护范围之内呢?一种解释是专利权人并不愿意将它包括在专利的保护范围之内,故意将它放弃。这样,社会公众就对于这部分内容到底是否应当属于专利的保护范围认识不清。为了避免出现对专利保护范围的模糊认识,捐献规则将这一部分内容划归于公有领域。而可预见规则所面对的问题是哪些内容是专利权人可以容易地纳入专利的保护范围之中的。对于这部分内容,由于等同原则的适用,社会公众有理由认为它属于等同的范围,不会产生是否属于专利保护范围的疑惑。因此,没有必要为了保护社会公众的利益而将这一部分内容再划归于公有领域。由于上述几个方面的理由,笔者不主张适用可预见规则。当本领域技术人员认为专利权人可以很容易地将变换物记载在权利要求的范围中但专利权人没有这样做时,不能推定专利权人具有限定其权利要求内容的意思,而是应当参照英国的目的解释方法,看本领域普通技术人员是否可以看出专利权人具有严格限定权利要求保护内容的意思。

第四节　功能性权利要求的解释

一、关于功能性权利要求解释的比较

美国专利法允许使用功能性权利要求,并规定功能性权利要求应当被解释为覆盖了说明书中记载的相应结构、材料或动作以及其等同物。在专利审查中,美国专利局曾只根据专利权利要求中所述的功能对其进行审查,但从 1994 年以后改变为按照说明书中记载的相应结构、材料或动作及其等同物进行审查。这样使功能性权利要求的审查标准与解释标准统一起来。美国法院在解释功能性权利要求时,很少适用区别技术特征原则。在一般情况下,认定被控侵权物不属于功能性权

利要求相应结构的等同物后,就不能再适用等同原则认定侵权。但是,当被控侵权物使用的是专利授权后新出现的技术,或者被控侵权物的功能与功能性权利要求中限定的功能不完全相同但又没有实质差异时,仍可以适用等同原则认定侵权。

英国允许使用功能性权利要求,同时要求说明书应当开示到使本领域的技术人员可以不经过新的发明活动就能够充分实施该发明的程度。英国法院还没有关于功能性权利要求解释的特殊规则,而是按照对待一般权利要求一样的解释方法进行解释。

德国联邦最高法院通过判例肯定了功能性权利要求,但同时也提出了使用这种权利要求的条件,那就是只有在通过直接知觉的特征在权利要求中表示是不可能的或者不能完全实质性地表示出来时,才能使用功能性权利要求。另外,专利权人在使用功能性权利要求时,技术方面的教导必须十分公开使他人可以充分实施。对于功能性权利要求的专利性(新颖性和创造性)的判断,应当将功能性权利要求一般化到全部范围进行判断。功能性权利要求的保护范围并不只限于说明书所开示的实施例。不管在专利权利要求书和说明书中有没有明示,只要实现了专利权利要求书中记载的功能,就在专利的保护范围之内。

日本专利局承认功能性权利要求,但同时又限制这种权利要求的适用,规定功能性权利要求有效的前提是该权利要求可以使本领域技术人员可以清楚地理解专利的范围。日本法院在解释功能性权利要求时,认为功能性权利要求的保护范围以本领域普通技术人员通过阅读说明书等专利文件能够实施的范围为基准。日本学者认为,等同原则可以适用于功能性权利要求,但是,在适用时应当慎重。日本法院尚没有关于对功能性权利要求适用等同原则的判断。

我国在专利审查中允许使用功能性权利要求,但严格限定了使用的条件。对功能性权利要求进行审查时,审查员将该功能性权利要求理解为覆盖了所有能够实现所述功能的实施方式。法院在解释功能性权利要求时,结合说明书和附图描述的该功能或者效果的具体实施方式及其等同的实施方式,确定功能限定技术特征的内容。

可以看出,我国和美国、英国、德国、日本等都允许使用功能性权利要求。但是,各国对于功能性权利要求的使用条件、审查中的解释与侵权判断时的解释方法是不同的。

二、关于功能性权利要求使用条件的分析

就使用条件而言,美国没有规定功能性权利要求的使用条件,而英国、德国、日

本和我国都规定了使用条件。一般情况下，专利权利要求应当描述专利发明的具体结构、材料或行为，如果只进行功能性描述，就会使权利要求所涵盖的范围过于宽泛。但是，在一些新技术领域，特别是现在发展速度最快的通讯、生物技术领域，有时难以通过具体的结构和材料来对发明进行界定，不允许使用功能性权利要求就会使专利权人难以撰写符合要求的权利要求书。因此，功能性权利要求得到了各国的认可。但是，功能性权利要求从表面上看使保护的范围过于宽泛，这就有必要限制这种方式的使用。限制使用功能性权利要求有两种方式：一种是像德国、日本和我国那样规定使用功能性权利要求的条件，只有在特殊情况下允许使用这种权利要求；另一种是像美国那样通过限制解释功能性权利要求，使功能性权利要求的保护范围并不比使用通过结构、材料限定专利权利要求的方式保护范围更大。相比而言，第一种方式增加了专利审查的难度。在专利审查过程中，审查员首先要看功能性权利要求是否符合使用条件，然后再像对待一般权利要求那样进行审查。在判决是否有必要使用功能性权利要求时，标准的弹性大，各个审查员掌握的宽严不同，这就会导致专利申请人对如何使用功能性权利要求产生迷惑。笔者认为，通过限制解释功能性权利要求的方式，可以达到限制专利申请人使用这种方式的目的，而这并没有带来审查上的不便。

三、关于审查中的解释与侵权判断中解释的分析

对于功能性权利要求，在专利审查过程中，专利局需要进行解释，以判断其是否符合授权的条件。在侵权判定过程中，法院也需要进行解释以确定专利保护的范围。从其他国家的做法看，美国、英国和德国在专利审查和侵权判断中对功能性权利要求的解释标准是一致的。在具体做法上，美国限制性地解释功能性权利要求，而英国和德国按照一般的标准进行解释。日本和我国在专利审查和侵权判断中对功能性权利要求的解释标准是不一致的，在审查过程中按照一般标准解释权利要求，而在侵权判断中限制性地解释权利要求。审查中的解释标准与侵权判断中的解释标准是否一致的问题，是近年来我国一个有争议的问题。

有人赞同在审查和侵权中采用不同的标准，这样引导当事人尽量不采用此种撰写方式。也有人认为应当采用相同的解释标准，有利于专利权人和社会公众对于专利权的保护范围建立统一的预期，从而保障社会公众的可期待利益，并且有利于鼓励专利权人公开其发明创造。

笔者认为，对于一般权利要求而言，专利审查时的解释与侵权时的解释应当是一致的。但功能性限定技术特征是一种特殊方式撰写的技术特征，是否采用相同

的解释方式要看对于专利权人以及社会公众的影响。对于功能性限定技术特征，可以采用不同的解释方法。

如前所述，对于功能性限定技术特征，其解释方法无非有两种：一种是将其解释为包括实现所述功能的所有具体方式，这里称为普通解释方法；另一种是将其解释为包括说明书中描述的具体方式及其等同方式，这里称为限定性解释方法。可以采用的解释方法有四种组合：第一种是审查和侵权时全部采用普通解释方法；第二种是审查和侵权时全部采用限制解释方法；第三种审查时采用普通解释方法，而侵权时采用限制解释文法；第四种是审查时采用限制解释方法，而侵权时采用普通解释方法。英国和德国采用的是第一种做法，美国采用的第二种做法，我国和日本采用的是第三种做法。没有国家采用第四种做法，因为这种做法会使专利的保护范围比实际发明的范围大。因此，我们只探讨前三种做法。第一种做法和第二种做法都是在审查和侵权时采用相同的解释方法，而第三种做法是在审理和侵权时采用了不同的解释方法。

按照第一种标准，一旦审查员在在先技术中发现了实现权利要求所述功能的实施方式，就认为专利权利要求不具备新颖性或创造性，从而可能决定不授予专利权。因此，这种标准不利于专利权人获得专利。在侵权判断过程中，只有被控侵权物可以实现权利要求所述的功能，就可以认定为属于专利的保护范围。因此，这种标准导致专利的保护范围很宽，即使被控侵权物中具体技术方案与专利说明书所描述的技术是截然不同的技术，也有可能被认定专利侵权成立。这样可能造成授予专利权人的独占权范围与其对社会的贡献不相当。专利权人可能只是提出一种具体的技术构思，如果专利权人使用的是功能性限定技术特征，当该技术构思所产生的功能是新的时，并且披露了几个具体实施方式，该专利就可以获得授权。专利权人所得到的独占权范围涵盖了与该技术构思具有相同功能的技术方案。这就是说，未来具有相同功能的技术方案都被专利权人独占，而这些技术方案可能是与专利说明书中的技术方案根本不同的。专利保护的本质在于，由于发明人通过申请专利向社会公开了其发明创造，专利法授予其一定期限的垄断权。专利权人得到的垄断权和其向社会公开的内容应当是相当的。专利权人向社会公开的内容，应当是其具体的技术方案，而不是技术构思。因此，专利的保护应当保护专利权人向社会公开的具体技术方案，而不能保护其技术构思。虽然法律允许专利权人采用功能性限定的方式撰写权利要求，但不能将保护范围延及实现该功能的所有方式。因此，第一种标准不利于获得专利，并且导致了专利保护范围的不适当扩大，这种标准是不可取的。再者，我国目前的现状不适宜采用第一种标准。我国对发明专利和实用新型专利采用不同的审查形式,对实用新型专利只进行形式审查。如果采用第一种标准,专利无效的情况会增加。

第二种标准从理论上是可行的,符合保护范围与技术贡献相当的原则,但在实际操作中会产生以下问题:一是在专利审查过程中判断过程复杂。按照这种标准,需要判断现有技术是否与专利说明书中描述的具体方式相同或等同,如果现有技术与说明书中的具体方式相同或等同,则可以认定专利申请缺乏新颖性或创造性;如果现有技术与说明书中的具体方式不相同也不等同,则不会破坏专利性。但是,如果明明现有技术中存在实现所述功能的具体方式,又因为它与专利说明书中的描述不同,从而不能否定专利性,则会破坏专利的公示作用。而在审查判断过程中,一般是将现有技术与权利要求进行对比,这种将现有技术与说明书对比的做法也会带来审查中的难题。二是导致功能性限定技术特征泛滥。按照这种标准的授权条件,比第一种标准宽松很多。即使现有技术中存在可以实现所述功能的具体实施方式,只要说明书中描述的方式与之不相当也不等同,仍可以采用功能性限定的方式界定技术特征。这会鼓励和刺激专利权人更多地使用这种技术特征。而这种技术特征的撰写方式不应当受到鼓励。正是由于采用了第二种标准,美国的专利代理人喜欢采用功能性限定的撰写方式,造成了专利审查和保护中的复杂问题。

而按照第三种标准,克服了第二种标准所带来的上述问题。这一标准是否会带来其他问题呢?有人认为,这一标准对于专利权人保护不利,即使在审理过程中已经排除了实现该功能的所有方式,那能实现该功能的所有方式都应属于专利权的保护范围。但其实这种观点是不成立的。假如前一发明人使用了功能性限定技术特征,在后的发明人的发明点正是前一专利的功能性限定的技术特征部分,并且其技术方案与在先专利说明书中描述的具体方式不相同也不等同。认定其不属于专利保护范围是符合专利保护的宗旨的。也有人认为,审查时的解释标准与侵权时的解释标准不一致,会导致保护范围不确定,对专利权人和社会公众都是不公平的。笔者认为,这并不必然导致专利保护范围不确定。审查时的解释标准,主要是考虑是否允许采用功能性限定的方式撰写权利要求,而侵权时的解释标准主要是确定专利的保护范围。只要专利权人和社会公众都按照这种观点去认识两种解释标准,就不会导致保护范围的不确定。

因此,我们认为,第三种标准反映了对功能性限定技术特征的限制,又合理地保护了专利权人的利益。尽管这种做法与有些国家的做法不一致,但在理论上是可行的,实践中也是容易操作的。

四、关于侵权判断中解释标准的分析

对于侵权判断中对功能性权利要求的解释标准,目前采用的有两种标准:一种标准是英国和德国的标准,将功能性权利要求解释为包括可以实现权利要求中所述功能的所有具体方式;另一种是美国、日本和我国的标准,将功能性权利要求解释为包括说明书中所描述的具体方式及其等同物。下面对这两种标准进行分析。

第一种标准将功能性权利要求解释为包括所有可以实现所述功能的具体方式。按照这种标准,在专利审查过程中,审查员考虑到所有可以实现所述功能的具体方式。一旦审查员在在先技术中发现了实现权利要求所述功能的实施方式,就有可能认为专利权利要求不具备新颖性或创造性,从而可能决定不授予专利权。因此,这种标准不利于专利权人获得专利。在侵权判断过程中,只要被控侵权物可以实现权利要求所述的功能,就可以认定为属于专利的保护范围。因此,这种标准导致专利的保护范围很宽,即使被控侵权物与专利说明书所描述的技术是截然不同的技术,也有可能被认定专利侵权成立。这样可能造成授予专利权人的独占权范围与其对社会的贡献不相当。专利权人可能只是提出一种具体的技术构思,如果专利权人使用的是功能性权利要求,当该技术构思所产生的功能是新的时,该专利就可以获得授权。专利权人所得到的独占权范围涵盖了与该技术构思具有相同功能的技术方案。这就是说,未来具有相同功能的技术方案都被专利权人独占,而这些技术方案可能与专利说明书中的技术方案根本不同。因此,第一种标准不利于获得专利,并且导致了专利保护范围的不适当扩大,这种标准是不可取的。再者,我国目前的现状不适合采用第一种标准。我国对发明专利和实用新型专利采用不同的审查形式,对实用新型专利只进行形式审查。如果采用第一种标准,专利无效的情况会增加。而如果不采用第一种标准而是采用限制解释的方法,可以避免专利无效。

第二种标准将说明书作为确定专利保护范围的依据,而改变了“专利权的保护范围以其权利要求的内容为准”的规定。按照这种标准:

> 认定相同侵权成立的条件是:被控侵权技术实现了相同的功能,而且实现该功能的方式与专利说明书中记载的实现该功能的具体方式之一相同……在相同侵权不成立的情况下,应当进行等同侵权是否成立的判断。认定等同侵权成立的条件是:被控侵权技术实现了相同的功能,而且实现该功能的方式与

专利说明书中记载的实现该功能的具体方式等同。[1]

我国采用这种解释标准的具体含义和原因在于：

在有的权利要求中，有些技术特征难以用结构特征表述，或者技术特征用结构特征限定不如用功能或效果特征限定更为恰当，而使用功能或者效果特征来限定发明。由于其字面含义本身较为宽泛，因此，应当结合说明书和附图描述的具体实施方式及其等同实施方式进行解释。这样，既可以给专利权人提供合理的保护，同时又能确保社会公众利益不受侵害。之所以采用"结合"的措辞，是考虑到按照目前的授权审查实践，个别情况下说明书和附图对具体实施方式没有进行描述。[2]

五、功能性权利要求的"二次等同"问题

按照我国以及美国、日本专利侵权判断中对功能性权利要求的解释方法，专利的保护范围包括与说明书中描述的具体实施方式相等同的方式。这里使用了"等同"的概念。但这与习惯意义上的"等同侵权"不一样。习惯意义上"等同侵权"的前提是被控侵权物没有落入专利权利要求的字面含义。而在功能性权利要求的侵权判断中，被控侵权物实现了权利要求中所述的功能，完全落入了权利要求的字面含义范围。因此，根据对功能性权利要求的解释所确定的保护范围认定的侵权，实质上是相同侵权。

在不构成相同侵权的情况下，是否还有可能构成等同侵权的问题，一般称为"二次等同"，因为在相同侵权判断时确定专利保护范围时考虑了说明书中描述的具体实施方式的等同方式的问题。对于二次等同，美国法院肯定了等同原则可以适用于功能性权利要求。其保护范围仍可以扩大通过解释权利要求所确定的范围。美国的"二次等同"与相同侵权时的等同的区别主要在判断的时间和功能对比两个方面。在相同侵权时等同的判断时间是专利授权日，而二次等同的判断时间是侵权日；在相同侵权时要求被控侵权物与权利要求中的功能相同，而二次等同中

〔1〕 尹新天，前引书，第341页。

〔2〕 孔祥俊、王永昌、李剑：《最高院关于专利权纠纷案件司法解释的理解与适用》，载《人民司法》2010年第3期。

即使被控侵权物的功能与功能性权利要求中限定的功能不完全相同但又没有实质差异时,仍可以认定构成等同侵权。日本法院也肯定了对功能性权利要求可以适用等同原则,但日本并没有明确认定二次等同的标准。我国最高人民法院的《专利侵权司法解释(二)》也肯定了等同原则可以适用于功能性权利要求。但司法解释中规定并没有区分相同侵权和等同侵权。但是从规定的内容可以看出,“本领域普通技术人员在被诉侵权行为发生时无须经过创造性劳动就能够联想到的”但在专利授权日需要经过创造性劳动才能联想到的,可属于等同的范围,但仍需要符合“以基本相同的手段,实现相同的功能,达到相同的效果”。可见,我国司法解释中规定的标准、条件比美国法院掌握的条件更为严格,在功能上要求与权利要求中记载的功能相同。这样,我国功能性权利要求的保护范围比美国更小。当然,在实际侵权判断中,这种差别是非常小的。因为涉及二次等同的案件非常罕见,并且就功能的对比而言,相同还是实质相同很难区分。

第五节　以方法界定产品的权利要求

一、以方法界定产品的权利要求的比较

权利要求有两种基本类型:产品权利要求和方法权利要求。一般来说,产品权利要求用结构特征或者参数特征(以下将结构特征和参数特征统称为结构特征)进行界定。但是,有的情况下,无法准确地用结构界定一个全新的产品,就出现了用制造方法界定产品的权利要求。这类权利要求,英文中称为“Product-by-Process”权利要求,本书中称为“方法界定产品”权利要求。以方法界定产品的权利要求,指将制备方法作为技术特征界定的权利要求。这类权利要求,可以是全部技术特征都是制备方法。例如,“产品 X,其特征在于,可以通过 Y 方法获得”,或者“通过 Y 方法获得的产品 X”。也可以部分是结构特征,部分是方法特征。例如,“产品 X,包括 A、B、C,其特征在于,A 是通过 Y 方法获得的”。方法界定产品权利要求的保护范围,涉及两种不同观点:方法限定说和物同一说。方法限定说将被控侵权物的生产方法与专利权利要求中的方法进行对比;而物同一说则认为不管生产方法有什么区别,只要被控侵权物与权利要求界定的物相同,就落入专利保护范围。方法限定说和物同一说是两种确定方法界定产品权利要求的方法。方法限定说实质上将方法界定产品权利要求作为方法专利保护的;而物同一说是将方法界定产品权利要求作为产品专利保护的。

美国专利局和法院在实践中承认了以方法界定产品的权利要求,并逐渐取消了对使用这种权利要求的条件限制。在专利审查过程中,美国专利局不考虑方法限制特征,只就产品本身是否符合专利的授权条件进行审查。在侵权判断中,美国最高法院在20世纪50年代以前做出几个判决中,曾暗示制造方法对于专利具有限定作用。但是,由于当时的审查标准与现在不同,而美国最高法院的观点也不明确,因此,可以说美国最高法院并没有关于解释方法界定产品权利要求的判例。联邦巡回上诉法院曾存在"物同一说"和"方法限定说"的不同判决,而最终采纳了"方法限定说"。

欧洲专利局审查指南规定:"只有当该产品本身满足专利性的要求,也就是具备新颖性和创造性时,才允许采用以制造方法来定义该产品的权利要求。一种产品采用一种新的方法来制造,并不能导致这样的结论,即认为该产品本身是新的。一项用方法来定义的产品权利要求应当被解释为针对该产品本身的权利要求,这种权利要求最好应当采用'可以通过方法 Y 所获得的产品'的撰写方式,而不是采用'用方法 Y 所获得的产品'。"[1]欧洲专利局申诉委员会在一份判决中也指出,"应当从绝对的含义来解释用方法特征定义的产品权利要求,亦即将这样的权利要求视为与写入其中的方法特征无关。"[2]可见,欧洲专利局在专利审查过程中,对以方法界定产品的权利要求进行审查时,只看产品本身是否符合专利授权条件,不考虑方法限定特征。

英国很长时期以来对以方法界定产品的权利要求的使用采取了比较宽松的立场。只要方法是新的,就允许使用这种权利要求。相应地,在对这种权利要求进行解释时,也只将保护范围及于依据该方法生产的产品。英国上议院在 Kirin-Amgen 案中对以方法界定产品的权利要求的使用提出了更严格的标准,只有以方法界定的产品是新的时,才符合专利授权的条件。但对于如何解释以方法界定产品的权利要求,英国还没有新的标准。

德国允许使用以方法界定产品的权利要求,但是必须是在没有其他更适当的方法界定产品,并且使用这种方法界定产品使产品更具有唯一性时,作为例外使用以方法界定产品的权利要求。对以方法界定产品的权利要求的专利性进行判断时,不只是就专利权利要求中记载生产方法生产的产品进行判断,而是就所有相同性质的产品进行判断。在确定专利保护范围时,德国法院并不考虑方法限定特征,

---

〔1〕 转引自尹新天,前引书,第281页。

〔2〕 欧洲专利局申诉委员会的判决 T0400/88,1990年7月22日作出。转引自尹新天,前引书,第282页。

被控侵权产品不管是通过什么方法生产的,只要与权利要求中界定的物相同就属于专利的保护范围。

日本在专利审查过程中,对于以方法界定产品的专利权利要求,审查员主要审查产品的同一性,而不顾生产方法的差异。对于以方法界定产品的权利要求的解释,与美国一样,日本也曾存在“物同一说”和“方法限定说”两种不同的判决。但与美国不同的是,“物同一说”在日本一直是主流意见,并最终被日本最高法院确立为解释方法界定产品权利要求的规则。

在专利审查中,我国对于化学品使用以方法界定产品权利要求的条件做了明确规定,即用制备方法之外的其他特征不能充分表征时,才允许使用。但除化学品之外的其他产品,则没有明确的要求。另外,审查指南并没有规定这是不能授权的理由,实践中也不存在以这一理由驳回专利申请或宣告专利无效的事例。对于方法界定产品权利要求的审查,要看界定的“产品”是否具有新颖性和创造性,不仅仅因为制备方法的不同而使发明具有新颖性或创造性。可见,我国专利审查中采用的是“物同一说”。在侵权诉讼中,法院一般考虑权利要求中的方法限定,最高人民法院《专利侵权司法解释(二)》明确了侵权判断中的规则是“方法限定说”。

二、对两种解释方法的分析

(一)两种解释方法的利弊

从其他国家的做法看,我国和美国、英国、德国、日本在专利审查过程中对于以方法界定产品的权利要求的解释标准是一致的,均采用“物同一说”标准。但是,在专利侵权判断过程中,日本和德国采用“物同一说”的标准;我国和美国采用“方法限定说”标准。

尽管我国司法解释已经明确了方法界定产品专利的保护范围,但鉴于美国和日本存在两种不同的做法,我们仍必要对不同做法的利弊进行分析和讨论。

“物同一说”与“方法限定说”是两种对立的解释方法。之所以多年来美国和日本在两种方法之间争论和犹豫,是因为两种方法各有利弊。

“物同一说”的最大缺陷是难以确定被控侵权物与专利保护的产品是否是“同一物”,可以说这种方法确存在实践中的难题。对于以结构特征界定的产品专利而言,在侵权诉讼中只要对比被控侵权产品的结构与专利权利要求书中的技术特征,就可以确定是否落入专利的保护范围。但对于方法界定产品权利要求而言,采用“物同一说”则无法使用权利要求与被控侵权物进行对比。即使如 Newman 法官所言,科学家可以使用技术手段(如 X 射线衍射图谱和吸收光谱)确定两件产品是否是同一物。但是,并不是所有物方法界定产品权利要求保护的物都可以使用技术手段进行对比。正是由于“物同一说”的这一缺陷,美国联邦巡回上诉的多数法官最终放弃了这种方法。

“方法限定说”的最大缺陷是无法给专利权人提供充分的保护,可以说这种方法存在理论上的困惑。当专利权人发现了符合专利授权条件的产品但无法采用结构等特征界定时,不得不使用方法界定产品权利要求。此时专利权人的贡献并不是发明了权利要求书中披露的制造该产品的方法,而是发明了这一新的产品。如果该产品可以使用结构特征界定,即使专利权人不披露任何一种制造方法,都可以就该产品获得独占的保护。产品无法通过结构特征界定,是因为语言和技术的局限造成的,并不能因此剥夺专利权人所应得到的保护。正是由于“方法限定说”的这一缺陷,日本法院最终放弃了这种方法。

(二)对两种解释方法的分析

到底采用“物同一说”还是“方法限定说”,涉及以下几个方面的考虑:

一是专利权人利益与社会公众利益的平衡。正如前面所说,“方法限定说”不利于保护专利权人的利益。“物同一说”保护了专利权人的利益,但对于社会公众来说,专利的界限不明显,避免侵权的难度增加。对于使用结构特征界定的产品专利,社会公众容易判断自己的产品是否落入专利的保护范围。但对于方法界定产品权利要求,社会公众很难判断自己使用另一种方法所生产的产品是否与专利保护的产品属于相同的产品。选择“物同一说”还是“方法限定说”首先要在专利权人利益和社会公众利益之间做出选择,考虑对不同主体造成的影响。

二是审查中的解释与侵权中解释的异同。审查时采用的解释方法与侵权判断时采用的解释方法相同,是权利要求解释的理想状态。这也是日本法院以及美国Newman法官坚持“物同一说”的理由。但是,实质上各国在审查中的解释与侵权中的解释,有时存在一定的差异。审查中的解释与侵权中的解释,采用不同的标准,会带来实践中的复杂,但并不存在理论上的矛盾和冲突。因此,这一问题,不能成为采用不同解释标准的障碍。也就是说,虽然各国在审查中都对方法界定产品权利要求采用了“物同一说”的解释方法,并不必然要求在侵权判断中也采用这种方法。

三是对专利申请的引导作用。方法界定产品权利要求是一种特殊情况下采用的权利要求,不应当鼓励申请人使用这种权利要求。不同的解释方法会引导专利申请人是否采用方法界定产品权利要求。“方法限定说”实质上只提供了方法保护,与申请一个方法专利并无差别。这种解释方法会抑制专利申请人采用方法界定产品权利要求。“物同一说”给专利权人提供了充分的保护,会刺激专利申请人使用方法界定产品权利要求。因此,在采纳“物同一说”时应当附加使用上的限制条件。日本最高法院在决定采纳“物同一说”的同时,对于方法界定产品权利要求的使用提出了“明确性”要件。如果不符合“明确性”要件,则不能获得授权或即使授权后也会被无效。这一要件限制了专利申请人使用方法界定产品权利要求。

四是操作性和可行性。“方法限定说”一般比较容易把握。在侵权判断中仍然按照一般的专利侵权判断的方法,就权利要求的技术特征与被控侵权物进行对比。因此,“方法限定说”具有较好的操作性,也具有可行性。“物同一说”在实践中存在操作性难的问题。在侵权判断中,按“物同一说”需要对比按专利权利要求描述的方法生产的物与按被控侵权方法生产的物是否相同。如果该物就是除了生产方法外无法通过结构特征进行界定的,实质上也难以对是否相同作出判断。另外,采用“物同一说”时如果同时附加明确性要件,其实这一要件也很难适用。明确性要件的核心是使用结构特征进行界定不可能或不实际。如何判断使用结构进行界定不可能或不实际,实际上是非常困难的,也是会有争议的。如果专利申请人认识错误,将可以使用结构特征界定的产品误认为无法界定,从而使用了方法界定产品权利要求,可能因不符合明确性要件而不能获得授权。这其实对于专利申请人是不公平的。

五是对利益受损害者是否有适当的补救。“方法限定说”给专利权人提供的保护只及于制造方法,而不能及于整个产品,因此对专利权人的保护不够充分,其利益会有损害。在这种情况下,美国的专利制度对于专利权人提供了一定的补救机会。通过再颁专利,专利权人在发现了产品的结构特征后,仍然可以获得对整个产品的保护。但在我国,由于不存在再颁专利的制度,专利权人不能再就整个产品获得保护。

不同的人考虑的出发点和重点会有不同,因此会倾向于选择不同的解释方法。这也是为什么日本和美国曾经在两种解释方法之间摇摆的原因。最后多数人的意见决定了法院的判决,但并不是说多数人的意见就是唯一正确的意见。

(三)采用“方法限定说”时如何保护专利权人的利益

就针对方法界定产品权利要求的两种解释方法而言,“物同一说”更理想化,“方法限定说”更实用化。我国最高人民法院的司法解释采纳“方法限定说”符合我国的实际。适用“物同一说”的难度非常大,要将被控侵权物与按照专利权利要求所生产的物进行对比,这并没有现成的方法可以借鉴,并且很可能得出的结论并不客观和唯一。实质上采用这种方法并没有给社会公众带来可预见性,很多情况下仍难以预测一个产品是否落入专利的保护范围。由于我国管辖专利案件的法院数量众多,法官素质和水平不一,给适用这种方法带来了更大的难度。另外,我国缺少像日本那样对使用方法界定产品权利要求的限制。虽然我国《审查指南》对于化学领域的发明使用方法界定产品权利要求提出了限制条件,要求方法界定产品权利要求只适用于"用制备方法之外的其他特征不能充分表征的化学产品",但审查中这一条件很难适用,也不是专利无效的理由。如果采用"物同一说",会刺激专利申请人更多地采用这种撰写方式,使有些情况下可以用结构特征限定的权利要求也采用了这种方式。

相对来说,"方法限定说"适用起来更为简便。法院按照一般的侵权判断方法,就专利权利要求中的技术特征与被控侵权的技术特征进行对比。如果被控侵权人使用的方法与 BPB 权利要求中限定的方法相同或等同,其他技术特征也相同或等同,可以认定侵权成立;如果被侵权人使用的方法与专利权利要求中的方法不相同也不等同,即使产品相同,也不能认定侵权。实质上,按照这种方法,方法界定产品权利要求的保护与方法专利的保护基本没有差别。因此,"方法限定说"不仅使专利侵权判断更为简单,而且会引导申请人尽量不采用这种权利要求。

但是,我们不得不承认,"方法限定说"对于专利权人的保护不力。特别是对于那些发明了新的产品但又只能通过方法界定的专利申请人,他们实质上无法就产品得到保护。这与专利权人的贡献不相符。美国由于有再颁专利的制度,在一定程度上给专利权人一些补救。我国专利制度中没有再颁专利的规定。而我国专利法中的分案申请,只适用于"一件专利申请包括两项以上发明"的情形。如果专利申请人最初采用了方法界定产品权利要求,后来发现了该产品可以通过结构界定,专利权人如果新申请专利会因前一申请导致后一申请丧失新颖性;专利权人如果申请分案又不符合分案申请的条件。专利申请人一旦选择了方法界定产品权利要求,就只能就该制造方法获得保护,以后很难就整个产品获得保护。针对方法界定产品权利要求,虽然我国采用了与美国相同的解释方法,但由于我国的专利制度与美国不同,我国缺少对专利权人的补救机制。因此,我们建议在适用"方法限定说"的同时,还应当采取一定的措施保护专利权人利益。具体而言,在专利侵权诉讼中,对于真正无法采用结构特征界定的新产品的方法界定产品权利要求,应从宽解释其保护范围;另外,我们可以改变分案申请的适用条件,允许对于方法界定产品权利要求,专利申请人在发现的结构特征后,可以通过分案申请就以结构特征界定的产品获得授权。

第六节　专利间接侵权

一、专利间接侵权的总体对比

虽然使用的术语和具体规则存在差异,但美国、英国、德国和日本都在《专利法》对间接侵权或帮助侵权做了规定。我国目前专利法中还没有关于间接侵权明确的规定,但司法解释已经做出了规定。同时,国务院法制办 2015 年 12 月公布的《专利法修订草案(送审稿)》第 62 条也有间接侵权的规定,而其中的内容与司法解释的内容基本相同。

美国专利法中没有"间接侵权"的概念,习惯上将《美国专利法》第 271 条第 2 款的引诱侵权和第 3 款的帮助侵权统称为间接侵权。《美国专利法》第 271 条规定的帮助侵权针对的是"为了用于侵犯专利权而特别制造或特别改装"的产品,且"不是主要可用于非侵权目的的大宗物品或商品"。《美国专利法》第 271 条的规定,使用了"知道"一词,反映了专利帮助侵权的主观要件不同于一般专利侵权。对于"知道"的含义,美国最高法院认为,引诱侵权需要知道专利的存在,并且知道引诱的行为构成专利侵权。知道的标准是实际知道或有意视而不见。美国最高法院认为,帮助侵权成立的前提是存在直接侵权。针对间接侵权行为,为专利权人提供救济不需要直接侵权行为已经开始作为先决条件,存在直接侵权的威胁即可。在具体计算损害赔偿额时,普通法中侵权法的原则是帮助侵权者承担的是"第二责任",其责任附属于直接侵权者,也就是说帮助侵权者为直接侵权者承担责任。

根据《英国 1977 年专利法》第 60 条第(2)款的规定,英国专利帮助侵权的构成要件为:第一,帮助行为不仅包括确实提供的行为,也包括"表示愿意提供"的许诺行为。第二,专利帮助侵权行为的行为客体是"有关发明关键组成部分的手段",不包括那些没有写入权利要求书部分的手段和通常手段。第三,行为人具有主观故意,知道其行为帮助他人侵犯专利权。第四,专利帮助侵权行为并不以专利直接侵权行为的发生为前提条件。[1]

根据《德国专利法》第 10 条第(1)项规定以及德国最高法院的有关判例,德国专利间接侵权的构成要件如下:行为的客体是"与发明的主要要素相联系的工具";

---

〔1〕 参见王兵等:《专利间接侵权问题》,载国家知识产权局条法司编:《〈专利法〉及〈专利法实施细则〉第三次修改专题研究报告》,知识产权出版社 2006 年版,第 1703 页。

行为是“提供或许诺提供”，不包括制造和使用行为；行为的对方是“无权使用专利发明的人”；客户有将提供的工具用于侵权的意图，且行为人知道该意图；行为发生在德国境内。关于间接侵权的责任，根据德国的法律规定和判例，帮助侵权人与直接侵权人承担连带责任。

日本的间接侵权仅包括帮助侵权，不包括引诱侵权。其间接侵权的规则可以分为两种情况：第一种情况是“客观间接侵权”，只要所涉及的物品是“仅能用于”制造专利产品或用于专利方法，不要求行为人具有主观的过错，行为人客观上从事了制造、转让或进口等行为，就构成间接侵权。第二种情况是“主观的间接侵权”，提供者具有“明知”的主观侵权故意的情况下，制造、销售非专用品的行为，构成间接侵权。对于间接侵权的成立是否以直接侵权存在为要件，日本存在两种不同的观点，即独立说和从属说。

我国专利法中没有间接侵权或帮助侵权的规定，但我国其他法律法规有关于帮助侵权的规定。《民法通则》第130条的规定和《侵权责任法》第9条第1款的规定，使法院可以按照共同侵权追究教唆、帮助侵权人的责任。最高人民法院在2014年8月公布的《关于审理侵犯专利权纠纷案件应用法律若干问题的解释(二)(公开征求意见稿)》中提出了增加专利帮助侵权的意见，并最终规定在2016年通过的司法解释中。原来征求意见稿中的“将该产品提供给无权实施该专利的人或者依法不承担侵权责任的人实施”在司法解释中变更为“将该产品提供给他人实施了侵犯专利权的行为”。可以看出，司法解释适用的范围比原来的征求意见稿更小。

二、专利帮助侵权的构成要件

(一)专利帮助侵权的客观要件

1.行为的对象

美国专利法规定的帮助侵权对象是：专利机器、产品、组合或合成物之成分、用于实施专利方法器械，并且该成分、材料或器械是有关发明的实质性部分，是为了用于侵犯专利权而特别制造或特别改装的，并且不是主要可用于非侵权目的的大宗物品或商品。日本专利法中帮助侵权的对象分为两种情况：客观帮助侵权的对象是“仅能用于”实施专利的产品；主观帮助侵权的对象是“对解决该发明的课题必不可少”的部分。英国专利法限定为“有关发明关键组成部分的手段……这些手段适合于并旨在用来使该项发明在联合王国实现”。德国专利法限定为“涉及专利发明基本要素的手段”，而这些手段适用于或专门适用于实施发明专利。我国司法解释规定的是“专门用于实施专利的材料、设备、零部件、中间物等”。

从上述国家的规定来看,帮助侵权行为的对象稍有差别。英国和德国较为宽松,所提供的零部件只要发明的主要要素或关键部分,“适合于”实施专利,就可能构成间接侵权;而日本分为两种情形:一种是最严格的标准“仅能用于”,另一种相对严格一些,“解决发明课题所必不可少的,并且不是日本国内广泛且普遍地流通的”;美国的标准也比较严格,除了与日本比较接近的“发明的实质性部分”及不属于“可用于非侵权目的的大宗物品或商品”的条件外,还必须是“为了用于侵犯专利权而特别制造或特别改装的”。在上述国家的规定中,有一共同的地方是帮助侵权人所提供的应是构成发明的关键部分或实质部分或主要要素,或解决发明课题所必不可少。但在具体理解时,美国较为宽松,只有权利要求中记载的内容就是发明的关键部分;而德国和日本则相对严格,不仅要求在权利要求中有记载,还要求是权利要求特征部分的内容,或对发明有贡献的内容。

我国司法解释规定的帮助侵权的对象是“专门用于”实施专利。这一用语比较简单,且不同于上述其他国家的规定。在理解和适用这一要件时,不能将其理解为与日本的客观帮助侵权的“仅能用于”实施专利相同。同时,也不能将其理解得过宽,否则就会使帮助侵权的范围不适当地扩大。参照其他国家的规定,我们认为“专门用于”实施专利应当隐含了以下的内容:为了用于实施专利而特别制造或特别改装的;记载在专利权利要求之中;没有非侵权实质用途。

2. 行为的类型

对于可能构成帮助侵权行为的类型,美国规定了许诺销售、销售或进口,日本规定了生产、转让、进口、许诺转让,英国规定了提供或表示愿意提供,德国规定了提供或许诺提供。可见,以上国家都将提供(或销售、转让)和许诺提供(许诺销售、许诺转让)作为帮助侵权行为。除此之外,美国和日本还规定了进口行为,日本还规定了制造行为。我国司法解释只规定了“提供”行为,行为的类型明显少于其他国家。

(二)专利帮助侵权的主观要件

美国、英国、德国的帮助侵权和日本的主观帮助侵权行为〔1〕,都要求行为人主观上“知道”两个方面的内容:知道专利的存在,并且知道他人使用了其提供的物品后所从事的行为侵犯了专利。对于“知道”的认定标准,美国的标准是明知以及相当于明知的“故意视而不见”标准;英国的标准是明知以及在当时正常的人理应知

---

〔1〕 日本专利法中的客观帮助侵权,由于针对的是“仅能用于”实施专利的产品,并不要求行为人主观上过错。

道;德国的标准是“知道或显然应当知道”;日本的标准是明知。

对于专利间接侵权的主观要件,我国学者和司法实务部门都认为需要以故意为要件。但是,对于故意指的是知道自己的行为促成他人实施另一种行为,还是同时还知道他人的行为构成侵权,长期以来我国理论和实务界都没有进行区分。实践中,我国法院在一些案件中认定间接侵权的“故意”时,对于是否知道专利的存在采取了推定的做法。[1] 使专利帮助侵权行为的主观过错标准与直接侵权行为基本没有差别。这对于帮助侵权行为人来说,过于严厉。最高人民法院司法解释对于专利帮助侵权的主观要件的规定是“明知有关产品系专门用于实施专利的材料、设备、零部件、中间物等”。我们认为,从其他国家的立法和司法实践看,都将间接侵权行为的主观要件限定为知道专利存在和知道他人的行为落入专利保护范围。为了使零部件提供者承担过重的注意义务,我们也应当借鉴其他国家的做法,将司法解释的规定理解为:行为人明知其提供的产品供他人用于实施某一行为,行为人还明知他人实施的行为是实施专利的行为。

三、帮助侵权责任的认定

(一)帮助侵权与直接侵权的关系

我国司法解释规定,按照《侵权责任法》第9条规定追究帮助侵权人的责任,实质上采纳了间接侵权从属说。按照我国司法解释的规定,帮助侵权成立的前提是“将该产品提供给他人实施了侵犯专利权的行为”,也就是说只有直接侵权行为已经实际发生,帮助侵权才有可能成立。即使行为人将产品提供给了他人,他人未实施侵犯专利的行为,行为人仍不构成帮助侵权。可见,我国司法解释中帮助侵权行为适用的范围比较窄。

另外,司法解释规定的帮助侵权成立的另一个条件是就他人行为应当是“侵犯专利权的行为”。只有直接实施者系承担侵权责任的侵权人,帮助侵权行为才成立。有人认为,根据我国《侵权责任法》第9条第2款的规定,“教唆、帮助无民事行为能力人、限制民事行为能力人实施侵权行为的,应当承担侵权责任”。帮助个人、家庭实施专利的,也可以据此认定其承担侵权责任。但是,教唆、帮助无民事行为能力人、限制民事行为能力人所承担的责任,是法律的明确规定,这一规定无法类推适用于帮助个人、家庭实施专利的行为。因此,向非生产经营目的个人、家庭使

---

[1] 例如,南京市中级人民法院(2007)宁民三初字第307号民事判决;天津市高级人民法院(2008)津高民三终字第003号判决;广西壮族自治区南宁市中级人民法院(2006)南市民三初字第10号民事判决等。

用者提供专门用于实施专利的材料、设备、零部件、中间物等,并不构成帮助侵权。而这类行为,在美国、日本和德国等都属于帮助侵权行为。因此,司法解释的这一规定,使我国帮助侵权行为的范围进一步变小,使帮助侵权行为规则的意义打了折扣。

(二)帮助侵权人是否是独立的诉讼被告

美国、日本、德国和英国都将帮助侵权作为一种单独的侵权行为,专利权人可以依据专利法的规定只对帮助侵权人提起诉讼。按照我国司法解释的规定,法院只能依据共同侵权的规定追究帮助侵权人的责任。这时专利权人是否可以只起诉帮助侵权人,就成为一个值得探讨的问题。对这个问题可以从两个方面考虑。

首先,直接侵权和间接侵权不是必要共同诉讼。共同诉讼是民事诉讼制度中的规定,我国《民事诉讼法》第 119 条规定"必须共同进行诉讼的当事人没有参加诉讼的,人民法院应当通知其参加诉讼"。《最高人民法院关于审理人身损害赔偿案件适用法律若干问题的解释》第 5 条规定"赔偿权利人起诉部分共同侵权人的,人民法院应当追加其他共同侵权人作为共同被告"。因此,很多学者认为,共同侵权属于必要共同诉讼。我们认为,民事诉讼中的关于必要共同诉讼的规定,主要是针对某些情况下,如果一方当事人不参加诉讼,法院就无法确定法律关系,或无法确定责任的承担,因此有必要通知其他人参加到诉讼中来。而在承担连带责任的共同侵权的诉讼中,法院是可以确定法律关系和责任的。根据我国《民法通则》和《侵权责任法》等法律的规定,共同侵权人应承担连带责任。同时,根据《侵权责任法》第 13 条的规定,"法律规定承担连带责任的,被侵权人有权请求部分或者全部连带责任人承担责任"。法律规定被侵权人可以选择起诉,有利于对被侵权人的保护。在专利间接侵权中,直接侵权和间接侵权人构成共同侵权,应承担连带责任。专利权人可以选择对直接侵权人和间接侵权人提起诉讼,也可以选择其一提起诉讼。

其次,直接侵权存在是认定间接侵权的前提。由于间接侵权是以直接侵权的成立为条件的,如果专利权人只起诉间接侵权人,应提供充分的证据证明直接侵权已经发生,法院才能够认定间接侵权,追究间接侵权人的责任。如果法院无法查清是否已经发生了直接侵权,应驳回专利权人的诉讼请求。

因此,权利人可以只起诉帮助侵权人,但必须证明直接侵权行为已经发生。

(三)帮助侵权人的赔偿责任

按照《侵权责任法》第 9 条的规定,帮助侵权人应当与行为人承担连带责任。因此,帮助侵权人与直接侵权人只就同一损害承担赔偿责任,而不是分别承担各自的责任。我国司法解释中规定的帮助侵权并不是一种独立的侵权行为。在专利帮助侵权成立的情况下，专利侵权损害仅指直接侵权所造成的损害，也就是落入专利保护范围的产品的制造、使用、销售等行为损害了专利权人的利益。不管是不是有间接侵权存在，专利权人所受到的损害都是由直接侵权造成的。对于直接侵权所造成的损害，根据我国《民法通则》和《侵权责任法》的有关规定，应由直接侵权人和间接侵权人承担连带赔偿责任。专利权人可以将直接侵权人和间接侵权人一并提起诉讼，法院在认定侵权后，可以判令直接侵权人和间接侵权人共同承担赔偿责任。如果专利权人起诉了直接侵权人或间接侵权人之一并得到了赔偿，就不能再就未起诉者另行提起诉讼。法院在审理涉及专利帮助侵权的案件时，不管起诉的对象是谁，应基于直接侵权行为所造成的损害确定损害赔偿。一旦确定了损害赔偿，权利人不能再要求共同侵权的另一方再承担赔偿责任。但是，也有一些例外的情形，一种情形是权利人虽然选择了共同侵权人之一起诉但未实际得到赔偿。如果专利权人起诉了间接侵权人或直接侵权人之一，法院也做出了认定侵权并判令赔偿的判决，但最后因为被告赔偿能力问题无法执行。根据连带责任的理论，专利权人可以再就未起诉方的另行提起诉讼。另一种情形是在新的诉讼中又发现了新的侵权行为。例如，前一诉讼中专利权人起诉了帮助侵权人，法院认定其向某一直接侵权人提供了专门用于侵权的物品，并判令其承担侵权责任。如果权利人又发现了另一直接侵权人，也使用了帮助侵权人提供的物品，在新的诉讼中主张另一直接侵权人与帮助侵权人承担连带责任，应得到法院的支持。即专利侵权赔偿不能重复计算，但可以分别多次计算。

第八章　确定专利保护范围的程序性问题

确定专利保护范围的过程主要是权利要求解释的过程，它直接影响诉讼结果。在专利侵权诉讼中，只有确定了专利的保护范围，才能判断是否构成侵权。前面介绍的主要是从实体上如何确定专利保护范围的规则，而在确定专利保护时，程序性问题也非常重要。但是，在我国目前的法律和司法解释中，关于专利保护范围的程序性问题规定较少。本章主要考察美国等国家确定专利保护范围的程序，对解决我国专利侵权诉讼中确定专利保护范围的程序性问题提出自己的建议。

第一节　权利要求解释的主体和性质

权利要求解释的主体指的是由谁来解释权利要求，权利要求解释的性质主要是指权利要求解释是一个事实问题还是法律问题。本来，权利要求解释的主体和性质是两个问题，但在实行陪审团制度的国家里，这两个问题存在密切的联系。陪审团解决的是事实问题，法律问题全部由法官来解决。确定由谁作为权利要求解释的主体，必须明确权利要求解释的性质。

一、美国权利要求解释主体和性质

（一）美国的权利要求解释与联邦巡回上诉法院的设立

1. 联邦巡回上诉法院成立前美国权利要求解释的主体

在美国专利制度建立之初的第一个世纪，陪审团决定专利侵权诉讼是很常见的。在 1853 年美国最高法院判决的 Winans v. Denmead 案[1]中，法院认为权利要求用语的确定是法律问题。在 1869 年的 Bischoff v. Wethered 案[2]中，法院认为，

---

〔1〕 56 U. S. (15 How.)330,343.

〔2〕 9 Wall. 812 (1870).

书面证据由法院来解释，而专利问题通常需要外部证据，因此需要作出恰当的指示后提交陪审团决定。但是，在1904年的Singer Manufacturing Co. v. Cramer案[1]中，美国最高法院指出，“从表面看不需要外部证据来解释技术用语时”，确定侵权是法院决定的事。

美国各巡回法院没有统一地适用最高法院的先例。虽然多数判决中法院认为当侵权的认定不需要外部证据的时候，权利要求解释是由法院确定的法律问题。也有一些法院判决引用Singer案，认为当权利要求解释需要外部证据时，应当提交陪审团决定。[2]

到1995年，约75%的专利案件由陪审团裁决。在大多数情况下，法官本身并没有对权利要求进行解释，而是指示陪审团提出权利要求解释的建议。这种做法的一个结果是对权利要求的解释隐藏在陪审团决议中，使陪审团的决议特别难以审查。[3]

2. 联邦巡回上诉法院的成立

到20世纪70年代，产业界人士越来越关注宪法中规定的“促进科技和实用技术发展”这一专利制度的目标并没有实现，原因在于“关于专利权利和救济的法官造法缺乏一致性”。由于各法院在专利侵权诉讼中所持的态度或掌握的标准不一，即使某些案件案情基本一致，但在不同的巡回区可能产生不同的结果。[4]

为了改变这种状况，美国国会决定设立联邦巡回上诉法院，由它专门受理全部或部分涉及专利法的上诉案件，从而提高专利审判的一致性，使得专利法的适用具有更高的可预见性。[5] 1982年美国国会批准成立了联邦巡回上诉法院，并授予其对各地区法院上诉案件的管辖权。按照规定，专利纠纷诉讼先向联邦地区法院提起。如果当事人对判决不服，不再向所在地的巡回上诉法院上诉，而是一律向联邦巡回上诉法院上诉。一旦联邦巡回上诉法院做出一个判决，各地方法院都必须遵守。[6]

---

〔1〕 192 U. S. 265 (1904).

〔2〕 Kevin W. King, “Markman v. Westview Instruments, Inc.: The Jury’s Diminishing Role in Patent Law Cases”, 13 *Georgia State University Law Review* 1127, 1997.

〔3〕 J. Jonas Anderson and Peter S. Menell, “Informal Deference: A Historical, Empirical, and Normative Analysis of Patent Claim Construction”, 108 *Nw. U. L. Rev.* 1, 2013.

〔4〕 Kevin W. King, “Markman v. Westview Instruments, Inc.: The Jury’s Diminishing Role in Patent Law Cases”, 13 *Georgia State University Law Review* 1127, 1997.

〔5〕 参见李明德：《美国知识产权法》，法律出版社2003年版，第102页。

〔6〕 同上。

美国联邦巡回上诉法院成立后,美国的权利要求解释的规则和程序趋于一致,其中一个方面的内容就是权利要求解释主体的一致。

(二)Markman 案关于权利要求解释性质的认定

1. 一审判决

关于权利要求解释的主体和法律性质,美国最有名的案件是 Markman v. Westview Instruments 案。[1] 案中的专利涉及一个干洗店的存货(inventory)量控制显示系统。这个系统包括一个数据输入装置、一个数据处理装置、一个打印编码的打印机和根据编码显示有关信息的描述器。这个系统通过处理装置来掌握整个存货,找出货存的增减部分。被控侵权物只存储有关发票号码、金额等信息,不存储关于被干洗的衣服的状况和位置。一审法官指示陪审团"根据包括说明书、附图和审查档案在内的专利文件,确定权利要求的含义"。并且,还指示,"尽管在审查过程中有不同的含义,权利要求的用语必须给予其普通的习惯含义"。陪审团认为,存货不仅包括被干洗的衣服,还包括有关发票的信息,所以被控侵权物落入了专利权利要求的范围。陪审团裁决侵权成立。一审法官在接到陪审团的裁决后,对权利要求中的"存货"进行了重新的解释,认为该用语只包括被干洗的衣服,不包括发票。由于被控侵权物只存储有关发票的数据,专利侵权不成立。一审法官作出这一判决的理由是,权利要求解释属于法律问题,应当由法官来决定,法官可以独立地对权利要求作出解释。

专利权人提起上诉,认为地区法院认为权利要求解释是一个纯法律问题是错误的,因为陪审团可以解决关于权利要求的事实问题。另外,上诉人还称,地区法院没有尊重陪审团的意见,以自己的意见取代陪审团的结论是错误的。

2. 联邦巡回上诉法院的二审判决

受理上诉案件的联邦巡回上诉法院首席法官 Archer 起草了大合议庭的意见,维持了一审判决。在判决中,他首先解释了为什么权利要求解释是一个法律问题,由法官来决定并且要进行重新审查。然后,他提出地区法院如何解释权利要求,认定地区法院在解释权利要求时并没有错误。最后,他针对不同法官的意见进行了说明。

(1)权利要求解释是一个法律问题

判决指出,权利要求解释从历史上来说就是一个法律问题,法院有权力和责任作为法律问题解释专利权利要求中用语的含义。由于权利要求是书面文书,它清

---

[1] 517 U. S. 370,38 USPQ2d 1461(1996).

楚地界定了发明,使本领域的技术人员可以实施它,这适合作为法律问题由法院来解释其含义和范围。由法院进行权利要求解释可以促进公平,因为它使竞争者可以合理地界定专利权利要求的范围。当诉讼发生时,竞争者能够确信,作为在法律上训练有素的法官,可以用相似的方法分析专利文本以及有关的公开文件,并适用已经确立的解释规则,用这种方法实现真实的、一致的给予专利权人保护的范围。

(2)解释工具和案件要点

判决指出法官借助三种主要证据来解释权利要求:权利要求、说明书和审查档案。联邦巡回上诉法院还重审了专家证言在合理解释权利要求中的作用。但是,判决还指出,外部证据只是用于增强法官对权利要求用语的理解,不能用于改变这些用语的含义,从而作出与这些用语含义相反的解释。

(3)对不同意见和附和意见的评论

判决中还解释了为什么将权利要求解释类似于合同、遗嘱和契据解释是错误的。判决指出,有的法官主张,虽然权利要求解释是一个法律问题,但像其他书面材料一样涉及事实问题,需要借助于其他外部证据来解决。判决指出,多数法官认为,这种类比在专利侵权案件中是没有用的,因为被控侵权人从来不是"合同"的当事人,专利只是专利权人与政府之间的合同。同样,用于证明当事人意图的外部证据,在专利案件中并没有作用,因为发明人对权利要求中用语的主观意图可能与起草专利文件的专利代理人的意图并不相同。判决称,专利法权利要求起草得"全面、清楚、简洁、准确",并且专利审查员要对其进行审查,这已经排除了在解释有效权利要求时借助于外部证据解决模糊性的问题。另外,法院相信对于本领域的技术人员解释权利要求不可能出现差异。

判决称,法律像专利一样是对公众实施的。而合同只是对当事人有效的。法院应当解释法律和专利,因为它们都应当根据各自的公共记录(法律的立法资料和专利的审查档案)来解释。国会议员不会对某一特定法律的解释进行作证,专利权人赋予权利要求中用语的含义也不具有决定性作用。

3. 最高法院的判决

专利权人又向美国最高法院提起上诉,美国最高法院接受了上诉,并以一致意见维持了联邦巡回上诉法院的判决。美国最高法院 Souter 法官起草了最高法院的意见。法院首先分析了根据第七修正案联邦巡回上诉法院的判决是否正确,并得出结论认为第七修正案并不要求陪审团决定权利要求用语的含义。然后,法院认为,其以前的先例并没有得出与联邦巡回上诉法院的判决相反的结论。最后,法院转向所谓的"功能性考虑"来解释这一问题。

对于功能性考虑,美国最高法院认为,由于历史和先例没有对是否由陪审团解释权利要求提供答案,有必要考虑法官的责任。首先,法官比陪审员更"适合于发现权利要求的含义",因为法官经过专门的训练,并且有解释文件的经验。在出现矛盾的证言时,不一定必须由陪审团确定证言的可信度。这种情况经常发生,任何可信度的判断都应当与整个文件的分析结合起来。其次,由法院确定权利要求的含义增强了专利制度的基本价值目标。将解释问题作为法律问题,通过适用"照章办事(stare decisis)原则",将促进司法管辖区之间的一致性,而这一问题在同一上诉法院管辖下的法院间也没有实现统一。因此,这种统一的解释将形成明确的专利界限,使其他发明人和企业可以确信地依据专利发明,不必有侵权的担心。如果将文件的解释交给陪审团,将损害这种统一。

4. Markman 案对美国专利权利要求解释的影响

在该案之前,美国法院对于权利要求解释的主体和性质的认识并不一致。在很多案件中,美国法官把解释权利要求和确定侵权两项任务都交给陪审团。由于法官没有给陪审团详细讲解解释权利要求的规则、如何适用等同原则以及等同的范围等要点,陪审团很难做出前后一致的裁决。专利侵权本来就因为文字的性质和等同原则难以确定,再加上陪审团素质不一这个因素,专利侵权成立与否就更难以预见了。不仅是诉讼的当事人双方要花大量的时间、精力和财力,通过打官司才能解决问题,整个产业界也可能会因为侵权判断的不确定性而受到影响。如果侵权诉讼的代价巨大,而且结果还没有保障的话,发明人就会更趋向于使用商业秘密的形式来保护其技术发明,而不愿意选择申请专利这一途径。[1]

通过 Markman 案,美国最高法院和联邦巡回上诉法院对专利权利要求解释的主体和性质进行了澄清,明确了专利权利要求解释的主体是法官,专利权利要求解释的性质是法律问题。这样,在一审的过程中,由对专利法更熟悉和对解释权利要求更有经验的法官进行权利要求解释,其结果是法官解释权利要求更有一贯性和连续性,使当事人对于权利要求解释的结果更有预见性。在二审过程中,二审法官可以对一审法官作出的权利要求解释进行重新审查。二审法院对专利权利要求解释具有最终发言权。由于联邦巡回上诉法院是美国唯一管辖专利上诉案件的上诉法院,联邦巡回上诉法院成为最终决定所有专利案件权利要求解释的法院。联邦巡回上诉法院通过对案件的判决,使美国法院解释权利要求的规则进一步趋于一

---

〔1〕 参见程永顺、罗李华:《专利侵权判定——中美法条与案例比较研究》,专利文献出版社 1998 年版,第 53 ~ 54 页。

致。这样,有利于法院对专利权利要求解释的一致性和连续性。可见,美国法院将权利要求解释确定为法律问题,解释的主体是法官而不是陪审团,对于保障法院解释权利要求的一致性,提高权利要求解释结果的可预见性具有重要意义。

(三)Teva 案关于权利要求解释性质的认定

对于 Markman 案关于权利要求解释性质和主体认定,特别是对于二审法院将权利要求解释作为法律问题重新审查的做法,美国一直有质疑的声音。在一些案件中,当事人提出不同的主张,并试图让最高法院对权利要求的问题重新进行阐释。例如,在 Amgen v. Hoechst Marion Roussel 案〔1〕中,当事人对以下问题发生争议:(1)巡回法院对地方法院断定的以事实为依据的专利权利要求解释进行重新解释,与《联邦民事诉讼规则》(FRCP)第 52 条(a)款以及地区巡回法院关于权利要求解释的判决标准有所不符,尤其在权利要求解释高度基于事实的生物药品案件中,这种判标准是否合理?(2)巡回法院是否应当尊重地方法院关于权利要求解释的审判依据?在哪些方面?在什么情况下?到什么程度?(3)确定专利权利要求中有争议的术语含义时,本领域普通技术人员的专家证言应当起什么作用?但最后美国最高法院并未对该案进行调卷审理,对上述问题也没有做出回答。

2015 年 1 月 20 日,美国最高法院就 Teva Pharmaceuticals v. Sandoz 案作出了判决。〔2〕基本回答了上述问题。

原告 Teva 公司是该案系争专利技术的权利人,于 2011 年向美国纽约南区法院对 Sandoz 公司提起诉讼。Sandoz 提出专利无效的抗辩。本案争议的焦点在于确定专利权利请求中"分子重量"的含义。这一专利权利要求中有一句话"一种重量在 5 ~ 9 千道尔顿之间的分子"。联邦地区法院采纳了相关专家证言,认为根据该领域普通技术人员的理解,该权利要求所称的"分子重量"是以第一种方式计算的,即计算峰值分子量。因此,该权利要求足够明确。法院最终认定该专利有效。〔3〕

案件上诉到联邦巡回上诉法院,而上诉法院的意见则相反。上诉法院就地区法院对权利要求所作解释的各个方面,包括地区法院所确认的相关附属事实,进行了重新审查。上诉法院认为该权利要求不够明确,从而宣告专利无效。〔4〕

最高人民法院调卷进行了审理。最高法院解决的主要问题是:上诉法院在对地区法院针对专利权利要求所做的解释进行审查时,应当采用何种标准。究竟是

〔1〕 314 F. 3d 1313 (Fed. Cir. 2003).

〔2〕 135 S. Ct. 831 (2015).

〔3〕 810 F. Supp. 2d 578,581 (SDNY 2011).

〔4〕 723 F. 3d. 1363,1369,1737 (Fed. Cir. ,2013).

像对于法律问题的“重新”审查标准来审查地区法院的事实认定呢？抑或是像在其他案件中对于事实问题审查的“除非有明显错误”标准？

最高法院以7:2的结果撤销了联邦巡回上诉法院的判决，发回重审。最高法院多数意见认为，对于地区法院在专利权利要求解释过程中就相关事实问题所作的决定，联邦巡回上诉法院在进行审查时，应当采取“明显错误”审查标准，而不是“重新”审查标准。理由如下：[1]

第一，《联邦民事诉讼规则》第52(a)(6)条规定，除非存在“明显错误”，否则，上诉法院“不得撤销”地区法院所作的“事实认定”。这对上诉法院而言，是一项明确无疑的义务，既没有规定例外，也未将某类事实认定排除在外。因此，这一规则既适用于相关附属事实，也适用于最终事实。对此，Markman案既没有创设也不主张有这样的例外。最高法院在Markman案中认为，权利要求解释这个最终问题是归法官而不是陪审团来裁决的，但是，它并没有因此就上诉法院对事实问题的审查标准而创设例外。实际上，最高法院在该案中指出，法官在解释专利权利要求时，其工作就非常类似于法官对其他书面文件诸如契据和合同的解释。对书面文件的解释常常被认为是一个“纯粹的法律问题”，至少在该书面文件是使用“平常含义”之用语时，就是如此。但是，如果书面文件使用了“并非通常理解意义上的专业用语”，则该等用语就会发生事实性争议。如果这样，外部证据就有助于“为一种行业或地方性习惯用语提供证明”。在此情况下，“对事实问题的确认”就先于“解释的功能”。最高法院在Markman案中也承认，法院在解释专利权利要求的过程中，有时也必须解决相关附属事实争议：《联邦民事诉讼规则》第52条要求上诉法院以“明显错误”标准来审查该类争议。在专利案件中采用这一标准“尤其”重要，因为地区法院(即一审法院)的法官是主持并且听取了案件审理的全过程的，相比于上诉法院的法官，一审法官有更多机会去“熟悉特定的科学问题和原理”，相反，上诉法院的法官只是阅读案件的书面记录或者有时甚至仅仅是阅读当事人所提交的那部分案件记录。

第二，相反的主张并不成立。Sandoz公司提出，将“事实”与“法律”问题相区分可能存在困难，而是应当像联邦巡回法院那样，由上诉法院对地区法院的权利要求解释从整体上进行重新审查，这比采用两套审查标准更为简单可行。最高法院认为，上诉法院一直以来就能够区分事实问题与法律问题，并且，联邦巡回法院将

---

〔1〕 参见金海军：《从2014年度美国最高法院判例看知识产权案件中的程序问题》，载《知识产权》2015年第12期。

事实认定与法律结论同等对待的做法,已经给其自身带来了更大的复杂性。Sandoz公司又提出,“明显错误”审查标准将使得案件处理缺乏统一性。但是最高法院认为,无论联邦巡回法院还是 Sandoz 公司都没有表明,因相关事实认定上的差异而导致在权利要求解释上的意见分歧会经常发生,所以,此论也不成立。

第三,接下来的问题是,在权利要求解释中对相关附属事实的认定进行上诉审查时,应当如何适用“明显错误”标准?若地区法院只是审查了专利的内部证据,则法官所作认定就只是一个在法律上的认定,因此,上诉法院可以对权利要求解释进行重新审查。但是,如果地区法院需要借助外部证据,以便理解诸如在相应时期的相关技术用语或者其科学背景,而当事人对此产生事实性争议的,那么,这就需要法院根据其对相关附属事实的认定,从而对权利要求做出解释。虽然最终的权利要求解释仍然是一个法律结论,上诉法院可以重新进行审查,但是,如果要推翻地区法官就基础性事实争议所作的裁决,上诉法院就必须认定,该法官在认定这些事实时犯有明显错误。

第四,在该案中,地区法院做出的是一个事实认定,就该领域普通技术人员如何理解用色谱图数据曲线所反映的分子重量时,采信 Teva 公司的专家证言,并因此拒绝了 Sandoz 公司专家所作的与此相反的解释。基于这一事实认定,地区法院得出结论,认为图 1 并没有损害 Teva 公司的主张,即在其权利要求中所称的分子重量是指用第一种方法计算所得的分子重量。联邦巡回法院在审查地区法院的裁决时,不同意 Teva 公司专家的解释,但它并不认为地区法院存在“明显错误”。因此,联邦巡回法院未以地区法院存在明显错误为由而对其事实认定进行审查,这一做法是错误的。

可见,美国最高法院在 Teva 案中仍然认定权利要求解释问题属于法律问题,应由法官来决定。在此基础上认为,对于地区法院在权利要求解释过程中通过证据作出的“辅助事实认定”,则不是纯粹的法律问题。这样,仅仅基于内部证据来解释权利要求时,纯粹是法律问题,采用重新审查标准;当需要引入外部证据时,当存在辅助事实争议时,法院需要基于外部证据作出辅助事实认定。二审法院对于一审法院的认定,不是重新审查,而是审查其是否有明显错误。

二、我国权利要求解释的主体和性质

(一)我国权利要求解释的主体

最高人民法院《关于审理侵犯专利权纠纷案件应用法律若干问题的解释》第 2

条规定:“人民法院应当根据权利要求的记载,结合本领域普通技术人员阅读说明书及附图后对权利要求的理解,确定专利法第 59 条第 1 款规定的权利要求的内容。”可见,在侵权诉讼中,解释权利要求的主体是人民法院。而人民法院行使审判权的是法官。除了法官之外,还有一些主体也涉及权利要求的解释,需要我们进行分析。

1. 人民陪审员

在我国的民事诉讼中,并没有美国那样的陪审团裁决的制度。因此不存在权利要求解释是由法官决定还是陪审团决定的问题。但是,我国有人民陪审员参与案件审理的制度。2004 年 8 月 28 日,第十届全国人民代表大会常务委员会通过《关于完善人民陪审员制度的决定》,人民陪审员“依法参加人民法院的审判活动,除不得担任审判长外,同法官有同等权利”。根据上述规定,人民陪审员在参与案件审理时与法官是同权的。在解释权利要求方面,人民陪审员和法官并没有区别。

但是,我国的人民陪审员制度正面临改革。2014 年,党的十八届四中全会《中共中央关于全面推进依法治国若干重大问题的决定》提出改革人民陪审员制度:“完善人民陪审员制度,保障公民陪审权利,扩大参审范围,完善随机抽选方式,提高人民陪审制度公信度。逐步实行人民陪审员不再审理法律适用问题,只参与审理事实认定问题。”

2015 年 4 月 24 日,第十二届全国人民代表大会常务委员会第十四次会议通过《关于授权在部分地区开展人民陪审员制度改革试点工作的决定》,授权最高人民法院在北京、河北、黑龙江、江苏、福建、山东、河南、广西、重庆、陕西十个省(区、市)各选择五个法院(含基层人民法院及中级人民法院)开展人民陪审员制度改革试点工作,对人民陪审员选任条件、选任程序、参审范围、参审机制、参审职权、退出和惩戒机制、履职保障制度等进行改革。2015 年 5 月,最高人民法院与司法部联合印发《人民陪审员制度改革试点方案》,第 22 条规定:“人民陪审员应当全程参与合议庭评议,并就案件事实认定问题独立发表意见并进行表决。人民陪审员可以对案件的法律适用问题发表意见,但不参与表决。”

按照上述改革的思路和做法,人民陪审员制度将借鉴英美法中陪审员制度,人民陪审员只审理事实问题。按照这种做法,如果由法官和人民陪审员组成合议庭审理专利侵权案件,人民陪审员是否就权利要求解释参与表决,就成为一个值得探讨的问题。

2. 司法鉴定人员

在我国法官审理专利侵权诉讼的过程中,由于法官不熟悉相关的专业技术问题，有时需要通过委托鉴定解决诉讼中的技术问题。在委托鉴定的情况下，也会产生法官对权利要求解释的权限问题。

(1)司法鉴定的范围

根据《全国人民代表大会常务委员会关于司法鉴定管理问题的决定》，司法鉴定是指在诉讼活动中鉴定人运用科学技术或者专门知识对诉讼涉及的专门性问题进行鉴别和判断并提供鉴定意见的活动。我国《民事诉讼法》第76条规定："当事人可以就查明事实的专门性问题向人民法院申请鉴定。当事人申请鉴定的，由双方当事人协商确定具备资格的鉴定人；协商不成的，由人民法院指定。当事人未申请鉴定，人民法院对专门性问题认为需要鉴定的，应当委托具备资格的鉴定人进行鉴定。"在专利侵权诉讼中，法院有时需要将技术问题通过鉴定进行解决。在委托鉴定的过程中，首先需要确定鉴定的内容。

专利侵权诉讼中最关键的问题是解决被控侵权物是否落入专利的保护范围。这就是说，在确定专利保护范围的基础上，将被控侵权物与专利的保护范围进行对比。在专利侵权诉讼中，法院往往将被控侵权物与专利权利要求的对比的问题委托给鉴定机构解决。但是，这种对比的前提是专利权利要求的含义是确定的。而法院在委托鉴定时一般并不是在对权利要求进行解释的基础上，而只是将专利文本和被控侵权物(或记载被控侵权物的有关资料)交给鉴定机构。鉴定机构在进行鉴定时，往往将权利要求的解释和与被控侵权物的对比一并进行。这样，实质上鉴定机构进行了解释权利要求的工作。

在专利侵权诉讼过程中，对于法官来说不能解决的问题应当是技术问题。因此，在专利侵权诉讼中委托鉴定的问题也应当是专业技术问题。最高人民法院民三庭的有关负责人也表示："人民法院对专门性问题认为需要鉴定的，可委托鉴定。技术鉴定应依法定程序进行。并且，专利诉讼中的鉴定事项应是技术事实问题，而不包括是否构成侵权等法律问题。"[1]以前曾出现过的将"是否构成侵权"委托鉴定机构进行鉴定的做法，现在已经不存在。

关于等同是否可以委托鉴定机构鉴定，前几年也有不同的做法。很多法院在委托鉴定机构进行鉴定时，委托鉴定机构对被控侵权物与专利权利要求是否"相同或等同"进行鉴定，鉴定的结论往往直接作为法院判决的依据。这时容易使人认为法院将权利要求解释的工作交给了鉴定机构，并且以鉴定结论代替了法院的判决。

---

〔1〕《最高法院民事审判第三庭就当前社会对专利诉讼关心的几个问题做出答复》，载 http://law.smexm.gov.cn/2005-5/2005526162730.htm，最后访问日期：2015年8月26日。

例如,在“窗式空调器”专利侵权案件〔1〕中,一审法院委托鉴定机构进行鉴定,在《鉴定委托书》的委托事项中有“被控侵权产品与廖亚非专利的技术方案是否相同或等同”的委托。鉴定人据此作出了“科龙公司及重庆办事处生产销售的被控侵权产品与廖亚非专利的技术方案不相同亦不等同”的鉴定结论。一审法院据此判决科龙公司不构成侵权。上诉人上诉的一个理由就是法院委托鉴定事项不当,将侵权判断交给了鉴定机构。二审法院在判决中认为:“‘等同原则’和‘等同学说’虽是世界各国法官伴随现代专利制度的出现而创立的专用于判定专利侵权的原则和学说,但是,‘等同’具有技术术语和技术事实、法律术语和法律事实双重性。鉴定人的《技术鉴定书》作出的‘等同’判断,是从技术角度进行的,得出的‘等同’或‘不等同’结论是技术事实。判断技术方案是否等同,并非就判断了专利侵权,更没有也不可能代替人民法院的审判职能。是否构成专利侵权,人民法院还要结合其他证据综合判定。只有人民法院综合全案证据作出的‘等同’判断,才是司法意义上的‘等同’。因此,原审法院的委托事项并无不当。”虽然法院在判决中提出“等同”有技术上的等同和法律上的等同之说,但这种提法并没有充分的依据。并且鉴定机构在鉴定时也往往不区分是技术上的等同还是法律上的等同,而是根据司法解释中对等同的界定作出是否等同的鉴定结论。

再如,在“双向风机”专利侵权纠纷案〔2〕中,一审法院委托鉴定机构进行了鉴定,鉴定机构认为,被控侵权产品的叶轮与本案专利中的(叶轮)对应技术特征不相同且不等同。一审法院对此鉴定报告予以确认,并据此作出了不侵权的判决。二审法院在判决中指出,“关于被控侵权产品技术特征的相同或等同判断应属法律问题,而不是技术问题。因此,原审法院将其委托鉴定机构进行鉴定不当。故本案鉴定机构的鉴定结论不能代替法官判断,法官应依据查明的事实进行比对判断。”二审法院在进行了技术对比后作出认定侵权的判决。

最高人民法院在浙江中缝重工缝纫机有限公司与被重机公司、上海欣特针车设备有限公司侵害发明专利权纠纷一案中认可了鉴定结论的作用:“《最高人民法院关于民事诉讼证据的若干规定》第六十三条规定,人民法院应当以证据能够证明的案件事实为依据依法作出裁判。本案中,北京国科知识产权司法鉴定中心接受一审法院委托出具的国科知鉴字〔2012〕12 号《司法鉴定意见书》就涉案专利与被诉侵权产品的技术特征逐一进行了比对,并逐一给出了是否相同或等同的鉴定意

---

〔1〕 重庆市高级人民法院(2001)渝高法民终字第 169 号判决,廖亚非诉广东科龙空调器有限公司等。

〔2〕 柴岩芝诉杭州奥普电器有限公司,杭州市中级人民法院(2003)杭民三初字第 040 号案(一审)、浙江省高级人民法院(2005)浙民三终字第 98 号案(二审)。

见。对该鉴定意见,当事人没有足以反驳的相反证据和理由的,人民法院可以认定其证明力。一审中,中缝公司对该鉴定意见中关于技术特征 B 与 b、E 与 e 的鉴定结论提出了异议。一审法院根据涉案专利权利要求并结合说明书对中缝公司提出异议的技术特征进行了比对,并在此基础上,对中缝公司所提异议为何不能成立进行了分析论证和说明。由此可见,一审法院不仅充分考虑了中缝公司对《司法鉴定意见书》提出的异议,而且是在对其持有异议的技术特征进行了逐一分析论证的基础上得出的侵权与否的裁判结论,而不是依据该鉴定意见书关于'被控侵权产品包含了涉案专利权利要求 1、2、3 分别限定的保护范围的全部技术特征'的表述得出的裁判结论。故中缝公司关于《司法鉴定意见书》不能作为本案证据使用的申请再审理由不能成立,本院不予支持。"[1]

从上述案件可以看出,到底哪些可以委托给鉴定部门,哪些需要法院来认定,在实践中还存在一些模糊的认识。上述案件确立的规则是,法院在委托技术鉴定时,不应当将是否相同或等同的问题交给鉴定机构,而是将被控侵权物中的相应技术特征和专利权利要求中的相应技术特征在功能、效果和方式上进行对比,并作出二者是否基本相同的结论。法院再根据这种鉴定结论,判断被控侵权物中的技术特征与专利权利要求中的相应技术特征是否等同。但如果鉴定机构作出了认定相同或等同结论的鉴定报告,也不影响该报告的效力,但人民法院不能直接依据鉴定报告作出判决,而是对当事人有异议的部分重新进行对比和判断。

我国法院在专利侵权审判中一般将技术对比工作委托给鉴定机构,鉴定的对象一般是被控侵权物与专利权利要求的对比,其对比的前提是专利权利要求的含义是确定的。但是,法院在委托鉴定时一般并不是在对权利要求进行解释的基础上,而只是将专利文本和被控侵权物(或记载被控侵权物的有关资料)交给鉴定机构。鉴定机构在进行鉴定时,往往将权利要求的解释和与被控侵权物的对比一并进行。这样,实质上鉴定机构进行了解释权利要求的工作。既然权利要求解释是一项应当由法官完成的法律工作,就不应当交给鉴定机构来进行。因此,在专利侵权诉讼中涉及技术鉴定时,应当由法院先解决对权利要求的争议,在此基础上再将技术对比工作交给鉴定机构进行。

(2)法院能否不适用鉴定机构的结论

对于鉴定机构鉴定结论的采纳,《最高人民法院关于民事诉讼证据的若干规定》第 71 条规定:"人民法院委托鉴定部门作出的鉴定结论,当事人没有足以反驳

---

[1] 最高人民法院(2013)民申字第 1284 号民事裁定书。

的相反证据和理由的,可以认定其证明力。”第 77 条规定,鉴定结论的证明力一般大于其他书证、视听资料和证人证言。由于鉴定结论的证明力强,而当事人又往往没有足以否定鉴定结论的证据,在实践中法院往往只审查鉴定的程序性问题,如果在程序上没有问题就会采纳鉴定结论。

在没有程序问题的情况下,法院是否必须采纳鉴定结论,而不能作出与鉴定结论相反的结论。对此,并没有强制性的规定。在当事人没有提供相反证据的情况下,法院是否还要主动对鉴定结论进行实质上的审查,现在还没有统一的规定。

在有的案件中,在没有程序问题的情况下,法院也可以借助鉴定人员对技术问题的分析,作出自己的判断。例如,在“全密封自动多功能电烹锅”专利侵权纠纷案[1]中,一审法院委托鉴定机构对被控侵权产品技术特征与王永光专利独立权利要求中的技术特征从采用的技术手段、实现的功能和达到的技术效果存在哪些异同进行鉴定。鉴定机构的鉴定结论为:被控侵权产品与王永光的专利技术相比,所采用的自动控制锅内压力原理相同,技术手段虽字面有所不同,但二者是以基本相同的手段,达到了基本相同的功能和效果。一审法院判决认为,被控侵权产品与本案专利独立权利要求记载的必要技术特征相比具有明显的区别技术特征,故被控侵权产品的技术特征没有完全覆盖本案专利的必要技术特征,未落入王永光专利权的保护范围。因此,衍增电器公司生产、城乡贸易中心销售被控侵权产品的行为不构成对王永光专利权的侵犯。可见,一审法院在判决过程中并没有直接采纳鉴定结论。二审法院虽然推翻了一审的判决,但二审法院是在对被控侵权物与专利技术进行对比后作出判决的,并没有认定一审法院在不采纳鉴定结论上存在错误。

最高人民法院在“藏药独一味软胶囊制剂及其制备方法”专利侵权案件中,推翻了一二审法院依据鉴定结论作出的认定侵权的判决。在一审过程中,成都中院委托北京紫图知识产权司法鉴定中心进行鉴定,该中心作出的北京紫图〔2009〕知鉴字第 007 号鉴定报告结论是:基于被诉产品与优他公司权利要求 1 产品的剂型、组成及配比特征的 *a* 与 *A* 相同;在对其中独一味提取物制备方法的特征中,*bl*、*b*2 与 *Bl*、*B*2 等同,*b*3 与 *B*3 相同,*M* 与 *B*4 等同,因此,二者整体技术方案等同。成都中级人民法院和四川高级人民法院在判决中均对是侵权进行了分析,但结论与鉴定结论一致,因此作出了侵权判决。最高人民法院提审后,对权利要求作出与鉴定结论以及一、二审判决不同的解释,经过对比后认为不构成侵权。关于鉴定结论,

---

〔1〕 王永光诉淄博衍增电器有限公司等,北京市第一中级人民法院(2002)一中民初字第 2987 号民事判决(一审)和北京市高级人民法院(2004)高民终字第 61 号判决(二审)。

最高人民法院认为:“北京紫图中心作出的北京紫图〔2009〕知鉴字第007号鉴定报告将‘煎煮3次’‘研成细粉’的技术特征分别认定为‘煎煮2次’‘粉碎成细粉,过200目筛’的等同特征,结论错误。原审判决采信该鉴定报告,并据此判决万高公司侵犯优他公司专利权,显然不当。”

从上述案件可以看出,法院即使在没有发现鉴定存在程序错误的情况下,也可以通过分析鉴定报告的内容而自己作出与鉴定结论不同的结论。

笔者认为,法院不采纳鉴定机构所做出的关于技术特征相同或等同的结论,其实是由于鉴定结论超出应当属于鉴定的范围造成的。如前所述,鉴定机构应对技术对比的专业技术问题进行鉴定,而不是对法律问题进行鉴定。如果鉴定机构就技术特征是否相同或等同进行鉴定,其前提是对权利要求进行解释。对权利要求的解释,最终应当由法院来决定,本来就不应当属于鉴定的范围。对于这些事项的鉴定结论,法院在审查时,不只是审查鉴定中的程序问题,而是应当对鉴定中的实体问题进行审查并作出自己的结论。

3. 技术调查官

2015年年初,最高人民法院发布了《关于知识产权法院技术调查官参与诉讼活动若干问题的暂行规定》,确立了我国技术调查官参与诉讼的制度。根据该规定,知识产权法院审理有关专利、植物新品种、集成电路布图设计、技术秘密、计算机软件等专业技术性较强的民事和行政案件时,可以指派技术调查官参与诉讼活动。“技术调查官根据法官的要求,就案件有关技术问题履行下列职责:(一)通过查阅诉讼文书和证据材料,明确技术事实的争议焦点;(二) 对技术事实的调查范围、顺序、方法提出建议;(三)参与调查取证、勘验、保全,并对其方法、步骤等提出建议;(四) 参与询问、听证、庭审活动;(五)提出技术审查意见,列席合议庭评议;(六)必要时,协助法官组织鉴定人、相关技术领域的专业人员提出鉴定意见、咨询意见;(七)完成法官指派的其他相关工作。”〔1〕该《暂行规定》还规定:“技术调查官列席案件评议时,应当针对案件有关技术问题提出意见,接受法官对技术问题的询问。技术调查官对案件裁判结果不具有表决权。技术调查官提出的意见应当记入评议笔录,并由其签名。技术调查官提出的技术审查意见可以作为法官认定技术事实的参考。”〔2〕

《中国知识产权司法保护纲要(2016～2020)》指出:2016年7月,知识产权民事、行政和刑事案件审判“三合一”在全国法院推行。技术调查官以及司法鉴定、专

---

〔1〕 最高人民法院《关于知识产权法院技术调查官参与诉讼活动若干问题的暂行规定》第6条的规定。

〔2〕 最高人民法院《关于知识产权法院技术调查官参与诉讼活动若干问题的暂行规定》第8、9条的规定。

家辅助人、专家咨询等技术事实查明多元化机制初步形成。

可见,我国的技术调查官是法官的技术辅助人员,帮助法官理解案件中的技术问题。在解释权利要求时,技术调查官可以就其中的技术问题发表意见,可以从提出本领域普通技术人员可能的理解,自己的看法但法律问题由主审法院解决。与技术鉴定一样,技术调查官也不应当对技术特征的相同或等同做出结论。这些结论,涉及法律判断,应由法官在听取技术调查官意见的基础上自己做出判断。

4. 其他人员

虽然法官不是专业技术人员,但法官熟悉法律的规则。只有由法官来解决权利要求解释的问题,才能保证法院对权利要求解释的一贯性。权利要求解释应当由法官来进行,但法官又不熟悉其中的专业问题。除了前述帮助法官解决技术问题的途径外,以下方式也可以帮助法官解决权利要求解释中的技术问题:

一是法官向技术专家咨询。对于专利审判中的技术问题,法官可以找技术专家咨询。有的法院专门建立了咨询专家库。例如,天津市高级人民法院建立"天津法院知识产权审判技术咨询专家库",特聘请专家学者为首批天津法院知识产权审判技术咨询专家。湖北省高级人民法院召开知识产权审判咨询专家聘任会,聘任中国工程院院士李培根等18位专家为首批知识产权审判咨询专家。受聘专家专业涵盖自动控制、机械制造、计算机、金属材料、医药、化工、电子信息等多个技术领域。今后,受聘专家将在法院审理知识产权案件的过程中,应法官要求就案件涉及的技术问题发表咨询意见。广州知识产权法院从行政机关、院校、科研机构等单位聘请29名专家,组成技术专家咨询委员会,为案件审理提供专业意见。贵州省高级人民法院与贵州省科技厅合作,聘请科学技术咨询专家,为案件中涉及的专门性技术问题提供咨询意见以查清技术事实。四川省高级人民法院遴选电子信息技术、机械制造、医药、植物新品种等领域的专家进入知识产权技术专家库,丰富技术事实认定体系。[1] 法官咨询专家可采用两种方式:一种方式是使用专家意见帮助法官理解其中的技术问题。在这种方式中,法官在判决书中不必披露向专家咨询的情况。另一种方式是将专家意见作为证据使用,这时专家就相当于证人证言,应当出庭发表意见并接受双方当事人的质证。

二是借助双方当事人以及当事人的专家辅助人的意见。在专利侵权诉讼过程中,双方当事人都会针对技术问题发表自己的意见,甚至使用专家辅助人就技术问题进行解释和说明。双方当事人及其专家辅助人的意见,虽然是从当事人一方的

---

〔1〕 参见最高人民法院:《中国法院知识产权司法保护状况(2016年)》。

立场而不是从中立的立场进行解释,但仍可以给法官理解和判断技术问题提供帮助。通过双方当事人对技术问题的争辩,法官可以对技术问题有更深入的了解,并据此做出判断。当法官遇到不清楚的技术问题时,可以让双方当事人进行解释和说明。实质上,即使本来法官对于技术问题不太了解,通过当事人的解释,在多数情况下法官就可以做出判断。

(二)专利权利要求解释的性质

在我国的民事诉讼过程中,也区分事实问题和法律问题。认定事实和适用法律是民事诉讼过程中的两方面重要内容。但由于我国的上诉法院不仅审理法律问题,而且审理事实问题,并且对于一审法院所做的认定都可以重新做出认定。

在民事诉讼中的法庭调查阶段,一般解决的是事实问题,而对专利权利要求解释的争议,一般也是在法庭调查阶段进行。所以,看起来,我国法院将权利要求解释作为一个事实问题。但是,从判决书的表述看,权利要求解释实质上是一个法律问题。在判决书中有两个主要的部分,"审理查明"和"本院认为"部分。一般而言,在"审理查明"部分,法院根据当事人提供的证据,写明法院认定的事实。在"本院认为"部分,法院根据查明的事实,确实适用的法律并得出最后的意见。在专利侵权案件的判决书中,法院一般将通过证据认定的事实写在"审理查明"部分。例如,如果被控侵权人提供了专利权人在专利审查过程中曾经修改权利要求的证据,法院对该证据确认后,一般在"审理查明"部分写明专利权人曾经在专利审理过程中修改权利要求的事实。而对于该事实所产生的法律后果,并不在"审理查明"部分进行阐述,而是在"本院认为"部分进行解释和认定。从法院判决书的表述可以看出,对于专利权利要求的解释,我国法院也是作为法律问题来解决的。

由于我国并没有采用陪审团审理事实的制度,也没有二审法院只审理法律问题的做法,区分权利要求解释是事实问题还是法律问题意义并不大。但是,我国民事诉讼中越来越重视事实和法律问题的区分,并且已经试行了陪审员只审理事实问题的做法,民事诉讼中还是有必要探讨权利要求解释的性质。

第二节　专利权利要求解释的程序

一、一审法院对专利权利要求的解释

(一)美国地区法院对权利要求的解释

在联邦巡回上诉法院就 Markman 案作出判决之前,专利权利要求解释是根据

简易判决的请求进行的,或者在庭审过程中根据陪审团的指示进行。权利要求解释根据事实问题而定,而这项工作一般是由陪审团来完成的。

Markman 案禁止将权利要求解释作为证据或事实问题解决。这样,在专利侵权诉讼中解释权利要求时,陪审团就不再起作用。在这种情况下,地区法院被要求根据专利审查过程中的内部证据,并以证言的形式听取外部证据,但外部证据不能改变根据内部证据确定的含义。

Markman 案后的一段时期内,地区法院开始专门就权利要求中用语的含义进行庭审,这一般被称为"Markman 庭审"(Markman Hearings)。虽然 Markman 案并没有提及专门就权利要求解释进行庭审,而且也没有提出或暗示要进行权利要求解释庭审,但地区法院为了操作上的便利,通过专门的庭审解决权利要求解释问题。对此,联邦巡回上诉法院在 Ballard Medical Products v. Allegiance Healthcare Corp.[1]案中曾专门提出:"Markman 案并没有要求地区法院遵循某一特别的程序来解释权利要求。它只是认为,解释权利要求是法院的事,而不是陪审团的事。为了解释权利要求,一些法院认为,专门进行庭审是很有用的。但是,这种程序并不是必须的。"尽管如此,大部分地区法院仍然坚持进行"Markman 庭审"的做法。

被控侵权物的确定属于事实审,是由陪审团来完成的。从理论上来说,解释权利要求与确定被控侵权物并没有时间上的先后顺序,Markman 庭审可以在事实审以后进行。但是,出于策略上的考虑,地区法院法官一般先进行 Markman 庭审。在决定其他实质问题之前进行权利要求解释,有以下几个好处:它可以将一些被控侵权物或方法排除在诉讼之外,有时甚至全部排除在外。如果权利要求解释把案子解决了,败诉的一方可以就权利要求解释问题上诉,双方都不会因证据开示进行实际投入。即使产品没有被排除,要经过权利要求解释后,一长串的权利要求变短了。另一个好处是节省了发明人、被控侵权产品的设计人以及技术专家的时间。在 Markman 案以前,需要发明人、被控侵权产品设计人或技术专家来接受质询,这在 Markman 案后已经不重要了。另外,在进行了权利要求解释后,证人不必在各种可能的解释状态下接受询问。最后,它减少了诉讼结果的不确定性,促进了早期和解。[2]

Markman 庭审可以在案件审理的前期进行,即在进行了一些或部分证据开示后进行,或在事实审的前夕,甚至在事实审的陈述之后进行。多数权利要求解释庭

---

〔1〕 268 f. 3d 1352,1358 (Fed. Cir. 2001).

〔2〕 Robert C. Kahrl, *Patent Claim Construction*, New York, Aspen Publishers, 2003, pp. 12 – 7.

审是在接近事实审的时候进行的。根据 1999 年美国律师协会的统计,绝大多数庭审是在证据开示结束到事实审之间(58%),另有是在开示过程中(22%),还有在事实审进行中(12%)及在证据开示前(8%)。[1] 专利权人和被控侵权人都不希望在证据开示前进行一个专门的权利要求解释庭审。因为双方都希望在权利要求解释前看到对方的证据。对于地区法院来说,进行一个早期权利要求解释可能带来另外的权利要求解释问题。因为权利要求解释中的某些问题在最初并没有被注意,只是在双方知道了专利技术与被控侵权技术之间的细微差别之后才变得特别重要。法院可能会发现,在考虑了简易判决后,权利要求中的术语在以前按普通含义解释时可能会被特别的含义替代。

在 Markman 庭审的过程中,双方当事人可以提供书面证据,也可以让证人出庭作证。Markman 庭审中的证据不同于事实审中的证据,很少使用证据规则。地区法院只是决定哪些证据是有帮助的,哪些是没有帮助的。法院在庭审中会考虑内部证据和外部证据,外部证据作为对法院分析内部证据的检验。除了书面证据外,Markman 庭审中使用的证人主要是发明人或相关专家或其他可以对法院提供指导的人。在庭审过程中,证人通常被要求向本领域技术人员解释权利要求中的用语。法院可以借助这些证言加深对权利要求中用语的理解,但不能根据这些证言作出与内部证据相反的解释。在庭审中作证的人不一定是"本领域的普通技术人员",它可能是在该领域有特别知识和技能的人,但他可以就权利要求中的用语对于"本领域的普通技术人员"而言是什么含义进行作证。如果证人在专利申请时还不是本领域技术人员,其证人资格就受到质疑。如果证人不是该领域的专家,其资格也会受到质疑。

虽然 Markman 庭审对法院和当事人有一些好处,但也带来一些问题。在有些情况下,在对涉案的技术有了进一步了解后,特别是对被控侵权物进行了认定后,法院可能会感到需要对以前庭审中对权利要求的解释进行修正。有时,当地区法院根据其对专利权利要求的解释作出了临时禁令后,二审法院认为地区法院对权利要求的解释是错误的,这时,地区法院可以在其后的事实审中推翻以前的解释。

(二)日本专利侵权诉讼中的中间判决

日本民事诉讼法中有中间判决的制度。日本《民事诉讼法》第 245 条规定:"法院对独立的攻击防御方法及其他争议为裁判之时机成就时,可以作出中间判决。

---

[1] Gary M. Hoffman, Charles W. Saber, "Markman Determinations", 2 *The Sedona Conference Journal* 171, 2001.

对请求的原因和数额皆有争议时,可就原因为中间判决。"

在专利侵权诉讼中,专利权利要求和侵权判断是侵权赔偿的前提,但往往双方当事人对于权利要求解释和侵权判断有很大的争议,这时日本法院如果认定侵权成立,往往会就专利侵权问题做出中间判决。在侵权成立的结论确定后,再继续审理侵权赔偿的问题。例如,美国苹果公司于 2011 年 9 月 2 日向东京地方法院对韩国三星公司提起专利侵权诉讼,认为三星公司的"GALAXY"系列的 3 个机型侵犯苹果公司的专利,并要求判令赔偿 1 亿日元。2013 年 6 月 21 日,日本东京地方法院做出了中间判决,认定侵权成立,同时指明对于损害赔偿问题将进一步审理。

(三)我国一审法院对权利要求的解释

与美国法院的做法一样,我国法院在审理专利侵权纠纷案件的过程中,也是分两个步骤进行。首先,法院对权利要求进行解释,在解释权利要求的过程中,当事人可以提出书面证据,例如,提供字典的含义供法院参考,提出在专利申请以及专利无效审查过程中可能导致禁止反悔的文件。另外,当事人还可以提出专家辅助人用来说明其中的技术问题。专家辅助人一般是当事人一方的技术人员或者其聘请的技术专家,专家辅助人在法律地位上并不是证人,只是帮助当事人出庭陈述技术问题。[1]

在这一点上,我国的专家辅助人与美国的证人的地位是相似的。在解释专利权利要求的庭审中,专家证言虽然称为证言,但其与一般事实审中的专家证言是不同的。

解释权利要求和判定是否侵权虽然是两个步骤,但我国法院在审理过程中并没有将这两个步骤截然分开。在案件审理过程中,我国法院一般是将解释权利要求和判定是否侵权一并进行审理。根据我国民事诉讼法规定的"谁主张谁举证"的举证责任分配规则,原告作为主张侵权方,应当向法院举证证明被控侵权产品或方法落入了专利的保护范围。为此,原告一般将专利权利要求分解为若干技术特征,将被控侵权产品或方法也分解为若干技术特征,然后就专利权利要求中的技术特征与被控侵权产品或方法中的技术特征进行比较,以证明被控侵权产品或方法中的每一个技术特征都与专利权利要求中的技术特征相同或等同。被告在反驳原告

---

〔1〕《最高人民法院关于民事诉讼证据的若干规定》第 61 条规定:"当事人可以向人民法院申请由一至二名具有专门知识的人员出庭就案件的专门性问题进行说明。人民法院准许其申请的,有关费用由提出申请的当事人负担。审判人员和当事人可以对出庭的具有专门知识的人员进行询问。经人民法院准许,可以由当事人各自申请的具有专门知识的人员就案件中的问题进行对质。具有专门知识的人员可以对鉴定人进行询问。"这里所说的"具有专门知识的人员",一般称为专家辅助人。

的上述主张时，有时会提出原告对权利要求技术特征的理解是错误的，被控侵权产品或方法中的相应技术特征与该技术特征并不相同或等同。这时双方的争议就是对权利要求解释的争议。法院会就这一争议让双方当事人提供证据并加以说明。有的法官将专利侵权的对比划分为以下三个步骤：首先，将专利权利要求中构成技术方案的全部必要技术特征或者分解成各个组成部分，并列出数量及名称，按其顺序罗列；其次，把侵权物或者侵权方法的全部技术特征找出来，列出数量及名称，并顺序地排列；最后，由法官进行对比分析，看侵权物的技术特征同专利技术方案中的必要技术特征两者在名称、数量上是否一致。[1] 可见，在我国法院审理专利侵权纠纷案件的过程中，实质上是将权利要求解释与侵权判定一并进行的。

在庭审过程中，法院一般并不对权利要求解释作出认定，也不会就权利要求解释或侵权认定做出中间判决，而是在最终判决的过程中对权利要求解释、侵权判定和损害赔偿等一并进行裁决。这样对法院和当事人来说，可以节省时间和诉讼成本。但是，当双方当事人对权利要求解释争议较大时，如果法院不对专利的保护范围进行"固定"，当事人不知道法院将如何解释权利要求，往往按照自己对权利要求的理解对是否侵权发表意见，双方观点的争议有时形不成交锋。而当法院对权利要求作出解释并一并作出判决时，会给当事人以突然袭击的感觉。当事人需要就全案准备证据，法院也就全案进行审理。有时就损害赔偿的问题进行了费时费力的审理之后，最后的结论是并不构成侵权。甚至有时在二审或再审时才因为权利要求解释的不同而认定不构成侵权，但在前面的审理过程中当事人和法院已经在损害赔偿的问题上浪费了大量的人力物力。因此，笔者认为，在当事人对如何解释权利要求存在较大争议时，应当先解决对权利要求解释的争议。在双方当事人对权利要求解释提出证据并发表了自己的观点后，合议庭对权利要求解释作出认定，并告知当事人合议庭认定的结果。这样，双方当事人在法院对权利要求作出解释的基础上对是否侵权进行举证和发表意见，使法院审理更有针对性。当然，如果从长远来说，我们可以借鉴美国和日本的做法，先就权利要求解释和侵权认定作出中间判决，然后再审理损害赔偿的争议。

二、二审法院对专利权利要求的解释

（一）美国法院二审中对专利权利要求的解释

自从 1982 年美国联邦巡回上诉法院成立后，该法院就成为唯一受理上诉案件

---

〔1〕 参见程永顺：《中国专利诉讼》，知识产权出版社 2005 年版，第 246 ~ 247 页。

的二审法院。因此,这里所说的二审法院仅指美国联邦巡回上诉法院。

在 Markman 案中,联邦巡回上诉法院认为权利要求解释是一个纯法律问题,在上诉中要对权利要求解释问题进行重新审查。当权利要求解释的问题到了二审需要重新审查时,上诉合议庭可以对地区法院基于内部证据所做的推断进行重新审查。如果上诉法院不同意地区法院的权利要求解释,它可以采用上诉人的解释,或作出新的解释。在确定了争议用语的"正确"解释后,上诉法院有三种选择:如果不正确的解释不影响判决结果,维持原审判决;如果新的权利要求导致相反的结果,撤销原审判决并作出新的判决;如果权利要求解释导致了事实问题需要地区法院进行进一步审理,撤销判决发回重审。

据统计,在上诉到二审法院的案件中,二审法院认为一审法院解释权利要求错误的占 33%,其中 81% 被上诉法院改判或发回重审。[1] 在 Cybor Corp. v. FAS Technologies, Inc.[2]案中,Radar 法官引用了一个统计,表明联邦巡回上诉法院部分或全部推翻地区法院权利要求解释的占 40%。

在针对地区法院的简易判决上诉的二审中,如果二审法院认为一审法院对权利要求的解释是错误的,一般将发回重审。因为这时没有充分的证据可以决定是否构成侵权。当地区法院经过事实审理后作出最终判决时,上诉合议庭必须考虑案卷中是否包括充分的证据以支持其根据新的权利要求解释作出判决。如果从案卷中可以看出一方当事人没有尽到举证责任,则不会发回重审。一般情况下,当事人会提供充分的证据,如果关于被控侵权产品或方法的证据不充分,则可能发回重审。

在二审的过程中,当事人可能针对权利要求解释提出不同于一审中的观点。对此,美国联邦巡回上诉法院针对不同的情况提出了不同的观点。一种情况是,当事人的主张在一审中没有得到支持,在二审中又提出了新的主张。对此,联邦巡回上诉法院在 Finnigam Corp. v. Intenational Trade Comm'n[3]案中否定的这种主张,并提出,"当事人的主张不应当是一个移动靶"。但是,在 Ekchian v. Home Depot, Inc.[4]案中,上诉人在上诉中的主张与一审的主张不一致,二审法院采纳了上诉人上诉中的主张,将案件发回重审。对此,有的学者认为,在 Ekchian 案中法院

---

〔1〕 Kimberly A. Moore, "Are District Court Judges Equipped to Resolve Patent Cases?", 12 *Federal Circuit Bar Journal* 1, 2002.

〔2〕 138 F. 3d 1448, 1476 (Fed. Cir. 1998) (en banc).

〔3〕 180 F. 3d 1354 (Fed. Cir. 1999).

〔4〕 104 F. 3d 1420 (Fed. Cir. 1999).

毫不费力地接受了专利权人主张的变化,可能是因为法院认为这种变化有助于达到真实的权利要求解释。如果重新审查的目的是得到真实的权利要求解释,而不是看哪方的主张更合理,就不在意当事人放弃了什么。重新审查的原则是不考虑是否已经放弃的内容的。上诉法院不会仅仅因为正确的权利要求是第一次提出来,就拒绝采纳正确的权利要求解释而坚持错误的解释。[1] 另一种情况是,当事人的主张在一审中得到了支持,而在上诉中仍进行了改变。在 Northern Telecom 案[2]中,三星公司在一审中提出的主张被法院采纳,在二审中又提出了新的主张,联邦巡回上诉法院使用禁止反悔原则否定了三星公司的主张。还有一种情况是,虽然一审法院采纳了有利于被上诉人的主张,而被上诉人提出更有利的权利要求解释主张,但没有提出上诉。如果该主张被接受,其后果是维持一审判决,而不是重新作出认定。在 Network Services, Inc. v. Covad Communications Group, Inc.[3] 案中,上诉合议庭采纳了被上诉人的这种主张。

二审合议庭重新解释权利要求的一个后果是,权利要求解释作为一个法律问题,可以采纳双方当事人和地区法院都没有提出的权利要求解释,一个有名的例子是 Exxon Chemical patents, Inc. v. Lubriaol Corporation 案。[4] 在一审中,Exxon 公司作为专利权人,主张将权利要求解释为一个菜谱,列出了加入到化合物中的成分。而被控侵权人主张列出的成分必须在最终产品中找出来。在被控侵权人的最终产品中,一种成分与另一种成分发生化学反应,在最终产品中找不出该成分。一审法院采纳了 Exxon 公司的解释,并以此指示陪审团,最终作出了侵权的认定。二审判决是在 Markman 案作出后的不久作出的。二审合议庭强调了法院在确定正确权利要求解释中的作用:"可能在一些案件中一方或另一方将向法院提出正确的权利要求解释。但更多的情况是,双方提出自己的权利要求是与权利要求解释、说明书及审查经过相一致的,以此来取得胜利。在任何情况下,法官的任务都不是确定双方哪一方是正确的。法官应当独立地根据权利要求、说明书、必要时的审查经过以及相关外部证据确定权利要求的含义。不管法官什么时候和以什么方式履行 Markman 案职责,在上诉中我们独立地审查权利要求解释问题而不顾及一审法院的意见。"合议庭的多数人认为权利要求中所列的是组分而不是菜单,因此拒绝了 Exxon 公司的权利要求解释。但是,合议庭也没有采纳被控侵权人的权利要求解

[1] Robert C. Kahrl, *Patent Claim Construction*, New York, Aspen Publishers, 2003, pp. 10 – 13.

[2] Northern Telecom Ltd. v. Samsung Electronics Co., 215 F. 3d 1281 (Fed. Cir. 2000).

[3] 262 F. 3d 1258 (Fed. Cir. 2001).

[4] 64 F. 3d 1553 (Fed. Cir. 1995).

释,即要求最终产品中应包括所列的组分。合议庭的多数人认为,被控侵权人的权利要求解释将强加一个暂时的标准来看化合物中的成分,这种标准在权利要求中没有提出。合议庭采纳了一个新的权利要求解释方法,认为在生产过程中的任何环节包括了所列的组分都构成侵权。虽然 Exxon 的专家证明了产品中有数量不定的无灰分散剂,但他并没有证明在生产过程中无灰分散剂的数量。因此,二审法院推翻了一审的判决。

Teva 案以后,二审法院重新解释权利要求的权利受到限制。对于一审法院基于事实认定所做的权利要求解释,二审法院不再重新进行解释,而是看原来的解释是否存在明显错误。这样,二审法院改变一审权利要求解释结论的可能性就相应减少。

(二)我国二审法院对权利要求的解释

我国《民事诉讼法》第 153 条规定:

> 第二审人民法院对上诉案件,经过审理,按照下列情形,分别处理:(一)原判决、裁定认定事实清楚,适用法律正确的,以判决、裁定方式驳回上诉,维持原判决、裁定;(二)原判决、裁定认定事实错误或者适用法律错误的,以判决、裁定方式依法改判、撤销或者变更;(三)原判决认定基本事实不清的,裁定撤销原判决,发回原审人民法院重审,或者查清事实后改判;(四)原判决遗漏当事人或者违法缺席判决等严重违反法定程序的,裁定撤销原判决,发回原审人民法院重审。原审人民法院对发回重审的案件作出判决后,当事人提起上诉的,第二审人民法院不得再次发回重审。

根据上述规定,我国法院在二审过程中,可以将案件发回重审,也可以直接改判。一般情况下,如果二审法院认为一审法院适用法律错误,会直接改判;如果二审法院认为一审法院认定事实错误,可以发回重审,也可以直接改判。

从前面的分析可以看出,我国法院是将权利要求解释的问题作为一个法律问题。因此,在二审法院判决的过程中,如果二审法院认定一审判决对权利要求的解释是错误的,一般二审法院对权利要求进行重新解释,并根据重新解释的结论作出判决。

从二审法院针对一审判决的处理结果上来说,我国法院的做法与美国法院的做法是一致的。对于二审法院发现一审法院对权利要求的解释有错误时如何处理,不必确立是改判还是发回重审的严格规则。二审法院在判决时应当灵活处理。

如果针对新的权利要求，当事人确有进一步举证和对比的必要，法院可以将案件发回重审，以免二审法院经过一次的侵权判定对比就做出终审的判决，使当事人失去对侵权判定要求进行重新审查的机会。

第三节　等同原则适用中的程序问题

在确定专利保护范围时，很多情况下涉及等同原则的适用。在等同原则适用的过程中，涉及的程序性问题等同原则的适用是原则还是例外、等同原则适用的程序等。这一节主要通过和日本的对比，分析我国法院的做法。

一、等同原则的适用是原则还是例外

等同原则的适用是原则还是例外，反映了等同原则在专利侵权判断中的重要性，对于法院是否主动适用等同原则具有重要影响。如果等同原则的适用是原则，则法院在每个专利侵权案件中都应考虑是否适用等同原则；如果等同原则的适用是例外，则法院只有特殊情况下考虑是否适用等同原则，不必在每个专利侵权案件中都考虑。

(一)日本的规定和做法

日本最高法院的"无限折动用滚珠花键轴承"判决，首先认定被控侵权物与专利发明权利要求书记载的构成要件有不同之处时，被控侵权物不在专利发明的技术范围之内。判决然后指出，如果满足等同原则的五个要件，被控侵权物仍属于专利技术的范围之内。可以看出，最高法院的上述判决将等同原则的适用作为一种例外情况。一般认为，在日本等同原则是作为"例外"适用。〔1〕日本的法官也指出，原则上只有在当事人提出明确要求时，法官才考虑适用等同原则，法官可以通过行使释明权促使专利权人提出等同侵权的主张，如果专利权人仍不提出主张，法院一般不适用等同原则。〔2〕

(二)我国的做法

中国最高人民法院《关于审理专利纠纷案件适用法律问题的若干规定》第17

〔1〕参见[日]服部健一：《日美均等论侵害比较》，载[日]村林隆一、小谷悦司编著：《特许裁判的等同原则》，经济产生调查会2003年版，第73页。

〔2〕2004年12月13日，东京地方法院法官三村量一(后为日本知识产权高等法院法官)在与笔者座谈时讲了上述内容。

条明确规定,专利权的保护范围包括与专利权利要求的必要技术特征相等同的特征所确定的范围。最高人民法院在(2001)民三提字第1号判决中也指出:“发明或者实用新型专利权的保护范围不仅包括权利要求书中明确记载的必要技术特征所确定的范围,而且也包括与该必要技术特征相等同的特征所确定的范围。”在上述司法解释的规定和最高人民法院的判决中,并没有明确是不是在当事人提出请求时才适用等同原则。但从司法解释的规定和法院判决的用语看,适用等同原则确定的范围本来就属于专利的保护范围。因此,可以理解为,适用等同原则是确定专利保护范围的原则而不是例外。在审理专利侵权纠纷案件中,法院应首先确定专利保护范围,在确定保护范围时,不但应根据权利要求的必要技术特征,还要根据相应的等同技术特征。这就是说,不管专利权人是否提出要求,法院确定保护范围可以主动适用等同原则。最高人民法院在裁决中也指出:“现行法律以及司法解释对人民法院是否可以主动适用等同原则未作规定。”〔1〕

从法院判决的情况看,法院判决书中一般不会载明原告在起诉时是否提出了等同侵权的主张。而从法院最后作出判决的情况看,如果法院作出不侵权的判决,往往以“不相同也不等同”为条件,而很少仅以“不相同”而作出不侵权的判断。法院在审判中一般在认定被控侵权物与专利权利要求的必要技术特征存在不同之处时,分析不同之处是否是等同技术特征,只有认定被控侵权技术与专利技术既不相同,也不等同之后才认定侵权不成立。

在有些案件中,被控侵权人在二审中对一审法院主动适用等同原则的做法提出质疑。例如,在浙江华立通信集团有限公司诉深圳三星科健移动通信技术有限公司、戴钢侵害发明专利权纠纷案中,被告在上诉中提出:“原判超出华立公司的主张,主动适用等同原则认定侵权存在错误。”〔2〕在南京江标集团有限责任公司与程在中侵犯专利权纠纷案中,被告在上诉中提出:“被上诉人一直认为上诉人的产品与其专利相同,上诉人也一直以不同进行答辩,而且一审法院在庭审中向被上诉人明示了相同与等同的区别并数次要求被上诉人进行选择时,被上诉人仍然认为上诉人的产品与其专利相同,因此,上诉人一审过程中从未从等同角度进行答辩。而一审法院在判决时却突然主动适用等同原则进行侵权判定,剥夺了上诉人就等同问题进行抗辩的权利和机会。”〔3〕但上述两个案件二审判决均认定不构成侵权,法院也未对主动适用等同原则的问题进行详细的分析。

---

〔1〕 最高人民法院(2009)民申字第239号民事裁定书。

〔2〕 浙江省高级人民法院(2009)浙知终字第83号民事判决书。

〔3〕 江苏省高级人民法院(2004)苏民三终字第104号民事判决书。

北京市高级人民法院制定的《专利侵权判断指南 2017》第 44 条指出："在专利侵权判定中，在相同侵权不成立的情况下，应当判断是否构成等同侵权。被诉侵权技术方案构成等同侵权应当有充分的证据支持，权利人应当举证或进行充分说明。"这一规定也明确了法院应主动进行等同原则的判断，同时也明确了权利人的举证责任。

可见，从我国有关司法解释的规定和法院判决看，我国将等同原则的适用作为原则，不管当事人是否提出适用等同原则的请求，法院会主动考虑等同原则的问题。而且如果一审法院没有适用等同原则，二审法院仍可以主动适用等同原则。这种做法有利于保护权利人的利益，但也带来了法院工作量的增加。从美国、日本和我国适用等同原则的趋势看，认定构成等同的案件呈下降的趋势。美国和日本学者都有人提出等同原则消亡的问题。当然，所谓的等同原则消亡主要是指等同原则的重要性降低。随着等同原则重要性的降低，需要重新考虑主动适用等同原则的必要性，并在适当时机改变主动适用的做法。

（三）对等同原则是原则还是例外的分析

法院主动适用等同原则有利于对专利权人的保护。目前在我国的专利诉讼中，有些专利权人没有委托律师或者专利代理人参加诉讼，而专利权人有时对于如何确定专利权的保护范围还不清楚，有的甚至不知道确定专利保护范围时可以适用等同原则。在这种情况下，如果将等同原则作为侵权判定的例外，在专利权人没有要求适用等同原则时法院只对是否构成相同侵权进行审理，有可能会将等同侵权者认定为不侵权。即使允许专利权人再提起等同侵权的诉讼，也会给当事人和法院带来诉累，并且有时可能因为证据的丧失而使专利权得不到有效的保护。因此，我国目前将等同原则作为侵权判断的原则，法院主动适用等同原则是有必要的。

但是，从另一方面来说，在专利权人没有提出等同侵权指控的情况下，被控侵权人无法就被控侵权产品的技术特征与专利相应技术特征并不等同提出有效的抗辩意见，更无法有针对性的提供证据。这时，如果法院在双方没有就相关技术特征是否等同进行举证和辩论的情况下就主动适用等同原则，并认定等同成立，对于被控侵权人来说是突然袭击。特别是在一审并没有就是否等同进行审理的情况下，如果二审法院直接认定等同成立，对于被控侵权人来说，还没有来得及举证和陈述意见，就出现了对其不利的终审判决。被控侵权人只能通过再审程序对等同认定提出自己的意见。这对于被控侵权人来说也是不公平的。

笔者认为，为了平衡专利权人和被控侵权人的利益，应当规范等同原则适用的条件。在作为原告的专利权人只提出相同侵权的指控,或者专利权人提出侵权指控但没有明确是相同侵权还是等同侵权时,一审法院应当向原告说明等同原则适用的条件及后果,并让原告明确是否主张等同侵权。如果原告只主张相同侵权,应当记录在案,在诉讼过程中原告不能再提出等同侵权的主张,法院也不对是否构成等同侵权进行审理。如果原告提出等同侵权的指控,法院也应当记录在案,并告知原告就等同侵权提供证据并说明等同的理由。这时,被控侵权人可以针对原告的证据和理由进行举证和反驳。如果权利人虽提出等同侵权的主张,但未提供相应的证据,诉讼中的其他证据又不足以支持构成等同的主张的,法院可以认定不构成等同。

二、等同原则各要件适用的顺序

从各个国家适用等同原则的规定和判决看,认定等同的要件一般不止一个。这时就存在按照什么顺序适用等同原则的各要件的问题。但是,从各国的有关规定、判决和学者的论述看,很少涉及这个问题。这是因为,等同原则的各个要件都是认定等同的必要条件,只有具备了全部要件,才能认定等同成立。从这个意义上说,等同原则各要件的适用顺序并没有法律上的意义,只是在程序上来说如何方便可行的问题,因此是一个相对来说不太重要的问题。笔者在想到这个问题时,所能借鉴的资料并不多,主要是日本的资料。

日本最高法院将适用等同的要件分为五个,日本学者将前三个要件(非本质部分、置换可能性和置换容易性)称为积极要件,后两个要件(非公知技术和特别事由)称为消极要件。日本法院适用等同原则要件的顺序一般是:第二、第一、第三再到第四和第五要件,其中第四和第五要件一般只在当事人提出主张时考虑。[1] 但是,也有的判决不是按照上述顺序来适用的。从 1998 年 2 月至 2001 年 1 月日本下级法院判决的情况看,适用等同原则的类型主要有:第一类型是五个要件全部认可,等同成立;第二类型是要件一至三任何要件不满足,等同不成立;第三类型是要件一至三全部满足,但因要件四或五不满足而认定等同不成立;第四类型不考虑要件一至三,只以要件四或五不满足而认定等同不成立;第五类型是要件一至三任何要件不满足,另外,要件四或五也不满足,从而判决等同不成立。[2]

---

〔1〕 2004 年 12 月 13 日,东京地方法院法官三村量一在与笔者座谈时讲了上述内容。

〔2〕 远藤诚:《Ball Spline 事件最高法院判决以后均等论的适用》,载《判例时报》第 1051 期(2001 年 4 月 1 日)。

我国适用等同原则的积极要件主要是两个：一是手段、功能、效果的基本相同；二是本领域普通技术人员不经过创造性劳动就能够联想到。另外，禁止反悔原则、捐献规则、特意排除规则等都是限定等同原则适用的消极要件，现有技术抗辩也可以对抗权利人的等同主张。这样，在等同原则适用的过程中，也存在如何适用上述各要件的问题。在认定“手段、功能、效果的基本相同”时，还存在手段、功能、效果认定的先后问题。

从法院的判决看，我国法院在适用等同原则时，首先看认定等同的积极要件，一般首先考虑手段、功能、效果是否基本相同然后再考虑本领域普通技术人员是否不经过创造性劳动就能够联想到。而在考虑手段、功能、效果是否基本相同时，北京市高级人民法院《专利侵权判断指南 2017》第 50 条规定：“在判定是否构成等同侵权时，对手段、功能、效果以及是否需要创造性劳动应当依次进行判断，但手段、功能、效果的判断起主要作用。”但从法院的判决看，很少有判决按手段、功能、效果的顺序全部进行判决。多数情况下，三者之间没有固定的顺序。法院一般在判决书中先对“不基本相同”的要件进行分析，只要一个要件不基本相同，其余要件就不用再分析。

对于认定等同的消极要件，涉及法院是否主动适用以及适用的顺序问题。对于禁止反悔原则的适用，最高人民法院在 2009 年判决中明确了应主动适用禁止反悔原则。[1] 而在之前 2001 年的(2001)民三提字第 1 号判决中提到“本院还查阅了机芯总厂专利的申请文档，证实该专利独立权利要求 1 和权利要求 9 记载的盲板固定在防震限位装置上这一必要技术特征，并不是专利权人为了获得专利授权而在审查员的建议下特别进行修改的，故也不属于禁止反悔的情况”。这一判决，虽然没有明确提出主动适用禁止反悔原则的问题，但在判决时实际上主动审查了禁止反悔的问题，并且法院还主动查找禁止反悔的证据，主动查阅有关专利文档。笔者认为，禁止反悔原则作为等同原则适用的障碍，具有一定的客观性。即使当事人没有提出主动，法院发现了可以适用禁止反悔原则的证据，主动适用禁止反悔原则，有其合理性和必要性。但如果现有证据中没有可导致禁止反悔原则适用的证据，法院不应主动寻找证据，否则不但对于专利权人不公平，而且会不合理地增加法院的工作负担。

关于禁止反悔原则适用时与等同原则积极要件的适用顺序，最高人民法院的司法解释并没有做出规定。法院在适用时，有时是在认定“手段、功能、效果”是否基本

---

〔1〕 沈其衡与上海盛懋交通设施工程有限公司专利侵权案，最高人民法院(2009)民申字第 239 号裁定。

相同时结合禁止反悔原则一并做出认定,有时是在认定符合等同的积极要件后再认定禁止反悔的主张不成立。笔者认为,对于禁止反悔原则适用的顺序不应做严格的限制,法院可根据实际情况,从方便合理和节省工作量的角度考虑适用禁止反悔原则的顺序。例如,法院在认定禁止反悔原则成立的情况下,就没有必要抛开该原则的适用,先认定"手段、功能、效果"基本相同,再通过禁止反悔原则否定等同的适用。

捐献规则、特意排除规则同样作为限制等同原则适用的障碍,与禁止反悔原则有相似之外。但不同的是,捐献规则和特意排除规则一般不需要使用外部证据,仅仅通过说明书和权利要求就可以做出判断。既然法院可以主动适用禁止反悔原则,当然也可以主动适用捐献规则、特意排除规则。其适用的顺序与禁止反悔原则一样,也不应做严格的限定。

现有技术抗辩虽然不是用来限制等同原则的,但在适用时也会涉及与等同原则适用的顺序问题。针对权利人提出的等同侵权的主张,被控侵权人可能提出现有技术抗辩。在适用时,现有技术抗辩与等同原则适用也不应有固定的顺序。如果现有技术抗辩成立,则应当先审理现有技术抗辩,这样就不必再进行等同原则的认定。如果现有技术抗辩不成立,则可以在适用等同原则前分析现有技术抗辩问题,也可以在适用等同原则后再分析现有技术抗辩问题。

总的来看,日本比较注重等同原则各要件的适用顺序,法院在判决中采用大致相同顺序。中国法院在适用等同原则时有一些相似的顺序,但也有很多不同的做法。各要件的适用顺序并不会影响最后的结论,主要涉及方便合理的问题。法院应当根据具体的案情,合理确定适用等同原则各要件的顺序。

第四节 权利要求解释的一致性和终局性

在专利侵权诉讼的过程中,一审法院和上诉审法院都要对权利要求进行解释。这样,在一个侵权案件中,法院可能会两次以上地进行权利要求解释。另外,根据同一专利的同一权利要求,专利权人可能会提起不同的侵权诉讼。这样,还会出现同一权利要求在不同的管辖区法院进行解释的情况。对于专利权人和社会公众而言,他们都希望不同法院解释权利要求的结论是一致的,并且一旦某一法院对权利要求作出解释以后,其结论就是终局性的。这样,专利权人就可以准确地判断他人是否侵权,社会公众也可以有意识地不从事侵犯专利权的行为,以及有目的地进行专利设计。因此,如何使专利权利要求解释具有一致性,是各国专利司法实践中都遇到的问题。本节主要考察其他国家在解决权利要求解释一致性问题上的做法，并对我国如何解决这一问题进行分析。

一、美国权利要求解释的一致性和终局性

（一）美国联邦巡回上诉法院与权利要求解释的一致性

使权利要求解释具有一致性的一个重要措施就是设立一个统一的终审法院。这是美国设立联邦巡回上诉法院的目的之一。在美国联邦巡回上诉法院设立之前，专利上诉案件归作出判决的地区法院所在的区域性上诉法院受理。这种体制受到了人们的批评，因为它导致了判决结果的不一致。巡回区域之间的差异激起了选择管辖法院之争。甚至还存在同一专利而作出不同裁决的风险，因为对于一个法院作出的判决，只有某个被侵权人并非该判决所涉诉讼的当事人，则该判决对其并无拘束力。[1]

联邦巡回上诉法院对美国所有专利上诉案件具有管辖权，这样就保证了联邦巡回上诉法院对权利要求的解释影响所有地区法院，有力地促进了权利要求解释的一致性。

（二）专利权利要求解释终局性的工具

除了设立统一的专利终审法院以外，美国还有使法院判决具有一致性的规定，即终局性工具（tools of finality）。这些终局性工具在一定程度上保证了专利权利要求解释的一致性。终局性工具主要有以下三个：[2]

1. 一事不再理（res judicata）

"一事不再理"在终局性原则中具有最大的力量和最小的适用性。一旦双方当事人已经就某一诉求提起诉讼并得到法院最终判决，该诉因就不能再提起诉讼。"一事不再理"有时被称为诉讼请求预先排除，对于后来的诉讼来说是一个绝对障碍，只要它与判决有关，不管法院是否实际上考虑了证据，或者是否进行了主观推理。但是，"一事不再理"很少适用，因为它要求满足同一当事人以及同一诉讼理由。它对于权利要求解释并不具有终局性，只是对案件本身具有终局性。

2. 附带禁止反悔（collateral estoppel）

附带禁止反悔具有更小的动力和更大的适用性。根据此原则，一旦法院就双

---

〔1〕 参见［美］威廉·M. 兰德斯、理查德·A. 波斯纳：《知识产权法的经济结构》，金海军译，北京大学出版社2005年版，第425～426页。

〔2〕 Robert C. Kahrl, *Patent Claim Construction*, New York, Aspen Publishers, 2003, pp. 14-4—14-6.

方当事人争议的问题实际作出判决,推理就适用于第三方对败诉方提起的不同诉因的诉讼中。附带禁止反悔,有时被称为问题预先排除,可以排除一方当事人在以前的诉讼中采取与法院推理不同的立场。

3. 照章办事(stare decisis)

这是最广泛适用的,也是力量最小的。照章办事并不是防御性的,只是在相似事实场景下寻求相同法律推理的原则。照章办事是相同法律规则适用于相似事实的原则。照章办事适用于法律问题而不考虑当事人,在先前的诉讼中关于法律问题的推理作出后,对于先例案件的无关的人也受制于这一推理。在专利案件中,所有地区法院以及联邦巡回上诉法院,都遵循照章办事原则,将联邦巡回上诉法院的推理适用于具有相同事实的其他案件。由于权利要求解释是一个法律问题,权利要求解释受制于照章办事规则。正如美国最高法院在 Markman 案中指出的:“将权利要求解释问题作为一个纯法律问题,将通过照章办事规则的适用,促进在还没有归于一个上诉法院管辖的问题上司法区之间的确定性。”[1]

(三)联邦巡回上诉法院和地区法院权利要求解释的终局性

1. 联邦巡回上诉法院权利要求解释的终局性

当联邦巡回上诉法院对专利权利要求作出解释后,其结论将适用于该案的后续程序。联邦巡回上诉法院对权利要求的解释对其辖区内的下级法院具有权威性和约束力。这种约束力不仅适用于发回重审的同一案件,而且适用于照章办事规则和附带禁止反悔规则的其后的诉讼。在联邦巡回上诉法院将该案发回重审时,重审的地区法院将依据联邦巡回上诉法院对权利要求的解释进行审理。除此之外,联邦巡回上诉法院的结论还可以适用于以后根据该专利而产生的诉讼,不管当事人与前一案件的当事人是否相同。这是因为,美国法院将权利要求解释作为纯法律问题,专利权利要求解释是统一的,不根据事实的不同而变化,因此,其后的当事人可以指望以前的权利要求解释适用于在后的案件,不管这种解释是否对他有利。[2]

在 Wang Laboratories, Inc. v. Oki Electric Industry Co., Ltd.[3]案中,涉诉的专利曾在另一个案件中被认为有效且构成侵权,并且联邦巡回上诉法院维持了地区法院的认定。Oki 公司的产品与上一案件中被控侵权产品相似,Oki 主张前一个案件不能对该案具有约束力,因为被告在上一个案件中并没有机会参加诉讼。地区

---

[1] Markman v. Westview Instruments, Inc. 517 U. S. 370 (1996).

[2] Robert C. Kahrl, *Patent Claim Construction*, New York, Aspen Publishers, 2003, pp. 3 - 4.

[3] 15 F. Supp. 2d 166 (D. Mass. 1998).

法院驳回了这种主张,认为:"虽然它不能参加上一案件的庭审,Oki 公司仍受上一案件确立的原则的约束。"由于地区法院必须遵循联邦巡回上诉法院对专利法的解释,而权利要求解释是一个纯法律问题,联邦巡回上诉法院的权利要求解释对下级法院具有约束力。联邦巡回上诉法院在 Ramos v. Boehringer Mannheim[1]案中指出,虽然对于地区法院是否遵循其他地区法院的权利要求解释还存在问题,但一旦联邦巡回上诉法院解释了权利要求,其他地区法院必须遵守。

联邦巡回上诉法院认为,其权利要求解释对专利权人具有约束力,可以阻止专利权人就权利要求解释问题再次提起诉讼。当权利要求的含义对于前一个案件的结果至关重要时,其含义不能在针对该专利提起的另一个案件中成为提起诉讼的目标。当权利要求解释问题在前一个案件中并不是必须时,其结果并不限制在后一个案件中提出新的权利要求解释。[2]

2. 地区法院权利要求解释的终局性

当地区法院就权利要求作出解释后,也存在对其他地区法院以及对于当事人以外的第三人是否具有拘束力的问题。对此,美国并没有特别的规则。地区法院的认定对第三方具有终局性的基础适用于普通法的规定。在 A. B. Dick Company v. Burroughs Co.[3]案中,联邦巡回上诉法院列举了附带禁止反悔的条件:"只有在符合以下条件时附带禁止反悔才是合适的:第一,与前一案件涉及的是相同的问题;第二,在前一个案件诉讼中实际地涉及这一问题;第三,前一个案件的最后判决必须解决这一问题;第四,在前一案件中原告有充分和合理的机会对这一问题进行诉讼。"从美国地区法院判决的情况看,即使符合上述条件,地区法院也并不是一律适用附带禁止反悔。[4]

美国学者认为,从地区法院的判决看,对于一个地区法院的权利要求解释是否适用于其后对另一个被控侵权人的诉讼,有两个重要的原则:第一,地区法院对权利要求的解释,除非它在上诉中被上诉法院采纳,否则不具有照章办事的作用。因此,如果当事人不同,一个地区法院不必采纳另一个地区法院对权利要求的解释。如果地区法院的案件上诉到上诉法院,上诉法院维持了判决,但没有对权利要求解

---

〔1〕 No. 95 - 1063, 1995 U. S. App. LEXIS 25870.

〔2〕 Robert C. Kahrl, *Patent Claim Construction*, New York, Aspen Publishers, 2003, pp. 14 - 10.

〔3〕 713 F. 2d 700, 218 USPQ2d 965 (Fed. Cir. 1983).

〔4〕 例如,在 Abbott Laboratories. v. ADey L. P. (110 F. Supp. 2d 667 N. D. 2000)案中,地区法院考虑了另一地区法院的判决作为排除的依据。法院认为,即使符合上面的四个要件,如果根据案件的具体情况,适用排除规则将是不公平的,法院也可以否定其他地区法院的判决具有预先排除的效果。

释进行分析,这时地区法院的权利要求解释对于其他地区法院是否具有约束力还是一个悬而未决的问题。只有联邦巡回上诉法院在上诉中考虑了权利要求解释问题,并且作出了认定,其认定才是具有约束力的,包括对于以前没有参加诉讼的当事人。第二,因为适用附带禁止反悔原则,专利权人可能受专利权利要求解释的约束,即使没有提起上诉。与照章办事原则不同,附带禁止反悔可以适用于地区法院的判决,不管是否提起上诉,即使上诉还在审理中。一个认定不侵权的判决对于专利权人可以具有约束力,使其针对相似的产品不能主张不同的权利要求。但是,一个认定侵权的判决不具有禁止反悔的作用,因为附带禁止反悔不能适用于陌生人。当被控侵权人在第二个案件中对专利权人主张适用附带禁止反悔时,法院必须仔细审查是否符合适用的标准。[1]

可以看出,美国联邦巡回上诉法院对权利要求的解释具有较强的终局性,对于所有地区法院都具有约束力。而地区法院对权利要求的解释在符合一定条件的情况下,也可以约束其他地区法院和当事人。

(四)地区法院的差异性和当事人选择管辖问题

虽然美国联邦巡回上诉法院作为专利侵权案件的唯一上诉法院,在一定程度上保证了权利要求解释的一致性,也可以促进了地区法院权利要求解释的一致性。但是,地区法院之间仍存在差异,并且在某些方面有很明显的差异性。例如,审理规则方式的差异,陪审员裁决的赔偿数额方面的差异等。这些差异使有些法院更倾向于专利权人,其中最有名的就是得克萨斯东区法院。得克萨斯州是美国首屈一指的农业州,由于对高科技产业的不熟悉,当地法官制定了对专利所有方更加友好的规则。得克萨斯东区受理的专利案件,一直居于全美94个联邦法院分区首位。1999年,得克萨斯州东区法院受理的专利案件是14件。到了2003年,收案数已经增加到55个。2015年,这个数字到达了2500件。上述案件很多是当事人选择管辖的结果,很多专利主张实体并不是在被告所地的地区法院提起专利侵权诉讼,而是在得克萨斯州设立名义上的企业,然后在得克萨斯州东区提起诉讼。

在权利要求解释方面,联邦巡回上诉法院的统一标准限制了地区法院解释标准的差异性。但在权利要求的程序方面,各地法院的做法并不一样。例如,在得克萨斯东区法院,权利要求的程序要求每一方在10天内提交每一方希望法院解释的"术语、短语或条款"的清单。这条规则至少有三个目的。第一,每一方都有机会告诉法庭,哪些声明条款可能含糊不清。第二,在诉讼早期确定和界定不明确的条

[1] Robert C. Kahrl, *Patent Claim Construction*, New York, Aspen Publishers, 2003, pp. 14-14—14-15.

款,可以让每一方重点关注其论点。第三,指出具体的术语,让法官决定这些术语是什么意思帮助法官更好地了解技术,并获得更准确的结果。该规则还为每一方提供了提出权利要求解释的机会。各方提出其提出的权利要求解释建议允许每一方对法官就有关技术进行说明。当法官判定权利要求的含义后,双方可以更有效地进行诉讼。[1]

针对专利权利人选择管辖法院的问题,美国学者和专家不断提出限制权利人选择权的建议。

2017 年 5 月 22 日,美国联邦最高法院就 TC Heartland LLC v. Kraft Foods Group Brands,LLC 一案做出了判决。[2] 最高法院在判决中限制可以提起专利诉讼的法院,并再次确认,对于美国国内公司而言,被告“所在地”仅指公司注册地。因此,原告只能在以下地方提起专利诉讼:(1)被告公司注册地;或(2)侵权行为发生地且被告在此地有“长期固定的营业场所”。按照该判决确定的管辖规则,原告不能再选择既非被告注册地又非其长期固定营业地的地区发起诉讼。

二、日本权利要求解释的一致性和终局性

和美国一样,日本专利纠纷案件的管辖也经历了从分散到集中的过程。1996 年开始实施的民事诉讼法对专利权、实用新型权、集成电路布图设计权和软件著作权的管辖作了特别规定。根据该法第 6 条的规定,上述类型的案件,当东京、名古屋、仙台和札幌四个高等法院的地方法院有管辖权时,当事人既可以向这些地方的地方法院提起诉讼,也可以向东京地方法院提起诉讼;当大阪、广岛、福冈和高松这四个高等法院的地方法院有管辖权时,当事人既可以向这些地方的地方法院提起诉讼,也可以向大阪地方法院提起诉讼。上述规定,确立了对专利纠纷案件的竞合管辖,使东京和大阪这两个地方法院和相应的东京高等法院、大阪高等法院成为审理上述知识产权案件的主要法院。2003 年日本民事诉讼法修改时将专利等案件的竞合管辖修改为专属管辖。修订后的《民事诉讼法》第 6 条第 1 项规定,专利权、实用新型权、集成电路布图设计权和软件著作权案件,东京、名古屋、仙台和札幌四个高等法院所辖区域内的案件归东京地方法院专属管辖;大阪、广岛、福冈和高松这四个高等法院所辖区域内的案件归大阪地方法院专属管辖。同时,2003 年民事诉

---

〔1〕 Megan Woodhouse,“Shop ’til You Drop:Implementing Federal Rules of Patent Litigation Procedure to Wear out Forum Shopping Patent Plaintiffs”,99 *Geo. L. J.* 227,2010.

〔2〕 581 U. S. _ (2017).

讼法的修改还将专利等案件的上诉审归东京高等法院专属管辖。修订后的民事诉讼法第6条第3项规定,就大阪地方法院就上述案件作出的判决的控诉,由东京高等法院专属管辖。由于东京高等法院本来就是东京地方法院的控诉管辖法院,这样,所有涉及专利权、实用新型权、集成电路布图设计权和软件著作权案件的控诉审,全部归东京高等法院管辖。

2004年6月11日,日本国会通过了《知识产权高等法院设置法》。2005年4月1日,日本知识产权高等法院正式成立。该法院是作为东京高等法院的一个支部设立的,其审理的案件包括东京高等法院所管辖的与专利权、实用新型权、外观设计权等有关的诉讼。这样,目前日本专利侵权纠纷案件的一审法院只有东京和大阪两个地方法院,而上诉法院只有日本知识产权高等法院。这种法院审判体制的设立,极大地促进了权利要求解释的一致性。

三、我国权利要求解释的一致性和终局性

(一)我国专利审判法院的设置

根据2015年修订的《最高人民法院关于审理专利纠纷案件适用法律问题的若干规定》第2条的规定,"专利纠纷第一审案件,由各省、自治区、直辖市人民政府所在地的中级人民法院和最高人民法院指定的中级人民法院管辖。最高人民法院根据实际情况,可以指定基层人民法院管辖第一审专利纠纷案件。"从开展专利审判工作以来的很长一段时间内,具有专利案件管辖权的法院一直呈增长的趋势。直到2009年,最高人民法院才提出"严格控制新增专利案件管辖权的中级人民法院的数量"。[1]截至2013年年底,全国具有专利案件管辖权的中级人民法院为87个,具有实用新型和外观设计专利纠纷案件管辖权的基层人民法院为7个。[2]之后,随着北京、上海、广州知识产权法院的设立,具有专利案件管辖权的中级人民法院的数量相应减少,但数量仍有七八十个。而审理专利侵权纠纷二审案件的法院是各高级人民法院(共31个)。根据我国民事诉讼法确立的"两审终审"制的诉讼模式,各高级人民法院作出的二审判决即为生效的终审判决。虽然当事人对于终审判决不服的可以通过申诉的方式向最高人民法院申请再审,但最高人民法院只可能对极个别的案件提起再审。因此,根据目前的专利侵权纠纷案件审判体制,各具有专利案件管辖权的中级法院在审理专利侵权纠纷案件的过程中可以对权利要求

---

〔1〕 最高人民法院《关于贯彻实施国家知识产权战略若干问题的意见》(法发〔2009〕16号)。

〔2〕 参见最高人民法院:《中国法院知识产权司法保护状况(2013年)》。

作出解释，各高级人民法院在审理专利侵权纠纷上诉案件中可以对权利要求作出发生法律效力的解释。

（二）我国权利要求解释一致性的规则

作为成文法国家，我国法院在审判过程中以法律、法规作为审判的依据。为了保证法律适用的统一性，最高人民法院通过制定司法解释的方式统一全国适用法律的标准。虽然同一法院一般会按照同样的标准适用法律，下级法院一般也会按照上级法院适用法律的标准适用法律，但从法律制度上来说，下级法院并没有遵循上级法院判决的规定，同一法院也没有遵循在先判决的规定。因此，有时会出现同一法院前后两个案件中适用法律的标准不一致，下级法院与上级法院在先判决中适用法律的标准不一致的现象。

在我国民事诉讼理论中承认民事判决的既判力。既判力的理论不足以使法院在专利侵权诉讼中权利要求解释的一致性。既判力的基本含义是，一旦终局判决确定或者生效，它就成为解决纠纷的最终判断。它不但拘束双方当事人服从该判断的内容，使其不得重复提出同一争执，同时法院也必须尊重自己所作出的判断，即使是把同一事项再次作为问题在诉讼中提出时，也应以该判断为基础判断当事人之间的关系。换言之，确定判决所表示的判断不论对当事人还是对法院都有强制性的通用力，当事人不得主张相反之内容，法院亦不得为内容矛盾之判断。既判力主观范围限于当事人，不及于第三者。既判力原则上以判决主文中的判断事项为限，判决理由没有既判力。

虽然在最高人民法院《关于民事诉讼证据的若干规定》中规定，已为人民法院发生法律效力的裁判所确认的事实，当事人无须举证证明。但法院对权利要求的解释并不是认定事实，因此，当事人不能依据法院在以前案件中对权利要求的解释而要求法院在其后的案件中作出同样的解释。法院对专利权利要求的解释是一个法律问题，每一个法院都可以在审理具体案件的过程中重新作出解释。对于同样的权利要求，同一法院的不同合议庭可能作出不同的解释，并且下级法院可能作出与上级法院的在先判决不同的解释。

（三）我国权利要求解释一致性上的问题及解决建议

由于我国有多个法院审理专利侵权纠纷案件，而法院审判过程中又没有遵循先例的规定，这非常容易出现不同的法院对同一专利权利要求作出不同解释的情况。事实上，这种现象在我国很早就已经出现，并且困扰着当事人和法院。早在2003年，最高人民法院知识产权庭负责人指出：“据我们了解，相同的案件，有的法院判侵权，有的法院判不侵权的情况还是存在的，有损人民法院的威信和法官的社会形象,社会影响也不好。"[1] 例如,(法国)格兰德—派罗斯公司(Grande Paroisse S. A.)曾就其第86105683号中国专利"浓缩硝酸铵溶液的制备方法"在山西、陕西和河北起诉使用相同方法的被告。太原中级人民法院于2002年8月12日以(1999)并知初字第91号判决驳回诉讼请求。[山西高级人民法院以(2003)晋民三终字第27号民事判决维持原判。]2002年12月12日,西安中级人民法院作出(1999)西经初字第443号民事判决,驳回原告专利侵权的诉讼请求。[陕西高级人民法院于(2003)陕民三终字第15号民事判决维持原判。]2004年12月10日,石家庄中级人民法院作出(1999)石知初字第162号判决,认定被告构成侵权,判令被告赔偿原告损失50万元。再如,元大金属实业(深圳)有限公司曾就其"一种可拆的方向把式车把手"实用新型专利分别在上海、广东和浙江起诉制造相同产品的被告。上海市高级人民法院(2003)沪高民三(知)终字第6号民事判决认定不构成侵权;广东省高级人民法院(2003)粤高法民三终字第61号民事判决认定构成侵权;浙江省高级人民法院(2002)浙经二终字第154号民事判决认定构成侵权(撤销了杭州市中级人民法院认定不构成侵权的判决)。上述两个例子中,针对同一个权利要求,三个法院作出了不一致的判决,并且其原因都是因为权利要求解释或等同原则的适用造成的。

近些年来,这种因权利要求解释的原因而造成的"同案不同判"的现象已经很少见,但不同法院在权利要求解释方面的差异性仍然存在,影响着专利保护范围的可预测性,也会造成权利人选择对自己有利的法院。在增加法院判决的一致性方面,除了最高人民法院通过制定司法解释明确规则和尺度以外,最近几年还采取了一些其他措施。

其中一项措施是案例指导制度。1999年10月,最高人民法院发布的《人民法院改革纲要》指出,"2000年起,经最高人民法院审判委员会讨论,决定适用法律问题的典型案件予以公布,供下级法院审判类似案件时参考"。2005年,《人民法院第二个五年改革纲要》(2004～2008)第一次正式提出"建立和完善案例指导制"。2009年,中央政法委要求:"中央政法机关要加快构建具有地域性、层级性、程序性的符合中国国情的案例指导制,充分发挥指导性案例在规范自由裁量权、直辖市法制统一性的地区差别性中的作用,减少裁量的随意性。"2010年4月,中央政法委出台《关于案例指导工作的规定》。这一规定明确了指导性案例的发布主体、选择范围、工作机构及推荐、审查、报审、讨论、发布、编纂等程序,确立了指导性案件的效

---

[1] 《蒋志培庭长在全国专利审判工作座谈会上的总结讲话》(2003年11月)。

力。对全国法院审判、执行工作具有指导作用的指导性案例,由最高人民法院确定并统一发布。最高人民法院发布的指导性案例,各级人民法院审判类似案例时应当参照。截至2017年3月,最高人民法院共发布了指导案例87件,其中有6件为专利案件。案例指导制度有助于统一各级法院的执法尺度。

另一项措施是知识产权法院的设立及集中管辖的实施。2014年11月3日,最高人民法院发布《关于北京、上海和广州知识产权法院案件管辖的规定》,进一步明确了知识产权法院的一审案件管辖范围、跨区域管辖的案件类型、知识产权授权确权案件范围等重要问题,彻底实现了知识产权法院及其所在地高级人民法院民事和行政审判"二合一",即由知识产权法院及其所在地高级人民法院知识产权审判庭统一管辖和审理涉及知识产权的全部民事和行政案件。另外,最高人民法院为积极探索以集中管辖的方式提高知识产权审判工作的专业化程度,统一裁判尺度,以全国第一家知识产权跨区域管辖法庭——重庆市两江新区知识产权法庭为样板,探讨在其他省市和地区建立知识产权法庭跨区域管辖知识产权案件的可行性,并于2017年1月起草并下发《最高人民法院关于同意南京、苏州、武汉、成都市中级人民法院内设专门审判机构并跨区域管辖部分知识产权案件的批复》,目前南京、苏州、成都、武汉等地的知识产权法庭已经挂牌成立;继续推动知识产权民事、行政、刑事案件审判"三合一"工作的进行,于上半年完成对各省法院"三合一"方案的审定和具体实施。三个知识产权法院的设立以及跨区域知识产权法庭的设立,在所涉及的地域范围内使专利案件管辖集中,减少了法院判决的差异性。

另外,北京知识产权法院在最高人民法院案例指导制度的基础上,借助最高人民法院知识产权案例指导研究(北京)基地(以下简称基地),在北京推行以先例判决指导审判工作的制度。根据《北京知识产权法院案例指导工作实行办法(草案)》第7条的规定,将先例的效力等级从高到低分为以下九级:最高法院指导性案例、最高法院年度案例、最高法院的其他先例、高级法院典型案例、高级法院参阅案例、高级法院的其他先例、中级法院先例、基层法院先例和域外先例。

为了进一步统一权利要求解释的做法,最根本的解决措施是建立知识产权上诉法院。从美国、日本的经验看,知识产权上诉法院统一执法尺度的有效措施。我国目前建立的知识产权法院主要是专利案件的一审法院,尽管在一定范围内有助于裁判标准的统一,但并不能解决最终尺度的一致性问题。我国多年来在探讨知识产权上诉法院的问题,并已经提出议事日程。2016年,最高人民法院副院长陶凯元在第二次知识产权法院工作座谈会上指出,最高人民法院计划成立"京津冀技术类案件跨区域管辖工作领导小组",统筹协调在京津冀率先推进知识产权法院案件审判体制改革。要抓紧研究试点具体方案,切实发挥知识产权专门化审判在推动京津冀创新驱动发展方面的作用,为京津冀形成协调创新共同体、实现经济转型和科学发展提供有力司法支持。要从国家战略的高度探索建立国家层面知识产权上诉法院,会同有关部门充分论证,细化完善设立方案,扎实推进国家知识产权上诉法院设立。“国家层面的知识产权高级法院作为全国涉及专利、植物新品种、集成电路布图设计、技术秘密、计算机软件等技术类知识产权案件的上诉管辖法院,可以有效地统一知识产权司法裁判标准,极大地提高司法效率。”〔1〕

在知识产权上诉法院建立前,人民法院可以在指导案例制度的基础上实行在解释权利要求时遵循先例的制度。具体而言,当某一法院对权利要求作出解释后,在该判决没有被撤销时,该法院在后判决中对于同一权利要求应作出同样的解释;当上级法院对权利要求作出解释时,其辖区内的下级法院应当按照上级法院的解释进行解释;当同一级别的其他法院对权利要求作出解释时,其他法院如果要作出不同的解释,应当报请上级法院同意。这样可以在一定程度上保证权利要求解释的一致性和终局性,增强专利权利保护范围的确定性和可预见性。

〔1〕 陶凯元:《发挥司法保护知识产权的主导作用》,载《人民法院报》2016年3月19日,第4版。

结束语　我们如何解释权利要求[1]

专利制度经过几百年的发展,形成了以权利要求为核心的现代专利制度。专利权利要求具有界定发明和向社会公示发明保护范围的双重作用,有利于实现专利法鼓励发明和促进科技应用和推广之目的。对于专利法上述目的的实现,专利权利要求解释发挥着重要的作用。专利权利要求解释是专利制度中的重要环节。特别是在专利侵权诉讼过程中,如何解释权利要求往往成为当事人争议的焦点。从本书介绍的美国、英国、德国和日本的案例看,有相当多的专利侵权纠纷案件是围绕权利要求解释而进行的。据笔者的观察,美国和日本专利侵权纠纷案件中涉及专利权利要求解释的案件明显多于我国。这说明专利侵权纠纷中的其他问题,如侵权事实是否存在的问题、赔偿数额问题等都可以通过当事人的协商得以解决,而权利要求解释的问题最终需要法院裁决。随着我国当事人法律意识的增强,在专利侵权纠纷案件中涉及的其他问题会减少,而涉及的权利要求解释问题会增加。因此,如何确定我们的权利要求解释规则,不但涉及涉诉当事人的利益,而且涉及相关领域技术人员对专利保护范围的预见,从而影响专利法目的的实现。

其他国家解释权利要求的做法可以对我们如何解释权利要求提供有益的启示。其他国家权利要求解释的做法具有以下的特点:第一,平衡专利权人和社会公众的利益是权利要求解释的宗旨,使专利保护范围更具有可预测性和权利要求解释更具有可操作性是权利要求解释的目标。在解释权利要求过程中,保护专利权人的利益和保护专利对社会的公示作用是需要考虑和平衡的两个价值目标。为了保护专利权人的利益,基本所有国家都不将专利的保护范围限制在专利权利要求的字面含义之内,于是出现了等同原则、发明精髓原则和目的解释方法等。为了保护专利对社会的公示作用,各国总结了将专利保护范围扩大到专利权利要求字面含义之外的条件,例如等同原则适用的要件以及禁止反悔原则的限制等。在解释

〔1〕 以下内容为第1版中的结束语。为了便于对照,笔者将第1版的结束语照录于此,并于文后增加补记。

权利要求的过程中,使专利保护范围更具有可预测性是专利权人和社会公众的共同要求。在这一要求的推动下,法院解释权利要求的规则越来越细化,这样使权利要求解释的操作性越来越强。第二,不同国家解释权利要求的做法与其历史传统和经济发展具有密切的关系。不同国家在专利权利要求撰写和审查方面的习惯、人们对于专利法的态度、以及经济发展水平都可能影响其对专利权利要求的解释。英国具有限制专利保护的传统,而德国具有重视发明人利益的传统,这导致了两国对权利要求解释的态度截然不同。英国往往限制专利的保护范围,而德国往往宽泛地认定专利的保护范围。日本将"促进产业发达"作为专利法的目的,在本国技术落后的时期通过限制专利的保护范围学习和利用外国的技术,而本国技术发展后再宽泛地认定专利的保护范围。第三,各国解释权利要求的方法出现了协调化的趋势,但还不可能出现统一的权利要求解释方法。各国虽然都注意本国权利要求解释方法与其他国家的协调,并且国际组织也进行了统一专利制度的努力。在这种情况下,不同国家的权利要求解释方法出现了协调化的趋势。最明显的例证就是欧洲专利公约对欧洲专利制度的统一。但是,各国专利制度的差距特别是权利要求解释中的差距仍然存在,并且在短期内仍难以统一。这从英国和德国在权利要求解释方法方面的差距就可以明显地看出来。第四,近些年来,各国的权利要求解释方法向着限制专利保护范围的方向发展。自从 20 世纪 90 年代以来,美国法院在解释权利要求的过程中所形成的规则都起着限制专利保护范围的作用,例如"全部技术特征等同"方法、禁止反悔原则和捐献规则等。英国法院的目的解释方法也比发明精髓原则更能限制专利的保护范围。德国法院则明确放弃了保护一般发明思想的观念。日本法院使等同的认定条件更加严格。第四,即使在一个国家之内,也很难使用整齐划一的权利要求解释规则。权利要求解释的规则虽然越来越细化,但很难做到使用一个解释方法解释所有的专利权利要求。这是因为,专利权人起草的专利权利要求千差万别,有的要求的范围大于发明的范围,而有的要求保护的范围小于保护的范围。而且专利权人在撰写权利要求时可能有自己独特的方式。使用整齐划一的权利要求解释方法可能会造成不公平的后果。因此,权利要求解释的规则往往只是原则,很多原则都存在例外。

为了使专利的保护范围更具有可预测性,我们需要进一步完善我国的权利要求解释规则。在完善我国权利要求解释规则的过程中,我们应当借鉴其他国家比较成熟的做法。同时,考虑到其他国家解释权利要求的趋势和我国技术水平相对落后的现状,在解释权利要求时不不宜过宽地确定专利的保护范围。权利要求解释的规则不应过于僵化,应具有足够的弹性,以适用不同类型的专利权利要求。

根据以上思路，在对本书进行总结的基础上，笔者提出如下权利要求解释规则。

1. 确定发明和实用新型专利保护范围的原则是，专利所属领域普通技术人员（以下简称本领域技术人员）在专利申请日（包括优先权日，以下提到申请日都包括优先权日，不再特别注明）对专利权利要求的理解是解释权利要求的基础。

本规则中所说的本领域技术人员是一个虚构的人，其知识水平和创新能力与专利所属产品或方法的制造领域普通工程师相当。

2. 对权利要求进行解释不需要任何前提条件，即使权利要求的内容表面上具有明确的含义，也可以结合其他材料通过解释确定其应当具有的含义。

3. 在解释权利要求中用语的含义时，应当假定权利要求中相同的用语具有相同的含义，并参照该用语在其他权利要求中的含义进行解释。除非有证据表明专利权人具有使用相同的用语表示不同含义的意思，或者这样解释会产生明确不合理的后果。

权利要求中的每一个用语都应有其含义，不同的用语对专利保护范围具有各自的限制作用。除非有证据表明专利权人具有使用不同的用语表示相同含义的意思，或者这样解释会产生明确不合理的后果。

从属权利要求一般不应解释为与所引用的独立权利要求具有相同的保护范围。

4. 对于权利要求中有争议的用语，应当按照本领域技术人员通过阅读说明书和附图后所理解的含义进行解释，不管该用语表面上是否具有其他含义。

5. 说明书中所描述的专利的有益效果不是专利侵权判断中必须考虑的因素。但是，如果双方当事人对权利要求的含义产生争议，应当解释为权利要求具有能够实现说明书中所述的有益效果的含义。在参照说明书中所述有益效果进行权利要求解释时，应当区分说明书所述的有益效果是量的效果还是质的效果，并据此解释权利要求的含义。

6. 在解释权利要求时，可以通过实施例澄清权利要求中的模糊之处，但是一般情况下不能用实施例来限定权利要求的范围。如果权利要求可能有多种解释，应当采用将实施例包括在内的解释。

7. 附图可以用于验证通过说明书对专利权利要求的解释，或者澄清权利要求中的模糊不清之处，但一般不能使用附图限制专利保护的范围。权利要求解释的结果应当将附图所示的技术方案包括在专利的保护范围之内。

8. 权利要求中用语的含义无法通过本领域技术人员阅读了说明书和附图的理

解确定时,可以借助辞典、百科全书、专业论文等确定。但借助辞典等确定的含义不应与本领域技术人员理解的含义矛盾。

在使用辞典等进行权利要求解释时,应当尽量采用权威性强的技术性辞典,并且辞典的出版日期一般不应迟于专利申请日。

9. 在解释权利要求过程可以参考专利审查档案。

这里所说的专利审查档案是指在专利审批、复审和专利无效审查过程中,专利权人(专专利申请人)提出的对权利要求书的修改、意见陈述等记载在专利档案中的书面材料。

如果涉案专利是从另一专利分案申请而形成的,在解释权利要求时可以参考另一专利的审查档案。

10. 记载在专利审查档案中的专利权人在专利审查过程中的陈述,如果被审查员信赖,可以用于限制专利权利要求的含义。

专利权人为了取得专利权而对权利要求所做的限缩性修改,修改后缩小的部分一般不再属于专利的保护范围。除非专利权人能够证明其修改并没有将缩小的部分排除在专利保护范围之外。

11. 即使被控侵权物的技术特征(变换技术特征)与专利权利要求的技术特征存在不同之处,在符合下列条件的情况下可以认定为等同特征:

(1)变换技术特征与专利权利要求中的技术特征相比,以基本相同的手段,实现基本相同的功能,达到基本相同的效果。认定功能、效果是否基本相同时,要考虑专利与在先技术的相比的发明点,并根据其发明点是在量的方面还是在质的方面来比较变换技术特征与专利权利要求中相应技术特征的功能、效果。

(2)使用变换技术特征替换专利权利要求中的相应技术特征,对于领域技术人员来讲是在专利申请日是不经过创造性劳动就可以做到的。判断是否可以不经过创造性劳动就可以做到,可以参考专利审查中的创造性标准。

(3)本领域技术人员认为专利权人没有将变换物排除在专利保护范围之外的意思。

(4)不属于本规则第10条所述的禁止反悔的情形。

12. 如果被控侵权技术与是专利申请日前在国内外出版物上公开发表、在国内公开使用或者以其他方式为公众所知的技术相同或者是本领域技术人员在公知技术的基础上不经过创造性劳动就可以推知的技术,应当认为被控侵权技术不落入专利的保护范围。

但是,在上述情况下,如果被控侵权技术与专利技术完全相同,被控侵权人只能向专利复审委员会申请宣告专利无效,法院和专利行政机关不能作出被控侵权技术不落入专利保护范围的认定。

13. 专利权利要求中的每一个技术特征对专利的保护范围都具有限定作用,在确定专利保护范围是不能忽略权利要求中的每一个技术特征,不管被控侵权人是否故意省略权利要求中的技术特征,都应当在每一个技术特征对比的基础上认定是否构成等同侵权。

14. 专利权人在说明书中披露但没有在权利要求中要求保护的技术方案,不应通过等同原则纳入专利的保护范围。但如果专利权人在说明书中只披露了被控侵权技术的种类物,或者专利权人没有把被控侵权技术方案作为专利发明的替换方案提出,不能认为专利权人已经披露了被控侵权技术方案。

15. 专利权利要求中的功能性技术特征,应当解释为覆盖了专利说明书中所述的相应结构、材料或动作以及其等同物。

16. 对于专利权利要求中以方法界定产品的技术特征,法院在侵权判定时只将被控侵权物与权利要求中所述方法生产的物进行比较。在比较时不考虑被控侵权物是否是通过权利要求中所述的方法生产的,但考虑被控侵物是否具备权利要求中所述生产方法所导致的特性。

结束语补记[1]

前面是第1版的结束语,可以说是对当时各国确定专利保护范围做法的一点看法。十多年过去了,各国的专利制度以及确定专利保护范围的做法有了新的发展。总结这十年来的情况,补记以下几点看法作为结束语:

第一,专利的重要性继续增强。随着知识产权在市场竞争中的作用逐渐显现,很多国家都进一步重视专利制度,很多企业都将专利作为市场竞争的武器。高额专利并购和许可事件不断出现,专利诉讼成为竞争企业打击对方的重要武器。例如,苹果公司和三星公司为争夺智能手机的市场,在世界范围内进行了多场互为原被告的专利侵权诉讼。在我国,专利的重要性更为明显。随着我国国家知识产权战略纲要的实施,知识产权在国家和社会经济发展中的地越来越重要。我国相继提出了创新驱动发展和知识产权强国的战略目标,专利申请量和授权量迅速增长,企业对专利工作的重视程度进一步提高。与此同时,法院受理的专利纠纷案件也不断增加。我国通过成立知识产权法院、加强知识产权审判机构和队伍建设,加强知识产权保护。在这样的背景下,确定专利保护范围的工作更加重要,研究专利保护范围的规则也更有意义。

第二,其他国家专利制度和确定专利保护范围的规则相对稳定。这十多年间,其他国家的专利制度相对稳定,专利法的实质性修改并不多。最大的修改是美国专利法的修改。而从确定专利保护范围的规则来看,这十多年来,专利保护范围的问题仍是专利侵权纠纷案件中的一个重要问题,但其他国家新创设的规则较少,可以说是一段相对稳定的时间。例如,近些年来,虽然最高法院审理的专利案件明显增多,但美国最高法院并没有创立专利保护范围的新规则。英国最高法院承认了侵权诉讼中的等同原则和禁止反悔原则,可以说是英国在确定专利保护范围方面的最大变化。在这相对稳定的十多年时间里,各国通过审判实践积累了大量的案例,为我们研究如何确定专利保护范围提供了丰富的资料。

---

〔1〕 以下内容为第2版新增加内容。

第三,专利制度和确定保护范围的规则在世界范围内进一步协调化。随着经济和技术的全球化,专利制度的地域性差异越来越受到挑战,各国不自觉地减少本国与其他国家在专利制度方面的差异。最明显的例子就是《美国发明法案》对先发明制度的放弃。在确定专利保护范围的规则方面,各国既考虑本国的传统和实际情况,也会考虑其他国家的做法。其中最明显的是英国对等同原则和禁止反悔原则的态度。十多年前,英国固执地拒绝承认等同原则和禁止反悔原则。但由于其他国家多数都承认了等同原则,英国终于明确地承认了等同原则。对禁止反悔原则,由于美国采取的是积极的态度,而欧洲其他国家采取的是消极的态度,英国采取了折衷的态度。我国在完善专利制度以及在确定专利保护范围时,不断借鉴其他国家的做法。因此,研究其他国家的专利制度,总结其他国家确定专利保护范围时的规则,对于我国专利制度的完善、法院司法尺度的统一具有重要的意义。

第四,我国专利保护的规则不断完善。正如前面第 1 版的结束语中所预言的,近十多年来,诉讼中涉及的权利要求解释问题明显增加,权利要求解释和确定专利保护范围的问题受到关注。最高人民法院 2009 颁布了《关于审理侵犯专利权纠纷案件应用法律若干问题的解释》,2016 年颁布了《关于审理侵犯专利权纠纷案件应用法律若干问题的解释(二)》。近些年来,最高人民法院审理的案件中,大量涉及专利权利要求解释和等同原则的问题。在最高人民法院每年发布的《知识产权案件年度报告》中,都有涉及专利权利要求解释和等同原则的案例。各级法院在适用上述司法解释的过程中,标准越来越一致,并且做出了很多有参考意义的案例。在第 1 版中,我国可引用的判决并不多。而在第 2 版中在介绍我国的做法时,仅仅最高人民法院的判决就有很多可以引用。有的法院还总结制订了更为详细的规则。例如,北京高院制订的《专利侵权判定指南》中的大部分内容都是涉及专利保护范围的,对专利保护范围的确定提供了非常详细和具体的规则。

在第 1 版结束语的最后,笔者提出了我国权利要求解释的一些建议规则。现在看来,这些建议有的已经被司法解释或法院的判决采纳,有的已经过时。由于最高人民法院的司法解释和各级法院的判决已经提供了充分的规则,笔者在前面的正文中已经进行了分析,在这里就不再总结和提出建议。

我国确定专利保护范围的规则已经基本确立,但如何适用这些规则仍是一项艰巨的任务。正如第 1 版结束语中所说的,“权利要求解释的规则往往只是原则,很多原则都存在例外”。如何合适地适用这些规则,既维护权利要求的公示作用,又给专利权人提供合理的保护,是法官和学者需要持续研究的问题。

主要参考书目

郑成思:《知识产权论》(第 3 版),法律出版社 2003 年版。

李明德:《美国知识产权法》,法律出版社 2003 年版。

李明德:《美国知识产权法》(第 2 版),法律出版社 2014 年版。

汤宗舜:《专利法教程》(第 3 版),法律出版社 2003 年版。

尹新天:《专利权的保护》(第 2 版),知识产权出版社 2005 年版。

程永顺:《中国专利诉讼》,知识产权出版社 2005 年版。

尹新天:《中国专利法详解》,知识产权出版社 2011 年版。

北京市高级人民法院知识产权审判庭:《北京市高级人民法院〈专利侵权判定指南〉理解与适用》,中国法制出版社 2014 年版。

崔国斌:《专利法原理与案例》(第 2 版),北京大学出版社 2016 年版。

Peter. Drahos, *A Philosophy of Intellectual Property*, 1996, Dartmouth Publishing Company Ltd, England。

Robert C. Kahrl, *Patent Claim Construction*, Aspen Publishers, (2003)。

Robert C. Kahrl, *Patent Claim Construction* (*2nd edition*), Wolters Kluwer (2015)。

Donald S. Chisum, *Patent law digest* (1982 – 2003), LexisNexis, (2004)。

Lawrence M. Sung, Jeff E. Schwartz, *Patent Law Handbook* (2003 – 2004 *ed.*). West Pub. (2004).

Donald S. Chusum, *Principles of Patent Law* (2nd *ed.*), Foundation Press (2001).

Edward D. Manzo, *Patent claim Interpretation global edition* 2012 – 2013, Thomson/west. (2012)

ToshikoTakenaka etc. *Patent Enforcement in the US*, *Germany and Japan*, Oxford University Press. (2014).

[日]松本重敏:《专利发明的保护范围》(新版),有斐阁 2000 年版。

[日]松本重敏、大濑户豪志编:《专利侵权判决的比较研究——以等同理论为中心》,信山社出版株式会社1996年版。

[日]中山信弘:《工业所有权法上 专利法》(第二版增补版),弘文堂2000年版。

[日] 中山信弘、小泉直树编:《新注解特许法》,青林书院2011年版。

[日]牧野利秋:《知识产权诉讼寸考》,东京布井出版2002年。

日本知识产权研究所编:《关于专利权利要求解释的研究报告书》(2002年)。

日本知识产权研究所编:《关于专利权利要求调查报告书(2)》(2004年)。

[日]牧野利秋、饭村敏明编:《裁判实务大系·知识产权关系诉讼法》,青林书院2001年版。

[日]村林隆一、小谷悦司编:《专利审判中的等同理论——日美欧的比较》,经济产业调查会2003年版。

日本专利代理人协会中央知识产权研究所研究报告第11号《等同理论》(2002年12月31日)。

日本特许厅编:《工业所有权法逐条解说》(第19版),日本发明推进协会(2012)。

后　　记

2007年,在李明德老师的指导和鼓励下,我将博士毕业论文《专利权利要求解释研究》进行了整理和补充,出版了我的第一本专著《专利权的保护范围——权利要求解释和等同原则适用》,即本书的第1版。该书基于对中、美、日、德、英五国关于权利要求解释和等同原则适用的判决的总结,对如何保护确定专利保护范围做了一些探讨。

第1版出版时,我国专利审判中涉及权利要求解释和等同原则适用的问题并不突出,对这个问题研究的专著和论文都不多。第1版由于内容比较全面,资料比较丰富,有幸获得了读者的肯定,有的读者提出了更新的建议。2013年左右,责任编辑王扬老师告诉我书已经售罄,是修订还是加印,我选择了修订。这是因为,这些年来,我国关于专利保护范围方面的规则不断完善,新案例越来越多,原来书中有些内容已经过时,而其他国家虽然关于专利保护范围的规则变化不多,但出现了很多新的案例。从2014年开始,我就开始做出版第2版的准备工作。在这个过程中,我正好承担了国家社科基金《专利保护范围国际比较》的课题,也是对专利保护范围的内容进行比较研究。其中的研究成果可以直接作为第2版中的内容。但尽管如此,第2版的修订工作所用的时间比预计长很多。一直到2016年,我到美国华盛顿大学做访问学者。期间自己支配的时间相对较多,又便于查找国外的资料。于是修订第一版的书稿成了我在1年访学期间的一项重要工作。感谢华盛顿大学法学院臧东升老师和竹中俊子老师对我在华盛顿大学的访学提供的帮助。2017年夏天,我最终完成了修订工作,形成了现在的第2版。

第2版仍然沿用了第1版的篇目和结构,主要是在原来的内容的基础上进行修订和增加新的内容。其中更新最多的内容的就要是各国有影响的新判决。第2版虽然用时较长,但内容上肯定会有疏漏和欠缺,期待以后进一步修改和完善,也希望广大读者随时提出批评意见。

感谢王扬老师从本书第1版和第2版的出版一直给予的支持和帮助。也感谢赵韵琳、毕宏强、邢瑞森、罗治成、王媛媛等同学参与本书书稿的校对工作。

闫文军
2018年2月

图书在版编目(CIP)数据

专利权的保护范围 / 闫文军著. -- 2版. -- 北京 : 法律出版社, 2018

ISBN 978-7-5197-2295-1

Ⅰ. ①专… Ⅱ. ①闫… Ⅲ. ①专利权法－研究 Ⅳ. ①D913.04

中国版本图书馆CIP数据核字(2018)第112957号

专利权的保护范围(第二版)
ZHUANLIQUAN DE BAOHU FANWEI (DI-ER BAN)

闫文军 著

策划编辑 王 扬
责任编辑 王 扬
装帧设计 乔智炜

出版 法律出版社
总发行 中国法律图书有限公司
经销 新华书店
印刷 天津嘉恒印务有限公司
责任校对 王晓萍
责任印制 张建伟

编辑统筹 独立项目策划部
开本 720毫米×960毫米 1/16
印张 44.25
字数 780千
版本 2018年6月第1版
印次 2018年6月第1次印刷

法律出版社/北京市丰台区莲花池西里7号(100073)
网址/www.lawpress.com.cn
投稿邮箱/info@lawpress.com.cn
举报维权邮箱/jbwq@lawpress.com.cn
销售热线/010-63939792
咨询电话/010-63939796

中国法律图书有限公司/北京市丰台区莲花池西里7号(100073)
全国各地中法图分、子公司销售电话:
统一销售客服/400-660-6393
第一法律书店/010-63939781/9782
西安分公司/029-85330678
重庆分公司/023-67453036
上海分公司/021-62071639/1636
深圳分公司/0755-83072995

书号:ISBN 978-7-5197-2295-1
定价:138.00元